상담심리학의 이론과 실제

천성문 · 이영순 · 박명숙 · 이동훈 · 함경애 공저

Counseling Psychology

학지사

4판 머리말

저자들은 상담심리 공부를 시작하고 강의를 하면서 많은 사람과 함께 이 길을 가고 있다. 사람들은 자신의 심리를 이해하고 싶고, 문제를 해결하고 싶은 마음에서 그리고 남을 돕고 싶은 마음에서 상담심리 공부를 시작하는 경우가 많다. 그들은 상담심리 공부에 대한 두려움과 기대감을 표현하고 시간이 지남에 따라 점점 이 공부를 통해 자신을 들여다보기 시작한다. 상담심리가 무엇인지, 상담 이론별 내용과 사례를 접하고 상담 적용 과정을 통해 점점 상담심리에 대한 애정이 생겨 자신도 모르게 가랑비에 옷 젖듯이 공부에 빠져들게 된다.

이 책 『상담심리학의 이론과 실제』는 2006년 1판을 시작으로 하여 현재 4판에 이르게 되었다. 많은 책이 세상에 나오고 사라지는 가운데, 이 책이 현재까지 살아남을 수 있었던 것은 많은 내용을 담으려고 하기보다는 편안하게 읽을 수 있게 서술하려 하고 상담 사례를 통해 개념들의 이해를 돕고자 한 노력의 결과이지 않을까 생각해 본다.

이러한 노력의 연속선상에서 저자들은 책에 실린 장점은 유지하면서 독자 및 강의자들이 요구해 온 수정 내용을 소중히 받들었고, 그를 바탕으로 『상담심리학의 이론과 실제』 4판이 빛을 보게 되었다. 이번 4판은 내용을 재구성한 부분도 있고, 과감하게 내용을 삭제한 부분도 있으며, 제2부 상담의 이론에서는 이론에 부합되는 새로운 사례로 교체하였다. 그리고 본문 옆에 내용을 정리하여 한눈에 파악할 수 있도록 하였고, 학지사 담당자의 도움으로 디자인도 산뜻하게 편집하였다.

다음으로 4판의 개정된 내용을 구체적으로 살펴보고자 한다. 이 책은 모두 4부로 구성되어 있다. 제1부는 상담에 대한 전반적인 개요에 해당하는 부분으로, 4판에서 수정되거나 추가된 내용이 많이 포함되어 있다. 수정된 내용을 중심으로 살펴보면,

제1장에서 상담기관 부분을 삭제하고 상담의 효과 내용을 추가하였다. 제2장에서는 상담자 수련과정을 삭제하고 상담 윤리와 상담자가 되는 과정을 추가하였고, 제3장에서는 내담자의 이해와 평가에 관한 부분으로 심리검사를 활용한 내담자 평가보고서를 추가하여 내담자의 이해와 평가를 어떻게 하는지 알 수 있도록 구체화하였다. 제4장의 상담관계에서는 상담관계를 이론과 과정별로 어떻게 바라보고 있는지에 대한 내용을 추가하였다.

제2부는 상담에서 중요하게 다루어지는 주요 이론들을 소개하는 부분인데, 여기서는 상담이론별 내용이 통일감 있게 전개될 수 있도록 수정하였다. 더불어 각 상담이론의 특징이 잘 드러난 상담사례를 제시하기 위해 각 상담이론별 대표 상담자의 사례를 찾아 그 내용을 수록하였다. 이론별 대표 상담자의 사례를 내담자의 이해, 상담사례 내용, 요약 순으로 제시하여 상담이론별 상담이 어떻게 진행되는지를 독자들이 이론별로 비교하면서 구체적으로 그 내용을 파악하는 데 도움을 주고자 하였다.

제3부는 상담의 실제 부분으로 이번 4판에서는 제12장과 제13장을 중심으로 수정하였다. 제12장에서는 접수면접 단계를 추가하여 각 상담 단계의 특징과 이때 해야 할 내용을 추가하였다. 제13장에서는 상담 기법을 나열하지 않고 관계 형성, 상담자 관련, 탐색과 통찰에 초점을 맞춘 기법으로 분류하여 정리하였다.

이 책이 15년이라는 짧지 않은 기간 동안 출간과 개정 작업들을 이어가면서 더욱 내실 있는 책으로 거듭날 수 있었던 것은 책에 대한 좋은 피드백을 해 주실 뿐만 아니라 책에서 아쉬운 부분, 넣었으면 좋겠다고 생각한 부분을 저자들에게 전달해 주신 많은 분 덕분이라고 생각한다. 저자들은 이 기회를 빌려 이 책에 애정을 가지고 격려와 지지를 보내 주신 많은 분에게 존경과 감사의 마음을 전한다.

특히 상담심리학에 애정을 가지고 지켜봐 주신 학지사 김진환 사장님께 깊은 감사의 마음을 전하며, 더불어 학지사 김은석 이사님과 박선민 대리님의 살뜰한 챙김에 감사를 표한다. 마지막으로 책의 마무리를 위해 애써 준 부경대 장은경, 김현희, 김준성 선생에게 고마움을 전한다.

2021년
저자 일동

1판 머리말

최근 들어 상담의 수요가 계속 증가하고 있는 추세다. 사회적인 분위기도 상담의 필요성을 인식해 가고 있고, 이에 따라 상담을 공부하려는 이들도 많이 늘어나고 있다. 그런데 이들이 상담 공부에 열의를 가지고 다양한 상담 이론서를 접해 보지만 막상 이러한 책들은 상담 공부에 처음 들어서는 이가 이해하기에는 어려움이 많다. 이에 모처럼 내었던 상담 공부에 대한 열의가 식게 되거나 부담스러워서 공부를 계속 해야 할지 말아야 할지 갈등하게 된다.

그래서 저자들은 상담에 처음 발을 내딛는 이들이 쉽게 이해할 수 있도록 실제적인 사례를 들어 설명함으로써 상담 공부를 돕고자 하였다. 상담 공부를 하고자 마음을 낸 이들이 이 책을 통해 상담을 쉽게 이해하여 한 인간으로서의 성숙뿐만 아니라 전문적인 상담자로 성장해 나가는 데 도움이 되었으면 한다.

이 책은 상담을 처음 공부하는 대학생이나 대학원생, 상담 자원봉사자, 전문상담교사 등을 위한 상담 입문서로서 상담에 대한 기초를 다지는 데 도움을 주고자 한다. 특히, 상담 이론을 익히는 것뿐만 아니라 상담 실제에 도움을 줄 수 있도록 사례를 들어 구체적인 설명을 덧붙였다. 그러므로 상담 이론과 실제를 겸비할 수 있는 책으로 매우 활용도가 높을 것이라 생각된다.

이 책의 구성을 살펴보면, 제1부에서는 상담의 기초로 상담이란 무엇인지, 좋은 상담자가 되려면 어떤 과정을 거쳐야 하는지, 상담관계란 무엇이며 어떻게 형성되는지, 내담자의 문제를 어떻게 이해하고 어떻게 평가하는지, 그리고 초보상담자가 상담을 할 때 어떤 문제 상황이 발생하며 어떻게 대처해 나가야 하는지를 설명하였다.

제2부에서는 상담의 주요 이론인 정신분석상담, 인간중심상담, 인지행동상담의 이론을 이해하기 쉽게 설명하였다. 더불어 요즘 많이 활용되고 있는 상담 이론인 게

슈탈트 상담, 현실치료 등을 소개하였다.

제3부에서는 상담의 시작부터 종료까지 어떤 과정을 거치는지 초기 단계, 중기 단계, 종결 단계로 나누어 설명하였다.

제4부에서는 상담의 적용으로, 내담자 1인을 상대로 하는 상담 방법인 개인상담과는 달리 여러 명의 집단 구성원과 집단상담자가 함께 서로의 성장을 돕는 상담 방법인 집단상담, 가족 전체를 상담 대상으로 하는 가족상담을 설명하였다.

제5부에서는 내담자의 문제 유형에 따라 청소년이 가장 고민하고 있는 진로상담이나 학습상담, 현재 사회적 문제가 되고 있는 청소년 비행상담, 그리고 중요하지만 간과하기 쉬운 성교육과 성상담에 대해 설명하였다.

제6부에서는 보조 자료를 활용한 상담 방법으로, 미술을 활용한 미술치료, 음악을 활용한 음악치료, 놀이를 활용한 놀이치료, 책을 이용한 독서치료, 그리고 연극을 활용한 사이코드라마 치료를 설명하였다.

이 책이 상담을 공부하는 이들에게 매우 쉽게 이해되고 친숙하게 느껴져서 상담 공부에 많은 열의를 가지게 되기를 바란다. 그리고 이 책을 통해 많은 사람이 다른 사람을 잘 이해하고, 자신을 잘 표현하는 건강하고 성숙한 상담자가 되기를 바란다.

오랜 시간 동안 좋은 책을 만들고자 하였던 노력의 결실을 이제야 맺게 되었다. 이 기쁨을 모든 집필진과 함께 나누면서 그동안의 노고와 정성에 대해서도 고마운 마음을 나누고 싶다. 그리고 이 책이 나오기까지 도움을 준 박명숙, 정봉희, 윤성혜, 이정희 님, 한국학교상담연구소 식구들, 그리고 이 책에 생명을 불어넣어 준 학지사 김진환 사장님과 편집부 김순호 님께 깊이 감사드린다.

2006년 여름
저자 일동

차례

제3부 상담의 실제

제4부　상담의 적용

제1부
상담의 기초

　사람을 의미하는 '人'을 보면 두 개의 획이 서로 나란히 기대어 있어 마치 사람 둘이 서로 기대어 있는 모습처럼 보인다. 이것을 보면 사람이란 서로가 서로에게 기대기도 하고 버팀이 되어 주기도 하면서 기쁨은 두 배로 만들고, 슬픔은 반으로 만들며 살아가는 존재라는 생각이 든다.

　우리 주변에는 다른 사람의 슬픔과 아픔에 대해 민감하고 남이 마음을 기대어 올 때 진정으로 들어주면서 이들의 슬픔과 아픔을 덜어 주는 능력이 있는 사람이 있다. 사람들은 이러한 사람들에게 자신의 마음을 기대고 이야기를 하고 싶어 한다.

　역사상 예수나 부처는 인간이 가진 슬픔과 고통에 대해 함께 아파하고 이들의 고통을 덜어 주며 치유해 주는 최고의 상담자였다. 그러나 이들처럼 타고난 상담자도 있지만 대부분의 상담자는 타고나기보다는 전문적인 훈련과정을 거쳐 만들어진다.

　제1부에서는 상담의 기초적인 부분으로 상담이란 무엇이며, 좋은 상담자는 어떻게 만들어지는지, 상담자로서 어떻게 내담자와 상담관계를 형성할 것인지, 내담자의 문제를 어떻게 파악하고 평가할 것인지, 상담자가 겪는 다양한 문제는 무엇이고 어떻게 해결해 나갈 것인지에 대해 공부해 보기로 한다.

세상에 사람을 만나 오래 좋아하는 것이
죽고 사는 일처럼 가벼울 수 있으랴
큰 강의 시작과 끝은 어차피 알 수 없는 일이지만
물길을 맑게 고집하는 사람과 친하고 싶다.
내 혼이 잠잘 때 그대가 나를 지켜보아 주고
그대를 생각할 때면 언제나 싱싱한 강물이 보이는
시원하고 고운 사람을 친하고 싶다.

－마종기의 『우화의 강 1』 중에서－

제1장

상담이란 무엇인가

❝ 길라잡이 물음

1. 상담은 무엇이라고 생각하는가?

2. 상담은 어떤 사람에게 필요하다고 생각하는가?

3. 사람들이 심리적으로 힘들어하는 이유는 무엇이라 생각하는가?

4. 상담은 어떻게 이루어지는가?

 **전체 살펴보기**

살아가는 동안 사람들이 가치 있다고 생각하는 여러 가지 일이 있다. 어떤 사람은 다른 사람을 기쁘게 하는 것을 최우선으로 삼을 수도 있고, 어떤 사람은 자연과 동물을 돌보는 일을 최우선으로 삼을 수 있을 것이다. 또 어떤 이는 눈에 보이지 않는 영혼이나 종교를, 어떤 이는 멋진 건축물을 창조하는 일을 중요하게 생각할 수도 있을 것이다. 이처럼 무엇인가에 대해 가치를 매기고, 순위를 정할 수 있다는 것은 우리 주변에 많은 사물과 사람이 함께 있기에 가능한 일이다. 바꾸어 말하면 사람이라는 존재가 혼자 살아갈 수 없기 때문에 나를 위해서 때로는 타인을 위해서 어떤 움직임이 필요하다는 의미일 것이다.

서로 돕고 살아가는 인간의 다양한 일들 중에서 다른 사람과 상호 소통을 통해 문제를 해결하는 상담에 대해 살펴보고자 한다. 상담 역시 다른 사람의 문제 해결을 돕는다는 특성 때문인지 어느 사이엔가 우리 주변 곳곳에서 '상담(相談)'이라는 말이 참 자주 들리기 시작했다. 내담자가 상담자를 찾아와 자신의 고민을 털어놓는 일, 교사가 학생이나 학부모를 불러서 이야기하는 일, 후배가 선배를 만나 인생의 조언을 듣는 일도 우리는 쉽게 상담이라고 한다. 심지어 물건을 하나 사러 가서도 상담을 받고, 병원에 가서도 상담을 받는다. 때로는 전화로도 몇 가지 이야기를 나누고 나면 '상담원 ○○이었습니다.'라고 말한다. 어느 사이에 상담은 우리 삶 깊숙이 들어와 친숙하게 사용되는 말이 되었다.

하지만 쉽게 들어와 많이 사용되는 만큼 상담이라는 말에 대해서는 정확한 이해가 필요하다. 두 사람이 서로 이야기를 나누었고, 그 이야기가 고민거리라고 해서 모두 상담이라고 부를 수는 없기 때문이다. 상담은 눈으로 보이지 않는 사람의 마음을 만지는 일이니만큼 그 이상의 노력과 인내와 열정과 능력이 어우러져야 하며, 오랜 시간에 걸쳐 이루어지는 그야말로 작업이자 활동이기 때문이다.

이 장에서는 우리 생활 주변에 흔하게 사용되고 있는 '상담'이라는 용어의 진정한 의미를 알아보고, 상담이 진행되는 과정들을 살펴봄으로써 상담에 대한 이해를 돕고자 한다.

1. 상담의 의미와 필요성

1) 상담의 의미

누군가가 당신에게 '상담이 무엇인가?'라고 질문을 한다면 당신은 무엇이라고 대답할 것인가? 교육이 학습내용을 전달하기 위한 교수자와 학습자 사이의 상호작용인 것처럼, 상담은 문제를 해결하기 위한 상담자와 내담자 사이의 상호작용이라고 쉽게 연결해서 이해할 수 있다. 따라서 상담이 이루어지기 위해서는 상담자, 내담자, 해결문제라는 세 가지의 구성요소가 충족되어야 한다.

이때 상담자는 내담자를 돕기 위해 전문적인 훈련을 받은 사람이며, 내담자는 자신에게 닥친 어려움으로 자신이 원래 가지고 있던 잠재력을 발휘하지 못하는 사람을 의미한다. 내담자는 자신의 행복한 삶을 영위할 수 있는 잠재력과 능력을 가지고 태어나지만 주변 환경과의 상호작용 과정에서 겪게 되는 여러 가지 심리적 좌절을 극복하지 못한 사람이다. 그는 스스로 변화할 수 있는 능력이 부족하며, 무엇 때문에 자신의 잠재력과 능력을 마음껏 발휘하지 못하고 있는지를 잘 알지 못하고 있다. 비록 알고 있다 하더라도 어떻게 변화를 이루어야 하는지 그 방법에 대해 잘 알지 못하고 있다는 것이다. 따라서 그가 겪는 문제의 원인을 알아차리고, 변화를 도울 수 있는 상담자의 도움을 필요로 한다.

내담자는 상담자를 찾아와 도움을 청하고 상담을 진행하면서 지금까지와는 다른 인간관계를 맺고 진솔한 의사소통의 과정과 훈련을 통하여 현재 내담자가 당면하고 있는 문제들을 해결할 수 있다. 뿐만 아니라 그가 앞으로 만나게 될 삶의 고난을 극복하고 행복한 삶을 추구할 수 있는 성숙한 사람으로 변화시키는 과정을 연습하게 된다.

따라서 상담이란 전문적 훈련을 받은 상담자와 심리적 어려움으로 타고난 잠재력을 마음껏 발휘하지 못하는 내담자 간의 상호작용을 통하여 내담자의 문제를 해결할 뿐만 아니라 내담자가 행복한 삶을 살아가도록

> 상담이 이루어지기 위해서는 상담자, 내담자, 해결문제라는 세 가지의 구성요소가 충족되어야 한다.

> 상담이란 전문적 훈련을 받은 상담자와 심리적 어려움을 겪고 있는 내담자 간의 상호작용을 통하여 내담자의 문제를 해결할 뿐만 아니라 내담자가 행복한 삶을 살아가도록 돕는 과정이다.

돕는 과정이다.

하지만 스트레스를 받거나 고통스러운 문제가 생긴 사람들은 전문적인 상담을 받아 보라는 권유를 '내가 상담을 받는다면 문제 있는 사람으로 취급하지 않을까?' '스스로 자신의 문제도 해결할 능력이 없는 사람으로 여기지 않을까?' '상담을 받으면서 내가 진짜 이상한 사람이라고 하면 어떻게 하지?' '내 어려움을 해결하는 데 남의 도움까지 받아야 하나?' '이런 이야기를 상담하러 가서 해도 될지 모르겠어.' 등의 생각을 하면서 상담을 받아야겠다는 결정을 내리지 못한다. 그럼에도 불구하고 상담을 받으러 오는 내담자는 현실에서 그가 가지고 있는 심리적 갈등이나 문제가 견디기 어렵기 때문에 상담을 선택한다. 그러나 그들은 상담을 받고자 하는 마음을 가졌을지라도 아무에게나 상담을 받으러 가지 않는다. 먼저 자신의 마음을 잘 이해해 주고 괴로운 문제를 해결해 줄 수 있는 사람을 찾는다. 즉, 그들이 찾는 사람은 상담에 대한 전문적인 능력을 가지고 있으면서도 자신을 이해하고 포용할 수 있는 따뜻하고 인간적인 면모를 가진 상담자다.

이처럼 상담을 받고자 하는 사람은 많지만 실제 상담을 받으려고 행동으로 실천하는 사람은 많지 않다는 것을 알 수 있다. 살아오는 과정에서 각자가 경험하고 터득한 방법으로 자신의 문제를 해결하려고 하기 때문이다. 때로는 발생한 문제를 해결하려 하지 않고 저절로 문제가 해결되기를 바라며 그대로 내버려 두기도 한다. 그러나 살아가는 동안 인간은 많은 심리적 문제나 갈등을 반복해서 경험한다. 그럴 때마다 문제를 해결하지 않고 넘어갈 수 없고, 단순히 타인에게 자신의 어려움과 괴로움을 호소한다고 해서 상담이라 할 수도 없다. 또한 모든 어려움이 있을 때마다 상담을 할 수도 없는 일이다. 그렇다면 상담은 어떤 사람에게 필요할까?

2) 상담의 필요성

대부분의 사람들은 전문적인 상담을 받지 않고도 어려운 문제를 해결하면서 살아간다. 사람들 앞에서 발표를 할 때마다 목소리가 떨리고 심장이 두근거린다거나 중요한 시험을 치르는 동안 공부한 것들이 하나도 생각나지 않아 문제를 풀 수 없어서 어려움을 경험할 수 있다. 자신의 문제만이 아니라 명절만 다가오면 머리가 아프고 소화가 안 되거나 공부하지 않고 빈둥거리고 있는 자녀를 보면서 애가 타거나 배우자와 속 깊은 이야기를 하려고 하면 가슴부터 답답해지는 경우도 있다.

이처럼 우리는 살아가면서 증상의 차이가 있을 뿐 누구나 특정한 상황이나 대상에 대해서 어려움을 경험하고 그것으로부터 벗어나고 싶어 한다. 그럴 때 편하게 사용하는 방법 중에 하나는 자신의 마음을 진정으로 이해하고 위로해 줄 친구나 가족을 찾아 그들에게 자신의 괴로운 마음을 털어놓는 것이다. 그들로부터 진정으로 이해받게 되면 마음이 가벼워지고, 이야기하는 동안 자신이 가진 문제가 정리되면서 해결 방향을 찾게 되는 경우가 많다. 어떤 회사원이 직장에서 일하면서 굉장한 스트레스를 받았을 때 친구나 동료와 술자리를 함께하면서 자신의 괴로운 심정을 이야기하여 동료들의 이해를 받고, 다음날 다시 일상으로 돌아가 평소와 다름없이 생활을 해 나가는 것도 같은 경우일 것이다.

그러나 주변 사람들에게 하소연을 하거나 말로 표현한다고 해서 문제가 해결되는 것은 아니다. 심리적인 문제를 근본적으로 해결하지 않고 내버려 두면 신체적인 증상이나 더 큰 심리적인 문제로까지 발전할 수 있다.

> 상담은 스스로 해결할 수 없는 심리적인 문제로 고통을 겪는 사람들에게 필요하다.

〈상담이 필요한 예〉

요즘 제 속이 터질 것 같아요. 시어머니를 모시고 20년 가까이 살다 보니 이제는 시어머니가 저쪽에서 보이기만 해도 가슴이 답답하고 머리가 아픈 게, 속에서 불이 올라와서 밥도 같이 못 먹겠어요. 남편은 이제 내 이야기를 들어주기는커녕 내가 뭔 이야기를 할 낌새만 보이면 아예 듣지 않으려고 신문으로 얼굴을 가려 버려요. 남편까지 그러니까 속이 터져서 이러다가 내가 큰일 나겠다 싶어요. 병원에 가 볼까도 생각해 봤는데 큰 병이라고 할까 봐 겁이 나서 못 가겠어요.

이처럼 사람들은 심리적인 문제가 신체적 고통으로 나타나는데도 이런

문제를 심각하게 생각하지 않거나 다른 방법으로 해결하려 하기 때문에
전문가에게 상담이나 치료받을 시기를 놓치게 된다. 그러다 결국은 현실
생활이 불가능할 정도로 나빠지거나 심한 우울증으로 인하여 자살하는
가슴 아픈 결과를 낳기도 한다.

그렇다면 우리나라 사람들은 무엇 때문에 심리적인 고통을 겪으면서도
상담을 받으려고 하지 않을까?

첫째, 신체 증상을 호소하면서도 심리적 갈등이 있다는 것을 받아들이
기 어렵기 때문이다. 이처럼 많은 사람들이 심리적인 원인으로 신체화 증
상을 겪고 있지만, 상담의 필요성을 못 느끼고 신체질환에 대한 약물치료
에 의존하는 경우가 많다.

둘째, 공동체 의식이 강한 문화적 영향 때문이다. 우리는 자기 마음을
진심으로 이해하고 괴로움을 덜어 주려는 가족과 이웃 속에서 상담의 필
요성을 느끼지 않고 심리적 문제를 해결하면서 살아왔다. 하지만 서구문
화의 급격한 유입으로 인해 물질이 중시되고 산업화가 가속화되면서, 개
인주의와 이기주의가 만연되어 가족구조가 변화됨에 따라 심리적인 문제
가 심화되어 전문적인 상담을 필요로 하는 사람들이 많아지고 있다.

셋째, 사람들이 심리적 문제를 다른 방법으로 해결하려 하기 때문이다.
예를 들면, 현실 생활의 괴로움을 전생에 지은 업보라고 여기거나 자신의
욕심과 집착이 괴로움을 만들어 냈기 때문이라고 믿는 사람들은 점술이
나 사주에 의존하거나 종교적인 믿음 등을 통해 해결하려고 한다든지 자
신의 마음을 다스리거나 수양을 통해서 괴로움을 치유하고자 하였다. 이
런 방식으로 괴로움을 해결해 나가는 데 익숙한 사람들은 자신의 괴로움
을 털어놓음으로써 해결해 나가는 상담이 익숙하지 않다.

넷째, 타인을 의식하는 문화 때문이다. 자신이 심리적인 문제를 경험하
고 있다는 것을 다른 사람이 알면 어떻게 할까, 이런 문제로 상담실을 간
다면 그들은 뭐라고 말할까 등 자신보다는 타인 중심의 생활이 상담실을
찾는 데 걸림돌이 된다. 특히 체면이나 위신 등 타인의 시선을 중요하게
생각하는 우리나라 사람들은 자신의 문제를 드러내고 해결하기보다는 숨
기고 해결되기를 기다리는 것이 더 낫다고 생각한다.

때때로 문제 해결을 위해 상담실을 찾는다 하더라도 다른 사람의 시선이 두려워 상담에 집중하지 못하거나 상담을 받으려는 동기나 변화하고자 하는 의지 없이 그저 누군가의 강요에 못 이겨 상담실에 오는 경우가 있다. 상담을 통한 문제 해결에서 가장 중요한 것은 내담자 스스로가 상담에 대한 필요성을 느끼고 자신이 변화하고자 하는 자발적 동기가 유발되어야 한다는 것이다. 우리가 지금까지 괴로움을 해결해 온 익숙한 방식과 서양의 괴로움을 해결하는 방식을 결합하여 우리나라 실정에 맞는 상담문화를 만들어 낸다면, 보다 자연스럽게 상담자를 찾아가는 문화를 형성할 수 있을 것이다.

> 상담문화 형성을 위해서 우리나라 실정에 맞는 상담문화가 필요하다.

2. 상담의 목표

상담을 통해 이루어져야 할 것은 무엇일까? 내담자의 문제가 모두 다르고, 문제의 형성과정도 모두 다르며, 문제를 해결하기 위해 내담자가 가진 강점과 주변의 조력도 모두 다르기 때문에 내담자에 따라 상담의 목표는 달라질 수밖에 없다. 상담의 목표는 상담 이론마다 조금씩 차이는 있지만 여기서는 정서적 불편감 감소, 성숙한 대처기술 발달, 합리적 의사결정 증진, 바람직한 행동변화 조력, 인간관계 개선, 내담자의 잠재력 촉진을 중심으로 살펴보고자 한다.

> 상담 목표는 내담자의 문제 해결, 환경에 대한 적응, 내담자의 발달 및 효율성 향상, 문제 발생의 예방 등 다양하다.

(1) 정서적 불편감 감소

내담자의 불편감을 감소시킬 수 있는 보편적인 방법은 치료적 관계를 이용하여 내담자의 정서적 힘을 키워 주는 것이다. 내담자가 상담에 적극적으로 참여하기 어려울 정도의 고통스러운 정서 상태라면, 어떠한 개입보다 지속되어 온 문제에 대처하고 싶은 내담자의 욕구를 약화시키지 않으면서 극심한 고통을 경감시키는 것이 목표가 되어야 할 것이다.

(2) 성숙한 대처기술 발달

우리가 건강한 삶을 영위하는가의 여부는 어려움을 유발하는 스트레스 상황을 효율적으로 해결하고 새로운 환경과 요구에 적응하는가에 달려 있다고 해도 과언이 아니다. 그러므로 내담자로 하여금 성숙한 대처기술 또는 문제해결 능력을 발달시키는 것은 주요한 목표 중 하나가 될 수 있다.

(3) 합리적 의사결정 증진

합리적 의사결정 증진은 수많은 선택과 결정에서 내담자가 스스로 합리적이고 현실적이며 논리적이고 융통성 있는 의사결정을 하도록 지원하는 것이다. 내담자의 의사결정에 어려움을 주는 정서적 문제를 해결하기 위하여 상담자는 합리적인 의사결정을 내릴 때 필요한 정보를 수집하고 내담자의 결정에 영향을 끼칠 수 있는 정서와 태도를 이해하도록 돕는다. 이때 내담자에게 제공되는 새로운 정보는 문제에 대한 새로운 조망을 제공하여 자신의 문제를 객관적으로 인식하여 해결 가능한 문제로 볼 수 있게 해 준다.

(4) 바람직한 행동변화 조력

상담은 내담자에게 기존의 비효율적이고 역기능적인 행동들을 변화시켜 만족한 삶을 살도록 행동의 변화를 가져오는 것을 목표로 한다. 타인과의 관계, 가족 상황, 학업성취, 직업상의 적응, 일상생활 관습 등과 같이 어떠한 영역에 관련된 행동변화가 필요한가를 중심으로 목표를 진술하게 된다.

(5) 인간관계 개선

내담자는 적절한 사회적 기술의 결여나 부정적인 자아상으로 인한 방어적 태도로 인하여 관계 속에서 중대한 문제를 지니고 있다. 따라서 상담자는 대인관계를 맺는 기술에 대한 구체적인 개입과 긍정적인 자아상 형성을 통하여 보다 효율적인 인간관계를 맺을 수 있도록 도와야 한다.

(6) 내담자의 잠재력 촉진

상담은 내담자가 자신의 능력과 자원을 최대한 사용하는 법을 학습할 수 있는 기회를 제공하며 내담자의 성장과 발달을 촉진하는 것을 목표로 삼는다. 문제를 인지하고, 경제적이고 합리적인 해결방안을 파악하여 문제에 대한 적절한 반응을 할 수 있도록 하는 것은 내담자로 하여금 잠재적인 생산적 사고, 적극적 인간관계 형성, 문제 상황의 효율적 대처를 가능케 한다.

이 외에도 내담자의 특성과 문제에 따라 발달 전환기에 겪는 문제에서부터 성격 문제까지 다양한 목표를 설정할 수 있다. 다음 경민이의 경우를 살펴보자.

> 경민이는 작년에 중학교에 입학할 때만 해도 열심히 하려는 의지가 가득했다. 초등학교 시절에는 친구들과 어울려 노느라 잘 몰랐지만 중학교에 들어와서는 자신을 위해서 열심히 생활하고 싶었다. 그래서 학원도 열심히 다니고, 나름대로 노력한다고 했지만 성적은 언제나 하위권이었다. 1학년은 중학교 생활이 처음이니까 그럴 수도 있겠다고 자신을 위로해 보기도 했고, 2학년이 되어서 중학교 생활에 좀 더 적응하게 되면 나아질 거라고 기대했다. 하지만 2학년이 되어도 성적에 전혀 변화가 없었다. 3학년을 앞둔 경민이는 자신의 성적이 오르지 않을까 봐 염려가 되기 시작했고, 망설이던 끝에 상담실을 찾았다.

경민이의 문제를 도와주기 위해서 상담 목표는 어떻게 정하는 것이 좋을까?

먼저, 상담 목표는 반드시 상담자와 내담자가 합의하여 정해야 한다는 것이다. 내담자가 호소하는 문제, 상담자가 내담자를 객관적으로 보았을 때 해결해야 할 문제가 상담의 목표가 되어야 한다. 따라서 상담 목표는 상담을 구성하는 경민이(내담자)와 상담자 모두가 합의한 것이어야 한다. 경민이와 상담자가 합의한 상담 목표는 '성적 향상'이 될 수 있다.

둘째, 상담 목표는 구체적이어야 한다. 상담 목표가 구체적이지 않으면

상담 목표는 내담자와 합의하여 구체적이고 현실 가능한 것으로 정해야 한다.

상담의 진행 성과와 목표 도달 여부를 확인할 수 없다. 내담자인 경민이가 정한 '성적을 올리고 싶다.'는 막연한 목표보다는 '지난 시험보다 평균을 5점 올리겠다.'는 목표가 더 구체적인 표현으로 목표 달성 여부를 확인하기가 쉽다. 상담 목표가 구체적이라는 것은 상담의 각 단계에서 무엇을 해야 하는지를 좀 더 구체적으로 설정할 수 있어 훨씬 효과적으로 상담이 진행될 수 있다.

셋째, 상담 목표는 현실 가능해야 한다. 현실적으로 가능하지 않은 목표는 상담의 목표 도달을 측정할 수 없을 뿐 아니라 내담자로 하여금 자신이 어쩔 수 없다는 부정적인 신념을 가지게 한다. 만약 경민이가 '모든 교과목에 100점을 받겠다.'는 목표를 세웠다면 이는 비록 구체적이고 측정 가능한 명확한 목표라 하더라도 내담자의 성적이 최하위권이라면 상담 목표의 실현 가능성은 매우 낮으며, 내담자는 다시 한번 좌절과 함께 자신은 할 수 없다는 부정적 자기개념과 낮은 자기효능감을 형성하게 될 것이다.

넷째, 상담 목표는 내담자의 문제를 전반적으로 설명할 수 있어야 한다. 이는 내담자가 수립하기보다는 상담자 자신이 파악한 내담자의 문제를 가지고 수립할 때 적절하다. 내담자는 자신 앞에 닥친 문제만 보느라 그러한 문제를 유발한 주변 환경이나 내담자 자신의 내면적인 문제를 파악하지 못할 때가 많다. 이런 경우 내담자가 제시하는 상담 목표만을 해결하고자 하는 것은 임시방편에 불과할 수도 있다. 상담자는 내담자에게서 얻은 정보, 심리검사를 통해 얻은 정보, 전문가로서의 상담자 견해를 종합하여 내담자의 심리적 증상이나 문제를 모두 다룰 수 있는 공통적인 내용을 상담 목표로 정할 수 있다. 예를 들면, 경민이에게는 학습 방법 안내와 같은 정보제공이나 시험에 대한 불안 해소와 같은 심리적 안정 등의 목표를 세울 수 있다.

> 상담 목표는 내담자가 미처 파악하지 못한 문제까지 전반적으로 설명할 수 있어야 한다.

멀리 보이는 건물을 가장 정확하게 찾아가는 방법은 시선을 그 건물에 고정하고 길을 걷는 것이다. 시행착오가 있을 수 있지만 목표가 분명하면 시간이 걸리더라도 반드시 그 목표에 도달하게 된다. 상담 목표를 처음부터 명확하게 설정하고 완벽하게 계획을 수립하는 것은 무척 어려운 일이다. 하지만 상담자는 상담 목표의 중요성에 대해서 이해하고 있어야 효과적인 상담을 진행할 수 있다.

3. 상담의 효과

심리치료는 100년 이상 활용되어 왔다. 최근에는 많은 현대인들이 자신의 심리적 문제를 해결하기 위해 자연스럽게 상담센터를 찾는다. 그럼에도 불구하고 여전히 나의 어려움에 상담이 효과가 있을까라는 의문을 가지고 정서적 어려움이 있음에도 선뜻 상담을 시작하지 못하는 사람들이 많다. 상담이 모든 사람에게 같은 정도의 효과가 있다고 할 수는 없지만, 일반적으로 상담은 실제로 효과가 있다고 볼 수 있다(Barlow, 1996; Hollon, 1996; VandenBos, 1996).

상담을 받은 사람들은 받지 않은 사람들과 비교할 때 정서 상태가 호전된다. 상담을 받은 사람들은 받지 않은 사람들보다 우울, 불안, 공황장애, 공포증, 결혼생활 문제, 성문제, 자녀 문제, 알코올 문제, 약물중독 문제 등에서 77~80% 더 많이 호전되었다(Andrews & Harvey 1981; Seligman, 1995; Smith & Glass, 1977). 심리적 문제가 자연적으로 회복되는 사람들이 30%였던 것과 비교하면 상담은 효과적이라고 할 수 있다. 특히, 상담의 효과는 더 심각한 문제를 겪고 있던 사람일수록 호전되는 정도가 컸다.

상담을 받은 사람들은 주 호소문제의 변화뿐만 아니라 직업, 대인관계, 개인적 영역 등에서도 긍정적 변화를 겪는다고 보고한다. 내담자들은 상담을 받으면서 자신의 문제에 관심을 가지고 이해해 주며, 격려하고 희망을 주는 상담자와 이야기를 나누는 과정에서 치료적 관계를 경험한다. 치료적 관계는 내담자의 자기가치감을 느끼게 하며, 내담자가 문제를 해결할 힘을 얻게 한다. 내담자는 상담자와의 관계를 통한 긍정적 정서적 경험과 인지적 통찰, 행동에 대한 조절 능력을 얻을 수 있으며, 이는 상담의 효과와 연결된다.

또한 개인상담을 지속적으로 받았던 사람들은 상담과 약물치료를 함께 받았던 사람들만큼 개선되었다. 이러한 결과들을 볼 때 상담은 의학적 접근과 비교하여 효과성의 측면에서 손색이 없으며, 상담을 받은 사람들은 심리적 문제의 재발률이 적다고 보고된다. 이처럼 상담은 비교적 짧은 시간 내에도 효과를 볼 수 있으며, 그 효과가 유지된다.

상담에는 다양한 접근 방식이 존재하지만 치료적 접근과 전략 등을 효과적으로 사용하기 위해서 상담 이론 및 접근에 대한 심도 깊은 이해가 필요하다.

4. 상담 방법

상담이 이루어지는 방법은 크게 대면상담과 전화, 컴퓨터 등을 이용하는 매체 상담으로 나뉜다. 대면상담은 내담자의 비언어적 요소를 관찰하여 상담에 활용할 수 있다.

상담이 이루어지는 방법은 크게 상담자와 직접 만나서 얼굴을 마주 보고 대화를 통해 상담을 하는 대면상담과, 상담자와 직접 만나지 않고 전화, 컴퓨터, 편지, 휴대전화 등을 이용하여 상담을 하는 매체활용상담으로 나눌 수 있다.

상담자와 직접 만나서 이루어지는 대면상담은 상담이 이루어지는 방법 중에서 가장 일반적이고 전통적인 상담 방법이다. 이 방법은 내담자의 얼굴을 직접 보면서 하기 때문에 내담자의 비언어적 요소들을 관찰하여 상담에 이용할 수 있고, 놀이, 음악, 미술, 책, 연극 등을 활용하여 상담을 진행할 수 있는 장점이 있다.

시대가 변화하고 문화가 발전함에 따라 사람들의 문제를 해결할 수 있는 다양한 상담 방법이 생겨났다. 컴퓨터를 이용하여 사이버 공간에서 많이 이루어지는 사이버 상담, 이메일 상담, 쪽지상담, 화상 · 채팅상담과 전화로 이루어지는 전화상담, 휴대전화를 이용한 메시지 상담, 편지를 이용한 편지상담 등이다. 이러한 상담 방법은 무엇보다도 내담자가 상담자의 얼굴을 마주하지 않고 신분이 노출되지 않음으로써, 부끄럽고 남에게 보이기 어려운 문제나 감정을 쉽게 털어놓고 상담할 수 있다는 점, 상담할 수 있는 시간이 자유롭다는 점, 쉽게 상담에 접근할 수 있다는 점, 비용이 적게 든다는 점 등의 장점이 있다.

그러나 상담자와 내담자의 관계형성이 어려워 단회상담으로 끝나기 쉽고, 관계가 일시적이고 표면적일 수 있다. 또 상담자가 내담자의 비언어적인 요소를 볼 수가 없어서 깊이 있는 의사소통을 하기가 어렵다. 게다가 상담자가 내담자의 문제를 직접 파악하기보다 내담자가 간접적으로 드러내는 일부만 가지고 상담을 하게 되므로 상담자가 내담자의 문제를 정확하게 파악하기 어려워 내담자의 문제를 깊이 있게 해결하지 못하는 단점이 있다.

5. 우리나라 상담의 발전

최근 가족구조의 변화와 산업화 등으로 인해 상담의 역할이 강조되는 것처럼, 모든 일에는 어떤 특정한 계기나 전환점이 있다. 우리나라 상담은 1950년대 유엔 사절단이 우리나라에 교육연구기관의 필요성을 인식하고 제시한 것이 계기가 되었다. 이처럼 우리나라 상담의 시작은 교육기관이 중심이 되었기 때문에 초기 우리나라 상담을 이야기하려면 학교상담과 연결시켜 살펴보는 것이 더 적절하다.

따라서 우리나라 상담의 발전 과정을 살펴볼 때 연도를 고려한 고찰도 필요하겠지만, 상담이 도입된 계기나 주된 전환점을 중심으로 살펴본다면 그 특징적인 변화를 좀 더 명확하게 이해할 수 있을 것이다.

1) 근대 학교교육의 발전으로 인한 우리나라 상담의 태동

상담이 우리나라에 처음 도입된 때는 해방과 휴전 등으로 혼란스러운 시기였다. 휴전 후 유엔 사절단 활동 중 교육연구기관의 필요성이 제기되었기 때문에 우리나라의 실정이 고려되기보다는 서양의 교육관과 이론을 중심으로 한 상담이 도입되었고, 상담의 개념보다 생활지도의 의미가 강했기 때문에 가이던스(Guidance)라는 용어로 상담이 소개된 것도 그런 맥락이었다.

1953년에 중앙교육연구소가 설립되어 학생들의 생활지도와 상담이 연관되기 시작하면서 카운슬러(Counselor)라는 용어가 함께 사용되었으며, 1957년 서울시교육위원회가 강습회를 통해 카운슬러를 교육하여 배출하기 시작하였다. 그 후, 카운슬러 양성에 문교부와 중앙교육연구소도 카운슬러 교육에 동참하게 되는데, 이는 전문적인 카운슬러를 양성해야 한다는 강한 의욕과 카운슬러의 필요성 때문이었다. 하지만 당시의 카운슬러 교육은 상담의 실제 부분에 대한 교육을 담당할 상담자의 부족으로 이론에만 치중되었다.

뿐만 아니라 당시 심리측정의 방법으로 지능검사가 제작되어 상담에 활용되기 시작했는데, 당시만 해도 임상심리학에 대한 개념이 명확하게 분리되지 않았기 때문에 카운슬러들이 지능검사를 실시하고 해석하였다. 이러한 현상은 카운슬러들의 연구와 역할을 확장시키는 계기가 되었다.

그러나 이 시기는 상담에 대한 개념과 상담의 역할에 대한 혼란이 있던 시기였다. 예를 들면, 아동 중심, 인간 존중이라는 서양의 교육정신을 바탕으로 한 상담교육을 받은 카운슬러 교사들은 비지시적 상담인 Rogers의 이론을 중심으로 한 상담 활동 때문에 상담과 훈육, 상담과 생활지도 등에 대해 혼란을 경험한 시기였다. 또 심리검사의 도입과 상담의 도입 시기가 맞물리고, 상담자의 역할이 중복되면서 상담, 심리검사, 생활지도에 대한 명확한 구분이 이루어지지 않아 혼란을 겪기도 하였다.

2) 학생생활연구소의 개소로 인한 본격적인 상담교육과정의 성립

앞서 살펴본 것처럼 상담 도입 초기는 상담에 대한 개념이나 상담자의 역할 등에 대해 많은 혼란이 있었던 시기였으므로 점차 상담의 개념 확립과 상담 활동 정착을 위한 노력이 이루어졌다.

이러한 노력의 일환으로 중·고등학교를 중심으로는 1963년에 '전국 중·고등학교 카운슬러 연구회'가 창립되었으며, 그 이듬해에는 중등학교 교도 교사 자격규정의 시행과 심리검사 윤리위원회가 발족되었다.

중·고등학교와 대학교를 중심으로 한 일련의 변화들은 상담의 개념과 상담 활동 정착을 위한 계기를 마련하는 데 큰 힘이 되었다.

중·고등학교뿐만 아니라 대학교에 학생생활연구소가 개소되면서 상담 활동의 정착이 더욱 활발해지기 시작했다. 학생생활연구소에서는 통상적인 상담 및 심리검사에 추가하여 ① 학생지도의 원칙과 방안의 수립, ② 학생의 개인적 문제의 파악과 분석을 통한 해결책의 수립, ③ 타대학에 대한 전문직 학생지도의 조장과 시범, ④ 중·고등학교의 학생지도 실태 조사 및 개선책의 제안, ⑤ 학생문제 연구집회의 개최, ⑥ 조교제도를 통한 전문인력 양성 등의 사업을 통해 우리나라 상담에 대한 개념의 모색과 실제 활동의 활성화에 크게 기여하였다(정원식, 1982).

상담 활동의 정착과 더불어 대학교 학생생활연구소의 증가는 상담자 양성에 대한 요구를 불러일으켰다. 이러한 요구로 인해 1962년부터 전문적인 상담자 양성이 활발하게 이루어지기 시작했으며, 이 무렵부터 주요 대학의 교양 과목으로 상담심리학이 개설되기 시작하였다. 1972년에는 이화여대에 대학원 수준의 상담전공과정이 개설되면서 본격적으로 상담에 대한 교육과정이 그 틀을 잡아 나가기 시작했다.

3) 학회의 설립으로 인한 상담학의 독립과 발전

상담 발전을 위한 전문적인 학회 활동은 현재의 한국심리학회의 모태이자 1946년에 창립된 '조선심리학회'가 첫 시작이다. 조선심리학회는 이후 대한심리학회, 한국심리학회로 학회명을 개칭하다가 5·16 군사정변으로 잠시 해산되는 어려움을 겪었으나, 1963년 재등록하고 본격적인 학회 활동을 시작하였다. 1973년부터 한국심리학회는 전문가 자격제도를 마련하여 시행하기 시작했고, 그 이듬해에는 한국심리학회 산하에 임상심리분과가 '임상 및 상담심리분과'로 명칭을 변경하였다. 1986년에 상담심리분과는 상담에, 임상분과는 진단에 역점을 두기로 하고 분리에 합의하여, 1987년 한국심리학회 산하 '상담 및 심리치료학회'가 설립되고, 이 듬해 '한국심리학회지: 상담 및 심리치료'라는 이름으로 상담전문 학술지가 발행되기 시작했다.

상담활동 정착에 이바지하던 대학들의 노력에 힘입어 1970년대 초반까지 대부분의 대학에 학생생활연구소가 설립되었으며, 1976년에는 한국대학카운슬러연구협의회가 설립되었다. 이 협의회는 연수회 등을 통해 다양한 상담 이론을 소개하고, 집단상담 등을 통해 상담활동이 좀 더 전문화되고, 현실에 활용될 수 있도록 노력하였다. 그리고 그러한 경험을 바탕으로 상담면접, 진로상담, 심리검사, 집단상담 등에 관한 저서들이 출판되기도 하였다.

또한 한국대학카운슬러협회 활동 중 주목할 만한 것은 집단상담의 도입 및 확대다. 1983년에 '대학에서의 집단상담'이란 주제로 한국대학카운슬러 세미나가 개최되었음을 볼 때 당시 집단상담이 얼마나 활발하게 확산되고 있었는지를 짐작할 수 있다.

1997년 가톨릭대학교에 심리상담전문대학원이 설립되는 것을 시작으로 더 많은 전문교육기관이 생겨났으며, 2000년에는 한국상담학회가 설립되면서 한국상담심리학회와 더불어 상담의 독립과 발전을 이루어 나가기 시작했다. 현재까지 한국상담학회와 한국상담심리학회는 능력 있는 상담심리사 양성을 위하여 상담전문가들을 배출하고 있다.

4) 한국적 상담으로의 변화와 발전 모색

서양으로부터 상담이 도입되면서 현재 우리나라에서 활용되는 상담 이론의 대부분은 서양의 이론에 바탕을 두고 있다. 하지만 상담은 단순한 내담자의 문제 해결이라는 결과론적인 부분에 의미를 두기보다는 내담자가 생활하고 있는 지역, 사회, 문화, 정치 등 다양한 측면에 대한 이해가 고려된 과정 중심의 접근임이 인식되었다. 그러면서 점차 서양의 이론보다는 한국 또는 나아가 동양의 문화, 정치, 사회 등이 포함되어 있는 동양 사상에 대한 관심이 대두되기 시작했다.

이러한 인식의 변화로 한국적 상담의 필요성이 강조되면서 정신분석의 원천이 동양사상에서 출발한다는 이동식의 도(道)정신치료, 서양과 달리 공동체적 삶을 살아가는 한국인에게 자기발견적인 교육적 대화를 통해 자신을 발견하고 요가와 명상으로 심신통합의 중요성을 강조한 이장호의 토착상담이 등장했다. 개인의 문제는 개인의 공상에 의한 것이라는 불교의 연기론에 입각하여 마음의 문제를 바라보고자 했던 윤호균의 온마음 상담, 불교의 원리와 서양의 상담기법을 조화시켜 내담자의 행복을 목적으로 마음 알기, 다루기, 나누기 등을 활용한 용타스님의 동사섭(同事攝) 등을 모두 이러한 맥락에서 이해할 수 있다.

지금까지 등장한 한국적 상담은 서양의 상담 이론으로는 적용할 수 없었던 많은 부분을 해결하고자 하는 시도였으며 그 과정 또한 매우 가치 있는 일이었다. 이러한 노력들이 결실을 맺기 위해서는 한국적 상담을 조망할 수 있는 이론체계가 필요하다. 그리고 많은 상담자들이 한국적 상담에 대한 관심을 가지고, 지속적이고 조직적으로 연구하고자 하는 노력과 시도들이 필요하다. 그래서 동양의 사상과 상담의 실제를 결합하여 한국식 상담 이론을 마련할 수 있어야 한다.

현재 우리나라는 충분한 교육과 수련 경험을 가진 사람만이 전문적인 상담활동을 할 수 있도록 제도가 마련되어 있다. 이는 상담이 한국 사회에서 얼마나 크게 성장하였는가에 대한 감격과 앞으로 어떤 일을 해야 하는가에 대한 책임감을 느끼게 한다.

 되짚어 보기

1. 상담이란 전문적 훈련을 받은 상담자와 심리적 어려움 때문에 타고난 잠재력을 마음껏 발휘하지 못하는 내담자와의 상호작용을 통하여 내담자의 문제를 해결할 뿐만 아니라, 내담자가 행복한 삶을 살아가도록 도와주는 과정이다.

2. 상담 목표는 내담자의 문제 해결, 환경에 대한 적응, 내담자의 발달 및 효율성 향상, 문제 발생의 예방 등 다양하다.

3. 상담은 내담자의 다양한 영역에 대한 긍정적인 변화를 보여주므로 그 효과를 위해서는 다양한 치료적 접근과 전략이 효과적으로 사용되어야 한다.

4. 상담이 이루어지는 방법은 크게 대면상담과 매체활용상담이 있다. 매체활용상담은 전화, 컴퓨터, 편지 등을 활용한 상담이다.

5. 상담자들이 한국적 상담에 대한 관심을 가지고 지속적으로 연구하고자 하는 노력과 시도를 통해 한국적 상담에 대한 이론체계를 마련해야 한다.

너는 눈으로 보듯 배우지 마라.

눈으로 배운 것을 믿어서는 안 돼.

눈으로 배운 것은 반드시 한계가 있어.

너는 스스로 움직여서 알아내고 이해해야 돼.

네가 이미 알고 있는 것을 찾아야 해.

그러면 스스로 나는 법을 깨닫게 될 거야.

-리처드 버크의 「갈매기의 꿈」 중에서-

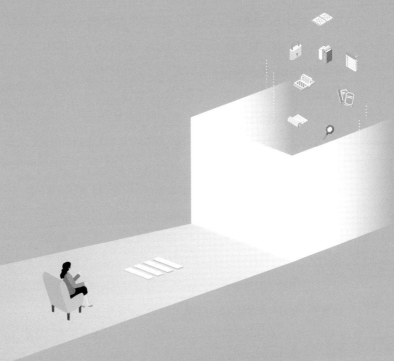

제2장
좋은 상담자는
어떻게 되는가

❝ 길라잡이 물음

1. 상담자는 어떤 사람이어야 하나?

2. 상담자가 되기 위해서는 어떤 수련과정을 거쳐야 할까?

3. 상담자가 경험하는 어려움은 무엇이고, 어떻게 해결할 수 있을까?

사람은 누구나 자기 분야에서 전문가가 되고자 한다. 누구든 최고, 최상을 위해 자신의 길을 질주하는데, 상담자 역시 마찬가지다. 그러나 정작 좋은 상담자가 되기란 그리 쉽지 않다. 의욕을 가지고 현장에 뛰어들지만 상담 장면에서 만나는 다양한 내담자와 그들이 가지는 문제는 상담자에게 긴장과 불안을 안겨 준다. 상담자들이 느끼는 불안과 긴장은 내담자 문제에 대한 지나친 개입과 실수를 가져와 상담이 제대로 진행되지 않기도 한다.

배운 이론대로 상담을 해 보지만 내담자의 반응이 예상대로 나오지 않을 때 당황하기도 하고, 내담자에게 할 질문을 생각하느라 내담자의 말을 제대로 듣지 못하여 상담의 맥을 끊기도 한다. 때로는 내담자의 문제를 해결해 주고 싶은 마음에 충고나 조언을 하여 내담자의 반발심이나 의존심을 불러일으키기도 한다. 그러다가 상담이 원활하게 진행되지 않거나 상담이 중단될 경우 스스로 자신의 상담자 자질과 전문성에 대해 회의를 느끼며 절망하기도 한다.

어떻게 보면 내담자의 문제에 대해 정확하게 파악하고 문제 해결을 위해 적절한 방법을 찾는 것은 상담자의 당연한 역할이다. 상담은 먼 여행이다. 스스로 정보를 얻고 길을 찾아가는 여행이 많은 교훈을 주는 것처럼, 상담의 길을 가면서 내담자와 그의 문제, 상담자 자신의 반응을 돌아보며 확인하는 일은 훌륭한 상담자로 성장하는 데 반드시 필요한 과정이다.

이 장에서는 상담자가 갖추어야 할 자질과 상담자 수련과정, 상담자가 겪게 되는 어려움과 점검해 보아야 할 문제를 중심으로 살펴보고자 한다.

1. 상담자의 자질

상담은 내담자의 심리적 갈등이나 현실적인 문제를 합리적이고 올바른 방법으로 대처하고 해결해 나갈 수 있도록 도와주는 전문적인 활동이다. 따라서 상담자는 타인의 성장과 발전을 바라는 성숙한 마음을 지녀야 하며, 그것을 실천하는 능력과 용기가 필요하다.

최근 들어 상담에 대한 관심 증가와 함께 상담이란 용어도 생활 전반에 걸쳐 다양하게 사용되고 있다. 그러나 타인을 돕겠다는 의욕만으로 상담 활동을 할 수는 없다. 이는 마치 환자를 치료하겠다는 의욕만으로 환자의 병을 치료할 수 없는 것과 마찬가지다. 상담활동을 잘 수행하기 위해서는 상담자로서의 인격적 성숙과 자질 그리고 전문적인 능력을 갖추어야 한다. 이제 상담자로서 갖추어야 할 전문적 자질은 무엇이며, 상담자의 인간적 자질은 어떠해야 하는지 알아보자.

1) 상담자의 전문적 자질

상담자는 심리학적 지식과 다양한 상담 이론을 잘 알고, 그것을 토대로 내담자에 따라 적절하게 사용할 수 있는 능력이 있어야 한다. 또한 상담에 필요한 기술을 효과적으로 적용할 수 있어야 하고, 인간의 다양한 정신병리에 관한 지식도 갖추고 있어야 한다. 내담자를 이해하기 위해서는 그들이 경험한 다양한 문화를 이해할 수 있어야 하고, 상담자로서 지켜야 할 윤리를 잘 알고 이를 준수하도록 노력해야 한다. 그러면 이러한 상담자의 전문적 자질에 대하여 구체적으로 알아보도록 하자.

(1) 심리학적 지식과 다양한 상담 이론의 활용

상담은 인간에 대한 총체적인 이해를 바탕으로 하는 활동이다. 따라서 상담자는 인간의 생물학적 기초, 지각, 발달, 학습, 성격, 정서와 동기, 정신병리, 사회적 상호작용 등에 대한 지식을 포괄하고 있어야 한다. 뿐만

상담자는 다양한 상담 이론을 습득하고 내담자와 내담자의 문제에 맞게 활용하여야 한다.

아니라, 발달심리, 성격심리, 학습심리, 사회심리, 지역사회심리 등을 통해서 인간과 관련된 다양한 주제들에 대한 연구와 개념을 알아야 한다.

이러한 모든 지식을 바탕으로 발달한 상담 이론은 인간을 이해하기 위한 노력의 일부로 인간관, 문제의 발생 배경, 상담 목표와 과정, 상담기법 등 내담자를 이해하는 틀을 제공한다. 그러나 인간의 다양한 심리적인 문제를 모두 해결할 수 있는 완전한 상담 이론은 없다. 더구나 상담은 내담자의 기질적 · 성격적 · 문화적 개인차를 고려해야 하므로 모든 사람에게 항상 적용 가능한 상담 이론이라는 것은 사실상 불가능하다. 효과적인 상담을 위해서는 한 가지 상담 이론만을 고집하거나 상담자가 잘 알고 있는 상담 이론만으로 내담자를 상담할 것이 아니라, 내담자의 특성이나 상황에 따라 최선이라고 생각되는 것을 적용하여 상담하는 게 좋다. 즉, 상담자는 다양한 상담 이론을 습득하고 내담자와 내담자의 문제에 맞게 활용하여야 한다.

(2) 상담기술 훈련

상담자는 효과적으로 상담을 진행하기 위해서 상담 이론에 대한 충분한 이해를 바탕으로 다양한 상담기술을 적용할 수 있어야 한다. 상담기술을 익히는 것은 상담기술에 대한 이론서를 읽는 것만으로는 한계가 있으며, 오랜 기간 동안 상담기술 훈련을 거쳐야 한다. 상담기술을 훈련하는 방법으로는 실제 상담실에서 실습을 하는 훈련도 필요하지만 상담 사례 모임에 참석하여 상담 실제에 대한 공부를 하고, 실제로 상담을 진행하면서 슈퍼비전도 받아야 한다. 이런 방법으로 상담기술을 익히는 데는 많은 시간과 인내심이 필요하기 때문에 많은 예비 상담자들이 때로는 좌절하고 상담을 포기하기도 한다.

상담을 배운다는 것은 어린 아이가 걸음마를 배우는 것처럼 힘들고 어려운 일임이 분명하다. 그러나 무수히 넘어지고 심지어 다치기까지 하면서 꾸준히 걸음마를 연습하여 결국에는 잘 걷게 되는 것처럼 포기하지 않고 꾸준히 훈련해 나간다면 습득한 상담기술을 자연스럽게 사용하면서 상담 능력이 나날이 향상되는 것을 볼 수 있을 것이다.

> 상담자는 효과적으로 상담을 진행하기 위해서 상담 이론에 대한 충분한 이해를 바탕으로 다양한 상담기술을 적용할 수 있어야 한다.

(3) 문화적 차이에 대한 이해

문화란 한 집단 구성원들이 공유하고 있는 가치관이나 행동을 의미하는 것으로 거시적으로는 나라나 민족의 입장에서도 볼 수 있지만 미시적으로 보면 나이, 성별, 생활양식, 사회경제적 계층에 따른 차이를 의미한다. 내담자 역시 다양한 환경에서 성장하며 각기 다른 경험을 통해 현재의 자신의 모습을 만들어 왔다. 하물며 동일한 가정에서 성장한 형제끼리도 각기 다른 경험의 세계를 가지고 자기만의 사고와 감정양식을 발달시키게 된다. 그러므로 내담자는 모두 각자의 문화 속에서 살아왔고, 상담자 역시 내담자와 다른 문화 속에서 생활해 왔다.

> 상담자는 내담자의 다양한 문화적 특징을 이해할 수 있어야 한다.

이러한 문화의 차이는 개인뿐만 아니라 가정 간에서도 볼 수 있으며, 현대 사회의 다문화 가정의 증가와 더불어 상담에서는 더욱 중요시되는 부분이다. 따라서 상담자는 내담자의 문화적 특징을 이해하는 것이 매우 중요하다. 상담자가 내담자의 문화적 배경을 파악하고 이해한다면 내담자의 세계를 더욱 잘 이해할 수 있고 상담을 촉진시킬 수 있기 때문이다.

2) 상담자의 인간적 자질

상담자가 인격적으로 성숙한 만큼 내담자를 도울 수 있다는 말이 있다. 상담에 대한 상담자의 전문적인 지식보다 인간적인 자질이 상담 효과를 결정짓는다고 할 만큼 인간적 자질은 매우 중요하다는 말일 것이다. 상담자가 인격적으로 성숙하지 못하면 내담자의 다양한 문제를 다룰 수가 없다. 특히 상담자 자신의 것과 유사한 문제를 다루다 보면 감정의 동요가 일어나 내담자에게 진정한 도움을 주기가 어려워진다. 상담자가 이런 문제를 극복하기 위해서는 자신의 무의식적인 욕구를 잘 파악하고 자신에게 내재된 갈등을 해결하는 것이 우선되어야 한다. 그러면 상담자의 인간적 자질에 대해 구체적으로 살펴보자.

(1) 인간에 대한 깊은 이해와 존중

인간이란 어떤 존재인가? 생물학적 · 심리학적 · 영적인 존재로 어느

40

누구도 쉽게 판단하거나 평가할 수 없는 대상이 인간, 즉 사람이다. 사람들은 여러 가지 이유로 고통을 경험하고 있다. 상담자는 이러한 사람들, 곧 내담자의 친구가 되고, 가족이 되어 그들의 고통과 아픔을 함께 경험하고자 할 뿐이다.

이 과정에서 상담자는 가능한 한 사심, 사욕, 편견 없이 내담자를 있는 그대로 이해하고, 그에게 고통을 가져오게 한 내면세계를 이해하여야 한다. 혹시 내담자의 행동이 상식적으로는 도저히 수용할 수 없는 것일지라도 그의 입장에서는 매우 당연한 것일 수 있다. 그러므로 내담자의 입장에 서서 그들의 행동을 파악해야 내담자를 올바로 이해할 수 있으며, 깊은 공감이 이루어진다. 인간에 대한 이해는 단지 어느 한 인간이 처한 현실적 문제를 파악하고, 그로 인해 발생한 결과를 파악하는 정도로는 부족하다. 상대방의 마음속에 들어가서 그들의 문제를 파악하고 고통과 아픔을 함께 느낄 때 비로소 진정한 이해가 가능한 것이다.

상담자는 내담자의 경험을 있는 그대로 이해하고 수용하는 과정을 통해 자신의 문제에서 벗어날 수 있다. 내담자가 보이는 감정, 생각, 행동들은 고정된 것이 아니라 매 순간 변한다. 그러나 내담자는 일부 문제점을 자신의 전부로 알고 괴로워하기도 하고, 현실과 거리가 먼 부적절한 방식으로 살아간다. 상담자가 감정이나 생각, 부정적인 경험을 수용하고 존중할 때, 내담자는 더 이상 자신의 문제를 피하지 않고 비로소 자신의 모습을 직면하고 수용할 수 있게 된다.

(2) 상담에 대한 열의

상담자는 상담활동에 몰입할 수 있어야 한다. 상담이 즐겁고 보람 있는 삶의 한 부분이어야 한다. 상담자는 내담자를 만나고 내담자의 경험에 공감하고 함께 협동하며 상담을 진행시킨다. 내담자가 서서히 변화하면서 성숙한 모습으로 나아가는 것을 보면서 상담자는 보람을 느낀다. 상담자는 내담자가 자신의 문제를 인식하고 해결하기 위해 노력하는 과정 내내 내담자와 함께한다. 상담에 대한 순수한 열정으로 상담에 임해야 내담자를 있는 그대로 볼 수 있고 진정한 도움을 줄 수 있을 것이다. 내담자를 돕

> 상담자는 내담자의 고통과 아픔을 함께하고 내담자의 내면세계를 이해하고 존중해야 한다.

> 상담자는 상담활동에 몰입할 수 있어야 하고, 내담자를 돕겠다는 순수한 열정으로 상담에 임해야 한다.

는 것 외에 상담자의 개인적 욕구가 개입되면 상담의 훌륭한 성과도 기대하기 어렵다.

(3) 다양한 경험과 상담관 정립

상담자는 다양한 경험을 하는 것이 좋다. 상담자의 다양한 경험은 삶을 바라보는 관점을 넓혀서 내담자를 만나고 이해하는 데 큰 힘이 된다. 예를 들어, 상담자가 공부를 잘 하지 않고 부모님의 속을 태운 경험이 있는 학생이었다면 학교에서 공부는 안 하고 친구와 싸움이나 하는 내담자를 만날 때, 왜 그가 공부를 안 하는지, 그 심정이 어떤지를 잘 헤아려 공감하기 쉬울 것이다. 또 상담자가 남자라면 한국의 며느리들이 겪는 괴로움에 대하여 이해가 잘 안 될 수도 있어서, 시부모와의 갈등에서 힘들어하는 며느리의 마음을 알아주기보다는 며느리의 의무와 역할에 대한 이야기에 상담의 많은 시간과 에너지를 쏟을 수 있다. 때로는 내담자도 부모님이 있는데 왜 남편의 부모님을 욕하느냐 등의 비판적인 생각이 들어 상담에 방해가 될 수 있다. 이런 경우 상담자는 군대에서 눈치 보느라 할 말 못해 힘들었던 군대 경험이라도 떠올려 내담자의 심정을 이해할 수 있어야 내담자가 편안하게 상담에 임할 수 있다. 상담자 자신의 이러한 경험을 통해 내담자의 입장을 쉽게 이해할 수 있고 이들에게 적절한 도움을 제공함으로써 상담의 효과를 가져올 수 있다.

이러한 오랜 임상적 경험과 상담 이론에 대한 공부는 상담자로 하여금 다른 상담자와 구별되는 자신만의 상담관을 정립하도록 도움을 준다. 상담관은 그야말로 수많은 내담자를 만나고, 그들과의 상담활동을 통해 얻은 지식과 성과들을 바탕으로 만들어지는 상담자의 중요한 자산이다.

> 상담자는 다양한 경험을 통해 공감 능력을 향상시키고, 자기 나름의 상담관을 정립해야 한다.

(4) 상담자 자신을 인정하고 돌보기

상담자는 인격적으로 완성된 사람이 아니다. 인격적으로 성숙한 사람이 유능한 상담자가 될 수는 있지만 그것이 전제조건은 아니다. 즉, 상담자도 슬프면 울고, 화나면 인상을 찌푸리고, 기쁘면 기뻐할 줄 아는 사람이다. 상담자가 감정에 흔들리지 않는다거나, 희로애락에 초연해야 하는

> 상담자가 자신을 한 인간으로 존중하고 사랑할 때 내담자를 진심으로 도울 수 있다.

것은 아니다. 따라서 상담자는 한 인간으로서 자신을 존중하고 사랑하는
태도를 가져야 한다. 이것은 내담자를 진정으로 돕게 만든다.

(5) 상담자의 가치관

흔히 상담 장면에서 상담자는 가치중립적이어야 한다고 말한다. 상담
자가 가치중립적인 입장을 취해야 한다는 것은 자신의 가치관을 노출하
지 말아야 한다는 의미가 아니라 자신의 가치관을 내담자에게 강요하지
말아야 한다는 것이다. 그렇다고 내담자의 말을 무조건 경청하고 수용해
주는 소극적이고 가치중립적인 역할을 하는 것도 아니다. 이처럼 상담자
가 내담자와의 관계에서 엄정하게 가치중립적이 된다는 것은 쉬운 일이
아니다. 따라서 상담자는 자신이 어떠한 가치관을 가지고 있는지 충분히
파악하고 그러한 가치관의 차이가 현실 생활 속에서 어떤 갈등을 유발할
수 있는지를 예상할 수 있어야 한다.

예컨대, 우리나라처럼 다종교 사회에서는 잘못하면 종교적 문제로 심
각한 갈등이 유발될 수 있다. 상담자는 내담자에게 자신의 종교적 입장과
가치를 강요하거나 은밀하게 주입해서도 안 된다. 종교적인 관점에서는
가치중립적인 입장이 유지되어야 하지만 부득이한 경우에는 자신의 견해
를 분명하게 밝힐 수도 있을 것이다. 상담자는 필요한 경우 내담자의 가
치관에 도전할 수 있으며, 특정 행동이 파괴적이라고 느낄 때는 행동의 결
과나 대가를 검토해 보도록 직면시킬 수도 있다(Corey, 2017).

대부분의 상담 장면에서는 상담자의 가치관이 노출된다. 말과 행동의
바탕에 이미 가치관이 깔려 있으며 그것을 무리하게 배제하려는 노력은
가능하지 않고 또 그럴 필요도 없다. 철저하게 가치중립적인 입장을 유지
할 수 있다는 것은 자칫 기계적인 상담으로 변질되기 쉬우며 상담자와 내
담자의 인격적인 만남을 기대하기도 어려울 것이다. 오히려 상담자는 필
요할 때 자신의 가치관을 이야기하고 그것의 영향을 내담자와 진술하게
나누는 것이 도움이 될 수 있다.

상담자와 내담자 사이에 가치의 충돌이 일어나는 경우는 여러 가지를
예상해 볼 수 있다. 전화상담의 한 사례를 들어 보겠다. 결혼한 지 7년 된

> 상담자는 자신의 가치관을 충분히 파악하고, 상담 장면에서 일어날 수 있는 갈등도 예상할 수 있어야 한다.

> 상담자는 필요한 경우 내담자의 가치관에 도전할 수 있으며, 특정 행동이 파괴적이라고 느낄 때는 행동의 결과나 대가를 검토해 보도록 직면시킬 수도 있다.

가정주부가 상담을 청해 왔다. 남편의 수입은 부족하지 않은데, 술만 마시면 폭행을 가한다는 것이다. 결혼해서 두 자녀를 두고 있는데도 폭행이 계속 되풀이되어 이제는 지쳐 이혼을 하고 싶다고 했다. 가정폭력에 대해서 극단적으로 부정적인 생각을 가진 상담자는 이혼하는 것이 좋겠다는 자신의 입장을 은근히 노출하게 되었고, 내담자는 결국 이혼을 하게 되었다. 그런데 내담자는 2개월이 못 되어서 상담자를 원망하는 전화를 걸어왔다. 상담자의 조언을 듣고 이혼을 했는데 지금은 후회를 한다는 내용이었다.

힘들어도 자식을 생각해서 가정을 지켜야 한다고 생각하는 사람이 있는가 하면, 폭력을 행사하는 배우자와는 단호하게 이혼해야 한다는 사람도 있다. 상담자에 따라서는 가치관의 차이가 많이 다를 수 있다. 일반적으로 내담자는 상담자에게 의존적인 관계를 유지하려는 경향이 있으므로 상담자의 가치관은 내담자의 판단과 선택에 큰 영향을 미칠 수가 있다. 노골적이 아니라 은근한 표현도 내담자에게 영향을 미치게 된다.

그 밖에 최근 우리 사회에서 일어나는 많은 문제 가운데 가치판단에 혼란을 유발하는 문제들이 대단히 많다. 다양한 현대사회의 가치관을 상담자가 이해하고, 상담 장면에서 항상 가치중립적인 입장을 유지하기란 대단히 어려운 일이다. 따라서 상담자는 자신의 가치관을 정확하게 인식하면서, 언제나 올바른 가치관을 지니도록 노력해야 한다. 그리고 상담자는 상담 진행과정에서 자신의 가치관을 솔직하게 개방해야 할 때라고 판단되면 내담자에게 개방할 필요가 있다. 다만, 상담자 자신의 가치관을 내담자에게 강요해서는 안 된다.

> 상담자는 자신의 가치관을 개방할 수는 있지만, 내담자에게 강요해서는 안 된다.

2. 상담 윤리

상담은 인간과 인간의 관계에서 이루어지는 것이기에, 그 관계에서 벌어질 수 있는 다양한 윤리적 문제들을 이해하고, 윤리적 결정을 위한 지침에 대해 숙지하는 것은 막 상담을 시작한 학생이나 초보 상담자들에게 있어, 상담의 기법과 기술을 익히는 것만큼이나 중요하다.

1) 상담자 자신의 한계를 명확히 알고 인정한다(상담자 자질)

상담 윤리에는 상담자 자질, 내담자 보호, 사전 동의, 비밀보장, 상담관계 등에 대한 원칙이 존재한다.

상담에서 상담자 자신은 치료적 도구다. 상담자가 전문인으로서의 능력과 자질에 힘쓰지 않는다면 상담의 발전을 기대할 수 없다. 상담자는 일정 수준 이상의 전문적 자질을 갖추기 위해서 끊임없이 노력해야 하며, 내담자의 보이지 않는 심리를 다루고 있다는 점과, 상담자의 성격이나 가치관 등의 잠재적 성향이 내담자에게 영향을 미칠 수 있음에 대해 늘 자각하고 있어야 한다. 또한 상담자는 자신의 능력과 기술의 한계성을 알고, 내담자의 문제가 자신의 능력 밖이라고 여겨질 경우에는 다른 상담자에게 의뢰할 수 있어야 한다. 자신의 능력의 한계를 내담자나 동료들에게 인정하는 것이 두려운 나머지, 무리하게 상담을 진행하거나 자신의 전문 분야를 넘어선 진단을 한다면, 결국 내담자에게 해를 끼치는 비윤리적인 상담이 될 가능성이 높다.

2) 상담에서 내담자의 자율성을 보장하고, 내담자에게 유리하고 도움이 되도록 행동해야 한다(내담자 보호)

내담자를 돕는다는 명목 아래, 상담자가 내담자를 지나치게 간섭하거나, 내담자 스스로 결정하는 것을 방해할 수도 있다. 이는 문제를 해결해 주거나 상담 성과를 빨리 보고자 하는 상담자 역전일 수도 있다. 범법 행위나 다른 사람에게 해를 끼치는 것이 아니라면, 내담자의 자율적 의사를 존중해야 한다는 자율성 원칙(autonomy)이 우선임을 잊지 않길 바란다.

원치 않은 임신을 한 대학생 내담자가 센터를 찾아왔다고 하자. 무조건 부모나 타인에게 알리는 것이 능사일까? 내담자는 경제적 능력이 없어, 누군가의 도움이 필요한 상황이지만, 가정폭력을 오랫동안 당하며 살아온 가족환경이라면 임신 소식을 부모에게 전한다면 벌어질 상황에 대한 고려도 필요하다. 이처럼 상담자는 내담자가 처한 상황과 욕구를 면밀히 살펴보고, 어떤 것이 내담자에게 유리한지 내담자와 함께 고민의 과정이 필요하다. 내담자에게 유리하게 행동할 책임이 있다는 의미의 선행 원칙(beneficence) 또한 중요한 상담 윤리 원칙 중 하나다.

이 외에도, 내담자의 성, 인종, 장애 여부 등과 같은 특성 때문에 차별대우를 받아서는 안 된다는 정의의 원칙(justice), 내담자가 피해를 입어서는 안 된다는 무해성 원칙(non-malevolence), 상담자와 내담자의 신뢰성을 바탕으로 성실하게 상담관계를 유지해야 한다는 성실성 원칙(fidelity)을 고려해야 한다. 이러한 윤리적 원칙은 내담자를 보호하고, 나아가 상담자의 전문성 신장을 위하여 필요한 부분이기도 하지만, 또한 윤리적 딜레마 상황에서 상담자들의 행동에 대한 기준이 될 수도 있다.

3) 상담의 과정을 내담자가 미리 알 수 있도록 친절하게 고지해야 한다(사전 동의)

사전 동의란 상담 초기 구조화 시, 상담 내용과 과정에 대한 내담자의 알 권리에 대해 충분히 설명하는 것이다. 이러한 사전 동의의 과정은 내담자로 하여금 상담의 진행과정에 대하여 예측할 수 있도록 해 주고, 상담에 대한 신뢰를 높일 수 있다. 사전 동의의 내용으로는 상담자가 받은 교육과 상담 경험 정도 그리고 주로 사용하는 상담 이론과 전략에 대한 정보 제공뿐 아니라 상담 시간, 예상되는 회기의 수, 비용 등을 내담자에게 알려 주어야 한다. 내담자는 자신이 도움 받기를 원하는 부분에 대해서 담당 상담자가 제공할 수 있는 상담활동과 그 대신에 선택할 수 있는 대안에 대한 설명을 들어야 한다. 또한 상담에 따른 잠재적 이익과 위험에 대해서도 과장하지 않고 있는 그대로 충분히 설명할 필요가 있다. 상담을 통해 갖게 될 긍정적인 상담 효과로는 문제 해결, 부정적 정서와 행동의 감소, 내담자의 자기이해 및 성숙 등이 있지만, 부정적인 영향으로는 과거의 고통스러웠던 기억을 떠올림으로 인한 부정적 정서 재경험이 있을 수 있다. 특히 수련생의 경우에는 자신이 수련생이며 슈퍼비전을 받는 것과 슈퍼비전에 대한 정보를 내담자에게 제공해야 한다.

4) 비밀보장은 상담에서 중요한 윤리적인 문제다(비밀보장)

비밀보장이란 내담자가 상담을 받고 있다는 사실과 내담자가 상담에서 말한 내용을 상담자와 내담자만 공유한다는 뜻이다. 내담자는 자신이 말한 내용에 대해 상담자가 비밀을 지켜 주리라는 가정하에, 타인에게 밝히기 어려운 자신의 이야기를 상담자에게 하게 되므로, 비밀보장은 내담자가 상담자에게 갖는 신뢰의 바탕이 된다. 상담내용에 대한 비밀보장 뿐 아니라, 슈퍼비전이나 교육, 연구의 목적으로 내담자의 정보를 사용할 때에도 반드시 내담자의 동의를 받고 사용하여야 하며, 이러한 경우라도 내담자에 관한 자세한 정보가 노출되지 않도록 주의해야 한다. 내담자 관련 정보의 비밀보장을 원칙으로 하되, 내담자 자신이나 특정한 타인의 안전을 위협할 만한 상황(예: 자살이나 타인에게 해를 끼칠 위험이 있을 때, 아동학대를 당하고 있을 때, 아동·청소년 대상 성 범죄가 확인될 때, 감염성 있는 치명적인 질병이 있다는 사실을 확인했을 때 등)에서는 비밀보장에 우선해 안전을 지키는 행동을 취해야 한다.

5) 전문적 상담 개입이 이루어지는 데 방해가 되는 사적 관계는 피해야 한다(상담관계)

전문적인 상담관계는 상담이 효율적으로 이루어지도록 하는 데 필수적 요소이다. 상담자가 내담자와 맺는 전문적 관계에서는 상담자가 객관적으로 내담자를 평가하고 효과적인 개입을 취해서 내담자를 최대한 도와줄 수 있는 데 반해, 상담자가 내담자와 개인적이고 사적인 관계를 맺으면 경계 문제가 발생하여 전문적 상담 개입이 이루어지는 데 방해가 된다.

상담에서의 다중관계는 상담자가 상담 서비스를 제공하고 도움을 주는 전문적 관계 이외의 다른 관계를 내담자와 맺는 것을 말한다. 이때 주로 친구처럼 가깝게 지내는 사회적 관계, 금전적인 면에서 도움을 주고받는 관계 등이 다중관계에 포함된다. 상담자는 다중관계의 위험을 피하기 위해 상담실 외의 다른 장소에서 내담자를 만나거나 내담자와 식사나 차를 함께 마시거나, 내담자와 공연, 사교모임 등을 함께 하거나, 자신이 아는 사람과 상담관계를 시작하는 등의 행동을 하지 않는 것이 바람직하다.

상담자-내담자의 성적 관계에 있어, 한국 및 미국 상담 윤리 강령에서는 상담자가 현재 내담자와는 어떤 이유로든 성적 관계를 맺는 것을 금지하고 있다. 종결한 내담자라 할지라도 종결 후 2년이 경과하기 전에는 성적 관계를 맺는 것을 금지하고 있으며, 더 나아가 미국상담학회에서는 상담 종결 후 5년이 지나지 않을 경우 과거 내담자와의 성적 접촉을 금지하고 있다.

3. 상담자가 되는 과정

1) 상담자가 되고자 하는 동기 점검

상담자가 되려는 사람에게 왜 상담자가 되려고 하느냐고 물어보면, 그 대답은 사람마다 조금씩 다르다. 힘들어하는 사람을 돕고 싶어서, 상담을 통해 다른 사람에게 영향을 미치고 싶어서, 좋은 사람으로 인정받고 싶어서, 자신의 어려움을 해결하고 싶어서, 세상에 꼭 필요한 사람이 되고 싶어서, 상담자가 앞으로 돈을 많이 벌 수 있는 직업이기 때문에 등등 다양하다. 그렇다면 당신은 왜 상담자가 되려 하는가?

상담자의 욕구, 기대, 동기는 의식적 혹은 무의식적으로 상담 과정에 영향을 미치게 된다. 상담을 통하여 내담자가 성장하고, 고통으로부터 벗어나는 것을 볼 때 상담자는 함께 노력한 보람과 기쁨을 느낀다. 내담자를 돕고자 하는 건강한 동기 외에, 상담을 통하여 칭찬과 인정을 받고자 하거나 사람을 통제하고자 하는 욕구, 경제적 욕구가 크다면 효과적인 상담을 진행하기 어렵다.

상담자가 인간으로서 가지는 욕구들이 있겠지만 지나치게 칭찬과 인정을 받으려 할 경우, 내담자를 욕구충족의 수단으로 보거나 내담자를 조종하거나 내담자의 욕구를 무조건 허용하여 상담 목적 달성을 방해할 수 있

상담자는 자신의 동기와 욕구에 대해 명확하게 인식하고, 알아차리도록 노력해야 한다.

다. 또한 상담을 통해 자기가 필요한 사람임을 느끼고자 한다면 상담관계를 의존적으로 만들어 계속해서 존재 가치를 확인하려 들 것이다. 상담 자체보다 경제적 이익을 얻고자 하는 욕구에 치우치게 되면 내담자의 변화와 성장보다 상담자의 욕구충족에 더 관심이 있을 수 있다.

상담자가 이러한 건강하지 못한 무의식적 동기를 가지고 있을 때 내담자가 표현하는 부정적인 정서를 견디지 못하고 오히려 상처를 주기도 한다. 이런 문제를 해결하기 위해 상담자는 교육과 분석을 통해 자신의 욕구와 동기에 대해 명확하게 인식하고 수용하여 욕구에 휘둘리지 않도록 늘 깨어 있어야 한다.

2) 상담자의 수련과정

효율적인 상담활동을 위해서는 상담자의 전문적 자질과 인간적 자질이 요구된다.

효율적인 상담활동을 위해서는 앞서 살펴본 것처럼 상담자의 전문적 자질과 인간적 자질이 요구된다. 특히 상담자의 전문적 자질은 상담관련 학과의 교과과정을 이수하는 것 외에도 다양한 수련이 필요한데 우리나라는 상담자가 되기 위해 개인적으로 수련을 받는 경우가 많다. 상담 전문성 확보를 위해 처음으로 1995년 서강대학교 학생생활상담연구소에서 상담 수련과정을 만들어 체계적으로 상담자 훈련을 시작하였고, 최근 들어 많은 대학과 상담기관 및 개인 상담연구소에서 상담자 훈련과정을 만들어 상담자를 양성하고 있다. 그러나 아직도 훈련과정이 체계적이고 조직화되어 있지 않아서 개인적으로 전문가나 연수를 찾아다니면서 훈련하는 상담자들이 많다. 상담자들이 수련과정에서 어떤 공부를 하게 되는지 구체적으로 알아보자.

(1) 상담 이론의 학습

상담자들이 학교에서 배운 상담 관련 교과목으로는 상담의 역량을 기르기에 충분하지 않으며, 실제 상담을 진행하다 보면 부족한 부분이 많다는 것을 자각하게 된다. 상담자들은 상담 이론에 대한 전문서적을 공부해야 할 뿐 아니라, 최신 논문을 통하여 상담의 이론이나 기법에 관해 정확히 이해해야 한다.

일반적으로 상담 개론서에는 12~14개 정도의 이론이 소개되어 있는데, 각 이론을 제안한 학자의 삶과 인생여정, 그들의 철학과 인간관, 심리적 문제의 발생 원인과 과정에 내한 설명, 심리적 문제를 해결하는 절차와 기법, 그리고 이론에 대한 평가 등이 담겨 있다. 이러한 상담 이론을 크게 세 가지로 나눈다면, 먼저 내담자의 감정과 정서에 초점을 둔 상담 이론(인간중심 상담, 정신분석 상담, 게슈탈트치료 등)이 있고, 내담자의 인지적 측면에 초점을 둔 상담 이론(인지행동 상담, 교류분석, 현실치료 등), 그리고 내담자의 행동에 초점을 둔 상담 이론(행동치료)이 있다. 상담자는 이러한 이론의 전체적인 개요 외에 각 이론의 치료 과정을 상세히 기록한 기본서를 탐독하고 그에 따른 훈련 또한 필요할 것이다.

최근에는 상담 개론서에 서양의 상담 이론과 동양의 사상이 결합된 초월심리학이나 도(道)정신치료 등도 소개되고 있는데, 상담자들은 이러한 상담 이론뿐만 아니라 철학, 종교에 관한 책을 읽어 인간을 이해하는 시각을 넓혀서 내담자를 이해할 수 있도록 노력해야 한다.

> 효과적인 상담을 위해서 상담자는 다양한 상담의 이론과 기법에 관해 정확히 이해해야 한다.

(2) 상담 실습

상담은 실제 경험이 중요하므로 접수면접을 시작으로 해서 심리검사 해석, 개인상담, 집단상담 등을 실시해 보는 것이 필요하다. 실제 상담을 진행하다 보면 어려움을 많이 겪게 되는데 그때 책을 보면서 고민해 보고 슈퍼비전을 받는 경험이 상담자를 성장하게 한다. 경험과 실습에 대한 노력이 없다면 자신의 경험을 진정한 자신의 실력으로 만드는 데 어려움이 있다. 무용이나 요리에 대한 이론만 잘 안다고 해서 훌륭한 무용가, 요리사가 되는 것이 아닌 것처럼, 상담 역시 상담 이론만을 능통하게 잘 안다고 해서 좋은 상담자가 되는 것은 아니다. 상담 이론서에 나오는 내용을 실제로 다양하게 체험해 보는 과정을 통해 상담의 진정한 의미에 대하여 깨닫게 된다.

여기에서는 개인상담과 집단상담, 심리검사를 살펴봄으로써 상담 실습에 관하여 알아보도록 하겠다.

> 상담에 대한 경험과 실습이 없다면 상담 이론을 진정한 자신의 것으로 만드는 데 어려움이 있다.

① 개인상담

개인상담은 상담의 가장 전형적인 방법으로서 상담자와 내담자가 일대일로 이루어지는 면담을 말한다. 개인상담을 받으려는 대상과 문제 유형은 다양하다. 상담 대상은 크게 아동, 청소년, 대학생, 성인, 여성, 노인 등으로 분류할 수 있으며, 각 대상에 따라 심리적 특성과 문제 유형이 다르고, 그에 따른 접근방법도 조금씩 차이가 있다. 아직까지 상담 분야에서 관심을 가지지 못하고 있는 대상들이 많이 있다. 사회가 변하면서 이제는 다문화 가정이나 외국인 노동자 역시 우리 사회의 중요한 상담 대상이 되었으며 그들에 대한 연구도 점점 많아지고 있다.

문제 유형도 학업, 진로, 성격, 정신건강, 성문제, 가족 간의 갈등 등 다양하다. 전문 상담가로서 성장하기 위해서는 여러 대상의 내담자와 문제 유형에 따라 상담 과정에서 문제를 어떻게 평가하고, 어떻게 상담 목표를 세우고, 어떻게 진행을 하면 좋을지 많은 상담을 경험해 보는 것이 필요하다.

또한 상담자 자신이 개인상담을 받아 보는 것도 중요하다. 개인상담을 통하여 자신의 문제를 해결하는 것뿐만 아니라 어떻게 상담이 진행되는지를 체험하며 공부할 수 있는 좋은 기회로 만들어야 할 것이다.

> 개인상담은 내담자와 상담자가 일대일 면담을 위주로 의사소통하는 것이다.

> 상담자는 개인상담을 통하여 자신의 문제를 해결하는 것뿐만 아니라 어떻게 상담이 진행되는지를 체험하며 공부할 수 있는 좋은 기회로 만들어야 할 것이다.

② 집단상담

상담자가 되기 위해 필수적으로 체험해야 하는 과정이 집단상담이다. 집단상담은 상담의 이론과 방법에 따라 다양한 형태가 있지만 대체로 한두 사람의 집단상담자가 10명 안팎의 집단 구성원을 대상으로 구성원 간의 역동적 상호작용 관계를 활용하여 대인관계, 미해결 감정, 사고 및 행동 양식의 변화를 가져오게 하는 상담 방법이다. 이론에 따라 집단상담자를 집단치료자 또는 집단리더라 부르기도 하고 집단촉진자 또는 집단지도자라고 부르기도 한다.

집단상담은 운영 방식에 따라 구조화 집단상담과 비구조화 집단상담으로 분류할 수 있고, 운영 시기에 따라 분산적 집단상담과 집중적 집단상담으로도 나눌 수 있다. 구조화 집단상담은 사전에 계획된 프로그램을 미리 제시하고 집단상담자의 주도하에 구성원 간에 상호작용이 일어나도록 하

> 집단상담이란 상담자가 10명 안팎의 집단 구성원을 대상으로 구성원 간의 역동적 상호작용 관계를 활용하여 대인관계, 미해결 감정, 사고 및 행동 양식의 변화를 가져오게 하는 상담 방법이다.

는 방식으로 진행된다. 비구조화 집단상담은 사전에 계획된 프로그램이나 행동방식을 지시하지 않는 상황에서 구성원 간에 강한 역동적 상호작용이 일어나도록 하는 방식으로 진행된다. 분산적 집단상담은 제한된 시간 동안 여러 차례 나누어 집단을 실시하는 방법으로 집단상담 과정에서 학습한 내용들을 실제 생활에 적용해 보고, 이를 다시 집단상담 과정에서 다룰 수 있는 장점이 있다. 이에 반해 집중적 집단상담은 역동적 상호작용이 강력하게 일어나도록 하고 상담 효과를 극대화하기 위하여 일정 기간 동안 집중적으로 집단상담을 실시한다. 집단상담자들의 선호도나 프로그램의 목적에 따라 구조화/비구조화, 분산적/집중적 집단상담을 혼합하여 진행하는 경우도 많다.

일반적으로 아동 · 청소년이나 처음 상담을 접하는 성인들에게는 대체로 구조화 집단상담이 많이 활용되고 있고, 구조화 집단상담 경험이 있거나 상담 전문가가 되기를 원하는 사람들을 대상으로 할 경우에는 비구조화 집단상담을 실시하는 경우가 많다. 그러나 주어진 환경이나 상황에 따라 구조화와 비구조화 모두를 실시해야 하므로 예비 상담자는 두 가지를 모두 체험하고 운영하는 방법을 습득해 둘 필요가 있다.

③ 심리검사

상담실을 찾는 사람 중 많은 사람이 심리검사를 받고 싶어서 찾아온다. 심리검사를 받고 해석하는 과정을 통해 상담으로 연결되는 내담자도 많으며, 이러한 심리검사는 내담자들을 보다 정확히 이해하기 위해 실시된다.

심리검사는 성격검사, 지능검사, 우울과 불안 검사, 학업 관련 검사, 진로 관련 검사 등 다양하다. 실시방법에 따라 개인검사와 집단검사로 나누고, 검사 자극에 따라 투사검사와 객관검사로 나눈다.

상담자들은 이런 심리검사의 종류와 특징, 실시방법, 해석 요령들을 훈련 받은 후, 내담자에게 실시하고 해석 상담을 하는 과정을 경험해야 한다.

집단상담은 운영 방식에 따라 구조화 집단상담과 비구조화 집단상담으로 분류할 수 있고, 운영 시기에 따라 분산적 집단상담과 집중적 집단상담으로 나눌 수 있다. 상담자는 주어진 환경이나 상황에 따라 집단상담을 실시해야 하므로 예비 상담자는 모두 체험하고 운영하는 방법을 습득해 둘 필요가 있다.

심리검사는 성격검사, 지능검사, 우울과 불안 검사, 학업 관련 검사, 진로 관련 검사 등 다양하다. 실시방법에 따라 개인검사와 집단검사로 나누고, 검사 자극에 따라 투사검사와 객관검사로 나눈다.

(3) 상담 교육 프로그램의 참석

대학이나 대학원에서 진행되는 상담수업은 다양한 형태의 상담 이론 및 방법들을 경험하기에는 제한점이 많다. 그리하여 여러 형태의 상담 교육 프로그램이 학교에서 이루어지는 상담수업의 대안으로 제시되고 있다. 현재 실시되고 있는 교육 프로그램의 형태로는 이론을 소개하는 데 주안점을 둔 것도 있고 이론과 실습을 겸하거나 실습 중심으로 이루어지는 것도 있다. 상담 이론이나 방법을 좀 더 깊이 있게 배우기를 원하는 사람들에게는 자신이 관심이나 흥미를 가진 주제를 교육하는 프로그램에 참석할 것을 권한다.

(4) 상담 사례 연구와 사례 발표

상담자들은 상담 전문가나 동료들이 실시한 상담 사례를 접하는 것이 도움이 된다. 음성언어로 녹음된 자료를 축어록으로 만들거나 비디오로 녹화된 자료를 검토하는 과정을 통해 내담자에 대한 이해와 상담 진행 방법에 대해 간접적으로 공부할 수 있다. 또 용기를 내어 자신이 진행한 상담 사례를 발표하고 토론하는 경험도 필요하다. 상담 사례를 발표하기 위해 상담한 자료를 정리해서 발표함으로써 내담자를 총체적으로 이해하게 되고, 자신이 진행했던 상담의 장점과 맹점을 보게 된다. 우리나라의 여러 상담 관련 학회는 정기적으로 상담 사례 발표회를 진행하고 있어 다른 상담자가 진행했던 상담 사례를 살펴보며 공부할 수도 있고, 자신의 상담 사례를 발표하고 피드백도 받을 수 있으므로 사례 연구와 사례 발표에 자주 참여하는 것이 상담자의 전문성 향상에 도움이 된다.

(5) 슈퍼비전

상담자들이 처음부터 상담을 잘 진행하는 것은 어렵다. 상담자들은 슈퍼비전을 받으면서 상담을 여러 차례 진행해 보아야 한다. 슈퍼비전이란 슈퍼바이저가 사례 지도를 받는 수련자와 함께 실제 상담을 진행한 축어록, 녹음이나 녹화 자료를 통해서 상담 진행과정에 대한 여러 가지 상황들을 지도해 나가는 과정을 말한다. 상담 수련자는 사례 지도를 통해 내담자의 문제를 제대로 이해하고 있는지, 이론적 접근과 문제 해결을 위한 개입방법은 적절한지, 상담관계는 어떤지에 대한 지도를 받을 수 있다. 또한 상담자의 문제로 인해 상담의 방해를 받는지, 그렇다면 방해하는 요인과 해결책은 무엇인지에 대해서도 슈퍼바이저와 함께 탐색할 수 있다. 슈퍼비전은 내담자에게 해를 끼치지 않고 상담을 진행할 수 있도록 돕기 때문에 내담자들을 존중하는 방법이기도 하다.

슈퍼비전은 개인지도 방식과 집단지도 방식으로 크게 나눌 수 있다. 개인지도 방식은 슈퍼바이저와 상담 수련자 간에 일대일로 이루어지며, 다양한 장점을 가지고 있다. 김계현(1998)에 따르면, 먼저 슈퍼바이저가 상담 수련자의 현재의 지식과 기능 수준을 정확히 파악하여 그에 맞는 지도를 할 수 있다. 둘째, 하나의 사례를 지속적으로 지도받을 수 있기 때문에 사례 지도의 내용이 심화될 수 있다. 셋째, 개인 사례 지도는 개인상담과 같은 일대일 관계에서 이루어지기 때문에 슈퍼바이저가 상담 수련자에게 '선배상담자'로서의 모델 역할을 한다. 넷째, 슈퍼바이저와 상담 수련자 간에 오랜 관계를 맺을 수 있어서 수련자가 슈퍼바이저의 지식, 이론, 기술 등을 충실히 전수받을 수 있다. 다섯째, 때때로 상담 수련자 자신의 심리적 문제를 발견하고 치료하는 기능도 수행할 수 있다. 하지만 수련과정에서 시간과 비용이 많이 들고 한 슈퍼바이저의 지식과 이론만을 습득하는 결과를 가져오기도 하는 등 단점도 있다.

한편, 집단지도 방식은 다양한 형태를 취할 수 있는데, 여러 명의 상담 수련자가 한두 명의 슈퍼바이저에게 사례 지도를 받거나 여러 명의 슈퍼바이저에게 사례 지도를 받을 수 있다. 이들 형태는 개인지도 방식의 단점을 보완해 주기도 하지만 깊이 있고 일관성 있는 지도가 어렵다는 단점도 발생할 수 있으므로 필요에 따라 개인지도 방식과 집단지도 방식을 혼합해서 활용하는 것이 더 좋다.

4. 상담 장면에서 겪게 되는 어려움

오랜 시간 많은 준비를 하더라도 현장은 언제나 많은 변수를 가지고 있다. 상담 장면에서 상담자가 겪는 어려움은 다양하겠지만 여기서는 그중에서 상담의 중심이 되는 몇 가지의 문제를 살펴보고자 한다.

1) 상담자에 대한 탐색

상담을 진행하는 동안 겪는 어려움 중 일부는 상담자 자신이 가지고 있는 문제에서 비롯되는 경우가 많다. 무엇이 상담자 자신을 힘들게 하는가?

(1) 내담자의 이야기를 듣는 것이 어려운가

상담자의 말이 많으면 내담자의 말을 들을 수가 없어서 내담자에 대한 탐색이 어렵다.

상담자의 가장 큰 역할은 내담자 스스로 자신의 이야기를 하도록 돕고, 그 이야기를 잘 들어 주는 것이다. 즉, 내담자는 이야기를 하는 화자의 역할을, 상담자는 이야기를 들어 주는 청자의 역할을 담당하게 된다. 그런데 이런 역할이 바뀌는 경우가 있다.

내담자의 말을 듣기보다 자신의 말을 하기를 좋아하는 상담자는 다음과 같은 이유로 말을 많이 할 가능성이 있다. 첫째, 상담 자체에 대한 불안한 마음이 있을 수 있다. 내담자와 함께 있는 장면이나 상담 진행에 대한 불안함을 해소하기 위해 말을 하는 경우다. 상담에 대한 불안은 내담자가 어떠한 사람이며, 어떤 문제를 지니고 있는지를 알지 못하는 데서 발생하기도 하고, 상담의 진행이 원만하게 이루어질 수 있을지 또는 내담자가 만족할 정도로 상담이 성과가 있을지와 같은 두려움에서 비롯되기도 한다. 둘째, 내담자에게 좋은 인상을 주고자 할 때다. 자신을 유능한 상담자로 보이기 위해 내담자에 대한 충분한 탐색이 이루어지기 전에 상담자의 생각과 문제 해결책에 대해 이야기하는 경우다. 셋째, 상담자 개인이 일반적으로 말하기를 좋아하는 경우다.

어떤 이유에서든지 상담자가 듣기를 어려워하는 경우에 발생하는 문제는 내담자가 문제를 내어놓을 기회를 뺏고, 내담자의 문제나 관심사에 대해 탐색할 기회를 잃어버리는 것이다. 일반적으로 상담 시간 중 60~70%는 내담자의 이야기로 이루어진다. 이것은 상담자가 말하기보다 듣기에 충실해야 함을 의미한다.

(2) 내담자의 침묵이 불안하게 느껴지는가

상담자는 상담의 진행과 내담자의 파악에 대한 부담감으로 불안을 느끼기도 하지만 내담자가 말을 하지 않고 침묵을 유지하는 경우에도 불안을 느낀다.

상담 진행 중에 예기치 않는 긴 침묵이 발생하면 상담자는 침묵의 시간을 견디지 못하고 그 순간을 깨뜨리게 된다. 상담 중에 나타나는 침묵은 깨뜨리는 것이 아니라 그 의미를 파악하는 것이 훨씬 중요하다. 그러기 위해서 상담자는 침묵이 불안을 느끼는 순간이 아니라 대단히 의미 있고 중요한 순간이라는 것을 깨달아야 한다.

침묵이 진행되는 동안 상담자는 자신에게서 일어나는 감정을 먼저 파악해야 한다. 상담자는 그 침묵을 방해하지 않으면서 그것이 내담자에게 어떤 의미가 있는지 다루어야 한다. 또한 침묵의 시간을 조급하게 여기지 말고 느긋하게 참고 기다리고 있다가 무슨 생각을 하였는지, 왜 말을 하지 않고 있었는지를 알아 보는 것도 필요하다. 침묵이 제대로 탐색되면 내담자의 중요한 문제를 탐색할 수 있다. 그러기 위해서 침묵의 순간에는 내담자의 표정이나 작은 손놀림이라도 관심 있게 살펴봐야 한다. 그런 다음 내담자와 함께 침묵의 의미를 다루면 더욱 깊은 상담관계로 몰입할 수 있다.

> 침묵은 내담자가 자신의 내면과 문제를 탐색하는 대단히 의미 있는 순간이다.

(3) 서둘러 도움을 주고, 상담 효과를 보기 원하는가

힘들어하는 내담자에게 빨리 도움을 줘서 해결해 주고 싶은 마음은 상담자의 순수하고 인간적인 감정이며, 상담자로서의 의무감이다. 하지만 내담자의 문제와 욕구에 대해 정확하게 파악되지 않은 상태에서 성급하게 도움을 주는 것은 내담자에게 도움이 되지 않을 수도 있다. 또한 상담자의 도움이 정말로 내담자의 문제 해결에 도움이 되는지, 아니면 내담자

> 내담자의 문제가 무엇인지 정확하게 파악되지 않은 상태에서 성급히 도움을 주려는 것은 오히려 내담자에게 방해가 될 수 있다.

로부터 좋은 상담자로 평가받고 싶은 것인지를 생각해 보아야 한다. 만약 상담자로서 인정받고 싶은 심리가 작용하거나 내담자에게 실력 없는 상담자라고 무시당하기 싫어서 서둘러 조언을 하고 충고를 하는 경우라면, 자아가 약한 내담자에게는 의존심을, 반대로 자아가 강한 내담자에게는 저항을 불러일으켜 상담이 원활하게 진행되지 않을 수 있다.

상담의 성과에 대해 성급한 마음을 가지는 것은 내담자에게 전혀 도움이 되지 않으며, 내담자 스스로 해결 방안을 찾도록 도와주어야 한다.

상담의 성과는 단시간에 나타나기도 하지만 상담이 종결될 때까지 아무런 변화도 보이지 않다가 종결 후에 효과가 나타나는 경우도 있다. 때로는 상담을 받아서 오히려 더 나빠졌다고 불평하는 내담자도 있을 수 있다. 이러한 과정을 극복하고 상담자로서 성장하는 길은 상담관계 속에서 자신과 내담자에게 더 깊은 관심을 가지고 성실하게 상담해 가는 것이다.

진정한 상담자의 역할은 내담자에게 조언과 충고로 해결책을 제시해 주는 것이 아니라 내담자가 스스로 해결 방안을 찾도록 도와주는 것이다. 너무 자주 주는 물은 도리어 나무의 뿌리를 썩게 만든다.

(4) 내담자의 문제만 보이는가

상담자가 내담자의 문제 행동에만 초점을 맞추느라 내담자 전체를 바라보지 못할 경우 내담자에 대한 전반적인 이해는 물론 문제 해결을 위한 내담자의 강점을 간과해 버리기 쉽다.

내담자들은 여러 가지 문제를 가지고 상담실을 찾는다. 그래서 상담자는 내담자의 문제가 무엇인지를 파악하려 하고, 내담자의 문제 해결에 상담의 초점을 두려고 한다. 그런 과정 중에 상담자는 내담자의 문제에만 초점을 두고 내담자를 골치 아픈 사람으로 인식하기 쉽다. 만약 상담자가 그러한 선입견을 가지고 내담자를 본다면 내담자의 강점을 제대로 파악하지 못할 가능성이 높다. 그러나 관점을 달리하여 내담자의 문제 행동을 보면, 그 문제 행동이 내담자의 강력한 힘이기도 하며, 지금까지 내담자의 삶을 유지시켜 온 원동력일 수도 있다. 상담자가 내담자의 문제 행동에만 초점을 맞춰서 내담자 전체를 바라보지 못할 경우 내담자에 대한 전반적인 이해는 물론이고 문제 해결을 위한 내담자의 강점을 간과해 버리기 쉽다.

내담자들은 삶을 살아오면서 대체로 부정적인 자기상을 강하게 가지고 있으며 자아존중감도 낮고, 타인에 대한 신뢰도 적은 편이다. 이러한 내담자에게서 강점을 발견해 주는 일은 대단히 중요하다. 도벽이 있거나,

폭력적이거나, 약물에 중독되었다고 할지라도 모든 사람에게는 근원적으로 아름다운 심성이 존재한다. 왜곡된 생각과 문제 행동만 제거하면 누구나 밝고 건강한 삶을 살아갈 수 있다.

(5) 언제나 동일한 이론을 적용하는가

지금까지 수많은 상담 이론과 기법이 발표되었으며, 지금도 끊임없이 연구가 지속되고 있다. 다양한 상담 이론들은 상담자의 취향에 따라 선택되고 상담에 적용된다. 그런데 상담자가 어느 하나의 이론만으로 상담에 임하는 것은 그 이론에 대한 상담자의 전문성은 높일 수 있으나 내담자를 폭넓게 이해하고 더 많은 도움을 제공하는 데는 한계가 있다. 인간은 각기 특유한 선천적 기질과 성장 과정에서 다양한 문화적 배경 및 환경 등의 영향을 받아 형성되었다. 따라서 어느 하나의 척도로 인간을 이해한다는 것은 불가능하다.

예를 들어, 정신역동 상담을 선호하는 상담자는 현재 문제의 발생 원인을 아동기 때의 감정양식으로 보고 상담자에게로 향하는 전이 감정을 주로 다루면서 내담자가 현실 생활에서 당면한 문제를 해결하는 데는 소홀할 수 있다. 반대로, 문제해결중심 상담을 선호하는 상담자라면 인간의 무의식 속에 내재한 잠재의식과 콤플렉스를 지나치기 쉽다.

따라서 한 가지 상담 이론을 모든 내담자에게 적용할 때 생기는 이러한 문제들을 극복하고 보다 효과적인 상담을 진행하기 위해서, 상담자는 여러 가지 상담 이론을 습득하고 다양한 상담기법을 활용할 수 있어야 한다. 더불어 내담자의 특성과 문제에 따라 여러 이론을 적재적소에 적용할 수 있어야 한다.

> 어느 하나의 이론만으로 상담에 임하는 것은 내담자를 폭넓게 이해하고 더 많은 도움을 주는 데 한계가 있다.

(6) 역전이에 대해 자각하고 있는가

전이(transference)는 내담자가 살아가면서 중요한 사람들에게 향했던 과거의 감정이나 태도를 상담자에게 투사시키는 무의식적인 과정으로, 부모와 같은 중요 인물과의 관계에서 해결되지 않은 갈등에 뿌리를 두고 있다. 이 해결되지 않은 과제 때문에 내담자는 왜곡된 방식으로 상담자를

> 상담자가 역전이를 자각하지 못하면 주관적인 방식으로 내담자를 다루게 되어 상담관계가 제대로 형성되지 않을 수 있다.

지각하고, 과거의 잘못된 관계를 현재 상담자와의 관계에서도 되풀이한다. 동일한 과정이나 방식으로 상담자가 내담자에게 느끼는 감정을 우리는 역전이(counter-transference)라고 한다.

역전이는 상담 과정에서 긍정적 또는 부정적 영향을 모두 미칠 수 있다. 만약 상담자의 욕구와 미해결된 개인적 갈등이 자신도 모르는 사이에 상담 장면에 작용하고 있다면 역전이 반응으로 인하여 상담이 더 이상 진척되지 않을 수도 있다. 그러나 상담관계를 이해하는 데 역전이를 사용한다면 도리어 긍정적이고 치료적인 힘이 될 수 있다. 그러기 위해서 상담자는 자신의 문제와 내면에 대해 깊이 이해하고 있어야 하며, 자신의 문제가 역전이로 나타나 상담관계에 영향을 미칠 수 있음을 자각하고 있어야 한다. 만약 상담자가 역전이를 자각하지 못하면 상담자의 주관적 방식으로 내담자를 다루게 되고 때로 상담관계가 제대로 형성되지 않을 수 있다. 이는 상담자가 내담자를 바라볼 때 자신이 해결하지 못한 문제로 인하여 무의식적으로 내담자의 행동을 왜곡되게 지각할 수 있기 때문이다.

상담자가 자신의 역전이 문제를 파악하고 해결하기 위해서 슈퍼비전을 받는 것도 하나의 방법이다. 슈퍼비전을 통하여 자신의 전이 감정을 이해하고, 이를 바탕으로 상담 장면에서 나타날 수 있는 역전이 감정을 예상해 볼 수 있다. 하지만 슈퍼비전을 받는다 하더라도 어느 누구도 역전이 문제를 완전히 해결할 수는 없다. 그래서 상담자는 상담 장면에서 언제나 역전이를 인식하고 그것을 상담에 활용하는 자세를 갖는 것이 중요하다.

> 상담자는 역전이를 인식하고 극복하려고 노력하면서 역전이를 상담에 활용하려는 자세를 갖는 것이 중요하다.

(7) 소진되지 않도록 자신을 돌보고 있는가

장기간 집중해서 상담을 하다 보면 상담자는 신체적 피로뿐만 아니라 정신적 피로와 정서적 고갈로 더 이상 내담자를 돕기가 힘든 소진(burnout) 상태에 놓이게 된다. 이러한 상태가 지속되면 자기 자신은 물론이고 자신의 일과 삶, 타인에 대해서도 부정적인 태도를 취하게 되고, 나아가 무기력감과 절망감을 느끼게 된다. 소진은 상담자에게 우울감과 고립감의 경험, 도덕성의 상실, 능률과 대처 능력의 감소를 가져온다. 이런 상황이 되면 상담자는 내담자에게 도움이 되기보다는 도리어 해를 끼칠

> 상담자의 소진은 우울감, 고립감, 능률저하를 가져와 내담자에게 피해를 준다.

수가 있다.

그럼에도 불구하고 많은 상담자들은 자신의 상황이 다른 사람의 도움이 필요한 상태라는 것을 알아차리지 못한다. 왜냐하면 상담사는 다른 사람들을 돌보도록 훈련받아 왔기 때문에 자기 자신이 다른 사람의 도움을 필요로 한다는 사실을 받아들이려고 하지 않는다. 자신을 돌보고 재충전하는 데 소홀하다가 서서히 소모되어 결국에는 소진에 이르게 된다.

따라서 좋은 상담자는 자신의 우물이 고갈되지 않도록 스스로를 잘 돌보아야 한다. 만약 자신이 소진될 어려움에 처했을 때는 그 상황을 자각할 수 있어야 하고, 자신 또한 다른 사람의 돌봄이 필요하다는 사실을 받아들일 수 있어야 한다.

2) 내담자에 대한 탐색

넘기 어렵지 않다면 산이 아닐 것이다. 어떤 일이든 쉬운 일은 없다. 상담도 마찬가지다. 해결하기 쉬운 문제를 가진 내담자만을 만난다면 좋겠지만 상담은 언제나 상담자들의 바람대로 되지 않는다. 상담을 하면서 다루기 어려운 내담자를 만나고 그 문제를 성공적으로 다루고 나면 상담에 자신감이 생길 수도 있고, 상담자도 조금씩 성숙해 나가는 자신의 모습을 만나게 될 것이다.

상담 장면에서 만나는 내담자들의 문제 행동을 살펴보고 어떻게 접근해야 할지 살펴보자. 상담 이론에 따라 접근방식이 다를 수 있으나 여기서는 가장 보편적인 탐색 질문을 제시하였다.

(1) 상담자에게 강한 전이 감정을 보이는가

앞서 말했듯이 전이는 내담자가 살아오면서 부모나 형제와 같은 중요한 사람들에게 가졌던 과거의 감정이나 태도를 상담자에게 투사시키는 무의식적인 과정으로, 중요 인물과의 관계에서 해결되지 않은 내담자 자신의 갈등에 뿌리를 두고 있다. 이 해결되지 않은 과제(감정, 태도 등) 때문에 내담자는 왜곡된 방식으로 세상과 상담자를 지각하고 과거의 관계를

> 유능한 상담자가 되기 위해서는 내담자의 전이 감정을 이해하고 숙련되게 다루는 방법을 아는 것이 필요하다.

현재 상담자와의 관계에서 되풀이한다. 예를 들어, 부모의 사랑을 갈구했던 내담자는 상담자가 자신을 아기처럼 돌봐 주고, 모든 문제를 해결해 주기를 바라게 된다. 이러한 감정들은 내담자가 아동기 때 자신의 중요 인물들에게로 향했던 감정들로서 성인이 된 후 대상이 상담자로 바뀌어 상담자를 향한 애정과 원한, 의존과 격분 등의 양가감정으로 상담 과정 중에 나타나는 것이다. 그런데 상담자가 내담자의 전이 감정을 알아차리지 못한다면 상담자는 상담의 방향을 잃어버릴 수도 있다.

　내담자가 상담자에게 반복해서 화를 내면, 상담자는 다음과 같은 질문을 통해 상담자를 향한 내담자의 감정이 전이 감정이라는 것을 알아차리도록 도와줄 수 있다.

- 지금 무척 화가 난 것처럼 보이는데, 무엇 때문에 화가 났는지 구체적으로 말해 줄 수 있나요?
- 지난 회기에도 비슷한 이야기를 하면서 화를 냈던 것 같아요. 사실 저와는 아무 관련이 없는 일인데 말이죠. 언제부터 그런 기분을 느꼈는지 기억하나요?
- 제게 화가 났나요? 아니면 다른 사람에게 내고 싶은 화를 저에게 내는 건가요?

　만약 상담자가 내담자의 전이 탐색을 위한 적절한 개입 기회를 놓치면 내담자의 내면에 대한 이해를 놓칠 뿐 아니라 내담자의 화로부터 상담자 자신을 방어하느라 상담 시간을 허비하게 된다. 그런데 때에 따라서 내담자가 화를 내는 것이 전이 감정으로 설명되지 않을 때가 있다. 이런 경우에 상담자는 자신의 어떤 태도나 행동이 내담자의 저항을 촉진하는지의 여부를 점검해 보아야 한다. 내담자가 저항하는 행동을 유발하게 된 요인이 상담자의 어떤 측면인지 기꺼이 살펴보는 것은 긍정적이고 효과적인 상담을 위해 반드시 필요한 일이다.

(2) 상담 장면에 저항하고 있는가

상담실에 와서 자기 자신을 내보이거나 자기를 탐색하는 작업을 하지 않으려고 하는 내담자가 있다. 여러 가지 이유가 있겠지만, 그중 하나는 상담자와의 관계가 안전한지의 여부를 확인하기 위하여 상담자를 시험해 보는 것이다. 이런 경향은 주로 상담 초기에 나타나는데, 이때 상담자는 내담자의 심정을 잘 받아 주고 이해해 주어야 한다. 그러면 내담자는 상담자에 대한 신뢰와 함께 자신의 마음을 탐색하는 데서 오는 불안함을 상담자에게 표현할 수 있는 용기를 얻게 된다. 이럴 때 상담자는 내담자가 겪는 불안함을 그대로 표현할 수 있도록 도와야 한다. 다음과 같은 질문이 그 작업을 도울 수 있다.

> 상담 초기 내담자는 상담자에 대한 신뢰를 시험해 보게 된다. 상담자는 내담자가 겪는 불안을 이해하고 그대로 표현하도록 도와야 한다.

- 상담 시간 시작부터 회사에서 있었던 일을 이야기하고 있는데, 아직 마음을 이야기할 준비가 안 된 것처럼 느껴지네요.
- 오늘 상담하는 동안 마음은 어땠어요? 지난주는 많이 힘들어 했는데 지금은 어떤가요?
- 제게 자꾸 질문을 하는 모습을 보고 있으니 왠지 불안해 보이는군요. 지금 어떤 기분인지 말해 줄 수 있나요?

넓은 의미에서 저항은 개인의 갈등 혹은 고통스러운 감정을 탐색하지 못하도록 막는 행동이다. 다시 말해, 불안으로부터 자신을 보호하려는 시도로 해석할 수 있다. 그러므로 상담자는 내담자의 저항적인 행동을 생존을 위한 기제로 간주하여 존중하는 자세를 가져야 한다. 누구든지 위기 상황에서 생존하기 위해 방어기제를 사용하는 것처럼 내담자는 저항을 통해 상담자를 탐색하고 상담 초기에 느껴지는 불안으로부터 자신을 보호하고자 하는 것이다. 그러므로 상담자는 수용과 존중을 통해 내담자를 지지해 주어야 한다.

(3) 상담에 비자발적으로 참여하는가

자발적으로 상담실에 오는 내담자가 있는가 하면, 교사, 부모, 배우자

비자발적인 내담자는 변
화에 대한 동기가 낮다.
이런 내담자일수록 상담
여부를 결정하고 그 책임
또한 본인에게 있음을 일
깨워 주어야 한다.

의 권유나 강요에 의해 상담실 문을 두드리는 내담자도 있다. 이렇게 비
자발적으로 오는 내담자들은 변화에 대한 동기가 낮고, 상담에 대해 마음
의 문을 여는 데도 좀 더 긴 시간이 필요하다. 예를 들어, 폭력 문제로 상
담실에 의뢰된 가해 학생은 교사의 권유에 의해 상담실에 왔지만 자신에
게 문제가 있다고 생각하지 않는다. 도리어 폭행당한 아이가 맞을 짓을
했고, 운이 나쁘게 교사가 알게 되어서 상담실에 온 것이지 자신은 상담
받을 필요가 없다고 생각한다.

상담자는 문제가 있는데도 상담의 필요성을 느끼지 못하는 내담자를
만났을 때 당황하게 되고, 상담 방법이나 접근에 대해 고민하게 된다. 그
러나 비자발적인 내담자일수록 상담 여부를 결정하고 그에 대해 책임지
는 것이 내담자 자신에게 있음을 일깨워 줘야 한다. 만약 상담자가 비자
발적인 내담자에게 억지로 상담에 참여하도록 유도한다면 내담자의 변화
의지가 결코 생기지 않아 상담은 지지부진하게 될 것이다. 또 상담자는
내담자가 자신의 노력에 따라 주지 않을 때 섭섭함과 좌절감을 느껴 상담
에 대한 의욕이 떨어지게 된다. 상담을 진행하려는 부담보다는 내담자의
지금 마음 상태를 물어보거나 다른 사람들의 관점에서 문제를 바라볼 수
있도록 다음과 같은 질문을 통해 돕는 것이 더 필요하다.

- ○○은 아무렇지도 않은데 주변의 사람들이 자꾸 말을 하니까 귀찮
  겠군요.
- 오고 싶지 않은데 억지로 온 것처럼 보이네요. 지금 어떤 마음인지
  이야기해 줄 수 있나요?
- 엄마(선생님)가 ○○을 상담실에 보낸 이유가 무엇인지 생각해 봤나요?
- 엄마(선생님)가 상담실에 보낼 때 ○○의 어떤 점이 문제라고 생각했
  을까요?

상담자의 공감과 질문은 내담자로 하여금 상담 장면에서 저항보다 자
발성을 탐색하도록 돕는다.

(4) 상담자에게 지나치게 의존하는가

감당하기 힘든 문제에 부딪혔을 때, 눈을 감았다 뜨면 모든 일이 해결되는 상상을 해 본 적이 있을 것이다. 어려운 문제에 부딪힌 내담자일수록 자신의 문제가 상담을 통해 원활하게 해결되기를 바라고, 상담자가 자신의 문제 해결에 결정적인 역할을 해 줄 것이라 기대한다. 그래서 상담자로부터 모든 일을 점검받으려고 하고, 수시로 통화를 해서 자신이 무엇을, 언제, 어떻게 해야 할지에 대해 확인받으려고 한다.

의존적인 내담자는 자신이 의사결정을 해야 한다는 사실에 불안을 느낀다. 그래서 상담자에게 의존하려고 하고, 의사결정에 대한 책임을 상담자에게 돌려 결과에 대한 불안에서 벗어나고자 한다. 이때 상담자는 내담자의 의존을 자신이 어떻게 받아들이고 있는지 살펴보고, 혹시 내담자로 하여금 의존하도록 강화하고 있지 않은지 잘 관찰해야 한다. 이런 상황에서 상담자는 다음과 같이 반응할 수 있다.

> 상담자는 내담자의 의존을 자신이 어떻게 받아들이고 있는지 살펴보고, 혹시 내담자로 하여금 의존하도록 강화하고 있지는 않은지 잘 관찰하고 경계해야 한다.

- 혼자 결정할 수 있을 것 같은데 사소한 것까지도 내게 의논하는군요. 저를 신뢰하는 것 같아 기쁘지만 이제 작은 일들도 결정할 용기가 없는 것처럼 보여서 걱정이 되기도 합니다.
- 이번 일을 스스로 결정해서 행동으로 옮긴다면 어떤 일이 일어날 것 같나요?
- 이전에는 비슷한 일들이 일어날 때 어떻게 해결했나요?

상담자의 성향에 따라 내담자의 의존 정도를 높이는 상담자가 있을 수 있다. 상담자는 의존하는 내담자를 보살펴 줌으로써 내담자에게 힘을 행사하게 되고, 또 누군가를 보살펴 주고자 하는 자신의 욕구를 만족시킬 수 있기 때문이다. 만약 상담자가 내담자들의 문제를 항상 해결해 주면 내담자를 점점 더 스스로 무기력한 사람으로 만들어 가게 되며, 내담자는 항상 이러한 의존적인 자신의 모습 때문에 결국에는 상담자를 원망하게 될 것이다.

(5) 지나치게 말이 많은가

지나치게 말이 많은 내담
자는 핵심 문제에서 벗어
나는 말들로 깊이 있게 문
제에 접근하는 데 어려움
을 겪는다.

상담하는 과정에서 너무 말을 하지 않아 다루기 힘든 내담자가 있는 반면에 지나치게 말이 많은 내담자가 있다. 이런 내담자 중에는 이야기하는 본인조차 무슨 말을 하고자 하는지 잘 모르거나 종종 상담과 관련된 이야기에서 벗어나기도 하며, 한 주제에서 다른 주제로 마구 옮겨 다닌다. 문제는 너무 많은 말로 중요한 문제가 다루어지지 않거나, 문제에 깊이 있는 접근이 어렵다는 것이다.

이런 상황에서 상담자는 다음과 같이 반응할 수 있다.

- 잠깐만 멈춰 보세요. 너무 빨리 많은 이야기를 했어요. 조금 쉬는 것도 나쁘지 않을 것 같아요.
- 많은 이야기를 했어요. 그 이야기를 하면서 느껴지는 감정에 한번 집중해 주세요. 어떤 느낌인가요?
- 만약 나에게 말하려고 하는 것을 한 문장으로 표현한다면 어떻게 말할 수 있겠어요?
- 지금까지 한 이야기가 이번 일과 어떤 관계에 있을까요?

상담자는 적절한 순간에 내담자의 말을 멈추고 자신의 생각과 느낌을 전달하여 내담자가 자신의 내면을 바라보도록 하거나 말한 내용을 요약해 보게 하면 문제에 초점을 맞춰서 이야기를 진행할 수 있게 될 것이다.

(6) 자신의 감정을 전혀 드러내지 않는가

상담자는 내담자가 자신
의 감정을 충분히 느낄 수
있도록 도와야 한다.

내담자는 상담 중 다양한 이야기를 하게 되고, 그에 따른 다양한 감정을 경험하게 된다. 그러나 어떤 내담자들은 슬프거나 고통스럽거나 화가 날 때에도 전혀 감정을 드러내지 않고 이야기를 한다. 그들은 자신에게 느껴지는 감정을 억압하거나 자신에게 일어난 사건을 감정으로 느끼기보다는 머리로만 생각하는 인지적인 방식에 익숙해져 있다. 그들은 생활하면서 일어나는 모든 문제를 감정과 분리하여 머리로 해결해 왔던 습관 때문에 감정을 느끼고 말하는 것을 매우 어려워한다. 그 이유는 분노, 질투,

적개심 등의 부정적 감정을 느끼고 표현하면 자신이 안전하지 못하다고 여기기 때문이다.

이런 상황에서 상담자는 다음과 같이 반응할 수 있다.

- 마음이 아프네요. ○○은 어떤 마음인지 한번 자신의 마음에 집중해 보세요.
- 하기 힘든 이야기를 해 줘서 고마워요. ○○의 지금 마음도 함께 들어 보고 싶군요.
- 힘들겠지만 그때를 떠올리면 어떤 마음이 드는지 조금 시간을 드릴 테니 생각해 보세요. 당신의 생각을 마음에 집중해 보세요. 무엇이라고 말하고 있나요?

감정 표현이 적은 내담자와 상담할 때에는 감정을 드러내지 않는다고 윽박지르거나 감정을 표현하도록 성급하게 굴기보다는 자신의 감정에 머물러 충분히 느낄 수 있도록 도와야 한다. 그러기 위해서 상담자는 내담자에 대한 이해와 인내가 무엇보다 필요하다.

 되짚어 보기

1. 상담자란 전문적 자질과 인간적 자질을 두루 갖춘 사람이어야 한다. 전문적 자질로는 심리학과 상담 이론에 대한 심층적 이해와 상담기술의 적용 능력, 문화적 차이에 대한 이해와 높은 윤리의식 등을 들 수 있다. 인간적 자질로는 인간에 대한 깊은 이해와 상담에 대한 열의, 다양한 경험과 상담관 정립, 상담자 자신을 돌보는 능력, 상담자의 가치관 이해 등을 들 수 있다.

2. 상담자가 자신이 갖고 있는 문제를 점검할 필요가 있다. 상담자는 내담자의 이야기를 잘 들어야 한다. 상담자가 말을 많이 하면 내담자는 말을 할 수 없고, 내담자의 관심사에 대해 탐색할 수 없을 것이다. 상담자는 내담자의 불안과 침묵을 받아들이고 침묵을 탐색해야 한다. 내담자의 침묵은 의미 있고 중요한 순간이므로 서

둘러 도움을 주려고 하지 말아야 한다. 내담자의 문제가 정확하게 무엇인지 파악되지 않은 상태에서 성급하게 도움을 주려는 것은 오히려 내담자에게 방해가 될 수도 있다.

3. 상담자는 성급하게 상담 효과를 바라지 말아야 한다. 상담자는 내담자의 문제만 보지 않아야 한다. 상담자가 내담자의 문제 행동에만 초점을 맞출 경우 내담자의 장점을 보지 못하게 된다. 상담자는 하나의 이론으로 상담하지 말아야 한다. 어느 하나의 이론만으로 상담에 임하는 것은 내담자를 폭넓게 이해하고 더 많은 도움을 주는 데 한계가 있다. 상담자는 역전이를 인식하고 극복하려고 노력하면서 역전이를 상담에 활용하려는 자세를 갖는 것이 중요하다. 그리고 상담자가 소진되면 내담자에게 도움을 주기보다 해를 끼칠 수 있으므로 소진되지 않도록 자신을 돌보아야 한다.

4. 상담자에게 강한 전이 감정을 가진 내담자를 만나면 내담자의 전이 감정을 이해하고 숙련되게 다루는 방법을 아는 것이 필요하다. 저항하는 내담자는 상담자와의 관계가 안전한지 시험해 보는 것일 수 있으므로 내담자의 심정을 잘 받아 주고 이해해 주어야 한다. 비자발적인 내담자에게는 상담에 대한 결정을 스스로 하게 하여 결정한 행동의 결과를 자신이 받아들이도록 해야 한다. 상담자에게 지나치게 의존하는 내담자는 의존을 상담자 자신이 어떻게 받아들이고 있는지 살펴보고, 혹시 내담자로 하여금 의존하도록 강화하고 있지 않은지 잘 관찰하고 경계해야 한다. 지나치게 말이 많은 내담자는 적절한 순간에 내담자의 말을 끊고 상담자의 생각과 느낌을 전하여 문제에 초점을 맞추어야 한다. 자신의 감정을 전혀 드러내지 않는 내담자는 자신의 감정을 충분히 느낄 수 있도록 도와야 한다.

5. 상담자의 윤리는 상담자를 보호하고, 윤리적인 판단이 필요한 상황에서 좀 더 현명한 선택을 할 수 있도록 도움을 주기 위해 필요하다. 상담자 자신은 물론이고 내담자를 위해서 상담 윤리에 대해 충분히 숙지하고 상담에 임하여야 한다. 더불어 시대의 변화와 다문화사회의 등장과 그에 따른 상담자들의 역할을 인식하는 것도 중요하다. 상담자는 다른 문화에 대한 개방성, 내담자의 문화에 대한 지식 등을 바탕으로 내담자를 이해하고 적절한 개입을 할 수 있는 능력을 길러야 한다.

산은 제 무게를 견디느라

스스로 흘러내려 봉우리를 만들고

넘치지 않으려 강은 오늘도

수심을 낮추며 흐른다.

사는 것은 누구에게나 왜 견딤이 아니랴.

꽃순이 바람에 견디듯

눈보라를 견디듯

작은 나룻배가 거친 물결을 견디듯

엎드린 다리가 달리는 바퀴를 견디듯

적막과 슬픔을 견딘다.

폭설로 끊긴 미시령처럼

생의 건너에 있는

실종된 그리움의 안부를 견딘다.

-남유정의 『견딤에 대하여』 중에서-

제**3**장

내담자의 이해와 평가

❝ 길라잡이 물음

1. 당신이 심리적으로 어려운 문제가 생겼을 때 어떻게 해결하려고 하는가?

2. 어떤 사람들이 상담자를 찾아갈까?

3. 당신은 사람들의 장점을 먼저 보는가, 아니면 단점을 먼저 보는가?

의사는 환자의 병을 정확하게 진단하고 처방하기 위해서 청진기를 대거나 엑스레이를 찍는 등 여러 가지 노력을 하게 된다. 이처럼 상담에서도 상담자는 내담자의 문제가 무엇인지 정확하게 파악하기 위해 다각도로 노력을 하며, 이러한 노력을 통해 내담자를 정확하고 제대로 이해하게 된다. 내담자에 대한 정확한 이해는 좋은 상담관계를 형성할 뿐 아니라 내담자에게 적합한 상담 목표와 전략을 세우는 데 도움이 된다. 그러므로 내담자를 정확하게 이해하는 일은 곧 상담의 성과와 직결된다.

내담자의 현재 문제에 대한 이해는 주로 상담 초기 단계에 이루어지지만 초기의 몇 회 내에 모두 이루어지는 것은 아니다. 상담이 진행됨에 따라 새로운 사실이 드러날 수 있으므로 내담자에 대한 이해는 상담의 전 과정을 통하여 이루어진다고 볼 수 있다. 그러므로 상담자는 상담 진행과정 중에 나타나는 내담자의 변화에 보다 적절하고 융통성 있게 대처하여야 하며, 필요에 따라서 상담 목표를 수정해 나가야 한다.

상담자가 내담자를 이해하기 위해서는 현재 내담자가 가지고 있는 문제, 내담자의 현재 기능 상태, 내담자의 문제를 해결하는 데 긍정적으로 작용하는 그의 장점과 자원, 내담자의 발달력, 병력 등을 파악해야 한다. 이런 정보는 내담자에게 직접 질문을 하거나 심리검사 등을 통해 파악할 수 있다.

1. 내담자의 특성

내담자는 자신이 가지고 있는 심리적인 문제를 해결하고자 상담자에게 도움을 받으러 오는 사람을 말한다. 내담자들이 가지고 있는 심리적인 문제란 무엇이고, 그들은 어떤 심리적인 특징을 가지고 있을까? 우리는 누구나 다 내담자가 될 수 있다. 사람이 태어나 인생이란 항해에서 태풍이나 큰 파도를 만나지 않고 순탄하게 항해하는 경우도 있겠지만 그런 행운을 가진 사람은 많지 않은 것 같다. 우리는 인생의 항해를 하면서 감당할 수 있는 어려움을 겪지만 때로는 감당하기 힘든 큰 충격을 받고 헤어나기 어려워한다. 비슷한 일이나 사건을 경험하더라도 사람마다 그 일을 받아들이는 마음에도 차이가 있다. 내담자가 가지고 있는 심리적인 문제의 특성과 발생 배경에 대해 이해한다면 내담자가 겪고 있는 진정한 어려움이 무엇인지 알게 되고, 어떻게 해결하면 좋을지 방향을 찾을 수 있을 것이다.

> 내담자란 자신이 가지고 있는 심리적인 문제를 해결하고자 상담자에게 도움을 받으러 오는 사람이다.

1) 내담자 문제의 특성

내담자들이 겪는 어려움은 다양하다. 학업이나 진로 문제, 가족이나 동료들 간의 갈등, 우울과 불안과 같은 정서 문제, 인터넷과 도박 중독과 같은 중독 문제 등 문제의 종류가 다양하고, 세부적 특징 또한 각 개인마다 다양하게 보인다. 또한 환경적인 측면에서 어려움을 겪기도 하고, 심리적인 어려움을 겪기도 한다. 이 둘 사이의 관계는 독립적이라기보다는 서로 순환적으로 영향을 미치며, 문제를 악화시키는 경우가 많다. 상담에서 환경적인 문제를 이해하고 고려하지만 내담자의 심리적인 측면을 강화시켜 문제를 극복할 수 있도록 한다. 따라서 내담자의 문제를 악화시키는 심리적인 측면을 살펴볼 필요가 있다.

> 내담자는 정서적 · 인지적 · 행동적 측면에서 문제를 가지고 있다.

내담자의 문제를 면밀히 살펴보면 정서적 · 인지적 · 행동적 특징으로 나누어 볼 수 있다. 먼저 내담자들은 정서적으로 우울, 불안, 분노 등의 다양한 부정적 정서를 경험한다. 모든 사람이 정도의 차이는 있지만, 내담자들은 일반적으로 사람들이 경험하는 감정보다 더 심한 정서적 혼란을 경험하거나 때로는 일반적으로 경험해야 할 정서를 느끼지 못하는 경우도 있다. 이러한 감정은 그때그때 주어진 문제들에 대해 대처하지 못해서 생기는 것들도 있지만 주로 과거에 해결되지 않은 자신의 감정을 충분히 표현하지 못하고 억압해 놓았다가 현실적인 어려움이 생겼을 때 드러나는 경우가 많다. 예를 들어, 권위적인 아버지에 대한 불만을 해결하지 못한 내담자는 아버지에 대한 강한 분노 감정을 가지게 되고, 이런 감정은 성인이 된 후에도 현실 생활에서 불안과 긴장을 야기하게 된다. 또한 이러한 긴장과 불안을 해소하기 위해 때로는 아버지가 아닌 타인에게 폭력을 휘두르거나 물건을 훔치는 등의 문제 행동을 보이기도 하고, 심각한 경우에는 정신적인 문제로 발전하기도 한다.

둘째, 내담자들의 인지적 특징을 보면 경직되어 있거나 왜곡된 사고 패턴을 가지고 있다. 우리는 세상을 지각하고 판단하고 해석하는 과정을 거치는데, 이 과정에서 있는 그대로 현실을 받아들이기보다 다르게 지각하고 해석하여 받아들인다. 특히 내담자들은 지나치게 경직되어 있거나 극단적이며 현실과 다른 생각을 가지고 있어 현실을 왜곡한다. 예를 들어, 모든 사람과 관계가 좋아야 한다는 생각을 가진 사람이라면, 싫어하는 사람이 있거나 누군가와 관계가 좋지 않을 경우 힘들어한다. 사실 모든 사람과 긍정적인 관계를 유지하는 것은 현실적으로 불가능한데도 그런 생각 때문에 심리적으로 고통을 경험하는 것이다.

셋째, 내담자들은 거식, 불면, 중독, 폭력, 성 문제, 불안과 두려움으로 인한 생활상의 어려움 등 다양한 행동 문제를 가지고 있다. 예를 들어, 어떤 학생은 수업시간에 주의 집중이 안 되고, 계속해서 성적이 떨어지고, 가족에게 폭력적으로 분노를 표현하는 문제 행동을 드러낸다. 또 어떤 내담자는 스트레스를 받으면 음식을 과도하게 먹고 토하거나 게임에 중독되어 일상생활을 유지하기가 어렵다. 이러한 행동 문제는 내담자 자신이 겨우 인식할 수 있는 수준부터 주변 사람들과 자신에게 심각한 해를 끼치는 수준까지 광범위하게 나타난다.

내담자들이 가지는 정서, 사고 및 행동상의 문제는 어느 한 영역에서만 문제가 되는 경우도 있고, 모든 영역에서 문제가 있는 경우도 있다. 그런데 이를 자세히 검토해 보면 서로 연관되어 있음을 알 수 있다. 상담에서는 내담자들의 이러한 인지 · 정서 · 행동적 특징을 기반으로 문제를 진단하기도 하고, 이러한 심리적인 특징들을 이해하고, 변화시키는 데 초점을 둔다. 따라서 상담자들은 내담자의 문제 특성을 정확하게 이해하고, 이에 적절한 접근을 해야 한다.

2) 내담자에 대한 이해

내담자는 막상 상담을 받으러 왔어도 긴장하고 불안감과 두려움을 느낀다. 지금이라도 집에 갈까, 상담자가 자신을 어떻게 생각할까, 무슨 말부터 어떻게 해야 하나, 내가 말하고 싶지 않은 비밀도 다 말해야 하는 것은 아닐까, 혹시 내가 몰랐던 이상한 부분이 발견되지 않을까, 상담자가 나를 잘 이해해 줄까, 지금껏 스스로 잘 해결해 왔는데 그냥 참고 말까, 상담을 오랫동안 받아야 하는 것은 아닐까, 상담하게 되면 도리어 더 힘들어지지 않을까 등 온갖 생각을 하면서 상담실을 찾는다. 따라서 상담자는 이러한 내담자의 마음을 잘 이해하고 내담자가 편안하게 자신의 어려움을 이야기해 나갈 수 있도록 분위기를 조성해 나가야 한다.

> 상담자는 내담자의 마음을 잘 이해하고 내담자가 편안하게 자신의 어려움을 이야기해 나갈 수 있도록 분위기를 조성해 나가야 한다.

상담자는 내담자가 어떤 문제로 힘들어하는지를 잘 이해해야 적절한 도움을 줄 수 있다. 내담자를 잘 이해하려면 먼저 내담자가 어떤 문제를 가지고 있는지를 구체적으로 알아야 한다. 특히 현재 어려워하는 문제가 무엇이고, 문제가 발생하게 된 계기와 원인은 무엇인지를 명료화하여 내담자의 표면적인 문제와 내면의 고통을 알 수 있어야 한다.

다음으로 내담자가 어떤 상황에 있는지를 살펴보아야 한다. 내담자의 개인적 특성과 환경적 특성을 면밀히 파악해야 한다. 내담자의 개인적 특성을 신체, 발달, 인지, 정서, 성격 등 전체적인 면에서 이해해야 하며, 내담자가 처해 있는 가족, 또래, 학교, 직업, 지역사회 환경 등을 중심으로 환경적 특성을 알아보는 것이 필요하다.

끝으로 내담자의 문제를 구체적으로 파악하는 것과 더불어 상담자는 내담자의 강점과 내외적 자원이 무엇인지를 총체적으로 살펴보는 과정이 필요하다. 내담자에 대한 철저한 이해는 상담 과정과 목표 달성에서 중요한 출발점이 되므로 상담 첫 회기부터 시작되어야 한다. 내담자를 이해하는 과정에서 상담자는 내담자가 보이는 감정, 생각, 행동에는 그럴 만한 이유가 있고, 내담자가 처한 상황에서 그가 선택한 행동은 그가 할 수 있는 최선의 선택임을 느낄 수 있으며, 진정으로 내담자를 공감적으로 이해하게 된다.

2. 내담자의 현재 문제

1) 도움을 청하는 직접적인 이유

> 상담자는 내담자가 도움을 청하는 직접적인 이유가 무엇인지, 왜 지금 문제가 되는지, 현재 문제로 인해 어떤 증상이 있는지를 살펴볼 수 있다.

내담자가 상담자에게 도움을 청하러 오는 목적은 내담자마다 다르다. 어떤 내담자는 자신의 성격을 고치고 싶다고 하고, 어떤 내담자는 대인관계에서 겪는 갈등을 해소하고 싶어 하고, 어떤 내담자는 우울이나 불안감을 호소한다. 이처럼 내담자가 호소하는 문제가 다르므로 상담 첫 시간에 상담하러 온 이유를 무엇인지를 구체적으로 파악해야 한다. 상담자는 '무엇을 이야기하고 싶으십니까?' '저에게 어떤 점을 도움 받고 싶으신가요?' 등의 질문을 통하여 내담자가 도움을 받고 싶은 문제를 구체적으로 살펴보는 것이 필요하다. 예를 들어 성격을 바꾸고 싶어 하는 내담자의 경우 성격이 어떻게 문제가 되어 바꾸고자 하는지를 구체적으로 이해해야 한다.

둘째, 내담자의 문제를 이해하기 위해 다각적으로 살펴볼 필요가 있다. 그중 내담자가 도움을 청하는 어려움이 왜 '지금' 문제가 되는가를 알아보는 것도 중요하다. 예를 들어 성격을 변화시키고 싶다고 하는 경우, 성격이란 오랫동안 유지되어 왔을 텐데 이 시점에서 상담실에 찾아온 이유를 묻다 보면 현재 내담자가 겪고 있는 직접적인 어려움이 드러날 수 있다. 또한 대인관계나 진로 문제와 같은 현재의 어려움의 근원이 부모나 주된 양육자와의 관계에서의 부정적인 경험에서 비롯되는 것을 이해하는 계기기가 되기도 한다. 따라서 상담 과정에서 예전에는 일상생활에 별 지장을 받지 않고 적응을 하다가 '왜 지금 상담이 필요한가?' '어떤 문제가 현재 생활을 하기 어려울 정도로 힘들게 하는가?'를 탐색하는 것이 필요하다. 이런 문제를 탐색하는 것은 내담자의 현실 적응력을 방해하는 이유를 분명히 할 수 있으며, 이를 통해 내담자가 문제를 겪도록 만든 촉발 요인을 알아낼 수 있다.

내담자의 현재 문제와 관련된 과거의 경험이나 문제를 살펴보고, 그 문제로 인한 증상을 살펴보는 것이 필요하다.

셋째 상담자는 현재 내담자가 경험하고 있는 증상이 무엇인지, 그것이 내담자의 일상적인 기능에 어떤 영향을 미치는지를 명확히 이해해야 한다. 예를 들어, 우울감을 호소하는 내담자에게 어떤 상황에서 어느 정도의 우울감이 어떻게 나타나며, 그것이 어떻게 일상에 영향을 미치는지를 구체적으로 알아보는 것이 좋다. 상담자는 '이것이 현재 당신에게 어떻게 문제가 됩니까?' '이 문제가 당신의 활동 능력에 어떻게 영향을 줍니까?'와 같은 질문을 통해 내담자의 현재 고통의 정도, 내담자의 취약한 부분, 문제가 되는 대처 방식을 이해할 수 있다.

2) 현재 문제의 발생 배경

현재 문제가 어떤 형태로 문제가 되고, 어떻게 발생하고, 그 특징이 무엇인지를 명료하게 이해하였다면 그러한 문제가 현재에만 문제가 되는지 아니면 예전에도 문제가 되었는지를 살펴보는 것이 좋다. 대체로 내담자의 문제들은 반복되는 경향이 있기 때문에 문제의 근원과 패턴을 발견하는 데 도움이 된다. 따라서 상담자는 예전에도 비슷한 경험을 한 적이 있는지(예전에도 비슷한 경험을 한 적이 있습니까?), 있다면 구체적으로 어떤 문제인지(어떤 일이었는지 구체적으로 이야기해 주시겠습니까?), 어떻게 처리하고 해결했는지(그 일을 어떻게 해결했는지 이야기해 주겠습니까?)를 살펴봄으로써 문제의 근원과 반복되는 방식, 문제가 유지되는 요인 등을 파악할 수 있다. 상담자는 내담자의 문제를 보다 깊이 이해하기 위하여 내담자가 자발적으로 하는 이야기와 더불어 다음과 같은 사항을 파악해 가면서 현재 문제의 발생 배경을 살펴보아야 한다.

내담자의 문제를 파악한 후에는 문제의 발생 배경을 확인하여야 증상을 보다 명확하게 파악할 수 있다.

- 문제는 언제, 어떻게 발생하게 되었는가?

- 내담자는 현실적으로 어떤 상황 속에 있는가?

- 문제가 발생하게 된 환경적·내적 요인은 무엇인가?

- 문제가 발생하고 나서 그것을 해결하고자 어떤 노력을 해 왔는가?

- 해결하기 어려운 이유는 무엇이었는가?

이때 한 가지 주의해야 할 사항은 내담자에게 일방적인 질문만을 해서는 안 된다는 것이다. 상담자는 내담자에게서 필요한 정보를 얻기 위해 질문을 사용할 수밖에 없지만, 질문을 하더라도 내담자에게 자신을 충분히 표현할 수 있는 기회를 제공하는 것이 중요하다.

3) 상담 동기의 평가

자신을 힘들게 하는 심리적인 문제를 해결하고자 하는 내담자의 의지와 동기를 확인하는 작업이 필요하다.

상담을 움직이는 힘은 상담자의 힘이 아니라 어디까지나 문제를 해결하고자 하는 내담자 자신의 확고한 의지에서 나오므로, 상담을 통해 자신을 힘들게 하는 심리적인 문제를 해결하고자 하는 내담자의 의지와 동기를 확인하는 작업이 필요하다. 상담의 의지와 동기는 내담자가 어떻게 상담에 참여하는가에 따라 다르다. 내담자가 자발적으로 상담에 참여한다는 것은 내담자 스스로가 어떤 문제가 있다고 느끼고 있으며, 그 문제를 전문적인 도움을 빌려 해결해 가고자 하는 자신에게 상담이 도움이 될 것이라는 기대와 의지를 가지고 있다는 것이다. 하지만 비자발적 내담자는 자신의 의지와 동기 없이 다른 사람에게 이끌려 참여하기 때문에 동기가 약하다. 그들은 자신이 왜 상담을 받아야 하는지 납득하지 못하고 수용하지 못하며 자신에게는 상담을 받아야 할 아무런 문제가 없다고 믿는다. 이런 내담자는 동기와 의지가 약해 상담을 지속적으로 이끌기 어렵다. 비자발적 내담자를 상담하기 위해서는 현재의 심리 상태를 이해하고 수용해 주는 것이 우선되어야 하며, 상담 여부가 내담자 자신의 선택에 달려 있다는 점을 확고히 하는 것이 필요하다. 다음 질문은 상담 동기를 평가하는 질문의 예다.

- 상담이란 어떤 것이라고 생각하는가?
- 상담을 통해 무엇을 할 수 있다고 생각하는가?
- 상담이 내담자에게 어떤 도움을 줄 것이라고 생각하는가?
- 상담을 통해서 무엇을 해결하고 싶은가?

4) 환경적 특성

내담자의 심리적 문제들은 반드시 내담자가 처해 있는 상황과 밀접하게 연관되어 있다. 내담자의 환경적 특성을 이해하다 보면 저절로 내담자의 현재 문제의 성격이 이해되기도 한다. 따라서 상담에서 문제의 진단이나 문제의 해결을 위해 내담자의 환경적 특성을 살펴보는 것이 필요하다. 환경적 특성으로는 가족 환경, 또래 및 동료 환경, 학교 또는 직업 환경, 지역사회 환경 등이 있다.

(1) 가족 환경

우리가 태어나서 처음 접하는 관계는 가족이다. 가족으로부터 많은 것을 보고 듣는다. 이러한 가족의 환경은 우리의 생각, 행동, 정서에 큰 영향을 미친다. 따라서 상담에게 중요하게 살펴보는 것이 가족 환경이다. 내담자의 가족을 파악할 때 중요하게 고려되어야 할 것은 경제적 상황이나 생활방식, 내담자가 결혼을 한 성인인 경우 원가족(family of origin)뿐만 아니라 결혼 후 형성한 가족 및 배우자의 원가족을 모두 포함한 가족 환경이다. 내담자의 가족 구성원은 누구인지, 내담자에게 중요한 가족 구성원은 누구인지, 그들의 성격적 특징은 무엇인지, 내담자와의 관계는 어떠하였는지, 가족 분위기는 어떠하였는지, 내담자는 어떻게 성장하였는지 등에 대해 파악한다. 또한 가족 환경을 살펴볼 때 유전적인 질환으로 생길 수 있는 문제의 경우는 가족의 병력(病歷)에 대해서도 물어보아야 한다. 이러한 가족 환경을 알아보는 것의 목적은 현재 내담자가 겪고 있는 문제와 어떻게 연관이 되어 있는지를 이해하는 것이다.

> 내담자를 이해하기 위해서 가족 환경을 중요하게 파악해야 하는데, 원가족과 현재 가족을 포함한 가족 환경을 파악해야 한다.

(2) 기타 환경

내담자를 이해하기 위해서는 가족 환경뿐만 아니라 내담자를 둘러싸고 있는 전체 환경을 파악하게 된다. 가족 환경 외의 환경으로는 또래 및 동료 환경, 학교 또는 직업 환경, 지역사회 환경 등이 있다. 또래관계나 동료 관계는 모든 연령의 내담자에게 중요한 환경적 요소다. 그리고 인간이 독립할 만큼 성장한 이후부터는 일과 직업 환경이 삶에서 중요한 위치를 차지한다. 따라서 상담자가 내담자의 직장생활이 어떠한지를 면밀히 파악하는 것은 내담자를 이해하고 돕는 데 매우 중요한 의미를 갖는다.

지역사회는 내담자의 가정, 학교, 직장 등이 있는 기초 환경으로 내담자에게 직접적으로나 간접적으로 많은 영향을 끼친다. 지역사회 환경을 파악하기 위해 고려해야 할 것으로는 지역사회의 물리적 환경, 구조적 환경, 문화적 환경, 지역사회와 가족 환경 간의 관계 등이다. 이러한 환경을 통해 내담자의 심리적 문제를 더 악화시키는 것이 무엇인지, 내담자는 어떻게 이러한 환경에 대처하는지, 변화가능성이 있는지, 없다면 어떻게 이러한 환경에서 심리적으로 영향을 받지 않도록 할 수 있는지를 모색해 볼 수 있다.

5) 심리 상태 평가

상담자는 내담자의 외모, 태도, 운동 기능 및 활동 수준, 의식 기능 수준, 정서 상태, 기분, 언어, 사고의 내용과 과정, 지각, 지적 기능, 자기인식, 통찰 기능과 판단력, 약물 남용과 중독, 자기나 타인을 해칠 위험 등을 자세히 관찰함으로써 내담자의 정신 상태를 평가한다.

상담자는 내담자를 처음 만나는 순간부터 내담자의 상태를 통해 심리적인 특징을 파악할 수 있다. 상담자는 내담자의 외모, 태도, 운동 기능 및 활동 수준, 의식 기능 수준, 정서 상태, 기분, 언어, 사고의 내용과 과정, 지각, 지적 기능, 자기인식, 통찰 기능과 판단력, 약물 남용과 중독, 자기나 타인을 해칠 위험 등을 관찰, 면담, 심리검사 등을 통해 내담자의 정신 상태를 평가해야 한다. 상담자는 항상 이들 변인 모두를 평가하는 것이 아니라 내담자의 문제와 그 상담 장면에 맞는 특성을 평가하는 것이다 (Heaton & Wilson, 1995).

(1) 전체적인 모습

상담자는 내담자의 전체적인 모습—외모, 태도, 운동 기능 및 활동 수준, 의식 기능 수준—에 대한 인상을 형성한다. 먼저 외모가 단정하지 않거나 부적절하게 차려입은 경우 내담자의 정신 상태를 보여 주기 때문에 살펴보아야 한다. 약물중독에 빠졌거나 조현병과 같은 심각한 정신건강 문제를 가진 사람은 종종 자기관리에 어려움을 겪기 때문이다. 또한 상담 과정에서 내담자가 상담자에게 보이는 태도가 지나치게 적대적인지, 의심이 많은지, 내담자의 활동 수준이 너무 많거나 적은지에 관한 정보 역시 내담자의 문제를 파악하는 데 도움이 된다. 내담자의 호흡, 눈 맞춤, 정서에 대한 반응, 표현하는 능력 등도 내담자의 기능 수준을 보여 주기 때문에 상담자가 주의 깊게 관찰하여 내담자의 문제를 진단하고, 상담하는 데 활용할 수 있다.

> 내담자의 전체적인 모습은 내담자의 인지, 정서, 행동에 대한 다양한 정보를 제공하므로 내담자의 문제를 진단하고 상담하는 데 활용할 수 있다.

(2) 현 상황에 대한 자각

현 상황에 대한 자각이란 주변 환경에 대한 개인의 일반적인 자각 수준을 의미한다. 현 상황에 대한 내담자의 자각 수준은 대부분 직접적인 질문을 하지 않아도 관찰 가능하다. 만일 내담자가 상담자가 누구인지, 자신이 누구인지, 또 상담자가 왜 여기 있는지 모른다거나 혹은 반응이 없고 극도로 산만하거나 무엇이 진행되는지에 대해 혼란스러워한다면 이를 기록해 두는 것이 좋다.

> 현 상황에 대한 자각이란 주변 환경에 대한 개인의 일반적인 자각 수준을 의미한다.

(3) 감정과 기분

내담자의 고통 정도나 문제를 이해할 수 있는 중요한 지표로 내담자의 정서를 들 수 있다. 내담자의 정서 상태는 내담자가 표현한 감정이나 기분을 통해 파악할 수 있는데, 상담자는 감정의 적절성, 강도, 유동성 그리고 범위를 평가한다. 적절성을 평가할 때는 내담자의 감정이 그의 이야기 내용과 얼마나 일치하는가를 본다. 예컨대, 내담자가 사랑하던 사람의 죽음을 이야기하면서 웃거나 활기차 보인다면 적절하지 않은 반응이다. 강도는 반응의 강한 정도를 말한다. 만약 다른 사람이라면 매우 전형적으로 격렬한 감정을 보이는 상황에서 내담자가 아주 최소한의 반응만 보인다면 상담자는 이를 그의 감정이 무디거나 단조로운 것으로 볼 수 있다.

유동성은 내담자가 한 감정에서 다른 감정으로 이동하는 방식을 말한다. 감정이 매우 빨리 예기치 못하게 오르락내리락하는 내담자의 감정 변화가 불안정한 감정 상태임을 의미한다. 마지막으로 범위는 정서 표현의 복잡성과 다양성을 의미한다. 일반적으로 사람은 자신이 처한 상황에 맞게 반응한다. 내담자가 다양한 감정을 느끼는가, 그 느끼는 감정의 강도가 적절한가를 보는 것이다. 예를 들어, 내담자가 분노, 슬픔 등 하나의 감정에 매여 있거나 현실 상황에 맞지 않게 지나치게 낮은 혹은 높은 강도로 반응할 때는 범위가 제한되었다고 볼 수 있다.

(4) 사고의 내용과 과정

내담자 정신 상태의 또 다른 지표는 내담자의 사고이다. 상담자는 면담 과정에서 드러나는 내담자의 생각이 얼마나 현실에 맞는지, 얼마나 논리적으로 체계적인지, 어떤 특정한 생각에 빠져 있는지 등과 같은 사고 내용과 사고 과정의 특성을 알아볼 필요가 있다. 내담자들의 생각을 살펴보면 비합리적이면서 융통성이 없거나 비현실적인 경우가 있다. 어떤 이들은 알 수 없는 힘이 그들의 생각을 조종하고 있다는 망상을 갖기도 하는데, 상담자는 다음과 같은 질문을 통해 구체적으로 파악해야 한다.

- 당신의 생각이 외부의 어떤 힘에 의해 통제되는 것처럼 느끼십니까?
- 당신이 겉으로 표현하지 않았는데도 사람들이 당신의 생각을 알 수 있습니까?
- 어떤 생각이 당신의 머릿속에 침투하여 그것이 스스로의 생각이 아닌 것처럼 느껴질 때가 있습니까?

만약 상담자가 관찰하기에 내담자의 일반적인 사고 기능이 상당히 손상되었다면, 이는 좀 더 전문적인 깊이 있는 평가를 의뢰할 수 있다. 또한 상담자는 내담자의 상태에 따라 동료 상담자나 슈퍼바이저 등과 논의하여 내담자에게 도움이 되는 방안이 무엇인지 협의하고, 상담만으로 한계가 있을 경우 다른 병원이나 치료기관에 치료를 의뢰해야 한다.

이러한 대처는 뒤에 나올 지각, 지적 기능, 자기인식, 통찰 기능과 판단력, 약물 남용과 중독, 자신과 타인을 해칠 위험이 있는 경우도 마찬가지다. 상담자는 내담자의 호소 문제나 현재 상태가 상담보다 치료가 필요하다고 생각되거나 약물치료 등이 병행되어야 한다고 판단되면 다른 기관의 도움을 요청하여 내담자의 문제 해결을 도와야 한다.

> 상담자가 관찰하기에 내담자의 일반적인 사고 기능이 상당히 손상되었다면, 이는 확실히 정신과 의사, 신경학자, 관련 전문가 등의 깊이 있는 평가가 필요함을 의미한다.

(5) 지각

상담 장면에서 환청이나 환시를 보이는 내담자를 만나는 것은 드물지만, 정신장애의 중요한 단서이기 때문에 상담자는 내담자에게 환각 증상이 있는지 유의해야 한다. 내담자가 직접적으로 환각에 대하여 이야기하는 경우는 명백한 단서를 잡기가 쉽다. 내담자에게 환각 증상이 있다는 암시가 보이면, 상담자는 '(알 수 없는) 목소리를 들은 적이 있습니까?' '다른 사람이 보거나 듣지 못하는 것을 보거나 듣습니까?' 등과 같은 질문을 통해 내담자의 지각 상태를 확인할 수 있다.

(6) 지적 기능

지적 기능은 내담자의 생활과 적응과 깊이 관련이 되어 있다. 지적 기능이 좋지 않으면 학업, 관계, 업무 수행 등에서 어려움을 겪고, 심리적인 문제로 이어지는 경우가 많다. 상담자는 초기면담에서 내담자의 지적 손상이나 결핍의 정도가 어느 정도인지, 그것이 미치는 영향은 무엇인지를 파악하는 것이 중요하다. 이러한 지적 기능은 내담자의 말이나 행동에서 드러나기도 하고, 학업 수행 경험을 통해서 간접적으로 파악하기도 한다. 또한 지적 능력이 의심될 경우 면담에서 간단한 같은 질문(예: 숫자를 일곱 자리씩 건너뛰면서 거꾸로 세어 보세요.)을 통해 알아보기도 하는데 정확한 지적 기능을 알아보기 위해서는 지능검사를 통한 평가가 요구된다.

> 기억력 문제, 은유나 추상화 등에 대한 이해 부족, 낮은 언어 능력 등은 지적 기능의 손상을 나타내는 중요한 지표다.

(7) 자기인식

일반적으로 사람들은 자신이 누구인지에 대한 인식을 갖고 있다. 때로는 자신이 누구인지에 대해 혼란을 겪기도 하는데 청소년기에 겪는 정체감 혼란은 청소년기, 위기 또는 변화의 시기에 나타나는 정상적인 현상이기도 하다. 그러나 내담자 자신이 다른 사람이나 다른 무엇에 통제된다고 가정하거나, 자신 안에 다중인격이 있다고 생각하거나, 자신의 신체가 자신에게 속한 것이 아니라는 기괴한 느낌을 가지고 있는 경우가 있다. 이때 상담자는 그가 심각한 자기인식의 문제를 가지고 있다고 평가할 수 있다. 그러한 문제를 보이는 내담자에게 다음과 같은 적절한 질문을 통해 구체적인 평가를 하거나 심리평가를 하는 것이 좋다.

- 당신은 때때로 누구인지 모르겠다고 느끼십니까?
- 당신은 생각과 느낌이 온전하게 당신의 것이 아닌 것 같습니까?
- 당신이 설명하는 것이 구체적으로 느껴집니까? 어떻게 느껴집니까?
- 당신의 느낌이 현실적이라고 생각됩니까?

(8) 통찰 기능과 판단력

> 통찰 수준을 평가하려면 내담자가 자신의 문제를 얼마나 포괄적이고, 이해할 수 있게 설명하는지에 유의해야 한다.

통찰은 내담자가 자기 자신과 자신의 상황, 그리고 곤경에 처하게 된 자신의 책임을 얼마나 잘 이해하는가와 관련된다. 내담자의 통찰 기능이나 판단력은 상담에서 내담자가 자신을 변화시키는 데 영향을 주는 중요한 요인이다. 통찰 수준을 평가하려면 내담자가 자신의 문제를 얼마나 포괄적이고 이해할 수 있게 설명하는지에 유의해야 한다. 상담자는 다음과 같은 질문에 대한 답을 통해 내담자의 통찰 수준을 평가할 수 있다.

- 당신은 얼마 전 발생한 사건에서 당신이 한 역할을 이해하고 있습니까?
- 당신은 어떻게 해서 이런 상황에 빠지게 되었는지 알고 있습니까?
- 무슨 일이 일어났습니까?

이들 질문에 대한 대답이 사건의 연관성, 일련의 사건에 대한 바른 인식, 다른 사람에 대한 민감성을 드러낸다면 내담자가 통찰력이 있다고 가정할 수 있다. 그렇지 못하다면 상담자는 내담자의 통찰 기능과 판단력에 대해 다시 한번 고려해 보아야 한다.

(9) 약물 남용과 중독

상담 장면에서는 잘 보이지는 않지만 가끔씩 약물 남용 문제를 가진 내담자를 만난다. 약물 남용 습관은 모든 형태의 언어적 · 비언어적 행동에 영향을 줄 뿐만 아니라 의식, 정서, 행동, 인지 능력에도 영향을 준다. 뿐만 아니라 그러한 특성이 일관성 있게 드러나지 않기 때문에 약물 남용과 관련된 정확한 정보 수집은 매우 어렵다. 따라서 상담자는 내담자 행동의 약물 영향 가능성을 항상 염두에 두어야 한다.

약물 남용을 알려 주는 몇 가지 단서로는 말이 지나치게 느리거나 빠름, 눈동자의 팽창이나 수축, 알코올이나 마리화나 냄새, 수면이나 식욕 장애, 조화롭지 못한 근육 운동, 지나치거나 무딘 정서 반응, 마른 입술, 가만히 있지 못함, 사고가 산만함, 부적절한 행동, 얼굴이나 팔다리 등의 충동적으로 만든 상처 등이 있다.

> 약물 남용은 모든 형태의 언어적 · 비언어적 행동에 영향을 줄 뿐만 아니라 의식, 정서, 행동, 인지 능력에도 영향을 준다.

(10) 자신과 타인을 해칠 위험

상담에서 면밀하게 평가되어야 할 중요한 사항은 내담자가 자신이나 타인을 해칠 위험성이다. 먼저 자신을 해칠 가능성을 보이는 내담자, 특히 자살 위험을 보이는 내담자의 특성은 과거의 자살 기도, 고통이나 병, 절망적인 느낌, 노년기 또는 청소년기, 무직이나 실직 상태, 독신 상태, 공황장애, 우울, 중독, 부끄럽거나 굴욕감을 경험한 스트레스 사건, 중요한 대인관계의 갈등이나 단절, 심한 우울 기간을 지나 최근 향상된 상태, 최근에 발생하거나 그간 여러 번 누적된 상실 등이다.

타인을 해칠 폭력 행동의 위험성이 높은 내담자의 특성은 폭력 행동을 한 경험, 최근 2주 동안 신체적 공격이나 공포를 유발한 행동을 한 경험, 피해를 당한 경험, 최근 2주 동안 있었던 자살 행동, 조현병, 조증, 성격 장애의 진단, 공감 능력 부족, 복수심과 분노의 감정에 쌓인 생활, 물건이

> 상담자는 내담자가 자신이나 타인에게 위험한 일을 할 개연성이 있는지 알고 있어야 한다.

나 부동산을 손상시키거나 동물을 해친 경험, 약물 남용 경험 등이다. 내담자의 특성이 이런 항목들과 많이 일치할수록 자신이나 타인에게 위험한 일을 할 가능성이 크다. 이런 내담자들을 만날 경우는 상담자는 위험 여부를 평가하여 약물치료를 받도록 하거나 가족이나 관련기관의 협조를 구해 도움을 주는 것이 필요하다.

6) 내담자의 장점

많은 사람이 자신의 강점보다는 문제점에 초점을 두고 살아간다. 특히 내담자들은 문제가 되는 몇 가지 특정 부분을 자신의 전체라고 생각하며, 자신을 장단점이 있는 통합된 존재로 보지 못하고 괴로워한다. 예를 들어, 내담자가 문제로 여기는 부분들을 자세히 들여다보면 매 순간 문제가 일어나는 것이 아니라 특정 상황에서만 문제가 되는 경우가 많고 대부분의 상황에서는 잘 살아가고 있다. 또 문제로 여겼던 부분들은 힘들었던 삶에서 자신을 유지시키는 데 도움이 되었던 것들이다. 내담자들은 자신의 긍정적인 점을 너무도 당연하게 여기며, 부정적인 면을 크게 확대 해석해서 본다. 상담자는 내담자의 문제를 정확하게 이해하고 평가하는 것이 중요하지만 내담자의 강점이나 장점이 무엇인지를 알고, 이를 상담에 활용할 수 있어야 한다.

가령, 다른 사람을 잘 믿지 못하는 내담자가 상담을 요청해 왔다면 타인을 신뢰하지 못하는 것이 내담자의 문제이기도 하지만 그렇기 때문에 다른 사람에게 의존하지 않는 주도적인 성향은 내담자의 소중한 자원이 되기도 한다. 상담자는 내담자의 적성, 흥미, 관심의 영역들을 찾아내고 자세한 정보를 얻어 강조하고 확장해 나간다. 설령, 정리 정돈을 잘하는 것과 같이 사소한 것처럼 보일지라도 누구나 나름의 재능을 가지고 있다. 그러므로 상담자는 내담자의 아주 작은 장점이라도 찾아내어 활용하는 것이 중요하다.

상담자는 내담자가 문제가 있었음에도 지금까지 삶을 유지할 수 있었던 것은 내담자에게 어려움을 헤쳐 나갈 수 있는 힘이 있었기 때문이며, 그가 심리적인 문제가 있어 찾아왔지만 그에게 문제만 있는 것이 아니라 장점도 있다는 것을 발견하여 알려 주는 것이 필요하다.

(1) 장점을 문제 상황에 적용하기

상담자는 내담자가 가진 장점을 문제 영역에 적용하도록 도와준다. 그가 가진 장점은 분명히 다른 상황에서도 적용할 수 있다. 예를 들면, 어려운 가정환경에서 스스로의 힘으로 공부와 취업을 한 어머니라면 10대 자녀에게 좀 더 인내심을 가지고 반응하도록 도와줄 수 있다. 고객의 요구를 참을성 있게 들어야 하는 직업을 가진 내담자들은 배우자와 잘 지내는 것에 이러한 점이 도움이 될 수 있다. 그러므로 상담자는 내담자가 어떤 일을 처리하는 데 사용한 지식, 기술, 훈련 등을 다른 일에 적용할 수 있는지 유심히 살펴야 한다.

상담자는 상담 과정에서 내담자가 보이는 사소한 장점이라도 소중하게 여기고 그것을 어떻게 활용할 것인지를 고려한다. 왜냐하면 내담자가 가지고 있는 사소해 보이는 것도 상담 자원으로 활용할 수 있기 때문이다. 상담자가 이러한 태도를 가지면 내담자도 자신을 귀중한 자원을 가진 존재로 여기게 된다.

> 상담자는 상담 과정에서 보이는 내담자의 사소한 장점이라도 소중하게 여기고 상담 자원으로 활용해야 한다.

(2) 도움을 받을 수 있는 사회체계의 자원

상담자는 상담 과정을 통해 내담자 주변의 도움을 받을 수 있는 자원들을 파악하는 것도 대단히 중요하다. Erikson은 지역사회에서 내담자들의 어려운 상황을 효과적으로 다룰 수 있는 능력과 자질을 가진 사람들을 발굴하는 데 탁월하였다. 그는 상인, 어린 아이, 노인 등 다양한 기술과 흥미를 갖고 있는 사람들을 알고 있어서 내담자들을 그들과 연결시켜 주기도 했다. 비록 피를 나눈 친족은 아니더라도 내담자가 처한 어려운 상황을 도와줄 수 있는 사람이나 방법은 많다. 그러기 위해서 가장 간단한 방법은 내담자들에게 누가 도움을 줄 수 있는가를 묻는 것이다. 상담자가 어려운 상황을 다룰 수 있는 능력과 자질을 갖고 있는 적절한 사람을 소개해 주는 것은 도움이 필요한 그들에게 대단한 도움이 될 수 있다. 그러므로 상담자가 내담자를 도와줄 수 있는 인적 · 물적 자원을 찾아 주는 일은 매우 중요한 일이다.

> 상담자가 내담자를 도와줄 수 있는 인적 · 물적 자원을 찾아 주는 일은 매우 중요하다.

3. 심리검사를 통한 평가

경험이 많은 상담 전문가들의 경우 앞에서 제시한 정신 상태에 대한 평가를 면담을 통해서도 쉽게 파악하지만 대체로 내담자의 내적인 특정들을 파악하기는 쉽지 않아서 다양한 심리검사를 실시한다. 보통 심리검사를 임상심리 전문가에게 의뢰하는 경우도 있지만, 상담자들은 다양한 심리검사를 실시, 해석, 활용하는 방법을 익혀서 내담자들을 평가하고 치료하는 데 활용하는 것이 필요하다.

심리검사는 개인 내 및 개인 간 비교를 통하여 내담자의 행동이나 성격을 이해하고 이를 바탕으로 심리적인 문제를 해결하는 데 도움을 주고자 실시한다. 상담 과정 중에 이루어지는 심리검사는 내담자의 심리적 장애의 해결을 위한 치료 개입과 전략을 계획하고 수행하는 기초 과정으로서 개인에 관한 다양한 정보를 제공해 주고자 하는 것이다.

1) 상담에서의 심리검사 활용

심리검사의 결과는 한 인간을 이해하는 판단 자료로만 활용해야 하며, 그 결과에 절대적인 의미를 부여해서는 안 된다.

심리검사는 다양한 심리검사 도구나 자기보고식 질문지들을 이용하여 성격, 지능, 적성 같은 인간의 다양한 심리적 특성들을 양적 · 질적으로 측정하고자 하는 일련의 절차를 의미한다. 심리검사의 목적은 한 인간의 복잡한 심리적 체계를 이해하고 보다 건강하고 행복한 삶을 살아갈 수 있도록 돕기 위한 것이다.

심리검사의 결과는 한 인간을 이해할 때 대략적인 판단의 자료로 활용할 뿐 절대적인 의미를 부여하는 것은 위험하다. 예컨대, 지능검사의 결과에서 나타나는 지능지수(IQ)를 절대적인 개인의 능력으로 판단하는 것은 바람직하지 않다. 이러한 수치나 결과들은 내담자가 심리검사를 받을 때 신체적인 조건과 심리적인 상태에 따라 민감하게 영향을 받기 때문에 내담자의 특성이나 경향성을 보여 주는 것으로 해석하는 것이 좋다. 또한 심리검사의 결과는 단지 내담자에게 도움이 되는 방향으로만 활용되어야 하며, 본인 외의 다른 사람에게 불필요하게 공개되어서는 안 된다. 만일 검사 결과가 타인에게 공개되어 그것이 악용된다면 심리검사 본래의 목적에 어긋날 뿐만 아니라 윤리적인 부분에서도 문제를 일으킬 수 있다. 그러므로 상담자는 심리검사의 실시부터 결과의 해석까지 내담자를 돕기 위해서만 활용해야 한다. 상담에서 심리검사가 효율적으로 사용된다면 다음과 같은 이점이 있다.

(1) 정보제공

상담자는 내담자의 호소문제와 증상, 면담이나 심리검사에서 관찰된 내담자의 행동, 심리검사에서 밝혀진 결과를 통합하여 내담자의 병리적 상태, 성격, 정서, 행동적 특성에 대한 가설을 세울 수 있다. 특히 심리검사를 통해 나온 결과들은 내담자가 지니고 있는 문제를 종합적으로 이해하는 다양한 정보를 제공하기 때문에 상담 초기에 실시하여 내담자를 이해하고, 상담 목표 및 계획을 수립하는 데 활용할 수 있다.

(2) 자기탐색 촉진

심리검사 결과가 내담자 자신이 인식하는 것과 일치하는 것을 보여 주기도 하고, 전혀 인식하지 못하는 특성을 보여 주는 것도 있으며, 내담자 자신이 생각하는 것과 다른 결과를 보여 주기도 한다. 이러한 심리검사 결과를 통해 상담자는 내담자가 인식하지 못하는 어려움이나 특성을 더 탐색하도록 하기도 하고, 자신의 문제를 더 깊이 이해하도록 도울 수 있다. 또한 내담자는 심리검사에 대한 결과 해석상담을 통해 자기 문제를 탐색하는 계기가 될 수 있다. 심리검사 결과는 대체로 자기보고를 통해 나온 것으로 내담자가 자신의 문제를 받아들이는 계기가 되어 상담 과정을 촉진한다.

(3) 적절한 상담기법의 선정

내담자의 호소문제의 특징과 이러한 문제와 관련된 인지적 특성, 성격 특성, 정서 및 대인관계 특성들이 파악되면 이를 기반으로 상담자는 적절한 상담기법을 선정하여 적용할 수 있다. 예컨대, 심리검사를 통해 내담자의 성격 특성이 우울하고, 불안이 높으며, 낮은 자아존중감을 가지고 있을 경우 정신역동 상담 중 지지적 접근을 적용할 수 있다. 위탁기관인 쉼터 등에서 생활하는 청소년에게는 상황 조건을 통해 심층적인 심리상담보다 사회적 기술 훈련이 필요할 수 있다. 그리고 내담자의 호소문제의 성질과 정도가 병리 유발적이고 현실력이 심하게 왜곡된 경우 심층적인 심리상담뿐만 아니라 약물치료가 필요할 수도 있다.

(4) 상담 결과의 평가

심리검사는 상담 과정 중의 변화나 상담 결과를 객관적으로 평가해 주는 도구로 사용할 수 있다. 예컨대, 한 내담자가 매우 큰 우울감을 호소하여 불면증을 겪는다고 상담을 의뢰해 왔을 때, 상담자는 심리검사를 활용하여 우울감의 정도와 질, 그와 관련된 다른 성격적인 특징과 행동, 인지적 사고 등에 대한 여러 자료를 통합하여 평가할 수 있다. 또한 내담자가 자신이 어느 정도 변화되었는가를 살펴보고자 할 때도 상담자는 변화가 얼마만큼 있다고 막연하게 설명하는 것보다 심리검사를 활용하는 것이 도움이 된다. 검사 결과를 통한 객관적인 변화의 정도를 알려 주는 것이 상담에 대한 내담자의 희망을 고취시킬 수 있다.

2) 심리평가의 과정

심리평가 과정은 면담, 행동 관찰, 심리검사 실시 및 해석 과정으로 이루어진 종합적인 과정을 말한다.

심리평가의 과정은 면담, 행동 관찰, 심리검사의 실시와 해석 과정으로 이루어진 종합적인 과정이다. 이러한 평가 과정을 위해 상담자는 정신병리에 대한 이해와 심리검사에 대한 훈련을 받는 것이 바람직하다. 이 평가 과정에서 중요한 심리검사는 신중하게 이루어져야 하고, 표준화된 절차에 따라 진행되어야 한다. 접수면접이나 첫 면담에서 내담자가 심리검사를 요청하기도 하고, 상담사가 심리검사가 필요하다고 판단될 때 심리검사를 실시한다. 상담자는 심리검사를 실시하고자 할 때 왜 실시하고자 하는지, 어떤 종류의 검사를 실시해야 하는지, 어떻게 이 검사를 해석하고 활용할 것인지를 고려해야 한다.

(1) 평가의 과정

① 면담

심리검사를 실시하기 전에 상담자는 내담자에 대한 기본 정보와 호소 문제와 관련된 정보를 수집하는 과정이 필요하다. 면담은 상담이 시작될 때 하는 접수 면접과 달리 내담자 특성을 평가하는 데 더 초점을 두는 것으로 평가면담 혹은 진단 면담이라고도 한다. 상담자는 나이나 학력, 직업과 같은 기본 정보, 문제의 진술이나 의뢰 이유, 현재의 생활 상황, 문제 발생 배경, 발달적인 개인력, 가족 배경, 의학적 검사 결과 등을 파악하여야 한다. 이렇게 파악된 정보들은 내담자의 검사 결과와 통합하여 해석하는 데 유용한 자료가 된다.

> 상담에서 면접은 내담자가 질문에 대답하거나 대답하지 않는 방식에 주의를 기울인다.

면담은 모든 평가 절차들 중 가장 기본적이고 간편하게 보이기 때문에 어떤 표준 훈련이나 자격을 요하지 않는 것처럼 생각되기 쉽다. 그러나 평가면담의 경우는 개인에 대한 자료와 정보를 얻어 내기 위한 목표 지향적인 과정이므로 주의 깊게 계획되어 시종일관 신중하고도 기술적으로 수행되어야 한다. 내담자는 상당한 스트레스를 받고 있는 사람들인 경우가 많고, 또 그들 중에는 상담자에게 자신에 대한 정보를 쉽사리 제공하려 하지 않는 경우가 많기 때문이다. 따라서 상담자는 어떤 이론적 배경과 지위를 갖고 있든 먼저 내담자와 신뢰관계를 형성할 필요가 있다.

② 행동 관찰

면담이나 심리검사를 실시하는 동안 평가자는 내담자가 보이는 행동적 특징들을 관찰하고, 내담자의 문제와 연결해 보는 것이 필요하다. 예를 들어 내담자의 체격, 옷차림, 외모, 면담이나 검사에 대한 협조성, 상담자와 관계를 맺는 능력, 상세한 정보를 털어놓지 않으려는 태도, 겉으로 드러난 긴장과 안절부절못함, 순종성, 버릇 등은 정신병리, 내담자의 성격 특성, 정서, 대인관계 방식을 반영하는 경우가 많다. 이는 상담을 진

> 행동 관찰은 자연 장면의 관찰, 통제된 상황의 관찰로 구분된다.

행할 때 내담자와의 상담관계 방식이나 태도를 예측하는 자료로 활용되기도 한다.

(2) 심리평가의 결과

심리평가의 목적은 의뢰자가 타인이든 자기 자신이든 일차적으로는 의뢰된 문제에 대한 해답을 제공하는 것이다. 동시에 계속적인 상담(임상) 기록의 일부로 남겨 둔다는 이차적인 목적도 있다. 상담 전 평가는 상담 후 평가를 위한 기초적인 자료, 즉 비교의 근거가 되기 때문이다. 따라서 심리검사를 이용한 평가 결과에는 정신 기능의 기본 영역들이 포함되어야 하며, 또한 예측할 수 있는 미래의 문제와 관련된 정보들이 포함되어야 한다. 내담자를 평가하기 위한 정신 기능의 기본 영역에는 다음과 같은 항목들이 포함된다. 심리검사를 실시하고 난 후에는 다음에 제시된 영역들을 포함한 심리평가 보고서를 작성하여 내담자를 종합적으로 이해하는 작업이 선행되는 것이 바람직하다.

> 심리검사로 내담자를 평가할 때 인지적 수준, 정동과 기분 수준, 대인관계 수준을 살펴보아야 한다.

① 인지적 특성

심리검사를 통해 알아보고자 하는 것 중에 중요한 것은 내담자의 인지적 능력과 특징들이다. 내담자의 인지 능력은 상담의뢰 이전의 적응 문제, 현재 내담자의 상태와 상담 예후와 밀접하게 관련이 있으므로 검사를 통해 잘 파악해야 한다. 또한 내담자의 인지적 특성으로 사고 내용 및 과정을 들 수 있는데 내담자의 문제를 이해하는 데 중요한 역할을 한다. 인지적 기능은 개인용 지능검사와 신경심리검사뿐만 아니라 다른 검사에 나타난 반응을 통해서 알아볼 수 있다. 특히 현재의 인지적 기능(사고, 지능, 기억, 지각 등), 병전 수준과 비교하여 손상된 정도, 손상의 원인(사고장애, 지적장애, 기질적인 문제가 있는지의 여부)이 평가되어야 한다.

② 정서적 특징

심리검사에서 나타난 내담자의 정서적 특징, 정서적 반응양식 등이 있다. 내담자의 현재 기분 상태가 어떤지, 정서가 불안정한지, 이러한 불안정한 정서 상태가 만성적인지, 급성인지, 스스로 정서상태를 조절할 수 있는지, 그러한 정서 상태를 가지게 된 이유 등이 평가되어야 한다. 또한 내담자가 여러 상황에서 부적절한 정서 반응을 보이는지, 일시적인 스트레스로 감정이 지나치게 예민하고 불안정한 상태를 보이는지, 환경에 따라 바뀌는 정서, 기분의 정도가 어느 수준인지를 살펴보아야 한다.

③ 동기 수준과 욕구체계

동기는 에너지 촉발, 방향성, 조직화, 지속성이라는 특징을 가지고 있는 매우 중요한 심리적 과정이다. 개인은 배고픔, 목마름, 성적 욕구와 같은 생리적 동기와 자극 동기, 극복 동기, 성취 동기, 작업 동기와 같은 심리적 동기를 갖고 있다. 이러한 동기 수준과 욕구체계에 기능 이상이 오면 무력하고 무능한 사람으로 취급되거나 일탈된 부적응적 행동으로 나타날 수 있다. 심리검사의 결과와 TAT와 같은 투사적 검사에서 보인 반응을 통해 내담자의 에너지 수준, 내담자의 주요 동기나 욕구 및 욕구 해결 방식 등이 평가되어야 한다.

④ 주요 행동 방식이나 대처 방식

내담자의 행동과 대처 방식을 여러 가지로 예측해 볼 수 있다. 심리검사를 통해 내담자의 행동 방식이나 대처 방식이 드러난다. 일반적으로 인지, 정서 및 동기의 기본적인 세 과정의 기능은 건강한 개인에게 동시적으로 조화롭게 나타나지만, 어느 한 과정에 기능 이상이 나타나면 다른 과정에도 부정적인 영향을 미치게 된다. 예를 들어, 사고(인지)의 장애가 주 증상인 조현증(정신분열증) 내담자는 감정의 둔화, 부적절한 정서와 함께 주변 사람들이 납득할 수 없는 목표 지향적 행동(동기), 즉 충동적 행동화와 회피, 철수적 행동을 할 수 있다. 또, 정서의 장애가 있는 우울증 환자는 자기와 세계 그리고 미래에 대한 부정적 사고(인지)와 아무것도 할 수 없고 통제할 수 없다는 생각 때문에 무력감과 자살(동기)을 생각할 수 있다. 인지, 정서, 동기의 부조화나 불일치는 개인의 성격, 방어기제, 대인관계 등에 영향을 미치고 문제를 유발하게 된다. 예를 들어, 편집성 성격을 가진 내담자는 타인의 동기를 악의적으로 해석하고 끊임없이 의심하고 불신하는 성격을 가지고 있어 부인의 방어기제와 전략을 사용하며, 대인관계는 피상적이고 불신하는 관계를 맺게 되는 경향이 높다.

⑤ 되풀이되는 대인관계 양상

내담자의 많은 문제들이 대인관계와 연관되어 있다. 내담자의 대인관계 양상은 앞으로 상담자와의 관계에 영향을 미칠 수 있기 때문에 이를 알아보는 것이 필요하다. 특히 내담자가 대인관계 문제로 상담을 요청하였을 때, 내담자의 특징적이고 지속적인 대인관계 양상이 파악된다면 그의 관계형성과 유지에 있어서 부적응적인 요소를 적응적인 요소로 변화시키는 것이 상담의 목표가 될 수 있다. 예를 들어, 편집성 성격을 가진 내담자는 타인의 동기를 악의적인 것으로 해석하고 끊임없이 의심하고 불신할 것이다. 자기애성 성격을 가진 내담자는 이상화된 자기(idealized self)에 도취해서 지나치게 칭찬과 인정을 받으려고 할 것이며 타인을 공감할 줄 모르고 타인을 착취의 대상으로 여길 것이다. 의존적인 성격의 내담자는 지지를 받고 돌보아 주기를 바라며 생활의 모든 영역에서 결정을 지지자에게 맡길 것이다. 그리고 반사회적인 내담자는 타인의 권리를 무시하거나 침해하며 거짓말을 되풀이하고 공격적이거나 충동적으로 행동할 것이다. 심리검사를 통해 이해한 내담자에 대한 정보들은 다음과 같은 심리검사 평가 보고서로 정리할 수 있다.

심리검사를 활용한 내담자 평가 보고서(예시)

1. 인적 사항

성명	성별	나이	평가일자	의뢰자	평가자
김철수	남	32	20XX. X. X.	부인(김영희)	홍길동

2. 의뢰 사유

32세 ○○시에 사는 김철수 씨는 현재 공기업에서 과장으로 근무하고 있다. 지난 몇 주간 그는 스트레스를 받는 것처럼 보였으나 연가, 병가를 거부하고 아무 이상이 없다고 주장하였다. 지나치게 일에 몰두하여 가정에까지 일을 가지고 오고, 쉽게 잠을 자지 못하는 것으로 인해 부인 김영희 씨가 심리평가를 의뢰하였다.

3. 평가 절차

김철수 씨와 부인을 만나 면접을 하였다. 심리검사로 MMPI-2를 실시하였고, 로르샤흐 검사, 웩슬러 성인용 지능검사를 실시하였다. 그는 만성두통과 눈이 뿌옇고, 잘 들리지 않는 불편함을 호소하였다.

4. 배경 정보

김철수 씨는 현재 부인, 여섯 살 난 딸, 두 살 난 아들과 함께 살고 있다. 그는 대학을 졸업하자마자 지방 도시 ○○에 소재해 있는 공기업에 근무하고 있으며 만족스럽게 직장 생활을 하였다. 전반적인 건강 상태는 양호하였으며, 결혼 생활과 직장 생활에 만족하였다. 그의 대인관계는 제한되어 있으며, 직장 동료들과 업무적으로 만나지만, 개인적으로 잘 알고 있지 못하며, 늘 바쁜 김철수 씨를 만나는 것이 불편하다는 주변 사람들의 의견이 있었다.

그는 형제들과 부모와의 불화가 있어, 2~3년 전부터는 가족 행사에 참여하지 않았다. 그는 취미가 없으며, 주로 집에서 아이들과 가끔 놀아 주는 등 제한된 여가 시간을 보낸다. 그의 보고에 따르면 부인과의 관계는 가까우나 감정에 대해 말하는 일은 거의 없으며, 부인이 자신의 일에 끼어드는 것을 싫어했다. 그의 부인은 그를 훌륭하고 성실하며 침착하고 애정 어린 아버지라고 설명하였으나, 인생을 너무 심각하게 살고 있으며 남편으로서는 재미와 즐거움을 추구하는 방법을 모른다고 말하였다.

김철수 씨는 매우 가난한 어머니 밑에서 자라났고, 아버지는 그가 스물한 살 군대에 있을 때 사망하였다. 그의 아버지는 많이 배웠지만 경제적인 활동을 하지 않고 성격은 엄격하였고, 자기주장이 강했다고 이야기하였다. 그는 어머니를 '경제적인 책임을 진 어머니는 늘 힘들고 기진맥진해 있으며, 슬픈 사람'으로 묘사하였다. 경제적 능력이 없는 장애인 형과 무능력한 아버지로 인해 철수 씨는 일찍부터 가족을 돕는 사람의 역할을 하였는데, 방과 후와 주말에는 돈을 벌기 위해 일을 하였고, 자기 학비를 스스로 버는 생활을 고등학교 때부터 계속적으로 하였다고 한다. 그는 자신의 어린 시절을 '하고 싶었던 것을 하지 못하고 늘 일을 해야 하는, 살아남기 위해 투쟁했던' 시절로 기억하고 있다.

그는 일을 해야 했고 학업을 마치기 위해 또래들과 놀 시간이 없었기 때문에 학교에서도 소외되어 있었다. 그는 자기주장을 강하게 했으며 다른 사람도 자기와 같기를 바랐다. 하지만 혼자 있을 때는 외로움과 고독감을 느꼈지만, 누구에게도 이야기하지 않았다. 그는 대학을 입학할 때도 돈과 가장 관련된 직업을 얻고 싶어 해서 경영학과에 입학하고, 대학을 졸업하자마자 공기업에 입사하게 되었다.

지난 6개월 간, 그는 몇 가지 혼란스러운 사건을 경험하였다. 중요한 사업에 대한 책임을 맡게 되었는데, 일이 자신의 생각대로 진행되지 않는다고 팀원들에게 화를 낸 후, 잠을 자지 못하고, 일이 제대로 진행되지 않을 것 같은 불안감과 심장이 뛰는 공황장애가 발생하였다. 그 일로 인해 동료들에게 과도하게 짜증을 내고, 자신의 불편감에 대해 과하게 화를 내는 등의 행동이 나타났다. 부인에게는 자신이 돈이 없어 무시한다는 소리를 자주 하고, 폭언과 물건을 집어던지는 등의 행동이 나타났으며, 쉬는 날이면 하루 종일 일에 매달려 밤을 새우곤 하였다.

신체 증상으로 지난 두 달 동안 체중이 7kg이나 감량되었으며, (부인의 말에 따르면) 잠을 설치고 일주일에 몇 번씩 악몽을 꾸었다. 더군다나 그는 과민하게 가족을 과잉보호하며 자녀들을 친구 집에 놀러 가지 못하게 하였으며, 부인에게 경제적 간섭을 지나치게 하였다. 직장에서는 흥분을 잘 하고 집중하지 못하여, 동료들에게 걱정

을 끼치기도 하였다. 세밀한 주의가 요구되는 일을 할 때, 그는 종종
두통이 생겼다. 평소에 매우 꼼꼼하던 그가 작성한 몇몇 보고서에서
는 부주의한 오류나 소홀함이 발견되었다. 그의 상사는 휴식이 필요
하니 연가를 내라고 하여도, 그는 직장을 쉴 순 없다고 하며 거부하
였다.

이러한 일상적이지 않은 행동들에 대해 질문하였을 때, 철수 씨는
스트레스 때문이며, 이 프로젝트가 끝나면 괜찮을 거라고 하였다.

5. 평가의 결과

평가의 다양한 부분에서 철수 씨는 동요되어 있어 매우 초조해 보
였다. 그는 '기억하는 것들이 도움이 안 된다.'며 기억에 대해 부정적
이었고, 검사자에 대해 신뢰성이 있는가를 되물었다. 비구조화된 검
사(로르샤흐 검사)에서 그는 검사가 진행됨에 따라 더 적은 반응을
하였다. 그는 구조화된 자료(MMPI-2)에서는 불편함을 잘 드러내지
않았으나, 타당도 척도에서는 자신의 좋은 모습만을 보이려고 하고,
병리를 부인하려고 노력하고 있다는 것이 시사되었다. 지적으로 도
전적인 과제(KWAIS)를 실시하는 동안에 그는 매우 열심히 하는 듯
보였으며 주의가 분산되었다.

검사 결과들은 지난 몇 주 동안의 철수 씨의 행동이 병전 기능 수
준과 현저하게 다르다는 것을 보여 주었다.

6. 면접으로 인한 행동 관찰과 결과에 대한 요약

철수 씨의 병전 기능은 약간의 사회공포증, 정서 경험과 표현을
제한하려는 경향성, 다소 경직된 성격 구조로 설명할 수 있을 듯하
다. 그러나 안정적인 직장 생활과 개인적인 인간관계에서 보여 주듯
이 일상생활에서 대체로 효율적인 삶을 살아왔다. 정서, 행동, 인지
기능에서 최근의 변화는 몇 가지의 심각한 심리사회적 스트레스원
과 직접적으로 관련이 있는 것 같다. 그는 사건을 재경험하고 있으

며, 사건과 관련된 자극을 회피하고, 중요한 활동에 대한 흥미 상실, 주의 집중력 약화, 과민함으로 인해 괴로워하고 있다. 이런 증상들은 적어도 한 달간 지속되고 있으며, 급성 스트레스 장애로 진단 내릴 수 있다.

7. 진단적 인상(인지, 정서, 기능 등에 대한 일련의 인상들)

> 축 Ⅰ 급성 스트레스 장애
>
> 축 Ⅱ 축Ⅱ에 대한 진단 없음
>
> 축 Ⅲ 없음
>
> 축 Ⅳ 심리사회적 스트레스원: 과도한 책임감, 실패에 대한 불안
>
> DSM-5 외상 및 스트레스 사건 관련 장애
>
> 하위장애: 급성스트레스 장애

 되짚어 보기

1. 내담자는 부정적인 정서, 왜곡된 사고, 다양한 문제 행동을 가지고 있다. 상담자는 내담자의 현재 문제, 내면의 고통을 그가 처한 환경적 맥락에서 이해해야 한다. 또한 내담자의 감정과 자원을 파악하여 상담 시 적절하게 활용해야 한다.

2. 내담자를 정확하게 이해하는 일은 곧 상담의 성과와 직결된다. 내담자의 현재 문제에 대한 이해는 주로 상담의 초기 단계에 이루어지지만 내담자에 대한 이해는 상담의 전 과정을 통하여 이루어진다.

3. 현재 문제의 발생 배경을 확인하면 상담에서 실제로 초점을 두어야 할 문제 증상을 명확하게 할 수 있다. 상담자는 내담자의 문제가 왜 지금 문제가 되는지, 과거에 비슷한 문제는 없었는지, 상담 동기 평가, 가족환경 및 기타 환경의 특성, 정신 상태 평가(전체적인 모습, 현 상황에 대한 자각, 감정과 기분, 사고의 내용과 과정, 지각, 지적 기능, 자기인식, 통찰 기능과 판단력, 약물 남용과 중독, 자신과 타인을 해칠

위험), 내담자의 장점, 장점을 문제 상황에 적용하기, 도움을 받을 수 있는 사회체계의 자원 등을 파악하여야 한다.

4. 다양한 심리검사를 통해 내담자를 종합적으로 평가해야 한다. 면담, 행동 관찰 그리고 심리검사를 통해 인지적 수준, 정동과 기분 수준, 동기 수준과 욕구체계, 대인관계적-개인내적 수준 등을 살펴보는 것이 필요하다.

그대가 껴안는 그 사람을

진정으로 껴안아야만 한다.

그대의 두 팔 안에서

그 사람을 진정으로 느껴야만 한다.

겉으로 보이기 위해 대충 껴안을 수는 없다.

자신이 진정으로 느끼고 있다는 듯 상대방의 등을

두세 번 두들겨 주는 것으로 그것을 대신해서도 안 된다.

껴안는 동안 자신의 깊은 호흡을 자각하면서,

온몸과 마음으로, 그대의 전존재로

그를 껴안아야만 한다.

—틱낫한의 『마음에는 평화 얼굴에는 미소』 중에서—

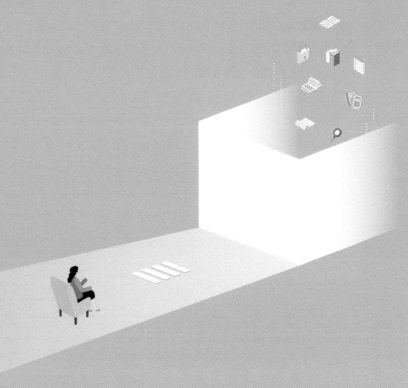

제4장
상담관계

❝ 길라잡이 물음

1. 상담관계란 무엇이며, 어떤 관계를 의미하는가?

2. 상담관계가 다른 인간관계와 다른 점은 무엇인가?

3. 내담자와 상담관계를 형성할 수 있는 좋은 방법은 무엇인가?

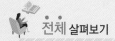

장발장이 굶주리고 있는 식구들을 위해서 빵 한 조각 훔친 죄로 19년 동안이나 감옥살이를 하고 세상에 나왔을 때, 사람들은 모두 그를 대하기를 꺼린다. 하지만 밀리에르 주교만은 장발장을 따뜻하게 받아 주었다. 그리고 주교가 식사할 때마다 쓰는 은촛대를 장발장이 훔쳐 달아나다 잡혔을 때도 주교는 장발장에게 은촛대가 그의 것이라고 하며 도로 가지고 가라고 한다. 그 순간 장발장은 타인에 대한 진정한 사랑과 용서, 배려에 눈을 뜨게 되면서 새로운 삶을 선택하여 살아가는 계기가 된다.

이 소설 속에 나오는 장발장과 밀리에르 주교와의 관계는 상담에서 상담자와 내담자의 관계에 많은 시사점을 준다. 내담자가 자신의 문제를 효과적으로 다루며 혼란을 정리할 수 있도록 돕는 상담의 핵심은 내담자–상담자 관계에 있다. 실제로 여러 상담 관련 연구들은 상담자들이 사용하는 특정한 상담 양식보다는 내담자와 상담자 사이의 관계가 치료적 변화를 일으키는 데 중요하다고 밝히고 있다.

그러므로 상담자는 내담자로 하여금 상담자를 믿고 자신의 이야기는 무엇이든 신뢰할 수 있는 상담 분위기를 형성하는 것이 중요하다. 밀리에르 주교가 가진 인간에 대한 한없는 포용력과 수용력, 인간을 신뢰하고 사랑하는 마음이야말로 상담자가 상담관계를 형성하는 데 가장 필요한 요소라고 할 수 있다. 내담자와 상담관계가 잘 형성되면 내담자가 문제를 방어 없이 이야기하게 되므로 해결의 실마리를 찾기 쉽다. 결국 상담의 성공 여부는 상담관계가 어떻게 형성되느냐에 달려 있다고 할 수 있다.

사람은 대우하는 것만큼 행동한다고 한다. 그러므로 상담자는 내담자를 어떤 눈으로 바라보고 있는지, 무의식적으로 내담자에게 영향을 미치는 것은 없는지 등을 점검해 볼 필요가 있다. 앞에서 말한 밀리에르 주교의 이야기에 비추어 '나는 그처럼 한없는 포용력이 있나? 실제로 나는 상담자로서 내담자와 관계를 형성할 만한 자질을 못 갖춘 것이 아닌가?'라고 생각할 사람도 있을지 모르겠다. 혹시 상담자가 갖추어야 할 자질을 읽고 도저히 이런 사람이 못 되겠다고 판단하여 상담자가 되기를 주저하는 사람이 있을까 염려스럽다. 그렇다면 용기를 내보라! 커다란 그릇은 하루 아침에 만들어지지 않는다.

1. 상담 이론과 과정에서 본 상담관계

내담자의 변화를 가져오는 요인들은 다양하지만 그중 가장 바탕이 되는 것이 상담관계라고 할 수 있다. 상담관계가 잘 형성되었을 때 내담자도 상담자를 믿고 자신을 탐색하고, 표현하면서 변화를 가져올 수 있다. 여기서는 상담 이론 및 상담 과정을 통한 상담관계를 살펴보고자 한다.

1) 상담 이론에서의 상담관계

상담관계는 체계적이고 의도적인 노력으로 정해진 대인관계 기술들을 사용하여 다른 사람이 스스로 정한 행동, 감정, 사고에서 변화를 가져오도록 하는 것이다(Kottler & Shepard, 2017). 상담관계는 이론적 조망에 따라 조금씩 다르다.

먼저 정신분석적 관점에서 상담관계는 의도적으로 의존성을 격려해서 권위에 대한 해결되지 못한 문제를 극복하기 위해 전이 갈등을 촉진한다. 흔히 이를 전이관계라고 한다. 내담자가 부모 같은 권위적 인물들의 상을 상담자에게 투사할 수 있도록 거리를 두어 과거의 감정과 충동을 재경험함으로써 내담자는 자신의 미해결 감정에 접근하고 표현한다. 이때 상담자는 감정에 휩쓸리지 않고 중립적인 태도를 취하는 것이 중요하다. 또한 Winnicott은 상담관계를 안아 주는 환경(holding environment)이라고 언급하며, 내담자가 자신의 가장 깊은 감정들을 경험하는 것을 안전하게 느낄 수 있도록 해 준다고 한다. Kernberg와 같은 후기 정신역동 이론가들은 상담자와 내담자의 관계는 마치 부모가 기분이 상한 아이를 품에 안고 위안이 되는 말로 달래 주는 것과 유사하다고 언급하였다. 또한 Alexander와 French는 상담관계는 문제 있는 혹은 고통스러운 부모와의 관계에서 비롯된 어린 시절의 상처를 치유하는 교정적 정서 경험을 제공한다고 주장하였다. 이는 내담자들은 어린 시절의 상처 경험으로 상담자가 자신을 부정적으로 대할 것이라고 이야기를 할 때 상담자가 무슨 행동을 하든 판

> 상담 이론에 따라 상담관계 강조점은 다르지만, 상담 이론과 상관없이 통일되게 상담관계에서 신뢰관계 형성을 중요하게 밝히고 있다.

단하지 않고, 일관성 있게 연민으로 대할 때 새로운 정서 경험을 하며, 내담자 안의 뿌리 깊은 부정적인 생각을 버리고, 다른 사람들과 보다 유연하게 관계 맺는 방법을 배운다.

인간중심 치료의 Rogers는 애정 어린 돌봄, 따뜻함, 진실함, 존중, 진정성을 강조하고 있으며, 이러한 관계에서 내담자가 자신의 감정을 나눌 수 있는 환경을 조성하고, 상담자가 자신의 태도와 감정을 소통하는 책임을 갖는 관계를 형성하게 한다.

인지 또는 행동 치료와 최근의 단기치료에서는 상담자가 현실적인 지시적 모델 역할을 한다. 상담자는 특정한 목표를 충족시키기 위해 내담자와 업무적인 계약을 형성하고, 그 목표에 도달하기 위한 행동적 계획들을 세우는 작업동맹을 형성한다. 이러한 작업동맹을 통해 내담자는 관계에서 책임감을 느끼고 합의된 목표를 따라가려고 하고, 안전한 관계 안에서 자신을 정직하게 드러내려고 한다.

실존치료에서 Rollo May는 참된 동맹을 함께함(presence)이라고 하고, 내담자를 분석해야 할 대상보다는 이해해야 할 대상으로 보았다. Yalom은 "관계가 치료한다."는 언급을 하면서 상담자와의 치료적 관계는 안전한 누군가와 진실하고 배려하며 존중하는 만남의 기회를 제공한다고 보았다. 실존치료자들은 인류의 보편적인 증상이라고 생각한 고립된 감정의 유일한 치료제는 민감하고, 수용적이며 중립적이고, 관심을 보이는 심리적으로 건강한 누군가와의 상호작용뿐이라고 생각하였다. 상담자가 자신의 욕구를 내려놓고 온 힘을 다해 오직 내담자에게만 집중할 때 내담자가 진실하게 마음을 터놓을 수 있고 깊은 기쁨, 만족감, 자유를 경험할 수 있다.

2) 상담 과정에서의 상담관계

> 작업동맹은 상담자와 내담지 간의 공동협력적인 관계를 말하는 것으로 상담 목표와 과제에 대한 합의, 정서적 유대로 구성된다.

작업동맹(working alliance)은 상담의 목표와 과제에 대한 합의 그리고 정서적 유대로 구성되어 있으며, 이를 토대로 상담자와 내담자 사이에 협력하는 것을 말한다(Bordin, 1979). 상담 목표 및 과제의 합의에 대한 구체적인 내용은 상담 방향 및 목표, 상담 과정, 상담 방법, 상담자와 내담자의 역할 및 규칙 등에 대한 합의를 뜻하며 결국 상담 구조화를 의미한다. 상담 구조화를 상담 초기에 잘 진행함으로써 신뢰를 형성할 수 있고 이러한 바탕 위에 상담자와 내담자의 정서적 유대를 쌓아올릴 수 있다.

작업동맹이 이루어지기 위해서는 라포(rapport)가 형성되어야 한다. 여기서 라포는 상담자과 내담자 사이의 상호 이해와 공감을 통해 형성되는 신뢰관계와 유대감을 의미한다. 일반적으로 내담자는 상담자와 함께하는 상호작용 안에서 안전함을 느끼고, 지지를 받으며, 존중과 돌봄을 받고, 칭찬받고, 소중히 여겨지는 인격체로 자신이 수용되고 있다고 느끼기를 원한다. 내담자가 어떤 과정을 통해 현재 문제 상황에 이르렀는지 이해하게 된다면 상담자는 어떤 내담자라도 연민을 가지고 시작할 수 있다. 일단 작업동맹이 이루어지면 상담자와 내담자는 서로 협력자가 된다.

상담이란 상담자가 내담자에게 영향을 미치는 것이 아니라 상담자와 내담자가 함께 작업해 나가는 과정이다. 따라서 상담자와 내담자가 협력하여 작업해 나갈 때, 관계 그 자체가 사회정서적 재학습의 수단이 된다. 예를 들면 내담자는 상담자를 보면서 '따뜻한 관심을 가지고 나를 신뢰하고 있구나. 나도 나 자신에게 관심을 가지고 신뢰하는 것이 마땅하다.'라는 생각을 하게 되고 상담자와의 안전한 관계를 통해서 수줍음이 많은 사람이 큰 소리를 쳐 보거나, 소외감을 느끼는 사람이 자기개방을 해 보고, 공격적인 사람이 뒤로 물러서 보는 등 여러 가지 다른 시도를 해 볼 수 있다. 그러므로 신뢰로운 상담관계에서 상담자가 내담자에게 태도와 행동의 모델을 보여 주고 내담자는 이를 통해 자기 태도와 행동을 깨닫고 변화시켜 나간다.

2. 상담관계의 특징

내담자의 변화를 일으키는 관계란 어떤 것인가? 상담 경험이 없는 사람들은 일반적인 대인관계에 비추어서 상담관계를 생각하지만 상담자와 내담자의 관계는 일반적인 인간관계와는 다르다. 살아가면서 우리는 많은 인간관계를 맺는다. 태어나자마자 맺어지는 부모와 자식 관계, 성장하면서 맺는 또래들과의 관계, 학교에 들어가면서 맺어지는 사제 관계, 직장에서의 상하관계 등 다양한 인간관계를 경험한다. 그런데 상담관계는 우리가 일상생활에서 경험하는 인간관계와는 다른 독특한 특징을 지닌다.

상담관계는 다른 인간관계와 구별되는 네 가지의 특징이 있다. 첫째, 상담관계는 내담자의 존재를 사랑으로 대하고, 내담자의 마음을 민감하게 알아차리고 반응해 주는 깊은 정서적 관계를 갖는 특징이 있다. 부모와 자식의 관계도 정서적 관계를 맺지만 상담관계는 부모와 자식의 관계처럼 헌신적이며 평생 함께 책임져야 하는 관계가 아니다. 내담자가 자신의 문제를 극복하는 일정 기간 동안 상담자가 내담자에 대해 진실한 관심을 가지고 그를 한 사람의 인간으로 수용하는 것을 통해 관계를 형성해 나가게 된다. 이때 상담자는 내담자의 요구나 감정에 대해 매우 민감해야 하지만, 한편으로 상담자는 내담자와 지나치게 동일시하지 않도록 노력해야 한다.

둘째, 많은 내담자의 문제들이 그때그때의 문제를 억압하여 처리가 안 되어 생기는 경우가 많다. 상담관계에서는 이제까지 표현하지 못한 어떤 감정이라도 자유롭게 표현할 수 있도록 허용하여 해결할 수 있도록 도와주는 것이 특징이다. 다른 인간관계에서는 긍정적인 감정 표현이 주로 허용되고, 부정적인 감정은 숨기거나 억압하는 것이 더 바람직하며, 때로는 부정적 감정을 표현하였다가 상처를 경험하기도 한다. 그러나 상담관계에서는 부정적 감정도 표현하도록 격려되고, 내담자는 그런 감정을 가지고 있다고 해서 자신이 나쁜 사람이 아니라는 것을 인식하게 된다. 무언가를 표현하면 도덕적이거나 비판적인 태도를 보였던 다른 인간관계와는 달리 내담자들은 자신이 살아오면서 겪었던 감정들을 표현할 수 있다. 예를 들면 아버지에 대한 증오, 성적 충동에 의한 갈등, 과거의 행동에 대한 후회, 다른 사람의 도움 없이는 자신의 문제를 해결하지 못하는 데서 오는 자기혐오, 상담자에 대한 적개심과 분노 등 모든 것을 표현하도록 격려받는다. 이처럼 상담관계에서 내담자가 삶에서 표현하거나 경험하기를 주저했던 감정들을 표현하고 수용받게 된다. 이러한 과정을 통해 내담자들

상담관계는 상담자의 따뜻함과 민감성, 허용적인 태도와 자유로운 감정 표현, 행동의 한계, 내담자에 대한 압력이나 강요의 부재라는 특징을 가진다.

은 내면 깊숙이 간직해 놓은 고통스러운 감정을 표현하면서 부정적 감정
에서 벗어나 자유롭게 되고, 진정한 자신을 찾게 된다. 상담관계가 잘 형
성되어 신뢰감을 가질수록 내담자는 지금까지의 생활을 혼란스럽게 했던
모든 금지된 충동과 말할 수 없었던 태도를 가능한 한 빨리 드러낼 수 있
게 된다.

셋째, 상담에서는 내담자가 자유롭게 자신의 감정을 표현하도록 하지
만 여러 가지 한계가 있다. 상담관계는 일정한 한계 내에서 내담자가 돌
아보고 성장하도록 한다. 예를 들어, 상담 시간이나 상담에서 표현하는
행동의 한계가 있다. 내담자는 핵심적인 문제를 피하려고 쓸데없는 이야
기를 하면서 시간을 끌어도 되지만 정해진 상담 시간 외의 시간을 무한정
사용할 수는 없다. 일상생활에서처럼 자신의 문제를 한없이 하소연하는
것이 아니라 정해진 시간 내에 자신의 문제를 이야기하면서 문제의 원인
이 무엇인지를 검토하고 해결하는 과정이 상담이다. 또한 내담자가 분노
감정을 자유롭게 표현해도 되지만, 그 감정을 행동화하여 물건을 부수거
나 다른 사람을 때려서는 안 된다. 내담자가 감정 표현을 통해 자신의 감
정을 인식하고 수용 및 재경험하여 그로부터 벗어나도록 하는 것이 목적
이다.

넷째, 상담자는 내담자에게 어떤 종류의 압력을 가하거나 강요하지 않
는다. 상담관계는 부모가 자식에게, 교사가 제자에게, 선배가 후배에게
하듯이 특정한 방향으로 행동하도록 충고하거나 제안하고 강요하는 관계
가 아니다. 우리는 충고나 조언을 통해 변화하기 어렵다. 충고나 조언은
내담자에게 반발심을 갖게 하거나 의존심을 갖게 하고, 진정한 문제 해결
에 도움이 되지 않는다. 비자발적이거나 변화 동기가 없는 내담자를 만나
게 되면 상담자가 교육하려는 마음이 앞서거나 변화를 강요하기 쉽다. 그
러나 일단 상담자가 해야 할 일은 변화 동기를 갖도록 하는 공감적인 태도
를 갖는 것이다.

3. 상담관계에서 중요한 상담자의 태도

상담관계의 독특한 특징에서 언급했던 신뢰로운 치료적 관계 형성을 위한 상담자의 중요한 태도는 많은 학자들이 언급하고 있다. 대표적으로 Rogers는 상담을 효과적으로 진행하기 위해서 상담자에게 꼭 필요한 세 가지 기본적 특성을 언급하였다. 그것은 진실성, 공감적 이해, 그리고 무조건적인 긍정적 존중인데, 여기에서는 이들 특성에 대해 살펴볼 것이다.

1) 진실성

> 상담자의 진실성은 상담자 자신에 대한 충분한 이해를 바탕으로 자신을 솔직하게 인정하는 것이다.

진실한 상담자가 되는 것은 그 자신이 '순수한, 완전한, 통합된, 그리고 전체로서의 인간'이 되는 것이다. 상담자는 자신에 대한 모든 것들이 진실하여야 한다. 상담자는 한 인간으로서 자신과 완전하게 접촉할 수 있어야 하고, 가면을 쓰거나 가장하지 않는 것이 중요하다. 한 사람의 상담자로서 '모든 대답을 할 수 있거나 취약성이 전혀 없는 전문가'인 체하지 않고 '장점과 단점을 가진 진실한 사람'이어야 한다는 것이다. 상담자 역시 자녀를 돌보는 부모, 전문적인 지식을 가진 심리학자, 고민과 걱정이 있는 성인, 그리고 아픔과 천진함을 가진 아이의 모습을 모두 가지고 있다. 상담자는 자신에 대해 솔직하고 진실할 뿐 아니라 내담자를 만날 때 한계를 가진 순수한 존재로서 자신의 모습을 가장하지 않아야 한다. 상담자가 이러한 자신의 모습을 진정으로 이해하고 수용할 때 내담자의 문제를 판단하지 않고 내담자를 한 인간으로서 존중할 수 있다.

한편, 상담자는 매 순간 여러 가지 생각과 감정을 느낀다. 상담자는 자신의 말과 행동이 진정 자신의 것인지 탐색하는 노력을 해야 하며, 자신의 생각을 용기 있게 말할 수 있어야 한다. 상담자는 때때로 내담자에 대해서도 다양한 생각과 감정을 가지게 되는데, 내담자의 문제와 관련해 도움이 될 수 있는 생각과 감정을 정직하게 말할 수 있어야 한다. 상담자의 이러한 태도는 내담자로 하여금 자신이 존중받는 존재임을 느끼게 하고, 자신을 돌아보게 할 수 있다. 더불어 진실된 상담자의 모습을 통해 상담관계는 더욱 강화되고, 나아가 상담 과정은 좀 더 효과적이 될 수 있다.

2) 내담자에 대한 존중과 수용

누군가가 싫거나 미운 적이 있는가? 상담 과정에서도 내담자가 존중 안되고 믿거나 싫을 경우 상담자가 아닌 척해도 이러한 미묘한 에너지가 상담관계에 영향을 미쳐 상담 진행을 방해하게 된다. 내담자가 이렇게 수용이 안 된다는 것은 상담자가 옳다 또는 그르다 하는 가치와 시각으로 내담자를 판단하고 있음을 보여 준다. 이처럼 상담자가 내담자를 어떤 존재로 바라보고 어떻게 대하느냐는 상담관계에 지대한 영향을 미친다. 내담자에 대한 존중은 내담자를 조건 없이 존중하고 내담자가 느끼는 감정을 수용, 존중하는 것을 말한다. 즉, 내담자의 이야기를 들을 때 그 이유를 따지거나 판단하지 않고 내담자의 말을 있는 그대로 수용하는 것이다. 당신이 좋아하는 나무를 떠올려 생김새를 자세히 들여다보라. 그 나무를 보면 잎이 모두 온전한 것은 아니다. 벌레 먹은 잎, 노랗게 떨어지기 직전의 나뭇잎, 구부러져 있는 가지, 푹파인 옹이 등이 있지만 나무 자체로 온전히 아름답다. Rogers는 저녁 노을을 감탄하면서 바라보듯이 내담자를 있는 그대로 존중하라고 하였다.

내담자에 대한 존중과 수용은 내담자의 말과 행동에 대해 그 이유를 따지거나 판단하지 않고 있는 그대로 받아들이는 것이다.

내담자에 대한 존중은 상담자가 내담자의 가치를 동의하고 수용하는 것을 의미하는 것이 아니다. 그보다 상담자가 내담자를 있는 그대로, 한 사람의 가치 있는 인간으로 수용함으로써 내담자의 행동을 판단하지 않고 상담자의 가치를 내담자에게 전가시키지 않는 것이다. 따라서 상담자는 내담자가 비판의 두려움으로 인해 자기 자신을 검열하지 않고 자신의 내적 과정을 탐색하며 개방적이고 자유롭게 느낄 수 있도록 돕는다. 이것은 내담자가 개인적 자각의 증진과 함께 지속적으로 성장할 수 있는 최선의 기회를 제공하는 것이다.

내담자에 대한 존중이 언제나 쉽게 이루어지는 것은 아니다. 먼저 내담자의 눈으로 세계를 볼 수 있도록 노력하는 것이다. 이를 통하여 상담자는 내담자의 행동에 대한 동기를 좀 더 잘 이해하고 그 행동을 수용할 수 있다. 상담자는 상담을 해 나갈수록 내담자가 이제까지 살아왔던 세계와 현재 살고 있는 세계를 이해하게 된다. 그래서 비록 끔찍한 행동이라도 종종 이해할 수 있게 된다. 상담자는 모든 사람들의 내부에, 세상 사람들이 보는 겉모습 이면에 선하고 창조적이고 사랑스러운 사람이 될 수 있는 잠재성이 있다는 생각을 가질 필요가 있다. 상담자 자신의 이러한 기대는 상담을 진행시키는 데 긍정적인 결과를 가져다준다.

한편, 상담자가 스스로를 돌볼 때와 마찬가지로 '나와 대화하는 다른 사람을 돌볼 때', 상담자는 좀 더 수용적이고 무비판적이 될 수 있다. 그러나 이것은 생각만큼 쉽지가 않다. 상담자가 매우 화가 나고 분노를 느끼는 순간에도 비판단적이 된다는 것은 매우 어렵다. 그러나 수용적이고 무비판적인 태도는 상담자가 노력하고 추구하는 하나의 목표가 되어야 한다. 상담자는 단지 무비판적이 됨으로써 내담자를 완전히 신뢰하고 내담자가 세계를 보는 방식과 동일하게 세계를 볼 수 있다. 그렇게 함으로써 상담자는 내담자의 변화를 효과적으로 촉진할 수 있다.

3) 공감적 이해

공감적 이해는 상담자가 내담자의 경험 방식으로 내담자의 세계를 경험하고 내담자와 같은 방식으로 생각하고 느낄 수 있도록 노력하는 것을 말한다.

상담은 상담자가 내담자의 인생길을 함께 걷는 것이다. 내담자는 한 시간 내외의 짧은 시간이지만 가던 길에서 벗어나 방황하고, 길을 잃기도 하고, 제자리를 맴돌기도 한다. 돌부리에 채어 넘어지기도 하고, 골짜기를 헤매며 미지의 세계를 탐험한다. 그러는 동안 상담자는 내담자를 앞서거나 뒤따라가지만 제일 중요한 것은 상담자가 내담자 곁에 함께 있는 것이다. 내담자가 가고자 하는 곳을 함께 가고, 그가 탐색하고자 하는 것을 함께 탐색하며, 언제나 따뜻하고 열린 마음으로 관심 있게 돌보는 친구 같은 사람이 되는 것이다. 그러는 동안 상담자와 내담자 사이에는 서로에 대한 신뢰가 형성되며, 상담자는 내담자가 경험하는 방식과 거의 같이 세계를 경험한다.

상담자는 내담자와 함께 길을 걸으면서 내담자와 같은 방식으로 생각하고 느낄 수 있도록 노력한다. 상담자는 내담자가 말하는 모든 것에 귀 기울이며 함께 거닐고 바로 그의 곁에 있는 것이다. 이것이 바로 공감의 의미다. 공감적이 된다는 것은 내담자와 함께 있는 것이며, 결과적으로 내담자가 돌봄과 안전을 느낄 수 있는 환경을 만드는 것이다. 그러한 환경에서 내담자는 자신의 숨겨진 비밀이나 깊숙이 간직한 감정, 그리고 자신에게 매우 끔찍한 기억이나 다른 사람들에게 말하지 않은 개인적인 것들을 말할 수 있게 된다.

우리가 누군가를 이해하기 위해서는 '그 사람이 신발을 신고 걸어왔던 길을 걸어 보아야 한다.'고 이야기한다. 내담자가 표현하는 감정이나 행동 속에는 그 사람의 살아온 역사와 아픔이 들어 있다. 상담자는 이를 선명하게 들여다보고 함께해 주는 것이 필요하다. 그러나 이는 말처럼 쉽지 않다. 상담자는 내담자의 표면적인 증상이나 행동, 감정에 초점을 두는 경향이 많고, 이와 연관된 상처나 아픔들을 이해하지 못하는 경우가 많다.

유능한 상담자가 되려면 일치, 순수함, 따뜻함, 공감 그리고 존중과 수용 등의 특성들이 매우 중요함을 알아야 한다. 상담자가 내담자의 곁에서 걸어가는 동안 마음이 진정으로 함께 있다면 내담자는 일체감을 경험할 수 있다.

4. 상담관계 형성을 위한 구체적인 방법

내담자와 상담자의 관계는 내담자의 치료적 변화를 위해 매우 중요하다. 상담관계 형성은 첫 면담부터 시작되며, 상담 과정에서 내내 고려되어야 한다. 신뢰로운 상담관계 형성을 위한 몇 가지 방법을 살펴보도록 하자.

1) 상담의 규칙과 약속의 제시

상담관계에는 내담자와 상담자가 어떤 방식으로 행동할지와 특정한 합의된 규칙을 따를 것이라는 약속이 내포되어 있다. 상담자는 전문가적 행동을 하고, 내담자는 상담관계에 헌신하겠다는 약속이다. 또한 이러한 약속에는 상담 시간 약속, 상담비 지불, 변화를 위한 노력들이 포함된다고 볼 수 있다. 이러한 상담자와의 약속은 구체적이고 명확할 필요가 있다. 이때 내담자들은 안전함을 느끼면서 상담에 임할 수 있다.

2) 비밀보장

상담관계의 본질적이고 독특한 특징은 안전과 사생활에 대한 비밀보장의 유지이다. 일반적인 대인관계에서 개인이 자신의 이야기를 털어놓지 못하는 이유 중의 하나는 비밀보장에 대한 안전함이 없기 때문이다. 그러나 상담을 받으러 온 내담자들은 상담자의 전문성과 윤리적인 기준들을 믿고 상담관계에서 자신의 마음속 깊은 곳에 있는 어려움을 개방한다. 따라서 상담자는 신뢰로운 관계형성을 위해 비밀보장과 같은 내담자의 권리를 보호해야 한다.

3) 경청하기

내담자는 스스로 이야기를 하고, 가슴속의 응어리를 털어 내며, 자기 감정을 해소하고, 친구나 가족에게는 말하기 어려운 것들을 말하기 위해서 상담자를 찾는다. 상담자는 내담자에게 관심을 기울여 경청함으로써 어렵고 혼란스러운 상황에서 빠져나오도록 도와야 한다.

내담자는 상담자가 자신의 문제를 해결하는 데 도움을 주기를 원하지만 충고를 듣는 것을 결코 좋아하지 않는다. 따라서 내담자가 상담자의 말을 들으러 상담실에 가는 경우는 매우 드물다. 내담자는 스스로 이야기를 하고, 가슴속의 응어리를 털어 내며, 자신의 감정을 해소하고, 친구나 가족에게는 말하기 어려운 것들을 말하기 위해서 상담자를 찾는다. 즉, 내담자는 자신을 괴롭히는 일을 이야기하러 상담자를 찾아온 것이지 상담자의 말을 들으러 오는 것이 아니다.

상담자는 원칙적으로 듣는 사람이어야 한다. 내담자의 말에 귀를 기울임으로써 내담자가 어렵고 혼란스러운 상황에서 빠져나오도록 하며, 내담자의 문제를 확인하고 적절한 대안을 탐색하도록 돕는다. 상담자는 내담자의 말을 매우 주의 깊게 듣고 있다는 것을 알아차리도록 최소 반응(또는 가벼운 반응, minimal response)을 사용할 수 있다.

최소 반응은 우리가 말할 때보다는 들을 때 자동적으로 행해지는 것이다. 상담은 건설적으로 경청을 하는 예술이다. 따라서 최소 반응을 적절히 사용하는 것이 중요하다. 최소 반응은 비언어적인 것, 고개만 끄덕이는 것, '아하' '으음' '예' '맞아요' '그랬군요' 등의 반응을 이용한다. 내담자가 계속해서 이야기를 하고 있을 때는 규칙적인 간격으로 최소 반응을 보임으로써 경청하고 있다는 것을 내담자에게 재확인시켜 줄 필요가 있다.

최소 반응은 내담자에게 자신의 말이 경청되고 있다는 확신을 줄 뿐만 아니라, 상담자가 내담자의 말에 동의하거나 내담자 말의 중요성을 강조하거나 놀람을 표현하기도 한다. 최소 반응의 형태, 목소리의 높낮이, 눈동자의 움직임, 얼굴 표정, 몸의 자세 등 모든 것이 내담자에게 메시지를 전달한다. 최소 반응과 함께 비언어적 행동을 사용한다면 내담자는 자신의 말이 경청되고 있다고 느낀다. 만약 내담자가 무릎에 팔을 괴고 앞을 주시하며 의자 가장자리에 걸터앉아 있다면 내담자의 그런 자세를 보여 주기 위해서 동일한 자세로 앉는 것이 유용할 수 있다.

시선 맞추기도 라포를 형성하는 데 중요하다. 과거에는 계속적으로 눈을 응시해야 라포가 형성·유지되는 것으로 여겨졌으나 이것은 부자연스러운 것이며, 내담자는 상담에 동참하기보다는 눈싸움하듯 불편하게 느낀다. 상담자는 가끔씩은 다른 곳을 보기도 하면서 자연스러운 시선 맞추기를 하는 것이 좋다.

다음에 소개되는 내담자는 중1 여학생인데, 수업 시간에 멍하게 앉아 있자 교과 담당 교사가 수업에 참여하도록 몇 번을 권유하였으나 교사의 지도에 응하지 않고 수업 시간 내내 멍하게 앉아 있거나 창밖을 내다보거나 엎드리는 등의 행동을 하였다. 쉬는 시간에 교과 담당 교사가 학생을 불러 이유를 물었으나 질문에 제대로 대답하지 않고 눈물만 글썽거려 상담교사에게 의뢰하였다.

상담자는 최소 반응을 통해 내담자에게 자신의 말을 경청하고 있음에 확신을 줄 수 있으며 이와 함께 비언어적 행동을 사용할 수 있다. 또한 자연스러운 시선 맞추기는 내담자와의 라포를 형성하는 데 중요하다.

상담자: 오늘은 은서의 모습이 다른 날과 좀 다른 것 같네. 혹시 어디 아프니? 말하고 싶지 않다면 고개를 끄덕여도 좋아. 아프면 같이 보건실에 가야 하니까. (관심을 가지고 내담자를 바라보면서 계속 이야기하도록 격려한다.)

내담자: (얼굴을 붉히고 눈물을 글썽이며) 아니요.

상담자: 그래? 그렇다면 다행이구나. 혹시 아직도 어떤 말도 하고 싶지 않니? 만약에 말하고 싶지 않다면 굳이 지금 말하지 않아도 좋아. 가서 수업을 하고 언제든지 마음의 준비가 되거나 말을 하고 싶다는 생각이 들면 그때 다시 와도 괜찮아. 어떻게 하고 싶니?

내담자: 그냥 상담실에 있을래요.

상담자: 그래, 그렇게 해도 좋아. 이제 조금씩 말을 하는 것을 보니까 마음이 좀 편해진 것 같구나. 그러면 우리가 수업 시간에 있었던 이야기를 좀 해 보면 어떨까? 선생님이 이렇게 이야기하고 싶은 것은 너를 야단치려는 게 아니라 네게 무슨 일이 있는 건 아닌지 걱정되어서 그런 거란다. (관심을 보여 주기 위해 자연스러운 시선 접촉을 유지한다.)

내담자: 예.

상담자: 혹시 학급에서 친구들과 일이 있었니? (아니요.) 그러면 집에 무슨 일이 있니? (침묵) 집에서 무슨 일이 있었던 모양이구나.

내담자: 어제 저녁에 교회 언니네 집에서 공부하다가 늦게 집에 갔는데, 엄마가 늦게 다닌다고 혼내셨어요.

상담자: 그런 일이 있었구나. 공부하느라 늦은 거라고 말씀드리지 그랬니?

내담자: 처음에 집에 갈 때는 그렇게 말씀드리려고 했는데 엄마가 제 얼굴을 보자마자 화를 내시니까 저도 성질이 났어요.

상담자: 처음에는 너도 늦어서 걱정하면서 갔는데 엄마가 네 이야기를 듣기 전에 화부터 내셔서 너도 당황했구나.

내담자: 예. 공부하고 왔는데 야단치셔서 서운했어요. 그런데 야단맞는 소리를 듣고 아빠가 제 방으로 오셔서 엄마에게 못되게 군다고 책을 던지시고 학교도 다니지 말라고 하셨어요.

상담자: 시험 앞두고 너 나름대로 잘해 보려고 했는데 결과는 네가 바라던 것과

달라서 너도 많이 속상했겠구나.

내담자: 예. 그래서 어젯밤에 내내 울고, 정말 아침에 학교 오기 싫었어요.

상담자: 그래도 용케 마음을 잘 추스르고 학교에 왔네?

내담자: 그냥 집에 있기 싫어서 학교에 왔어요.

상담자: 학교에 와서도 어제 일 때문에 기분이 계속 좋지 않았겠네. (부드러운 표정과 이완된 자세로 내담자 쪽으로 약간 몸을 기울인다.)

내담자: 예, 잠도 잘 못 자서 피곤하고 엄마나 아빠가 혼내신 이야기가 머리에 남아서 선생님 설명도 귀에 잘 안 들어왔어요.

상담자: 아. 그래서 오늘 국어 시간에 계속 그러고 있었구나. 국어 선생님은 네가 집에서 어떤 일이 있는지 잘 모르셨으니까 수업 태도에 대해 말씀하신 거구나.

내담자: 예. (눈물을 글썽이며 고개를 끄덕인다.)

상담자: 그래, 그러면 어떻게 하는 것이 좋을까?

내담자: 제가 국어 선생님께 죄송하다고 말씀드려야 해요.

상담자: 그럼, 이번 시간 마치고 혼자서 사과 드리러 갈 수 있겠니?

내담자: 예, 쉬는 시간에 말씀드릴게요.

상담자: 아마 선생님도 네 이야기를 들으시면 네가 왜 힘들었는지 이해하실 거야. 그러면 어제 저녁에 있었던 일에 대해서 이야기를 더 했으면 좋겠구나. (따뜻한 목소리로 말한다.)

4) 상담에 대한 동기 부여하기

상담은 내담자가 자발적으로 자기 문제를 해결하려고 할 때 가장 효과적이다. 그러나 많은 사람이 상담을 받고 싶은 마음이 있어도 선뜻 용기를 내지 못한다. 이런 사람들이 어떤 계기가 있어 상담을 접하고 도움을 받게 된다면 무척 의미 있는 일이다.

내담자는 자신의 의사와 상관없이 다른 사람의 강요에 의해 상담을 받으러 올 경우, 상담을 진행하기 어려울 정도로 마음의 문을 닫게 되고, 또 상담을 받는다 하더라도 그 효과는 떨어지게 된다. 한 예로, 어떤 내담자

비자발적인 내담자의 경우 상담에 대한 동기 부여를 통해 자발적으로 참여하도록 함으로써 상담관계를 형성해 나간다.

에게 상담을 왜 받으러 오게 되었는지 물어보니 부모가 가라고 해서 왔다고 하였다. 내담자는 내면에 변화하고 싶은 동기가 조금 있어 상담을 받기는 했지만, '내가 좋아지면 누구 좋으라고' 하는 식의 부모에 대한 부정적 감정이 상담의 진행을 방해했다.

비자발적인 내담자가 왔을 때, 상담자는 내담자의 현재 심정을 충분히 표현하게 하고 이를 공감해 준다. 또한 내담자가 자신이 가진 문제를 자발적으로 해결하고자 하는 동기가 있는지 알아보거나 내담자가 상담에 대한 동기를 스스로 찾도록 노력해야 한다. 내담자가 자발적으로 상담에 임하게 되면서 상담자와 내담자 간에는 자연스럽게 내담자가 가진 문제를 해결하기 위한 상담관계가 형성된다. 다음은 이와 관련된 대화 예시다.

상담자: 만나서 반갑다. 상담실에 어떻게 왔니?

내담자: 종례시간에 선생님이 상담실에 가 보라고 하시던데요.

상담자: 선생님이 가 보라고 해서 왔구나.

내담자: (침묵)

상담자: 혹시 짐작 가는 일 있니? 오늘이나 최근에 무슨 일이 있었는지 한번 생각해 보는 것이 어떨까?

내담자: (침묵)

상담자: 별로 말을 하고 싶지 않은 모양이구나. 너에게는 중요하지 않은 일이지만 담임선생님에게는 중요하게 여겨질 일이 있었니?

내담자: 뭐, 그냥, 오늘 애를 때렸어요.

상담자: 친구와 싸웠구나.

내담자: 친구 아니에요.

상담자: 친구는 아니구나. 그럼 누구였니?

내담자: 우리 반 아이요.

상담자: 같은 반이긴 하지만 친하지는 않은 모양이구나.

내담자: 안 친해요. 그런데 그 친구 혼자서 저랑 친한 척하고 다른 반 친구들에게 제 이야기를 하고 다녀요.

상담자: 당황스러웠겠구나.

내담자: 예. 그래서 하지 말라고 했는데 자꾸 그래서 오늘은 화가 나서 한 대 쳤어요. 그 녀석이 잘못해서 때린 건데 선생님은 저만 상담실에 가라고 하셨어요.

상담자: 친구 때문에 화가 났는데, 선생님께서 상담실 가라고 해서 더 화가 난 것 같구나.

내담자: 좀 그래요.

상담자: 그래도 네가 곧장 집으로 가지 않고 상담실에 와 줘서 고마워. 그런데 상담실은 왜 그렇게 오기 싫었니?

내담자: 상담실은 뭔가 잘못한 아이들이 오잖아요. 전 오늘 잘못한 것이 없다고 생각되거든요.

상담자: 잘못한 것도 없는데 담임선생님이 상담실로 보내시니까 너를 문제아로 보시는 것 같아 억울했던 거구나.

5) 감정 반영하기

상담자가 내담자의 말을 경청하고 있다고 느끼도록 하는 가장 좋은 방법은 감정을 반영하는 것이다. 감정 반영을 할 때 내담자는 이해받는 느낌이 들면서 자신의 마음을 더 개방하게 된다. 다음의 예를 보자.

고2 남학생이 잦은 결석 때문에 담임교사와 엄마의 권유로 상담실에 오게 되었다. 상담자는 상담실에 오고 싶지 않았지만 엄마를 안심시켜 드리려고 왔다는 내담자의 이야기를 듣고 내담자가 상담실에 오고 싶지 않았던 마음을 공감해 주었다. 그러자 내담자는 마음의 문을 열게 되고, 자신이 학교에 가지 않은 사실이 엄마와 관련이 있음을 이야기하기 시작한다.

> 내담자의 이야기를 잘 듣고 감정의 반영을 통하여 내담자가 내면의 이야기를 더 표현하도록 돕는다. 내담자는 감정 반영을 통하여 고통을 피하지 않고 받아들이고 재경험한다.

상담자: 무슨 일로 상담실에 오게 되었니?

내담자: 엄마가 저보고 상담 좀 받아야 한대요. 학교에서 담임선생님도 저더러 상담실에 가 보라고 했고요.

상담자: 그럼, 그 말은 너는 별로 상담하러 오고 싶지 않았다는 거니?

내담자: 예. 당연히 오기 싫죠. 마치면 바로 집에 가고 싶은데요. 오늘도 친구들

이랑 농구하기로 했단 말이에요.

상담자: 진짜 마음은 농구를 하러 가고 싶은데 그래도 상담실로 왔네. 오늘 상담실을 안 왔다면 어떤 일이 있을 것 같니?

내담자: 내일 담임선생님께서 오늘 상담실 갔었는지 확인해 보실 거예요.

상담자: ○○이는 담임선생님과 사이가 좋은 것 같구나.

내담자: 우리 담임선생님이 제 말을 잘 들어 주세요.

상담자: 음, 믿어 주시는 선생님께 실망을 드리고 싶지는 않구나.

내담자: 기말고사 끝나고 집에 며칠 안 들어갔는데, 선생님이 계속 전화도 하고 문자도 해서 학교 오라고 챙겨 주셨어요. 오늘은 아침에 일찍 오라고 하시고, 삼각김밥이랑 컵라면도 사다 주셔서 먹었어요.

상담자: 선생님이 잘 챙겨 주셔서 고맙구나.

내담자: 예. 그래서 오늘 학교 왔어요.

상담자: 나도 네가 오늘 학교에 와서 기분이 좋네. 집에 들어가지 않은 이유를 설명할 수 있니?

내담자: 그냥요. 그냥 집에 가면 답답해요. 엄마랑 말도 잘 안 통해요. 엄마는 만날 엄마 말만 하시고, 제 말은 안 들어 주세요. 언제나 제가 최고다, 사랑한다고 하시면서 만날 엄마 마음대로 하려고 하시고, 얼마 전에는 용돈도 안 주셨어요.

상담자: 엄마한테 많이 섭섭했구나.

내담자: 말이랑 행동이랑 안 맞으세요. 동생한테는 안 그러면서 저한테만 그러세요.

상담자: 엄마가 동생하고 차별하는 것 같아 섭섭한 것 같구나.

> 감정의 반영은 내담자가 걱정으로 인한 불안감을 충분히 경험할 수 있도록 하고, 그 고통을 받아들이고 탐색할 수 있도록 용기를 북돋아 준다.

감정의 반영은 내담자가 걱정으로 인한 불안감을 어느 한쪽으로 밀쳐 버리지 않고 충분히 경험할 수 있도록 하고, 그 고통을 피하지 않고 받아들이는 동시에 끊임없이 탐색할 수 있도록 용기를 북돋아 준다. 흔히 내담자들은 슬픔이나 절망, 분노, 불안과 같은 강한 감정과 연관된 고통을 피하고 싶기 때문에 자신의 감정을 탐색하지 않으려고 한다. 그러나 감정을 피하고 문제가 자신에게 끼친 영향을 충분히 경험하지 않고 일반적인 것으로 얘기해 버린다면 기분이 나아지지 않고 해결책도 찾지 못하며, 단지 그 자리를 맴돌 뿐 아무것도 얻지 못할 것이다. 상담자는 내담자로 하여금 자기 감정, 즉 슬퍼하고, 울고, 화내고, 소리치고, 당황하고, 즐거워하고, 놀라는 등의 감정을 경험하도록 할 필요가 있다. 그렇게 함으로써 정서적 노출로부터 무언가를 얻고 앞으로 나아가게 하는 것이다. 이러한 정서적 노출의 치료적 과정을 '정화(catharsis)'라고 한다.

상담자는 내담자로 하여금 자기 감정을 충분히 경험하도록 하고, 이러한 정서적 노출로부터 무언가를 얻고 앞으로 나아가게 한다. 이런 정서적 노출의 치료적 과정을 '정화(catharsis)'라고 한다.

　경험이 많은 상담자들은 끊임없이 내담자의 감정을 명료화하고 적절한 시기에 반영을 해 준다. 때로는 내담자 자신이 직접적으로 감정을 말하기도 하고, 때로는 내담자의 비언어적 행동과 목소리, 그가 한 말의 내용 등을 통해서 상담자가 판단할 수 있다. 내담자의 자세, 얼굴 표정, 움직임으로부터 긴장감이나 절망, 슬픔 같은 감정을 읽어 내는 것은 연습을 많이 하면 쉬워진다. 내담자의 눈에 고이기 시작하는 눈물은 그의 슬픔을 알려 준다. 때로는 울게 놔둘 필요도 있다. 우리 문화에서 특히 남자는 마음대로 울 수가 없기 때문이다. 상담자는 부드러운 말씨로 "울고 있군요." "당신이 울어도 난 괜찮아요." "울어도 좋습니다."라고 말하기도 해야 한다. 그러면 내담자의 눈물이 흐르기 시작한다. 내담자에게 우는 것을 허락하고 감정이 자연스럽게 진정될 때까지 닦을 것을 주거나 달래려고 하지 말아야 한다. 상담자가 우는 과정에 끼어들면 내담자는 자기 감정을 철회해 버릴 것이고, 그 감정을 충분히 경험하지 못하며, 감정 노출의 치료적 효과가 줄어들 것이다.

　인간은 압력솥에 비유될 수 있다. 우리가 효과적으로 기능을 하고 있을 때, 우리 내부에는 일상생활을 기능적이고 창조적으로 영위할 수 있도록 하는 감정 에너지가 충분해진다. 위기 상황에서는 폭발하기 직전까지 감정적 압력이 쌓인다. 이런 상태에서는 우리의 사고 작용이 멈춰 버리고 달랠 수가 없다. 우리는 스스로를 통제할 수 없게 된다. 그 통제력을 다시 회복하기 위해서는 감정적 압력을 먼저 빼 줘야 하는데, 이는 우리가 어릴 때부터 감정을 내부에 간직해야 하며 울지 말고 화내지 말아야 한다고 배워 왔기 때문에 어려운 일이다. 효과적인 상담자는 내담자로 하여금 자신의 감정을 충분히 경험하고 정화적 노출을 통해 기분이 훨씬 좋아지도록 해 줄 수 있다. 이런 정화적 노출을 함으로써 압력솥의 압력이 정상으로 돌아가고, 합리적 사고가 작용하기 시작하여 건설적인 결정을 하게 된다. 그러므로 감정의 반영은 매우 중요한, 어쩌면 가장 중요한 기술 중의 하나인 것이다.

6) 내담자를 존중하고 수용하기

상담자가 내담자를 있는 그대로 존중하고 받아 주었을 때, 내담자는 자신의 문제를 진솔하게 내놓으면서 문제 해결의 실마리를 찾아 나가게 된다.

　　다음에 나온 사례의 내담자는 15세 중2 여학생으로 오랜 고민 끝에 상담실을 찾아왔다. 이 여학생은 상담자로부터 이해받고, 고통을 덜고, 문제를 해결하고 싶어서 상담실을 방문했을 것이다. 그런데 상담자가 내담자를 자신의 잣대로 판단하고 비판하고 훈계한다면 내담자는 더욱 상처입게 되고 문제는 악화되기 쉽다. 예를 들면, 어린 여학생이 나쁜 짓을 했다고 판단하고 몸 관리를 제대로 안 했다고 꾸중하거나, 아이의 아빠가 누군지 아느냐고 자신의 호기심을 먼저 채우려고 하거나, 부모한테 알렸냐고 훈계하는 것이다.

상담자: 얼굴이 무척 안 좋아 보이는구나. 무슨 일이 있었니?

내담자: 사실은 제가 좀 안 좋은 일을 했어요.

상담자: 안 좋은 일? 구체적으로 무슨 일인지 말해 줄 수 있니?

내담자: 제가 남자 친구가 있거든요.

상담자: 그래, 알고 있어. 지난달 상담실 행사할 때 함께 왔었던 것 같아.

내담자: 그 친구의 친구들이 저를 자꾸 놀리고, 비웃고, 채팅방에서 제게 욕을 하고 그래요.

상담자: 친구의 친구라면 네게도 친구라고 할 수 있을 텐데, 정말 속상하겠구나.

내담자: 처음에는 무시하려고 했는데, 계속 그렇게 하고, 점점 더 많은 애들이 그룹채팅에 저를 불러 놓고 제 이야기를 해요.

상담자: 저런…….　정말 속상하겠구나. 그 친구들이 주로 어떤 이야기를 하는지 살펴봤니?

내담자: (침묵)

상담자: 말하기 쉽지 않은가 보구나. 선생님이 기다려 줄 테니 마음의 준비가 되면 말해도 좋아. 말로 하는 것이 어렵다면 글로 써도 괜찮단다. 네가 편한 방법을 선택하면 돼.

내담자: (긴 침묵) 말로 할래요.

상담자: 그래, 용기를 내줘서 고맙다. 천천히 이야기해도 좋아.

내담자: 지난 주말에 부모님께서 여행을 가시고 남자 친구가 집에 놀러 왔어요. 처음에는 방에서 그냥 게임을 하면서 놀았는데…….

상담자: (고개 끄덕임)

내담자: 그런데 그렇게 놀다가…….

상담자: 정말 많이 놀랐겠구나.

내담자: 예.

상담자: 부모님은 알고 계시니?

내담자: 아니요. 알면 아마도 가만 두시지 않을 거예요.

상담자: 그래, 네가 놀란 것처럼 부모님도 많이 놀라시겠지.

내담자: 예. 그런데 그 사실을 친구의 친구들도 알게 된 거예요. 그걸 애들이 자꾸 놀려요.

상담자: 어머, 안 그래도 많이 놀랐는데 친구들이 그 사실을 알고 놀리니까 부끄럽고 당황스럽겠구나.

내담자: 예. 진짜 그래요.

상담자: 그래, 다른 친구들이 알게 될까 봐 불안하겠구나.

내담자: 잠도 안 오고, 밥도 못 먹겠고, 학교도 못 오겠어요.

상담자: 그럴 것 같구나. 그만큼 네가 지금 많이 힘들다는 거잖아.

내담자: (울음)

상담을 받으러 온 내담자의 힘든 상황과 고통스러운 심정을 상담자가 있는 그대로 존중하고 받아 주었을 때, 내담자는 자기 스스로 자신의 문제를 있는 그대로 진솔하게 내놓으면서 문제 해결의 실마리를 찾아 나가게 된다.

7) 내담자 문제를 정확하게 이해하기

상담에서 중요한 것은 상담자의 전문성이다. 내담자의 이야기를 듣고 내담자의 가장 절실한 문제가 무엇인지를 빨리 발견하고 무엇을 해결하는 것이 더 중요한지를 알아야 한다. 흔히 내담자들은 고통을 경험하면서 그 원인을 모르는 경우가 많다. 불안하고 우울해 하면서 무엇이 문제인지 모르다가 상담자가 문제의 핵심을 파악하고 접근할 때 내담자는 상담자를 신뢰하고 적극적으로 상담에 임하게 된다.

> 상담에서 중요한 것은 상담자가 내담자의 이야기를 듣고 내담자의 가장 절실한 문제가 무엇인지를 빨리 파악하며 무엇을 해결하는 것이 더 중요한지를 아는 것이다.

내담자: 친구들이 나를 싫어해요.

상담자: 친구들이 너를 좋아하지 않는다고?

내담자: 예.

상담자: 정말 그렇다면 학교 생활이 힘들겠네. 혹시 짐작되는 이유가 있니?

내담자: 아니요, 모르겠어요.

상담자: 친구들이 어떤 말을 해 준 적이 없었어?

내담자: 저번에 저랑 친한 친구가 제가 이기적이래요.

상담자: 그 친구가 그렇게 말할 때 너는 뭐라고 말해 줬니?

내담자: 저는 제가 이기적이라고 생각 안 해요. 저는 그냥 제 것을 잘 챙기는 편이라고 생각해요.

상담자: 예를 들어서 설명해 줄 수 있겠니?

내담자: 뭐 그냥 준비물도 잘 챙겨 오고, 수행평가도 잘 챙겨서 내고, 수업시간에도 조용히 해요.

상담자: 그래, 네 말을 들으면 다른 아이들과 크게 다른 건 없는 것 같고 오히려 그렇게 하지 않는 아이들이 문제가 될 것 같은데.

내담자: 맞죠? 그런데 아이들이 제가 이기적이라는 거예요.

상담자: 더 구체적인 이야기는 친구들이 해 주지 않았니?

내담자: 지난번에 미술 수행평가 준비물이 있었는데, 그 종이가 교실 게시판에 붙어 있었거든요. 그런데 저녁에 집에 갈 때 아이들이 다 보고 갔을 거라고 생각하고 그 종이를 제가 집에 가지고 갔어요.

상담자: 집에 가지고 갔다고? 무엇 때문에?

내담자: 준비물 챙기려고요.

상담자: 다른 친구들은 다음 날 준비물을 잘 챙겨 왔니?

내담자: 아니요. 몰라서 못 챙겨 왔대요.

상담자: 너는 그냥 좀 편하려고 한 행동이었는데, 다른 친구들에게 피해를 줬구나.

내담자: 그런 것 같아요. 그날부터 자기들끼리만 이야기해요.

상담자: 다른 친구에게 피해를 주려고 일부러 그런 것은 아니었지만, 결과는 다른 친구들에게 피해를 줬구나. 만약 다른 친구와 네 입장이 바뀌었다면 어떨 것 같니?

내담자: 그게 무슨 말이에요?

상담자: 네가 뭔가 필요한 자료가 게시판에 있었는데 네가 제대로 보기 전에 그 종이를 누가 떼어 갔다면 너는 어떤 마음일 것 같니?

내담자: 아~, 그러면 짜증나죠.

상담자: 그래, 아마 준비물을 챙겨 오지 못한 친구들은 제대로 준비물을 확인하지 못해서 속상했던 것 같아.

내담자: (풀죽은 목소리로) 예.

상담자: 너는 많이 억울하고 외로웠을 것 같고, 친구들은 당황스러웠을 것 같구나. 더 시간이 가기 전에 해결을 하면 좋겠네. 어떻게 하면 좋을까?

내담자: 제가 친구들에게 사과할게요.

상담자: 먼저 용기를 내주면 좋지. 혹시 혼자서 하기 쑥스럽다면 함께 너를 도와줄 친구가 있니?

흔히 초보 상담자들은 상담 과정에서 '상담은 당신의 문제를 스스로 해결하는 과정이다.'라는 이야기를 하면서 내담자의 이야기만 한없이 듣는 경우가 많다. 머리가 아파서 병원에 간 환자에게 어디가 문제인지 찾지 않고 계속해서 이야기만 듣는 경우를 생각해 보라. 결과적으로는 머리가 아픈 것이지만 그 원인은 매우 다양할 수 있다. 내담자들은 두통이 주는 통증에만 신경을 쓰느라 그 원인에 대해서는 탐색하기 어렵다. 상담자는 다양한 질문을 통해 내담자의 고통 원인이 어디에 있는지를 파악해야 한다. 상담자가 문제의 핵심을 파악하고 접근할 때 내담자는 상담자를 신뢰하고 문제 해결에 대한 희망을 가지며 적극적으로 상담에 임하게 된다.

되짚어 보기

1. 신뢰로운 상담관계 형성을 모든 상담 이론에서 강조하고 있으며, 상담자와 내담자 간의 상호이해와 공감을 통해 라포가 형성되어 상호협력적인 작업동맹을 이룰 수 있다.

2. 상담관계는 상담자와 내담자가 정서적으로 깊은 관계를 갖고 이제까지 표현하지 못한 감정이라도 자유롭게 표현하며, 그러한 과정에서 상담자가 내담자에게 어떤 압력도 가하지 않는 것이 중요하다.

3. 상담관계를 형성하는 데 중요한 상담자의 태도는 상담자의 진실성, 공감적 이해, 무조건적인 긍정적 존중이다.

4. 상담자는 내담자에게 관심을 기울이고 그의 태도를 경청함으로써 어렵고 혼란스러운 상황에서 빠져나오도록 도와야 한다.

5. 상담자는 내담자가 자신의 문제를 자발적으로 해결할 수 있도록 도와야하며, 내담자의 감정 반영을 통하여 내담자가 자신의 이야기를 진실하게 표현하며, 자신의 경험을 재탐색하도록 돕는다.

6. 상담자가 내담자의 힘든 상황과 고통스러운 심정을 있는 그대로 존중해 주고 내담자가 겪는 문제의 핵심을 파악할 때, 내담자는 상담자를 신뢰하고 적극적으로 상담에 임할 수 있다.

제2부
상담의 이론

대부분의 상담 이론들은 인간의 변화를 유발하는 요인들로 행동·인지·정서적 경험을 중요시하였다. 이러한 접근들은 하나의 대상을 각각 다른 관점에서 바라보는 것처럼 보이지만, 사실 인간은 인지, 행동, 정서를 가진 유기체다. 따라서 최근의 상담 이론은 지금까지 나온 많은 상담 이론을 바탕으로 다양한 상담 상황에 따라 이론들을 절충하고 통합하는 방향으로 가고 있다.

더 나아가서 학자들은 최근에 동양 사상과 종교에 관심을 갖고 선(禪) 수행, 요가, 명상 등을 상담에 접목하고자 활발한 활동이 이루어지고 있다. 동양과 서양의 관점을 통합하여 이론과 치료를 구축하려는 움직임도 있다. 서양식으로 훈련을 받은 수천 명의 상담자들이 자신의 삶과 치료적인 수행 내에 동양과 서양의 관점을 통합하기 위해 동양의 수행을 배우고 있고, 많은 수의 명상과 요가 교사들이 서양의 심리학적 훈련을 습득하고 있다.

제2부에서는 상담 이론의 역사적 흐름을 기반으로 지금까지 나온 상담 이론 중 가장 일반적으로 많이 사용되는 정신분석 상담, 행동주의 상담, 인간중심 상담, 인지행동 상담, 게슈탈트 상담, 교류분석 상담 그리고 현실치료 상담에 대해 좀 더 공부해 보기로 한다.

진실로 말하지만,

나는 나 자신이 왜 이렇게 슬픈지 이유를 모른다.

갑갑해서 미치겠다.

내가 왜 그렇게 슬픈지,

원인이 무엇인지,

어디서 생겨났는지 도대체 모르겠어.

아직 나 자신에 대해 배울 게 많아.

−셰익스피어의 『베니스의 상인』 중에서−

제5장

정신분석 상담

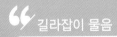 길라잡이 물음

1. 인간의 성격 형성에 영향을 주는 중요한 요인은 무엇이라 생각하는가?

2. Freud는 무의식이 인간을 움직이는 힘이라고 하였다. 당신은 그에 대하여 어떻게 생각하는가?

3. 당신은 어떤 상황에서 불안을 느끼며, 어떻게 그 불안을 없애려고 노력하는가?

4. 우리는 잠을 자면서 많은 꿈을 꾼다. 그 꿈이 우리에게 주는 의미는 무엇이라 생각하는가?

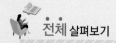

정신분석 상담은 Sigmund Freud에 의해 시작되었다. Freud가 처음 사용한 정신분석 'Psychoanalysis'는 'Psych'와 'Analyse'의 복합어다. 'Psych'는 그리스어로 영어의 'mind', 즉 마음으로 번역되며, 'Analyse'는 보통 '나눈다' '분해하다'를 뜻한다. 어원에서 살펴볼 수 있듯이 정신분석은 인간의 깊은 마음을 복합적이고 통합적으로 이해하려는 학문에서 출발하였다.

Freud 정신분석은 인간이 본능과 보이지 않는 무의식적인 힘에 의해 행동한다고 주장하였다. 인간은 자기 자신을 이성적으로 통제할 수 없을 뿐만 아니라 알지 못하는 무의식이라는 힘에 의해 자신의 운명이 결정된다는 것이다. 특히 성에 대한 이야기가 금기시되던 사회 풍조로 인해 인간의 성, 특히 성충동을 어떻게 극복하느냐에 따라 개인의 성격이 형성된다는 Freud의 견해는 당시 보수적인 사람들에게 큰 논란거리였다.

그러나 Freud의 이론은 인간의 심리적 문제가 형성되는 원인과 증상의 의미를 근원적이고 심층적으로 이해할 수 있는 뛰어난 이론으로서, 이후에 나온 상담 이론에 지대한 영향을 미쳤다. 특히 Freud 이후 정신분석이론은 자아심리학, 대상관계이론, 자기심리학 등으로 꾸준히 발달하면서 새로운 방향으로 Freud 개념을 수정해 나가고 있으며, 상담 및 심리치료에 사용되고 있다.

정신분석 상담은 인간의 표면적 문제에 관심을 가지기보다는 문제를 만들어 낸 원인에 관심을 두고 그 원인을 찾아서 제거하는 데 초점을 두고 있다. Freud는 인간의 과거, 특히 초기 아동기인 0세부터 6세까지 어떤 경험을 하였느냐에 따라 성격이 형성되며, 인간의 마음은 대부분 의식할 수 없는 무의식에 있고, 이 무의식에 의해 인간의 행동이 동기화된다고 보았다. 그래서 무의식적 갈등을 떠오르는 대로 자유롭게 이야기하는 자유연상과 꿈을 통하여 의식화시켜 자신의 행동을 깊이 있게 이해하는 과정을 거치게 된다.

정신분석 상담은 이러한 무의식이라는 개념과 인간의 행동이 어린 시절의 경험에 의해 결정된다는 결정론이라는 개념을 기본적으로 가정하고 있다. 이 이론을 통해 무의식적으로 행하는 자기 행동의 의미를 이해하고자 노력할 때, 무의식의 지배에서 벗어나 보다 자유로운 삶을 살게 될 것이다. 정신분석 상담 이론에 대해 구체적으로 살펴보자.

1. 주요 개념

1) 인간관

Freud는 우선 인간을 생물학적 존재로 보았다. 마음에서 일어나고 있는 모든 것은 여러 가지 신경생물학적 기초를 두고 있으며, 인간의 모든 행동, 사고, 감정은 생물학적인 본능으로 지배를 받고, 특히 성적 본능과 공격적 본능의 역할을 강조하였다.

Freud는 또한 인간을 결정론적 존재로 보았다. 정신결정론이란 인간의 마음 안에 일어나는 것은 그 무엇이라도 우연히 일어나는 것이 없고, 모든 정신적 현상들에는 반드시 어떤 원인이 있다는 것이다. 따라서 사람이 무엇을 말하고, 생각하고, 경험하든지 간에 그것이 비논리적이고 이상하게 보일지라도, 그 사람에게 그러한 반응과 생각, 느낌이 일어나는 이유가 있으며, 그 이유를 알게 되면 그 사람이 그렇게 하는 것을 이해할 수 있고, 어쩌면 당연하고 적절하다고 볼 수 있다(Dewald, 1978).

정신분석에서는 인간의 행동이 여러 가지 의식 차원에서 일어나지만 특히 무의식의 영향을 많이 받는다고 가정하고 있다. 무의식은 상당한 심리적 작업과 노력을 사용하지 않고는 의식되지 않는 부분으로 우리 삶에서 경험한 많은 부분들이 망각되지 않고 존재하면서, 우리의 생각과 감정, 행동에 영향을 미친다.

또한 Freud는 현재가 과거 경험의 영향을 받기 때문에 사람의 행동을 이해하려면 그 행동의 역사적 발달을 알 필요가 있다고 하였다. 특히 인간의 기본적 성격 구조가 초기 아동기, 대체로 생후 6년 동안의 경험에 의해 형성되며, 이러한 성격 구조는 성인기까지 영향을 미친다고 보았기 때문에 인간발달의 초기인 유아기와 초기 아동기가 매우 중요하다고 보았

> Freud는 인간을 생물학적 본능으로 지배를 받는 생물학적 존재 그리고 모든 정신적 현상에는 원인을 가진다는 결정론적 존재로 보았다. 또한 인간의 행동은 무의식과 과거 경험의 영향을 많이 받는다고 가정하고 있다.

Sigmund Freud

다. 따라서 정신분석 상담에서는 개인의 기본적 성격 구조를 변화시키고자 하였는데 그중에서도 초기 아동기의 경험을 재구성하는 것이 필수적이라 하였으며, 과거의 경험을 자각하고 정서적으로 재경험하여 과거의 영향력에 벗어나도록 하였다.

　이러한 인간관에 따른 정신분석 상담의 주요 개념으로는 본능이론, 의식 구조, 성격 구조, 성격 발달, 불안, 자아방어기제 등이 있다. 각각에 대하여 구체적으로 살펴보도록 하자.

정신분석 상담은 성격구조 변화를 위해 초기 아동의 경험을 재구성하고자 한다. 이를 위해 본능이론, 의식 구조, 성격 구조, 성격 발달, 불안, 자아방어기제 등을 주요 개념으로 본다.

2) 본능이론

　본능이란 순수한 생물학적 욕구를 지칭한다. 이것은 환경에 의해 변할 수 없으며, 유전된 생물학적 욕구를 맹목적으로 쫓아간다. 이 욕구는 동물과 인간 모두가 가지고 있는 것이다. 인간의 본능은 순수한 욕구 외에도 고통스러운 외부 자극에 대처하기 위해 새로운 정신 조직을 분화시켜 유동적인 에너지를 만들어 낸다. 이런 인간의 본능은 동물의 것과 구분되며, 추동(drive)이나 충동이라 불린다.

성격의 기본 요소인 본능은 행동의 방향을 결정하고 추진하는 동기이다. Freud는 본능을 신체적 욕구와 정신적 소망을 연결하는 에너지로 보고 성적 본능과 공격적 본능으로 구분하였다.

　본능은 성격의 기본 요소로서 행동을 추진하고 방향을 결정짓는 동기이기도 하다. Freud는 본능을 에너지 형태로 보고 그것이 신체적 욕구와 정신적 소망을 연결한다고 보았다. 본능은 크게 성적 본능(libido, 리비도: 삶의 본능)과 공격적 본능(thanatos, 타나토스: 죽음의 본능)으로 구분된다. 성적 본능은 흔히 말하는 성적인 것만을 의미하는 것이 아니라 즐거움을 야기하는 자극에 관심을 가지며, 다른 사람들과 상호작용하는 것을 말한다. 이는 인간의 생존을 위한 식욕, 성욕과 같은 생물학적 욕구를 충족시키는 데 기여하며, 인간을 창조적으로 성장·발달하게 하는 원동력이다. 공격적 본능 역시 적개심만을 말하는 것이 아니고, 숙달(mastery)을 의미하고, 주장하고, 통제하며, 적극적이고 효과적인 정신작용으로 언급하기도 한다(Dewald, 1978).

　인간의 발달은 본능적 추동을 현실에 맞게 조정해 나가는 방법을 체득하는 과정이다. 그리고 추동은 긴장과 흥분을 야기하며, 이것이 정신적 혹은 외적 활동을 하도록 자극하여 그 활동을 통해 긴장과 흥분을 가라앉히게 된다.

3) 의식 구조

Freud는 인간의 자각 수준을 의식(conscious), 전의식(preconscious), 무의식(unconscious)으로 구분하였다. 마음을 빙산에 비유하여 빙산의 꼭대기는 의식, 물을 통해 볼 수 있는 물에 잠긴 부분은 전의식, 그리고 빙산의 대부분을 차지하는 가장 큰 부분은 볼 수 없는 무의식으로 나누었다([그림 5-1 참조]). Freud는 이것을 나중에 정신병리와 정신역동을 더 잘 이해하기 위해서 구조모형으로 수정하였다.

> Freud는 인간의 자각 수준을 의식, 전의식, 무의식으로 구분하고 빙산에 비유하였다가 이후 구조모형으로 수정하였다.

(1) 의식

의식은 개인이 각성하고 있는 순간의 기억, 감정, 공상, 경험, 연상 등을 아는 것을 말한다. 즉, 현재 자각하고 있는 생각을 말하는데, Freud는 우리가 자각하고 있는 의식은 빙산의 일각에 불과하고 우리가 자각하지 못한 부분이 훨씬 더 많다는 것을 강조하였다.

> 의식은 현재 자각하고 있는 생각들 즉, 기억, 감정, 공상, 경험, 연상 등을 아는 것을 말한다.

(2) 전의식

전의식은 특정한 순간에는 인식하지 못하나 조금만 주의를 기울이면 기억되는 것을 말한다. 즉, 현재는 의식 밖에 있지만 노력하면 쉽게 의식으로 가져올 수 있는 부분이다. 바로 그 순간에는 의식되지 않지만 조금만 노력을 기울이면 의식될 수 있는 경험을 말한다.

(3) 무의식

무의식은 인간 정신의 심층에 잠재된 부분이며 전혀 의식되지 않지만 인간의 행동을 결정하는 데 지대한 영향력을 행사한다. 개인 내에는 무의식이 의식되거나 행동으로 직접 표현되는 것을 막는 강한 저항이 존재한다. 무의식은 직접 눈으로 볼 수 없지만 여러 증거(꿈, 말실수, 망각, 자유연

> 무의식은 인간 정신의 심층에 잠재해 있으면서 가장 큰 비중을 차지한다. 의식적 사고와 행동을 전적으로 통제하는 힘이지만 거의 의식되지는 않는다.

상 등)에 의해 추론될 수 있다.

4) 성격 구조

인간의 성격 구조는 원초아(id), 자아(ego), 초자아(superego)에 의해 작동된다([그림 5-1 참조]). 이 구성 요소는 개별적으로 작동되는 것이 아니라 원초아는 생물학적 구성 요소로, 자아는 심리적 구성 요소로, 그리고 초자아는 사회적 구성 요소로 전체적으로 기능한다. Freud는 인간 자체를 에너지 체계로 보면서(Corey, 2003), 세 요소 중 어느 요소가 에너지에 대한 통제력을 더 많이 가지고 있느냐에 따라 인간의 행동 특성이 결정된다고 보았다.

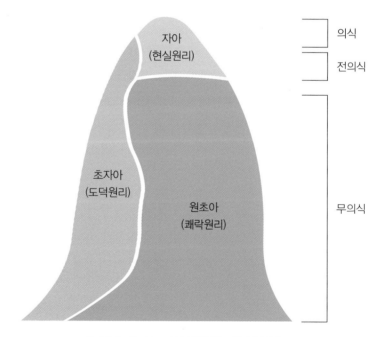

[그림 5-1] Freud의 의식 구조와 성격 구조

(1) 원초아

원초아는 심리적 에너지의 원천이자 본능이 자리 잡고 있는 곳이다. 원초아는 일차과정 사고, 즉 '쾌락의 원칙'에 따라 본능적 욕구를 충족시키기 위하여 비논리적이고 맹목적으로 작용한다. 원초아에는 욕구 실현을 위한 사고 능력은 없으나 다른 욕구 충족을 소망하고 그것을 위해 움직일 뿐이다. 이 과정은 무의식적으로 이루어진다.

원초아는 심리적 에너지의 원천이자 본능이 자리 잡고 있는 곳으로 일차과정 사고. 즉 쾌락의 원칙을 따르며 무의식적으로 이루어진다.

(2) 자아

자아는 원초아의 본능과 외부 현실 세계를 중재 또는 통제하는 역할을 한다. 자아는 '현실의 원칙'에 따라서 현실적이고 논리적인 사고를 하며 환경에 적응한다. 자아는 현실의 원칙에 따라 원초아와 초자아 그리고 환경 간의 균형 유지를 위해 노력한다. 원초아가 맹목적으로 욕구의 충족을 꾀하는 데 비해, 자아는 주관적 욕구와 외부의 현실을 구별할 줄 하는 현실 검증의 능력이 있다.

자아는 원초아의 본능과 외부 현실 세계를 중재 또는 통제하는 역할을 한다. 현실의 원칙에 따라서 현실적이고 논리적인 사고를 하며 환경에 적응한다.

(3) 초자아

초자아는 쾌락보다 완전을 추구하고 현실적인 것보다 이상적인 것을 추구한다. 초자아에는 부모로부터 영향을 받은 전통적 가치관과 사회적 이상이 자리 잡고 있다. 따라서 초자아는 도덕에 위배되는 원초아의 충동을 억제하며 자아의 현실적 목표를 도덕적이고 이상적인 목표로 유도하려고 한다. 즉, 초자아는 도덕적이고 규범적인 기준에 맞추도록 요구한다.

초자아는 쾌락보다 완전을 추구하고 있어 충동을 억제하고 이상적 목표를 추구한다.

5) 성격 발달

Freud는 한 개인의 행동 및 성격 특성이 적응적으로 형성될 것인지, 부적응적으로 형성될 것인지는 어렸을 때의 경험에 의해 결정된다고 본다. 특히 생후 6년간의 경험은 매우 중요하며, 그 시기에 경험하는 갈등과 그것을 해결하는 과정을 통해 습득한 관점과 태도가 나중에 성인이 되어서까지 무의식 속에 남아 지속적으로 영향을 미친다고 본다(Sharf, 2019).

Freud의 발달 단계를 '심리성적(psychosexual)' 단계라고 하는데, 이 단계 동안 아동에게 일어나는 일들이 성인기의 성격 형성을 돕고, 심리성적 갈등이 성공적으로 해결되지 못하거나, 심하게 박탈되거나, 과도하게 몰두하게 되면 어떤 한 단계에 '고착(fixation)'되고 만다. 고착이란 어떤 한 단계에서 미해결된 문제를 경험함으로써 야기되는 성격 발달의 정지를 말한다. 더욱이 자신의 갈등을 성공적으로 해결하였다 하더라도 이후의 생활에서 심한 어려움을 겪게 되면 '퇴행(regression)'을 보인다. 퇴행이란 발달 초기의 보다 만족스러웠던 단계의 감정이나 행동을 보이는 것을 말한다.

정신분석적 입장에서 성격의 형성과 발달을 설명하고 있는 이론으로는 Freud 외에도 Erikson의 '심리사회적(psychosocial)' 발달 단계 이론을 들 수 있다. Erikson의 성격발달이론은 Freud의 이론과 유사한 점도 있지만 다음의 두 가지 점에서 차이가 있다.

첫째, Freud의 심리성적 측면이 성적 에너지 또는 리비도의 갈등과 해결을 통한 평형을 기준으로 발달 단계를 설정하고 있다면, Erikson은 심리사회적 측면의 발달 단계를 설정하고 있다. 구체적으로 Freud는 리비도가 발달 단계에 따라 신체의 특정 부위에 축적되어 갈등 상태를 만들며, 갈등을 경험하는 부위에 따라 5개의 심리성적 단계로 구분하고 있다. 반면에 Erikson은 한 개인과 다른 사람 및 외부 세계 간의 관계에서 유발되는 갈등과 그것을 성공적으로 해결하는 경험이 인간의 성격 형성에 중요한 역할을 하는 것으로 보아, 8개의 심리사회적 단계로 구분하였다. 따라

Erik H. Erikson

서 Erikson은 인간의 발달 단계에서 겪는 중요한 갈등을 하나의 위기라고 여기며, 이 위기를 적절히 해결하는 것을 성장 과정에서 성취해야 할 중요한 '발달 과업(developmental tasks)'이라 하였다. 이 위기를 잘 넘기고 과업을 성취하였을 때 인간은 다음 단계로 성장해 가지만 그러지 못하였을 때에는 그 단계에 머물거나 퇴행하는 경향이 있다는 것이다.

표 5-1 Freud의 심리성적 발달과 Erikson의 심리사회적 발달

시기	Freud	Erikson
0~1세	〈구강기(oral stage)〉 어머니의 젖을 빠는 행위는 음식과 쾌락에 대한 욕구를 만족시킨다. 구강기가 만족되지 않으면 구강기 고착으로 타인에 대한 불신, 타인에 대한 사랑 거절, 소원한 관계를 형성한다.	〈유아기(infancy): 기본 신뢰감 대 불신감〉 중요한 타인이 기본적·물리적·정서적 욕구를 만족시켜 주면 신뢰감이 생기고, 그렇지 않으면 세상에 대한 불신, 특히 대인관계 불신이 생긴다.
1~3세	〈항문기(anal stage)〉 항문기는 인격 형성에 가장 중요한 시기다. 주된 발달 과제는 독립의 학습, 개인적 능력의 수용, 분노와 공격 등 부정적 감정을 표현하는 것의 학습 등이 있다.	〈초기 아동기(early childhood): 자율성 대 수치 및 의심〉 자율감을 발달시키는 기간이다. 기본적 투쟁은 자기 신임의 느낌과 의심의 느낌 간의 투쟁이다. 부모가 의존심을 고무하면 어린이의 자율감이 형성되기 어려우며, 세상을 다루는 능력이 발달하는 데 방해가 된다.
3~6세	〈남근기(phallic stage)〉 기본적 갈등은 어린이가 부모에게 느끼는 무의식적 근친상간의 욕망에 집중되어 있다. 이러한 감정은 위협적으로 느껴지므로 억압된다. 어린이의 점차 증가하는 성적 관심에 대한 부모의 반응은 성에 대한 태도와 감정에 영향을 미친다.	〈학령전기(preschool age): 주도성 대 죄책감〉 어린이에게 개인적으로 의미 있는 활동을 선택할 자유가 주어지면 그들은 자신에 대한 긍정적 시각을 발달시키며 자신의 계획에 따라 행동하는 경향이 생긴다. 그렇지 못하면 솔선하여 행동하는 것에 죄책감을 느낀다.
6~12세	〈잠재기(latency stage)〉 앞의 시기에는 성적 충동이 강렬하였으나 이 기간에는 비교적 조용하다. 성적 관심은 학교, 놀이친구, 운동 등 새로운 활동에 대한 관심으로 바뀐다.	〈학령기(school age): 근면성 대 열등감〉 아동은 세상을 더 잘 이해하고, 계속 적절한 성역할 정체감을 형성하며, 학교 생활을 잘하는 데 필요한 기본적 기술을 배워야 한다. 그러기 위해서는 근면성이 필요하다. 근면성은 개인적 목표를 세우고 성취하면서 형성된다. 그렇지 못하면 열등감이 생긴다.
12~18세	〈성기기(genital stage)〉 오래전의 남근기 주제가 되살아난다. 이 단계는 사춘기에 시작해서 노쇠할 때까지 계속된다.	〈청소년기(adolescence): 자아정체감 대 역할 혼미〉 유아기에서 성인기로 이행하는 시기다. 한계를 검토하고 의존적 관계를 끊고, 새로운 정체감을 확립하는 시기다. 정체감을 획득하지 못하면 역할 혼미가 생긴다.
18~35세	성기기의 계속	〈성인 초기(young adulthood): 친밀성 대 고립〉 이 시기의 발달 과제는 친밀한 관계를 형성하는 것이다. 친밀감을 획득하는 데 실패하면 소외감과 고립감이 생긴다.
35~60세	성기기의 계속	〈성인기(middle adulthood): 생산성 대 침체〉 자기와 현재의 가족뿐만 아니라 다음 세대를 위한 일에 관심을 가진다. 생산감을 이루지 못하면 심리적 침체감이 생긴다.

60세 이상	성기기의 계속	〈성인 후기(later life): 발달의 완성 및 절망〉 별 후회 없이 생을 되돌아보고 개인적으로 보람을 느끼며 자아통합이 생긴다. 그렇지 못하면 좌절감, 절망감, 자기부정 등이 생긴다.

출처: Corey (2003). 심리상담과 치료의 이론과 실제(조현춘, 조현재 역), pp. 151-152.

둘째, Freud가 청소년기의 발달에 대해서만 설명하고 그 이후의 시기를 청소년기 발달 단계의 연속이라 보고 있다면, Erikson은 그 이후의 발달에 대해서도 언급하고 있다. Corey(2003)는 이 두 사람의 이론에서 단계를 구분하는 시기나 강조점에 약간의 차이가 있지만, 다음과 같이 하나로 통합하여 심리성적 발달과 심리사회적 발달을 한눈에 볼 수 있도록 표로 제시하고 있다(〈표 5-1〉 참조).

정신분석 상담에서 성격의 발달 과정은 내담자를 이해하는 데 많은 도움을 준다. Freud의 심리성적 발달 단계와 Erikson의 심리사회적 발달 단계를 개념화함으로써, 상담자와 내담자는 내담자의 발달 단계에서 중요한 갈등과 이루어야 할 과업이 무엇인지를 이해하게 되며, 그와 관련된 중요한 감정에 대한 정보를 얻게 된다. 구체적으로 상담자는 성격 발달 단계를 이해함으로써 다음과 같은 도움을 얻을 수 있다.

첫째, 상담자는 발달 과정의 각 단계에서 이루어야 할 중요한 과업(자아정체감, 친밀성, 생산성 등)과 주로 갈등하는 주제('나는 누구인가?' '어떤 목적과 의미를 가지고 살아야 하는가?' '이 고독감은 어디에서 오는 것인가?' '나는 어떻게 살아왔는가?' 등)가 무엇인지 알게 되면서, 그러한 과업이 지금 내담자가 제시하고 있는 호소문제와 어떤 관련을 가지고 있는지를 알 수 있다. 따라서 상담자는 내담자의 호소문제를 발달적 맥락의 관점에서 이해하여 내담자의 발달 단계에 따른 적절한 성장·발달이 이루어지도록 하는 데 상담의 초점을 맞출 수 있다.

둘째, 내담자의 현재 갈등과 호소문제가 어디에서 비롯되어 현재 어떻게 영향을 주고 있는지에 대해 전체적인 인간발달의 맥락적 관점에서 파악하여 가설을 설정할 수 있다. 예를 들면, 자신과 타인을 비롯하여 이 세상을 불신하고 있는 내담자의 경우 초기 성장 배경과 부모의 양육 태도를 탐색한 결과, 실수에 엄격하고 부정적인 감정 표현을 수용하지 않는 부모의 태도에 문제의 원인이 있는 것으로 가설을 세울 수 있다.

셋째, 상담자는 각 발달 단계의 중요한 시점에서 내담자가 자신의 갈등에 대해 의식적·무의식적으로 어떠한 결정을 내렸고, 위기 상황을 어떤 방식으로 해결해 왔으며, 그러한 방식이 적응적인지 또는 부적응적인지를 알 수 있다. 예를 들면, 내담자가 의식적·무의식적으로 이 세상과 타인을 신뢰하기로 결정하였다면, 그와 같은 결정에 의해 현재까지 그에게 닥친 문제를 어떻게 대처해 왔는지 탐색하고, 그러한 방식이 현재 문제와 어떤 관련이 있는지를 알 수 있다. 반대로 불신하기로 결정하였다면, 살아가는 방식으로는 어떤 것을 선택하였는지 등을 탐색하고, 그러한 방식과 현재 당면한 문제의 관련성에 대해서도 이해할 수 있게 된다.

내담자를 발달적 관점에서 이해하고자 하는 상담자는 내담자의 호소문제가 성장·발달 과정의 어느 시기에서 적절한 발달이 이루어지지 않아 형성되었으며, 내담자가 어떤 방식으로 현실에 대처해 왔는지를 이해함으로써 상담의 틀을 마련할 수 있다.

6) 불안

불안은 원인에 대한 명확한 대상 없이 두려움을 느끼는 것이다. Freud는 원초아, 자아, 초자아 간의 마찰 및 갈등으로 불안이 야기되는 것으로 보았다. 성격 구조의 자아는 현실감을 갖고 원초아와 초자아를 조정하여 현실의 원칙을 충실히 따르려고 하지만, 세 자아 간의 갈등이 야기되면 불안이 발생한다. 불안은 현실 불안, 신경증적 불안, 도덕적 불안으로 구분된다.

> 불안은 원인에 대한 명확한 대상 없이 두려움을 느끼는 것으로 원초아, 자아, 초자아 간의 갈등 때문에 발생한다.

(1) 현실 불안(reality anxiety)

실제 외부 세계에서 받는 위협, 위험에 대한 인식 기능으로 불안을 느끼는 것을 의미한다. 이는 실제적이고 현실적인 불안을 말하는데, 예를 들어, 가파른 내리막길에서는 넘어질 것 같은 불안감을 느낄 수 있다.

> 현실 불안은 실제 외부 세계로부터 받는 위협과 위험 때문에 느끼는 것을 말한다.

신경증적 불안은 실제 위험이 아닌 자아가 본능적 추론을 통제하지 못함으로써 느껴지는 위협에 사로잡히면서 생기는 것이다.

(2) 신경증적 불안(neurotic anxiety)

불안을 느껴야 할 이유가 없음에도 불구하고 자아가 본능적 충동을 통제하지 못해 불상사가 생길 것이라는 위협을 느껴서 불안에 사로잡히는 것을 의미한다. 신경증적 불안은 원초아의 쾌락이 너무 충족되면 처벌을 받을 것이라는 두려움에서 기원한다.

(3) 도덕적 불안(moral anxiety)

원초아와 초자아 간의 갈등에서 비롯된 불안으로 본질적 자기 양심에 대한 두려움을 말한다. 자신의 도덕적 원칙에 위배되는 원초아의 충동을 표현하도록 동기화되면 초자아는 수치와 죄의식을 느끼게 한다.

7) 자아방어기제

자아방어기제는 자아를 보호하기 위해 무의식적으로 사용하는 사고 및 행동 수단을 말한다. 이는 성격의 일부로 나타나기도 하고 현실적 삶을 피하려는 삶의 양식이 되기도 한다.

이성적이고 직접적인 방법으로 불안을 통제할 수 없을 때, 붕괴의 위기에 처한 자아를 보호하기 위해 무의식적으로 사용하는 사고 및 행동 수단을 자아방어기제라고 한다. 방어의 개념에는 자아를 보호하는 요소와 위험하다는 신호를 보내는 요소가 포함된다. 그러므로 방어기제는 병적인 것이 아닌 정상적인 행동이지만 현실적 삶을 피하려는 삶의 양식이 될 수도 있다. 개인이 사용하는 방어는 개인의 발달 수준과 불안 정도에 따라 다르다.

상담 과정에서 내담자는 자신을 보호하기 위해 방어기제를 사용하며 그것은 성격의 일부로 나타난다. 상담 과정 중에 발생하는 방어기제의 유형과 그 예를 제시하면 다음과 같다.

(1) 억압(repression)

억압은 불안에 대한 가장 보편적이고 일차적인 방어로, 의식에서 받아들일 수 없는 욕망, 감정, 기억, 사고 등을 의식 수준에서 몰아내어 무의식 속으로 억눌러 버리는 것을 말한다. 억압은 다른 방어기제나 신경증적 증상의 기초가 된다. 반면, 의식적으로 생각과 느낌을 눌러 버리는 것은 억제(suppression)다. 예를 들어, 억압은 너무나 어렵고 고통스럽고 힘든 과 거 사건(성폭력, 가정폭력 등)을 전혀 기억하지 못하는 경우다. 수치심이 나 죄의식 또는 자기비난을 일으키는 기억은 주로 억압하여 의식하지 못 하게 한다. 그러나 억제는 힘든 과거 사건을 기억하고 있으며 의식적으로 기억하지 않으려고 노력한다. 예컨대, 학대를 한 부모에 대한 분노감을 숨기고 부모에 대한 이야기를 하려 들지 않는 경우다.

(2) 부인(denial)

의식화된다면 도저히 감당하지 못할 위협적인 현실이나 생각, 욕구를 무의식적으로 거부함으로써 정신적인 고통을 피해 보려는 것을 말한다. 예를 들면, 심인성 기억상실이나 사랑하는 사람의 죽음이나 배신을 인정 하려 들지 않고 사실이 아닌 것으로 여기는 것이다.

(3) 투사(projection)

자신이 받아들이기 어려운 느낌, 생각, 충동 등을 무의식적으로 타인의 탓으로 돌려 자신을 보호하는 방법이다. 자신의 심리적 속성이 타인에게 있는 것처럼 생각하고 행동하는 것이다. 자기가 화나 있는 것은 의식하지 못하고 상대방이 자기에게 화가 났다고 생각하는 것이 그 예다. 또한 자 녀가 잘못했는데도 부모 자신이 어려서 혼났을 때의 고통이 느껴져 자녀 를 훈육하지 못하는 경우도 이에 해당된다.

(4) 주지화(intellectualization)

불안이나 고통스러운 감정과 충동을 누르기 위해 사건이나 경험에 대 한 감정은 빼버리고 생각만 많이 하는 것을 말한다. 예컨대, 흔히 청소년 기에 자신의 성적·공격적 욕망에서 벗어나기 위해 철학적이고 종교적인 주제에 사로잡히거나, 상담 시간에 자신의 감정이나 경험을 표현하기보 다는 자기의 상태를 이론적으로 설명하는 경우를 들 수 있다.

(5) 동일시(identification)

중요한 인물들의 태도와 행동을 자기 것으로 만들면서 닮으려는 것을 말한다. 동일시는 자아와 초자아의 형성에 가장 큰 역할을 하며 성격 발달에 영향을 미치는 가장 중요한 방어기제다. 동일시를 통해 부모들의 태도나 행동이 자식의 성격 내부에 들어오게 된다. 동일시는 무의식 과정으로, 그 동기는 대상이 가지고 있는 힘을 자기 것으로 하고자 하는 소원이다. 동일시의 전형적인 예는 아이들이 소꿉놀이를 하면서 엄마나 아빠의 행동을 흉내 내는 것이나 영화를 보며 주인공처럼 느껴 울고 웃는 것을 들 수 있다. 한편, 동일시에는 적이나 범죄자를 모방하면서 그들의 힘을 자기 것으로 여기는 경우나, 공격자를 닮음으로써 그 대상에 대한 두려움을 통제하는 공격자와의 동일시도 있다. 부모에게서 정서적·신체적으로 학대를 받은 아이가 그 결과로 자기도 다른 아이들을 폭행하는 경우를 예로 들 수 있다.

(6) 퇴행(regression)

심각한 스트레스 상황이나 곤경에 처했을 때 불안을 감소시키려고 비교 이전의 발달 단계로 후퇴하는 행동을 퇴행이라 한다. 예컨대, 동생이 태어나자 대소변을 잘 가리던 아이가 오줌을 싸게 되는 경우나, 나이에 어울리지 않게 응석을 부리는 경우를 예로 들 수 있다.

(7) 합리화(rationalization)

현실에 더 이상 실망을 느끼지 않으려고 그럴듯한 구실을 붙여 불쾌한 현실을 피해 보려는 것이다. 예컨대, 먹고 싶으나 먹을 수 없는 포도를 보면서 '신 포도니까 안 먹겠다.'고 하는 우화의 한 장면과 같은 경우다. 남편의 수입이 적어서 불만인 여자가 '수입이 많은 남자는 대개 바람이 나더라. 역시 수입이 적지만 착실한 남편이 좋다.'라고 생각하는 경우도 이에 해당된다.

(8) 반동형성(reaction formation)

실제로 느끼는 분노나 화 등의 부정적 감정을 직접 표현하지 못하고 반대로 표현하는 것이다. '미운 놈에게 떡 하나 더 준다.'는 속담처럼 무의식적 생각, 소망, 충동과는 반대되는 행동이나 태도를 보임으로써 무의식적 욕구를 억압하는 과정이다. 예를 들면, 실제로 자기를 학대하는 대상인데도 좋아하는 것처럼 행동하는 경우다.

(9) 치환(displacement)

어떤 대상에게 향했던 자신의 감정을 그 사람에게 직접적으로 표현하지 못하고 무의식적으로 덜 위험한 대상에게 자신의 감정을 발산하는 것을 말한다. 종로에서 뺨 맞고 남대문에서 화풀이하는 격이다. 흔히 언니를 미워하는 동생이 언니의 신발을 던져 버린다든지, 남편에게 화가 난 아내가 남편 닮은 아들에게 화를 내는 행동도 그 예가 될 수 있다.

(10) 승화(sublimation)

사회적으로 용납할 수 없는 성적인 충동, 공격적 충동을 사회적으로 인정되는 형태와 방법을 통해 발산하는 것이다. 예컨대, 정육점 주인이나 외과 의사로서의 직업 선택에는 공격적 충동의 승화가 작용할 수 있다. 또한 청소년기의 왕성한 성적·공격적 에너지를 운동이나 격렬한 춤으로 충족시키는 것이 이에 해당된다.

2. 심리적 문제의 형성 과정과 그 증상의 의미

인간의 심리적인 문제는 어떻게 형성되며, 심리적인 문제로 인해 생겨난 증상은 무엇을 의미하는가? 심리적 문제의 형성 과정과 그 증상의 의미는 다음과 같다.

1) 심리적 문제의 형성 과정

심리적 문제의 발생은 어린 시절 억압과 무의식적 갈등이 어떤 계기나 사건에 의해 외부로 표현된 것이며, 자아가 방어하기에 너무 큰 불안일 경우 스스로 보호하기 위해 증상으로 드러난다.

내담자의 정신 속에는 무의식적 갈등이 자리 잡고 있다. 무의식적 갈등은 삶의 초기에 형성된 이후로 해결된 적이 없으므로 무의식 속에 존재하고 있다. 현재 생활의 압력이나 갈등이 이전부터 있었던 무의식적 갈등에 꼭 들어맞을 때, 심리적 퇴행 현상이 일어나 무의식적 갈등은 되살아난다. 내담자는 퇴행이 진행되면 막연히 어떤 위험한 일이 터질 염려가 있다고 무의식적으로 느끼게 된다. 사실 그 위험은 어릴 때의 갈등이 되살아 나오려는 것으로, 그때 경험했던 여러 가지 공포, 공상, 위협, 처벌에 대한 예상 등을 말한다.

무의식적 갈등은 아동기에 형성되어 무의식 속에서만 존재하기 때문에 현실과는 엄연히 다르다. 하지만 그 갈등은 원래 그것이 억압되었던 이후에는 결코 해결된 적이 없어서 내담자에게는 확실히 존재하는 현실로 지각되면서 위험하다고 느껴진다. 바로 어린 시절에 느꼈던 것과 똑같이 느껴지는 것이다.

이 같은 갈등은 내담자가 의식하지 못하는 무의식적 상태에서 만들어져 발생하는 것이기에 불안이라고 한다. 즉, 불안은 공포를 정신내적으로 경험하고 있는 상태다. 불안이나 신경증적 갈등을 일으키는 대표적인 위험은 다음과 같다. 첫째는 어린아이가 양육받고 사랑받기 위하여 의존하였던 대상의 상실 또는 이별이다. 둘째는 그런 대상이 화를 내거나 꾸중을 하는 경우(애정의 상실)다. 셋째는 거세 콤플렉스다. 넷째는 초자아가 유발하는 불안으로, 자신이 가진 도덕 기준에서 벗어나는 경우 스스로를 비난하거나 죄의식을 느끼는 것(도덕적 불안)이다.

불안은 정상적 자아 기능의 일부로서 무의식적 갈등으로 생긴 위험을 미리 알려 주는 역할을 한다. 그 결과, 자아는 받아들일 수 없는 본능적 욕구가 나타나는 것을 막기 위하여 무의식적인 방어 작용을 시작한다. 즉, 이러한 불안을 피하기 위해서 내담자는 여러 가지 방어기제를 동원한다. 그러나 자아가 방어하기에 너무 큰 불안을 느끼는 경우에는 고통스러운 상황에서 자신을 보호하기 위해서 증상이 나타난다. 예를 들어, 어머니에게 강한 적개심을 느끼는 아이가 있다고 하자. 아이는 그 어머니에 대하여 강한 적개심을 느끼지만 어머니의 사랑을 잃을까 두려워 자신의 적개심을 있는 그대로 표현하지 못한다. 이러한 어머니를 향한 적개심은 대부분 방어기제를 통하여 처리된다. 그러나 적개심이 너무 커서 아이가 가지고 있는 방어기제로 방어되지 않는 경우에는 심리적인 증상으로 나타난다. 다시 말해, 어머니에 대한 적개심이 표현되지 않도록 하기 위해서 심리적 증상을 선택하는 것이다. 이렇게 해서 생긴 심리적 증상이 아이에게 큰 고통을 주지만, 아이는 자기가 가지고 있는 어머니에 대한 적개심이 표현되었을 때 느끼게 될 고통보다 덜하다고 생각하기 때문에 증상을 선택하는 것이다.

2) 증상의 의미

증상은 내담자의 내부에 자리 잡고 있던 무의식적 갈등에 대해서 내담자 스스로가 찾아낸 최선의 타협적 해결책이다. 즉, 현재의 상황 또는 갈등이 예전부터 있었던 과거의 무의식적 갈등을 불러일으켰거나 또는 예전부터 있었던 과거의 무의식적 갈등이 변형된 모습으로 현재의 대인관계 또는 행동으로 표현된 것이다.

내담자는 갈등 때문에 고통을 느끼고, 증상은 그런 자신의 내부 갈등을 해결하려는 내담자 나름대로의 시도다. 이렇게 볼 때, 신경증이나 성격장애 등과 같은 증상은 내담자가 여태껏 해결하지 못했던 자신의 내부 갈등의 표현이라 할 수 있다. 예를 들어, 어떤 강박신경증 내담자는 자기가 사람을 해칠지도 모른다는 두려움에 사로잡혀 있는데, 이것은 내적 갈등의 여러 요소가 표현되고 있는 경우다. 그의 증상은 다른 사람을 해치고 싶은 욕망과 충동을 표현하는 동시에 남을 해치는 것에 대한 두려움이 현실로 표현되는 것을 막기 위해 강박신경증을 선택한 것이다. 또 어떤 사람이 비현실적인 죄책감이나 열등감으로 우울하다거나 창피하다고 느끼는 경우, 그런 감정은 그 사람이 품고 있는 어떤 욕망이나 충동에서 비롯된 정서적 반응이다. 그런데 그 욕망이 그에게는 무의식적이고 또 스스로 받

증상은 내담자가 무의식적 갈등에 대해 스스로 찾아낸 최선의 타협적 해결책이며, 나름의 시도이다.

아들일 수 없는 것이기에 그런 정서적 반응이 야기된 것이다.

내담자는 어떤 의미에서 보면 언제나 옳다. 다시 말해서, 내담자의 증상이 어떤 종류의 것이건, 설령 그것이 다른 사람에게는 아무리 비합리적이고 적절하지 못한 것으로 여겨질지라도, 그것은 내담자의 무의식적인 내적 상황이나 갈등에 대한 해결책이기 때문이다. 다만, 그는 그 갈등을 과거에 경험하였지만 억압해 버렸기 때문에 그러한 갈등이 자신의 내부에 잠재해 있다는 사실을 전혀 의식할 수 없었을 뿐이다.

3. 상담 과정과 기법

지금까지 내담자의 심리적 문제의 형성과 그 증상의 의미에 대해 알아보았다. 이제는 그 심리적 문제와 증상을 가진 내담자를 상담해 나가는 과정과 상담 과정에서 쓰이는 주된 기법에 대해 살펴보자.

1) 상담 과정

(1) 상담 목표

> 정신분석 상담의 목표는 무의식의 의식화를 통한 성격 구조의 수정과 자아의 강화다.

정신분석 상담의 두 가지 목표는 무의식을 의식화함으로써 개인의 성격 구조를 수정하는 것과 본능의 충동에 따르지 않고 현실에 맞게 행동하도록 자아를 더욱 강화시키는 것이다. 의식되지 않아도 마음속에 잠재해 있는 갈등이 해소되지 않으면 심리적 긴장 상태로 남게 되거나, 심한 경우에는 여러 증상으로 나타난다고 본다. 상담자가 내담자로 하여금 무의식적 갈등이나 불안을 표현하게 하고 이를 자각시키면, 더 이상 심리적 긴장과 불안을 억압하거나 느낄 필요가 없기 때문에 내담자의 자아가 강화되어 성격은 건강한 방향으로 수정되는 것이다.

정신분석 상담은 무의식적인 자료를 철저히 분석하는 치료방법을 사용하므로 상담의 목표는 문제 해결이나 새로운 행동을 학습하는 것이 아니며, 자기이해를 깊게 하기 위해 현재 문제와 관련된 과거에 억압된 갈등에 대해 깊이 탐색해 가는 것이다. 정신분석 상담은 통찰을 얻기 위한 지적 이해만을 목적으로 하지 않으며, 자신의 문제와 관련된 기억과 감정의 경험을 목적으로 한다. 따라서 무의식의 의식화를 통해 자기에 대한 이해와 성장을 촉진하고, 건강한 자기개념을 형성하며, 성숙된 인간관계를 형성해 나가고, 현실을 있는 그대로 수용함으로써 자기분석력을 갖춘 사람으로 성장하는 것이다.

(2) 상담자의 기능과 역할

상담자는 먼저 내담자의 마음속에 떠오르는 생각, 심상, 느낌을 표현하게 한다. 내담자로 하여금 특정한 생각이나 감정이 의미 있는지 없는지에 관하여 왜곡, 검열, 억제 및 판단하지 않고 자유롭게 표현하게 한다. 이때 상담자는 내담자가 보고하는 꿈과 자유연상의 의미를 추론하며, 내담자가 표현하는 상담자에 대한 감정을 민감하게 들으면서 내담자의 이야기 속에서 불일치하는 점은 없는지 검토한다. 처음에는 듣는 데 치중하고, 꼭 필요하거나 내담자가 받아들일 수 있다고 여겨지는 경우 해석해 준다. 그리고 내담자가 상담 과정에서 어떤 형태로 심리적 저항을 나타내는지 관심을 기울인다.

상담 과정에서 내담자는 무의식적으로 상담자를 마치 자기의 부모나 부모 이외의 중요 인물로 생각하고 행동하게 되는데, 이를 '전이(transference)'라고 한다. 상담자는 내담자로 하여금 전이가 일어나도록 만드는 동시에 해석을 통하여 전이를 좌절시킨다. 이 과정이 정신분석 상담의 핵심이다. 또한 상담자는 내담자가 보이는 저항에 관심을 가지고 다루게 되는데, 이를 적절하게 다루어야 효과를 거둘 수 있다. 상담자는 내담자의 저항이나 갈등이 드러나도록 하기 위하여 자유연상을 통해 떠오르는 대로 자유롭게 표현하게 하며, 현재 내담자의 행동도 내담자가 과거 부모와의 관계 속에서 느꼈던 감정이나 행동을 되풀이하는 것임을 해석을 통하여 일깨워 준다.

상담자는 내담자의 자유로운 표현 속에서 내담자의 성격 구조와 역동관계를 이해하게 되며 심리적 문제의 윤곽을 파악하게 된다. Freud는 이 과정에서 상담자가 마치 거울처럼 행동해야 한다고 하였다. 즉, 상담자는 분석 과정에서 가능한 한 자신의 인격적 특성을 배제하고 내담자를 있는 그대로 비추어야 한다. 상담자의 이러한 행동은 내담자가 자신의 문제를 통찰하도록 하여 자기 자신을 보다 잘 이해할 수 있게 한다. 상담자는 또한 내담자가 통찰을 통해 이해한 것을 현실 생활에 적용할 수 있도록 격려한다.

(3) 상담자와 내담자의 관계

정신분석에서 상담자는 내담자와 치료동맹을 맺게 된다. 치료동맹이란 상담자가 상담을 위해 내담자의 건강한 성격 부분과 협력하는 것을 말한다. 이를 통해 내담자의 신경증적이고 미성숙한 부분을 건강한 성격 구조로 수정해 나가게 된다.

정신분석 상담에서 상담자와 내담자는 심층적 차원에서 상담관계를 맺게 된다. 이때 상담자는 내담자와 치료동맹(therapeutic alliance 또는 working alliance)을 맺는다. 치료동맹이란 상담자가 상담을 위해서 내담자의 건강한 성격 부분과 손을 잡고 협력한다는 뜻이다. 즉, 상담자가 내담자의 성격 중 신경증적이지 않은 건강한 부분과 손잡고 협력해 나가면서 내담자의 신경증적이고 미성숙한 성격 부분을 다루어 그의 전반적인 정신 기능을 수정하고 변경하려는 것이다.

전이 감정은 상담 과정에서 내담자가 상담자를 마치 자기 어린 시절의 중요한 인물인 것처럼 대하는 감정을 말한다.

상담자가 내담자와 치료동맹을 형성하고 상담을 진행해 가는 과정에서 내담자는 상담자를 마치 자기 어린 시절의 중요한 인물인 것처럼 대하며 전이 감정을 느끼지만 이는 무의식적인 감정이므로 내담자는 전혀 알아채지 못한다. 정신분석 상담에서 가장 중요한 부분은 상담자가 내담자의 전이 감정을 어떻게 불러일으키고 어떻게 다루어 나가느냐 하는 것이다.

상담자는 때로 내담자가 보이는 전이 감정에 대하여 설명(해석)해 줌으로써 전이를 좌절시켜 치료에 활용할 수 있고, 때로는 내담자의 전이 욕구를 충족시켜 줄 수도 있다. 예를 들어, 내담자가 상담자를 어머니로 생각하는 전이 감정을 느낀다고 할 때, 상담자가 내담자의 이러한 면을 해석해 주게 되면 내담자는 무의식적으로 상담자를 어머니로 여기고 어머니에 대한 의존 욕구를 충족시키려던 시도는 좌절된다. 이런 좌절은 내담자가 어릴 때 어머니와의 관계에서 느꼈던 갈등과 감정이 지금까지 무의식 속에 존재하고 있음을 경험하게 만든다. 그 갈등은 상담 과정에서 충분히 다루어지고, 내담자는 이 과정에서 재양육되는 경험을 하게 된다.

전이와는 반대로, 상담자가 내담자와의 관계에서 갈등을 느끼고 내담자를 싫어하거나 좋아하게 되는 경우가 있는데, 이와 같이 상담자가 내담자에 대해 느끼는 반응을 '역전이(counter-transference)'라고 한다. 이러한 역전이는 모든 상담자에게서 일어난다. 상담자는 상담 중에 일어나는 자신의 역전이 감정을 알아차려서 내담자를 이해하는 자료로 활용하거나 자기이해를 위한 기회로 삼아야 한다.

(4) 상담 과정

정신분석 상담의 과정은 크게 네 단계로 나누어 볼 수 있다(정방자, 2001). 즉, 상담자와 내담자가 상담관계를 형성하는 초기 단계, 내담자가 상담자에 대한 전이 감정을 느끼고 표현하는 전이 단계, 전이에 대한 분석이 이루어지는 통찰 단계, 그리고 통찰을 현실 생활 속에서 계속 유지하기 위해 노력하는 훈습 단계다.

① 초기 단계

상담자와 내담자가 신뢰관계를 형성하고, 이를 바탕으로 자유연상, 꿈의 분석을 통해서 내담자의 심리적 문제에 대한 윤곽이 드러나면 상담자는 내담자와 치료동맹을 맺는다. 이러한 치료동맹은 내담자의 어떠한 감정, 동기, 사고에 대해서도 상담자가 비판하지 않고 수용하고 이해할 때 더욱 깊어진다. 이 과정에서 내담자는 진정한 한 인간으로서 이해받는 체험을 하고 점점 더 상담자에게 의존하게 된다. 즉, 내담자는 전이 욕구를 상담자를 통하여 충족하려고 한다. 치료동맹은 내담자의 전이 감정을 촉진하는 데 큰 역할을 한다.

② 전이 단계

내담자는 과거 어릴 때 중요한 사람과의 관계에서 가졌던 유아기적 욕구와 감정을 상담자와의 관계에서 반복하려고 한다. 이때부터 상담자와 내담자는 비현실적인 관계가 되며, 내담자는 전이 욕구를 상담자로부터 충족시키려고 한다. 이러한 요구에 대해서 상담자는 끈기 있는 태

상담자가 내담자와의 관계에서 갈등을 느끼고 내담자를 싫어하거나 좋아하게 되는 경우가 있는데, 이와 같이 상담자가 내담자에 대해 느끼는 반응을 역전이라고 한다. 역전이는 상담 과정에서 상담자가 내담자에 대해 느끼는 갈등이나 감정을 말한다.

도, 포용성, 존중하는 마음으로 참고 견딜 수 있어야 한다. 이때 상담자는 내담자의 욕구에 대해 중립적 태도를 취하고 해석 및 참여적 관찰자(participant observer)의 역할을 함으로써 그 욕구를 좌절시킨다.

③ 통찰 단계

신뢰할 수 있는 분위기 속에서 내담자는 자신의 의존 욕구나 사랑 욕구의 좌절 때문에 생기는 적개심을 상담자에게 표현하는 모험을 하게 된다. 이러한 감정 표현은 불안과 죄의식에서 벗어날 수 있게 하지만, 한편으로는 의존 욕구와 사랑 욕구 등 숨은 동기를 파악하게 한다. 그리고 자신의 여러 부정적 감정이 의존과 사랑 욕구가 좌절된 것에서 비롯되었다는 것을 통찰하게 된다. 상담자가 이런 의존 욕구를 다루게 되면 그로 인해 야기된 감정을 다루기 쉽다.

④ 훈습 단계

심리적 문제의 원인을 통찰하였다고 해서 바로 내담자의 문제가 해결되는 것은 아니다. 내담자가 통찰한 것을 실제 생활로 옮겨 가는 과정이 바로 훈습 단계다. 상담자는 내담자가 상담을 통하여 획득한 통찰을 현실에 적용하려는 노력에 대해 적절한 강화를 해 주고, 훈습 단계를 통해 내담자의 행동 변화가 어느 정도 안정되게 일어나면 종결을 준비한다.

2) 상담 기법

상담자는 자유연상, 꿈의 분석, 전이, 저항, 해석 훈습 등을 통해 내담자가 자신의 문제에 대한 통찰을 하도록 돕고, 통찰을 통해 이해한 것을 현실 생활에 적용할 수 있도록 격려한다.

정신분석치료의 목표는 무의식적 갈등을 의식화시켜서 개인의 성격 구조를 재구성하는 데 있다. 따라서 정신분석 상담은 무의식적 동기에 의해서 유발되고 지속되는 정신적인 문제나 부적응 행동을 수정하기 위해 다음과 같은 기법을 활용한다.

(1) 자유연상

자유연상(free association)이란 내담자가 상담자에게 자신의 마음속에 떠오르는 것을 있는 그대로 이야기하는 것이다. 내담자가 자신의 마음속에 떠오르는 것이 아무리 사소하고 말하기 어려운 내용일지라도 전혀 거르지 않고 상담자에게 이야기하면, 상담자는 그것을 통해 내담자 내면에 억압된 자료를 수집하고 해석하여 내담자의 통찰을 돕는다. 자유연상 과정 중에 내담자는 자신의 과거 경험을 기억해 내거나 억압된 무의식적 감정을 표현하기도 한다. 이렇게 감정을 표현하고 경험을 개방하는 것은 내담자가 자신의 감정과 경험을 더 이상 억압하지 않고 자유로워지도록 하는 효과가 있다.

> 자유연상이란 내담자가 상담자에게 자신의 마음속에 떠오르는 것을 있는 그대로 이야기하는 것이다. 사소하거나 비논리적인 것일지라도 모두 표현하게 하여, 내담자가 무의식을 탐색하고 통찰하도록 돕는다.

(2) 꿈의 분석

꿈의 분석(dream analysis)은 자유연상과 마찬가지로 내담자의 무의식 세계에 접근할 수 있는 또 하나의 방법이다. Freud는 꿈을 무의식으로 가는 왕도라고 하였다. 잠잘 때는 내담자의 방어기제가 약화되어 억압된 욕망과 갈등이 의식 표면에 떠오르는데, 상담자는 이러한 꿈의 특성을 활용하여 내담자의 꿈을 분석하고 해석해서 내담자로 하여금 자신이 가진 심리적 갈등을 통찰하게 한다.

상담자는 내담자가 상담 과정에서 꿈의 내용을 말하도록 하고, 그것을 토대로 자유연상을 하도록 하며, 그와 관련된 감정도 이야기하도록 한다. 상담이 진행되고 해석이 이루어지면서, 내담자와 상담자는 꿈의 의미를 이해하게 되고 내담자의 문제에 대한 통찰을 얻게 된다. 이러한 통찰은 내담자가 자신을 이해하는 데 중요한 자료가 된다.

> 꿈에서는 내담자의 방어기제가 약화되어 억압된 욕망과 갈등이 표현되므로, 상담자는 내담자의 꿈 분석을 통해 내담자가 자신의 심리적 갈등을 통찰하게 한다.

(3) 전이

전이(transference)란 내담자가 상담 상황에 대해 가지고 있는 일종의 왜곡으로, 과거에 중요한 사람에게 느꼈던 감정을 현재의 상담자에게 느끼는 것을 의미한다. 내담자는 상담을 통해 이전에 자신이 가지고 있다가 억압했던 감정, 신념, 소망 등을 표현하게 되는데, 상담자는 이러한 전이를 분석하고 해석함으로써 내담자가 무의식적 갈등과 문제의 의미를 통찰하도록 돕는다.

> 전이의 분석과 해석을 통해 내담자의 무의식적 갈등에 대한 통찰을 돕는다.

(4) 저항

저항(resistance)이란 상담 진행을 방해하고 현재 상태를 유지하려는 의식적·무의식적 생각, 태도, 감정, 행동을 의미한다. 저항은 내담자에게 위협이 되는 그 어떤 것을 의식에 떠오르지 않게 하려는 것이다. 그러므로 상담자는 내담자의 저항을 분석하고 해석함으로써 그가 무의식적으로 숨기고자 하는 것, 피하고자 하는 것, 불안해하거나 두려워하는 대상 등에 대한 정보를 얻는다. 그리고 그러한 저항과 무의식적인 갈등의 의미를 파악하여 내담자가 통찰을 얻도록 돕는다.

(5) 해석

해석이란 내담자의 정신 작용 가운데서 불명확한 부분에 대해 상담자가 추리하여 내담자에게 설명해 주는 것이다.

해석(interpretation)이란 내담자의 연상이나 정신 작용 가운데서 명확하지 않은 부분에 대해 상담자가 추리하여 내담자에게 설명해 주는 것이다. 해석은 내담자의 생각과 감정을 구체화하고, 앞으로 탐색되어야 할 부분에 내담자의 관심을 집중시키며, 잡다한 자료에서 핵심적인 주제를 가려내거나 이해가 더 잘 되도록 요약하기 위해 사용한다.

이러한 해석을 하는 데는 다음과 같은 몇 가지 원칙이 필요하다(Fine, 1982). 첫째, 해석은 무의식적 갈등에 대한 해석보다는 저항에 대한 해석이 우선되어야 한다. 둘째, 해석은 해석하려는 내용이 내담자의 의식 수준에 가까이 있을 때, 즉 내담자가 아직 스스로 깨닫지는 못하고 있지만 견뎌 낼 수 있거나 수용할 수 있다고 판단될 때 이루어져야 한다. 그렇지 않으면 내담자는 상담자의 해석을 받아들이지 않게 된다. 셋째, 해석은 표면적인 것에서부터 시작해서 깊이 들어가도록 한다. 그 내용은 내담자의 원초아적 충동, 내담자의 인생사와 현재 문제 간의 관련성과 의미, 내담자의 불안, 내담자의 초자아적 규범, 내담자의 자기상, 내담자의 관점과 현실 세계 간 괴리 등이 될 수 있다.

훈습이란 내담자가 상담을 통하여 얻은 통찰을 현실 생활에서 실제로 적용하고 실천하는 과정이다. 이를 통해 내담자의 행동에 변화가 일어날 수 있다.

(6) 훈습

훈습(working through)은 내담자가 상담 과정에서 느낀 통찰을 현실 생활에 실제로 적용해서 내담자에게 변화가 일어나는 것이다. 상담은 통찰,

즉 내담자의 심리적 문제를 일으키는 원인을 파악하는 것으로 모든 문제가 해결되는 것은 아니다. 통찰이 아무리 심도 깊고 그 범위가 넓다 하더라도 결코 그것만으로는 치료가 되지 않는다. 통찰은 최종 목표에 도달하기 위하여 거쳐야 하는 하나의 과정에 지나지 않는다. 상담을 통하여 얻은 통찰은 실천에 옮겨야만 효과를 거둘 수 있다.

따라서 상담의 최종 목표는 통찰을 현실 생활에 적용해 봄으로써 갈등에 대해서 과거보다 효과적으로 순응하게 되거나 그것을 근본적으로 해결하는 것이다. 그래야만 내담자의 행동에 변화가 일어나게 된다. 상담자는 내담자가 상담을 통하여 얻은 깨달음을 현실에 적용하여 갈등을 해결하려는 노력에 대하여 적절한 강화를 해 주어야 한다. 내담자가 갈등을 해결하기 위해서 하는 새로운 노력은 아직 몸에 익지 않은 낯선 시도이므로, 상담자는 그것을 적극 지지해 주어야 한다. 그렇게 함으로써 내담자는 상담 과정을 통하여 얻은 통찰을 현실의 갈등 해결에 적용하는 힘을 얻게 된다(Dewald, 1978).

4. 상담 사례[1)]

다음 사례의 내담자는 25세의 남자로 미혼이며, 꼼꼼하고 말이 많은 대학원생이다. 그는 샌프란시스코에 있는 정신과 의사로부터 의뢰되었다면서, 전화로 시간 약속을 했다. 처음 봤을 때, 그는 쾌활하고 단정하며 약간 수줍어 보이는 젊은이였다. 내담자는 협조적이었고, 상담자에게 잘 반응하는 것으로 보였다. 상담자는 내담자에게서 긍정적인 느낌을 받았다. 내담자는 자신에게 문제가 있다는 사실을 인식하고 있으며, 그 문제는 감정적이 된다는 것이고 이것을 알고 있고 고치길 원하고 있다.

---

1) 본 사례는 원호택(1988)이 한국대학상담학회 동계 워크숍에서 발표한 Wolberg 박사의 정신역동적 치료의 초기면접을 책의 분량이나 내용을 감안해서 수정한 것이다.

면담 목적의 구조화	상담자 1: 안녕하십니까? 저는 울버그 박사입니다. (네)
	이 면담의 목적은 제가 당신의 문제에 대한 전반적 이해를 갖게 됨으로
	써 그 문제를 다루는 적절한 방법을 찾아보고자 하는 것입니다.
주된 호소문제	내담자 1: 글쎄요. 문제가 복잡한데…… 우선 말씀드리자면 나는 완벽한 사람
	이 못 되는 것 같습니다. 다른 사람들과의 관계에서 말이죠.
문제의 이력과 발달 과정에 대한 초기의 정교화	상담자 2: 언제부터 그랬습니까?
	내담자 2: 알고 지냈던 여자가 있었는데 얼마 전에 헤어져 버렸어요. 그 일로
	대단히 충격을 받았어요. 제게 나타난 최초의 심각한 감정적인 문제,
	그걸 폭발이라고 생각하는데, 그건 그녀가 연애관계를 깨버렸을 때였
	습니다. 그리고 나는 스스로를 도저히 어떻게 할 수가 없었습니다. 그
	녀는 나의 어렸을 때부터의 성장과정 중에서 전혀 갖지 못했던 어떤 안
	정을 주었습니다. 네다섯 살 때부터 아버지와 함께 나를 길러 준 계모
	는 내게 아무것도 해준 게 없는 것을 아주 잘 기억하고 있습니다. 언제
	나 나를 괄시했던 사람……. (침묵).
	상담자 3: 당신의 친어머니는요?
	내담자 3: 내가 어머니를 그리워하기도 하지만 화를 내기도 하죠. 내가 말한 것
	처럼 이태리 여성이지만 항상 내 인생에 뛰어들어서 방해를 해요.

〈중략〉

자유연상을 돕기 위한 질문	상담자 11: 그 꿈들의 내용을 기억하십니까?
	내담자 11: 예, 꿈속에서 나는 그녀가 다른 녀석과 자랑스럽게 걸어가고 있는 것
	을 보았어요. 그것을 보면서 다른 사람들이 그녀를 어디로 멀리 데리
	고 간다는 느낌을 받았지요. 어떤 꿈에서는 나의 계모와 그녀가 같은
	쪽에 서 있었어요. 그건 충격이었죠. 주로 그런 것들이에요. 그녀는 그
	녀석과 헤어졌고, 그 녀석은 다른 여자와 만났어요. 그래서 나는 그녀
	에게 돌아갔고 우리는 그 여름에 함께 지냈어요.

〈중략〉

초기면접에서 다루어야 할 중요한 문제의 핵심에 초점을 맞추었다.	상담자 21: 그럼, 지금 조앤과 헤어진 이후에 어떤 일이 일어났습니까?
	내담자 21: 나는 필리라는 여자를 만났어요. 우리는 함께 다니기 시작했고 섹스
	를 했지만, 마지막에 가서는 조앤과의 사이에서 일어났던 일이 반복되

어 버렸어요.

〈중략〉

상담자 31: 그런데 이 점에 대해 물어봐도 될까요? 지금 당신이 고치고 싶어 하는 당신의 문제라고 생각하는 게 뭐지요?

주 호소문제 파악

내담자 31: 문제들은 많습니다. 대개는 내 성격 문제이지요.

상담자 32: 이에 대해 좀 더 얘기해 볼까요?

내담자 32: 네, 가끔 난 어울릴 수 있거나 편안함을 느낄 수 있는 친구가 없다고 느껴요. 나는 항상 그들에게 어떤 깊은 인상을 주어야만 한다고 느끼는데.

상담자 33: 왜 그렇다고 생각해요?

내담자 33: 나는, 음, 내가 얕보였기 때문이라고 생각해요. 난 자라면서 쭉 계모의 멸시를 받아 왔거든요. 그녀는 자신의 친아들만을 유일한 아들인 것처럼 생각했어요.

상담자 34: 당신과 그녀의 아들은 나이 차이가 얼마나 됩니까?

내담자 34: 한 살 반. 그가 나보다 어려요. 그는 완전히 저능아예요. (웃음) 그리고 나의 아버지가 내 쪽으로 기울기 시작했어요. 그리고 나중에는 아버지가 나를 늘 편안하도록 만들어 주는 유일한 분이셨죠.

상담자 35: 그를 좋아했습니까?

내담자 35: 네, 그는 훌륭해요.

상담자 36: 그럼 우리가 아까 얘기하던 것으로 돌아가서, 당신이 도움받고 싶어 하는 기본적인 문제는 다른 사람과의 관계 문제군요.

내담자는 말이 많기 때문에, 그로 하여금 이 생각을 탐색하도록 하면 호소문제를 탐색할 수 없다.

내담자 36: 네. 그리고 내가 전에 얘기했던, 이 문제나 다른 문제에 수반될 수 있는 여러 가지 것들이 있죠.

〈중략〉

상담자 41: 그러면 당신의 가족에 대해서 몇 가지를 묻겠습니다. 생모는 살아계시지요.

가족자료 수집

내담자 41: 네.

상담자 42: 당신은 그녀에 대해 여러 가지 감정을 느낀다고 하셨죠?

내담자 42: 네. 좋은 쪽과 나쁜 쪽. 내가 어머니를 그리워하기도 하지만 화를 내

기도 하죠. 그녀는 내가 말한 것처럼 이태리 여성이지만 항상 내 인생
에 뛰어들어서 방해를 해요.

상담자 43: 아버지는 건강이 좋으십니까?

내담자 43: 네. 또 내가 항상 존경하는 분이죠.

상담자 44: 당신의 계모는요?

내담자 44: 말했지만, 우리는 서로 맞지 않아요. 난 그녀가 날 좋아한다고 생각
치 않아요. 내 몸을 돌봐 주지만 그게 다예요.

상담자 45: 형제들은 어떻습니까?

내담자 45: 나보다 세 살 위인 이복형이 있습니다. 그는 수줍음을 타요. 우린 사
이가 나빠요. 나는 그를 발길로 차는 잔인함을 즐겼어요. 그리고 보잘
것없는 아이인 손아래 이복동생이 있어요.

| 이전 치료에 대한 질문 |

상담자 46: 이전에 치료를 받았다고 말씀하셨죠. 그에 대해 조금 더 얘기해
줄 수 있습니까?

내담자 46: 내가 충격을 받았을 때 한 달 동안 치료를 받았지요. 그리고 그다음
엔 학교로 돌아가야만 했어요. 2주에 한 번 이상은 만나지 않았어요.

〈중략〉

| 성격 문제이므로 치료가 오래 걸릴 가능성이 있다. |

상담자 51: 내가 정말 하려는 것은 치료의 목표 설정하고 여러 회기에 걸쳐 치
료 계획을 세우자는 것입니다. 아직 우리가 당신의 성격 문제에 얼마
나 깊이 들어가려는지 혹은 시간적으로 봐서 얼마나 길게 치료 과정이
이어질지 확신할 수 없습니다. 알다시피 성격 문제는 복잡한 것이기
때문에 그것을 제거하는 데는 시간이 걸릴 수도 있습니다. 어떤 경우
에는 2~3년씩 오래 걸리기도 합니다.

내담자 51: 시간이 걸릴 거라는 건 알고 걱정하고 있습니다. 하지만 경제적인 면
에서 그렇게 자주 보지 않아도 된다면 감당할 수 있으리라 생각합니다.

| 빈도를 정한 것은 자주 볼 수 없다는 사실에 의해 어느 정도 제한을 받은 것이다. |

상담자 52: 일주일에 두 번 정도 만나면서 치료와 진전 상태를 볼 수 있습니다.
그 점에 대해서 당신은 잘할 수 있을 것 같습니다. 만약 이상한 심리적
변화가 일어나면 더 자주 치료를 받을 수도 있습니다. 사실상 일단 해
보기로 결정하면 우리가 팀으로서 어떻게 치료되는지를 보는 시행 기
간을 3개월 정도로 정하는 것도 좋은 생각일 겁니다.

내담자 52: 좋은 생각입니다.

상담자 53: 그리고 치료는 정시에 시작하고, 한 번에 45분간 계속됩니다. 매달 말에 청구서를 보여 드리겠습니다. 일단 우리가 규칙적인 회기를 정했으니까, 응급사태가 아닌 한은 계속 약속을 지키셔야 합니다. 만약 약속을 취소해야 한다면 적어도 약속 시간 24시간 전에 연락을 해 주세요. 그렇지 않으면 당신이 약속을 무시한 것이므로 그 회기에 대해 상담료를 청구하겠습니다.

상담에 대한 구조화

〈이하 생략〉

요약

이 내담자는 자신에게 어머니의 역할을 해 주는 여성에게 미성숙한 방식으로 관계를 맺는 경향 때문에 상담을 신청하였다. 이성과의 관계에서 아마도 공격성이 수반되고 관계에서 거부되고 있다. 관계의 단절은 심리작용을 무능력하게 하고 큰 불안을 일으킨다. 내담자는 어머니와의 분리된 관계 경험의 영향으로 이성과의 깊은 개입을 피하려고 노력하는지 모른다. 내담자 문제의 근원은 아마도 거부적이고 때론 과보호적인 친모와 거부적인 계모와의 관계에서 겪은 어린 시절의 불안정(insecurities)에 뿌리를 두고 있다.

5. 현대 정신분석의 동향

정신분석은 계속해서 개념들이 수정되고 확장되고 있다. 전통적인 정신분석이론이 심리성적 발달을 강조하고 인간의 원동력을 원초아의 본능에서 찾았다면, 이후의 학파들에서는 심리사회적 발달과 자율적인 자아기능의 중요성 및 대인관계 경험을 더욱 강조하고 있다. 상담관계에서도 중립적 태도를 중시하던 정통 정신분석과 달리 내담자와의 상호작용과 공감적 태도를 강조하고 있다.

1) 자아심리학

Sigmund Freud의 딸이자 자아심리학의 선구자인 Anna Freud는 개인 성격의 기본 양상들이 방어에 뿌리를 두고 있을지도 모른다고 생각하였으며, 이러한 무의식적 방어 과정들이 완벽하게 분석되지 않는다면 제대로 된 분석치료는 이루어질 수 없다고 보았다. Anna Freud는 원초아의 파생물들을 추적하기보다는 중립적으로 원초아, 자아, 초자아 세 가지 구조 모두에 관심을 갖는 쪽이 보다 적합한 분석적 태도라고 주장하였으며, 분석의 초점을 원초아의 충동들이 아닌 자아의 자각되지 않은 활동들에 맞추었다.

> 자아심리학의 선구자인 Anna Freud는 원초아, 자아, 초자아 세 가지 구조 모두에 관심을 갖는 쪽이 보다 적합한 태도라고 주장하였으며, 분석의 초점을 자아기능 발달에 두었다.

Anna Freud, Heinz Hartmann 등의 자아심리학자들은 정상적인 심리적 기능과 정신병리에 관한 이해를 폭넓게 해 주었다. 이들은 자기를 성찰하며 현실성을 유지할 수 있게 해 주는 넓은 의미의 자아 기능에 관심을 보였으며, 자아가 발달하기 위해서는 평균적으로 기대할 만한 적절한 환경이 필요하다고 보았다. 분석의 목표는 역시 방어를 증진시키고 자아 기능을 발달시키는 것이었다. 또한 환자와 분석가의 '치료동맹'을 형성하는 기술들이 개발되었으며, 치료적 협력관계 자체가 치료적이라는 사실이 밝혀지면서 분석 과정에 대한 근본적 시각의 변화가 일어났다. 결국 분석은 분석가와 환자가 협력해야 할 작업일 뿐 아니라 하나의 성장 경험으로 이해되며, 분석가와 환자의 관계는 초기 발달적 경험을 교정하는 기회로 받아들여지게 되었다.

자아심리학자들은 성격의 정상적인 발달 과정에 영향을 미치는 환경적 요소와 부모와의 초기 관계를 다룬다는 점에서 다른 현대 정신분석이론들과 관심거리를 공유하고 있으나, Freud의 본능이론을 그대로 유지하고 있다는 점에서 다른 학파들과 구별된다.

2) 대인관계심리학

Harry Stack Sullivan은 인간 존재가 언제나 대인관계의 장에서 분리될 수 없으며, 개인의 성격은 다른 사람들로 구성된 환경 안에서 형성되기 때문에 사람들 사이의 복잡한 상호작용을 이해하지 않고서는 올바로 알 수 없다고 보았다. Sullivan에 의하면 개인의 성격은 오랫동안 계속하여 반복되는 대인관계 상황의 유형이기 때문에, 과거와 현재의 대인관계를 고려하는 것이 대상을 이해하는 데 중요하다고 보았다. 또한 불안은 개인이 자기의 경험과 타인들과의 상호작용을 조성해 가는 방식을 결정하는 중요한 요소이기 때문에 자기를 형성하고 타인들과의 상호작용을 조절하는 것과 관련된 핵심적인 병리를 구성하는 데 영향을 미치게 된다. 불안에 직면하면 개인은 익숙한 과거의 행동 유형으로 되돌아가게 된다. 따라서 대인관계 정신분석의 가장 중심적인 기법 중 하나는 질문과 자기성찰을 통해 환자로 하여금 자기체계가 어떻게 작동하는지를 깨닫게 하는 것이다.

현대적 형태의 대인관계 정신분석학에서는 '지금-여기'라는 현재를 강조하며, 치료에서 환자의 초기 관계 유형이 현재에 미치는 영향을 파악하고, 환자가 타인들과 맺는 통합적 관계방식에 초점을 맞춘다. 또한 분석 상황에서 역전이는 중요한 요소이며, 분석가를 단순한 관찰자가 아닌 환자와 함께 상호작용에 참여하는 존재로 보았다. 이를 통해 환자는 자신이 계속해서 회피해 온 것이 무엇인지 깨닫게 되며, 불안과 같은 문제들을 통제하기 위해 사용했던 방법이 오히려 자신의 더 나은 삶을 방해하고 있다는 사실을 깨닫게 된다.

> 현대의 대인관계 심리학에서는 현재를 강조하며, 현재 문제에 영향을 미치는 초기 관계 경험을 파악하여 이것이 내담자의 더 나은 삶을 방해하지 않도록 하는 것을 목표로 한다.

3) 대상관계이론

Freud가 오이디푸스 시기에 더 초점을 맞추었다면, 대상관계이론가들은 그 이전의 발달 시기에 초점을 맞춤으로써 개인 심리의 형성 과정에 대한 이해의 폭을 넓혔다. 또한 욕구충족을 위해 대상을 필요로 한다는 정신분석과는 달리 대상관계이론가들은 인간이 대상과 관계를 맺고자 하는 욕구를 기본적으로 가지고 있다고 하였다. 또한 유아는 자신의 환경과 조화로운 상호작용을 할 수 있는 능력이 있으며, 이러한 능력을 바탕으로 초기 양육자와의 관계에서 경험한 대상관계, 즉 양육자의 대상 이미지와 어

> 대상관계이론가들은 인간이 대상과 관계를 맺고자 하는 욕구를 기본적으로 가지고 있다고 보았다.

머니에게 돌봄을 받는 유아의 자기 이미지, 그리고 대상 이미지와 자기 이미지의 관계를 내재화한다고 보았다. 개인은 이러한 내면화된 초기 관계의 유형에 따라 성격 형성과 자아의 발달에 영향을 받는다. 성격과 대인관계 장애가 변화하기 어려운 것은 이러한 과거의 관계 유형들이 계속해서 투사되고 다시 내면화되기 때문이다. 상담 과정에서도 환자들은 희망을 갖고서 무언가 새로운 관계를 찾지만 불가피하게 분석가를 전이 속에서 과거의 나쁜 대상으로 경험하게 된다. 따라서 상담 과정에서 내담자는 상담자라는 새로운 긍정적 대상관계를 경험하게 될 때, 내담자의 내적 대상표상은 더 성숙하게 변화될 수 있으며, 나아가 대상 활용 능력을 갖추어 나갈 수 있게 된다. Winnicott은 이러한 과정에서 상담자의 수용, 공감적 이해, 반영, 견디어 주는 능력이 중요하다고 보았으며, 이러한 능력을 바탕으로 상담자가 충분히 좋은 어머니의 역할을 하는 것을 통해 치료가 이루어진다고 보았다.

4) 자기심리학

Kohut은 건강한 자기가 발달하기 위해서는 부모가 생후 초기 아이의 과대적인 마음을 지지해 주고 인정해 주어야 한다는 것을 강조하였다. 이렇게 자란 아이는 건강한 자존감을 가지고 건강한 자기를 발달시켜 나갈 수 있다.

Kohut은 많은 환자들이 생후 초기에 자기구조, 자기인식, 자기감정과 같은 자기애가 발달되지 않았음에 주목하였다. Kohut은 부모들이 기쁨과 인정의 눈빛으로 아이를 돌보고, 생후 초기 아이의 과대적인 마음을 지지해 주는 경험이 필요하며, 아이가 존경할 수 있고 절대적이며 완벽하고 전능하다고 느낄 수 있는 존재가 되어 줄 때 건강한 자기가 발달한다고 보았다. 건강한 자기애가 발달한 사람은 내적으로 힘이 있고, 살아 있는 느낌을 가질 수 있을 뿐 아니라 재능을 키우고 목표를 성취해 가는 능력, 좌절했을 때에도 희망을 유지하는 능력, 그리고 성공 앞에서 긍지와 기쁨을 누릴 수 있는 자존감을 가진다. 따라서 분석 상황에서 분석가는 아동기에 좌절했던 발달 과정을 재활성화시키고, 어린 시절 자기발달에 필요로 했던 자기대상이 되어 줌으로써 건강한 자기를 발달시키도록 한다. 이 과정에서 환자는 분석가에게 어떠한 역할을 요구하는지를 스스로 깨닫게 되고, 분석가는 좋은 부모들이 하듯이 환자를 서서히 점점 더 좌절시키면서 현실적이면서도 생기 있는 상호작용을 할 수 있도록 도와주게 된다.

6. 공헌점과 비판점

　정신분석이론이 가져다준 시사점은 매우 대단한 것이다. 주로 상담 및 심리치료 측면에서 공헌한 점을 살펴보면, 우선 인간은 개인이 인지하지 못하고 수용할 수 없는 충동들에 의해 사고나 행동이 동기화된다는 사실을 밝혀 주었다. 둘째, Freud는 최초로 체계적인 성격이론과 효과적인 심리치료의 기술을 개발해 내었다. 셋째, 성격의 발달에서 유아기의 중요성을 강조한 Freud 이론은 자녀 양육의 중요성에 대해 일깨워 줌으로써 관련 연구를 자극하였다. 넷째, Freud는 심리치료에서 면접 활용의 한 모형을 개발하였다. 더불어 그는 신경증이나 치료 과정에서 불안의 기능을 처음으로 확인하였고, 해석, 저항 및 전이 현상의 중요성을 강조하였다. 마지막으로 Freud는 상담자의 가치중립적인 태도의 중요성을 처음으로 강조하였다.

> 정신분석이론의 공헌점은 심리학적 체계를 세웠다는 점이다.

　이에 반해 Freud의 정신분석이론의 비판점을 살펴보면, 첫째, 유아기에서부터 성적인 동기와 파괴적인 충동에 의하여 행동이 동기화된다고 보았다. 둘째, 모든 인간에게 근친상간의 쾌락적인 충동이 있다고 하였다. 셋째, 인간의 현재 상태를 설명하기 위하여 유아기의 경험과 억압된 무의식의 내용을 중요시함으로써 인간을 결정론적이고 비합리적인 존재로 보고 인간의 자율성과 책임성 그리고 합리성을 무시하였다.

> 정신분석이론의 비판점은 인간의 본능적 추동을 성과 공격적 에너지에 두었다는 점, 성격이 어린 시절 경험에 의해 결정되어 버린다는 점 등이다.

　이 밖에도 정신분석이론에서 Freud가 모든 문제의 근원을 너무 성(性)에 관련시킨 점과 Freud 이론을 뒷받침해 줄 수 있는 연구 자료가 불완전하다는 점, 정신분석이론의 결과에 대한 연구들이 그 효과성을 충분히 지지해 주지 못하고 있다는 점 등의 비판점을 가지고 있다.

　Freud 이론은 많은 비판을 받고 있지만 심리치료 및 상담 분야에서 이론적으로나 방법적으로 나름대로의 체계를 세움으로써 오늘날의 심리치료 및 상담의 이론과 실제의 발달에 지대한 공헌을 한 것만은 확실하다.

되짚어 보기

1. 정신분석 상담은 인간의 표면적 문제에 관심을 가지기보다 문제를 만들어 낸 원인에 관심을 두고 그 원인을 찾아서 제거하는 데 초점을 둔다. 특히 생후 6년 동안의 경험에 따라 성격이 결정되며, 기본적 성격 구조는 성인기가 되어서도 변하지 않고 축적된다고 보았다.

2. 정신분석 상담에서는 인간을 생물학적 존재, 갈등의 존재, 결정론적 존재로 보았으며, 의식의 구조를 의식, 전의식, 무의식으로 구분하였다. 성격 구조는 원초아, 자아, 초자아로 구분하여 세 요소 중 어느 요소에 에너지가 더 많이 통제력을 가지느냐에 따라 인간 행동의 특성이 결정된다고 보았다.

3. 불안은 명확한 대상이 없는 두려움으로 원초아, 자아, 초자아 간의 갈등으로 야기된다고 보았다. 현실적인 두려움으로 느끼는 현실 불안, 자아가 본능적 충동을 통제하지 못할 때 느끼는 신경증적 불안, 원초아와 초자아 간의 갈등에서 비롯되는 도덕적 불안으로 구분된다.

4. Freud의 성격 발달 이론은 생후 초기 6년 동안의 경험을 매우 중요시한다. 이 기간 동안에 아동은 쾌락을 가져다주는 혹은 성적인(erogenous) 일련의 신체 부위에 리비도가 집중되는 여러 개의 단계를 거치게 된다. 이들 부위는 입, 항문, 성기이며, 그 결과로 구강기, 항문기, 남근기라고 하는 심리성적 단계가 구성된다.

5. 자아방어기제는 이성적으로 불안을 통제할 수 없을 때 자아를 보호하기 위하여 무의식적으로 사용하는 사고 및 행동 수단을 의미한다. 방어기제에는 억압, 부인, 투사, 동일시, 퇴행, 합리화, 승화, 치환, 반동형성 등이 있다.

6. 심리적 문제의 발생은 삶의 초기에 형성된 무의식적 갈등이 현재 생활의 압력이나 갈등에 꼭 들어맞을 때 심리적 퇴행 현상이 일어나면서 무의식적 갈등이 되살아난다. 무의식적 갈등을 일으키는 대표적인 위험은 의존했던 대상의 상실, 대상이 화를 내거나 꾸중을 하는 경우, 거세 콤플렉스, 초자아가 유발하는 불안 등이 있다. 심리적 문제의 증상은 내담자 내부에 자리 잡고 있는 무의식적 갈등에 대한 내담자 스스로 찾은 최선의 타협적 해결책으로 본다.

7. 정신분석 상담의 목표는 무의식의 의식화와 성격 구조의 수정 및 자아의 강화이다. 상담자는 스스로의 인격적 특성을 배제하고 내담자를 있는 그대로 비추어 주는 '거울' 같은 역할과 중립적인 태도를 가진다.

8. 상담 과정은 신뢰감 형성의 초기 단계, 전이 감정 촉진의 전이 단계, 의존과 사랑의 좌절 욕구를 통찰하는 통찰 단계, 통찰한 것을 실제 생활로 옮겨 가는 과정의 훈습 단계로 진행된다.

9. 상담 기법으로는 자유연상, 꿈의 분석, 전이, 저항, 해석, 훈습 등이 있으며, 이를 통해 내담자가 자신의 문제에 대해 통찰을 하도록 돕고, 통찰한 것을 현실 생활에 적용할 수 있도록 격려한다.

10. 정신분석이론의 공헌점은 심리학적 체계를 세웠다는 점이며, 비판점은 인간의 본능적 추동을 성과 공격적 에너지에만 두었다는 점, 성격이 어린 시절에 의해 결정되어 버린다고 본 점 등이다.

한 사람의 꿈을 이루기 위해서는

많은 조건들이 필요하지만

가장 중요한 것은 한마디의 격려가 아닐까.

어릴 적 부모님의 따스한 한마디,

선생님의 신뢰 어린 격려 한마디로

인생의 좌표를 굳게 설정한 위인들이 얼마나 많은가.

사람을 변화시키려면 비록 작고 사소한

일일지라도 격려의 말을 아끼지 말아야 한다.

작은 물결이 모여 큰 물결이 되고,

그 힘은 일찍이 꿈꾸지도 못했던

거대한 제방을 허물어뜨린다.

—데일 카네기의 『생각이 사람을 바꾼다』 중에서—

제6장
행동주의 상담

❝ 길라잡이 물음

1. 당신은 불안할 때 어떤 방법으로 그 불안을 해소하는가?

2. 당신은 친구나 가족의 행동 중에서 특정 행동을 증가시키기 위해 어떤 방법을 사용하는가?(예: 칭찬하기, 과자 사 주기 등) 그 방법이 얼마나 효과적이라고 생각하는가?

3. 당신은 자신의 행동 중에서 어떤 행동을 그만두고 싶은가? 어떻게 하면 그 행동을 그만 둘 수 있을까?

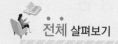

　　행동주의 상담은 1950년대에 내담자 문제의 평가와 치료에 대한 체계적 접근법으로 등장하였다. 정신분석이론을 비판하며 그 대안으로 20세기 중반부터 급속히 발전하기 시작하여 현재 심리치료의 주요한 이론 중 하나로 자리 잡았다.

　　행동주의 상담은 개별 사례의 실제를 넘어서서 안전한 과학적 토대 위에 임상적 접근을 시도한다. 행동주의 상담은 이상행동을 무의식의 갈등 증상이라고 보는 정신분석 상담과는 달리 외현적 행동의 변화를 중시할 뿐만 아니라 과거 경험보다는 현재의 이상행동에 초점을 둔다. 명확한 목표 설정, 단기간의 치료, 체계적인 계획 아래 치료가 진행되고 지속적인 치료 효과에 대한 확인과 검증을 선호하고 있다.

　　행동주의 심리학자들은 심리학이 과학이 되기 위해서는 관찰이 어려운 내면적 현상보다 측정 가능한 요소인 행동만을 연구대상으로 삼아야 한다고 주장하였다. 이들은 인간의 심리적 장애는 다양한 부적응 행동으로 나타난다고 전제하고 부적응 행동이 어떤 환경적 요인에 의해 학습되고 유지되며 강화되는지에 연구의 초점을 두었다. 이러한 치료적 접근은 당시 행동 결손, 과다행동 혹은 부적절한 행동으로 인한 심리적 장애를 겪고 있던 사람들에게 큰 효과를 발휘하게 되었다.

　　행동주의 상담은 실험심리학과 인간과 동물의 학습과정에 관한 연구 결과에 그 뿌리를 두고 있다. 이는 전통적인 심리치료보다 전반적인 심리장애 환자들에게 더 폭넓게 적용될 수 있고, 불안장애를 비롯한 성 기능 장애, 그리고 몇 가지 아동기 장애 같은 특정한 문제들의 치료에 탁월한 효과가 있는 것으로 검증되고 있다. 또한 행동치료 절차는 교육, 재활 그리고 의학 영역에 성공적으로 적용된다. 행동주의 상담은 심리치료 분야에서 최초로 과학적 접근을 통해 체계적이고 명백한 임상적 기법을 제시했다는 점에서 커다란 역사적 의의를 지니고 있다. 근래에는 사고나 심상과 같은 내현적 행동에 대한 개입방법을 통해서 광범위한 이론적 원리, 개념적 토대를 확장하며 그 범위를 넓혀 가고 있다. 오늘날 행동주의 상담은 그 성질과 범위에서 지속적인 변화를 거듭하여 다른 심리치료 접근과 접목됨으로써 폭넓은 범위의 심리적인 문제를 치료하는 데 기여하고 있다.

1. 주요 개념

1) 인간관

행동주의는 인간의 모든 행동을 환경과의 상호작용 속에서 학습되는 것으로 보고 자연현상처럼 일정한 법칙성을 지닌다고 가정한다. 즉, 환경적 통제의 영향을 받는다는 의미에서 인간은 수동적인 중립적 존재로서 기계론적으로 설명되며, 인간의 주체성 같은 것은 문제가 되지 않는다는 입장이다.

행동주의자들 사이에서도 입장과 견해의 차이가 있지만 다음 세 가지에 대해서는 같은 입장을 취한다(Rimm & Cunningham, 1985). 첫째, 적응·부적응 행동을 포함한 인간의 모든 행동은 학습된다. 둘째, 학습은 부적응 행동의 변화나 새로운 행동의 습득에 효과적이다. 셋째, 인간의 성격이 특성 혹은 특질로 구성된다는 것을 거부한다.

인간의 본성에 대한 행동주의의 견해는 다음 몇 가지 가정에 근거하고 있다. 먼저 개인의 특성은 관찰될 수 있는 구체적인 행동으로 분석되어 이해할 수 있다. 개인의 성격은 내면적 특성에 의해 규정되기보다는 개인이 다양한 상황에서 반복적으로 나타나는 독특한 행동 패턴으로 이해될 수 있다. 부적응 문제도 관찰 가능한 문제 행동으로 이해될 수 있다. 또한 인간이 나타내는 대부분의 행동들은 환경과의 상호작용 속에서 후천적 경험을 통해 학습된 것으로 부적응 행동 역시 잘못된 학습에 의해 습득된 것이다. 행동주의 상담의 주된 목표는 부적응 문제 행동을 제거하거나 긍정적인 행동을 학습함으로써 내담자의 적응을 돕는 것이다. 마지막으로, 이러한 접근은 과학적으로 밝혀진 원리에 의해 실증적으로 효과가 입증된 상담 기법으로 시행되어야 한다.

> 행동주의는 인간의 모든 행동을 환경과의 상호작용 속에서 학습되는 것으로 본다.

2) 강화

강화란 특정 자극을 제공하여 어떤 행동을 습득하게 하고 그 빈도를 증가시키는 것을 말한다.

강화(reinforcement)란 특정 자극을 제공하여 어떤 행동을 습득하게 하고 그 빈도를 증가시키는 것을 말한다. 강화에는 정적 강화와 부적 강화가 있다. 정적 강화(positive reinforcement)는 정적 강화인(reinforcer), 즉 학습자가 좋아하는 자극을 제공함으로써 기대되는 행동의 발생 빈도수를 증가시키는 것이다. 정적 강화인으로는 칭찬과 같은 사회적 인정, 돈, 음식 등이 포함된다.

부적 강화(negative reinforcement)는 부적 강화인, 즉 학습자가 싫어하는 자극을 제거해 줌으로써 기대되는 행동의 발생 빈도를 증가시키는 것이다. 부적 강화인의 예로는 선행을 한 아이에게 아이가 싫어하는 청소를 면제시켜 주는 것이다.

3) 소거

소거는 학습된 행동에 대해 강화가 제공되지 않음으로써 행동 수행이 중지되는 현상이다.

소거(extinction)는 학습된 행동에 대해 강화가 제공되지 않음으로써 행동 수행이 중지되는 현상으로, 반응의 중단이나 제거를 말한다. 부적응 행동은 여러 가지 보상에 의해서 강화될 수 있다. 따라서 이러한 강화요인을 제거함으로써 부적응 행동이 감소하게 된다. 예컨대, 아이의 떼쓰는 행동은 부모가 지속적인 주의와 관심을 줌으로써 도리어 강화받을 수 있다. 따라서 아이가 이러한 행동을 했을 때 부모가 관심을 기울여 주지 않으면 서서히 그러한 행동이 감소하게 된다.

4) 처벌

처벌은 특정 행동을 제거하거나 빈도를 감소시킬 경우에 사용된다.

처벌(punishment)은 강화와는 반대로 특정 행동을 제거하거나 빈도를 감소시킬 경우에 사용된다. 특히 바람직하지 않은 행동을 하지 못하게 할 때는 벌이나 고통을 줌으로써 그러한 행동을 억제시킬 수 있다.

5) 변별

변별(discrimination)이란 제시된 자극조건에 따라 다르게 반응할 수 있는 능력을 말한다. 행동은 특정한 자극의 통제하에 있게 되는데 이러한 과정은 특히 인간의 융통성을 설명해 준다. 운전자가 신호등 색깔을 구분하는 것, 동일한 언어적·비언어적 행동이라도 누가, 언제, 어디서, 어떻게 말하는가에 따라 그 의미를 구분하여 인식하는 것을 예로 들 수 있다.

> 변별은 제시된 자극조건에 따라 다르게 반응할 수 있는 능력이다.

6) 일반화

일반화(generalization)는 특정 장면에서 강화를 통해 학습된 행동이 다른 상황이나 장면에서도 나타나는 현상이다. 학습된 행동을 실생활 장면에 옮기기 위해서는 행동과제 부여, 적절한 행동 강화를 위한 중요한 타인에 대한 훈련, 그리고 행동 변화를 위한 특정 문제에 대한 내담자 자문 등의 과정이 필요하다. 한 가지 유형의 자극에 대한 반응양식의 기회를 높이는 강화는 유사한 자극에 전이되기 쉽다. 특정 과목에서 우수한 성적을 올린 학생이 다른 과목에서도 동일한 학습방법을 적용하는 경우가 그 예다.

> 일반화는 특정 장면에서 강화를 통해 학습된 행동이 다른 상황이나 장면에서도 나타나는 현상이다.

7) 행동조성

행동조성(behavior shaping)은 일련의 복잡한 행동을 학습시키기 위해 목표행동에 근접하는 행동을 보일 때마다 강화를 하여 점진적으로 목표행동을 학습시키는 것이다. 인간의 행동 중에는 이러한 조건형성을 통해서 학습된 것이 많다. 예컨대, 아이가 우연히 나타낸 공격적 행동에 대해 친구들이 관심을 나타내고 더 이상 귀찮게 굴지 않을 뿐 아니라 오히려 친구들로부터 인기를 얻게 된다면 이러한 공격적 행동은 점차 강화되어 결국에는 폭력적인 문제 행동으로 발전될 수 있다.

> 행동조성은 일련의 복잡한 행동을 학습시키기 위해 목표행동에 근접하는 행동을 보일 때마다 강화를 하여 점진적으로 목표행동을 학습시키는 것이다.

2. 행동주의 역사의 네 가지 경향

행동주의는 고전적 조건
형성, 조작적 조건형성, 사
회학습이론 등으로 발달
해 왔다.

상담과 심리치료에 있어서 행동주의적 접근은 유기체가 새로운 행동을
학습하게 되는 원리와 과정에 대한 실험연구를 통해 다양하게 제시한다.
여기에서는 행동주의의 이론을 고전적 조건형성, 조작적 조건형성, 사회
학습이론, 인지적 경향을 중심으로 살펴보기로 한다.

1) 고전적 조건형성

고전적 조건형성은 조건
자극과 무조건자극 간의
반복적 연합의 결과로 조
건자극의 무조건반응을
일으키는 것을 말한다.

러시아의 생리학자이자 심리학자인 Ivan Pavlov는 개의 소화과정을
연구하던 중 개가 음식을 입에 넣기도 전에 침을 분비하는 현상을 발견
하였다. 그는 실험에서 개에게 먹이(무조건자극, unconditioned stimulus:
UCS)를 주기 직전에 종소리(중립자극, neutral stimulus: NS)를 1~2초 동안
제시하기를 일정 기간 반복하였다. 이 두 자극은 연합되어 조건화되었
고, 개는 종소리(조건자극, conditioned stimulus: CS)만 듣고도 침을 분비하
였다(조건반응, conditioned response: CR). 개는 학습된 자극에 의해 학습
된 반응을 나타낸 것이다. 이러한 학습과정을 '고전적 조건형성(classical
conditioning)'이라고 한다. Pavlov는 이미 조건화된 종소리와 빛을 연합시
킴으로써 2차적 조건형성(secondary conditioning) 혹은 고차적 조건형성
(higher order conditioning)을 입증하였다.

행동주의 입장에서는 여러 실험을 통해 고
전적 조건형성의 원리에 의해 다양한 행동과
정서 반응이 학습될 수 있음을 보여 주었다.
Watson과 Raynor는 Pavlov의 접근법을 높이
평가하며 11개월 된 아기 Albert의 실험을 통
해 고전적 조건형성을 적용하여 공포반응의
조건화 과정을 보여 주었다. Albert 실험은 흰
쥐 인형에 대한 두려움 없이 흰쥐 인형을 가지

Ivan Pavlov

고 노는 과정에서 Albert가 흰쥐 인형에게 다가갈 때마다 커다란 쇳소리를 제시하였다. 이때 Albert는 공포반응(무조건반응)을 보였으며 일주일 동안 쇳소리(무조건자극)와 흰쥐 인형(조건자극)을 연합시키자 Albert는 흰쥐 인형을 보기만 해도 놀라서 울게 되었으며(조건반응) 쇳소리가 들리지 않아도 마찬가지였다. 이러한 결과는 공포증을 비롯한 여러 정서장애가 고전적 조건형성에 의해서 형성될 수 있음을 보여 주었다.

이처럼 고전적 조건형성은 처음에는 아무런 반응도 유발하지 못했던 중립자극들이 무조건자극과의 반복적인 연합을 통하여 생리적 반응(침)이나 정서적 반응(두려움) 등을 유발하도록 학습하는 것이다.

2) 조작적 조건형성

행동주의 상담자들은 행동의 결과가 행동의 학습 또는 반복 여부를 결정하므로 인간이 스스로 환경을 만들어 가는 것이 아니라 보상이나 벌과 같은 강화의 원리에 의해 조성된다는 입장을 취한다. 어떤 행동이 유지되거나 없어지는 것은 그 행동의 결과에 의하여 결정된다고 보았다. 오늘날 행동치료를 구성하고 있는 핵심 기반은 Thorndike와 Skinner의 연구를 토대로 이루어졌다.

> 조작적 조건형성의 주요 개념은 '강화' 원리다. 어떤 행동이 유지되거나 없어지는 것은 그 행동의 결과에 의하여 결정된다.

Thorndike는 새로운 행동의 학습에 관심을 가지고 연구하기 위해 통제된 실험절차를 사용하였다. 그는 상자 안에 있는 고양이가 시행착오를 반복하다가 결국 누름판을 누르고 나와 상자 밖에 있는 음식을 먹는 과정을 관찰하였다. 시간이 지남에 따라 고양이의 시행착오 횟수는 줄어들고 점점 더 빠른 시간 내에 상자를 나올 수 있었다. Thorndike는 이러한 실험과 관찰을 통해 보상이 주어지는 행동은 학습되고, 처벌이 주어지는 행동은 회피한다는 '효과의 법칙(law of effect)'을 주장하였다. 그는 자신의 실험들에서 수많은 행동원리들을 유추해 냄으로써 동물이 생존하고 잘 기능하기 위한 학습의 적응적 성질의 중요성을 강조하였다.

조작적 조건형성은 행동이 체계적으로 변화되는 결과에 의해 변경된다는 학습유형으로 Skinner에 의해 그 원리가 더욱 체계화되었다. Skinner

B. F. Skinner

는 지렛대를 누르면 먹이가 한 조각씩 나오도록 만들어진 실험상자 안에 배고픈 쥐를 넣고 쥐의 행동을 관찰하였다. 쥐가 상자 안을 배회하다 우연히 지렛대를 누르자 먹이 한 조각이 나왔고 이를 먹었다. 이러한 상황이 반복되면서 쥐는 지렛대를 누르면 먹이가 나온다는 것을 학습하게 되었고, 배가 고프면 지렛대를 누르는 행동을 보였다. 이처럼 행동은 그 결과에 따라 증가 또는 감소하게 되는데 보상이 따르는 행동은 증가하고 처벌이 따르는 행동은 감소한다는 것이 조작적 조건형성의 원리다. Skinner는 다양한 연구에서 실험실 동물들을 대상으로 했으며, 이러한 연구 결과를 바탕으로 조작적 조건형성의 원리를 인간의 행동에까지 확대하고자 하였다.

3) 사회학습이론

사회학습이론에 의하면 인간의 행동은 칭찬이나 강화물을 받음으로써 강화되기도 하지만 타인의 행동이 어떻게 강화되는가를 관찰함으로써 이루어지기도 한다.

사회학습이론은 Bandura가 주장한 것으로 다른 사람들의 행동 관찰과 모방을 통해 일어나는 학습을 말한다. Bandura는 사회적 학습을 다음 세 가지 유형으로 나누어 설명하고 있다. 첫째는 다른 사람의 행동을 그대로 따라 하는 '모방학습(modeling)'이다. 모방학습은 가장 단순한 형태로서 인지적 요인의 개입 없이 자동적으로 이루어지는 경향이 있다. 흔히 아이들이 어른의 행동을 흉내 낸다든지 난폭한 말과 폭력적 행동을 하는 또래친구를 모방하여 같은 행동을 하는 경우가 이에 해당된다. 다음 유형은 '대리학습(vicarious learning)'으로 다른 사람들의 행동이 어떤 결과를 가져오는지를 관찰함으로써 자신이 그러한 행동을 했을 경우 초래될 결과를 예상하는 학습방법이다. 이타적 행동을 한 또래친구가 교사에게 칭찬받는 것을 보고 자신도 그와 같은 이타적 행동을 하는 경우가 해당된다. 마지막 유형은 '관찰학습(observational learning)'으로 사회적 상황에서 다른 사람의 행동을 관찰해 두었다가 유사한 상황에서 학습한 행동을 표현한다.

Bandura는 관찰학습을 네 단계로 나누고 있다. 즉, 관찰대상인 모델의 행동에 관심을 갖고 그 대상을 정확하게 지각하는 '주의 과정', 모델이 하는 행동을 관찰하여 그 관찰내용을 기억하는 '저장 과정', 특정한 상황에서 행동하기로 결정하는 '동기화 과정', 그리고 관찰한 행동을 재생하는 '운동재생 과정'이 그것이다. 범죄영화 주인공의 행동을 관찰해 두었

Albert Bandura

다가 유사한 방법으로 모방범죄를 저지르는 경우가 이에 해당될 수 있다.

Bandura는 이러한 사회학습이론이 인간의 복잡한 행동을 이해하는 데에 더 적절하다고 주장하였다.

4) 인지적 경향

마지막으로 살펴볼 행동주의의 경향은 인지적 경향이다. 고전적 조건형성과 조작적 조건형성에서는 학습을 자극 간의 연합이라고 보았다. 즉, 고전적 조건형성에서는 무조건자극과 조건자극 간의 연합에 의해서, 그리고 조작적 조건형성에서는 행동과 그 결과 간의 연합에 의해서 학습을 설명한다. 그러나 최근에는 이러한 연합적 설명이 비판을 받고 있다. 왜냐하면 연합적 설명이 인간을 너무 수동적인 존재로 보고 있기 때문이다. 이와 달리 인지적 관점은 학습에서 인지적 요소의 역할을 강조하고, 학습을 외현적 행동의 변화라는 측면보다는 오히려 지식의 습득이라는 측면으로 보고 있다. 다시 말하면, 외현적 행동으로 나타나지 않더라도 학습은 일어날 수 있다고 보는 것이다. 예를 들면, 시험을 위해 오랫동안 공부한 사람이 시험에서 낙제점수를 받았다고 한다면 그에게 학습은 일어나지 않았을까? 아마도 그렇지는 않을 것이다. 학습은 일어났으나 단지 그것이 제대로 표현되지 못했을 수도 있을 것이다. 즉, 학습과 수행은 분리되어 생각될 수 있다.

최근의 행동주의 상담에서 사고 과정을 중요하게 다루는 것도 같은 맥

최근의 행동주의 상담에서는 이전의 행동주의 상담과는 달리 학습에서 인지적 요소의 역할을 강조한다. 뿐만 아니라 학습을 외현적 행동의 변화라는 측면보다는 오히려 지식의 습득이라는 측면으로 본다.

락이다. 심지어는 행동의 문제를 이해하고 상담하는 데 인지적 요소를 중심 역할로 선정하고 있다. 외적 사건이 개인에게 영향을 미치는 정도는 대개 인지 과정에 의해서 결정되며, 이 인지 과정 또한 행동이 가져오는 사회적이고 환경적인 결과에 영향을 받는다. 인지적 행동주의 접근에서는 개인의 행동과 환경의 결과에서 일어나는 끊임없는 상호작용을 강조하고, 이를 통한 자기지시적 행동 변화를 추구한다.

3. 상담 과정과 기법

1) 상담 과정

(1) 상담 목표

> 행동주의 상담의 목표는 개인의 선택과 효과적인 삶을 증진시키는 것이다.

행동주의 상담의 일반적인 목표는 개인의 선택과 효과적인 삶을 증진시키는 것이다. 그리고 이 이론에서 상담 목표는 내담자에 따라 개별화되어야 하며 언제나 구체적이면서 관찰되고 측정할 수 있는 행동 용어로 진술되어야 한다. 현대의 행동주의 상담은 상담에 관한 결정에서 내담자의 능동적인 역할을 강조하여 일반적으로 내담자가 상담 목표를 선택하고 그것들을 상담 과정을 통해 지속적으로 평가함으로써 목표 달성의 정도를 확인한다.

이와 같이 행동주의 상담에서 상담 목표는 명료하고, 구체적이며, 이해하기 쉽고, 또 내담자와 상담자에 의해 합의된 것이어야 한다. 상담 목표를 결정하는 과정은 상담자와 내담자 간의 상호 협정으로 이루어지는데, 이는 상담 과정을 안내하는 계약이다. 그러나 행동주의 상담자와 내담자는 상담 과정에서 필요에 따라 목표를 변경할 수 있다.

> 행동주의 상담에서 상담 목표는 명료하고, 구체적이며, 이해하기 쉽고, 측정될 수 있는 행동 용어로 진술되어야 한다. 또한 내담자와 상담자에 의해 합의된 것이어야 한다.

행동주의 상담에서의 목표는 세 가지 중요한 기능을 하며, 잘 정의된 목표는 내담자의 특수한 관심 영역을 반영해 주며, 그렇게 함으로써 상담의 방향을 설정해 준다. 또한 목표는 특수한 상담 전략이나 중재 전략을 선택하고 사용하는 근거가 된다. 무엇보다 중요한 것은 목표는 상담 결과를 평가하는 기준이 된다는 것이다. 상담자와 내담자는 모두 상담 전과 후의 발전 과정을 비교하기 위해 주요 목표의 발전 과정을 점검해 볼 수 있다.

그런데 행동주의 상담의 목표에 대한 잘못된 관점들이 있다. 우선 행동주의 상담의 주목표는 단지 장애가 되는 증상의 제거이며, 일단 치료가 된다 하더라도 근본적인 원인이 처치되지 않았기 때문에 새로운 증상이 생긴다는 것이다. 그러나 대부분의 행동주의 상담자들은 그들이 사용하는 접근법이 단지 증상을 완화하는 데만 그치지 않는다고 생각한다. 왜냐하면 그들은 내담자의 부적응 행동을 보다 적절한 행동으로 대치시킴으로써 부적응 행동을 없애는 것이 상담자의 임무라고 생각하기 때문이다.

또 하나의 잘못된 관점은 상담 목표가 상담자에 의해 결정되고 부과된다는 것이다. 그러나 최근의 행동주의 상담에서는 내담자 스스로 자신의 상담 목표를 정하도록 하는 추세다. Wilson(1998)은 "내담자가 상담 목표를 설정하는 장면에서 충분히 정보를 알고 참여하여 상담 목표에 동의하는 것이 중요하다."라고 주장하였다. 상담자와 내담자 간의 바람직한 작업관계는 상담 목표를 구체화하고 그것을 달성하는 수단으로써 내담자와 상담자가 서로 협력하여 공동 작업을 하는 것이다. 이 접근법에서 초기의 상담자들은 상담자의 역할을 강조했지만, 최근에는 스스로 상담에 참여하지 않는 내담자에게는 상담 목표를 부과할 수 없다고 생각한다.

(2) 상담 과정

행동주의 상담은 과학적인 연구와 성공적인 치료 경험에 근거하여 표적행동을 객관적으로 이해하고 평가하여, 부적응 행동을 수정하고 새로운 행동을 습득하는 것을 목적으로 한다. 상담자는 내담자의 문제를 탐색하여 체계적인 계획 속에서 상담을 진행한다. 상담자가 문제 행동의 상담 계획을 수립하고 진행하는 일반적인 과정은 다음과 같다.

① 내담자 문제 탐색

상담자는 내담자가 호소하는 부적응 문제나 문제 행동을 탐색한다. 내

행동주의 상담은 표적행동을 객관적으로 이해하고 평가하여, 적응적인 새로운 행동을 습득하는 것을 목적으로 한다. 이를 위하여 내담자 문제 탐색, 문제 행동의 평가와 분석, 목표 설정, 상담 계획의 수립 및 실행, 상담 효과의 평가 및 재발방지 계획 수립의 과정을 거치게 된다.

담자가 호소하는 문제 중 어떤 문제가 부적응에 가장 심각한 영향을 미치는지와 다른 문제 행동들을 파생시키는지를 탐색한다. 문제 탐색이 이루어지면 상담자는 가장 먼저 치료 접근이 필요한 문제를 내담자와 함께 결정하게 된다. 이러한 탐색 과정에서는 내담자에 대한 가치 판단 없이 온정적·공감적 태도로 수용하고 이해하여 내담자와 신뢰할 수 있는 관계를 형성하는 것이 중요하다.

② 문제 행동의 평가와 분석

> 행동분석이란, 내담자의 문제 행동의 발달 과정과 그것이 유지되고 강화된 요인들 그리고 문제 행동을 촉발하는 선행사건, 문제 행동 수준, 문제 행동의 결과 등을 분석하는 것을 말한다.

가장 먼저 치료가 필요한 표적행동이 정해지면 그 문제 행동의 빈도와 지속기간에 초점을 맞추어 전면적인 행동 사정이 이루어진다. 내담자의 자기보고에 의한 면접, 행동 관찰, 설문지 등을 통해 표적행동의 특성을 면밀하게 평가한다. 또한 표적행동의 발달 과정과 이러한 행동을 유지하고 강화하는 환경적 요인과 인적 요인, 그리고 문제 행동을 촉발하는 선행사건이나 상황적 요인, 문제 행동을 하는 이유 등을 분석한다. 상담자가 이러한 정보에 의해 내담자의 문제 행동을 유발하는 가설을 세우고 구체화하는 과정을 행동분석(behavior analysis)이라고 한다. 즉, 상담자는 ABC 모형이라고 부르는 선행사건(Antecedents: A)과 문제 행동(Behaviors: B) 수준, 문제 행동의 결과(Consequences: C) 등의 정보를 체계적으로 수집해서 문제 행동이 유지되는 조건을 확인하는 행동분석을 실시하게 된다. 이를 위한 전형적인 질문 형태는 다음과 같다.

- 당신이 가지고 있는 문제에 대해 말씀해 주시겠어요?
- 그 문제가 처음 발생한 것은 언제인가요?
- 그 문제에 대한 최근의 예를 말씀해 주시겠어요?
- 당신이 말씀하신 예에서 그 문제가 발생하기 바로 전에 어떤 일이 있었지요?
- 그 문제가 지속적으로 일어납니까, 아니면 간헐적으로 일어납니까?
- 그 문제가 가장 심각한 때는 언제였나요?
- 그 문제가 가장 적게 영향을 끼쳤을 때는 언제였나요?

- 그 문제를 진정시킬 수 있는 요소가 있나요?
- 그 문제를 악화시키는 요소가 있나요?
- 당신은 지금 왜 도움이 필요하다고 생각하나요?
- 어떤 식으로 당신의 생활에서 그 문제를 발생하지 않게 하고 싶나요?
- 당신이 그것을 피하도록 하는 다른 문제가 있나요?
- 만약 당신이 그 문제를 더 이상 가지고 있지 않다면 당신의 생활은 어떤 식으로 달라질까요?

③ 목표 설정

문제 행동에 대한 평가와 분석을 토대로 치료자는 내담자와 함께 구체적인 상담 목표를 설정한다. 상담 목표는 명확하고 구체적이며 목표 달성 여부를 객관적으로 확인할 수 있는 측정 가능한 형태로 하는 것이 바람직하다. 상담 목표는 상담의 방향, 학습의 방향을 제시하는 만큼 무척 중요하다. 예를 들면, 인터넷 게임을 매일 30분 이내로 줄인다, 욕설을 하루에 1회 이상 사용하지 않는다와 같이 문제 행동의 빈도나 지속기간을 일정 수준 감소시키거나, 매일 등교시간 지키기, 게임 전에 숙제하기 등과 같이 바람직한 적응 행동을 실천하는 방식으로 목표를 세울 수 있다.

> 상담 목표는 상담의 방향을 제시하는 것으로, 명확하고 구체적이며 목표 달성 여부를 객관적으로 확인할 수 있는 측정 가능한 형태로 설정해야 한다.

④ 상담 계획의 수립 및 실행

상담 목표가 설정되면 상담자는 내담자의 행동 변화를 위한 효과적인 상담 계획을 수립한다. 내담자의 현재 상태 파악과 목표 설정 단계에서 수집된 정보를 바탕으로 문제 행동의 특성에 따라 가장 적절한 상담 기법을 선택하고 이를 실행할 구체적인 절차를 정한다. 상담 기법의 적절성은 내담자 행동의 영향과 유지에 기여하는 내·외적 환경조건 분석을 통해 판단되고 구성된다.

상담 계획에 따라 내담자와의 합의하에 그 계획을 실행하게 되는데, 행동주의 상담의 경우 내담자의 적극적인 참여와 협조가 필수적이다. 따라서 상담 과정에서 내담자가 상담에 수반해야 하는 것은 무엇인지, 상담 중에는 어떻게 해야 하는지 등 상담의 원리를 설명하여 이해시키면서 진행하는 것이 필요하다.

⑤ 상담 효과의 평가

행동주의 상담에서의 평가는 형식적인 단회성 과정이 아니라 지속적인 상담이 진행되는 동안 표적행동의 개선 정도를 평가하는 것이다. 긍정적인 평가가 나오면 상담 계획에 따라 상담을 지속하면서 성공적인 측면을 강화한다. 부정적인 결과가 나올 경우에는 상담 계획을 점검하고 수정한다. 행동주의 상담은 상담 목표에 명시된 내담자의 구체적인 행동평가를 통해서 상담의 진전 정도나 효과를 확인할 수 있다는 장점이 있다.

⑥ 재발방지 계획 수립

목표행동의 성취 여부에 대한 평가가 긍정적일 때 재발방지 계획을 수립하며 상담 종결을 준비한다. 이 과정에서 상담자는 상담 과정에서 내담자가 학습한 행동을 유지하고, 변화된 행동의 학습원리가 다른 행동에까지 영향을 미치도록 돕는다. 문제 행동이 일정 수준까지 감소하였다 하더라도 상담 종결 이후에 다시 나타날 수 있다. 따라서 재발방지를 위한 방법과 지침을 마련하여 내담자가 스스로 상담 효과를 유지하도록 교육하고 추가적인 상담 개입의 필요성을 탐색하기도 한다.

(3) 상담자와 내담자의 관계

어떤 비평가들은 행동주의 상담에서 상담자와 내담자의 관계를 기계적이고 조작적이며 비인간적이라고 말하지만, 이 분야의 다른 학자들은 좋은 인간관계를 맺는 것이 행동주의 상담에서 필수 요소라고 주장한다. 행동주의 상담자들은 자신이 마치 로봇 같은 내담자에게 상담 기법을 적용하는 프로그램화된 기계와 같은 역할을 하고 있다고 생각하지는 않는다. 대부분의 행동주의 상담자들은 상담자의 따뜻함, 공감성, 진실성, 수용성 등과 같은 관계 변인이 상담 과정에서 일어나는 내담자의 행동 변화를 위한 충분조건은 아니지만 필요조건이라고 생각한다.

유능한 행동주의 상담자는 문제를 행동적으로 개념화하고 변화를 촉

> 행동주의 상담자들은 좋은 인간관계 형성을 중요하게 생각하며, 상담자의 따뜻함, 공감성, 진실성, 수용성 등과 같은 관계 변인이 내담자의 행동 변화를 위한 필요조건이라고 생각한다.

진시키는 데에 내담자와 상담자의 관계성을 잘 이용한다. 이 문제에 대해 Goldfried와 Davison(1976)은 "행동주의 상담자들이 다른 접근법의 상담자들보다 상담자와 내담자 관계의 중요성에 대해 덜 강조한다고 해서 그들이 상담 장면에서 냉정하고 기계적이 된다는 것을 의미하는 것은 아니다. 정신분석 상담자와 행동주의 상담자를 비교한 연구에서는 따뜻함과 긍정적 수용 면에서 차이점이 발견되지 않았다. 그리고 행동주의 상담자들은 정확한 공감, 솔직성, 개방성, 그리고 상호 인간적인 계약을 높이 평가하였을 뿐만 아니라 정신분석 상담자들보다 직접적이고 보다 자기개방적이었다."라고 기술하였다.

(4) 내담자의 경험

행동주의 상담에서는 내담자에게 명확한 역할을 부여하며, 내담자가 상담 과정에 적극 참여하는 것과 자각의 중요성을 강조한다. 내담자는 상담 목표의 선택과 결정에 적극적으로 참여해야 하고, 문제 행동을 변화시키려는 동기를 가져야 하며, 상담 기간과 일상생활에서 문제 행동을 대체할 새로운 행동 수행에 기꺼이 참여해야 한다. 내담자가 상담 과정에 적극 참여하지 않으면 상담이 성공할 가능성은 크지 않을 것이다.

또한 내담자는 단순히 통찰을 얻는 것 이상의 것을 해야 한다. 즉, 내담자는 모험을 해야 한다. 새로운 행동을 실행하려는 시도에서 성공하느냐 실패하느냐는 상담적 모험의 가장 중요한 부분이다. 내담자는 보다 많은 적응 행동을 하기 위해 실험을 하도록 격려받는다. 또한 상담 장면에서 학습한 것을 일상생활로 일반화하고 전환하도록 격려받는다.

행동주의 상담에서는 내담자의 적극적 참여와 자각의 중요성을 강조하고 있으며 내담자는 새로운 행동을 실행하려는 모험을 해야 한다.

(5) 상담자의 기능과 역할

행동주의 상담자는 과학적 지식을 인간 문제를 해결하는 데 적용하기 때문에 상담에서 지시적인 역할을 담당한다. 행동주의 상담자는 내담자의 부적응 행동을 진단하고 그 행동을 적응 행동으로 인도하는 상담 절차를 처방하는 교사, 무대감독, 전문가로 기능해야 한다.

한편으로 행동주의 상담자의 기능은 다른 상담 이론에서의 상담자와 비슷하다. 행동주의 상담에서 상담자는 내담자가 보여 주는 단서에 주의를 기울이며 요약, 반영, 명료화, 그리고 개방형 질문을 사용하여 내담자의 문제를 파악한다. 그러나 행동주의 상담자를 구별하는 두 가지 기능이 있다. 하나는 특수한 것에 초점을 두는 것이고, 다른 하나는 상황적인 선행사건(antecedents)과 문제 행동의 영역, 문제의 결과에 대한 정보를 얻는 것이다(Goldfried & Davison, 1976).

어떻게 행동주의 상담자가 이런 기능을 하는가에 대한 예로, 터널을 통과하는 것에 대해 두려움을 가진 내담자가 상담자를 찾아왔다고 가정해 보자. 상담자는 내담자가 그런 상황에서 무엇을 할 것인가를 포함해서 그가 터널에 들어섰을 때 어떤 공포를 느끼는지를 물어볼 것이다. 이런 방법으로 상담자는 체계적으로 두려움에 대한 정보를 모을 것이다. 두려움은 언제부터 시작되었는가? 어떤 상황에서 두려움이 일어났는가? 그럴 때 어떻게 했는가? 그런 상황에서 그의 생각이나 느낌은 어떤가? 현재의 두려움이 어떻게 삶을 방해하는가? 위협적인 상황에서 나타나는 행동은 어떤 것인가? 일련의 평가과정이 끝난 후에는 행동 목표가 설정되고 내담자의 공포 행동을 소거하기 위한 상담 전략이 고안될 것이다. 상담자와 내담자는 상담 기간 동안 이 목표를 이루기 위해 상담 과정을 평가할 것이다.

행동주의 상담에서 상담자의 또 다른 중요한 기능은 내담자를 위한 역할모델이 되는 것이다. Bandura(1977)는 직접경험을 통해 일어나는 학습의 대부분은 다른 사람의 행동을 관찰함으로써 일어난다고 한다. 그는 내담자가 모방을 통해 새로운 행동을 배우는 것을 상담의 기본 과정에 넣고 있다. 인간으로서 상담자는 중요한 모델이 된다. 내담자는 상담자를 존경하여 그의 태도, 가치, 신념, 행동 등을 따라 하기 때문이다. 그래서 상담자는 내담자의 동일시 과정에서 결정적인 역할을 한다는 것을 자각해야 한다. 내담자의 생각과 행동양식에 영향을 주는 힘을 자각하지 않는다는 것은 상담 과정에서 상담자 자신의 존재가 갖는 중심 역할을 부정하는 것이다.

또 행동주의 상담에서 상담자는 상황적 단서, 문제 행동 그리고 그 결과에 대한 정보를 얻기 위해 체계적인 노력을 한다. 내담자와 함께 문제

> Bandura는 행동주의 상담 과정에서 내담자가 모방을 통해 새로운 행동을 배우기 때문에 내담자를 위한 역할 모델이 되는 것이 상담자의 중요한 기능 중 하나라고 본다.

를 명료화하며, 표적행동을 정하고, 상담 목표를 세운다. 그리고 변화 계획을 수행하고, 성공 여부를 평가한다.

2) 상담 기법

행동주의 상담은 매우 구체적인 기법을 다양하게 제시하고 있다. 이러한 행동주의 상담 기법은 문제 행동의 특성과 상담 목표에 따라 선택되어 체계적인 계획하에 사용된다. 주요 기법은 다음과 같다.

(1) 혐오기법

혐오기법(aversive techniques)은 바람직하지 않은 행동에 대해 혐오자극을 제시함으로써 부적응 행동을 제거하는 방법이다. 이 기법은 윤리적인 측면에서 논쟁의 여지가 있음에도 불구하고, 소거되어야 할 행동에 적용하는 경우 그 효과성을 인정받고 있다. 혐오자극으로는 화학물, 시청각 자료, 내현적 가감법, 타임아웃 그리고 과잉교정 등이 있다. 예를 들어, 알코올 중독 행동을 제거하기 위해 구역질을 유발하는 화학물을 사용하여 술을 마실 때마다 불쾌 경험을 느끼게 함으로써 알코올에 대한 매력을 감소시킬 수 있다. 시청각 자료를 이용할 수도 있는데 금연을 위한 슬라이드나 담배와 관련된 질병에 걸려 고통스러워하는 장면의 자료 등을 통해 담배에 대한 싫증과 혐오감을 갖도록 할 수 있다. 특히 내현적 가감법은 불쾌감을 연상시켜 바람직하지 못한 행동을 소거하는 방법으로 흡연, 비만, 약물남용 등의 상담에 유용하다. 타임아웃은 부적절한 행동에 대해 정적 강화의 기회를 일시적으로 박탈하는 기법으로 수업을 방해하는 아이를 일시적으로 나가 있게 하는 조치가 그 예다. 과잉교정은 부적절한 행동이 나타날 때 즉시 그 행동 이전의 환경조건보다 훨씬 나은 상태로 원상회복하도록 하는 것이다. 예를 들어, 식당 바닥에 음식을 흘리는 아이에게 흘린 음식은 물론 식당 바닥 청소를 하게 한다. 이와 같은 혐오기법을 계획하고 적용할 때는 신체적·정서적으로 부정적인 영향을 미치지 않도록 주의해야 하며 내담자의 권리와 선택을 존중해야 한다.

혐오기법은 바람직하지 않은 행동에 대해 혐오자극을 제시함으로써 부적응 행동을 제거하는 방법이다. 혐오자극으로는 화학물, 시청각 자료, 내현적 가감법, 타임아웃 그리고 과잉교정 등이 있다.

(2) 체계적 둔감법

Wolpe에 의해 개발된 체계적 둔감법(systematic desensitization)은 이완
된 상태에서 불안을 유발하는 상황들을 생각하도록 함으로써 불안과 병존
할 수 없는 이완을 연합시켜 불안을 감소 또는 소거시키는 기법이다. 공존
할 수 없는 새로운 반응(신체적 이완)을 통해 부적응적 반응(불안, 공포)을
억제하는 상호억제의 원리를 이용한다. 주로 특정 사건, 사람, 대상에 대
한 불안이나 공포가 있는 사람들의 상담을 위해 고안된 것으로 공포 관련
부적응 행동이나 회피 행동 또는 일반화된 공포의 상담에 효과적이다.

체계적 둔감법의 첫 단계는 내담자에게 불안을 대치할 이완(relaxation)
을 가르치는 것이다. 기본적으로 팔, 얼굴, 목, 어깨, 가슴, 배, 다리 등의 다
양한 근육의 긴장과 이완을 반복하여 보다 깊은 수준의 이완상태에 도달할
수 있게 충분한 훈련을 시키는 것이 중요하다. 상담자는 이완훈련을 상담
과정 내내 지속적으로 적용하며 내담자의 이완상태와 심상(心象)화된 불
안 상황과 결합시킴으로써 문제 상황에서의 정서 인식 수준을 낮춘다.

다음 단계는 불안위계(anxiety hierarchy)를 구성하는 것으로, 불안을 일
으키는 사건들을 평가하고 불안의 정도에 따라 위계를 정한다. 불안을 가
장 적게 야기하는 사건에서 가장 심하게 일으키는 사건 순으로 '주관적
불편단위척도(subjective units of discomfort scale: SUDs)'를 작성하는데, 완
전한 이완상태인 0점에서 극도로 불안한 상태인 100점까지 점수를 할당
한다. 이러한 단위는 주관적인 것으로, 예를 들면 뱀에 대한 공포증이 있
는 내담자의 경우 뱀과 비슷한 밧줄을 보는 상황(10), 뱀의 그림을 보는
상황(30), 유리상자 안에 들어 있는 뱀을 보는 상황(50), 뱀을 살짝 손으로
만지는 상황(70), 뱀을 몸에 두르는 상황(90)의 순으로 불안위계를 작성할
수 있다. 이러한 불안위계가 작성되면 상담자는 둔감화 과정을 시작한다.

둔감화(desensitization)는 이완상태에서 낮은 수준의 불안유발 자극에
노출시키는 것이다. 뱀 공포증 내담자의 경우 충분한 이완상태에서 가장
약한 불안을 느끼는 뱀과 비슷한 밧줄을 보여 주고 내담자가 별로 불안을
느끼지 않는다고 보고하면 좀 더 강한 공포 상황인 뱀의 그림을 보여 주며
조금씩 강한 공포 상황에 노출시킨다. 만약 내담자가 공포를 느낀다고 하

면 자극의 노출을 멈추고 긴장을 이완시킨다. 충분히 이완되면 다시 약한 공포 상황부터 제시한다. 이러한 방법을 통해서 뱀에 대한 공포를 지녔던 사람이 뱀을 만지고 목에 두를 수 있는 상태로까지 변화될 수 있었다.

체계적 둔감법은 실제적인 불안자극을 직접 노출시키는 방법과 불안자극의 상상을 통해 노출시키는 방법이 있는데, 심상적 노출은 내담자가 위험한 결과를 초래하지 않으면서도 상상적 방법을 적용하여 불안이나 회피 반응을 소거할 수 있다는 장점이 있다.

(3) 노출법

노출법(exposure)은 내담자가 두려워하는 자극이나 상황에 반복적으로 노출시켜 직면하게 함으로써 특정 자극 상황에 대한 불안을 감소시키는 방법이다. 노출법에는 실제적인 불안자극에 직접 노출시키는 실제상황노출법(in vivo exposure)과 상상을 통해 불안자극에 노출시키는 심상적 노출법(imaginal exposure)이 있는데, 상상적 노출보다는 실제 상황에서의 노출이 더 효과적인 것으로 알려져 있다. 또한 낮은 불안을 유발하는 자극으로부터 점점 강도를 높여 가는 점진적 노출법(graduated exposure), 처음부터 강한 불안을 유발하는 자극에 노출시키는 급진적 노출법(intensive exposure)이 있다. 급진적 노출법 중 하나인 홍수법(flooding)은 내담자에게 강한 불안을 유발하는 자극이나 심상을 노출시키고 불안이 감소될 때까지 노출을 계속하는 방법이다. 이러한 급진적 노출법은 내담자의 불안을 높여 불쾌감을 줄 수 있으므로 신중하게 사용되어야 한다.

> 노출법은 내담자가 두려워하는 자극이나 상황에 반복적으로 노출시켜 직면하게 함으로써 특정 자극 상황에 대한 불안을 감소시키는 방법이다.

(4) 모델링

모델링(modeling)은 내담자가 다른 사람의 행동을 관찰하고 이를 활용하는 것으로 이루어진다. 모델의 적응 행동을 관찰하고 모방함으로써 개인은 어떻게 적응 행동을 수행하는지를 배울 뿐만 아니라 그러한 행동으로 인해 어떤 긍정적인 결과가 나타나는지를 학습할 수 있다.

행동주의 상담에서의 모델링에는 적응 행동이 어떤 것인지 가르칠 수 있는 교수(teaching), 적응 행동을 실제로 행하도록 촉진할 수 있

> 모델링은 내담자가 다른 사람의 행동을 관찰하고 이를 활용하는 것으로 이루어진다.

는 촉구(prompting), 적응 행동을 하려는 동기를 강화할 수 있는 동기화 (motivating), 내담자가 두려워하는 행동을 하는 모델을 관찰함으로써 불안이 감소될 수 있는 불안감소(reducing anxiety), 문제 행동을 하지 않도록 단념하게 할 수도 있는 저지(discouraging)의 다섯 가지 상담적 기능이 있다.

모델링은 내담자의 행동 변화를 효과적으로 가져오기 위해 다른 행동주의 상담법과 함께 사용될 수 있다. 특히 내담자의 대인관계 개선을 위해서 협상 기술, 갈등해결 기술 등과 같은 사회 기술 훈련과 함께 활용할 수 있다.

(5) 조형

조형(shaping)은 조작적 조건형성의 원리를 적용한 기법으로, 바람직한 행동을 여러 하위 단계로 나누어 세분화된 목표행동에 접근할 때마다 적절한 보상을 주어 점진적으로 특정 행동을 학습시키는 행동수정 방법이다. '조성' 또는 '행동조성'이라고도 불리며 그 과정에는 강화, 소거, 일반화 그리고 차별화가 포함된다. 조형은 나쁜 습관이나 문제 행동을 교정하고 바람직한 행동을 습득시키는 데 매우 효과적이다. 예컨대, 부산하고 산만한 태도의 학생을 수업에 집중할 수 있도록 조형이 적용될 수 있다. 학생이 산만한 행동을 보일 때 교사는 관심을 주지 않고 무시하다가, 그 학생이 교사의 설명에 주의를 기울일 때는 반드시 관심을 기울여 준다. 이처럼 수업에 집중하는 행동이 다시 반복되어 나타나면 칭찬을 해 주거나 상을 주는 식으로 강화한다. 이러한 과정을 통해 학생의 산만한 행동은 점점 사라지고 수업에 집중하는 행동이 증가하게 된다.

> 조형은 바람직한 행동을 여러 하위 단계로 나누어 세분화된 목표행동에 접근할 때마다 적절한 보상을 통해 특정 행동을 학습시키는 행동수정 방법이다.

(6) 토큰경제

토큰경제(token economy)는 토큰 또는 교환권을 강화물로 사용하여 바람직한 행동을 유도하는 기법이다. 이 방법은 조작적 조건형성을 이용한 행동수정 기법이다. 먼저 강화하고자 하는 목표행동을 구체적으로 설정하고 합당한 행동을 실천했을 때 명확하게 대가를 지불하는데, 이때 강화는 공정하고 일관성 있는 방식으로 주어져야 하며, 강화물은 분명하고 실질적이며 의미 있는 것이어야 한다. 이 기법은 아동이나 만성 이상행동을 보이는 사람에게 효과적이어서, 학생들이 과제를 완수할 수 있게 하거나 정신병동의 환자들이 자신을 돌볼 수 있는 행동을 강화하는 데 많이 응용되고 있다.

4. 상담 사례[1]

본 사례의 내담자는 31세의 남성 내담자로 기혼이며 선박회사에 다니고 있다. 감정 조절에 어려움을 느낀 내담자가 상담소에 내방하여 불안 문제를 호소하고 있다. 따라서 불안이 생기게 된 이유를 탐색하고, 이완 훈련과 체계적 둔감법을 통하여 공포증을 상담하는 과정을 다루고 있다.

상담자 1: 어떻게 오셨어요?

내담자 1: (침묵) 아마 내가 정말 병인 것 같은 데 잘 모르겠습니다. (키는 185cm 정도이고, 자세는 약간 꾸부정하였고 낮고 단조로운 어조로 말한다.)　　　행동 관찰

상담자 2: 그래요? 당신의 문제에 대해 이야기해 봅시다.

내담자 2: 쇼핑을 갔는데 정말 화가 치밀어 오르고 떨리고 숨도 쉬기 어려웠어요.

상담자 3: 불안하기 직전이나 또는 쇼핑하러 가기 전에 있었던 일을 기억할 수 있나요?　　　문제 행동의 선행사건 탐색

내담자 3: (침묵) 우울하지는 않았습니다. 그리고 점점 심해졌습니다.

상담자 4: 더 심해졌다는 것은 최근에 더 자주 불안해진다는 뜻입니까?　　　문제 행동의 촉발시점 탐색

내담자 4: 예, 요즈음은 거의 매일 그렇습니다.

상담자 5: 어떤 일이 있었는지 좀 더 자세하게 말해 주세요. 어떤 상황에서 화가 가장 많이 나는지요? 가장 괴로운 때는 언제입니까?

---

1) 이 사례는 Rimm, D. C., & Masters, J. C. (1985). 『행동치료의 원리(The Principle of Behavior Therapy)』 김영환 역. 중앙적성출판사. (원전은 1974년에 출판)에 수록된 사례를 책의 분량이나 내용을 감안해서 수정한 것이다.

<table>
<tr><td>문제 행동에 가장 심각한 영향을 미치는지 선행사건 탐색</td><td>내담자 5: 저…… 슈퍼마켓입니다. 지금은 집사람이 모든 쇼핑을 하고 있습니다. 침침한 불빛 앞에서…… 특히 더 곤란을 느낍니다. 처가에 가기 위해 그곳에 있는 큰 쇼핑센터에 갔는데 견딜 수가 없었습니다. 집사람은 그 쇼핑센터에서 물건을 사려고 하였으나 내가 도저히 쇼핑센터에 있을 수가 없다고 하니 아내가 크게 화를 내었습니다.</td></tr>
<tr><td>표적행동 확인</td><td>상담자 6: 그 일 때문에 여기 오시게 되었다는 말입니까?

내담자 6: 예, 아마 그럴지도 모릅니다.</td></tr>
<tr><td>심상적 노출법</td><td>상담자 7: 눈을 감고 당신이 지금 쇼핑센터 안에 있다고 상상해 보세요. 당신이 그렇게 불안해지기 직전의 상황을 이야기해 보세요.

내담자 7: 그 일을요? 생각만 해도 불안해지는데요. 그러나 심한 공포를 느끼기 시작했을 때 우리는 막 쇼핑센터 안으로 들어가고 있었습니다.

상담자 8: 계속해서 그 장면을 말해 보세요.

내담자 8: 네. (침묵) 사람들이 많이 있었습니다. 수천 명은 되는 것 같았습니다. 조명은 밝고…… (내담자는 순간적으로 숨을 멈추고 신경질적으로 손가락으로 의자를 두드린다.)

상담자 9: 그 밖에 다른 것은?

내담자 9: 더 이상 생각나지 않습니다.

상담자 10: 그 장면을 상상했을 때 당신의 느낌은 어떻습니까?

내담자 10: 매우 불안합니다. 선생님도 아시겠지만.</td></tr>
<tr><td>문제 행동의 발달 과정 탐색</td><td>상담자 11: 심한 공포를 느끼기 전에 어떤 일이 있었습니까? 어떻게 해서 그렇게 느끼게 되었을까요?

내담자 11: 정말 아무 일도 없었습니다.</td></tr>
<tr><td>문제 행동을 하는 이유 탐색</td><td>상담자 12: 그렇게 심한 공포를 느끼기 전에 어떤 생각을 하고 있었는지 생각할 수 있겠어요?

내담자 12: 잘 모르겠습니다. 아마 심한 공포였겠죠.</td></tr>
<tr><td>문제 행동의 결과 확인</td><td>상담자 13: 심한 공포를 느끼고 난 후에는 어떻게 되었나요?

내담자 13: 나는 쇼핑센터에서 나가야겠다고 아내에게 이야기했고, 우리는 곧 나왔습니다.

상담자 14: 나왔을 때의 느낌은?</td></tr>
</table>

내담자 14: 괜찮아졌습니다. 다시 숨을 쉴 수 있을 것 같았습니다.

상담자 15: 심한 공포를 느낄 때에는 보통 그런 상황을 피해 버립니까?　　　행동분석

내담자 15: 예, 가능하다면.

상담자 16: 좋아요. 그렇다면 안전하게 느낄 때는 언제인가요?

내담자 16: 안전하게 느낄 때 말입니까? 나 혼자 있을 때, 아내와 같이 있을 때 또는 몇 명의 친구들과 같이 있을 때.

상담자 17: 직장에서는 어떻습니까? 선박회사에 다닌다고 하셨죠?　　　환경적 요인 탐색

내담자 17: 상황에 따라…… 잘 모르겠습니다. 정말 정신이 나간 상태죠. 나는 아침 6시경이나 늦은 밤에는 개를 데리고 산책할 수 있습니다. 이럴 땐 괜찮습니다.

상담자 18: 아침 6시나 늦은 밤에는 많은 사람들을 만나지 않기 때문이라고 생각합니까?　　　상황적 요인 탐색

내담자 18: 그렇습니다. 많은 사람들…… 낯선 사람들.

상담자 19: 불안을 느낄 정도의 군중이란 어느 정도입니까?　　　문제 행동의 정도 탐색

내담자 19: (오랜 침묵) 정확히 말할 수 없습니다. 때에 따라 다르니까요. 많은 사람들과 같이 방 안에 있거나 내가 문 가까이에 서 있을 때에는 큰 문제가 없습니다. 다른 사람들 가운데 서 있는 것이 가장 싫습니다. (음성이 떨리면서 크게 쉼호흡을 한다.)

상담자 20: 이제 그러한 문제에 대해 더 이야기하기 거북한 것 같군요.

내담자 20: (한숨을 쉬면서) 예, 그렇습니다.

상담자 21: 그러면 이완하기 위하여 몇 가지의 훈련을 하도록 합시다. (상담자는 몇 가지 기본적인 이완훈련을 내담자에게 말하고, 특히 호흡에 집중하도록 한다.)　　　이완훈련

〈중략〉

상담자 31: 그러한 불안발작이 당신의 생활에 미치는 영향을 좀 더 이야기해 봅시다. 어떤 생활이 가장 어렵다고 생각됩니까?　　　문제 행동의 결과 탐색

내담자 31: 저 생활에 즐거움이 없습니다. 영화 보러 가는 것이 즐거웠는데……. 그 전에는 쇼핑도 즐거웠죠. (웃음)

상담자 32: 당신의 문제가 결혼 생활에는 어떤 영향을 미치는지 말해 주시겠습　　　환경적 요인 탐색

니까? 부인과 결혼한 지는 얼마나 되었습니까?

내담자 32: 1년 되었습니다. 나는 초혼이고 아내는 재혼입니다. 나는 집사람을 사랑합니다. 그리고 잘 대해 주려고 노력하고 있습니다. 우리는 적어도 자주 싸우지는 않습니다.

상담자 33: 당신의 문제가 성생활에 영향을 미친다고 생각하지는 않습니까?

내담자 33: (침묵) 처음 결혼했을 때에는 성적인 문제가 중요했죠. 거의 매일 밤 성관계를 했습니다. 요즈음은 아마 일주일에 한 번쯤……. 이제 성관계는 별 흥미가 없습니다. 그것이 나의 문제와 어떤 관련이 있는지 없는지는 모르지만.

문제 행동의 결과 탐색

상담자 34: 그래요. 그 문제는 좀 더 밝혀야 할 문제라고 생각되는군요. 많은 사람들과 같이 있을 때 불안해진다는 것이 생활에 영향을 미치는 다른 점은 어떤 것이 있을까요?

내담자 34: 그렇게 많지는 않습니다. (비꼬는 듯 웃는다.)

행동측정 기록지 과제 제시

상담자 35: 좋습니다. 그러면 문제를 더 잘 이해하기 위해 집에서 해야 할 과제를 주어야 겠군요. 불안할 때마다 이 카드에 기록하세요. 그리고 당신이 어떻게 했는지를 모두 기록하세요. 쇼핑센터에서 매우 불안했던 경우를 예로 들어 볼까요? 같이 기록해 봅시다. 당신의 불안을 치료하기 위한 치료계획은 곧 실시할 수 있으리라고 생각합니다. 그리고 당신이 기록한 정보는 많은 도움이 될 것입니다. (과제 실천 동기 강화)

일시: 4월 24일. 오후 3시.
문제: 너무 불안해서 숨쉬기도 어려웠다.
상황: 쇼핑센터에는 사람들이 너무 붐벼 출구를 찾을 수 없을 정도.
선행 사건: 아내와 점심식사를 함. 백화점에 가면 심한 공포가 일어나지 않을까 걱정됨.
대처: 백화점을 나와 버렸다.
결과: 나는 안도감을 느꼈으나 아내는 실망했다고 말함. (ABC 모형 작성)

〈중략〉

상담자 41: 당신이 대기실에서 작성한 불안 척도를 보았습니다. 이 불안 척도 | 불안위계 작성
에 따르면 당신은 높은 장소를 두려워하는 것 같습니다. 심각한 정도
인가요?

내담자 41: 그 정도로 심하지는 않습니다. 아마 군중 속에 있을 때의 문제가 극
복된다면 그 문제는 해결될 수 있을 것입니다.

상담자 42: 기분이 울적해진 적이 있습니까?

내담자 42: 요즈음은 특히 그런 것 같습니다.

상담자 43: 어떻게 우울하다는 말인가요? | 문제 행동의 정도 탐색

내담자 43: 사실은 그렇게 심한 것은 아닙니다. 나는 단지 내 문제를 극복하기
를 원할 뿐입니다.

상담자 44: 그래서 여기에 온 것이겠죠. 지금까지는 당신의 생활에 문제가 되는 | 내담자의 긍정적 측면 탐색
부정적인 것만 이야기했습니다. 현재 당신의 생활과 관련된 어떤 긍정
적인 것은 없을까요? 스스로 좋다고 생각하는 것을 포함해서……

요약

내담자는 특정 장소나 상황에 대해 갑작스럽고 과도하게 불합리한 두
려움을 느껴 그 장소나 상황을 피하는 공포증의 증상을 보이며 내방하였
다. 이에 상담자가 문제 행동을 평가하기 위해 내담자가 보이는 행동과
선행사건, 그것과 연관된 결과를 탐색하고 있다. 어떤 상황에서 그 행동
이 일어나고 있고 어떤 결과가 그 행동을 계속 유지하게 만드는지 분석하
고 있다. 또 탐색하는 도중에도 노출법과 이완훈련, 행동측정 기록지를
활용하여 치료적 개입을 동시에 하고 있다.

5. 공헌점과 비판점

행동주의 상담은 구체적인 것에 초점을 맞추고 상담 기법의 적용에서 체
계적인 방식을 취함으로써 상담 분야에 공헌을 하였다. 첫째, 행동주의 상

담은 문제에 대해 의논하거나 통찰을 얻는 대신에 행하는 것에 초점을 둔다. 따라서 상담자는 내담자가 자신의 행동을 변화시키려고 행동계획을 구성하는 것을 돕기 위해 다양한 행동 전략을 사용한다. 이러한 문제중심적인 관점은 다른 상담 체제들을 과학적 방향으로 이끄는 자극을 제공해 왔다.

둘째, 행동기법들의 다양성도 행동주의 상담의 공헌점 중의 하나다. 행동주의 상담에서는 내담자와 상담자의 합의에 따라 개개인에게 맞는 구체적인 상담기술을 다양하게 적용한다. 단지 문제에 대해 이야기하거나 통찰을 얻도록 하는 것과는 달리, 행동주의 접근에서는 행동하는 것을 강조하기에 이 접근에 익숙한 상담자는 내담자의 행동을 바꾸는 데 도움을 주는 많은 행동적 기법 또는 전략을 가지고 있다. 즉, 이 접근에 익숙한 상담자는 강화나 소거 등의 학습원리를 다양하게 적용하여 개개인에게 맞는 상담 과정이나 기술을 적용한다.

셋째, 행동주의 상담의 또 다른 공헌은 실험연구와 상담 결과에 대한 평가다. 상담 결과를 평가하여 상담이 제대로 진행되지 않은 것으로 나타나면 상담자는 자신이 처음 분석한 것과 처치를 재검토한다.

마지막으로, 윤리적 책임도 행동적 접근의 장점이다. 행동주의 상담은 누구의 행동이 바뀌어야 한다거나 무슨 행동이 변해야 한다는 것을 명령하지 않기에 윤리적으로 중립적이다. 그리고 환경 내에 존재하는 여러 가지 제약을 어떻게 제거할 수 있으며, 효율적인 행동의 학습을 위한 환경적 조건을 어떻게 조성할 수 있는가 하는 점을 밝혔다.

그러나 이러한 행동주의 상담의 가장 큰 비판점은 상담 과정에서 감정과 정서의 역할을 강조하지 않았다는 것이다. 그래서 행동주의 상담자들은 문제 해결이나 상황의 처치만을 지나치게 강조한다는 느낌을 갖게 한다. 또한 그들은 내담자의 문제 해결에 지나치게 신경을 쓰기 때문에 내담자의 말을 충분히 듣지 못한다. 이와 더불어 행동주의 상담자가 자주 저지르는 실수 중 하나는 현재 문제에만 초점을 맞추기 때문에 사소한 것을 중요하게 취급하는 것이다.

행동주의 상담에서는 내담자가 가지고 있는 현재의 문제가 어떻게 생기게 되었는지에 대하여 중요하게 생각하지 않으므로 내담자의 문제에 대한 통찰이나 심오한 이해도 불가능하다. 부적응 행동의 역사적 근원 또한 무시된다. 그래서 내담자가 가진 어떤 문제가 행동주의 접근에 의해 일시적으로 사라진다고 해도, 이 접근은 문제를 근원적으로 해결할 수 없으므로 그러한 행동은 곧 다른 형태로 나타날 수 있다. 그리고 행동수정은 좁은 범위의 행동에만 적용 가능하다는 비판을 받는다.

다음으로, 행동주의 상담은 고차원적 기능과 창조성, 자율성을 무시한다. 또한 행동주의 상담의 행동분석은 너무 많은 교육과 경험이 필요하기 때문에 숙련된 상담자가 충분하게 배출되지 못하고 있다. 게다가 행동수정은 실제로 효과가 없는 일시적 변화일 수 있다. 또한 이 상담 이론은 학습이론에 기본 원리를 두고 있는데, 이 이론이 실험실에서 동물을 대상으로 한 연구에서 나왔기 때문에 실험실 밖의 일상생활에서나 동물이 아닌 인간에게는 적절하지 않을 수 있다. 특히 인간을 동물과 같이 취급하는 점에서 비판받고 있다.

그 외의 행동주의 상담의 비판점으로는 상담에서 중요하게 여기는 상담자와 내담자의 관계를 경시하고 기술을 지나치게 강조한다는 점, 구체적인 문제 행동을 수정하는 데에 효과적일지는 모르나 자기실현 측면에서는 부적합하다는 점을 들 수 있다.

되짚어 보기

1. 행동주의 상담은 고전적 조건형성, 조작적 조건형성, 사회학습이론, 인지적 상담의 네 가지 경향으로 나눌 수 있다. 최근의 행동주의 상담에서는 이전의 행동주의 상담과는 달리 학습에서 인지적 요소의 역할을 강조한다. 뿐만 아니라 학습을 외현적 행동의 변화라는 측면보다는 오히려 지식의 습득이라는 측면으로 본다.

2. 초기의 행동주의자들은 인간의 모든 행동은 학습되며, 인간은 본질적으로 그들의 사회문화적 환경에 의해서 형성되고 결정된다고 보았다. 그러나 현대의 행동주의 상담에서는 인간을 단지 사회문화적 조건의 산물이라는 결정론적 관점이 아니라 그 자신의 환경을 산출하는 주체자로 본다.

3. 행동주의 상담에서 상담 목표는 내담자와 상담자에 의해 합의된 것으로 명료하고, 구체적이며, 이해하기 쉽고, 측정될 수 있는 행동 용어로 진술되어야 한다.

4. 행동주의 상담자들은 상담자의 따뜻함, 공감성, 진실성, 수용성 등과 같은 관계 변인이 내담자의 행동 변화를 위한 충분조건은 아니지만 필요조건이라고 생각한다.

5. 행동주의 상담 과정은 첫째, 내담자 문제 탐색, 둘째, 문제 행동의 평가와 분석, 셋째, 목표 설정, 넷째, 상담 계획의 수립 및 실행, 다섯째, 상담 효과의 평가, 여섯째, 재발방지 계획 수립 등의 순서로 진행된다.

6. 이완훈련은 사람들에게 일상생활에서 받는 스트레스에 대처하는 법을 가르치는 방법으로 점점 보편화되었으며, 체계적 둔감법은 특정한 상황이나 상상에 의하여 조건형성된 공포 및 불안 반응을 극복하도록 할 때 이용된다. 노출법은 두려워하는 자극이나 상황을 실제 현실에서나 혹은 상상 속에서 지속적으로 제시하는 기법이며, 모델링이란 타인의 행동을 관찰함으로써 학습이 이루어지는 것을 말한다.

7. 행동주의 상담의 공헌점은 구체적인 것에 초점을 맞추고, 상담 기법을 체계적으로 적용하며, 개개인에게 맞는 상담 과정이나 기술을 적용하고, 실험연구와 상담 결과에 대한 평가를 통하여 상담을 과학적으로 이끌었다는 점이다. 비판점은 내담자의 감정과 정서의 역할을 강조하지 않는 점과 상담자가 내담자의 문제 해결에 지나치게 신경을 쓰기 때문에 내담자의 말을 충분히 듣지 못하는 점, 내담자의 문제에 대한 통찰이나 심오한 이해가 불가능하다는 점 등이다.

나무 안에 물감 있다

욕심 없이 한두 가지

물 햇빛 공기 흙

욕심 없이 서너 가지

꽃 피고 열매 열리는

저 착한 나무 안에

-홍성란의 『물감』 중에서-

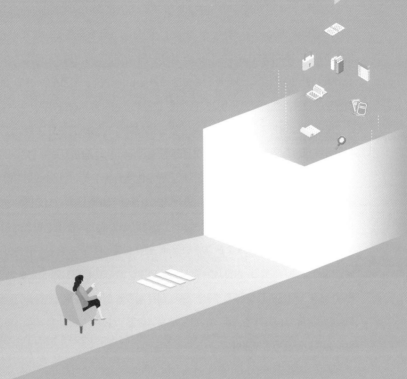

제7장

인간중심 상담

66 길라잡이 물음

1. 당신은 자신의 이야기를 상대방이 어떤 태도로 들어 줄 때 진심으로 이해받는다고 느껴지는가?

2. 당신은 이상적인 자신과 현실적인 자신 간의 차이를 얼마나 느끼는가?

3. 모든 인간은 인간적인 성숙과 자기실현을 추구하려는 동기를 가지고 있다고 한다. 당신은 그에 대하여 어떻게 생각하는가?

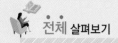

　　인간중심 상담은 1930~1940년대에 미국의 심리학자인 Carl Rogers의 이론에 근거하여 발전된 상담 이론이다. Rogers는 정신분석 상담이 인간의 본능적 욕구를 지나치게 강조하면서 상담자가 진단적이고 해석적이며 지시적인 태도를 취하는 데 반대하였다. 또한 행동주의 이론이 인간의 행동을 자극에 대한 반응으로 지나치게 단순화한 측면을 비판하였다. 그리하여 이 두 이론을 대체할 새로운 이론으로 인본주의에 기반을 둔 비지시적인 인간중심 상담을 주창하였다.

　　인간중심 상담은 정신분석 상담이 인간의 생물학적 본능을 강조하고 인간을 어린 시절에 억압된 무의식의 희생자로 보는 것을 반대하였다. 또한 행동주의 상담에서처럼 인간을 외부 자극에 대한 수동적인 반응체로 보는 것에도 찬성하지 않았다. Rogers는 본능이나 외부 자극이 성격 형성에 영향을 준다고 인정하였지만, 인간은 태어나면서부터 자신의 잠재력을 실현시키려는 선천적 경향성을 가지고 있다는 것을 더욱 강조하였다. Rogers는 인간이 자기 잠재력을 실현하려는 경향성이 있으므로 내담자가 스스로 자신의 문제를 해결해 나갈 수 있는 힘을 가지고 있다는 인간관에 근거하여 새로운 상담의 원리를 제시하였다. 상담자는 지시적인 태도를 통해서 내담자의 문제를 해결해 주는 것이 아니라, 내담자가 자신의 내부에 갖추어진 문제 해결 능력을 활용하도록 허용적이고 비간섭적인 분위기를 형성함으로써 내담자가 스스로 성장하도록 동기화할 수 있는 최적의 환경을 제공하는 역할을 하는 사람이어야 한다고 주장하였다.

　　인간중심 상담은 Freud 이후의 현대 상담 이론에 지대한 영향을 미친 이론으로서 상담 분야뿐 아니라 교육, 산업체, 종교와 문화, 철학 등 사회의 여러 분야에 광범위한 영향을 미치고 있다. 특히 이 이론의 영향으로 말미암아 다른 유형의 상담에서도 상담자와 내담자의 관계를 중요하게 여기게 되었고, 상담자와 내담자의 관계가 상담 효과에 큰 영향을 미친다는 것을 인식하게 되었다.

1. 주요 개념

1) 인간관

　Rogers는 인간의 삶은 자신이 통제할 수 없는 어떤 힘에 의해 조종당하는 삶이 아니라 개인의 자유로운 능동적 선택의 결과라고 보았다. 인간은 선천적으로 타고난 성장 가능성이 있으며, 이를 실현해 나가는 과정에서 자신의 인생 목표와 행동 방향을 스스로 결정하고, 그에 대한 책임을 수용하는 자유로운 존재로서 자신을 조절하고 통제하는 능력이 있는 존재로 보았다.

　인간 본성에 대한 이러한 긍정적인 관점은 인간이 심리적 부적응 상태에서 심리적 건강 상태로 나아갈 수 있는 능력을 타고났다고 믿는 것이다. 따라서 타고난 능력을 발휘할 수 있는 조건들이 적절히 갖추어진다면 인간은 무한한 성장과 발전이 가능하다고 결론지었다. 즉, 인간은 타고난 자기실현 경향을 발휘하기 위하여 항상 노력하고 도전하여 어려움을 극복하면서 진정한 한 사람으로 성숙해 간다는 것이다.

Carl Rogers

> Rogers는 인간을 선천적 성장 가능성을 가지고 태어나 이를 실현하고자 하는 존재로 보았다. 이러한 자기실현 경향을 발휘하면서 진정한 한 사람으로 성숙해 간다고 보았다.

2) 성격 발달

　신생아는 신체적 감각에서든지 또는 외적 자극에 의한 것이든지 모든 대상과 나를 하나로 지각한다. 즉, 다른 대상과 분리된 존재인 '나'로서의 자신을 지각하지 못하며, '나'와 '나 아닌 대상'을 구분하지 못한다. 이와 같이 인생의 초기 단계에서는 자아라는 것이 존재하지 않으며, 단지 포괄적이고 분화되지 않은 개인이 느끼는 현실만이 존재한다.

　그러나 점차 커 갈수록 자기 자신을 제외한 나머지 세계와 자신을 구분

> 인간은 유아기에는 자아가 분화되어 있지 않다가 점차 자신과 세계를 분리하는 과정에서 자기개념이 생기고, 자신에 대한 외부의 평가를 내면화하면서 자기개념이 발달하게 된다.

하기 시작한다. Rogers는 개인의 자기개념이 이 세계를 구분하는 과정에서 출현한다고 보았다. 즉, 어떤 것은 자신의 것으로 인식되고, 또 어떤 것은 자신이 아닌 것으로 인식하는 과정에서 자아가 발달한다는 것이다.

이러한 자기개념의 발달에 결정적인 역할을 하는 것이 긍정적 존중과 관심을 받고자 하는 욕구다. 자아에 대한 의식이 생기면 모든 사람은 타인에게 온화함, 존경, 수용 그리고 사랑을 받고 싶어 하는 기본적 욕구가 생기는데, 특히 어머니의 사랑을 받고 보호받고 싶어 하는 욕구가 강하게 나타난다.

아동은 다른 사람에게 긍정적 존중과 관심을 받고자 하는 강한 욕구로 인해 점차적으로 자기에게 중요한 다른 사람들의 기대와 태도에 영향을 받는다. 그러나 대부분의 성인은 아동에게 무조건적인 관심이나 사랑을 주기보다 조건적으로 존중하고 사랑을 준다. 예를 들어, 부모들의 기대에 맞게 공부를 잘하거나 형제들과 사이좋게 지낼 경우 관심과 사랑을 더 받게 되고, 부모의 기대에 맞지 않게 행동을 하면 야단을 맞거나 관심을 덜 받게 된다. 이처럼 다른 사람들의 조건적인 존중이나 관심을 조건적 가치 부여라고 한다. 조건적 가치 부여는 아동의 자아 발달에 지대한 영향을 미쳐서, 아동은 자신의 욕구보다는 타인의 기준에 맞추어 행동하고 생각함으로써 타인으로부터 존중과 관심을 받으려고 한다. 또한 타인의 조건적인 존중이나 관심이 아동에게 내면화되어 행동의 기준과 규범이 되고, 부정적 자기개념을 형성하는 데 영향을 미친다.

어떤 사람도 조건적인 관심을 피할 수는 없지만, Rogers는 무조건적인 긍정적 관심을 주고받는 것이 가능하다고 하였다. 무조건적인 긍정적 관심은 '만약, 그런데, 그러나'라는 조건 없이 존재 자체로서 있는 그대로 수용하고 존중하는 것을 의미하며, Rogers는 이러한 무조건적인 긍정적 관심을 주고받을 때 개인은 완전히 기능하는 사람으로 발달해 간다고 하였다.

3) 성격의 구성요소

Rogers는 성격을 유기체, 자기, 현상학적 장과 같은 요소로 설명하고 있다. 먼저, Rogers는 인간을 '유기체(organism)'로 언급하고, 인간이 유기체로서 세계에 반응한다고 하였다. 다시 말해, 어떤 자극이 있을 때 그 자극에 대하여 우리의 전 존재가 반응하고, 이러한 경험을 유기체적 경험이라 한다. 생후 초기에 인간은 세계를 유기체적으로 있는 그대로 경험하고, 자신이 실제로 어떻게 느끼느냐에 따라 상황을 평가하고 반응한다. 예를 들어, 아이는 아프면 울고, 편안하거나 만족스러우면 웃는다. 그러나 인간은 성장하면서 점차 자기가 발달한다.

'자기(self)'는 사람들이 자신에 대해 갖고 있는 조직적이고 지속적인 인식을 말하며, 성격 구조의 중심이다. 자기는 개인이 다른 사람과 상호작용한 결과로 발달하며, 우리의 경험의 조합체이며, 감정의 근원이다(Hill & O'Brien, 1999). 인간이 자라면서 유기체적으로 반응하는 것을 다른 사람들이 존중해 주고 반응해 줄 때 건강한 자기가 발달한다. 건강한 자기가 발달한 사람들은 경험에 개방적이고, 자신의 감정을 수용하고, 과거나 미래에 얽매이지 않고, 현재의 삶을 충실히 살아간다.

한편, 모든 개인은 끊임없이 변화하는 경험의 세계에 존재하고, 자신이 경험하고 지각한 장에 대해 반응한다. 이 지각의 장이 개인에게는 현실이며 이를 현상학적 장이라고 한다. '현상학적 장(phenomenal field)'은 실제 세계가 아니라 개인이 주관적으로 지각한 세계를 의미하며, Rogers는 동일한 현상이라도 개인에 따라 다르게 지각하고 경험하기 때문에 이 세상에는 개인적 현실, 즉 현상학적 장만이 존재한다고 보고 있다. 즉, 개인은 객관적 현실이 아닌 자신의 현상학적 장에 입각하여 재구성된 현실에 반응하므로 동일한 사건을 경험한 두 사람도 각기 다르게 행동할 수 있다. 이러한 속성 때문에 모든 개인은 서로 다르게 독특한 특성을 보이는 것이다. 사람들이 현실에 대해 어떻게 지각하느냐는 자신에 대한 인식과도 밀접하게 연관되어 있다.

> Rogers는 성격을 유기체, 자기, 현상학적 장과 같은 요소로 설명하고 있다. 인간을 유기체로 언급하고, 인간이 유기체로 세계에 반응한다고 하였다.

> 현상학적 장이란 끊임없이 변화하는 경험의 세계로, 특정 순간에 개인이 지각하고 경험하는 것을 의미한다.

4) 자기실현 경향성

Rogers는 모든 인간은 타고나면서부터 성장과 자기증진을 위하여 끊임없이 노력하며, 생활 속에서 직면하게 되는 고통이나 성장 방해 요인을 극복할 수 있는 성장 지향적 유기체라고 보았다. 인간뿐만 아니라 우주 내의 모든 유기체는 좀 더 나은 방향으로 형성되고자 하는 경향성이 있는데, 이는 더욱 질서 정연하고 정교한 방향으로 나아가고자 하는 진화적인 경향성이라고 할 수 있다(Rogers, 1977).

이러한 자기실현 동기는 성장과 퇴행 중 어느 하나를 선택해야 하는 상황에 처하게 되면 더욱 강하게 작용한다. Rogers는 모든 인간이 퇴행적 동기를 지니고 있긴 하지만 그보다는 성장 지향적 동기, 즉 자기실현 욕구가 기본적인 행동 동기라고 보았다. 그러나 현실 지각이 왜곡되어 있거나 자아 분화의 수준이 낮은 개인의 경우에는 퇴행적 동기가 더 강하게 작용하여 유아 수준의 행동을 나타내는 경우도 있다. 그럼에도 불구하고 자기실현의 과정은 자신을 창조하는 과정이기에, 이를 통하여 모든 인간은 삶의 의미를 찾고 주관적인 자유를 실천해 나감으로써 점진적으로 완성되어 간다.

5) 충분히 기능하는 사람

충분히 기능하는 사람(fully functioning person)은 현재 자신의 자아를 완전히 자각하는 사람이다. Rogers(1959)는 "충분히 기능하는 사람은 최적의 심리적 적응, 최적의 심리적 성숙, 완전한 일치, 경험에 대한 완전한 개방을 갖춘 사람이다. 이러한 사람의 특성은 정적이지 않고 과정 지향적이다. 즉, 충분히 기능하는 사람은 계속적으로 변화하는 사람으로 과정 중에 있는 사람이다."라고 정의하였다.

Rogers가 제안했던 충분히 기능하는 사람의 몇 가지 특성은 다음과 같다. 첫째, 충분히 기능하는 사람은 경험에 개방적이다. 둘째, 충분히 기능하는 사람은 실존의 삶, 즉 매 순간에 충실히 삶을 영위한다. 셋째, 충분히 기능하는 사람은 자신의 유기체를 신뢰한다. 넷째, 충분히 기능하는 사람은 창조적이다. 다섯째, 충분히 기능하는 사람은 제약 없이 자유롭다.

2. 심리적 문제의 발생

인간은 누구나 실현 가능성을 가지고 태어나지만 많은 사람이 실현 가능성을 달성하지 못하고 살아간다. 그 이유는 심리적 문제를 겪기 때문이다.

인간은 유기체적 존재로 긍정적 존중에 대한 욕구와 사랑받고자 하는 욕구를 가지고 있다. 이러한 욕구는 긍정적으로 작용하기도 하지만, 사람들이 자라면서 유기체로서 자신의 경험을 무시하고 타인의 반응을 민감하게 받아들이게 만든다. 특히 자신에게 중요한 사람들의 가치체계를 그대로 받아들이게 되고, 자기개념을 형성하는 기초로 사용한다.

타인의 가치체계에 의해 형성된 자기개념은 자신이 유기체로서 느끼고 생각하는 것과는 차이가 난다. 자기개념과 유기체적인 경험 간에 불일치가 생기면 불안해지고, 유기체적인 경험을 부정하거나 자기개념에 맞게 현실을 왜곡해서 받아들인다. 또 이상적인 자기를 만들어서 그에 도달하려고 애쓰게 되고, 현실적인 자기와의 불일치로 인해 심리적으로 고통을 경험하게 된다.

불면증으로 찾아온 한 내담자의 예를 보자. 내담자는 어렸을 때부터 부모 말씀을 잘 들어 '착한 딸'로 사랑받고 인정받으며 성장하였다. 그녀는 대학 졸업 후 유학을 가서 연극공부를 하고 싶었으나 부모는 결혼을 강요하였다.

이 내담자의 경우 부모가 원하는 결혼을 하여 부모를 기쁘게 해 주고 '착한 딸'로 사랑과 인정을 받는 데서 의미를 찾으려는 것(자기개념, 가치 조건)과 유학을 가서 진정으로 자신이 원하는 연극공부를 하는 것(유기체적 경험, 자신이 원하는 것) 사이에 부조화가 나타날 수 있다. 내담자가 자신이 원하는 것을 부인한다면 지금껏 받아 왔던 사랑과 인정을 받고 부모를 기쁘게 하는 자식이 되겠지만, 자신이 원하는 것을 하게 되면 더 이상 '착한 딸'이 될 수 없어 부모에게 사랑과 인정을 받을 수 없는 상태에 놓이게 된다. 이처럼 '착한 딸'이라는 이상적인 자기와 부모님의 뜻을 거역하고 자신이 원하는 연극공부를 하고 싶은 현실적인 자기 간의 부조화로 인하

인간은 성장하는 과정에서 자기개념을 형성하게 된다. 특히 주요한 타인들로부터 긍정적 관심을 받기 위해 가치 조건화된 자기개념이 현실적 경험과 불일치할 때 불안을 경험하게 되고 심리적 문제가 발생한다.

여 불안을 경험하게 되고, 이러한 불안은 불면증이란 증상으로 나타나게 된다. 이를 그림으로 나타내면 [그림 7-1]과 같다.

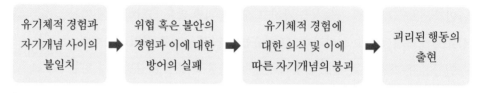

[그림 7-1] 심리적 문제 발생 과정

3. 상담 과정과 기법

지금까지 내담자의 심리적 문제가 어떻게 발생하는가를 알아보았다. 이제는 심리적 문제를 가진 내담자를 상담해 나가는 과정과 이런 과정에서 쓰이는 주된 상담 기법에 대해 알아보도록 하자.

1) 상담 과정

(1) 상담 목표

인간중심 상담에서 상담의 목표는 내담자의 자기개념과 유기체적 경험 간의 불일치를 제거하고 그가 느끼는 자아에 대한 위협과 그것을 방어하려는 방어기제를 해체함으로써 충분히 기능하는 사람이 되도록 돕는 것이다. 이 목표를 이루기 위해서 상담자는 내담자가 불안을 내려놓을 수 있도록 신뢰할 만한 분위기를 조성하여, 내담자가 거리낌 없이 자기를 표현하도록 한다. 그럼으로써 내담자가 자신의 내면세계(가치관, 욕망, 감정 등)를 이해하고 자신의 문제를 파악할 수 있도록 돕는다. 내담자는 상담자와의 이러한 상담관계 속에서 자신의 현실에 대한 왜곡된 지각을 수정하고, 현실적 경험과 자기개념 간에 조화를 이루게 된다. 궁극적으로는 자신의 능력과 개성을 최대한 발휘하여 자기실현의 방향으로 나아가게

인간중심 상담의 목표는 내담자의 자기개념과 유기체적 경험 간의 불일치를 제거하고 방어기제를 내려놓게 함으로써 충분히 기능하는 사람이 되도록 돕는 것이다.

된다.

그런데 상담 목표를 향해 나아갈 때 상담자는 상담의 초점을 내담자가 가지고 있는 현재의 문제에 두는 것이 아니라 인간 자체에 두어야 한다. 상담 목표는 단순히 현재 내담자가 가진 문제만 해결하는 것이 아니며, 내담자의 성장 과정을 도와 현재 문제는 물론이고 앞으로 겪게 될 문제까지 더 잘 다룰 수 있도록 돕는 것이다(Rogers, 1957).

(2) 상담자의 역할

인간중심 상담에서는 누구나 자신의 문제를 깨닫고 스스로 해결해 나갈 수 있는 능력을 갖고 있다고 믿는다. 모든 인간은 수용받고 지지받는 따뜻한 환경만 주어지면 긍정적인 자기개념을 확장해 나가고 스스로 자신의 문제를 파악하고 해결해 나갈 수 있다고 가정하는 것이다. 따라서 인간중심 상담에서 상담자는 단순히 정보를 제공하고 문제를 해결하도록 돕는 역할만이 아니라, 내담자의 내적 자원을 개발하도록 돕는 촉진자의 역할을 통해 내담자가 현재와 미래의 문제를 스스로 잘 다룰 수 있도록 하는 것이다.

인간중심 상담에서는 내담자의 성장을 돕기 위해서 상담자가 갖추어야 할 세 가지 필요충분조건으로 상담자의 솔직성(진솔성), 무조건적인 긍정적 존중과 수용, 공감적 이해를 들고 있다.

> 상담자의 역할을 하기 위한 필요충분조건은 솔직성, 무조건적인 긍정적 존중과 수용, 공감적 이해다.

인간중심 상담에서는 상담자에게 내담자가 경험하는 것을 민감하고 정확하게 이해하고 그것을 내담자에게 전달하는 정확한 공감 능력이 요구된다. 그러므로 상담자는 내담자와의 관계에서 진실해지려고 노력해야 한다. 상담자는 선입견을 가지고 내담자를 진단하지 말고, 순간순간의 경험에 기초하여 내담자를 만나고, 그의 주관적 세계를 이해해야 한다. 상담자가 진솔성, 무조건적인 긍정적 존중, 공감적 이해의 태도로 내담자를 대하면, 내담자는 경계심이 줄어들고 방어가 느슨해져서 자신의 문제 해결 능력을 되찾고 인간적인 성숙을 이루어 나가게 된다.

인간중심 상담에서는 내담자 스스로가 상담 회기를 이끌어 갈 수 있는 능력이 있다고 보기 때문에 상담자의 직접적이고 직극직인 개입 없이도 내담자가 자신의 심리적인 어려움을 해결해 나갈 수 있다고 본다. 상담자는 진단이나 해석을 하지 않으며, 어떤 행동을 하도록 지시하지 않고 내담자 자체에 초점을 맞춘다. 또한 상담자는 내담자가 상담자에게 보이는 반응을 전이로 보지 않고, 어떤 분석도 하지 않고 있는 그대로 받아들인다.

① 진솔성(genuineness)

인간중심 상담에서는 내담자의 변화를 가져오기 위한 조건으로서 상담자와 내담자 간의 신뢰감 있는 관계 형성이 중요하다. 신뢰감 있는 관계를 형성하기 위해서 상담자는 긍정적이건 부정적이건 자신의 행동이나 감정을 솔직하게 자각하고 받아들일 수 있어야 한다. Rogers는 이를 진솔성이라 하였다. 진솔성은 상담자가 내담자와의 상담관계에서 순간순간 경험하는 감정을 있는 그대로 솔직히 인정하고 표현하는 태도로, 상담자가 겉으로 표현하는 것과 내면에서 경험한 것이 일치하는 것을 말한다.

따라서 상담자는 내담자에게 부정적 감정도 숨김 없이 표현하여 정직한 대화를 할 수 있다. 이것은 상담자가 모든 감정을 충동적으로 표현하거나 내담자와 모든 감정을 공유하여야 한다는 것을 의미하는 것은 아니다. 상담자는 자신의 감정을 자각하여 내담자의 성장에 도움이 되는 방식으로 표현을 하는 것이 좋다. 또한 상담자가 내담자를 싫어하거나 인정하지 않으면서 내담자를 수용하는 것처럼 가장하여 행동하게 되면 신뢰감 있는 상담관계를 형성하기는 어렵다.

Rogers의 진솔성은 완전한 자기실현을 성취한 상담자만이 효율적인 상담을 할 수 있다는 의미는 아니다. 상담자도 인간인 이상 완전히 진실한 인간일 수 없다. 다만, 상담자가 내담자와의 관계에서 최대한 진솔하려고 노력할 때 좋은 상담 결과를 얻을 수 있다는 것이다. 상담자가 내담자에게 진솔하기 위해서는 스스로 자신을 이해하고 수용하며 솔직하게 자신을 개방하도록 노력해야 한다.

진솔성은 단순한 자기노출과는 구별된다. 자기노출은 자기 자신에 대한 정보, 생각, 느낌, 경험을 드러내 놓는 것인 데 반하여, 진솔성은 내담자의 경험에 대한 상담자의 반응을 말한다. 또한 내담자의 현재 관심사나 상황과 관련된 상담자의 반응을 표현하는 것을 말한다.

상담자가 내담자를 진솔하게 대할 때, 내담자에게는 다음과 같은 변화가 일어난다.

- 내담자는 상담자와 상담 과정을 신뢰하게 된다.
- 내담자 역시 상담자처럼 자신의 약점을 드러내게 되어 자기수용의 가능성이 커진다.
- 내담자 역시 진솔한 사람이 되려고 노력하게 된다.

② 무조건적인 긍정적 존중(unconditional positive respect)

내담자의 변화를 가져오기 위한 두 번째 조건은 상담자의 무조건적인 긍정적 존중이다. 상담자는 내담자를 하나의 인격체로서 무조건적으로 존중하고 있는 그대로의 모습을 따뜻하게 수용하여야 한다. 내담자의 감정, 사고, 행동 등에 대하여 어떠한 판단이나 평가도 하지 않는다. 이러한 존중하고 수용하는 분위기가 형성되었을 때, 내담자는 자신의 감정이나 경험 등을 자유롭게 표현할 수 있고 상담자와 공유할 수 있게 된다.

그러나 상담자가 언제나 무조건적인 긍정적 존중과 수용적인 태도를 내담자에게 보여 줄 수는 없다. 그럼에도 불구하고 내담자에 대한 존중과 수용을 강조하는 이유는 상담자가 내담자를 존중하지 않거나 싫어할 경우 내담자가 방어적 태도를 취하게 되어 상담이 진척되기 어려울 것이기 때문이다. 내담자는 상담자로부터 이해받고 수용받고 있음을 느낄 때 방어를 하지 않고, 자신의 감정을 더 잘 탐색할 수 있게 되며, 자신과 관련된 갈등과 혼란스러운 감정을 더 잘 수용하고 더 잘 통합하게 된다.

> 무조건적인 긍정적 존중과 수용이란 내담자를 하나의 인격체로서 있는 그대로 수용하는 것이다.

③ 공감적 이해(empathetic understanding)

내담자의 변화를 가져오기 위한 세 번째 조건은 공감적 이해다. 공감적 이해란 상담자가 내담자의 감정에 빠져들지 않으면서 내담자의 감정을 자신의 감정인 것처럼 느끼는 것이다. 공감적 이해를 위해 상담자는 먼저 내담자의 경험을 민감하게 느끼고 이해해야 한다. 그런 다음 그 경험에

> 공감적 이해란 상담자가 내담자의 감정에 빠져들지 않으면서 내담자의 감정을 자신의 감정인 것처럼 느끼고 이해하며 그것을 내담자에게 전달하는 것이다.

대해 이해하는 것에만 그치지 않고 자신의 이해와 느낌을 표현해야 한다. 진정한 공감은 내담자가 느끼는 감정에 대해 상담자가 정확히 이해하고 그것을 내담자에게 전달하는 것을 말한다.

다음의 이야기 하나를 살펴보자.

> 오쇼 라즈니쉬가 강의한 금강경에 나오는 이야기다. 어떤 남자가 뱃속에 파리가 날고 있다는 환상에 시달려 한 자리에 가만히 있지 못하고, 계속 이쪽 저쪽으로 왔다 갔다 하며 거의 미칠 지경에 이르렀다. 남자는 이런저런 병원을 찾아다녔지만 의사들은 모두 웃음을 참지 못하고,
>
> "그것은 당신의 환상일 뿐이다."라고 이야기하였다.
>
> 드디어 한 사람을 만났다. 그는 남자의 배를 만지며,
>
> "그렇군. 그놈들이 여기에 있군."
>
> 이 말을 들은 남자는 매우 기뻐했다. 그는 이 남자에게
>
> "나는 알 수 있습니다. 분명히 파리가 그대 뱃속에 있습니다. 나는 이런 문제를 다루는 데 전문가입니다. 그대는 사람을 제대로 만났습니다. 자, 여기에 누워 입을 벌리세요. 눈가리개를 하고 입을 벌리고 누워 있으면 제가 주문을 걸어 그놈들을 불러낼 겁니다."
>
> 그동안 그는 집 안으로 들어가 파리를 두 마리 잡아 병에 넣어 남자에게 보여 주었다. 그 후 남자는 완전히 회복되었다.

공감적 이해는 상담자가 이 이야기의 남자처럼 내담자의 두려움, 불안 등에 대해 공감하는 것을 의미한다. 올바른 공감적 이해는 내담자로 하여금 상담자가 자신을 이해하고 있음을 느끼게 해 줄 수 있다.

그래서 내담자는 이전에 억압했던 감정들을 경험하고 이해하게 되며, 더욱 인간적이고, 창조적이며, 자기표현을 잘하는 사람이 되고, 살아가면서 부딪히는 문제에 보다 적절하고 편안하게 대처할 수 있게 된다. 또한 타인을 더 잘 이해하고 수용하게 되며, 내면이 통합되어 효과적으로 기능할 수 있다.

(3) 상담 과정

내담자는 심리적 문제를 해결하기 위해서 상담자를 찾아와 상담을 받는 과정을 거치면서 태도, 느낌, 지각이 긍정적으로 변화해 간다. 인간중심 상담에서 이러한 과정이 진행되는 것을 단계별로 살펴보면 다음과 같다.

먼저, 초기 단계에서 내담자는 자기개념과 경험 간의 불일치에 따른 심리적 문제를 자유롭고 진술하게 이야기하지 못한다. 상담자가 내담자를 무조건적으로 수용하고 공감적 이해의 태도를 취하면, 상담자와 내담자 간에 신뢰 있는 관계가 형성되면서 내담자는 자신의 감정을 탐색할 수 있게 된다. 그리고 불안, 분노, 죄책감 등의 많은 부정적인 감정을 자유롭게 표현한다. 내담자가 표현하는 부정적인 감정을 비난하거나 칭찬하지 않고 있는 그대로 이해하고 수용하는 상담자의 태도는 내담자 스스로 자신을 이해하고 수용하도록 한다. 이러한 가운데 통찰이 증가하고 성격의 통합이 이루어진다.

상담이 중기 단계에 이르면, 내담자는 자신을 보다 잘 이해하고 수용하고 그에 따라 더욱 긍정적이고 건설적인 행동을 취하게 된다. 내담자의 이러한 변화 과정에서 Rogers는 내담자의 통찰, 즉 새로운 방식의 지각을 중시한다. 이 새로운 방식의 지각은 새로운 각도에서 자신을 이해하고 수용하는 것을 의미한다. 즉, 지금까지 자기개념에 맞추기 위해서 왜곡하거나 부정해 왔던 자신의 감정, 사고, 욕구 등을 새로운 각도에서 이해하고 받아들이며, 그것들의 참된 의미를 깨달아 실현해 나가도록 함을 뜻한다. 내담자 자신이 왜곡하고 부정해 왔던 여러 가지 경험, 즉 사고, 감정, 충동 등이 생각해 왔던 것처럼 그렇게 부정적이고 비난받아야 하는 것이 아니라, 오히려 긍정적이고 창조적이며 가치 있는 것들임을 깨닫고, 그 경험들에 충실하게 반응해 나가고자 하는 것이다. 그리고 '지금-여기'에서의 느낌을 표현하면서 내담자는 자기의 감정에 솔직해지려는 노력을 하게 된다.

종결 단계에 이르면, 내담자는 전에 부인했던 감정을 수용하는 힘이 생긴다. 그리고 현실을 왜곡 없이 받아들이고 자신의 문제를 주체적으로 해결해 나갈 수 있으며 상담자의 도움을 필요로 하지 않게 된다. 내담자는

초기 단계에서는 상담자가 내담자를 있는 그대로 이해하고 수용할 때 내담자 자신도 스스로를 이해하고 수용하게 되면서 통찰이 증가하고 성격의 통합이 이루어진다.

중기 단계에서는 내담자가 자신을 보다 잘 이해하고 수용하면서 더욱 긍정적이고 건설적인 행동을 취하게 된다.

종결 단계에서는 내담자가 전에 부인하였던 감정을 수용하고 현실을 왜곡하지 않고 있는 그대로 받아들이며, 스스로 자신의 문제를 해결하며 성장해 나간다.

자유롭게 경험하면서 충분히 기능하는 인간으로 성장하게 된다.

4. 상담 사례[1]

다음 사례의 내담자는 자기혐오가 많고 딸을 대하는 데 어려움이 많으며, 딸에게 '매달리려는 욕구'가 있다고 보고한다. 자신이 원하는 것을 얻지 못할 때 딸에게 화가 나며, 때때로 딸이 자신의 어머니와 닮은 것처럼 느껴진다고 한다. 반면에 딸은 어렸을 때부터 자신과 접촉하거나 밀착되는 것을 원하지 않았다. 내담자는 자신이 나쁜 사람임을 알고 딸이 자신에게서 도망가려 한다고 판단하고 있다. 곧 대학에 갈 딸을 떠나보내야 하는데, 딸이 떠나지 않았으며 좋겠고 자신이 겪은 고통을 딸이 경험하게 하는 것이 두렵고 구해 주고 싶다고 호소한다.

　　　　　　　　　　−도입(준비 시현의 구조화를 하고 내담자를 안심시킴)−

내담자 1: 나는 딸을 대하는 데 문제가 너무 많아요. 딸은 스무 살이고, 곧 대학에 입학할 예정이에요. 나는 딸을 대학에 보내는 것에 대해 너무 걱정이 많아요. …… 나는 딸에 대한 죄책감이 너무 많아요. 딸에게 매달리려는 욕구가 있어요.

> 내담자가 딸을 보내는 것에 대한 죄책감과 어려움 사이에서 원인과 결과의 관계를 해석

상담자 1: 매달리려는 욕구가 죄책감을 들게 하는군요. 그런가요?

내담자 2: 그런 부분이 너무 많아요. …… 그뿐만 아니라 딸은 저에게 진실한 친구였고, 제 삶을 가득 채웠어요. …… 너무 힘들어요.

> 내담자의 복잡한 심경을 선명하게 정리해 줌

상담자 2: 딸이 없을 때 공백이 너무 크게 느껴지네요.

내담자 3: 맞아요. 그래요. 나는 강한 어머니가 되고 싶고 "가서 좋은 삶을 살아야 해."라고 말하는 것이 너무 어려워요.

----

[1] 이 사례는 윤순임과 공저자(1995)의 『현대상담 심리치료의 이론과 실제』에 수록된 사례로 Rogers가 1983년에 캘리포니아 라호야에서 개최된 시연 워크숍에서 지원자였던 중년 여성의 인터뷰 사례를 책의 분량이나 내용을 감안해서 수정한 것이다.

상담자 3: 당신의 삶을 값지게 했던 어떤 것을 포기하는 것은 너무 어렵지만, 당신이 죄책감에 대해 이야기할 때 거기에 당신의 고통을 이끄는 것이 있는 것 같아요.

내담자 4: 맞아요. 나는 내가 원하던 것을 얻지 못할 때 항상 딸에게 화가 난다는 것을 깨달았어요. 나는 올바르지 않은 어떤 욕구를 가지고 있어요. 딸은 내 어머니가 아니에요. 때때로 딸이 내 어머니와 닮은 부분이 있는 것처럼 느껴지더라도…….

상담자 4: 그래서 불합리한 부분이 있지만, 여전히 딸이 당신의 욕구와 맞지 않으면 그것이 당신을 미치게 만드는군요.

내담자 5: 맞아요. 나는 딸 때문에 너무너무 화가 나요.

상담자 5: (침묵) 제가 보기에 당신은 지금 약간 긴장하고 있는 것 같아요.

내담자 6: 맞아요. 맞아요. 갈등이 너무 많아요. …… (음) 너무 고통스러워요.

상담자 6: 고통이 너무 많은 것 같아요. 그것에 대해 좀 더 이야기해 줄 수 있나요?

내담자 7: (침묵) 내가 다가가면 딸은 멀리 달아나요. 딸은 뒤로 한 걸음씩 뒷걸음쳐서 후퇴하고…… 그러면 내가 마치 괴물처럼 정말 나쁜 사람처럼 느껴지는데, 그녀는 어렸을 때처럼 제가 접촉하거나 밀착되는 것을 원하지 않았어요.

상담자 7: 거기엔 두 가지 감정이 강하게 존재하는 것처럼 들리네요. 한편으론 '나는 너와 더 가까워지고 싶어.' 다른 한편으론 '내가 너를 보내지 못하는 괴물 같아.'네요.

> 내담자의 복잡한 마음을 명료하게 표현해 주고 있음

내담자 8: 음. 맞아요. 나는 더 강해지고 싶어요. 나는 성숙한 여성이 되고 싶고 이런 일들을 허락할 수 있으면 좋겠어요.

상담자 8: 그렇지만 때때로 당신은 당신이 딸 같다고 느끼네요.

내담자 9: 음. 그래요. 제가 딸과 포옹할 때, 종종 제가 포옹받고 싶어요.

상담자 9: 음. (침묵) 그렇지만 당신은 '나는 달라져야만 해.'라고 하면서 스스로 너무 많은 기대를 하고 있어요.

내담자 10: 맞아요. 나는 내 욕구대로만 하려고 하기 때문에 딸에게서 아무것도 얻지 못해요.

내담자의 문제를 해결하는 주체가 내담자임을 질문을 통해 자각하게 함

상담자 10: 당신의 욕구에 맞는 방법과 수단을 찾아야 할 것 같은데, 어떻게 하면 좋을까요?

내담자 11: 글쎄요. 나는 많은 욕구를 충족하고 있다고 느끼지만, 딸에 대한 욕구는 다른 것보다 더 강해요.

상담자 11: 당신은 딸에게 어떤 원하는 것이 있군요.

내담자 12: 음. 맞아요. 딸에게. (한숨을 쉰다.)

상담자 12: 그래서 딸이 한 걸음 물러설 때 아주 고통스러워지는군요.

내담자 13: 그래요. 정말 상처를 받죠. 정말 상처를 받아요. (큰 한숨을 쉰다.)

상담자 13: (침묵) 당신은 지금 상처 입은 것처럼 보여요.

내담자 14: 네. 저는 정말 딸이 한 걸음 뒤로 물러서려는 느낌을 받아요.

〈중략〉

중략된 상담내용 요약

내담자는 딸이 떠나지 않았으면 좋겠고, 자신이 겪은 고통스러웠던 새로운 일들을 경험하게 하는 것이 두렵고, 자신을 구하기 위해서라도 딸을 구하고 싶다고 했다.

상담자 21: 당신이 구하고자 하는 사람이 누군지 궁금하네요.

내담자 21: 네. 그래도 나는 죄책감을 느끼지 않을 거예요. 내가 모든 것을 다 옳게 행동하지는 못하니까요.

심층적 의미 반영

상담자 22: 당신은 '나는 완벽한 부모가 아니었다.'라고 느끼네요.

내담자 22: 실수를 많이 하기도 하죠. (한숨)

상담자 23: 그리고 당신은 자신과 혹은 그런 실수를 하는 스스로를 용서하지 못하는군요.

내담자 23: 네, 난 정말 나 자신이 힘들어요.

상담자 24: 당신은 스스로를 너무 힘들게 하네요.

내담자 24: 음. 나는 정말 그래요. 정말 나 자신을, 특히 내 몸을 너무 힘들게 해요.

진솔성 있는 공감

상담자 25: 당신이 자신을 대하는 것처럼 딸에게 나쁘게 대하지는 않는다는 생

각이 드네요.

내담자 25: 내가 나 자신을 나쁘게 대하는 것처럼 딸을 다루기 시작하려 하면 나 자신을 멈춰요.

상담자 26: (침묵) 당신 안에 무슨 일이 일어나고 있는지 말해 줄 수 있나요?

내담자 26: (눈물) 당신이 나를 그렇게 친절하게 볼 때 내 이야기를 들어준다고 느끼고, 누군가 내 이야기를 정말 들어 준다고 느껴지면 나는 슬퍼져요.

〈중략〉

상담자 31: 당신의 삶에서 좋은 사람이 많지는 않다고 생각하는 것처럼 들리네요.

내담자 31: 네. 그렇게 많지는 않아요.

상담자 32: 그리고 그들 중에서 하나를 잃는……

내담자 32: 네. 아주 큰 상실이죠.

상담자 33: (침묵) 당신은 그만큼 당신 자신을 돌볼 수 있나요?

내담자 33: (한숨) 그건 나에게 정말 힘든 일이에요. 내가 가치 있는 사람이라고 느끼지 않아요.

> 반복적으로 내담자 자신을 돌보는 것에 대한 무능력이나 자기수용이 낮은 것에 초점을 두었고, 때로 매우 즉각적으로 내담자에게 희망을 불어넣어 줌

상담자 34: 그래서 당신을 좋아하는 것이 합리적이지 못하다고 생각하네요. 당신에게 그럴 자격이 없어서……

내담자 34: 네…… 그래요. 나는 원하지만 내가 정말 그런지는 잘 모르겠어요.

상담자 35: 당신은 자신을 좋아하고 싶지만 정말 그럴 수 있을지 확신하지는 못하는군요.

> 자각의 실제를 탐색하도록 돕는 대신 가지고 있는 '어두운 면'을 최소화함

내담자 35: 네. 나는 여전히 자기혐오가 너무 많아요.

상담자 36: 당신을 나쁜 사람이라고 생각하는군요.

내담자 36: 맞아요. 정말 괴물 같아요. 나는 못됐어요. 그런 느낌이에요.

상담자 37: 끔찍한 사람이요.

내담자 37: 네. 끔찍한 사람이에요. (한숨)

> '어두운 면'을 내담자가 탐색하도록 촉진하는 것 대신 내담자의 부정적인 자기개념을 과장하여 표현함

상담자 38: 그런 사람을 누가 좋아할 수 있을까요?

내담자 38: 맞아요. 그런 느낌이에요. 딸이 나를 떠나서 연락하고 싶어 하지 않은 것도 이상한 일이 아니에요.

상담자 39: 당신이 너무 나쁜 사람이기 때문에 딸이 당신을 떠난다는 느낌이군요.

내담자 39: 네. 내가 정말 나쁘게 행동하기 때문에 그래요. 딸은 내가 행동하는 것이 어떤지 알기 때문에.

상담자 40: 딸은 당신의 비밀을 알고…….

내담자 40: 맞아요. 그거에요. 딸은 내 비밀을 알아요.

해석과 명료화

상담자 41: 그래서 딸은 이런 괴물과 관계 맺으려 하지 않네요.

내담자 41: 네. 딸은 뒤로 물러서서 도망가려 할 거예요.

상담자 42: 결국 그런 끔찍한 사람에게서 도망가는 것은 누구나 반기겠군요.

내담자 42: 맞아요. 그게 맞아요. 그런 느낌이에요. 내가 옳게 행동하지 못하는 나쁜 사람이기 때문에.

내담자가 자신을 비난하는 것에서 벗어나 좀 더 자신을 수용하는 균형적인 관점을 확립함

상담자 43: 그렇기 때문에 당신 자신을 받아들일 수 있는 방법이 없네요.

내담자 43: (한숨) 나는 나의 일부분을 받아들일 수 있지만, 전부는 아니에요.

상담자 44: 당신의 일부분 중에는 당신이 받아들일 수 없는 끔찍한 부분이 있어서 그 부분을 좋아하지 않는군요.

〈중략〉

중략된 상담내용 요약

내담자가 스스로를 괴물처럼 느끼고 자신이 얼마나 괴로운지에 대한 호소를 들어주었다.

Rogers가 명료화한 것을 내담자가 수용하지 않음 → Rogers는 즉시 이를 포기하고 새로운 해석을 했으며, 내담자는 받아들임

상담자 51: 그것은 당신을 좋아하고 수용해 줄 사람이 아무도 없다는 것을 의미하나요?

내담자 51: 아니요. 지금 나를 좋아해 주고 수용하며 들어 주고 가치 있게 여겨 주는 사람은 있다고 느껴요. 그렇지만 매우 소수라는 거죠.

문제의 중요한 근원으로 '자기수용의 결핍'을 드러냄

상담자 52: 당신을 좋아하지 않고, 수용하지 않고, 가치 있게 보지 않는 사람은 당신 자신이네요.

내담자 52: 음. 맞아요. 그건 대부분은 나 자신이에요.

상담자 53: 용서할 수 없는 무엇을 알고 있는 것도 당신이죠.

내담자 53: 네. 그래요. 누구도 나를 힘들게 하지는 않아요.

상담자 54: 음. 누구도 당신에게 잔인하게 할 수 없고 그와 같은 끔찍한 판단을

할 수도 없다고 느끼는군요.

내담자 54: (한숨)

상담자 55: 혹은 그렇게 당신을 싫어하는.

내담자 55: 혹은 그렇게 나를 싫어해요. 맞아요.

상담자 56: 당신은 판사, 배심원이나 집행자처럼 말하고 있네요.

내담자 56: 맞아요. 저 자신이 가장 큰 적이에요.

상담자 57: 당신은 스스로에게 아주 힘든 선고를 내리고 있군요.

내담자 57: 네. 그래요. 나는 그래요. 나 자신에게 아주 좋은 친구는 아니죠.

상담자 58: 그러네요. 당신은 자신에게 아주 좋은 친구는 아니네요. 그리고 당신은 스스로에게 하는 방식처럼 친구에게 행동하면 안 된다고 생각하고 있어요.

내담자 58: 맞아요. 나는 내가 나를 다루는 방식으로 누군가를 대할 때 정말 끔찍해요.

상담자 59: 음, (침묵) 당신이 그렇기 때문에 당신 자신을 정말 사랑하지는 못하는군요.

내담자 59: 글쎄요. 저를 사랑하는 부분도 있어요.

상담자 60: 좋아요. 당신의 일부분은 사랑하고 있군요.

내담자 60: 네. 나의 일부분인 그 작은 아이를 사랑하고 가치 있다고 여겨요. 그 아이는 정말 투쟁을 하기도 하면서 극복해 나가기도 하죠. 그리고 살아남았죠. 그렇게 두려운 많은 부분을.

상담자 61: 음, 정말 사랑스러운 작은 소녀네요.

내담자 61: 네, 그녀는 정말 특별해요. 그녀는 내 딸이에요.

상담자 62: 음, 그녀는 당신이 지키고자 하는 딸이군요.

내담자 62: 맞아요, 그래요. 나는 여전히 내 딸을 포용할 수 있어요. 그리고 딸에게 예쁘다고 말해 줘요. 사랑한다고요.

〈이하 생략〉

> 스스로를 단죄하는 내담자의 자기혐오의 모습을 상징적으로 명료화함

> 내담자의 마음을 깊이 공감

> 내담자의 사랑스러운 면을 함께 탐색. 계속해서 자발적으로 그 순간에 내담자의 세계에 참여하여 반응함

요약

이 사례에서 Rogers는 인간적인 따뜻함, 공감 그리고 완벽에 가깝게 해

석, 지시와 비지시를 진실성과 깊은 공감으로 조절해 나가는 것을 계속 이어 나갔다. 이 30분의 회기 동안 Rogers의 작업은 깊은 공감과 내담자의 자율성에 대해 변하지 않는 존중감과 자각에 대한 내담자의 무의식적 수준이 어떻게 흘러가는지를 알아내는 과정임을 알 수 있다. 그는 내담자가 말한 것을 단순히 재진술하고 감정을 명료화하는 데 그치지 않고 좀 더 넓고 다양한 기술을 사용하였으며, 특히 은유와 유머를 사용하면서 자기비난을 과장하고 되풀이하는 내담자의 비합리적인 사고를 부각시키고 좀 더 적절한 자기평가를 촉진하는 부분에서 로저스의 배려 깊은 인간미를 볼 수 있다.

5. 공헌점과 비판점

> 인간중심 상담의 공헌점은 상담의 초점을 기법 중심에서 상담관계 중심으로 돌려놓아 상담을 모든 사람이 이해하고 활용할 수 있는 방향으로 발전하도록 여한 점. 상담 관련 전문가 훈련에서 경청, 배려, 이해의 중요성을 강조한 점. 상담 및 심리치료에 관한 연구 분야에서 중요한 개척자인 점 등이다.

인간중심 상담은 다음과 같은 점에서 상담 분야에 지대한 공헌을 하였다. 첫째, 인간중심 상담은 상담의 초점을 기법 중심에서 상담관계 중심으로 돌려놓았다(Corey, 2003). 상담자에게 요구되는 인간에 대한 진솔성, 무조건적인 긍정적 존중, 공감적 이해는 누구나 이해할 수 있는 효과적인 상담 방법으로서, 고도의 훈련된 전문가들의 독점물이었던 상담을 모든 사람이 이해하고 활용할 수 있는 방향으로 발전시키는 데 많은 공헌을 하였다. 그래서 이 상담 방법은 오늘날 기업, 병원, 임상 및 정부 기관 등 다양한 상황과 장면에 폭넓게 적용되고 있으며, 다른 개인상담이나 집단상담, 가족상담의 발전에도 많은 영향을 미쳤다.

둘째, 인간중심 상담은 상담자, 심리학자, 사회복지사, 그 외 전문가들을 훈련하는 데 경청, 배려, 이해의 중요성을 강조하였다. Rogers의 영향으로 경청, 반영, 관계기술 등이 상담자 양성 과정의 훈련 프로그램에 포함되게 되었다.

셋째, 인간중심 상담은 탐구를 촉진하고 가설을 검증하여 인간중심 상담 이론과 그 성과의 검토를 계속 장려해 왔다. Rogers는 상담 및 치료 회기를 비판적으로 검토하고 상담자와 내담자 간의 대화를 연구하려고 한 선구자다(Combs, 1988). 상담 및 심리치료의 실제를 개선하기 위해 이에 관한 체계적인 연구를 처음으로 수행하였고, 연구 목적으로 치료 회기를 녹음하는 방법을 도입했으며, 전반적으로 연구의 중요성을 강조하였다. 이러한 연구로 말미암아 오늘날에도 이 이론은 존속하고 있으며, 많은 사람이 이 이론에 의거하여 상담을 진행하고 있다.

그러나 이 이론은 다음의 몇 가지 점에서 비판을 받고 있다. 첫째, 지나치게 현상학에 근거하고 있다. 상담자는 개인에 의하여 지각되고 있는 경험의 장, 즉 현상학적 장을 그 개인의 실제 세계로 보고, 내담자가 표현하는 주관적인 경험의 세계를 전적으로 신뢰하려고 한다. 하지만 인간의 행동은 의식할 수 없는 요인에 많은 영향을 받으며, 어떤 사람이 자신에 관해서 말하는 것은 방어나 여러 종류의 속임수에 의해 왜곡될 수도 있다.

둘째, 이 이론은 내담자의 내면세계, 즉 감정의 표현을 강조하는 반면에 지적·인지적 요인을 무시하는 경향이 있다.

셋째, 상담자는 내담자와 상담 과정에서 가치 중립적이어야 한다고 말한다. 그러나 사람이 대인관계에서 전적으로 가치를 배제한다는 것이 과연 가능할 것인가에 대해서 의문을 제기할 수 있다.

넷째, Rogers의 개념 중 어떤 것은 범위가 상당히 넓고 모호한 점이 있다. 예를 들어, '유기체적 경험'은 상당히 많은 것을 포함하는 복잡한 개념으로 이해하기 어렵기 때문에 의미 없는 용어가 될 수도 있다. '자기개념'과 '완전한 기능'이란 용어 역시 너무 포괄적이어서 이해하기가 거의 불가능할 정도다.

이러한 약점에도 불구하고 오늘날 Rogers의 인간중심 접근은 개인상담, 집단상담이나 심리치료 분야에서뿐만 아니라 교육, 사업, 결혼, 가정생활, 국제관계 등의 분야에서 인간의 문제를 해결하고 인간의 성장을 돕기 위한 접근방법으로 확대·발전해 나가고 있다.

> 인간중심 상담의 비판점은 지나치게 현상학에 근거를 두는 점, 지적·인지적 요인을 무시하는 경향성, 관계에서 가치 배제의 현실성 문제, 개념의 모호성을 들 수 있다.

되짚어 보기

1. 인간은 자신의 잠재력을 실현시키려는 경향성을 가지고 태어났으며, 자기실현 과정에서 자신의 인생 목표와 행동 방향을 스스로 결정하고 그에 따른 책임을 수용하는 자유로운 존재다.

2. 인간의 성격은 유아기에는 자아가 분화되어 있지 않다가 점차 자신과 세계를 분리하는 과정에서 자기개념이 생기고, 긍정적 관심을 받고자 하는 타고난 자신의 욕구로 말미암아 외부의 평가를 내면화하면서 형성되어 간다.

3. 인간 성격의 핵심 요소는 유기체, 자기, 현상학적 장이다.

4. 자기실현 경향성이란 인간이 타고나면서부터 자기실현을 위해 끊임없이 노력하는 성장 지향적 성향을 말한다.

5. 충분히 기능하는 사람은 현재 진행되는 자신의 자아를 완전히 자각하는 사람을 말한다. 경험의 개방성, 실존적인 삶, 자신의 유기체에 대한 신뢰, 자유로움, 창조성은 충분히 기능하는 사람의 특징이다.

6. 인간은 성장하는 과정에서 주요한 타인에게 긍정적 관심을 받기 위해 조건적 가치를 부여받으며 형성된 자기개념과 유기체의 현실적 경험 간에 조화를 이루지 못하거나 불일치를 일으킬 때 불안이 생기고 심리적 문제가 발생한다.

7. 상담의 목표는 자기개념과 유기체적 경험 간의 불일치를 제거하고 방어기제를 해체함으로써 충분히 기능하는 사람이 되도록 돕는 것이다.

8. 상담자는 진솔성, 무조건적인 긍정적 존중과 수용, 공감적 이해의 태도를 통해 내담자가 방어를 느슨하게 하여 자신의 문제 해결 능력을 스스로 되찾고 인간적으로 성숙할 수 있도록 돕는다.

9. 초기 단계에서는 상담자가 내담자를 있는 그대로 이해하고 수용할 때 내담자 자신도 스스로를 이해하고 수용하게 되면서 통찰이 증가하고 성격의 통합이 이루어진다. 중기 단계에서는 내담자가 자신을 잘 이해하고 수용하면서 더욱 긍정적이고 건설적인 행동을 취할 수 있게 된다. 종결 단계에서는 내담자가 전에 부인하였던 감정을 수용하고, 현실을 왜곡하지 않고 있는 그대로 받아들이며, 스스로 자신의 문제를 해결하며 성장해 나간다.

10. 인간중심 상담의 공헌점은 상담의 초점을 기법 중심에서 상담관계 중심으로 돌려 놓아 고도의 훈련된 전문가들의 독점물이었던 상담을 모든 사람이 이해하고 활용할 수 있는 방향으로 발전하도록 기여한 점, 상담 관련 전문가 훈련에서 경청, 배려, 이해의 중요성이 강조된 점, 상담 및 심리치료에 관한 연구 분야에서 중요한 개척자인 점 등이다. 비판점은 주관적 경험의 세계를 실제 세계로 본다는 점, 인지적 요인을 무시하려는 경향이 있다는 점, 개념이 너무 포괄적이고 모호하다는 점 등이다.

걱정의 40%는 절대

현실로 일어나지 않는다.

걱정의 30%는 이미 일어난 일에 대한 것이다.

걱정의 22%는 사소한 고민이다.

걱정의 4%는 우리 힘으로는

어쩔 도리가 없는 일에 대한 것이다.

걱정의 4%는 우리가

바꿔 놓을 수 있는 일에 대한 것이다.

−어니 젤린스키의 『모르고 사는 즐거움』 중에서−

제8장

인지행동 상담

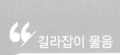 길라잡이 물음

1. 인지행동 상담 이론에서는 인간을 어떤 존재라고 생각하는가?

2. '인간의 행동은 마음먹기에 따라 달라질 수 있다.'는 말에 대해서 당신은 어떻게 생각하는가?

3. 당신이 가진 가치관 중에서 '반드시~해야 한다'라고 생각하는 것은 어떤 것인가?

4. 일을 하다가 잘 풀리지 않을 때 자동적으로 떠오르는 생각은 무엇인가? 그 생각은 긍정적인가, 부정적인가?

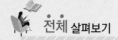 전체 살펴보기

인지행동 상담에서 인간은 합리적이고 올바른 사고를 할 수 있는 존재일 뿐만 아니라 비합리적이고 올바르지 못한 왜곡된 사고도 할 수 있는 존재다. 또한 인간은 생물학적·문화적 영향을 많이 받는데, 인간이 왜곡된 사고를 하는 것은 특히 어린 시절 가족의 문화를 결정짓는 부모의 양육 태도에 의하여 획득된 비논리적인 학습 때문이다. 유아기에는 모든 것이 양육자의 손에 좌우되므로 능동적으로 환경을 통제할 수 있는 선택권을 가지기 힘들고, 음식물, 의복, 휴식처 등 기본적인 욕구조차 철저히 양육자에게 의존하게 된다. 그만큼 아이들이 전적으로 양육자의 영향을 받으며 자라는 과정에서 형성된 사고 속에는 합리적인 것뿐만 아니라 비합리적인 것도 포함되어 있다.

그러나 어려서 양육자에게서 들은 이야기를 어른이 된 후에도 그대로 믿는 사람은 없다. 어른이 된 후까지 지속되는 비합리적 신념에서 벗어나려는 노력을 통하여 비합리적인 생각이나 태도, 행동을 합리적인 것으로 바꾸며 성숙한 사람으로 변화할 수 있다(홍경자, 김선남 역, 1995).

그분 아니라 인간은 자기와 대화할 수 있고(self-talking), 자기를 평가할 수 있으며(self-evaluating), 자기를 유지할 수 있는(self-sustaining) 존재라고 보았다(Corey, 1991). 따라서 인지행동 상담 이론은 인간이 실수할 수 있다는 것을 인정하고, 계속 실수를 하면서도 더 평화롭게 사는 것을 배우는 창조물인 자신을 수용하도록 돕는다.

행동적, 인지적 및 인지-행동적 접근은 행동, 인지, 정서에서의 변화를 이루기 위한 적극적인 기술과 심리교육을 활용해야 한다고 강조하는 상담 기법과 관련이 있다. 다음에서는 인지-행동적 접근의 대표적 이론인 Ellis의 이론과 인지적 접근의 Beck의 이론 그리고 Meichenbaum의 이론을 구체적으로 살펴보겠다. 이러한 인지-행동적 접근의 기본적인 가정은 동일하지만, 내담자의 심리적인 문제를 해결하는 데 이용되는 구체적인 방법이나 절차 면에서 차이가 있으므로 각 이론별로 살펴보고자 한다.

1. Ellis의 합리적 정서행동치료

1) 주요 개념

(1) 인간관

합리적 정서행동치료(Rational Emotive Behavior Therapy: REBT)는 임상심리학자인 Albert Ellis가 1950년대에 발전시킨 성격 이론이며 최초의 인지행동치료 중 하나로 오늘날에도 각광받고 있는 중요한 인지행동 접근이다. 이론 정립의 초기 과정에서 Ellis는 합리적 치료(rational therapy, 1955)라 명명하였으나 1962년에는 합리적–정서적 치료(rational-emotive therapy: RET, 1962)로 개칭하였고, 최근에는 정서와 행동 모두를 중시하는 이론의 기본 철학을 반영하여 합리적 정서행동치료(Rational Emotive Behavior Therapy: REBT, 1993)로 불리게 되었다.

Albert Ellis

REBT는 인간이 합리적일 수도 있고 비합리적일 수도 있는 이중적인 특성을 가지고 있다고 본다.

REBT 상담 과정을 통해 내담자는 비합리적 신념(irrational belief)을 효과적이고 합리적인 인지로 대체하는 방법을 배우게 되고, 결과 상황에 대한 정서적 반응을 변화시킨다. 이는 내담자로 하여금 지금 경험하는 문제뿐 아니라 삶의 다른 문제들과 미래에 닥칠 수 있는 많은 문제들에 대해서도 REBT의 원리를 활용할 수 있도록 돕는다. REBT의 강조점은 감정 표현보다는 사고와 행동에 있으며, 상담을 교시적이고 지시적인 성격의 교육 과정으로 본다. 즉, 상담자는 사고 전략을 가르치는 등의 여러 가지 면에서 '교사'의 역할을 하는 한편, 내담자는 학생이 되어 치료에서 배운 새로운 기술을 일상생활에서 실천하게 된다.

REBT는 인간을 합리적이고 이성적인 사고나 신념을 가질 수도 있고, 비이성적 사고나 신념을 가질 수도 있는 복합적인 존재로 본다. 인간은 자신을 보호하고, 행복을 누리고, 사고하고, 타인과 소통하고 사랑하고 자신을 성장시키는 자아실현의 욕구를 가지고 있는 한편, 자신을 스스로 파괴하고, 일을 미루고, 실수를 하고, 허황된 미신을 믿고, 참을성이 없으며, 자신의 성장 가능성을 피하려는 경향을 함께 가지고 있다.

Ellis는 사람이 사랑, 인정, 성공에 대한 욕망 등을 개인의 삶에서 없어서는 안 될 필수불가결한 요소라 믿을 때 정서적·행동적 장애를 경험하게 된다고 보았다. REBT에서 기본적으로 가정하는 인간 본성은 다음과 같다(이형득, 1992; Corey, 1982; Ellis, 1976; Ellis & Dryden, 1987).

- 인간은 생득적으로 비합리적 사고를 하는 경향이 있다.
- 인간은 외부의 어떤 상황보다는 자기 스스로 정서적 장애를 일으키는 여건을 만든다.
- 인간은 비합리적 사고를 바꾸기 위해 노력하는 생득적 경향성을 가지고 있다.
- 인간은 자신의 인지적·정서적·행동적 과정을 변화시킬 수 있는 능력이 있다.
- 인간은 성장과 자아실현 경향성이 있다.
- 인간은 자신에게 정서적 장애를 일으키는 신념을 만들어 낸다. 그리고 자신이 만든 정서장애를 유지하고자 한다.
- 인간의 사고·정서·행동은 서로 영향을 미친다.

이와 같이 인간 발달의 생물학적·사회적 그리고 다른 힘들의 영향력에 대한 인식에도 불구하고 REBT는 인간 본성에 대한 긍정적 시각을 가지고 있다. 인간은 스스로 선택할 수 있고, 긍정적 변화와 성취를 향해 적극적이고 끊임없이 나아갈 수 있다고 본다(Ellis & Dryden, 1997).

(2) 비합리적 신념

사람들이 정서적 문제를 겪는 이유는 일상생활에서 겪는 구체적인 사건들 때문이 아니라 그 사건을 합리적이지 못한 방식으로 지각하고 받아들이기 때문이다(Ellis, 1989). 즉, 어떤 사건을 자신이 가지고 있는 비합리적인 사고방법으로 해석하기 때문에 정서적 문제를 경험하게 된다는 것이다. 예를 들어, 친구와 약속을 했는데 그 친구가 약속 시간을 어긴 경우, 약속을 어긴 사건을 어떻게 받아들이는가에 따라 화가 날 수도 있고 화가 나지 않을 수도 있다고 본다. 친구가 약속을 어긴 일로 화가 나는 사람은 친구가 약속 시간을 어겼다는 사실보다 '약속 시간을 어기는 일이란 절대 있을 수 없어.'라는 생각을 가지고 있기 때문에 화가 날 수 있다.

사람들은 이와 같은 비합리적 신념을 스스로 계속 되뇌고 확인함으로써 느끼지 않아도 될 불쾌한 정서를 만들어 내고 유지한다. 사람들이 가지고 있는 열한 가지 비합리적인 신념은 다음과 같다(Ellis, 1989).

사람들이 정서적 문제를 겪는 이유는 특정 사건을 자신이 가지고 있는 비합리적인 사고방법으로 해석하기 때문이다.

- 나는 내가 만나는 모든 사람에게 사랑이나 인정을 받아야 한다고 생각한다.
- 나는 완벽할 정도로 유능하고 합리적이며 가치 있고 성공한 사람으로 인식되어야 한다.
- 어떤 사람들은 나쁘고 사악하고 악랄하기 때문에 비난과 벌을 받아야 한다.
- 내가 원하는 대로 일이 되지 않는 것은 내 인생에서 큰 실패를 의미한다.
- 불행은 내가 통제할 수 없는 상황에 의해 발생한다.
- 위험하거나 두려운 일들이 내게 일어나 큰 해를 끼칠 것이 항상 걱정된다.
- 어떤 난관이나 책임은 부딪혀 해결하려 하기보다 피하는 것이 더 쉽다.
- 나는 다른 사람들에게 어느 정도는 의존해야 하며 나를 돌봐 줄 수 있는 사람들이 주위에 있어야 한다.
- 과거의 영향은 결코 사라지지 않고, 과거의 경험과 사건들은 현재 나의 행동을 결정한다.
- 나는 다른 사람들의 문제나 고통을 나 자신의 일처럼 아파해야 한다.
- 모든 문제에는 완벽한 해결책이 있으므로 그 해결책을 찾아야 한다. 그렇지 않으면 결국 큰 혼란이 생길 것이다.

220

Ellis는 이러한 비합리적 신념을 부적응 행동과 심리적 장애의 원인으로 보았으며, 이에 대해 Gandy(1995)는 신념이 합리적인지 여부에 대해 결정하는 네 가지 질문을 다음과 같이 제안했다.

- 논리: "이 일이 내게 일어나지 않았어야 했다는 논리는 어디에 있는가?"
- 경험적 증거: "이 상태가 내게 일어나지 않아야 했다는 증거는 어디에 있는가?"
- 실용적 · 기능적 측면: "이 신념을 갖고 있는 것이 내가 목표를 달성하는 데 어떻게 도움을 줄 것인가?"
- 대안적 · 합리적 신념 만들기: "나의 목표를 달성하는 데 보다 많은 도움을 줄 대안적 신념은 무엇인가?"

> 사람들은 비합리적 신념을 스스로 계속 되뇌고 확인함으로써 느끼지 않아도 될 불쾌한 정서를 만들어 내고 유지한다.

개인의 왜곡된 지각과 잘못된 생각의 뿌리에는 비합리적이고 자기패배적인 관념들이 깔려 있으며, 사람들은 이와 같은 비합리적 신념들을 자기스스로 계속 되뇌고 확인함으로써 느끼지 않아도 될 불쾌한 정서를 만들어 내고 유지하게 된다는 것이다. 그러므로 상담자는 내담자가 비합리적 사고를 최소화하고 합리적 사고를 극대화하여 정신적 · 정서적인 갈등, 비효율성, 부적응 상태로부터 벗어날 수 있도록 조력해야 한다.

(3) 자기수용

> REBT 상담자들은 내담자들로 하여금 자기 자신이 아닌 자신의 생각과 행동을 평가하도록 가르친다.

자기수용은 REBT에서 매우 중요한 개념으로, 정서적 문제는 조건적 자기수용을 가진 사람들에게서 흔히 발견된다고 보았다. 조건적 자기수용이란 인간으로서 근본적으로 갖는 가치 때문이 아닌 성취 또는 성공 여부에 따라 자신에 대한 가치 수준을 평가하는 것으로, 실패나 실망의 경험은 자존감 추락의 원인으로 작용하게 된다. 이들은 일반적으로 '내가 하고 있는 것이 곧 나다.' '실패한다면 나는 가치 없는 사람이다.'와 같은 왜곡된 신념을 가지고 있다(Barrish, 1997). 따라서 REBT 상담자들은 내담자들로 하여금 자기 자신이 아닌 자신의 생각과 행동을 평가하도록 가르친다.

2) 심리적 문제의 발생

Ellis는 개인의 심리적 문제에 영향을 끼치는 요인들을 생물학적 · 사회적 요인에 따른 정서적 혼란으로 보았으며, 이를 ABC 이론으로 설명했다. ABC 이론은 내담자의 감정과 사고 · 사상 · 행동 등을 이해할 수 있는 유용한 틀을 제공한다는 점에서 REBT 이론과 실제의 핵심이다(Wolfe, 2007).

A는 내담자가 노출되었던 문제 장면 또는 '선행사건(Activating event)'을 말하며, B는 문제 장면에 대한 내담자의 사고체계 또는 '신념체계(Belief system)', C는 선행사건 A 때문에 생겨났다고 내담자가 보고하는 정서적 · 행동적 '결과(Consequence)', D는 비합리적 신념(Irrational Belief)에 대한 치료자의 '논박(Dispute)'을 뜻한다. 이는 내담자가 자신의 비합리적 생각을 수정하는 데 적용할 수 있는 과학적 방법이며 상담의 과정이라 할 수 있다. 여기에 E와 F를 포함시키기도 하는데, E는 내담자의 비합리적 관념을 직면 또는 논박한 인지적 · 정서적 · 행동적 '효과(Effect)', 그리고 F는 효과 때문에 나타나는 새로운 '감정(Feeling)'을 의미한다. 이 과정은 [그림 8-1]과 같으며, 자세한 내용은 뒤에 나올 '상담 과정'에서 살펴보도록 하겠다.

> ABC 이론은 인간의 비합리적인 신념으로 인해서 부적응적인 정서와 행동에 고착되는 것을 잘 설명해 준다.

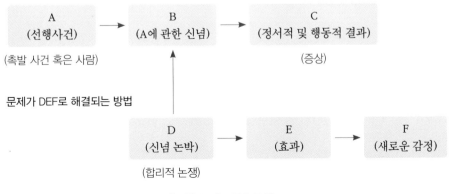

문제가 ABC를 만들어 내는 방법

A (선행사건) → B (A에 관한 신념) → C (정서적 및 행동적 결과)

(촉발 사건 혹은 사람)　(증상)

문제가 DEF로 해결되는 방법

D (신념 논박) → E (효과) → F (새로운 감정)

(합리적 논쟁)

[그림 8-1] ABC 모형

3) 상담 과정과 기법

Ellis가 제시한 상담 과정과 기법은 다음과 같다.

(1) 상담 목표

REBT의 주된 목표는 내담자가 가지고 있는 삶의 신념과 가치체계를 변화시키는 것이다.

합리적 정서행동치료(REBT)에서는 내담자가 가지고 있는 삶의 철학 자체를 변화시키는 데 상담의 궁극적인 목적이 있다. 즉, 상담자는 내담자의 증상을 없애는 데에만 관심을 가지는 것이 아니라 문제를 일으키는 내담자의 신념과 가치체계를 새로 학습시키는 것을 목표로 한다. REBT에서 지향하는 세부 목표는 자신에 대한 관심, 사회적 관심, 자기결정, 인내성, 융통성, 불확실한 것에 대한 수용, 헌신, 과학적 사고, 자기수용, 위험 감수, 낙원지상주의에서의 탈피, 좌절에 대한 높은 수준의 인내심, 문제에 대한 책임 수용 등이다. 이와 같은 목적은 비합리적 신념의 수정을 통해 이루어질 수 있다. REBT 상담자가 내담자와 함께 추구해야 할 상담 목표의 예는 다음과 같다(Ellis & Dryden, 1997).

- 자기와 사회에 대한 관심(self & social-interest): 정서적으로 건강한 사람은 자기 자신 및 다른 사람과의 소통에 관심을 갖는다.
- 자기지시(self-direction): 정서적으로 건강한 사람은 다른 사람의 지지를 좋아할 수는 있으나 이를 요구하는 것은 아니다. 그들은 자신의 삶에 책임을 가지고 자신의 문제를 독립적으로 해결할 수 있다.
- 관용(tolerance): 성숙한 개인은 다른 사람의 실수를 수용할 줄 알고, 이를 경멸하지 않는다.
- 유연성(flexibility): 건강한 사람은 사고가 유연하고, 변화에 개방적이며 다른 사람들에 대해 고집스럽지 않은 관점을 가지고 있다.

(2) 상담 과정

REBT는 내담자가 가지고 있는 문제에 ABC 이론을 적용하여 비합리적 신념을 확인하고 논박을 통해 이를 합리적 신념으로 바꾼 후 적절한 정서와 행동을 경험하도록 하는 과정이라 할 수 있다(Corey, 1991; Patterson & Oregon, 1982).

상담 초기에 상담자들은 REBT 이론을 설명하고 내담자가 진행 과정에 익숙해지도록 돕는다. 또한 상담이 진행되는 동안 ABCDEF로 표현된 여섯 단계의 구조화된 형식을 사용하는데(Ellis, 1995a, 1995b), 이 과정에서 자기도움 양식이나 태도 및 신념척도 등의 양식이 활용되기도 한다. 상담이 종료될 때까지 내담자들은 다양한 전략을 사용하여 그들 자신의 신념

> REBT는 신념을 확인, 평가, 논박, 수정하는 데 ABCDEF로 표현되는 여섯 단계의 구조화된 형식을 사용한다.

1단계: 상담자는 내담자에게 문제점을 질문한다.

▼

2단계: 문제점을 규명한다.

▼

3단계: 부적절한 부정적 감정을 알아본다.

▼

4단계: 선행사건(A)을 찾아내고 평가한다.

▼

5단계: 이차적 정서 문제를 규명한다.

▼

6단계: 신념체계(B)-결과(C)의 연관성을 가르쳐 준다.

▼

7단계: 비합리적 신념(iB)을 평가 · 확인한다.

▼

8단계: 비합리적인 신념체계(iB)와 결과(C)를 연관시켜 비합리적 신념을 확인시킨다.

▼

9단계: 비합리적인 신념을 논박한다.

▼

10단계: 합리적 신념체계를 내담자가 학습하고 심화하도록 한다.

▼

11단계: 새로 학습된 신념체제를 실천에 옮기도록 내담자를 격려하고 연습시킨다.

▼

12단계: 합리적 인생관을 확립하게 한다.

[그림 8-2] REBT의 상담 과정

을 평가 · 논박하는 방법에 대해 배우게 되고, 나아가 자신의 삶 안에서 이러한 과정들을 스스로 적용해 나갈 준비를 하게 된다(Ellis, 1995a).

REBT의 기본 과정을 정리하면 [그림 8-2]와 같다(Ellis & Grieger, 1977).

(3) 상담 기법

REBT 상담은 내담자의 생각, 감정 및 행동을 바꾸도록 조력하기 위하여 여러 가지 기법을 사용한다.

Ellis(1995a)는 적극적이고 지시적이며 활기찬 전략들이 보다 빠른 내담자의 변화를 이끈다고 믿었는데, 구체적으로 논박, 과제제시, 독서법, 자기진술, 수용 등과 같은 접근 기술이 있으며, 이들은 다른 접근에 비하여 보다 설득적 · 지시적 · 교수적인 것이 특징이다. REBT는 다양한 인지적 · 정서적 · 행동적 기법을 내담자 특성에 따라 적절하게 적용하지만, 정서적 기법보다는 인지적 기법과 행동적 기법을 더 강조한다. 이러한 기법들은 불안, 우울, 분노, 부부 갈등, 대인관계 기술 부족, 양육 실패, 성격장애, 강박장애와 같은 일반적인 임상 문제 영역을 상담하는 데 적용되고 있다(Warren & Mclellarn, 1987). Ellis가 제시한 중요한 인지적 · 정서적 · 행동적 기법들을 간략하게 요약하면 다음과 같다.

① 인지적 기법

인지적 기법에는 비합리적 신념 논박하기, 인지적 과제주기, 내담자의 언어 변화시키기, 유추 등이 있다.

비합리적 신념 논박하기 상담자는 내담자가 가지고 있는 비합리적 신념을 반박하여 어떤 사건이나 상황 때문이 아니라 그 사건이나 상황에 대한 내담자의 지각과 자기진술 때문에 장애를 느낀다는 것을 그들에게 보여 준다. 상담자는 '당신의 신념에 대한 증거는 어디에 있는가' '삶이 당신이 원하는 식으로 되어가지 않는다고 해서 왜 그것이 끔찍하고 무서운 것인가' '당신이 행동하는 방식 때문에 왜 자신이 잘못된 사람이라고 생각하는가' '당신이 생각하는 가장 나쁜 상황이 일어난다고 해도 정말로 그것이 파국적인 상황인가'와 같은 질문을 함으로써 이 비합리적인 신념을 즉각적으로 반박한다. 비합리적 신념에 대한 반박은 내담자들이 비합리적 신념을 버릴 때까지 또는 적어도 강도가 약화될 때까지 '해야 한다' '당연히 해야 한다' '절대로 하지 않으면 안 된다'라는 당위를 반복적으로 반박한다.

내담자의 비합리적인 신념을 바꾸도록 내담자의 생각에 도전하고 그 논리들이 합리적인지 상담자는 신념을 논박한다.

인지적 과제 주기　　인간은 때로 부정적이고 자기충족적인 예언을 만들며 자신이 그렇게 될 것이라고 스스로에게 말하기 때문에 실패한다는 가정하에 상담자는 내담자로 하여금 자신의 문제 목록표를 만들고, 절대적 신념을 밝히며 그 신념을 논박하게 한다. 이를 위해 상담 과정 중 상담자는 내담자로 하여금 여기에는 상담 기간 동안에 어떤 책을 읽게 하는 등의 특수한 과제 이행, REBT의 ABC 이론을 일상생활에 적용하는 활동, 자기도움 문항 작성 등이 포함되며, 내담자들이 자기제한적 신념에 도전하는 모험을 하도록 독려한다.

내담자의 언어를 변화시키기　　REBT에서는 부정확한 언어가 왜곡된 사고를 일으키는 원인 중 하나라고 보기 때문에 내담자들의 언어 패턴에 특별한 주의를 기울인다. 구체적으로 '해야만 한다' '당연히 해야 한다' '하지 않으면 안 된다'라는 말들이 '그렇게 되면 더 낫다'로, '만약 ……한다면 그것은 정말 끔찍스러울 것이다'라는 말은 '만약 ……한다면 그것은 좀 불편할 것이다'라는 말로 대치될 수 있다는 것을 배우게 된다. 즉, 무력하고 자책하는 방식의 언어를 사용하는 내담자들이 새로운 자기진술 방식을 학습하게 되는 것이다.

> REBT에서는 부정확한 언어가 왜곡된 사고를 일으키는 원인 중 하나라고 본다.

유추　　항상 미루는 습관이 있다거나 지각하는 습관이 있는 내담자에게는 그러한 행동이 자신의 어떤 행동 특성 때문에 나타나는지 유추해 보도록 촉구한다. 이 기법의 목적은 내담자로 하여금 자신의 특성을 이해함으로써 좋지 않은 습관이 자신에게 미치는 나쁜 점을 깨닫도록 해 주는 데 있다.

자기방어의 최소화　　내담자가 비록 여러 가지 잘못을 저질렀다 하더라도 이것 때문에 내담자가 경멸당하거나 저주받을 이유는 결코 없다는 것을 보여 주어야 한다. 이러한 자기수용은 내담자의 방어 욕구를 최소화시켜 준다.

대안 제시　　내담자들에게는 자신이 가지고 있다고 생각하는 것보다 더 많은 선택들이 가능한 경우가 종종 있다. 따라서 상담자들은 내담자에게 모든 가능한 대안들을 보도록 도울 수 있으며, 더 나아가 내담자 스스로 대안을 찾아내도록 격려할 수 있다.

유머 사용　　Ellis는 문제 상황으로 이끄는 과장된 사고와 싸우는 수단으로 유머 사용을 강조하고 있다. 다시 말해, 지나치게 진지하고 심각한 생각과 태도를 반격하고 법칙적 생활 철학을 논박하도록 조언하는 데 유머를 사용하는 것이다.

② 정서적 기법

> 정서적 기법에는 합리적 정서 상상, 부끄러움 제거 연습, 감정적 언어 사용 등이 있다.

합리적 정서 상상　　이 기법은 새로운 정서 패턴을 만드는 데 도움이 되도록 설계된 강력한 정신적 실행 방법이다. 상담자는 내담자로 하여금 그들에게 일어날 수 있는 최악의 상황 중 하나를 상상하게 하여 상황과 맞지 않는 부적절한 감정이 적절한 감정으로 변화될 수 있도록 한다. 이 기법은 문제가 될 수 있는 대인관계 상황에 유용하게 적용될 수 있다. Ellis는 합리적 정서 상상 기법을 실시하게 되면, 개인은 더 이상 비합리적 신념들 때문에 혼란을 느끼지 않을 것이라고 했다.

부끄러움 제거 연습　　이 기법에는 정서적·행동적 요소 두 가지가 모두 포함된다. Ellis는 정서장애의 중요한 핵심 중 하나는 부끄러움 혹은 자기비난이라고 주장하였다. 따라서 상담자는 내담자로 하여금 창피하거나 부끄럽게 느껴지는 행동을 해 보도록 과제를 부과한다. 이러한 과제를 통해 내담자는 자신이 생각했던 것만큼 사람들이 다른 사람에 대하여 관심을 두지 않으며, 때문에 다른 사람의 비난에 대해 과도하게 영향받을 필요가 없다는 것을 깨닫게 된다.

감정적 언어 사용　　상담자는 종종 감정적인 색채를 띤 단어, 구절 및 문장을 구사하여 이를 학습하게 함으로써 추후 내담자들이 이를 자기 자신에게 적용할 수 있도록 한다. Ellis는 내담자로 하여금 자신의 비합리적 신념을 변화시키도록 유도하는 데 있어 강한 언어가 훨씬 많은 영향력을 갖고 있다고 주장하였다.

③ 행동적 기법

보상기법　　바람직한 행동의 빈도를 증가시키는 자극(보상)은 바람직한 행동을 수반하게 된다. 텔레비전 보기, 수영하기 등과 같이 발생 확률이 높은 행동은 공부하기, 논문쓰기 등과 같이 일어날 확률이 낮은 행동의 발생 가능성을 증가시키기 위한 보상 또는 강화로 사용할 수 있다.

> 행동적 기법에는 보상기법, 역할연기, 활동과제 부과 등이 있다.

역할연기　　상담자는 내담자가 스트레스 상황에서 무엇을, 어떻게 느끼는가를 알아보기 위해 그 행동을 시연해 보게 할 수 있다. 역할연기를 할 때는 먼저 상담자가 내담자의 역할을 하면서 내담자가 심리적인 장애를 느끼는 이유가 무엇인지 파악한 것을 바탕으로 큰 소리로 이 사건에 대한 합리적인 자기진술(self-statements)을 하고 적절한 행동을 해 보인다. 그런 다음 역할을 바꾸어서 내담자에게 문제가 되고 있는 사건에 대한 합리적 진술과 행동을 해 보게 하는데, 이때 상담자는 내담자가 적극적으로 역할연기를 할 수 있도록 격려한다. 역할연기를 통해 내담자는 자신이 할 수 있는 행동이 무엇인지를 분명하게 인식한다.

활동과제 부과　　상담 장면이 아닌 상황에서 구체적인 행동을 해 보도록 행동 지향적인 과제를 부과하는 것으로, 이때 과제는 보통 내담자가 어려워하거나 두려워하는 내용, 난이도가 서서히 높아지는 일련의 점진적인 과정들을 포함한다. 내담자가 실생활에서 새로운 행동의 시도를 통해 새로운 경험을 함으로써 비능률적인 습관을 버리도록 돕는 것이다.

4) 공헌점과 비판점

REBT의 다양한 상담기법들은 불안, 우울, 적대감, 중독, 성문제, 공포

중을 가진 사람들의 사고, 감정 및 행동을 변화시키는 데 효과적이라는 것
이 입증되어 왔다(Corsini & Wedding, 2017). 또한 논리적 설명과 간결함,
짧은 상담기간은 복잡한 현대인의 성향과 비교적 잘 맞는 이론이라는 평
가를 받고 있다. REBT의 장점 중 하나는 상담자의 직접적 개입 없이도 테
이프 듣기, 자기도움 책 읽기, 행동하고 사고하는 것 기록하기, 워크숍 참
석하기 등과 같은 보충적 접근 등을 통해 내담자 스스로 치료를 이행할 수
있는 방법을 교육함으로써 상담자에게 지나치게 의존하지 않고 스스로
변화할 수 있게 된다는 점이다. 그리고 인지 구조를 변화시켜 정서와 행
동의 변화를 이끌어 내는 데 사용함으로써 포괄적이고 통합적인 치료 실
제를 강조하며, 사건(A)-신념(B)-결과(C) 모형은 심리적·행동적 혼란
이 일어나는 방식과 문제행동이 변화할 수 있는 방법을 간단명료하게 제
시하고 있다.

> REBT는 보충적 접근을 통해 내담자 스스로 치료를 이행할 수 있는 방법을 교육함으로써 상담자에게 지나치게 의존하지 않고 스스로 변화할 수 있게 돕는다.

REBT에 대한 비판은 이 접근에서 중요한 개념으로 언급하는 합리적 신
념과 비합리적 신념이 무엇인가에 대한 명확한 규정과 평가가 부재하다
는 것이다. 또한 합리적 사고를 강요하는 상담자의 권한이 남용될 수 있다
는 한계가 있다. Ellis(2001)는 이 접근의 적극적이고 지시적인 성격 때문에
내담자가 자신의 가치체계를 자신의 사고 틀에서보다는 상담자가 원하는
목표와 가치를 채택하도록 강요받는다는 느낌을 가질 수 있음을 지적하였
다. REBT는 상담자와 내담자의 관계에서 전이를 다루지 않고 있으며, 치
료적 동맹이 형성되지 않았을 때 이루어지는 성급한 직면들은 관계를 해칠
수 있으므로 치료에 있어 신뢰관계 형성이 매우 중요하다고 할 수 있다.

> REBT에 대한 비판으로는 이 접근에서 중요한 개념으로 언급하는 합리적 신념과 비합리적 신념에 있어 비합리적 신념이 무엇인가에 대한 명확한 규정과 평가가 부재하다는 것이다.

2. Beck의 인지행동치료

1) 주요 개념

(1) 인간관

Beck은 인지적 왜곡을 경험하는 신경증 내담자의 치료에 있어 정신분

석이 갖는 극히 복잡하고 추상적인 개념과 행동수정의 국부적 접근에 만족하지 않고 보다 포괄적이고 일관성 있는 치료방법의 요구에 따라 인지행동치료를 개발하는데, 이는 간단하게 '인지치료'라고도 한다.

Aaron Beck

그는 우울증 내담자들을 치료하고 연구하며 이들이 생활 사건의 의미를 해석하는 과정에서 이들이 범하는 인지적 오류로 인해 자신과 자신의 미래 그리고 환경에 대한 비현실적이고 비관적인 부정적 사고 경향이 높다는 사실을 발견하였다. Beck은 우울한 사람들이 이분법적 사고, 과잉일반화, 기분에 근거한 추론과 같은 인지적 오류를 범하는 기저에는 역기능적인 가정이나 도식이 있으며, 특히 역기능적인 가정은 어린 시절의 경험에 의해 형성된다고 하였다. Beck은 인간의 감정과 행동은 객관적인 현실보다는 주관적 해석에 의해 결정되며 인간의 심리적 고통과 정신병리는 인지 내용이 현실을 부정적으로 왜곡하는 데 기인하므로 부정적으로 왜곡된 인지 내용은 심리치료를 통해 내담자가 의식할 수 있으며 왜곡된 역기능적 인지의 교정을 통해서 심리적 증상이 호전될 수 있다고 하였다.

Beck의 인지행동치료는 이론을 바탕으로 많은 경험적 연구가 이루어졌으며, 이를 통해 오늘날 우울증, 불안, 성격장애 등 많은 심리적 문제에 적용되는 대표적 상담 이론의 하나로 인정받고 있다. 여기서는 Beck의 인지치료이론에서 가장 핵심이 되는 개념인 자동적 사고, 역기능적 인지 도식, 인지적 오류에 대해 살펴보고자 한다.

Beck의 인지치료이론에서 가장 핵심이 되는 개념은 자동적 사고, 역기능적 인지 도식, 인지적 오류이다.

(2) 자동적 사고

자동적 사고는 인지행동치료이론의 핵심으로, 사람들이 경험하는 심리적 문제는 스트레스 사건을 경험했을 때 선택 또는 노력과 상관없이 자동적으로 떠오르는 부정적인 내용의 생각들로 인해 직접적으로 발생한다는 것을 의미한다. Beck은 주요한 스트레스 사건(major stressor), 사소한

자동적 사고는 인지행동치료이론의 핵심으로, 사람들이 경험하는 심리적 문제는 스트레스 사건을 경험했을 때 자동적으로 떠오르는 부정적인 생각들이다.

스트레스 사건(minor stressor), 사회적 지지의 부족(lack of social support) 등 여러 가지 환경적 자극이 심리적 문제를 일으키고 이를 지속시키는 데 영향을 미치지만, 이러한 환경적 자극을 어떤 의미로 받아들이고 해석하느냐에 따라 감정 및 행동의 심리적 반응이 달라진다고 주장했다. 특히 우울 증상을 경험하는 사람들의 자동적 사고는 주로 인지 삼제(cognitive triad), 즉 자신에 대한 비관적 생각(나는 무가치한 사람이다), 앞날에 대한 염세주의적 생각(나의 앞날은 희망이 없다), 세상에 대한 부정적인 생각(세상은 매우 살기 힘든 곳이다)과 같은 세 가지 내용으로 구성되어 있는데, 인지 삼제를 갖고 있는 사람이 그와 같은 생각들을 불러일으키는 사건을 경험했을 때 우울증이라는 심리적 문제를 경험하게 된다는 것이다.

(3) 역기능적 인지 도식

도식은 핵심 신념을 둘러싼 '마음속의 인지구조'로서 개인의 삶에서 자신과 세상을 이해하고 현실을 지각하는 사고의 틀을 의미한다. 인지 도식은 생의 초기에 시작되어 생의 전반에 걸쳐 발달하는 전체적인 것으로, 초기 아동기의 경험을 통해 긍정적 또는 역기능적 신념체계를 형성하게 되고 이러한 기본 신념이 인지 도식화된다. 도식은 긍정적이고 도움이 되는 것일 수도 있지만 부정적인 것이 될 수도 있는데, 후자의 경우 '나는 실패자야.'와 같은 '무력한 역기능적 인지 도식'과 '나는 훌륭하지 않아.' 또는 '나는 버림받게 되어 있어.'와 같은 '사랑받지 못하는 역기능적 인지 도식'으로 분류된다.

이러한 역기능적 인지 도식은 개개의 자극에 의해 활성화되거나 혹은 촉발되기 전까지 잠복 상태에 있게 된다. 예를 들어, '세상은 위험한 곳이다. 모든 가능한 위험을 피하라.'라는 위험 도식을 가지고 있는 사람의 경우, 이 도식이 평소에는 드러나지 않으나 어느 순간 안전에 대한 위협이 있다고 느꼈을 때 활성화될 수 있다. 또 역기능적 인지 도식이 활성화될 때, 이를 뒷받침하는 모든 정보는 즉시 통합하고 수용하지만 이와 모순된 정보는 무시하고 간과하기 쉬운 특성을 보인다.

도식은 핵심 신념을 둘러싼 '마음속의 인지구조'다.

역기능적 인지 도식은 특정한 사건에 의해서 촉발되어 활성화될 때까지 드러나지 않은 채 잠복 상태로 있게 된다.

(4) 인지적 오류

인지적 오류(cognitive errors)는 잘못된 사고, 부적절한 정보에 근거한 잘못된 추론 등으로부터 오는 부적절한 가정 혹은 개념을 의미하며, 인지적 오류가 빈번하게 발생할 때 심리장애가 발생할 수 있다. Beck은 우울증에 대한 초기 연구에서 우울한 사람들의 사고 과정에서 흔히 관찰되는 몇 가지 주요한 인지적 오류들을 발견하였다. 이에 대한 사례를 정리하면 다음과 같다.

① 이분법적 사고(양자택일적 사고)
- 두 가지 극단 중 하나로 경험을 범주화하는 것
- 예: 완전한 성공이나 완전한 실패. 한 박사학위 지원자는 "내가 그들이 본 적도 없는 최고의 논문을 쓰지 못한다면 나는 학생으로서 실패자야."라고 말함

② 선택적 추상화(선택적 추론)
- 다른 정보를 무시한 채 맥락에서 이끌어 낸 세부적 근거에 의해 상황을 개념화하려는 것
- 예: 시끄러운 모임에서 자기 여자 친구가 잘 듣기 위해 다른 남자에게 머리를 기울이는 것을 보고 질투하게 되는 남자

③ 독심술(mind reading)
- 상호작용이나 관계에 있어서 타인이 어떤 생각을 하고 있는지 본인이 안다고 생각하는 것
- 예: '어떻게 하면 나를 혼낼 수 있을까?' 하고 생각하고 있겠지.

④ 과잉일반화
- 하나 또는 몇 개의 고립된 사건에서 일반적인 규칙을 추출해 내고 이를 다른 사상이나 장면에 부적절하게 적용하는 것
- 예: (모임에서 남자들이 자신에게 말을 걸지 않은 경우) "나는 여성적인

매력이 전혀 없어."

⑤ 침소봉대와 최소화
• 상황을 실제보다 크거나 작게 지각하는 것
• 비이성적으로 부정적인 측면을 강조하고 긍정적인 면을 최소화하는 것
• 예: "평범하다는 평가를 받는 것은 내가 얼마나 부족한지 증명하는 것이다."

⑥ 개인화
• 인과적 연결을 지지하는 증거 없이 외부적 사건을 자기 자신에게 귀인시키는 것
• 예: 한 남자가 복잡한 거리를 건너며 아는 사람에게 손을 흔들었다. 상대방으로부터 응하는 인사를 받지 못하자 그는 '내가 저 사람에게 무언가 잘못한 게 틀림없어.'라고 결론 내리는 것

⑦ 낙인찍기 및 잘못된 낙인
• 자기 스스로 부정적인 관점을 통해 개인의 정체성과 인식을 평가하는 것
• 예: 직장에 다니는 엄마가 바쁜 하루를 보낸 후에 '나는 나쁜 엄마야.'라고 결론 내리는 것

⑧ 파국화
• 어떤 사건에 대해 과하게 염려하거나 두려워하는 것
• 예: '이것도 못하다니. 다 끝장이야.'

(5) 부정적 인지 삼제

Beck(1972, 1976)의 우울증 이론에서는 우울한 생각의 특징적인 부정적 인지 삼제에 대해 설명한다. 이 삼제는 우울한 사람의 생각에서 특징적으로 나타나는 부정적 사고에 대한 세 가지 세트로 구성된다.

- 자신에 관한 부정적 사고(예: '나는 쓸모없는 사람이야.')
- 세상과 환경에 관한 부정적 사고(예: '인생은 불공평해.')
- 미래에 관한 부정적 사고(예: '미래에는 더 나아지지 않을 거야.')

일반적으로, 우울하다고 보고한 사람들은 이 셋 중 하나 혹은 둘보다 오히려 세 개 영역 모두에서 부정적인 사고를 가지고 있었다.

2) 심리적 문제의 형성

고전적 조건형성, 조작적 조건형성, 사회학습이론을 적용한 행동적 접근이 관찰과 측정 가능한 행동들을 분석하고 개입하는 데 초점을 둔다면 (Skinner, 1974), Aaron Beck에 의해 행동적 접근에서 독자적으로 개발된 인지적 접근들은 ① 심리적 장애는 역기능적인 신념에 기초한 역기능적 사고에 의해 특징지어지고, ② 역기능적 사고와 신념을 수정함으로써 개선된다는 전제에 기반을 두고 있다(Beck, 1995).

인지이론은 ① 행동주의와 달리 분리되거나, ② 통합된 인지행동 기법의 일부로, 혹은 ③ 일반적인 통합 접근을 위한 메타이론으로 사용될 수 있다(Alford & Beck, 1998). 따라서 인지행동치료에서는 인간이 경험하는 심리적인 문제가 외부에서 주어지는 자극을 인간이 비합리적 사고방식으로 지각하고 해석하기 때문에 발생한다고 본다. 따라서 인간이 가진 사고 · 감정 · 행동 중에서 사고에 초점을 두었으며, 인지를 변화시킴으로써 내담자의 심리적 문제를 변화시킬 수 있다고 본다.

3) 상담 과정과 기법

Beck이 제시한 상담 목표에 따른 과정과 기법은 다음과 같다.

(1) 상담 목표

Beck의 인지치료의 상담 목표는 자동적 사고를 변화시키고, 인지 도식을 재구성하여 새로운 사고를 하도록 하는 것이다. 이 상담에서는 내담자의 잘못된 정보처리를 수정하고, 부적응적 행동과 정서를 유지시키는 가정들을 수정하도록 내담자를 돕는다. 인지행동 상담에서 처음에는 증상 완화를 다루지만 궁극적인 목표는 인지적인 오류를 제거하는 것이다.

> 인지치료의 궁극적인 상담 목표는 내담자의 인지적 오류를 제거하는 것이다.

(2) 상담 과정

> 인지치료의 상담 과정은 머릿속을 스치고 지나가는 자동적 사고에 주의를 기울이고 인식하는 데서 시작된다.

인지치료의 상담 과정은 내담자의 머릿속을 순간순간 스치고 지나가는 자동적 사고에 주의를 기울이고 인식하는 데서 시작된다. 그리고 4~14회기의 비교적 짧은 과정으로 진행되는 시간 제한적 접근(Beck, 1995)이라는 점에서 상담의 효율성을 위해 다른 상담 접근에 비해 매우 구조화되어 있다. 인지행동 상담은 다음과 같은 과정에 따라 진행된다.

① 초기

상담 초기에 상담자는 내담자와 협동적 틀을 구축하고 내담자를 통해 중요한 정보를 얻어 내는 데 목표를 둔다. 상담에 대한 감정이나 생각, 현재의 생활 상황, 심리적 문제, 상담에 대한 동기와 같은 유형의 정보를 얻게 된다.

Judith Beck(1995)은 첫 회기를 위해 다음 열 가지 절차를 추천하고 있다.

- 내담자에게 의미 있는 의제를 설정하라.
- 내담자 기분의 강도를 측정하고 판단하라.
- 현재 문제들을 확인하고 검토하라.
- 치료에 대한 내담자의 기대를 이끌어 내라.
- 내담자에게 인지치료와 내담자의 역할에 대해 가르쳐 주라.
- 내담자의 문제와 진단에 대한 정보를 제공하라.
- 목표를 세우라.
- 회기 사이에 수행할 과제들을 추천하라.
- 회기를 요약하여 말하라.
- 회기에 대한 내담자의 피드백을 얻으라.

상담자는 상담 과정에서 기법이 정확하게 적용되고 있는지, 성공적인지, 그리고 그것이 과제나 회기 밖의 실제적인 경험과 어떻게 통합되고 있는지 확인하기 위해 다양한 기법들에 대한 내담자의 반응을 이끌어 낼 수 있어야 한다.

② 중기 및 후기

상담이 진행될수록 상담자는 내담자의 사고양식을 중심으로 상담을 진행한다. 그래서 상담 중기 및 후기 회기에서는 대개 행동적 기법보다는 인지적 기법을 더 많이 강조하며, 역기능적 사고는 흔히 행동 실험보다 논리적 분석에 의해 보다 쉽게 다루어진다. 후기 회기에서 내담자는 문제 해결 방안 강구 및 과제 완수에 보다 많은 책임감을 갖게 되며, 이때 내담자가 문제를 해결하는 데 인지적 기법을 더 많이 사용함에 따라 상담자는 조언자로서의 역할을 한다. 내담자가 자기의 역기능적 사고에 대해 수용적이 되면 회기의 빈도는 감소하며 내담자가 새로운 기술과 조망을 실행할 수 있다고 판단될 때 상담은 종결을 준비한다.

> 상담 중간 및 후기 회기에서는 행동적 기법보다 인지적 기법을 더 많이 강조한다.

③ 종결

상담의 종결 또한 체계적인 계획하에 이루어진다. 종결 회기에서 상담자는 내담자에게 구체적인 문제들이 상담 과정에서 어떻게 다루어졌는지, 미래의 어려움을 어떻게 다룰 것인지에 대한 이야기를 나누며 종결에 앞서 인지적인 시연을 사용할 수 있다. 상담자는 상담이 종결된 후에도 추수상담을 통해 상담에서 얻은 긍정적인 경험을 정리하고, 내담자 스스로 새로운 기술을 채택하도록 도와준다.

> 상담의 종결은 체계적인 계획하에 이루어져야 하며, 종결된 후에도 추수상담의 진행이 필요하다.

(3) 상담 기법

인지치료 상담은 인지적 왜곡을 긍정적인 감정 · 행동 · 사고로 전환하기 위해 내담자의 경험을 왜곡시키는 역기능적 도식을 확인하고 이를 변화시키기 위한 교육을 전개하는 등의 구체적인 학습경험(Beck, Rush, et al., 1979), 내담자의 인지, 감정, 행동 등을 주의 깊게 관찰하고 기록하며

> 인지치료의 상담 기법으로는 인지적 · 정서적 · 행동적 접근이 있으며, 인지적 접근은 자동적 사고와 인지적 도식의 변화를 위한 방법으로 사용되고 있다.

측정하는 다양한 평가 방법 및 광범위한 전략과 개입들로 구성되어 있다. 상담 기법으로는 인지적·정서적·행동적 기법이 있으며 특히 인지적 기법은 자동적 사고와 인지적 도식의 변화를 위한 방법으로 사용되고 있다.

① 인지적 기법

인지적 기법으로는 탈파국화, 재귀인, 재정의, 탈중심화, 절대성에 도전하기 등이 있다.

탈파국화　탈파국화는 말 그대로 파국화에서 벗어나도록 돕는 기법이다. 내담자가 걱정하고 염려하여 사건을 지나치게 파국화시키는 경우 내담자가 두려워하는 일이 실제로 어느 정도 발생할 수 있을지를 생각하게 하는 것이다. 이를 통해 내담자는 자신의 염려, 두려움, 불안 등이 지나치게 확대되어 있었다는 것을 깨닫도록 한다.

재귀인　내담자들은 어떤 사건에 대하여 책임이 없음에도 불구하고 상황이나 사건에 대한 책임을 스스로에게 부여함으로써 죄책감과 우울감을 느낀다. 재귀인(reattribution)은 특히 내담자가 개인적으로 사건을 받아들이거나 자신 때문에 그 사건이 발생했다고 지각할 때 자동적 사고와 가정을 검증하여 내담자로 하여금 사건에 대한 책임과 원인을 공정하게 귀인하도록 돕는다.

재정의(특이한 의미 이해하기)　개인의 자동적 사고와 인지 도식에 따라 같은 말도 서로 다른 의미를 가질 수 있다. 상담자들은 내담자가 어떤 단어를 어떤 의미로 사용하는지 추측하는 것만으로는 충분치 않다. 특히 우울증 내담자들의 경우 '속상한, 실패한, 우울한, 죽고 싶은'과 같은 모호한 단어를 사용하기 쉬운데, 이런 경우 내담자에게 자세히 질문함으로써 내담자나 상담자 모두 그 사고 과정을 정확하게 이해할 수 있어야 한다. 예를 들면 '아무도 나에게 관심이 없다.'라고 말하는 사람에게 '나는 다른 사람과 접촉하고 돌봄이 필요하다.'라고 문제를 재정의하도록 권한다. 문제를 재정의하는 것은 문제를 보다 구체적이고 개인적으로 만들고 내담자 자신의 관점에서 말할 수 있도록 돕는 과정이라 할 수 있다.

탈중심화   탈중심화는 타인의 관심이 자신에게 집중되어 있다는 잘못된 신념으로 불안해하는 내담자를 상담하는 데 사용되는 기법으로서, 왜 타인이 자신을 응시하고 자신의 마음을 읽고 있다고 생각하는지에 대하여 검토를 한 후에 이러한 특정 신념을 검증하도록 행동적 실험을 실시한다. 예를 들어, 수업시간에 발표하기를 꺼리던 한 학생은 다른 친구들이 자신만 끊임없이 쳐다보고 있으며, 그래서 자신이 불안하다고 생각했다. 이 내담자는 자신의 불편함에 초점을 두는 대신에 친구들을 관찰함으로써, 어떤 학생은 필기를 하고 있고, 어떤 학생은 교수를 바라보는 등 친구들이 내담자 외에 다른 데 관심이 있다고 결론을 내리게 된다.

절대성에 도전하기   내담자들은 주로 '모든, 항상, 결코, 아무도'와 같이 극단적인 용어를 통해 자신의 고통을 표현하고 호소한다. 이러한 절대적 진술(absolute statement)에 대해 상담자는 질문을 통해 내담자가 보다 정확하고 구체적으로 표현할 수 있도록 돕는다.

② 행동적 기법

노출치료   불안을 경험하는 내담자가 사고와 심상, 심리적인 증상 및 긴장의 수준에 대한 자기보고 자료를 제공한다. 예를 들어, 극장에만 가면 가슴이 답답하고 어지러움을 호소하는 내담자가 있다면 직접 어려움을 호소하는 상황에 노출되어 보는 것이다. 이를 통해 상담자는 특정 사고와 심상에 대한 내담자의 왜곡을 조사할 수 있고, 특정 대처기술을 가르칠 수 있다. 또 내담자는 그들의 예견이 항상 정확하지 않다는 것을 배우게 되고, 미래의 불안한 사고에 도전할 수 있게 된다.

사고중지   지속되는 해로운 생각들을 없애는 데 어려움을 경험하는 경우, 원치 않는 생각이 떠오를 때마다 "멈춰!"라고 크게 혹은 목소리를 거의 내지 않고 말하는 것, 더 나아가 그것을 보다 긍정적인 생각으로 대체하는 것을 의미한다. 이를 통해 왜곡된 생각이나 감정의 빈도와 강도가 점점 줄어들게 된다.

> 행동적 기법에는 노출치료, 사고중지, 행동적 시연과 역할연기 등이 있다.

행동적 시연과 역할연기   현실 생활에 적용되는 기술과 기법을 연습함으로써 개인이 자신에 대해 갖는 새로운 생각들을 현실화하는 것을 가능하게 한다. 객관적인 정보의 근원이 수행을 평가하는 데 이용될 수 있도록 역할연기는 종종 비디오로 녹화되기도 한다.

이 외에도 가설검증, 자기대화, 일기, 편지쓰기, 인지적·내면적 모델링, 정서적·정신적 심상, 합리적·정서적 역할연기, 오래된 생각과 새로운 생각 사이의 대화 역할연기, 거리두기, 독서치료 등 다양한 기법이 활용되고 있다.

4) 공헌점과 비판점

> Beck의 인지행동치료에서 사용되는 다양한 기법과 개입은 다른 치료 체계가 따를 수 있는 기준과 유용한 아이디어를 제공하였다.

인지행동 상담은 다양한 사람들과 문제에 쉽게 적용할 수 있는 많은 유용한 개입 전략들을 가지고 있다. 오늘날 인지행동치료는 인지 과정에 학습 이론을 통합한 새로운 치료 접근법에 기초를 제공하는 혁신적이고 뛰어난 치료 접근법으로서 분명하게 자리매김했으며, 중다양식치료를 비롯한 현실치료, 해결중심 단기치료의 발달에 이론적 기반을 제공함으로써 상담과 심리치료의 발전에 중요한 기여를 했다.

그중에서도 Beck의 인지행동치료는 우울, 불안, 공포 치료와 새로운 인지적 관점 제공에 있어 선두적인 역할을 하였고 많은 실험 연구는 우울과 불안을 비롯한 외상후 스트레스 장애, 조현병, 망상장애, 양극성 장애 등 다양한 성격장애를 포함하는 광범위한 임상적 문제에 대한 인지적 치료의 효율성을 입증하였다. 사례개념화를 비롯하여 인지치료에서 사용하는 풍부한 기법들과 개입은 다른 치료 체계가 따를 수 있는 기준 및 유용한 아이디어를 제공하였다. Beck의 우울증 척도, Beck의 불안척도, Young의 도식질문지 등을 포함하여 많은 검사도구들의 사용은 세상을 보는 자신의 방식을 객관적으로 이해하는 데 도움을 준다.

그러나 내담자에게 심리교육적 정보를 제공하고 삶의 기술을 교육해야 하는 인지행동치료에서 상담자의 훈련과 지식, 기술, 지각력 등의 수준은 잠재적 제한점으로 작용할 수 있다. 인지행동치료에 대한 일반적인 비판은 내담자의 행동에 기저하는 잠재적인 선행사건과 역동들을 충분히 탐색하지 않고 성급하게 기법을 적용하고 효과를 기대한다는 것이다. 게다가 상담자들은 인지행동치료의 영향력에 지나치게 열중한 나머지 내담자가 치료와 진행 과정에 대해 충분한 책임감을 갖도록 하는 데 어려움을 겪는다. 그 결과, 내담자들은 치료의 결과로 얻어야 할 자기가치감과 유능감의 성장을 경험하기보다 조정당하고 힘을 잃은 것처럼 느낄 수 있다. 또한 인지행동적 접근은 모든 내담자에게 이상적인 접근법은 아니다. 인지행동치료는 정신증과 다른 심각한 장애를 가진 사람들을 비롯하여 거의 모든 내담자에게 유용하지만 그 효과성을 최대화하기 위해서는 다른 치료 양식과 결합될 필요가 있다.

Beck의 인지행동치료의 한계는 긍정적 사고의 힘을 지나치게 강조하고 지나치게 피상적이며 극단적으로 단순하다는 것, 그리고 과거의 중요성을 부정하고 지나치게 기법에 의존한다는 것에 있다. 또한 상담관계를 제대로 활용하지 못하고 증상 제거에 대한 관심에 그침으로써 문제의 근원을 탐색하지 않고 무의식적 요인의 역할을 무시했다는 점과 감정의 역할을 부정했다는 점에서 비판받아 왔다.

> 인지행동치료의 한계는 문제의 근원을 탐색하지 않고 무의식적 요인과 감정의 역할을 부정했다는 점이다.

3. Meichenbaum의 인지행동수정

D. Meichenbaum

Albert Ellis에 의해 개발된 합리적 정서행동치료(REBT)처럼 Meichenbaum 이론 또한 인지행동적 접근에 기반하고 있으며, 이 접근은 문제되는 생각, 행동, 감정을 변화시키기 위해 행동적 기법과 인지적 기법을 모두 통합하여 적용한다.

Meichenbaum의 인지행동수정(Cognitive Behavior Modification: CBM)은 인간의 사고와 인

> Meichenbaum의 치료는 스트레스가 내적 대화를 통해 어떻게 유발되는가를 이해하는 데 기여하였다.

지가 행동적 절차에 의해 바꿀 수 있다고 보는 행동치료의 확장된 영역으로서, 내담자의 언어 변화를 중요하게 다룬다.

1) 주요 개념

(1) 문제 상황에 대처하는 기술의 교육과 훈련 강조

사람들이 부적응을 경험하는 이유는 문제 상황에 부적절한 방식으로 반응하기 때문이며, 따라서 문제 상황에 대한 적절한 대처 행동을 가르치고 훈련시킴으로써 심리적 부적응 문제를 해결할 수 있도록 해야 한다는 것이다.

(2) 내담자와 상담자의 협동적 관계 강조

상담자는 구체적이며 구조화된 내담자의 문제에 대한 제한된 시간 안에 교육적인 치료가 이루어진다. 일반적으로 인지행동 상담은 구조화된 심리 교육적 모형으로, 숙제의 기능을 강조하고 치료회기 또는 일상생활에서 적극적으로 역할을 수행하는 내담자의 책임을 강조하는 한편 사고 및 행동의 변화를 이끌어 내기 위해 다양한 인지행동적 전략을 사용한다.

(3) 행동 변화

Meichenbaum(1977)은 내적 언어, 인지구조, 행동과 그 결과의 상호작용을 포함하는 연속적 중재 과정을 통해 행동 변화가 일어난다고 했다. 즉, 비합리적 내적 언어는 정서적 장애의 원인이 되며, 이러한 내적 언어의 발달은 타인 또는 자기 교습을 통해서 행동을 통제하는 것이 가능하다는 것이다. 이는 과거에 경험했던 어려움을 다루기 위해 개인이 쉽게 선택해서 사용하던 방법으로서, 불안, 화, 식이 문제 등과 같은 다양한 문제 행동에 적용될 수 있다고 본다.

2) 심리적 문제의 형성 과정

Meichenbaum(1977)에 따르면, 자기진술은 스스로의 행동에 영향을 미치며 합리적 정서행동치료나 인지행동치료와 같이 인지행동수정도 고통스러운 정서가 대부분 부적절한 사고의 결과라고 가정한다. 다만 합리적 정서행동치료는 비합리적 사고를 드러내고 논박하는 데 있어 지시적이고 직접적인 성향이 강한 반면, Meichenbaum의 인지행동수정은 내담자로 하여금 자기진술을 인식하도록 돕는 데 초점을 두고 충동성, 공격성향, 시험공포, 대중 앞에서의 연설에 대한 두려움 등과 같은 문제들을 보다 효과적으로 대처할 수 있도록 하는 것으로 주로 인지 재구성 방법을 사용한다.

3) 상담 과정과 기법

(1) 상담 과정

Meichenbaum 행동변화법의 3단계 변화 과정을 적용한 상담 과정은 다음과 같다.

① 1단계 – 자기관찰: 변화 과정의 시작 단계는 내담자가 자신의 행동을 관찰하는 방법을 학습하는 것이다. 상담을 시작할 때 내담자들의 내적 대화는 부정적 자기진술과 상상이라는 특징을 보이지만, 상담이 진행됨에 따라 내담자와 상담자 공동의 노력을 통해 문제를 새로운 관점에서 볼 수 있는 새로운 인지구조 형성, 즉 재개념화가 이루어진다.
② 2단계 – 새로운 내적 대화의 시작: 내담자는 상담을 통해 자신의 부적응 행동을 알아차리는 것을 배우고 적합한 행동 대안에 주목하기 시작한다. 또 상담을 통해 자신의 내적 대화를 변화시키는 것을 배우게 된다. 그들의 새로운 내적 대화는 새로운 행동을 유도한다. 이 과정은 내담자의 인지 구조에 영향을 미친다.
③ 3단계 – 새로운 기술의 학습: 효과적인 대처기술을 내담자에게 가르치고 이를 일상생활에서 실제로 실행하는 단계다. 내담자들은 새로

운 기술을 학습하여 이전과 다르게 행동하게 되면 대체로 타인으로부터 다른 피드백을 받는데 이를 바탕으로 내담자들이 새롭게 학습한 기술을 한 번 사용해 보는 것으로 그치느냐, 아니면 계속 사용하느냐는 내담자가 자신에게 말하는 것에 달려 있다.

(2) 상담 기법

① 대처기술 프로그램

대처기술 프로그램(coping skill programs)의 논리는 인지적 경향을 수정하는 방법을 배우면 스트레스 상황을 다루는 데 보다 효과적인 전략을 획득할 수 있다는 것이다. 대처기술 프로그램은 연설 불안과 시험 불안, 공포, 분노, 사회적 무능, 마약 중독, 알코올 중독, 성기능 장애, 아동의 사회적 위축 등의 문제에 효과적이며 스트레스 예방 훈련(Stress Inoculation Training: SIT)에 특히 효과적이다.

> 대처기술 프로그램은 연설 불안, 시험 불안, 공포, 분노, 사회적 무능, 마약 중독, 알코올 중독, 성기능 장애, 아동의 사회적 위축 등의 문제에 효과적이다.

② 스트레스 예방 훈련(Stress Inoculation Training: SIT)의 3단계

개념적 단계   이 단계에서 중점은 상담자와 내담자의 관계 수립에 있다. 관계 수립은 내담자가 스트레스의 특성을 더 잘 이해하도록 돕고 스트레스를 사회-상호작용적 용어로 개념화하도록 돕는 과정이다. 내담자는 문답법, 즉 소크라테스식 질문을 통해 그리고 안내에 의한 자기발견 과정을 거치면서 스트레스를 만들고 유지하는 인지와 정서의 역할에 대해 알게 된다.

기술 획득과 응고화 및 시연 단계   내담자에게 스트레스 상황에 적용할 수 있는 여러 가지 행동적 · 인지적 대처기법을 가르쳐 주는 단계다. 내담자는 적응 행동과 부적응 행동이 내적 대화와 관련 있음을 학습하며, 이 훈련을 통해 새로운 자기진술을 획득하고 시연하게 된다.

적용과 수행 단계   이 단계에서의 초점은 치료적 상황에서 생긴 변화를 일상생활로 전달하고 효과적으로 유지하는 데 있다. 훈련 회기 동안 학습한 내용을 견고히 하기 위해 심상과 행동시연, 역할놀이, 모델링, 실제상황 연습, 숙제 등 다양한 활동을 경험한다. 수행의 결과는 꼼꼼하게 체크되며, 실패했을 경우 상담자와 내담자는 실패 이유를 함께 찾아본다.

4) 공헌점과 비판점

자기지시 치료와 스트레스 예방 훈련에 대한 Meichenbaum의 치료는 다양한 내담자 집단과 여러 구체적 문제들에 성공적으로 적용되었으며, 특히 스트레스가 내적 대화를 통해 어떻게 유발되는가를 이해하는 데 기여하였다. 또한 그는 몇 가지 인지적 기법들을 행동치료에 단순히 부가하는 것 이상으로, 자기대화의 중요성에 대한 설명을 통해 실제로 본인의 이론적 기초를 확대하였다(Patterson & Watkins, 1996).

> Meichenbaum의 치료는 스트레스가 내적 대화를 통해 어떻게 유발되는가를 이해하는 데 기여하였다.

그러나 Patterson과 Joaquin(1996)은 Meichenbaum의 인지행동수정을 비판하면서 대부분의 인지행동적 접근에 적용할 수 있는 중요한 의문들을 제기하였다. 기본 쟁점은 내담자의 내적 대화를 변화시킬 수 있는 최선의 방법을 발견하는 것으로, '내담자를 직접적으로 가르치는 것이 효과적인 접근인가?' '내담자가 합리적 혹은 논리적으로 사고하지 못하는 것은 항상 추론이나 해결에 대한 이해의 부족 때문인가?' '자기발견으로 배우는 것이 상담자가 가르치는 것보다 더 효과적이고 오래 지속되는가?'와 같은 질문에 대한 명확한 답을 내리지 못하고 있다.

> Meichenbaum의 인지행동수정을 비판하면서 대부분의 인지행동적 접근에 적용할 수 있는 중요한 의문들을 제기한다.

4. 상담 사례[1]

다음 사례의 내담자는 우울한 16세의 소녀이다. 내담자는 어린 시절 부

---

1) 이 사례는 Friedberg, R. D., & McClure, J. M. (2018). 『아동과 청소년을 위한 인지치료 (Clinical Practice of Cognitive Therapy with Children and Adolescents)』. 정현희 역. 시

(父)로부터 성폭력이라는 심각한 외상을 입은 경험이 있으며 자신에 대해 매우 비판적이며 비관적이며 완벽주의적이다.

8회기에서 상담자는 내담자로부터 '나는 아무런 가치가 없는 사람이다.'라는 신념을 이끌어 내었으며, 이전 치료시간들에 근거해 성학대 경험이 그녀의 흑백논리적이고 고통스러운 자기개념에 기여하였을 것으로 추측하였다. 상담자는 소크라테스식 질문법을 사용하여 내담자가 스스로 자기개념의 근거를 살펴보게 하고, 이 과정을 통해 성학대의 경험이 자신을 완전히 가치 없는 사람으로 만드는 것은 아니며 일부라는 것을 귀납적으로 추론할 수 있게 돕는다.

상담자 1: 네가 "나는 아무런 가치가 없는 사람이에요." 라고 말하는 것을 들으니, 너의 우울한 기분이 얼마나 고통스러운지 이해하겠구나.

내담자 1: 저는 정말 그렇게 생각해요. 언제나 그런 생각을 해요.

상담자 2: 너를 거의 그런 사람으로 규정하고 있구나.

내담자 2: 그런가요?

상담자 3: 너는 네 자신이 얼마나 가치 없다고 보는데?

내담자 3: 완전히요. 저는 쓰레기예요.

'얼마나'를 물어봄으로써 범주적인 사고에서 차원적인 사고를 하도록 유도하고 있다.

상담자 4: 그렇구나, 무엇 때문에 너 자신을 그렇게 보는지 궁금하구나.

내담자 4: 모르겠어요, 그냥 그렇게 생각해요.

'무엇 때문에'를 물어봄으로써 내담자가 가지고 있는 신념의 근원을 알아보려고 시도하였다.

상담자 5: 구체적인 이유를 생각하는 것은 어렵단다. 그것에 대해 생각하는 것도 괴롭고 말이야. 그래도 너에게 조금 더 생각해 보라고 하고 싶구나. 그래도 되겠니?

내담자 5: 좋아요.

상담자 6: 무엇을 근거로 너 자신을 가치 없는 사람이라고 생각하는지 말해 보겠니?

내담자 6: 아마도 제가 굉장히 우울하다는 거겠죠.

그마프레스. (원전은 2015년에 출판)에 실린 사례의 분량이나 내용을 감안해서 수정한 것이다.

상담자 7: (적는다.) 그 밖에 다른 것은?

내담자 7: 모르겠어요. 나는 친구가 그렇게 많지 않아요. 인기상은 받을 꿈도 못 꿀 거예요.

상담자 8: (적는다.) 우리는 지난 시간에 네 아빠가 너를 어떻게 학대했는지 이야기했었지. 그 사실이 너에 대한 정의에 얼마나 들어갈 것 같니?

내담자 8: 네. 그것도 들어가요.

상담자 9: 그래 그건 힘든 부분이지. (적는다.) 또 어떤 다른 것들이 있을까?

내담자 9: 제 생각에 저는 참 칠칠맞아요. 뭐든지 잘 떨어뜨리고 잘 넘어지고 그래요.

상담자 10: 그렇구나. 그것도 여기에 적어 보자. (적는다.) 그 밖에 더 추가하고 싶은 게 있니?

내담자 10: (적은 것을 본다.) 없어요.

상담자 11: 좋아. 그럼 한번 살펴보자. 이 중에서 어떤 것이 너를 가장 가치 없는 사람으로 생각하게 만드는 것 같니?

> 내담자가 가지고 있는 신념의 근원을 묻는 질문

내담자 11: 제가 성학대를 당한 거요.

〈중략〉

중략된 상담내용 요약

상담자는 내담자의 흑백논리 속에서 반대가 되는 대상을 선정하게 하였다. 내담자는 친구 에밀리를 그 대상으로 선정하고, 그녀가 가치있는 근거를 찾게 하였다. 내담자는 에밀리는 모범생으로 항상 좋은 성적을 받으며, 친구가 많고, 주변 사람들이 그녀를 신뢰하며, 그녀는 방과 후에 부모님의 가게에서 일을 돕는다 등의 목록을 작성하였다. 상담자는 내담자에게 에밀리의 가치를 결정하는 목록을 주고 내담자 자신을 평가하게 했다.

상담자 21: 그래, 좋아. 그럼 제일 위에 있는 것부터 해 보자. 우선 너의 학교성적은 어떤지 궁금하구나.

내담자 21: (웃는다.) 거의 A만 받아요. B는 작년에 딱 한 번 받았어요.

상담자 22: 그렇다면 네가 모범생이란 것에 몇 점을 줄 수 있을까?

내담자 22: 5점이요.

상담자 23: (적는다.) 친구가 많다는 것에는 몇 점 정도 줄 수 있을까?

내담자 23: 아마도 2점이요.

상담자 24: (적는다.) 너는 네 친한 친구들에게 얼마나 좋은 친구라고 생각하니?

내담자 24: 비교적 좋은 친구라고 생각해요. 아마도 4점 정도요.

상담자 25: (적는다.) 너도 방과 후에 일을 하니?

내담자 25: 그런데 돈을 받지는 않아요. 병원에서 자원봉사를 하고 있어요.

상담자 26: 그것도 일에 해당되는 거겠지?

내담자 26: (웃는다.) 네.

상담자 27: 여기에는 몇 점을 주면 좋을까?

내담자 27: 4점 정도요.

모범생은 A와 B를 받음	5
친구가 많음	2
좋은 친구임 – 사람들의 신뢰를 받음	4
방과 후에 일을 함	4
힘든 일을 잘 이겨냄	3

[그림 8-3] 내담자의 정의 범주

상담자 28: 네가 에밀리를 가치 있다고 정의할 때 사용했던 특징들의 목록을 한번 보자. 여기에서 눈에 띄는 게 있니?

내담자 28: 잘 모르겠어요.

치료를 위한 구체적인 질문

상담자 29: 이 목록에 성학대를 받지 않았다는 것이 있니?

내담자 29: 없어요.

상담자 30: 이 점에 대해 어떻게 생각하니?

내담자 30: (잠시 생각하며) 잘 모르겠어요.

신념의 근원을 흔드는 질문

상담자 31: 만일 성학대를 받았다는 것이 가치 여부를 결정한다면, 이 목록에서 왜 빠져 있을까?

내담자 31: (잠시 생각하며) 아마도 제가 잊어버렸었나 봐요.

상담자 32: 그럴 수도 있겠지. 지금 여기에 첨가할까?

내담자 32: 좋아요. 첨가하죠.

상담자 33: (목록에 첨가하며) 이제 또 눈에 띄는 게 있니?

내담자 33: 잘 모르겠어요.

상담자 34: 네 목록에는 몇 가지가 있지?

내담자 34: 여섯 가지요.

상담자 35: 그중 몇 가지가 성학대와 관련이 있니?

내담자 35: 하나요. 아마도 성학대를 받았다는 것이 저를 완전히 가치 없는 사
람으로 만드는 것은 아닌가 보네요. 단지 여섯 가지 중의 하나일 뿐이
에요. 저를 가치 있게 만드는 다른 것들도 있으니까요.

> 내담자는 자신의 신념을 의심하기 시작

요약

상담자는 내담자의 신념을 확인하고 그 신념의 근원을 내담자 스스로 발견할 수 있도록 적절한 대화의 속도를 유지하면서 안내하였다. 내담자은 '나는 가치 없는 사람이다.'라는 신념을 가지고 있었으며, 그 신념의 근원은 부에 의해 가해진 성학대 때문이었다. 성학대에 대한 내용을 다룰 때 내담자가 성학대도 자기개념의 일부로 개방하는 것을 불편해하지 않도록 해야 하는 것이 중요하다. 상담자는 '얼마나'라고 물어봄으로써 성학대가 자기개념의 일부일 수 있음을 인정한다는 것을 암묵적으로 전달한다. 아울러 '얼마나'를 묻는 질문은 내담자의 흑백논리적 사고 과정을 저지하기 시작한다. 이것은 이후에 진행될 사고 검증의 기초가 된다.

이후 상담자는 내담자의 흑백논리적인 사고 체제에 조금씩 금이 가게 하였는데, 내담자의 신념은 가치 있는 것과 없는 것이라는 양분된 범주적 사고를 바탕으로 정의 내려진 것이었다. 이에 상담자는 질문을 정량적으로 함으로써 범주적인 사고를 차원적인 사고로 전환시킴으로써 사고 검증을 할 수 있는 기초를 마련하게 되었다. 이후 사고 검증 과정은 내담자가 생각하는 완전히 가치 있는 대상인 에밀리의 특징을 따로 목록화하고 그 특징에 내담자 본인의 점수를 평가함으로써 자신에게도 가치 있는 특징들이 있음을 확인할 수 있게 진행되었다. 그리고 이 과정에서 모아진

데이터에 근거하여 내담자는 학대 경험에 의해서만 자신의 가치가 결정되는 것은 아님을 생각할 수 있게 되었고, 자신을 규정하는 여러 다른 특징에 대해서 받아들이게 되었다.

5. 인지행동치료의 최근 동향과 전망

인지행동치료에 대한 다양한 접근과 시도는 상담 과정이나 방법에서 통합적인 발전을 이루어 왔다. 인지행동주의적 전통을 발전시킨 최근의 네 가지 중요한 접근은 ① 변증법적 행동치료 ② 마음챙김 기반 스트레스 감소법 ③ 마음챙김 기반 인지치료 ④ 수용전념치료다. 네 가지 접근은 모두 경험적 자료에 기초하고 있으며, 행동주의적 전통을 갖는다는 특징이 있다. 각각에 대하여 좀 더 자세히 살펴보도록 하겠다.

(1) 변증법적 행동치료

변증법적 행동치료(Dialectical Behavior Therapy: DBT)는 다루기 힘들고 복잡한 정신장애 치료를 위한 통합적인 인지행동치료로서, 1980년대에 자살 의도를 가진 내담자를 치료하기 위해 Marsha Linehan(1991)에 의해 개발되었으나 이후에 경계선 성격장애로 진단받은 내담자에게 적용하기 위한 심리치료법으로 발전하였다(Linehan, 1993). 변증법적 행동치료는 변증법(dialectical)과 행동(behavior)이라는 핵심 단어로 가장 잘 설명될 수 있다. 변증법은 논쟁 속에 하나의 주장과 이에 대한 반대 입장이 존재하고 있음을 의미하며, 따라서 논쟁을 해결하기 위해서는 자기주장과 반대 입장의 통합(synthesis)이 선행되어야 한다(Spiegler & Guveremont, 2010).

변증법적 행동치료는 다루기 힘들고 복잡한 정신장애 치료를 위한 통합적인 인지행동치료로서. 1980년대에 자살 의도를 가진 내담자를 치료하기 위해 Linehan (1991)에 의해 개발되었으나 이후에 경계선 성격장애로 진단받은 내담자에게 적용하기 위한 심리치료법으로 발전하였다.

- DBT의 목표
  - 자살 행동 저하
  - 치료를 방해하는 행동이나 반응 줄이기
  - 삶의 질을 저해하는 행동 줄이기

−외상 후 스트레스 반응 감소시키기

−자아존중감 증진하기

−집단에서 배운 행동기술 습득하기 등

이러한 목표를 달성하기 위하여 DBT는 타당화 및 수용 전략, 문제해결 및 변화 전략, 변증법적 설득 등과 같은 특정 기술을 사용한다.

(2) 마음챙김 기반 스트레스 감소법

마음챙김 기반 스트레스 감소법(Mindfulness–Based Stress Reduction: MBSR)은 내담자가 과도하게 과거를 반추하거나 미래를 걱정하지 않고 현재의 삶을 충만하게 영위해 나가도록 하는 것을 목표로, 스트레스에 대처하고 신체적 · 정신적 건강을 증진하려는 목적을 가진 일반인을 대상으로 실시하는 접근방법이다. 이를 위해 상담자는 내담자로 하여금 내 · 외부에서 발생하는 스트레스의 근원을 건설적인 방향으로 이끄는 방법을 가르치게 된다. 이 프로그램 안에는 내담자로 하여금 신체의 모든 감각을 관찰하도록 하는 몸 관찰(body scan) 명상이 포함되어 있으며, 마음챙김의 태도는 서 있기, 걷기, 먹기 등 삶의 모든 측면에서 이루어진다.

> '마음챙김 기반 스트레스 감소법'은 내담자가 과도하게 과거를 반추하거나 미래를 걱정하지 않고 현재의 삶을 충만하게 영위해 나가도록 하는 것을 목표로 한다.

(3) 마음챙김 기반 인지치료

인지심리학자들은 다양한 정신장애에 대한 심리치료 전략으로 마음챙김 기반 인지치료(Mindfulness−Based Cognitive Therapy: MBCT)를 개발했다. Segal, Williams 그리고 Teasdale은 기존의 인지치료가 우울증의 재발 방지에 한계가 있음을 깨닫고 우울증 재발을 방지하기 위한 목적으로 기존의 인지행동치료와 MBSR을 통합하여 MBCT를 개발하였다.

기존의 인지치료는 우울증 환자들의 역기능적 태도와 사고를 합리적으로 바꾸는 것이 핵심이었으나, 마음챙김 기반 인지치료는 부정적인 자동적 사고에 주목하기보다 사고에 대한 탈중심적인 접근을 강조한다. 즉, 의식 차원에서의 생각이나 신념을 발견하고 교정하려 하기보다는, 평상시 감지하지 못하던 심신의 느낌에 주목하고 집중하여 자신의 상태를 인

> '마음챙김 기반 인지치료'는 부정적인 자동적 사고에 주목하기보다 사고에 대한 탈중심적인 접근을 강조한다.

식하고, 있는 그대로의 자신을 받아들이는 수용을 강조한다.

(4) 수용전념치료

'수용전념치료'는 고통 완화를 위한 내담자의 언어 사용을 강조하는 행동주의 기법으로, 수용은 불안을 회피하고 통제하려는 의도를 포기하는 것이다.

수용전념치료(Acceptance and Commitment Therapy: ACT)는 고통 완화를 위한 내담자의 언어 사용을 강조하는 기법으로, 여기에서 수용은 불안을 회피하고 통제하려는 의도를 포기하는 것이다. 가령, '어떤 ○○를 생각하지 말아야지.'라고 생각하는 것은 이미 ○○에 주의를 기울이고 있다는 것을 의미하며, 결국 ○○에 대한 생각을 불러일으킨다. ACT에서는 내담자의 병리적 특징을 불안이나 걱정으로부터의 회피나 통제로 보기 때문에 최우선적으로 감정적인 통제나 회피의 패턴 및 방식을 탐색하고, 그것들에 대해 자발적인 수용을 학습시킴으로써 내담자로 하여금 부정적인 정서를 피하지 않고 느낌, 사건, 상황을 있는 그대로 받아들여 자신의 생각과 느낌을 그 자체로서 바라볼 수 있도록 돕는다.

되짚어 보기

1. 인간은 합리적이고 올바른 사고를 할 수 있는 존재일 뿐만 아니라 비합리적이고 올바르지 못한 왜곡된 사고를 할 수 있는 가능성을 지닌 존재다. 특히 인간의 왜곡된 사고는 어린 시절의 부모의 양육 태도에 의하여 획득된 비논리적인 학습 때문이다. 인간은 왜곡된 사고, 비합리적 신념, 행동을 합리적인 것으로 변화시킬 힘이 있으며 이렇게 변화시킴으로써 성숙한 사람이 될 수 있다.

2. Ellis의 합리적 정서행동치료는 인간의 심리 증상이 환경적 자극에 대처하기 위해 자동적으로 일어나는 사고에 의해 생긴다. 사람들의 정서적 문제는 일상생활의 사건을 비합리적인 방식으로 지각하고 받아들이고 해석하기 때문이다. 이러한 비합리적 신념은 아동기 동안 중요한 타인으로부터 학습한다. 이렇게 형성된 비합리적 신념은 자기암시와 자기반복의 과정에 의해 자기패배적 신념을 더욱 확고하게 만들어 나간다.

3. Ellis의 합리적 정서행동치료의 상담 목표는 내담자의 인지적 오류와 왜곡을 수정하여 신념체계를 변화시킴으로써 내담자에게 정서적·행동적 변화를 가져오게 하는 데 있다. 합리적 정서행동치료의 상담 이론 중 ABCDEF 모형이란 A(선행사건)에 의해 형성된 B(신념체계)로 인한 C(정서적·행동적 결과)로 나타난 것을 D(비합리적 신념에 대한 논박)를 통해 합리적 신념으로 변화시킴으로써 적절한 정서적·행동적 결과(E, F)를 나타내게 한다는 이론이다.

4. Beck의 인지행동치료에서 인간의 자동적 사고란 어떤 환경적 사건에 대해 자기도 모르는 사이에 떠오르는 생각과 심상을 말하며, 이러한 자동적 사고로 인해 특정한 감정 및 행동 반응이 자동적으로 일어나게 된다. 인지적 오류란 어떤 사건이나 상황을 체계적으로 왜곡해서 그 의미를 해석하는 정보처리 과정에서 일으키는 체계적인 잘못을 말하며, 이분법적 사고, 선택적 추상화, 독심술, 과잉일반화 등이 있다.

5. Beck의 인지행동치료의 상담 목표는 자동적 사고를 변화시키고 인지적 도식을 재구성하여 새로운 사고를 하도록 하는 것이다. 내담자의 자동적 사고를 찾아내어 인식하게 해서 보다 합리적인 사고로 변화시킨다. 상담자는 내담자에게 현재 문제를 일으킨 인지적 가설을 가르치고, 비합리적 신념이 부정적인 결과를 초래하는 방식을 보여 줌으로써 내담자로 하여금 합리적 신념을 가지게 할 뿐만 아니라 행동적 과제를 제시하여 비합리적 사고를 최소화할 수 있도록 돕는다.

6. 인지행동 상담에서의 상담기술은 행동변화 기법과 사고 재구성 방법을 결합해서 내담자들에게 사고와 감정의 변화를 이끌어 내는 방법으로 인지 재구성, 인지행동 수정 등이 있다.

7. 인지행동 상담 과정은 내담자들이 사건이나 상황이 아닌 자신이 가지고 있는 비합리적 신념 때문에 장애를 느낀다는 것을 그들에게 보여 준다. 자신의 문제 목록표를 만들고, 당위론적 신념을 밝히며 논박하게 하고, 비합리적 신념을 줄이기 위한 과제를 부과한다. 내담자의 언어 패턴이 왜곡된 사고를 일으키는 하나의 원인이라보고, 상담자는 내담자에게 새로운 자기진술 방식을 학습하게 한다.

8. 인지행동 상담의 공헌점으로 ABC 이론은 상담모형을 간단명료하게 보여 주며, 상담자의 개입 없이 스스로 상담을 이행할 수 있는 방법을 가르친다는 것, 새로 획득한 통찰을 행동으로 옮기는 것을 강조한다. 비판점은 주도적으로 상담을 해 나가기 때문에 내담자를 무시하거나, 내담자의 비합리적 사고를 합리적 사고로 바꾸는 과정에서 자신들의 사고를 강요하여 심리적 상처를 줄 수 있다는 점이다.

앉은 자리가 꽃자리니라!
네가 시방 가시방석처럼 여기는
너의 앉은 그 자리가
바로 꽃자리니라.

−구상의 『우음(偶吟) 2장』 중에서−

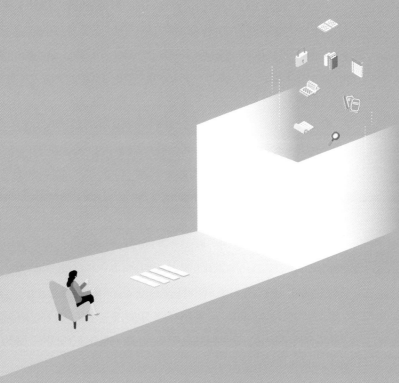

제9장
게슈탈트 상담

 길라잡이 물음

1. 게슈탈트란 어떤 의미라고 생각하는가?

2. 지금 당신은 무엇을 원하고 무엇을 느끼는지 알아차리고 있는가?

3. 당신은 '지금-여기를 살아라.'라는 말의 의미대로 살고 있는가?

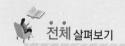

게슈탈트 상담은 독일 출생의 유대계 정신과 의사 Fritz Perls에 의해 창안된 심리상담법이다. '게슈탈트(Gestalt)'라는 용어는 독일어로 '전체' 또는 '형태'를 의미하기 때문에 우리나라에서는 게슈탈트 상담을 형태상담이라고도 한다. Perls는 게슈탈트란 '부분이 전체로 통합되는 독특한 지각 형태'라는 의미로 사용하였는데, 이러한 지각 능력은 인간 유기체가 가진 기본적인 기능이다.

게슈탈트 상담에서는 인간이 세계를 조직화하는 것을 개인적인 지각에 의해 주관적으로 현실을 파악하는 것으로 본다. 그러므로 게슈탈트 접근에서는 현실을 절대적인 것으로 규정하지 않는다는 점에서 '현상학적(phenomenological)'이다. 또한 지금과 여기에 바탕을 둔다는 점에서 '실존적(existential)'이다. 게슈탈트 상담이 지성보다는 경험적 자료를 더 많이 활용하게 된 것은 실존철학에 따른 것으로서 자신과 타인을 이해하기 위하여 신체의 움직임, 목소리, 자세 및 호흡으로 나타나는 총체적 경험을 활용한다.

게슈탈트 상담에서 개인이 성숙하기 위해서는 생활 속에서 자신의 길을 스스로 찾아야 하며 개인적인 책임을 스스로 수용해야 한다. 게슈탈트 상담의 기본 목표는 내담자 자신이 행동하고 경험하는 것을 자각하여 자신의 느낌, 생각, 행동에 대하여 책임을 지도록 하는 것이다. 따라서 게슈탈트 상담 과정에서 상담자는 내담자의 자각이 방해를 받고 있는 상황에서 내담자의 책임에 대한 자각을 높이는 데 중점을 둔다.

게슈탈트 상담에서 상담자는 내담자가 과거에 가졌던 관심사나 현재의 관심사에 관한 직접적인 경험에 대해 질문을 한다. 이를 통해 어떤 상황에 대한 추상적인 이야기보다 직접적인 경험을 생생하게 드러내게 하며, 내담자가 다른 사람이나 상담자와 상호작용하는 데서 생기는 느낌, 생각, 행동을 경험적으로 파악한다. 상담 과정에서는 상담자의 자발성을 강조하는데, 내담자의 성장은 상담자의 상담 기법이나 내담자에 대한 해석에서 오는 것이 아니라 상담자와 내담자 두 사람 사이의 진실한 접촉에 의하여 이루어지기 때문이다.

게슈탈트 상담은 정신분석적 상담 이론을 비롯하여 유기체 심리학, 장이론, 사이코드라마, 실존철학 등으로부터 영향을 받았을 뿐만 아니라 동양 사상 중에서 도가와 선 사상 등의 영향을 받아서 발달된 상담 방법이다. 게슈탈트 상담은 이렇게 많은 상담 방법과 사상들의 영향을 받아 생겨났지만, 그것들을 단순히 합쳐 진열해 놓은 백화점식 상담법은 아니다. 게슈탈트 상담은 외부의 영향들을 독자적인 관점에서 통합함으로써 하나의 새로운 정체성을 확립하였다.

Jacobs(1989)는 게슈탈트 상담자들이 내담자-상담자 관계의 중요성을 자각하고 있으며, 상담 장면에서 Perls가 보여 준 카리스마 있고 강력한 역할을 받아들이기보다는 진정한 '나-너(I-thou) 협력 관계'를 구축하기 위해 더 온화하고 덜 직면적인 상담법을 개발하고 있다고 보고한 바 있다. 게슈탈트 상담은 새로운 경험과 이론에 개방되어 있으므로 앞으로도 끊임없이 그 폭과 깊이를 넓혀 나가게 될 것이다.

1. 주요 개념

1) 인간관

Perls의 게슈탈트 상담은 Lewin의 장이론 (field theory)과 실존주의 및 현상학적 접근의 기본 전제를 따르고 있다. 다시 말해, 게슈탈트 심리학은 개체의 욕구나 감정, 그리고 환경 조건 및 상황 간의 상호작용을 강조한다는 점에서 Lewin의 장이론과 그 맥을 같이하고 있으며, 행위와 감정 및 생각에 대한 개인의 책임을 강조한다는 점에서 현상학 및 실존주의와 같은 입장을 취하고 있다.

Fritz Perls

게슈탈트 상담은 그 명칭처럼 인간의 삶에서 전체성, 통합, 균형의 중요성을 강조한다. 게슈탈트 상담에서는 인간을 '마음과 몸이 이분화된 존재가 아니라 전체로서 기능하는 통합적인 유기체'로 보았고, Perls는 인간 유기체에 대해 "우리는 간이나 심장을 가지고 있는 것이 아니다. 우리는 간이고 심장이고 뇌다. 그러나 이것도 틀린 것이다. 우리는 부분들의 합이 아니라 전체의 협응이다. 우리는 몸을 가지고 있는 게 아니다. 우리가 몸이다. 우리는 어떤 사람인 것이다."와 같이 표현한 바 있다. Enright(1975)는 게슈탈트 상담의 기본 가정에 대해 "자신의 삶의 문제가 무엇인지 알고 그것을 해결하기 위해 자신의 모든 능력을 발휘할 수 있다는 것은 문제를 해결해 나갈 능력이 있다는 것이다."라고 언급한 바 있다. 이는 유기체가 자기 내부 또는 주변에서 일어나는 일에 대해 완전히 인식할 수 있으면 자연스럽게 자기조절 능력이 형성된다는 의미로, 인간의 긍정적인 성장과 변화에 필요한 자원이 다름 아닌 자기 자신 안에 있음을 나타낸다.

Perls는 '인간은 자신에게 가장 긴급하게 필요한 게슈탈트를 끊임없이

> 게슈탈트 상담은 그 명칭처럼 인간의 삶에서 전체성, 통합, 균형의 중요성을 강조한다.

완성해 가며 매 순간 경험하는 환경적 장에서 살아간다.'는 점에 착안하여 인간을 현상학적이고 실존적인 존재로 해석하였고, 다른 인본주의자들처럼 인간에 대해 '낙관적이고 능력 있는 존재' '완성 혹은 해결을 추구하는 경향을 지닌 존재'로 보았다. 또한 '모든 사람, 모든 식물, 모든 동물은 오로지 한 가지 목표를 가지고 있다. 그것은 자신을 있는 그대로 실현하는 것'이라는(Perls, 1969) 그의 말에서 알 수 있듯이 인간의 삶에서 자아실현을 매우 중시하였다. 그는 '사람은 근본적으로 선하고, 자신의 삶에 성공적으로 대처하는 능력을 가지고 있다.'고 믿었으며, 건강한 사람은 생존과 생계의 과업을 생산적으로 해 나가고, 직관적으로 자기 보존과 성장을 향해 움직인다고 주장하였다.

또한 게슈탈트 상담에서는 인간을 현재 중심적이고, 전체적이며, 자신의 자유로운 선택에 의해 잠재력을 각성할 수 있는 존재로 본다. '현재 중심적'이란 지나간 과거에 얽매이지 않고 현재의 환경 속에서 자신의 행동을 자유롭게 선택할 수 있음을 의미하며, '전체적'이라는 것은 인간의 행동을 육체ㆍ정신ㆍ환경 등의 단편적인 요소나 그 합에 의한 것으로 보지 않고 각 요소들이 역동적으로 상호 관련되어 나타나는 하나의 전체로서 이해함을 의미한다.

> 게슈탈트 상담에서는 인간을 현재 중심적이며, 인간의 행동을 하나의 전체로서 이해하고, 자신의 자유로운 선택에 의해 잠재력을 각성할 수 있는 존재로 본다.

2) 게슈탈트

> 게슈탈트는 전체, 형태 혹은 모습을 의미하는 독일어로, 인간이 자신의 욕구나 감정을 하나로 조직화하여 자각하는 것을 의미한다.

게슈탈트(Gestalt)는 전체(whole), 형태(configuration) 혹은 모습을 의미하는 독일어로, 여기에는 형태를 구성하는 개별적 부분들이 조직화되는 방식이 내포되어 있다.

게슈탈트 심리학자들에 의하면 개체는 어떤 자극에 노출되면 그것들을 각각의 부분으로 보지 않고 ① 완결, ② 근접성, ③ 유사성의 원리에 입각하여 자극을 하나의 의미 있는 전체로 만들어 지각하는 경향이 있다고 주장한다. 즉, 게슈탈트란 개체가 자신의 유기체 욕구나 감정을 하나의 의미 있는 행동 동기로 조직화하여 지각하는 것을 의미한다(김정규, 2015).

이처럼 게슈탈트는 상황과 환경을 떠나 그 자체로서 존재한다기보다는 서로의 상호작용을 통해 그 상황에서 형성된 것이다. 개체는 단순히 객관적으로 존재하는 게슈탈트를 지각하는 것이 아니라 어떤 상황에서 자신의 욕구나 감정, 그리고 환경조건과 맥락 등을 고려하여 가장 매력 있는 혹은 절실한 행동을 게슈탈트로 형성하는 것이다.

개체가 게슈탈트를 형성하는 이유는 욕구나 감정을 환경과의 접촉을 통해 하나의 유의미한 행동으로 만들어 실행하고 해소함으로써 이를 완결 짓기 위함이다. 단, 개체의 욕구나 감정이 아니라 개체가 자신의 욕구와 감정을 자신이 처한 환경을 고려하여 그 상황에서 실현 가능한 행동 동기로 지각한 것이라 할 수 있다. 개체는 게슈탈트를 형성함으로써 자신의 모든 활동을 조정하고 해결해 나간다. 건강한 삶이란 분명하고 강한 게슈탈트를 형성할 수 있는 능력을 가지고 있음을 의미하며, 자연스러운 유기체 활동을 인위적으로 차단하고 방해함으로써 게슈탈트 형성에 실패하면 심리적 · 신체적 장애를 겪게 된다.

3) 전경과 배경

개인이 대상을 인식할 때 어느 한 순간 관심의 초점이 되는 부분을 전경(figure), 관심 밖에 놓여 있는 부분은 배경(background)이라 한다. 게슈탈트 상담에서는 개체가 게슈탈트를 형성하여 지각하는 것도 전경과 배경의 관계로 설명하는데, 게슈탈트를 형성한다는 것은 개체가 어느 한 순간 가장 중요한 욕구나 감정을 전경으로 떠올린다는 말과 같은 뜻이다.

특정한 욕구나 감정을 다른 것과 구분하지 못함으로써 강한 게슈탈트를 형성하지 못하는 사람들은 자신이 진정으로 하고 싶은 일이 무엇인지 알지 못하며, 따라서 행동 목표가 불분명하고 매사에 의사결정의 어려움으로 혼란스러워한다(Zinker, 1977).

반면, 건강한 개체에게는 자연스러운 전경과 배경의 교체, 즉 전경으로 떠올랐던 게슈탈트의 해소와 배경으로의 후퇴, 그리고 새로운 게슈탈트의 형성과 전경으로의 출현이 활발하게 일어나게 된다. 이러한 전경과 배경의 교체는 알아차림과 접촉을 통해 일어나게 되는데, 이때 알아차림은

게슈탈트 상담에서는 개체가 게슈탈트를 형성하여 지각하는 것도 전경과 배경의 관계로 설명하는데, 게슈탈트를 형성한다는 것은 개체가 어느 한 순간 가장 중요한 욕구나 감정을 전경으로 떠올린다는 말과 같은 뜻이다.

게슈탈트의 형성, 접촉은 게슈탈트의 해소와 관계된다.

4) 자각

자각(awareness)은 개체가 개체-환경의 장에서 일어나는 중요한 내적 · 외적 사건들을 지각하고 체험하는 것이다(Yontef, 1984). 다만, 이때 지금-여기에서 일어나고 있는 중요한 현상들을 방어하거나 피하지 않고 있는 그대로 지각하고 체험하는 것이 중요하다.

자각은 유기체의 고유한 능력으로, 자신을 환경에 적응시키면서 성장해 나가기 위해 반드시 필요한 생존도구이며, 여기에는 개인의 중요한 욕구나 감각, 감정, 생각, 행동, 환경, 자신이 처한 상황 등에 대한 발견과 체험, 자기 행동의 주체가 자기 자신이라는 깨달음, 특정 상황에서 자신이 선택할 수 있는 행동 반응에 대한 인식 등이 포함된다.

건강한 개체는 유기체와 환경의 상호작용에서 매 순간 자신에게 가장 중요한 욕구와 감정을 자각함으로써 게슈탈트 형성에 어려움이 없으나 그렇지 못한 개체들은 접촉경계 혼란으로 환경과의 교류에서 명료한 게슈탈트 형성에 실패하고, 그로 말미암아 적응장애를 일으키게 되며, 해소되지 못한 욕구와 감정은 미해결 과제로 남아 문제를 일으킨다.

따라서 자각은 게슈탈트 상담의 관건이 된다고 할 수 있다(Resnick, 1990). 온전한 자각을 통해 자신을 조절하고 최적의 수준에서 기능할 수 있다고 본 Perls는 "자각은 그 자체로 치유적일 수 있다."라고 하였는데, 이는 충분한 자각이 이루어지는 사람은 주변의 환경을 알아차리고 자신의 선택과 자기 자신에 대해 책임지며 수용함을 의미한다.

5) 접촉과 접촉경계

게슈탈트 상담에서의 접촉(contact)은 전경으로 떠오른 게슈탈트를 해소하기 위해 환경과 상호작용하는 행위로서 유기체와 환경 간의 창조적 교류 혹은 적응이며, 변화와 성장이 일어나기 위한 필수조건이다. 유기

[좌측 여백 주석]

자각은 유기체가 환경과의 상호작용에서 중요한 욕구와 감정을 알아차리는 능력으로, 자신을 환경에 적응시키면서 성장해 나가기 위해 반드시 필요한 생존도구다.

접촉은 전경으로 떠오른 게슈탈트를 해소하기 위해 환경과 상호작용하는 행위로서 유기체와 환경 간의 창조적 교류 혹은 적응이며, 변화와 성장이 일어나기 위한 필수조건이다.

체는 접촉을 통해 존재하며 자각한다. 따라서 효과적인 접촉은 개체가 개성을 상실하지 않으면서 자기 자신을 비롯한 자연이나 타인과의 상호작용을 통해 환경에 대해 '끊임없이' '창조적으로' '새롭게' 적응하는 것이다(Poster, 1987).

이때 유기체와 환경이 만나는 장소를 '접촉경계'라 하며 모든 심리적인 사건들은 바로 이 접촉경계에서 발생한다. 경계는 유기체와 환경을 분리하는 것이 아니라 유기체의 한계를 정하고 보호해 줌으로써 유기체와 환경이 특정한 관계를 유지할 수 있도록 하는 기능을 갖는다(Perls, 1976; Perls et al, 1951). 환경과 유기체가 상호작용함에 있어 접촉경계에서는 회피 · 접근 · 지각 · 감정 · 갈등 등의 작용이 일어나며 이를 통해 개인은 성장하고 변화해 나가게 된다.

> 접촉경계는 유기체와 환경이 만나는 영역으로 개인은 회피 · 접근 · 지각 · 감정 · 갈등 등의 작용을 통해 성장하고 변화해 나가게 된다.

6) 접촉경계 혼란

게슈탈트 상담에서 건강한 개체는 접촉경계에서 환경과의 교류를 통해 자신에게 필요한 것은 경계를 열어 받아들이고, 그렇지 않은 것에 대해서는 경계를 닫음으로써 환경의 악영향으로부터 자신을 보호하는데, 이러한 기능에 문제가 발생할 때 접촉경계 혼란이 일어나 환경과의 유기적인 교류 접촉이 차단되고 심리적 · 생리적 혼란이 생기게 된다. 접촉경계 혼란으로 말미암아 개체는 자신의 경계를 명확하게 인식하지 못함으로써 자신의 정체성을 확립하지 못할 뿐 아니라 자신이 누구이며 무엇을 원하는지, 자기와 타인의 경계가 어떠한지에 대한 판단에 문제가 발생한다. 또한 접촉경계 혼란이 심해지면 경계가 매우 불투명해져 마침내 신체 경계까지 흐려지게 되고 심리적인 불안을 경험하게 되는데(Clarkson, 1990; Smith, 1990), 이러한 맥락에 따라 게슈탈트 상담자들은 모든 정신병리 현상은 접촉경계 혼란으로 인해 발생한다고 보았다. 이에 Perls는 접촉경계 혼란을 야기하는 원인으로 내사 · 투사 · 융합 · 반전 · 자의식을 들었고, Polster(1973)는 Perls의 분류에서 자의식을 빼는 대신 편향을 추가시켰다. 접촉경계 혼란의 예시에 대해 살펴보면 〈표 9-1〉과 같다.

> 접촉경계 혼란은 유기체와 환경의 교류가 차단되어 발생하는 혼란을 의미한다.

| 표 9-1 | 게슈탈트 접촉경계 혼란의 예시 |

탈감각	문제 인지에 실패함
내사	다른 사람의 관점을 무비판적으로 그대로 받아들임
투사	자신의 원하지 않는 부분을 타인에게 전가함
반전	다른 사람에게 할 행동을 자신에게 직접적으로 함
편향	다른 사람이나 자신과 직접적인 접촉을 피함
자의식	외부에서 자신에게 영향을 미치지 않도록 하는 것
융합	경계가 모호해질 때까지 타인에게 동의하는 것

※ 게슈탈트 접촉경계 혼란에 대한 자세한 내용은 부록 9-1 참조

7) 접촉경계 혼란과 지각의 왜곡

게슈탈트 상담자들은 자기(유기체)와 외부 세계(타인과 환경) 간의 접촉의 형태로 경험의 매 순간을 바라본다(Perls, 1951; Yontef, 1995). 만약 외부 세계와 직접적인 접촉을 맺고 진실하게 마주할 수 있다면, 인간은 충만하고 진실한 삶을 살 수 있을 것이다. 그러나 어린 시절의 경험, 공포, 사회적 요구와 같은 다양한 이유로 사람들은 자신을 보호하기 위하여 진정한 접촉을 피하게 된다. 이러한 접촉경계 혼란은 자기 혹은 타인의 지각에서 왜곡을 의미한다.

접촉은 일곱 개의 연속 단계를 포함하며, 최초의 지각으로부터 시작하여 직접적 접촉을 향해 가고 물러나면서 끝이 난다. 그 과정에서 인간은 한 사람/사물/생각과 접촉을 만들어 내고 철수하는 흐름을 경험한다. 즉, 연결과 단절의 끝없는 연속선상에 놓여 있는 것이다. 인간은 각 단계에서 구체적인 저항으로 접촉을 피한다(Woldt & Toman, 2005).

표 9-2 접촉 단계와 저항

연속 단계	저항 과정	저항의 예시
1. 감각/지각: 유기체는 환경으로부터 자극을 지각한다.	둔감화: 문제를 인식하는 데 실패하는 것	연인과 다툴 때 연인의 폭력이 증가하는 것을 무시하는 것
2. 알아차림: 한 사람의 인생경험은 환경적인 감각에 초점을 맞추게 된다.	내사: 타인의 관점을 전부 가감 없이 받아들이는 것	부모가 원하는 대로 되는 것
3. 흥분/에너지 동원: 유기체는 접촉을 준비하기 위해 에너지 동원을 한다.	투사: 타인에게 자신의 원하지 않는 모습들을 전가하는 것	자기의 성적인 면모를 거부하고 '성욕 과잉'으로서 타인을 지각하는 것
4. 참만남/행동: 유기체는 타인과 연관되기 위하여 행동을 취한다.	반전: 타인보다는 자기에게 직접적인 행동을 취하는 것	타인과의 갈등을 만들기보다 자기에 대한 비판에 초점을 맞추는 것
5. 상호작용/완전한 접촉: 밀고 당기는 교환이 발생한다. 자기는 '우리'의 일부가 된다.	편향: 다른 사람이나 자기와의 직접적인 접촉을 피하는 것	배우자를 피하기 위해 오랜 시간 일하거나 자신의 감정을 무시하는 것
6. 동화/통합: 유기체는 새로운 정보와 행동 등을 받아들이고 통합한다.	자의식: 외부 세계가 자기에게 영향을 미치도록 허락하지 않는 것	'사랑에 빠지는' 것을 원하지만, 관계의 욕구를 마주하기 위해 자기를 변화시키고자 개방하지 않는 것
7. 분화/철수: 유기체는 접촉으로부터 철수하고 개인적인 상태로 회귀한다.	융합: 경계가 모호해질 정도로 다른 사람들에게 동조하는 것	자기가 더 이상 다른 견해를 갖지 못할 정도로 배우자에게 동조하는 것

8) 미해결 과제

　개인에게 '완결되지 않은' '해소되지 않은' 혹은 '불완전한' 게슈탈트를 미해결 과제(unfinished business)라 한다. 이러한 미해결 과제는 분노, 격분, 증오, 고통, 불안, 슬픔, 죄의식, 포기 등과 같이 자신 또는 타인과 효율적으로 접촉하는 것을 방해하는 형태로 현재 생활에 나타나게 된다. 개체는 비록 왜곡되고 병리적인 방식이라 하더라도 게슈탈트를 완결 짓고자 하는 강한 동기를 지니고 있기 때문에 직접 직면하여 표현하지 못한 감정들을 다룰 때까지 계속된다. 미해결 과제가 많아질수록 개인은 자신의 욕구를 효과적으로 해소하는 데 실패하게 되고 마침내 심리적·신체적

> 미해결 과제는 자신 또는 타인과 효율적으로 접촉하는 것을 방해하는 형태로 현재 생활에 나타나서 다양한 문제를 유발하므로 게슈탈트 상담은 미해결 과제의 해결을 중요한 목표로 여긴다.

장애를 일으키기 때문에(Perls, 1969) 게슈탈트 상담은 미해결 과제의 완결을 매우 중요한 목표로 다룬다.

미해결 과제를 해결할 수 있는 방법은 '지금-여기(now and here)'를 알아차리는 것이다. Perls는 모든 것이 지금-여기에 명백하게 드러나고 있으므로, 그것을 회피하지 않고 알아차리기만 하면 된다고 하였다(Perls, 1976). 예컨대, 어린 시절 어머니로부터 사랑과 인정을 받지 못한 사람은 아무리 노력해도 어머니의 사랑과 인정을 얻는 것이 불가능하다는 생각에 어머니에 대한 적개심을 갖게 되고, 빗나간 욕구는 결국 타인의 인정과 사랑에 대한 갈망으로 나타나지만 그 어디에서도 충족되거나 만족할 수 없는 상태에 머무르게 된다. 이는 그의 욕구가 지금-여기 어른으로서 경험하는 현재의 욕구라기보다 아동기의 욕구에 머물러 있기 때문이다. 그가 진실한 만족을 경험하기 위해서는 어머니로부터 사랑받지 못했던 감정들을 표현하고 과거의 장애, 즉 미해결 과제를 해결해야 한다.

9) 실험

'실험'은 상담자와 내담자가 상호작용 과정에서 행하는 모든 탐색적 활동을 지칭하는 것으로, 상담 장면을 실험환경이라는 한정된 공간으로 설정했을 때 떨고, 화내고, 울고, 웃는 등 그 안에서 이루어지는 내담자의 모든 내·외적 경험을 의미한다.

게슈탈트 상담에서 '실험'은 상담자와 내담자가 상호작용 과정에서 행하는 모든 탐색적 활동을 지칭하는 것으로, 상담 장면을 실험환경이라는 한정된 공간으로 설정했을 때 떨고, 화내고, 울고, 웃는 등 그 안에서 이루어지는 내담자의 모든 내·외적 경험을 의미한다. 이러한 경험은 내담자에게는 마치 미지의 세계를 탐험하는 것과 같이 성공적인 결과물을 보장할 수 없는 진실에 대한 경험이다. 이때 상담자는 내담자로 하여금 미완성된 주제의 방향을 찾아갈 수 있도록 이끌고 격려함으로써 상담자와 내담자는 한 편의 드라마를 같이 만들어 나가는 파트너가 되는 것이다. 게슈탈트 상담에 있어 내담자와 상담자 모두 '실험하는 태도' '창조적인 태도'로 임할 때 상담 과정은 충만하고 풍부하게 살아가는 인생의 창조적 경험이 된다.

10) 실존적 만남

게슈탈트 상담자들은 두 사람의 존재 사이에서 일어나는 생생한 실존적 만남을 가장 중요한 가치로 보고 있다. 내담자와 상담자 관계에서 일어나는 매 순간은 상담의 핵심 요소로 이어진다. 그러므로 게슈탈트 상담자의 태도는 적극적이고 진실되어야 하며, 내담자를 책임감 있고 발전적인 선택을 할 수 있는 존재로 인정함으로써 자율과 자기치유 그리고 통합으로 안내할 수 있어야 한다.

이때 상담자는 내담자를 이끌거나, 안내하거나, 충고하거나 혹은 다른 방식으로 내담자의 책임을 빼앗고자 하지 않고, 내담자 스스로의 노력을 통해 상담의 목표를 발견하고 실현할 수 있는 능동적이며 책임감 있는 참여자이자 스스로의 행동과 변화에 대한 책임자로 안내한다. 이에 대해 Perls는 "내담자의 외부 자원을 통해 성숙을 이룰 수 있다고 기대한다면, 이는 번지수가 틀린 나무를 보고 있는 것이다. ……(중략)…… 성숙은 그를 위해 누군가가 이루어 줄 수 있는 것이 아니고, 자기 스스로 성장하는 고통스러운 과정을 거쳐야만 하는 것이다. 우리 상담자들은 촉매로서, 영사막으로서, 우리를 사용할 수 있게 해 줌으로써 환자에게 기회를 제공하는 것 이외에는 아무것도 할 수 있는 일이 없다."(Perls, 1996)라고 언급한 바 있다.

> 실존적 만남은 내담자를 책임감 있고 발전적 선택을 할 수 있는 존재로 보고, 적극적이고 진실된 태도로 만나는 것이다.

2. 심리적 문제의 형성

게슈탈트 상담자들은 내담자들이 내적 세계(단절된 자기 자신의 일부를 포함하는)와 환경(중요한 타인, 사회 등)과의 직접적인 접촉과 현재 순간의 알아차림(awareness)을 발달시키도록 노력한다. 왜냐하면 게슈탈트 상담자들은 신경증과 다른 문제들은 사람이 환경이나 자기 자신의 일부와의 직접적인 접촉을 피할 때 발생한다고 믿기 때문이다. 상담 회기 내에서 상담자에 의해 촉진된 현재의 순간에 대한 경험들은 사람들이 점점 더 나은 온전성(wholeness)을 만들어 내기 위하여 자기 자신의 단절된 일부분을 재통합시킬 수 있도록 한다.

3. 상담의 과정과 기법

게슈탈트 상담의 과정과 기법은 다음과 같다.

1) 상담 목표

게슈탈트 상담에서 추구하는 중요한 목표는 성장, 실존적 삶, 자립, 통합의 네 가지 차원으로 나누어 살펴볼 수 있다.

첫째, 게슈탈트 상담은 개체를 스스로 성장·변화해 나가는 생명체로 보고 증상의 제거보다는 성장에 관심을 기울이는 접근방법이다. 즉, 정상과 비정상의 규준을 미리 정해 놓고 내담자를 거기에 맞추려는 것이 아니라 내담자의 성장 욕구와 인격적 성장을 중요한 상담 목표로 간주하고 가장 이상적인 자신의 모습으로 변화하고 성장해 나갈 수 있도록 조력하는 데 초점을 둔다. 이에 대해 Perls는 "심리상담의 목표는 내담자 인격의 병적인 부분을 제거하거나 교정하는 것이 아니라 내담자의 자생력을 발견함으로써 스스로 혼란을 극복하고 새로운 변화와 성장을 향해 나아가도록 도와주는 데 있다."라고 하였다(Perls et al., 1951). 다만, 성장에 대한 시도는 지금까지 피하고 억압해 왔던 욕구들을 직면해야 하고 편견과 내사들을 파괴하는 과정에서 개인에게 심한 불안감을 가져다줄 수 있으므로 상담자는 내담자의 이러한 공포를 이해해 주고 조심스럽게 다루는 동시에 내담자에게 희망과 자신감을 북돋아 주어 새롭게 도전하도록 격려해 줄 수 있어야 한다(Perls et al., 1951).

둘째, 게슈탈트 상담의 목표는 내담자 스스로 자기 자신을 되찾도록 격려하고 도와주는 것이다(Beisser, 1970). 자기 자신이 된다는 것은 실존적인 삶을 산다는 것이며, 이는 곧 개인의 자연스러운 욕구에 따라 사는 것

게슈탈트 상담은 개체를 스스로 성장·변화해 나가는 생명체로 보고 증상 제거보다는 성장에 관심을 기울이는 접근방법이다.

게슈탈트 상담이 목표는 내담자 스스로 자기 자신을 되찾도록 격려하고 도와주는 것이다.

을 의미한다. 이와 같이 실존적인 삶은 항상 '있음(Sein)'에 초점을 맞추므로 현실과 자신에 대한 긍정적인 시각을 키우고 삶에 대해 적극적이고 참여적인 태도를 갖게 한다. 따라서 상담자는 내담자로 하여금 자신의 욕구와 현실을 있는 그대로 받아들이고 스스로 자립함으로써 잠재적 가능성을 실현해 나가도록 돕고, 타인 및 사물을 판단함에 있어서도 실존적 상황에 열려 있는 자세로 그들 본연의 모습을 인정하고 존중할 수 있도록 해주어야 한다.

셋째, 게슈탈트 상담에서는 내담자 스스로 자신의 내적 힘을 동원하여 자립하는 것을 강조하므로 상담은 내담자의 자립 능력을 일깨워 주고 그 능력을 다시 회복하도록 도와주는 방향으로 이루어진다. 자신에게 필요한 자원과 능력이 없다는 왜곡된 신념을 가지고 타인에게 의존하고자 하는 내담자의 시도를 좌절시킴으로써 내담자로 하여금 자신의 에너지를 동원하여 주체적으로 행동하고 자기지지를 배우도록 돕는다(Harman, 1989). 이를 위해 게슈탈트 상담에서 상담자는 내담자가 갖고 있는 내적 자원들을 알아차리고 그것을 사용하여 스스로 자립할 수 있다는 것을 깨닫게 도와주어야 하며, 타인의 지지를 얻기 위해 하는 내담자의 역할연기 행동이 궁극적으로 문제해결에 도움이 되지 않는다는 사실을 인식하고 그러한 노력을 포기하도록 해 주어야 한다. 이러한 맥락에서 Perls는 좌절을 통해서만 진정한 성장이 가능하다고 주장했는데, 게슈탈트 상담에서 말하는 좌절이란 내담자가 상담자나 타인에게 의존하려 하거나 그들을 조종하려는 태도에 대해 상담자가 동조하지 않는 것을 의미한다. 이를 통해 내담자는 자기 스스로 일어설 수 있음을 알게 되어 더 이상 주위 환경에 의해 휘둘리지 않고, 독립적이며 자신감 있는 삶을 살 수 있게 되는 것이다.

> 게슈탈트 상담은 내담자 스스로 자신의 내적 힘을 동원하여 자립하는 것을 강조한다.

넷째, 게슈탈트 상담에서 통합은 자기와 세계에 대한 새로운 인식을 가져다준다. 경험을 통하여 자신에 대한 새로운 개념을 형성하는 것이 상담의 중요한 목표라고 할 수 있는데, 이제까지 소외되었던 자신의 부분들을 통합하는 것은 자신에 대한 새로운 개념 형성에 도움을 주며, 이렇게 형성된 자기에 대한 개념은 안정성이 있고 쉽게 흔들리지 않는다. 자신의

> 게슈탈트 상담에서 통합은 자기와 세계에 대한 새로운 인식을 가져다주어 자신에 대한 새로운 개념 형성에 도움을 준다.

전체를 통합적으로 지각하지 못하면 인격의 여러 부분들은 서로 접촉하지 못하게 되어 개체는 그 허전함을 메우기 위해 타인에게 의존하게 된다(Smith, 1990). 따라서 게슈탈트 상담에서 상담자는 내담자로 하여금 자기 자신에게 속하지 않는 부분들은 밖으로 추방하는 동시에 외부로 투사했거나 자신의 내부에 격리되어 자각되지 못한 에너지는 자신의 것으로 자각하고 통합하도록 도와줄 수 있어야 한다.

2) 상담 과정

게슈탈트 상담의 과정은 상담자가 매 순간 내담자에 의해 선택된 어떠한 관심사, 화제, 문제 또는 감정에 대하여 자각하고 훈습하도록 촉진시키는 활동이 진행되기 때문에 매 회기 다르게 전개되는 경우가 많다.

게슈탈트 상담은 지금-여기에서 내담자가 자기를 충분히 각성함으로써 부적응 행동의 본질과 그것이 어떻게 본인의 삶에 악영향을 끼쳐 왔는지 충분히 인식할 수 있도록 하여 실존적인 삶을 살아가도록 돕는 과정이다. 그 과정은 크게 두 단계로 구분할 수 있다(Yontef, 1995).

첫 번째 단계는 상담자와 내담자가 진솔한 접촉에 근거한 관계를 형성하고 내담자로 하여금 현재 무엇이, 어떻게 진행되는가를 자각하도록 촉진하는 단계이다.

두 번째 단계는 내담자의 삶을 불편하게 하는 심리적 문제를 실험과 기법을 통해 경험하도록 함으로써 통합 및 균형을 이룰 수 있도록 하는 단계이다.

이 과정에서 상담자는 내담자의 자아와 자아를 구성하고 있는 모든 감정, 행동, 경험 및 미해결 상황에 대한 자아의 자각 또는 각성에 초점을 둔다. 따라서 상담자는 내담자의 자세, 호흡, 태도, 목소리 등에 주목하며, 내담자가 자신의 태도 및 행동을 경험하고 그에 대한 실존적 의미를 말로 표현하도록 요구한다. 감각적ㆍ신체적 자각의 단계를 거치면 심리적 욕구좌절에 대한 자각의 단계로 넘어간다.

본격적인 상담 과정은 개인에게 있어 충족되지 못하는 심리적 욕구에

> 게슈탈트 상담은 지금-여기에서 내담자가 자기를 충분히 각성함으로써 부적응 행동의 본질과 그것이 어떻게 본인의 삶에 악영향을 끼쳐 왔는지 충분히 인식할 수 있도록 하여 실존적인 삶을 살아가도록 돕는 과정이다.

대한 자각으로부터 시작되는데, 이 과정에서 상담자는 내담자가 창조적인 존재로서 잠재력을 자각할 수 있도록 촉진시키는 도구로 자신을 활용하기도 한다. 더불어 상담자는 각각의 상담 단계에서 제기되는 특수한 상황적 문제들에 대해 깨어 있어야 하며 그에 따른 적절한 대처를 할 수 있어야 한다.

게슈탈트 상담의 과정에서 특히나 중요한 상담자의 역할은 다음과 같다.

첫째, 상담자는 내담자가 환경적 지지에서 자기지지로 옮겨 가게 해야 한다. 단순히 환경에 대한 적응이라는 소극적인 수준에 머물지 않고, 그 환경 속에서 자기 자신을 있는 그대로 발견하도록 해야 한다. 사람이 자신 속에 중심을 두는 것은 환경을 자신에게 동화시키고, 이해하고, 관계하게 된다는 점에서 가장 이상적인 적응 상태로서, 상담자는 내담자로 하여금 그의 중심이 자기 안에 있다는 것을 발견하도록 도울 수 있어야 한다.

둘째, 상담자는 내담자가 자신의 욕구와 감정을 분명히 알아차리고 환경과의 접촉을 통해 이를 잘 해소할 수 있도록 도와주어야 한다. 따라서 상담자는 내담자의 자각과 접촉을 증진시키는 데 주력해야 한다. 특히 자각은 개체로 하여금 자신의 미해결 과제와 더불어 현재의 욕구와 감정 그리고 소망을 자각하게 해 주는 역할을 한다. 따라서 게슈탈트 상담자는 내담자의 자각을 증진시키기 위해 내담자를 분석하기보다는 내담자의 정서 변화, 신체 행동, 표정뿐만 아니라 언어 사용 습관 등을 잘 관찰하여 이를 내담자에게 알려 줌으로써 내담자로 하여금 자신의 내적 상태를 알아차리게 할 수 있다. 이러한 과정을 통해 내담자의 부적응 행동은 변화하고, 스스로 부정해 왔던 영역에 대해 직면하고 수용함으로써 주관적 경험과 현실에 접촉할 수 있는 능력을 갖게 된다. 이러한 과정은 내담자로 하여금 외부에 의하여 조정되지 않고, 스스로를 조절함으로써 통합의 원리에 따라 미해결 과제를 처리하고 건강한 행동을 할 수 있도록 해 준다.

셋째, 상담자는 내담자가 '지금-여기'의 삶을 살아가게 한다. 게슈탈트 상담에서 가장 중요한 시제는 현재다. 게슈탈트에서 과거는 지나간 것이며 미래는 아직 오지 않았기 때문에 현재만이 의미가 있으며 지금 이외에는 아무것도 존재하지 않는다고 본다. 그렇다고 해서 개인의 과거사와 미

래의 계획이 상담의 주제에서 완전히 배제되는 것은 아니다. 미해결 과제
라는 개념을 통해 과거가 어떻게 현재에 영향을 미치는지를 살펴볼 수 있
으며, 과거를 현재로 가져올 수 있도록 정서와 비언어적 행동을 다룰 수
있는 현재에 머물러 있는 것도 중요하다. 게슈탈트 상담자는 내담자로 하
여금 현재와 접촉하는 것을 돕고, '지금'이라는 자각을 증진시키기 위해
'왜'라는 질문 대신에 주로 '무엇'이나 '어떻게'라는 질문을 하며, '지금 무
슨 일이 일어나고 있는가?' '이 순간에 무엇을 인식하고 있는가?' '지금 어
떤 감정을 느끼고 있는가?' 등과 같이 현재 시제로 질문한다.

3) 상담 기법

상담자와 내담자 사이의 자연스러운 만남을 통해 새로운 관계를 창조
하기 위해 활용되는 기법들은 어디까지나 상담을 돕기 위한 보조수단 정
도로 생각해야 하며, 기법을 적절하게 활용하기 위해서는 기법 자체는 물
론 기법들이 사용되는 배경이나 목적에 대한 충분한 이해가 선행되어야
한다. 기법과 관련하여 중요한 부분들을 살펴보면 다음과 같다.

(1) 욕구와 감정 자각

게슈탈트 상담에서 가장 중요시하는 것은 지금-여기에서의 욕구와 감
정을 자각하는 것이다. 개체가 자신의 욕구와 감정을 자각함으로써 게슈
탈트 형성을 원활히 할 수 있고 또한 환경과의 생생한 접촉이 가능해지기
때문에 게슈탈트 상담에서 내담자로 하여금 자신의 욕구와 감정을 자각
하도록 도와주는 것은 매우 중요하다.

상담자는 내담자의 생각이나 주장 혹은 질문들의 배후에 있는 감정을
찾아내어 내담자가 이를 자각하도록 해 주어야 한다. 어떠한 생각이나 감
정이 옳은가의 판단은 고려대상이 아니며, 상담자는 다만 내담자 자신이
처한 상황에서 느끼는 감정들을 명확히 자각할 수 있는지에 관심을 둔다.
예컨대, 내담자로 하여금 지금-여기에서 일어나는 욕구와 감정을 자각할
수 있도록 상담자는 "지금 어떤 느낌입니까?" "생각을 잠시 멈추고 현재의

> 게슈탈트 상담에서 가장 중요시하는 것은 지금-여기에서의 욕구와 감정을 자각하는 것이다.

느낌에 집중해 보세요." "지금 당신이 원하는 것은 무엇입니까?" 등과 같은 질문을 한다.

(2) 신체 자각

게슈탈트 상담은 정신작용과 신체작용이 서로 밀접하게 연관되어 있다고 보기 때문에 내담자가 현재 상황에서 느끼는 신체 감각에 대해 자각하게 함으로써 자신의 감정이나 욕구 혹은 무의식적인 생각을 알아차리게 해 줄 수 있다(Perls, 1969). 이때 에너지가 집중되어 있는 신체 부분에 대해 자각하도록 요구함으로써 내담자의 감정 상태를 더욱 명확히 알 수 있다. 에너지가 신체의 어느 한 부분에 집중되는 것은 대개 억압된 감정들과 관련이 있는데, 이는 흔히 근육의 긴장으로 나타나거나 심하면 통증을 유발하기도 하며, 내담자는 이를 자각함으로써 소외된 자신의 부분들을 접촉하고 통합할 수 있다. 신체 자각을 돕기 위해 상담자는 "당신의 호흡을 느껴 보세요." "당신의 신체감각을 느껴 보세요." "당신의 손이 무엇을 말하려고 합니까?" 등과 같은 질문을 한다.

> 게슈탈트 상담은 정신작용과 신체작용이 서로 밀접하게 연관되어 있다고 보기 때문에 내담자가 현재 상황에서 느끼는 신체 감각에 대해 자각하게 함으로써 자신의 감정이나 욕구 혹은 무의식적인 생각을 알아차리게 해 줄 수 있다.

(3) 환경 자각

인간의 심리적 문제는 유기체가 환경과의 접촉이 명확히 이루어지지 않고, 환경과 자신의 감정이 명확히 구분되지 않아 자신의 욕구가 원활하게 해소되지 않는 혼동된 상태(Konfluenz)에 있을 때 발생한다. 따라서 상담자는 내담자로 하여금 자신의 감정과 욕구를 명확하게 알아차릴 수 있도록 주위 환경에서 체험하는 것을 자각하게 한다. 예를 들어, 자연의 경관, 주위 사물의 모습, 맛, 냄새, 소리, 촉감 등 지각되는 모든 내용들에 대한 자각을 통하여 자신과 환경에 대한 분명한 변별이 가능해지며, 이를 통하여 자신의 존재와 감정에 대한 자각이 보다 분명해진다. 즉, 자신의 감정에 대한 게슈탈트를 확실하게 인식할 수 있고, 그 결과 환경과의 생생한 접촉과 만남이 가능해진다.

> 상담자는 내담자로 하여금 자신의 감정과 욕구를 명확하게 알아차릴 수 있도록 주위 환경에서 체험하는 것을 자각하게 한다.

(4) 언어 자각

내담자가 사용하는 언어 가운데 행동의 책임 소재가 불명확한 표현이 있는 경우, 상담자는 내담자로 하여금 자신의 감정과 동기에 대해 책임을 지는 형식의 문장으로 바꾸어 말하도록 시킴으로써 내담자 자신의 욕구나 감정에 대한 책임의식을 높여 줄 수 있다. '우리' '당신' '그것' 등의 대명사를 사용하는 대신 '나'라는 말을 쓰도록 요구하며, '……하여야 할 것이다' '……해서는 안 될 것이다.' '……할 필요가 있을 것이다.' 등 객관적인 사실을 설명하는 화법 대신 '……하고 싶다.' '……하겠다.' '……하기 싫다.' 등 자신의 주관적인 감정언어로 바꾸어 쓰게 한다.

(5) 과장하기

내담자가 체험하는 감정이나 욕구의 정도와 깊이가 미약하여 이에 대해 명확하게 자각하지 못할 때 감정 자각을 돕기 위해 상담자는 내담자로 하여금 특정 행동이나 언어를 과장하여 표현하게 한다. 예를 들어, 어떤 신체 동작이 내담자가 그 상황에서 갖고 있는 감정과 관련 있다고 판단되면 상담자는 내담자로 하여금 그 신체 동작을 과장해서 표현하게 한 다음, 내담자가 느끼는 감정을 물어 그가 그 상황에서의 감정을 명확히 자각하도록 도와준다. 이 기법은 내담자로 하여금 무의식적인 신체 동작을 되풀이하게 하거나 과장하게 함으로써 자신의 신체 언어를 이해하고 의식화하게 해 준다. 이러한 기법의 사용은 내담자의 언어행동에도 적용할 수 있는데, 가령 내담자가 무심코 한 말을 되풀이해서 말하게 하거나 큰소리로 말하게 하여 그러한 말 속에 담긴 의미를 자각할 수 있도록 하는 것이다.

(6) 빈 의자 기법

게슈탈트 상담에서 가장 많이 쓰이는 기법 가운데 하나로, 현재 상담에 참여하지 않은 사람과 상호작용할 필요가 있다고 판난될 때 사용한다. 여기서 내담자는 그 인물이 맞은편 빈 의자에 앉아 있다는 상상을 하며 대화를 하게 되는데, 이러한 대화는 그 인물에 대하여 말하는 것보다 훨씬 효과적일 수 있다. 막연히 어떤 사람에 대해 기술하는 것보다 그 사람과 직접 대화를 나누는 형식을 취함으로써 자신과 그 사람과의 관계를 직접 탐색해 볼 수 있는 장점이 있을 뿐만 아니라 특정한 행동적 상호작용을 통하여 문제 해결도 가능하다. 또한 빈 의자 기법을 통해 내담자는 다른 사람에 대한 자신의 감정을 명료화할 수 있고, 새로운 행동을 시험해 볼 수 있으며, 역할을 바꾸어 가며 대화를 해 봄으로써 상대편의 시각과 감정을 이해하고 공감할 수 있는 장점도 있다. 무엇보다 빈 의자 기법은 타인과의 관계뿐만 아니라 자기 자신의 억압된 부분 혹은 개발되지 않은 부분들과의 접촉도 가능하게 해 준다. 이때 내담자는 자기 내면의 어떤 부분에 대해 추상적으로 말하는 것보다 그것을 빈 의자에 앉혀 놓고 직접적으로 대화함으로써 자신의 내면세계를 더욱 깊이 탐색할 수 있게 된다.

(7) 꿈 작업

게슈탈트 상담에서는 꿈을 내담자의 욕구나 충동 혹은 감정이 외부로 투사된 것, 즉 꿈에 나타나는 인물이나 사물들은 모두 내담자의 소외된 자기 부분들이 투사되어 상징적으로 나타난 것이라고 본다. 그러므로 상담자는 내담자로 하여금 투사된 것들을 동일시하게 함으로써 지금까지 억압하고 회피해 왔던 자신의 욕구와 충동, 감정들을 다시 접촉하고 통합할 수 있도록 해 준다. 꿈 작업을 할 때 상담자는 내담자로 하여금 투사된 부분들과 더욱 활발한 접촉을 할 수 있도록 하기 위해 꿈이 마치 현재 일어나고 있는 사건인 것처럼 상상하면서 꿈의 각 부분을 연기해 보게 한다.

> 상담자는 내담자로 하여금 투사된 것들을 동일시하게 함으로써 지금까지 억압하고 회피해 왔던 자신의 욕구와 충동, 감정들을 다시 접촉하고 통합할 수 있도록 해 준다.

(8) 자기 부분 간의 대화

상담자는 내담자로 하여금 자신의 인격에서 분열된 부분들을 찾아 서로 대화를 시도하도록 함으로써 분열된 자기 부분들을 통합시킬 수 있다. 내담자의 대표적인 내적 분열은 '상전'과 '하인'의 대립과 같은 양상을 띠는데, 상전은 정신분석이론의 초자아와 비슷한 개념으로 주로 하인에게 명령과 도덕적인 요구를 하는 반면, 하인은 수동적이고 반항적이며 상전의 비난에 대해 변명이나 회피를 하면서 상전에 대항하는 개념이라 할 수

> 상담자는 내담자로 하여금 자신의 인격에서 분열된 부분들을 찾아 서로 대화를 시도하도록 함으로써 분열된 자기 부분들을 통합시킬 수 있다.

있다. 상담자는 이러한 내담자의 분열된 자기들을 빈 의자에 바꾸어 가면서 앉히고 서로 간에 대화를 시키는데, 이를 통해 내담자의 무의식적이고 내적인 대화를 의식적이고 외적인 대화로 만들 수 있으며 대화를 통하여 서로 간의 갈등을 줄일 수 있다.

(9) 현재화 기법

현재화 기법은 과거 사건을 현재 일어나는 사건인 것처럼 체험하게 해 줌으로써 과거 사건과 관련된 내담자의 생각이나 감정, 욕구, 환상, 행동 등을 지금-여기에서 일어나는 현상들로 다룰 수 있게 하는 기법이다. 미래에 예기되는 사건에 대해서도 막연한 예상이 아니라 마치 그런 사건이 지금-여기에서 일어나는 것처럼 현재화시켜 다룸으로써, 내담자로 하여금 공상적 차원이 아니라 현실적 차원에서 문제를 직면하고 그에 대한 해결책을 모색하도록 도와줄 수 있다. 즉, 현재화 기법은 개체가 예상하는 부정적 상황이 실제 지금-여기에서 벌어졌다는 가정하에 개체로 하여금 현실적인 대응을 할 수 있도록 해 줌으로써 내담자에게 자신의 문제를 성공적으로 극복하는 경험을 제공할 수 있다.

> 현재화 기법은 과거 사건과 관련된 내담자의 생각이나 감정, 욕구, 환상, 행동 등을 지금-여기에서 일어나는 현상들로 다룰 수 있게 하는 기법이다.

(10) 실연

실연(enactment)이란 내담자에게 중요했던 과거의 어떤 상황이나 미래에 일어날 수 있는 장면들을 현재 발생하고 있는 장면으로 상상하면서 상황에 적합한 행동을 실제로 연출해 보도록 하는 방법이다. 이를 통해 내담자는 미처 깨닫지 못했던 자신의 감정이나 행동 패턴들을 발견할 수 있고 회피해 왔던 행동들을 인식하고 탐색해 볼 수 있게 된다. 자신의 문제에 대해 추상적으로 표현하는 대신, 문제의 내용을 구체화시킴으로써 현실적으로 다룰 수 있게 만들어 주는 것이다. 실연은 자각을 증진시켜 주고, 미해결 과제를 완결시켜 주며, 양극성을 다룰 수 있다는 점, 그리고 과거의 행동 패턴을 수정하여 새로운 행동방식을 시도하고 습득할 수 있다는 점에서 그 상담적 의미를 찾을 수 있다(Harman, 1989).

> 실연은 상황에 적합한 행동을 실제로 연출해 보도록 하는 것이다.

(11) 자각의 연속

자각의 연속은 지금−여기에서 자신에게 일어나는 모든 것을 있는 그대로 연속해서 알아차리는 것으로, 이때 가치 판단이나 비판은 배제되어야 한다. 자각의 연속은 현재 순간에 중요한 '개인'과 '환경'의 현상들을 자각하는 것, 중요한 현상에 충분히 집중하여 몰입하는 것, 그리고 그것이 해결되고 나면 다음 현상으로 넘어가는 자연스러운 흐름에 따르는 것 등을 포함한다. 이는 Perls의 "생각을 버리고 감각으로 돌아오라!"라는 말과 같은 맥락으로 이해할 수 있으며, 내담자로 하여금 증상이나 문제의 원인을 알아내려는 노력을 중단시키고, 자기 행동의 '무엇'과 '어떻게'를 발견하도록 유도함으로써 자신의 경험 및 감정의 깊은 곳과 접촉할 수 있도록 돕는 방법이라 할 수 있다.

> 자각의 연속은 지금−여기에서 자신에게 일어나는 모든 것을 있는 그대로 연속해서 알아차리는 것으로, 이때 가치 판단이나 비판은 배제되어야 한다.

(12) 숙제

게슈탈트 상담은 상담 장면에서 새롭게 체험하고 발견한 사실들을 실생활에 적용시킴으로써 삶을 변화시키는 것을 중요한 목표로 삼고 있으며, 숙제는 이러한 목표를 달성하기 위해 매우 유용한 도구다. 즉, 상담자는 내담자로 하여금 상담 시간에 학습한 것을 밖에서 실험해 보도록 여러 가지 숙제를 내줄 수 있다. 숙제는 상담 시간에 배운 것을 복습하는 의미 외에도 현실 검증을 해 보는 의미도 있는데, 상담 상황에서 학습한 것은 보호된 공간에서 연습한 것이기 때문에 상당히 인위적일 수 있다는 한계를 극복하기 위함이다. 따라서 상담자는 숙제를 내줌으로써 내담자로 하여금 상담 상황에서 실험한 것들의 현실적 타당성을 검증하는 기회를 제공해 줄 수 있다.

> 게슈탈트 상담은 상담 상황에서 새롭게 체험하고 발견한 사실들을 실생활에 적용시킴으로써 삶을 변화시키는 것을 중요한 목표로 삼고 있으며, 숙제는 이러한 목표를 달성하기 위해 매우 유용한 도구다.

(13) 지금 여기, 현존, 즉흥성

게슈탈트 상담자들이 내담자들에게 제공하는 주요한 경험들 중 하나는 지금−여기 경험들에서 현존(presence)이다(Polster & Polster, 1973). 상담자는 내담자와 함께 현재의 순간에서, 현재를 살며, 과거와 미래가 사라진 곳에서 충분히 현존한다. 그래서 상담자의 주요한 역할은 내담자들이

> 상담자는 내담자가 순간순간 떠오르는 자신을 충분히 경험하도록 돕는다.

회기에서 순간순간마다 떠오르는 그들 자신, 스스로에 대한 모든 양상을 더욱 충분하게 경험하도록 돕는 것이다.

4. 상담 사례[1)]

다음 사례의 내담자는 반복되는 다이어트 실패의 원인을 자신에게로 돌리며 다이어트는 자신에게는 안 되는 일이라는 틀(전경)을 형성하면서 좌절감을 느끼고 있다. 여기서 드러나는 내담자의 좌절과 자책, 체중감량에 대한 부정적인 생각은 체중감량을 강요하는 어머니의 메시지가 내사되어 나타난 것으로 보인다. 내담자는 자신의 어머니에게 적개심을 가지게 됨으로써 내담자 개인이 전체가 되어야 한다는 것을 알아차리지 못한 채 자신의 자책감과 좌절감, 즉 분열로 가져가고 있는 상황이다.

치료 개입은 내담자의 게슈탈트 형성을 촉진하고 부정적인 감정을 해소시키는 것이다. 현재 내담자는 어머니에 대한 적개심으로 인해 자신의 진정한 욕구가 무엇인지를 알아차리지 못하고 있는 상황에서 반복되는 다이어트의 실패로 스스로를 자책하고 좌절감에 빠지고 있다. 이러한 내담자에게 체중감량을 강요하는 어머니의 욕구와 체중감량을 원하지 않는 내담자의 진정한 욕구를 알아차릴 수 있도록 도와 내담자의 게슈탈트 형성을 촉진하고 모에 대한 부정적인 감정을 해소시키고자 한다.

> 내담자: 나는 아주 뚱뚱하다고 자주 느끼는 그게 아주 싫어요. 선생님께서 아시다시피 나는 다이어트(식이요법)를 열심히 했는데 충실하지 못했나 봐요. Mary와 동시에 시작했는데, Mary은 지금 10파운드가 빠졌어

[1)] 이 사례는 Elson, S. E. (1979). Recent approaches to counseling: Gestalt therapy, Transactional therapy, and Reality therapy. In. Burks, Jr. H. M. & Stefflre, B. (Eds.), *Theories of Counseling*. N. Y.: McGraw Hill에 수록된 사례를 책의 분량이나 내용을 감안해서 수정한 것이다.

요. 그런데 나는 조금 빠졌던 것이 도로 제자리가 됐어요. 소용없어요. 다이어트는 나에게 안 되는 일이에요.

상담자1: 마지막 말을 다시 한번 해 보자. 이번에는 '나는'이라는 말을 사용해서.

내담자의 자각 유도

내담자2: 무슨 말씀이세요?

상담자2: 자, 너는 Mary가 다이어트를 해서 10파운드가 빠졌다고 했어. 그리고 다이어트는 안 되는 일이라고 했지.

내담자3: 내가 다이어트를 할 수 없다는 말이에요.

상담자3: 그걸 다시 말해 봐.

내담자4: 나는 다이어트를 할 수 없어요.

상담자4: 다시, 하지만 '할 수 없어요.'를 바꾸어서 말 해봐요.

내담자의 자각 유도

내담자5: (주저하며) 나는 다이어트를 하지 않아요.

상담자5: 이제 금방 네가 말한 것을 어떻게 느끼지?

내담자6: 좌절이 돼요. 뭐가 문제인지 알아요. 난 단지 다이어트에 충실하지 않을 뿐이에요. 언제나 결과를 보면, 내 스스로 어쨌든 게으름을 피운다는 느낌이 들어요.

상담자6: 어떻게 스스로 게으름을 피우지?

내담자7: 주도하는 방식은 그저 이렇게 말하고 있는 것 같아요. '나는 그렇게 뚱뚱하지 않아. 실제로 그렇게 많이 체중을 줄일 필요는 없어. 그리고 확실히 그렇게 절식(節食)할 필요도 없어.' 그러고는 다이어트를 그만두어요. 그래서 되돌아보면 매번 같은 모습이지요. 아주 좌절이에요.

상담자7: 그건 마치 너의 어느 부분은 체중을 줄이기 원하지만, 다른 부분은 정말 원하고 있지 않는 것처럼 들리는데.

내담자의 알아차림 유도

내담자8: 아, 그런 것 같아요.

상담자8: 이런 걸 시도해 보자고 다이어트를 원하는 부분이 원치 않는 부분에게 말을 하는 거야.

상전 대 하인 대화법을 통해 내담자의 다이어트에 관한 양가감정을 자각할 수 있도록 도움을 줌.

내담자9: 어떻게 해야 할지 모르겠는데요.

상담자9: 자, 다이어트를 원하는 부분은 네가 너무 뚱뚱하다고 믿고 있지, 맞니?

내담자10: 네.

상담자10: 그 부분 쪽에서 시작하자. 다이어트를 원하는 부분이 다른 부분에게 말을 하는 거야.

내담자11: 너는 너무 뚱뚱해. 너를 봐. 너처럼 뚱뚱한 여자애는 없어. 그리고 또 나쁜 점은 네가 너무 게을러서 아무것도 할 수 없다는 거야. 너는 어떻게 된 애니?

상담자11: 됐어. 이제 다른 부분에서 대답해 봐.

내담자12: 음…… 내가 나쁜 건 어느 정도 너 때문이지. 너는 언제나 내게 다이어트를 하고 체중을 줄이도록 괴롭히고 있어. 내 생각엔 내가 가끔 괜찮아 보이는데. 네가 날 그냥 내버려 둔다면 아마 그처럼 커다란 노력을 하지 않고도 몸무게가 좀 줄 거야.

상담자12: 좋아, 대화를 계속해 보자. 어떻게 되는지 보자고.

내담자13: 어리석군. 너는 네가 몸무게가 많이 나간다는 것을 알고 있지. 그리고 네가 다이어트에 충실하지 않는다면 어떻게 체중이 줄겠니? 그리고 내가 네게 상기(想起)시켜 주지 않는다면 네가 어떻게 다이어트에 충실할 수 있니?

내담자14: 네게 상기시켜 주는 것은 엄마뿐이야.

내담자15: 그래도 엄마는 네가 어떻게 보이고 네가 어떤 인상을 주느냐에 관심이 있는걸.

모에 대한 적개심과 부정적 정서를 확인할 수 있음

내담자16: 맞는 말이야. 내가 어떻게 보이느냐가 엄마에겐 아주 중요했지. 그것 때문에 아주 미칠 지경이야. 때로는 단지 엄마에게 앙갚음 하려고 어떤 옷을 입곤 했지. 너도 알지만 그게 바로 또 내가 네게 느끼는 거야. 나는 너를 괴롭히기 위해 20파운드 더 찌고 싶은걸.

내담자17: 아니, 설마 그럴 리가. 너는 자신을 좀 더 위하고 보살펴야 해.

내담자18: 그것도 엄마가 하는 말투군.

상담자13: 이제 바꾸어서 엄마에게 말을 해봐.

역할연기를 통해서 엄마에게서 벗어나고자하는 내담자의 감정 해소와 욕구 자각에 도움을 줌.

내담자19: 엄마. 날 좀 그냥 둘 수 없어요? 엄마 말고는 아무도 내 체중에 대해 말하지 않아요.

상담자14: (엄마 역할을 하여) 얘야, 나는 단지 네게서 최고를 바란 거야. 그것뿐이다.

내담자20: (울먹이며) 엄마, 그렇지만 나도 노력해요. 정말이에요. 다만 여유를 좀 주세요.

상담자15: 그게 정말 네가 엄마에게 말하고 싶은 거니?

내담자21: 아니, 아니에요. 그렇지 않아요.

상담자16: 네가 말하고 싶은 것을 엄마에게 이야기해 봐.

내담자22: 엄마, 나를 놓아주세요. 나는 체중이 많이 나가지 않아요. 나는 더 이상 엄마의 잔소리를 듣고 싶지 않아요. 엄마가 어떻게 생각하든 상관없어요. 나는 엄마 마음에 들기 위해 내 인생을 살지는 않겠어요.

상담자17: 마지막을 다시 해 봐, 크게.

내담자23: 나는 엄마 마음에 들기 위해 내 인생을 살지 않겠어요. 엄마, 이제부터는요. 내 마음대로 하겠어요. 이건 다이어트를 하지 않겠다는 말이에요.

상담자18: 이제, 네게 다이어트를 바란 그분은 누구지?

내담자24: 엄마예요. 이전에는 정말 그렇게 생각하지 않았어요.

상담자19: 엄마에게 더 말하고 싶은 게 있니?

내담자25: 아니요.

상담자20: 지금 느낌이 어떻지?

내담자26: 좋아요. 좀 홀가분하고, 조금 죄책감이 드는 것 같아요.

상담자21: 몸은 어떻게 느끼니?

내담자27: 가볍고 편안해요. 마치 내 자신과 싸운 것 같지 않게 느껴져요. 나는 내 자신에 만족해요. 후일에 다이어트를 원할지도 모르지만, 지금 당장은 그렇지 않아요. 그리고 나는 체중 때문에 내 스스로 힘든 시기를 끝내왔다는 생각이 들어요.

> 게슈탈트 형성을 촉진하고 내담자의 부정적 감정 해소를 도움

> 내담자 접촉 유도

> 해소

요약

이 사례에서 내담자는 미해결 과제(다이어트)로 좌절감, 자책감 등을 드러내고 있었다. 상담자는 처음 내담자가 체중감량에 이상하게 관심을 갖는다고 여겼지만 이러한 느낌을 직접적으로 표현하기보다는 내담자가 자기조절 잠재력을 가지고 있기 때문에, 스스로 생각하는 체중 문제의 중요한 측면을 다룰 수 있도록 문제를 전면에 부각시킬 수 있다고 믿고 내담자

에게 '현재에 초점을 맞춘 자각'을 계속하도록 유도하였다. 상담자는 내담자의 자각을 지시적으로 촉진하는 적극적 역할을 함으로써 내담자의 자각을 확장시켰다. 이를 통해 내담자 가진 '다이어트 성공'이라는 전경이 엄마의 의지였다는 것을 알아차리게 되면서 이를 해소하기 위해 다이어트를 하지 않겠다고 결심(행동)함으로써 '다이어트'라는 중심 전경을 해소하고 배경으로 이동하게 되었다.

그 와중에 내담자는 엄마에게서 벗어나 인생을 살고 싶은 자신의 욕구를 자각하였고, 상담자의 촉진을 통해 지금-여기에서 내담자의 욕구를 다루어 줌으로써 홀가분함을 느끼며 치료적 경험을 할 수 있었던 것으로 보인다.

5. 공헌점과 비판점

게슈탈트 상담에서는 문제, 갈등 또는 사건에 대한 이야기는 최소화하고, 이러한 환경들이 개인에게 갖는 실존적 의미를 실제로 경험할 수 있도록 돕는다.

게슈탈트 상담의 주요한 공헌점은 상담 과정의 실존적 특성에 있다. 즉, 게슈탈트를 제외한 대부분의 상담들이 문제에 대하여 이야기하고 그것을 인지적으로 이해하는 것을 강조하지만 개인의 실존에서 그 문제의 의미를 느끼고 이해하는 것은 배제하는 경향이 있다. 그러나 게슈탈트 상담에서는 문제, 갈등 또는 사건에 대한 이야기는 최소화하고, 이러한 환경들이 개인에게 갖는 실존적 의미를 실제로 경험할 수 있도록 돕는다.

게슈탈트 상담의 또 다른 공헌점은 과거를 현재와 관련되는 사건으로 가져와 실제적으로 처리하는 데에 있다. 상담자는 내담자로 하여금 현재 기능을 방해하는 문제에 대해 창의적인 방법으로 자각하고, 그 문제를 해결해 나가도록 격려한다. 기술적이고 감각적인 게슈탈트적 접근법을 통해 상담자는 내담자의 명료한 언어적·비언어적 표현들에 주의를 기울임으로써 내담자가 무엇을 하고 있는지에 관한 것뿐만 아니라 무엇을 느끼고 생각하는지에 관한 것을 현재 중심적인 관점에서 자각하도록 도울 수 있으며, 이러한 자각을 통해 내담자는 자신이 체험하고 있는 것에 대한 책임감을 증진시킬 수 있다. 더불어 게슈탈트 상담은 단순히 내담자의 심리적 문제를 해결하기 위한 기법의 체계가 아니라 내담자를 성장시키고 발달시키는 체계로서, 내담자와 상담자 간의 실존적 관계를 강조하면서 자각을 증대시키기 위해 실험을 창조하고 이행하는 창조 정신을 강조하고 있다. 이러한 면에서 게슈탈트 접근은 심리상담 접근법 가운데 창조의 가능성이 가장 높다고 볼 수 있다.

꿈에 대한 게슈탈트 접근법의 실험 또한 눈여겨보아야 한다. 게슈탈트 상담자는 내담자에게 꿈을 해석해 주기보다는 내담자로 하여금 꿈의 실존적 메시지를 발견할 수 있도록 도와준다. 숨겨진 의미의 상징적 표현으로서가 아니라 자아의 투사로서 꿈의 부분들을 다루는 아이디어는 정신분석적 해석에 관련된 수많은 수수께끼들을 제거하였으며, 이는 내담자에게 꿈의 내용에 대한 책임을 지도록 하고 자기 스스로 의미를 발견하도록 함으로써 내담자의 성장과 발전을 도모한다는 점에서 그 의의를 찾을 수 있다(Corey, 2003).

Polster와 Polster(1973)는 게슈탈트 상담의 한계로 현재만을 강조한 나머지 중요한 과거 사건을 무시할 뿐 아니라 과잉 단순화할 위험이 있음을 지적하였다. 또한 그들은 일부 상담자들이 게슈탈트 상담의 이론과 철학을 제대로 이해하고 자신만의 상담 방식을 찾기보다는 Perls의 카리스마 있는 스타일을 그대로 따라 한다는 것에 더 많은 관심을 가질 수 있다고 비판했다. 무엇보다 게슈탈트 상담은 오늘날 대다수의 상담자들이 정서의 중요한 결정 인자이자 감정 조절을 위한 수단으로 보고 있는 인지를 무시하고 정서를 지나치게 강조할 위험성이 있음을 우려하였다.

> 게슈탈트 상담은 오늘날 대다수의 상담자들이 정서의 중요한 결정 인자이자 감정 조절을 위한 수단으로 보고 있는 인지를 무시하고 정서를 지나치게 강조할 위험성이 있다.

게슈탈트 상담은 강한 정서 반응을 이끌어 내는 경향이 있다. 집단상담 회기에서 뜨거운 의자에 있던 한 여성은 극도로 불안해져서 오줌을 지리게 되었는데, 이로 인해 그녀는 수치심을 느끼게 되었다. 이와 같이 게슈탈트 상담은 약이 될 수도 있지만 잘못 사용할 경우 해가 될 가능성도 지니고 있다.

게슈탈트 상담의 전략들은 매력적이고 매우 단순해 보일 수 있으나 실제로 사용할 때에는 상담의 본질을 이해하고, 상담 과정을 통해 내담자를 안내하며 보호해 줄 수 있는 숙련되고 경험 많은 상담자를 필요로 한다.

부록 9-1 접촉경계 장애기제

장애기제 \ 개관	개념 및 특징
내사 (introjection)	• 개념: 개체가 권위자의 행동이나 가치관을 무비판적으로 수용함으로써 자기 것으로 동화시키지 못한 채 내면적인 갈등을 일으키는 현상 • 사례: '여자는 얌전해야 하고 남자는 대범해야 한다.'는 가르침, '모범생'으로서 윗사람의 마음에 들게 행동하고자 하지만 정작 자신이 진정으로 무엇을 원하는지에 대해서는 잘 알지 못함 • 행동 및 태도 특징: 피상적이고 판에 박힌 행동, 조급함, 참을성 부족, 타인의 평가에 지나치게 민감한 반응, 내사된 도덕적 명령들과 이에 반발하는 목소리들이 서로 싸우는 '자기 고문 게임'에 빠짐 • 병리적 문제: 경계장애(자기 자신과 자신이 아닌 것 사이를 분명히 구분하지 못함) • 상담: 본연의 자기가 되는 데 방해가 되는 요소들을 제거함으로써 내담자로 하여금 다시 진정한 자기 자신이 되도록 조력해야 함
투사 (projection)	• 개념: 직면하기 힘든 내적 욕구나 감정 등을 회피하기 위하여 무의식적이고 반복적으로 자신의 생각이나 욕구, 감정 등을 타인의 것으로 지각하는 현상. 감정이나 욕구뿐 아니라 개인의 생각이나 가치관도 포함되며, 부정적인 측면은 물론이고 긍정적인 측면도 가능(예: 미움, 질투심, 분노, 부드러운 감정, 자신감, 창조적 에너지 등) • 행동 및 태도 특징: 피해의식이 많고, 자신감이 결여됨. 타인의 이목 및 특정 행동에 지나치게 예민함, 심한 방어 • 병리적 문제: 접촉경계 혼란을 일으키는 중요한 원천이며, 개체로 하여금 지금-여기에 깨어 있지 못하게 하는 중요한 장애 • 상담: 내담자로 하여금 자신의 지각과 반대되는 행동을 해 보도록 함으로써 그 내면에 잠재되어 있는 감정 및 욕구를 자각할 수 있도록 조력해야 함
융합 (confluence)	• 개념: 밀접한 관계에 있는 두 사람이 서로 간에 차이점이 없다고 느끼도록 합의함으로써 발생하는 접촉경계 혼란. 부부 또는 부모-자녀 사이와 같이 오랫동안 서로 길들여진 관계에서 각자의 개성과 자유를 포기하고 그 대가로 얻은 안정을 깨뜨리려는 행위는 서로에 대한 암묵적인 계약 위반 상황으로, 분노와 짜증, 죄책감 등이 뒤섞여 나타남 • 행동 및 태도 특징: 고독감 및 공허감에 대한 공포를 피하고자 자신의 개성과 주체성을 포기함 • 병리적 문제: 경계선 성격장애 환자들에게 나타남. 특히 지나치게 밀착된 부모-자녀 관계가 원인이 됨
	• 상담: 지나치게 밀착된 부모-자녀 관계에서 형성된 융합으로 인한 성격장애 환자들의 경우, 부모 특히 어머니와의 사이에 경계를 그어 주는 작업을 해야 함. 자기 자신의 욕구를 자각하고 자신의 행동에 대해 책임지는 것을 가르치는 한편, 부족한 자신감을 극복할 수 있도록 지지상담이 필요함(Haman, 1989). 개인적인 답변을 요하는 질문을 통해 자신과 타인의 차이를 명확하게 느끼도록 함('나'와 '너'의 경계를 구분하는 연습)

반전 (retroflection)	• 개념: 다른 사람이나 환경에 대하여 하고 싶은 행동을 자기 자신에게 하는 것 혹은 타인이 자기에게 해 주기를 바라는 행동을 자기 스스로에게 하는 것. 개체가 성장한 환경이 억압적이거나 비우호적이어서 자연스러운 접촉 행동을 할 수 없을 때 나타남 • 행동 및 태도 특징: 타인과 함께 있을 때에도 혼자 속으로 내적 대화를 하거나 딴생각을 하면서 타인과의 접촉 회피 • 병리적 문제: 해소되지 않은 욕구와 이를 반전하는 자기 부분과의 싸움에서 비롯된 강박증, 열등의식, 건강염려증, 만성두통이나 고혈압, 소화기 장애, 호흡기 장애 등 여러 가지 정신 · 신체 질환 • 상담: 근육의 사용, 행동 방향의 수정, 억압해 온 행동의 실행, 감정정화
자의식 (egotism)	• 개념: 타인으로부터의 존경과 관심 욕구가 높으나 거부당하는 것에 대한 두려움, 긴장, 불안으로 자신의 행동에 대한 타인의 반응을 지나치게 의식하여 발생함 • 행동 및 태도 특징: 자신의 행동 하나하나를 지나치게 관찰, 항상 타인이 자기를 어떻게 볼까 하는 염려와 공상 속에 빠져 지냄. 다른 사람의 눈을 쳐다보거나 자연스럽게 대화를 나누지 못함 • 병리적 문제: 대인공포증, 알코올 및 마약과 같은 물질의존장애, 완벽에 대한 강박 • 상담: 내담자의 과잉통제를 해소하기 위해 명상법 사용, 상담자는 내담자의 불안을 수용해 주고, 자신의 결점이나 허점을 받아들이는 모델이 되어 주어야 함
편향 (deflection)	• 개념: 불안, 죄책감, 갈등, 긴장 등 여러 가지 부정적인 심리상태를 피하기 위해 사용하는 적응기제. 특히 불안의 방어가 중요한 목적. 환경과의 접촉이 감당하기 힘든 심리적 결과를 초래할 것이라 예상될 때 환경과의 접촉을 피해 버리거나 약화시키는 것. 계속적인 애정결핍, 성폭행, 타인으로부터 거부당한 경험 등을 극복하기 위한 자구책으로부터 시작됨 • 행동 및 태도 특징: 말을 장황하게 하거나 초점을 흐림, 말하면서 상대방을 쳐다보지 않거나 웃어 버림, 구체적으로 말하지 않고 추상적 차원에서 맴돎, 자신의 감각을 차단시킴 • 병리적 문제: 권태와 무력감, 공허감과 우울감 • 상담: 내담자의 방어를 지적, 직면, '당신은'이라는 말로 시작하는 문장으로 대화, 내담자와의 눈 접촉

되짚어 보기

1. 게슈탈트 상담에서는 인간을 현재 중심적이며, 인간의 행동을 육체, 정신, 환경 등과 역동적으로 상호 관련되어 나타나는 하나의 전체로서 이해하고, 자신의 자유로운 선택에 의해 잠재력을 각성할 수 있는 존재로 본다.

2. 게슈탈트란 개체가 자신의 욕구나 감정을 자신이 처한 상황과 환경을 고려하여 그 상황에서 실현 가능한 행동 동기로 지각한 것이다. 개체가 게슈탈트를 형성하는 이유는 우리의 모든 욕구나 감정을 유의미한 행동으로 만들어서 실행하고 완결 짓기 위해서다.

3. 게슈탈트는 지금-여기에 대한 강조이며 현재의 순간을 이해하고 경험하며 음미하는 것을 강조한다. 과거가 현재의 태도나 행동에 중요한 관계를 가질 때 상담자는 내담자에게 과거를 현재화하여 그때 경험했던 느낌을 되살리게 한다.

4. 미해결 과제란 인간의 분노, 격분, 증오, 고통, 불안, 슬픔, 죄의식, 포기 등과 같은 표현되지 못한 감정들을 포함하는 개념이다.

5. 회피는 미해결 과제에 직면하거나 미해결 상황과 관련된 불편한 정서에 직면하는 것을 스스로 막는 데 사용되는 수단 중의 하나다. 인간은 미해결되었던 강렬한 감정을 표현함으로써 통합되기 시작하고, 성장을 방해했던 장애를 뛰어넘게 된다.

6. 어느 한 순간에 가장 중요한 욕구나 감정을 떠올려 게슈탈트를 형성하는 것을 전경이라 하고, 게슈탈트를 해소하고 나면 그것이 전경에서 사라지는데 이는 배경이라 한다.

7. 사람은 개별적인 동시에 사회적인 존재로서 항상 변화하고 있는 장의 구조 속에서 환경과 상호작용을 한다. 이때 변화하는 장에 대한 조절 및 상호작용 방식을 변화시킬 수 없게 되었을 때 신경증이 발생한다.

8. 게슈탈트 상담의 목적은 내담자로 하여금 자신이 가지고 있는 잠재력을 어떻게 실현할 수 있는가를 깨달아 순간순간을 신선하고 풍요롭게 살 수 있도록 개인의 성장을 이루는 데 있다. 상담의 목표는 내담자가 자각을 통해 성장을 이루고, 자신의 행동에 책임을 지며, 외부 지지로부터 완연히 자기지지로 옮겨 가는 것이다.

9. 상담자의 역할은 내담자를 궁지로부터 빠져나오게 하는 것인데, 이를 위해 궁지가 실재하는 것이 아니라 공상임을 알게 하여, 자신의 모든 경험을 회피하거나 부정하지 말고 직면하여 도전하게 하여야 한다.

10. 게슈탈트 상담에서는 상담관계를 매우 중요하게 여긴다. 상담자는 지금-여기에서 내담자와 상담을 진행하면서 자신이 지각하고 경험하는 현재를 내담자와 공유하는 것이 중요하다. 상담자와의 긴밀한 상호작용을 통해 내담자는 자신에 대해 배우고 변화할 수 있게 된다.

11. 게슈탈트 상담의 발달 단계는 각 상담 회기에서 따라 전개되는 경우가 많다. 매 순간 내담자가 선택한 어떠한 관심사, 화제, 문제 또는 감정에 대하여 자각하고 훈습하도록 촉진시킬 수 있다. 상담 과정은 초기 단계에서 자각을 높이고 감정을 훈습하는 훈습 단계로 다시 종결 단계로 진행된다는 의미에서 발달적이라고 볼 수 있다

12. 상담 기법으로 내담자가 자신의 욕구와 감정에 대한 자각, 신체감각에 대해 자각, 주위 환경에서 체험하는 것을 자각하게 한다. 이 외에 언어 자각과 내담자의 어떤 행동이나 언어를 과장하여 표현하게 하는 방법, 빈 의자 기법, 꿈 작업, 내담자의 인격에서 분열된 부분들을 찾아서 그것들 간에 서로 대화를 시킴으로써 분열된 자기 부분들을 통합시키는 것 등이 사용된다.

13. 게슈탈트 상담의 공헌점은 개인에게 실존적 의미를 실제로 경험하게 한다는 점과 과거를 현재와 관련되는 사건으로 가져와서 생생하게 처리하는 점, 그리고 내담자의 문제 해결만이 아니라 성장을 돕는다는 점, 그리고 꿈의 실존적 메시지를 내담자가 발견할 수 있게 도와준다는 점 등이다. 게슈탈트 상담의 비판점은 성격이론이 충분히 정교화되어 있지 않으며, 상담 기제에 대해서도 이론화가 덜 되어 있고, 성격의 인지적 측면을 무시한다는 점이다.

내가 지나온 모든 길은

곧 당신에게로 향한 길이었다.

내가 거쳐온 수많은 여행은

당신을 찾기 위한 여행이었다.

내가 길을 잃고 헤맬 때조차도

나는 당신을 향해 걸어가고 있었다.

그리고 마침내 내가 당신을 발견했을 때,

나는 알게 되었다.

당신 역시 나를 향해 걸어오고 있었다는 사실을.

−잭 캔필드, 마크 빅터 한센의 『우리는 다시 만나기 위해 태어났다』 중에서−

제10장

교류분석

 길라잡이 물음

1. 교류분석이론에서는 인간을 어떤 존재라고 생각하는가?

2. 당신의 성격구조는 어떻다고 생각하는가?

3. 당신은 비판적 어버이 자아, 양육적 어버이 자아, 어른 자아, 자유로운 어린이 자아, 순
   응적인 어린이 자아 중에서 어느 자아의 기능을 가장 많이 쓴다고 생각하는가?

4. 당신은 자신과 타인을 긍정적(OK)으로 생각하는가, 아니면 부정적(Not OK)으로 생각하
   는가?

교류분석(Transactional Analysis: TA)은 1950년대 미국의 정신의학자 Eric Berne에 의해 발전된 이론으로 성격이론인 동시에 개인의 성장과 변화를 위한 체계적인 심리치료 이론이다. 교류분석은 성격의 인지적·합리적·행동적 측면을 모두 강조하며 내담자가 새로운 결정을 통해 삶의 과정을 바꿀 수 있도록 자각을 증대시키는 경향이 있다.

개인의 초기 결정을 중요시하고 자각을 통해 자율적인 삶을 영위하게 함으로써 진실한 교류회복을 목표로 하는 교류분석은 개인 간, 개인 내의 상호작용을 분석하기 위한 구조를 제공한다. 또한 인간 행동 체계에 대한 이해를 바탕으로 고통의 경감, 자기 성장 및 증진 기법뿐만 아니라 대인관계 개선을 위한 의사소통을 어떻게 해야 할지에 대한 방법을 제시해 준다. 여기에서의 의사소통은 단순한 표면적인 대화에서부터 마음속 깊이 전해지는 미묘한 의미, 숨겨진 의도, 감추어진 느낌에 이르기까지 다양한 측면을 포함하는 깊은 수준의 교류를 의미한다.

교류분석의 중심 개념은 정신역동적 사고의 전통에서 유래된 것(Palmer, 2000)으로 개인의 책임, 내담자와 상담자 사이의 평등한 관계, 인간 본래의 가치를 강조하는 인본주의적 접근과 더불어 상담 과정에 대한 명확한 계약 체결을 강조하는 측면에서는 분명히 행동주의적 접근의 특징을 동시에 가지고 있다.

교류분석은 일상적인 생활문제에서부터 심각한 정신장애에 이르기까지 어떤 유형의 심리적 장애라도 치료할 수 있는 심리치료 체계를 제공할 뿐만 아니라 성격 구조에 따라 행동이 어떻게 나타나는지를 보여 주며 의사소통의 체계와 구성을 분석하는 방법을 제공한다. 교류분석이론은 자신의 성격 성향이나 대인관계 양식을 도식화하여 간단하게 진단하고 평가할 수 있어서 개인의 성장과 변화를 위한 동기를 촉진하고 실제 생활에서 적용하기가 유용하며 개인, 관계, 의사소통에 대한 이해가 필요한 영역에서 실행하기에 적합하다. 교류분석은 수많은 상담자들에 의해 여러 임상 장면과 교육에서 실제적으로 적용되고 있으며 특히 경영관리, 조직분석 등의 영역에서도 주요한 이론적 접근으로 간주되고 있다.

1. 주요 개념

1) 인간관

교류분석은 정신분석적 접근을 기반으로 구축되었음에도 인간에 대해 낙관적인 입장을 취하는 반결정론적(antideterministic) 철학을 토대로 인간을 조망한다.

교류분석이론에서 인간은 먼저 긍정적인 존재다. 과거 불행한 사건을 경험하고, 과거나 주요 타인의 영향을 받긴 하지만 인간으로서 존재 가치가 있고 존엄성이 있다. 둘째, 인간은 결정할 수 있는 존재다. 인간은 살아가면서 수많은 결정을 하고, 그 결과가 불행하고 고통스러우면 인간은 재결정을 하게 된다. 그러한 결정의 과정을 통해 인간은 영속적으로 변화하고 발전하게 된다. 인간은 어려서부터 중요한 타인의 기대나 요구에 영향을 받으며 자라면서 다른 사람들에게 의존적인 상황에서 초기 결정을 내리게 된다. 하지만 이러한 초기 결정은 재검토되고 수정될 수 있으며, 그 이전의 결정이 적절하지 않은 경우에는 새로운 결정을 내릴 수 있다. 따라서 교류분석에서는 인간을 자신의 힘으로 삶의 중요한 결정을 내릴 수 있고 변화 가능한 긍정적인 존재로 본다. 셋째, 교류분석에서 인간은 자유로운 존재다. 인간은 현실세계에 대한 인식, 정서를 표현할 수 있는 자발성, 다른 사람과 사랑을 나누고 친근한 관계를 형성·유지할 수 있는 친밀감 등을 갖고 있다는 점에서 완전한 자유는 아니더라도 많은 자유를 가진 자율적인 존재이며, 사회의 영향에서 완전히 벗어날 수는 없지만 전적으로 사회 환경이나 어린 시절 경험에 의해 결정되지 않는 자유로운 존재다. 마지막으로 인간은 책임질 수 있는 존재다. 인간의 자유로움과 선택에 대한 결정력은 다른 사람을 포함한 사회적 영향을 받고 있음을 부정하지는 않는다. 역기능적인 습관의 고리를 깨고 새로운 목표를 설정하고 생산적인 행동을 선택함으로써 인간은 실제적이며 영속적인 변화를 겪어 나간다. 궁극적으로, 선택하고 새로운 결정을 내릴 수 있으며 실천능력이

> 인간은 자신의 의지와는 상관없이 성격이나 행동양식이 형성되지만, 그러한 자신의 행동양식을 충분히 이해할 수 있고 나아가 다시 선택할 수 있는 자율적인 존재다.

있는 인간은 자신의 삶에 책임을 질 수 있는 존재이다.

2) 자아상태

자아상태(ego-state)란 특정 순간에 우리 성격의 일부를 드러내는 방법과 관련된 행동, 사고, 감정을 말한다. 인간의 성격은 세 가지의 특정적인 자아상태, 즉 어버이 자아(Parent Ego State: P), 어른 자아(Adult Ego State: A), 어린이 자아(Child Ego State: C) 상태로 구성되며, 이는 각각 분리되어 독특한 행동의 원천이 된다.

(1) 어버이 자아(P)

어버이 자아는 정신분석에서의 초자아(superego)의 기능처럼 가치체계, 도덕 및 신념을 표현하는 것으로 주로 부모나 형제 혹은 정서적으로 중요한 인물들의 행동이나 태도의 영향을 받아 내면화시킨 자아다. 즉, 부모가 사용했거나 현재 사용하고 있는 말투, 생각, 몸짓을 모방하여 그 것으로 자신을 나타내며 외견상 비판적이거나 양육적인 행동으로 표출된다. 어버이 자아는 비판적 어버이 자아(Critical Parent Ego State: CP)와 양육적 어버이 자아(Nurturing Parent Ego State: NP)로 세분화할 수 있다.

비판적인 어버이 자아(CP)는 양심과 관련된 것으로 주로 생활에 필요한 규칙을 가르치고, 권위적이고 엄격한 동시에 비판적이고 지배적으로 질책하는 경향을 보인다. 주로 주장적·처벌적·권위적인 태도로 자신의 가치관이나 생각은 바른 것으로 여기고 양보하지 않는다. 양심과 관련된 것으로 주로 생활에 필요한 규칙을 가르치며 동시에 비판·비난적이다. 지나칠 경우 교만하고 명령적인 말투, 질책하는 경향을 보이며 '그 정도밖에 못하니?' '또 그러면 가만두지 않겠어.' '당연하지.' 등과 같은 언어적 표현을 한다.

반면, 양육적 어버이 자아(NP)는 배려, 격려, 관용적인 태도로 북돋아 주고 보살피는 보호적인 부모의 태도다. 벌보다는 용서와 칭찬으로 남의 고통도 자신의 것으로 받아들이려는 따뜻한 면을 갖추고 있다. 상대를 지지하고 격려하여 보살피는 양육적 태도로 대체로 공감적이고 성장 촉진적이다. 하지만 상대를 지나치게 보호하거나 상대의 일에 개입하여 개인의 자주성을 무시하거나 지나치게 동정적이기도 하다.

(2) 어른 자아(A)

어른 자아는 객관적 사실에 의해 사물을 판단하고 감정에 지배되지 않으며 이성과 관련되어 있어서 사고를 기반으로 조직적·생산적·적응적 기능을 하는 성격의 일부분으로 정신분석의 자아개념과 유사한 면이 많다.

어른 자아(A)는 객관적 사실에 의해 사물을 판단하는 기능으로 연령과는 무관하며 감정에 지배되지 않는다. 지성 또는 이성과 관련되어 있어서 사고를 기반으로 합리적·조직적·생산적·적응적 기능을 하며 주로 '이해합니다.' '~하려 합니다.' '이렇게 하는 것이 제일 적절하겠어.' '어떻게 하는 것이 제일 좋을까?'와 같은 표현을 한다.

어른 자아는 외부세계는 물론 개인의 내적 세계와 다른 자아상태(P, C)의 모든 원천에서 유용한 정보를 수집하고 현실을 합리적으로 판단하여 의사결정을 한다. 어른 자아가 지나치면 정서가 결핍된 모습을 나타내거나 업무에만 집중하는 모습으로 나타날 수 있으나 효과적으로 사용하면 어버이 자아와 어린이 자아의 갈등을 완화시킬 수 있다. 어른 자아는 감정에 지배되지 않은 이성적인 부분이지 성숙한 어른이라는 의미로 해석되지는 않는다.

> 어른 자아는 객관적 현실을 파악하고자 정보수집, 자료처리, 현실적 가능성을 추정하는 기능을 한다.

(3) 어린이 자아(C)

어린이 자아는 어린 시절 실제로 경험한 감정이나 행동 또는 그와 비슷한 느낌이나 행동에 관한 성격의 일부분이다. 정신분석의 원초아(id)의 기능처럼, 내면에서 본능적으로 일어나는 모든 충동과 감정 및 5세 이전에 경험한 외적인 일들에 대한 감정적 반응체계를 말한다. 특히, 부모와의 관계에서 경험한 감정과 그에 대한 반응양식이 내면화된 것으로 기능적인 면에서 자유로운 어린이(Free Child: FC)와 순응하는 어린이(Adapted Child: AC)로 세분화할 수 있다.

> 어린이 자아는 출생 후 5세경까지의 외적인 일들에 대한 감정적 반응체제가 내면화된 것이다.

자유로운 어린이 자아(FC)는 부모의 습관화된 영향을 받지 않는 본능적·자기중심적·적극적인 성격의 부분으로 즉각적이고 열정적이며 즐겁고 호기심에 차있어 도덕이나 규범 등 현실을 생각하지 않고 즉각적인 쾌락을 추구하는 반면 불쾌감이나 고통은 피한다. 또한 직관적이고 창의적이며 비언어적인 메시지에 반응하고 상상이나 공상을 즐기는 특징이 있는데, 지나치면 통제할 수 없고 천진난만함이 실수나 경솔한 행동으로 나타나기도 한다.

반면에 순응하는 어린이 자아(AC)는 감정이나 욕구를 억제하고 상대의 기대에 순응하며 자연스러운 감정을 나타내지 않고 자발성이 없어 타인에게 의지하는 경향이 있다. 자신의 감정이나 욕구는 억제하고 부모나 교사의 기대에 순응하며 평상시에는 온순해 보이지만 예기치 않게 반항이나 분노를 나타내는 것도 흔한 행동양식이다. 이러한 특징의 순응하는 어린이 자아는 평상시에는 자신의 감정을 억제하여 온순해 보이지만 예기치 않은 상황에서 억압된 감정이나 반항이나 격한 분노를 나타내는 행동을 보이기도 한다.

이 세 가지 자아는 서로 독립적이면서도 유동적일 때 건강한 성격이라 할 수 있으며 어느 한 자아에 편향되거나 고착될 때 건강하지 못한 성격이나 병리현상이 나타날 수 있다. 각 자아들의 기능과 특징은 〈표 10-1〉에 정리하였다.

표 10-1 자아의 기능과 표현

자아상태	기능	언어적 표현
비판적 어버이 자아 (critical parent ego: CP)	• 주장적, 처벌적, 권위적 • 다른 사람을 가르치고 통제하고 비판하는 기능 • 지나치게 높을 경우: 지배적 태도, 명령적 말투, 칭찬보다 질책	• 비난: "그 정도밖에 못하니?" • 처벌: "또 그러면 가만두지 않겠어." • 편견: "당연하지." • 단정: "난 역시 안 돼."
양육적 어버이 자아 (nurturing parent ego: NP)	• 배려, 격려, 관용 • 도움, 긍정적인 인정자극 • 지나치게 높을 경우: 과보호의 경향	• 위안: "힘을 내라." • 배려: "내가 도와줄게." • 격려: "잘했어."

어른 자아 (adult ego: A)	• 합리적, 적응적 • 자아상태 간의 갈등 중재 • 지나치게 높을 경우: 무미건조한 컴퓨터 같은 느낌	• 합리적: "이렇게 하는 것이 제일 적절하겠어." "어떻게 하는 것이 제일 좋을까?"
자유로운 어린이 자아 (free child ego: FC)	• 타인 배제, 자유로운 감정 표현 • 본능적, 자기중심적, 쾌락추구 • 지나치게 높을 경우: 질서나 규범 무시	• 자기중심적: "난 이게 좋아." • 쾌락추구: "좋아."
순응적 어린이 자아 (adapted child ego: AC)	• 타인 수용, 순응적, 모범적 규범 준수 • 지나치게 높을 경우: 죄책감, 열등감	• 순응: "알겠어요." • 규범 준수: "그렇게 하는 것은 옳지 않아."

3) 구조분석

　구조분석은 개인의 감정, 사고, 행동을 자아상태 모델의 관점에서 이해하고자 하는 방법으로 주로 어버이(P), 어른(A), 어린이(C)의 세 가지 자아상태가 어떻게 구성되어 있는지 분석하는 것을 의미한다. 이와 같은 자아상태를 기초로 이루어지는 구조분석은 개인을 보다 객관적으로 관찰함으로써 성격의 불균형을 발견하고 회복할 수 있도록 돕고자 하므로 개인이 사용하고 있는 자아상태를 결정하는 것에 초점을 둔다.

　각 자아상태 기능의 역할 정도에 따라 문제가 해결되기도 하지만 문제가 유발될 수도 있다. 자아가 제대로 역할을 하지 못해서 문제를 일으키는 대표적인 경우로 혼합(contamination)과 배타(exclusion)를 들 수 있다.

　혼합은 각 자아경계가 지나치게 이완되거나 약화되어 특정 자아상태가 자아경계를 침범하는 경우이다. 예를 들어, 어버이 자아가 어른 자아를 침범하여 혼합이 일어나면 어버이 자아가 가지고 있는 신념에서 벗어나지 못하고 특정한 사람이나 현상에 대해 맹신이나 편견을 가질 수 있다. 이렇게 부모나 사회의 가치관과 규범을 현실적 검토 없이 받아들이는 태도는 잘못된 선택을 할 수 있는 경우가 생기게 된다.

> 구조분석이란 성격이나 일련의 교류들에 대하여 자아상태 모델의 관점에서 분석하는 것으로 어버이(P), 어른(A), 어린이(C)의 세 가지 자아상태가 어떻게 구성되어 있는지 분석하는 것을 의미한다.

> 자아상태 기능의 역할 정도에 따라 문제가 해결되기도 하지만, 자아가 제대로 역할을 하지 못해서 문제를 일으키는 경우도 있는데 대표적으로 혼합과 배타를 들 수 있다.

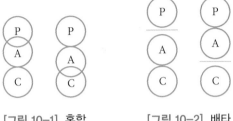

[그림 10-1] 혼합   [그림 10-2] 배타

배타는 각 자아의 영역이 지나치게 경직되어, 하나 또는 두 개의 자아 상태가 독자적으로 사용되는 반면 나머지 자아상태는 폐쇄되어 전체 기능에서 제외되는 상태다.

이러한 경우는 특정 자아상태가 장기간 독자적으로 기능하게 되면서 세 가지 자아상태 사이의 심리적 에너지 이동이 불가능하게 되어 발생하는 문제다. 예를 들어, 어버이 자아만을 오랜 시간 사용한 내담자는 비판적이고 권위적이며 다른 사람과 어울리거나 여가를 즐기는 등의 행위에서 어려움을 느낄 수 있다.

내담자는 다음과 같은 질문을 통하여 자신의 세 가지 자아상태에 대한 이해의 폭을 넓힐 수 있다.

- 세 가지 자아상태 중에서 어느 것이 주도권을 잡고 있는가? 나는 P주도형인가, A주도형인가?, 혹은 C주도형인가?
- 여러 가지 생활 상황에 따라서 세 가지 자아상태 주도성은 어떻게 바뀌는가?
- 자신의 특유의 행동양식은 어떤 것일까? 세 가지 자아상태 중에서 어느 하나가 필요 이상으로 강하게 작용하지는 않는가?
- 자신이 진정으로 원하는 성격 유형이란 어떤 것인가? 자신이 원하는 자기 모습과 현재 자기 모습의 행동양식 사이에는 어떤 차이가 있을까?

교류분석에서는 특정 자아상태만을 중요시하기보다 필요한 경우 반응의 균형을 유지할 수 있는 능력을 중요하게 여긴다. 따라서 특정 자아상태만을 지속적으로 나타내는 사람은 효과적인 기능을 하는 사람으로 간주하지 않는다.

교류분석이론에서 기능적인 인간이란 다섯 가지 자아상태의 에너지를 잘 선택하여 그 기능을 충분하게 활용하는 사람을 말한다. 어느 한 기능이라도 제 기능을 하지 못하면 역기능적일 수 있으므로 다섯 가지 기능이 어떠한가에 대한 분석은 매우 중요하다 할 수 있다

4) 교류분석

교류분석(transactional analysis)이란, P, A, C의 이해를 바탕으로 대인관계에서 나타나는 상호작용을 관찰·분석함으로써 개인의 행동을 이해하고 예견하는 방법이다. 구조분석이 개인의 내면에 초점을 둔다면 교류분석은 개인과 개인 사이에 초점을 둔다. 여기서 교류란 의사교류를 말하는 것으로 자아상태 간에 발생하는 사회적 상호작용의 단위이며, 2인 이상의 사람들이 각자의 자아상태에 따라 자극을 보내고 반응하는 것을 말한다.

교류분석은 사람들 간의 교류과정에서 각자 어떤 자아상태가 관여·작용하고 있으며 어떤 유형의 교류를 하고 있는지를 파악하여 내담자의 의사소통이나 대인관계 문제 해결에 유용하게 적용할 수 있다.

교류분석이론에 따르면 두 사람이 교류할 때 P, A, C 중 한 기능을 선택하여 메시지를 주고받는데, 자극과 반응을 어떻게 주고받는가에 따라 상보교류(complementary transaction), 교차교류(crassed transaction), 이면교류(ulterior transaction)로 나눌 수 있다. 상보교류는 두 사람이 동일한 자아상태에서 작동되거나 상호 보완적인 자아상태에서 자극과 반응을 주고받는 것이다. 이때 언어적인 메시지와 표정, 태도 등의 비언어적인 메시지가 일치되어 나타난다. 교차교류는 상대방에게 기대한 반응과는 다른 자아상태의 반응이 활성화되어 되돌아오는 경우로 인간관계에서 고통의 근원이 된다. 교차교류는 의사소통이 제대로 이루어지지 않는 느낌이 들게 하여 대화의 단절을 가져옴으로써 인간관계에 부정적인 영향을 미친다. 이면교류는 두 가지 자아상태가 동시에 활성화되어 한 가지 메시지가 다른 메시지를 위장하는 복잡한 상호작용을 한다. 이면교류는 상보적이며

교류분석 이론에서 기능적인 인간이란 다섯 가지 자아상태의 기능을 충분하게 활용하는 사람을 말한다.

교류패턴분석이란 P, A, C의 이해를 바탕으로 일상생활 속에서 주고받는 말, 태도, 행동 등을 분석하는 것이다.

두 사람이 교류를 할 때 자극과 반응을 어떻게 주고받는가에 따라 상보교류, 교차교류, 이면교류로 나눌 수 있다.

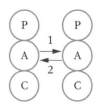

1. 여보! 지금 몇 시야?
2. 7시 30분이요.

상보교류

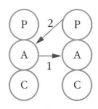

1. 여보! 지금 몇 시야?
2. 당신은 시계 없어!
   내가 당신 시계야?

교차교류

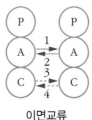

표현된 메시지(어른이 어른에게)
1. 여보! 지금 몇 시죠?
2. 아직 12시 안 됐어.

잠재된 메시지(어린이가 어린이에게)
3. 너무 늦은 거 아니에요?
4. 나름대로 일찍 온 거니까 그만해.

이면교류

[그림 10-3] 세 가지 교류 패턴의 예

사회적 차원에서 메시지를 보내고 있는 것처럼 보이지만 주된 요구나 의도가 이면에 숨겨져 있는 것이 특징이다. 예를 들어, 대화를 할 때 표면적으로는 어른 자아 대 어른 자아로 대화하는 것 같지만 그 이면에는 다른 속셈이 깔려 있는 경우를 말한다.

교류분석은 자신이 대인관계에서 사용하는 대화법, 타인이 자신에게 사용하는 관계방식 등을 알아차리게 함으로써 스스로의 자아상태에 대해 자각하게 하고 상황에 따라 자아상태를 적절하게 통제할 수 있게 한다.

5) 스트로크

스트로크(strokes)란 사회적 행동의 동기를 제공하는 요인으로 타인으로부터 얻어지는 인정자극을 의미한다. 생애 초기에는 주로 포옹, 머리 쓰다듬기와 같은 신체접촉을 통해 제공되며 성장하면서 언어, 표정, 관심 등의 심리적·정서적 스트로크로 대체되어 그 사람의 존재나 가치를 인정하기 위한 언어나 행동으로 나타난다. 스트로크는 상대방에게 주는 영향, 조건의 여부, 스트로크의 방법에 따라 다양하게 나눌 수 있다.

> 스트로크란 피부접촉, 표정, 태도, 감정, 언어, 기타 여러 형태의 행동을 통해 상대방에 대한 반응을 알리는 인간 인식의 기본 단위다.

① 상대방에게 주는 영향에 따른 스트로크
- 긍정적 스트로크: '오늘 멋지구나.' '참 잘했구나.' '나는 너를 좋아한다.' 등의 수용적이고 지지적인 언어 표현, 따뜻한 신체적 접촉, 수용적인 태도 등
- 부정적 스트로크: '실망스럽구나.' '이 정도밖에 못하니?' 등의 부정적이고 비난적인 언어 표현, 부정적인 신체적 접촉 등

② 조건의 여부에 따른 스트로크
- 조건적 스트로크: '만약 네가 ~한다면 나도 ~하겠어.'와 같은 조건에 따른 태도나 인정
- 무조건적 스트로크: '나는 네가 어떠하든 기꺼이 ~하겠어.'와 같은 상대의 존재나 행동에 관계없이 주는 인정

③ 방법에 따른 스트로크
- 신체적 스트로크: 안아 주기, 손잡아 주기, 머리 쓰다듬어 주기 등의 신체 접촉
- 상징적 스트로크: 자세, 얼굴 표정, 사용하는 언어와 말투 등

긍정적 스트로크(positive strokes)는 포옹, 칭찬, 긍정적 평가 등과 같이 표면적인 것에서부터 친밀도가 깊은 성적 표현까지의 다양한 행동이 포함된다. 긍정적 스트로크는 '오늘 참 멋지구나.' '참 잘했구나.' 등의 친근한 표현으로 행복감과 기쁨을 주어 상대로 하여금 존재의 의미를 느끼게 할 수 있는데, 이를 충분히 받은 사람은 타인의 칭찬이나 인정을 기꺼이

받아들이고 건강하게 성장을 한다.

부정적 스트로크(negative strokes)는 긍정적 스트로크를 충분히 받지 못해 상대방을 불쾌하게 만들거나 걱정을 시키는 등, 곤란하게 하고 혹은 상처를 입히면서 애정을 표현하는 것이다. '실망스럽구나.' '이 정도밖에 못 하니?' 등 차가운 표현의 스트로크는 개인의 자아형성에 부정적인 영향을 주지만 스트로크가 전혀 없이 방치되는 것보다는 부정적 스트로크라도 얻기를 원한다. 예를 들어, 아동이 교사의 관심을 받기 위해 말썽을 피우고 숙제를 안 하거나, 부모의 관심을 얻기 위해 집 안을 어지럽히는 행동을 함으로써 스트로크를 얻는 것이다.

스트로크는 사회적 상호작용의 기본 동기이며, 개인이 건전하게 기능하기 위해 필수적인 자극이다.

인간은 누구나 타인과의 스트로크를 주고받으면서 자신이 어떤 사람인지 인식하고 원만한 대인관계를 갖고자 한다. 부정적 스트로크는 인간의 성장을 후퇴시키고 왜소하게 만들 수 있으므로 긍정적이고 무조건적인 스트로크를 사용하여 심리적 안정과 성장을 촉진하는 것이 좋다.

6) 생활자세

생활자세는 ① 자기긍정, 타인긍정, ② 자기긍정, 타인부정, ③ 자기부정, 타인긍정, ④ 자기부정, 타인부정의 네 가지가 있다.

생활자세(life position)는 어린 시절 부모 또는 중요한 타인들과의 스트로크를 토대로 조성되는 자기 혹은 타인에 대한 기본 반응 태도 혹은 이에 기인하는 자기상이나 타인상을 말하는 것으로 개인 생활각본을 구성하는 주요 요소다. 예를 들어, 아이는 성장하면서 어머니와의 교류를 통해 자신이나 타인 또는 세상에 대한 자세를 익혀 나가게 된다.

생활자세는 자신과 타인에 대한 기본적인 신뢰감 또는 기본적인 안정감이라 할 수 있으며, 개인의 생활자세는 자기긍정 · 타인긍정(I'm OK, you're OK), 자기긍정 · 타인부정(I'm OK, you're Not-OK), 자기부정 · 타인긍정(I'm Not-OK, you're OK), 자기부정 · 타인부정(I'm Not-OK, you're Not-OK)의 네 가지로 구분된다(〈표 10-2〉 참조).

표 10-2 생활자세

구분		자기(I)	
		긍정(OK)	부정(Not-OK)
타인 (YOU)	긍정 (OK)	생산적 평화주의	열등감 무력감
	부정 (Not-OK)	배타주의 공격적	심리적 어려움 기본적인 불신

자기긍정·타인긍정(I'm OK, you're OK)은 가장 바람직하고 생산적인 인간관계로 성인자아가 기능하기 시작하면서 형성되는 생활자세다. 모든 사람이 가질 수 있는 태도는 아니지만 어려서부터 긍정적인 스트로크를 받고, 스스로의 통찰과 노력이 있다면 가질 수 있는 생활자세다. 이러한 생활자세를 지닌 사람들은 대체로 정서적·신체적 욕구가 애정적이고 수용적인 방식으로 충족되면서, 다른 존재의 의미를 충분히 인정하는 건설적인 인생관의 건강한 사람으로 성장하고 이러한 견해가 다른 사람들에게도 확대되어 나간다.

자기긍정·타인부정(I'm OK, you're Not-OK)은 공격적인 생활자세로, 자신의 실수를 타인이나 사회의 탓으로 여기고 자신이 사회나 가족으로부터 희생이나 박해를 당했다고 여기게 만든다. 이것은 어린 시절 부모로부터 원하는 스트로크를 받지 못하고 오히려 비난과 무시 또는 학대를 당한 경우나 질병에서 회복되면서 자신 이외에는 믿을 만한 사람이 하나도 없다고 생각하게 된다. 그리고 자신을 도와줄 사람도 없다고 결론을 내리면서 '나는 옳고 다른 사람들은 옳지 않다.'라는 생활자세를 취하게 된다. 이러한 생활자세를 가진 사람은 지배감, 우월감, 타인에 대한 불신이 있어서 세상을 비난하고 좌절과 분노로 대응한다.

자기부정·타인긍정(I'm Not-OK, you're OK)은 출생 시의 생활자세로, 무능력한 자신과 반대로 전지전능한 양육자를 보면서 발달시키는 생활자세다. 이러한 생활자세를 지닌 사람들은 성장·발달하면서 양육자의 기대에 부응하기 위해 노력하지만 계속되는 실수나 실패를 경험하면서 열등감, 우울감, 무력감, 대인 기피 등을 경험하면서 점차 자기는 'Not-OK' 인데 타인은 'OK'라고 인식하게 된다. 더불어 자신보다 우월해 보이는 타인에 대해 강한 의존성을 가지게 된다.

자기부정 · 타인부정(I'm Not-OK, you're Not-OK)은 어려서부터 긍정적인 스트로크를 받지 못하고 부정적인 스트로크를 많이 경험할 때 생겨나는 생활자세다. 어린 시절 성장하면서 경험하는 여러 가지 어려움(예: 넘어지거나 다치는 경우)에 노출되었을 때 양육자의 심한 제재 또는 부정적인 스트로크를 경험하면서 자신은 물론이고 타인과 세상에 대해서도 불신을 경험한다. 이러한 생활자세를 지닌 사람들은 그야말로 삶이 허무하고 절망에 가득 찬 것이라고 지각한다. 스트로크가 심각하게 결핍되었거나 극도로 부정적일 경우에는 타인으로부터 오는 스트로크를 아예 거부하고 차단하며 혼자만의 세계에 빠지고, 심한 경우 우울증이나 심리적인 문제를 경험하며, 극단적인 경우 모든 것을 포기하기도 한다.

7) 각본분석

각본분석이란 자신의 자아상태에 대하여 통찰을 함으로써 자기의 각본을 이해하고 벗어날 수 있도록 하는 것을 말한다.

각본(script)은 어릴 때부터 형성하기 시작하는 무의식적인 인생 계획으로서 인간이 성장하면서 부모가 주는 메시지에 의해 강화되고 생활하면서 겪게 되는 경험들에 의해 정당화된다(stewart & joines, 1987). 연극배우가 무대 위에서 각본에 따라 연기하듯, 사람들은 각자 인생각본의 결말을 향해 자기 삶을 살아간다. 예를 들어, '나는 할 줄 아는 것이 하나도 없다.'라는 각본을 쓴 사람이 조그마한 실수를 했을 때 부모로부터 '네가 원래 그렇지. 뭘 하나라도 제대로 하니?'라는 말을 듣게 되면 '그래, 그렇지. 나는 늘 그랬어. 뭘 하든 제대로 하는 게 하나도 없었어.'라고 자신의 각본을 강화시켜 나가게 된다. 그리고 또 다른 실패의 순간이 올 때마다 '그럴 줄 알았어. 내 인생은 언제나 실패였어. 이것도 하나 못하는데 다른 걸 할 수 있겠어.'라며 자신의 각본을 확정하게 된다. 그래서 각본분석(script analysis)은 각자 특정한 방법으로 행동하는 자아 상태에 대해 통찰함으로써 자기 각본을 이해하고 거기서 벗어나도록 하는 것을 의미한다. 이에 비해 각본치료는 통찰과 어른 자아의 활성화 촉진 및 재결정(redecision)을 통해 근본적으로 어린이 자아를 변화시키는 것을 말한다.

8) 게임

게임(game)이란 우리가 평소에 하는 즐거운 게임이 아니라 불쾌한 감정을 일으키는 심리적 게임을 의미한다. 즉, 표면적으로는 합리적이고 친밀한 대화로서 상보적인 것으로 보이나 그 이면에는 정형화된 함정이나 속임수가 내포되어 있는 교류로 보통 상대방에게 패배감이나 무력감을 불러일으키는 역기능적 의사소통을 의미한다. 이러한 게임은 자신도 모르게 진행되고 반복적으로 일어나는데, 게임의 동기나 목적은 숨겨져 있기 때문에 게임에서 벗어나지 않는 한 자신이 게임을 하고 있다는 것을 느끼는 것도 어렵다. 그럼에도 불구하고 개인은 원하는 스트로크가 오지 않았을 때 스트로크를 얻기 위해서, 또는 자신의 부정적인 감정(라켓 감정)이나 자신의 생활자세(인생태도)를 확인하기 위해서 게임에 무의식적으로 참여하게 된다. 게임에 대해 몇 가지 살펴보면 다음과 같다.

> 게임이란 겉으로는 어른 자아 대 어른 자아의 교류처럼 보이나, 그 이면에는 다른 속셈이 깔려 있는 교류여서 한쪽 또는 양쪽 모두에게 불쾌한 라켓 감정을 불러일으키는 역기능적인 의사소통을 의미한다.

(1) 게임공식

게임공식을 설명하면 먼저 게임 플레이어는 숨겨진 동기(Con)를 가지고 게임 연출의 상대를 발견하면 계략(Trick)을 쓴다. 이 같은 유인장치에 의해 약점을 가진 상대(Gimmick)가 걸려들면 게임이 성립되고 일련의 표면적 교류(Response)가 나타나게 된다. 게임은 서서히 확대되고 교류과정에서 엇갈림, 대립, 허둥대기와 같은 형태의 전환(Switch)이 생기며 양자 간의 혼란(Crossed-up)이 발생한다. 결국 게임을 시도한 사람의 동기가 겉으로 드러나면서 두 사람 또는 최소한 한 사람은 불쾌한 감정을 맞보면서 결말(Pay-off)을 맺게 된다. 게임에 대해 Berne이 제시한 공식은 다음과 같다.

$$C + G = R \rightarrow S \rightarrow X \rightarrow P.0$$
$$(Con) + (Gimmick) = (Response) \rightarrow (Switch) \rightarrow (Crossed-up) \rightarrow (Pay-off)$$

(2) 에누리에서 시작되는 게임

에누리(discount: 과소평가)에서 시작되는 게임의 과정을 알아보면, 먼저 상대를 에누리하면서 게임이 시작되고, 그레이 스탬프의 수집(불쾌 감정 비축)이 이루어진다. 이후 불만은 점차 증대되면서 이자가 붙으며, 결국 방아쇠를 잡고 정조준하여 폭발(스탬프 청산, 교환)시키게 된다. 마지막에는 NOT-OK라는 생활자세를 확인하면서 청산 과정을 끝마치게 된다(Berne, 1964). 인생게임의 흐름도는 다음 그림과 같다.

[그림 10-4] 인생게임의 흐름도

(3) 드라마 삼각형

Karpman(1968)은 연극(드라마)이 여러 면에서 게임과 유사하다는 점에 주목하고 게임도 연극처럼 '박해자(persecutor)' '구원자(procurer)' '희생자(vitim)'의 세 가지 역할을 주어 이들 간의 삼각구도로 된 '드라마 삼각형

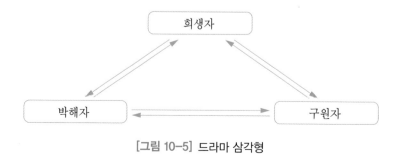

[그림 10-5] 드라마 삼각형

(drama triangle)'을 고안하였다. 이는 무대에서 연기자들이 역할을 교체하듯이 게임에서도 연기자 간에 극적인 역할교대를 하고 있음을 나타낸다. 드라마 삼각형의 모습은 [그림 10-5]를 참고하기 바란다.

　박해자는 관계 안에서 지배적인 힘을 갖고 상대의 행동을 억압하거나 지시하는 역할을 하게 되는데, 주로 비판적 어버이 자아가 관여한다. 희생자는 이용당하거나 인내를 강요당하는 역할을 연기한다. 주로 순응적 어린이 자아가 관여하며 자신을 무시하고 억누를 박해자를 찾거나 혹은 자신을 도와 '나 스스로 할 수 없다.'는 희생자의 신념을 확인시켜 줄 구원자를 찾기도 한다. 구원자는 '다른 사람들은 자기 스스로 할 능력이 없기 때문에 내가 나서서 도와주어야 한다.'고 생각한다. 희생자를 돕거나 박해자를 지지하는 등 중재를 하거나 관대한 태도로 상대를 의존하게 하는 보호적인 역할을 하는데, 여기에는 양육적 어버이 자아가 관여한다. 드라마 삼각형은 자기 또는 타인이 게임을 할 때 어떤 역할을 하고 있는지를 알아차리고 더 이상은 게임을 하지 않도록 하는 데 도움이 된다.

9) 라켓

　라켓(rackets)은 게임을 통해 습득한 불쾌한 감정으로 억압되었거나 금지된 감정의 대체 감정 또는 타인을 이용하려고 사용하는 감정으로서 스트레스 상황 속에서 경험하게 되며, 문제를 해결하는 데는 결코 도움이 되지 않는 부정적인 감정이다.

　어린 시절 우리는 가족 내에서 어떤 감정은 격려되고 어떤 것들은 금지되는지 알게 된다. 아이는 긍정적인 스트로크를 얻기 위해 의식적인 자각 없이 단지 허락된 감정만을 느낀다. 예를 들어, 어린 시절 부모로부터 '가까이 하지 말라.'는 금지령을 받은 사람은 사람들과 거리를 두겠다는 초기 결정을 내리게 되고 누군가 가까워지게 되는 경우 상대방의 분노를 자극하는 행동이나 특성을 발견함으로써 스스로 타인과 가까워지지 않도록 하면서 자신의 결정을 정당화하기 위해 불쾌한 감정을 축적한다. 이러한 과정이 계속되면서 그는 자신의 초기결정을 정당화하고 강화한다. 이처

라켓은 게임을 통해 경험하게 되는 불쾌한 감정으로 상대를 심리적으로 위협하거나 속일 목적으로 사용되기도 한다.

럼 상대를 심리적으로 위협하기도 하고 교묘히 속이기도 할 목적으로 특정의 감정을 사용하게 되는데 반복적인 방법으로 맛보는 만성적인 불쾌한 감정이 라켓인 것이다.

2. 심리적 문제의 발생

인간의 심리적 문제는 아동의 초기 결정에 의하여 결정된 각본이 자기긍정-타인부정, 자기부정-타인긍정, 자기부정-타인부정과 같이 패배자의 각본인 경우 부적응 상태에 놓이게 되고, 정신병리를 나타내게 된다.

인간의 심리적 문제는 아동의 초기 결정에 기초하여 학습된 행동을 반영한다. 아동의 초기 결정은 아동 자신의 욕구충족과 부모의 욕구충족 사이에서의 일종의 타협을 의미한다(Woolams & Brown, 1979). 이런 측면에서 사람들은 그들의 즐거움을 최대화시킬 수 있고 고통을 최소화시킬 수 있는 것이면 무엇이나 하도록 동기화된다. 다른 사람을 해치는 사람조차도 기본적으로는 분노, 공포 혹은 다른 고통으로부터 해방되기 위해서 그렇게 행동하는 것이지, 타인을 해치려는 욕구 때문에 그렇게 행동하는 것은 아니다. Woolams와 Brown은 사람들이 '어떻게 하면 이 세상에서 가장 잘 살 수 있을까?'라는 관점에서 자기 자신에 대한 결정을 내리게 된다고 한다. 그러나 불행하게도 이런 결정이 항상 적절한 것은 아니다. 자신을 보호하기 위해 분노를 표현하여 처벌을 받은 아동은 '부모를 대상으로 분노를 표현하는 것은 안전하지 못하다.'는 결정을 내릴지도 모른다.

이러한 기본적 결정으로부터 그 아동은 '분노를 표현하는 것은 안전하지 못하구나. 그래서 다른 사람에게 나의 분노를 감추어야겠다.'고 일반화된 결정을 내릴 수도 있다. 아동은 이러한 결정을 계속 가진 채로 자신의 욕구는 지속적으로 무시하면서 이 세상에서 살아가기 위해 적응하게 될 것이다. 이와 같은 경우 초기의 이러한 결정은 그 사람의 각본의 핵심이 될 것이다. 그런데 이때 결정된 각본이 자기긍정·타인부정, 자기부정·타인긍정, 자기부정·타인부정인 경우에는 패배자의 각본이 될 수 있다. 이처럼 실패자의 각본을 선택한 사람들은 부적응 상태에 놓이게 되고, 정신병리를 나타내게 된다. 그들은 자아상태의 경계가 무너져서 다른 자아를 침범하거나 혹은 자아상태의 경계가 지나치게 경직되어 심리적 에너지의 이동이 거의 없어지게 된다.

3. 상담 과정과 기법

1) 상담 목표

교류분석 상담의 기본 목표는 내담자가 그의 현재 행동과 삶의 방향에 대한 새로운 결정을 내리는 것을 돕는 것이다. 내담자는 자신의 생활자세에 대한 초기의 결단을 따름으로써 자신의 자유를 스스로 어떻게 제한하였는가를 자각하며, 자율적인 삶의 방식을 선택하는 것을 배운다. 교류분석 상담의 가장 좋은 점은 게임과 자기 기만적인 인생각본을 특징으로 하는 생애 유형을 자각하여 자발성, 친밀성을 특징으로 하는 자발적인 생애 유형으로 대치하는 것이다. 내담자는 수동적으로 각본화되는 대신에 스스로 자신의 각본을 쓰는 것을 배우게 된다. 상담 과정을 통하여 내담자는 자신이 받는 메시지를 알아차리게 되며, 이런 명령에 대한 반응으로 내린 결정을 알아차리게 된다. 즉, 내담자는 자신의 각본을 다시 쓰게 됨으로써 삶을 통제할 수 있게 된다(Corey, 2003).

교류분석 상담의 목표를 구체적으로 살펴보면, 먼저 내담자의 자율성(autonomy) 성취와 통합된 어른 자아의 확립이다. 자율성을 갖기 위해서는 각성, 자발성, 친밀성이 중요하다. 그리고 통합된 어른 자아의 확립이란 어른 자아가 혼합이나 배타에서 해방되어 자유롭게 기능하도록, 즉 선택의 자유를 경험하도록 하는 것이다(윤순임 외, 1995).

교류분석 상담의 또 다른 목표는 내담자로 하여금 현재 그의 행동과 인생의 방향과 관련하여 새로운 결단을 내리도록 하는 것이다. 좀 더 구체화해 보면, 교류분석은 개인이 자신의 생활자세에 대한 초기의 결단을 따름으로써 선택의 자유가 얼마나 제약되었는지를 각성하고 헛된 결정론적인 생활방식을 버리도록 하는 목표를 가진다(Corey, 2003).

교류분석의 목표는 내담자의 자율성 성취와 통합된 어른 자아의 확립 및 현재 그의 행동과 인생의 방향과 관련하여 새로운 결단을 내리도록 하는 데 있다.

2) 상담자의 기능과 역할

교류분석 상담에서 상담자의 역할은 주로 교훈적이고, 인지적인 문제에 관심을 기울이는 것이다. Harris(1967)는 상담자의 역할을 교사, 훈련가 그리고 깊이 관여하는 정보 제공자로 보았다. 교사로서의 상담자는 구조분석, 교류패턴분석, 각본분석 그리고 게임분석 같은 개념을 설명해 준다. 또한 상담자는 내담자가 자신의 초기 결정과 인생 계획에 있어 과거의 불리한 조건을 발견하도록 도와주며, 새로운 전략들을 발달시키도록 돕는다(Corey, 2003).

상담자와 내담자는 상담 과정에서 동반자의 위치에서 계약을 맺어야 한다. 그리고 상담자는 내담자가 안전하고도 효과적으로 계약 목적을 성취하도록 도와줄 기술을 소유하고 있다는 확고한 믿음을 가지게 해야 한다. 내담자는 상처받은 자신을 개방하고 지금-여기 상황에서 오랫동안 확고하게 자리 잡힌 상호작용 패턴을 변화시키는 모험을 감수할 수 있을 만큼 상담자를 신뢰하여야 한다. 내담자의 신뢰를 촉진한다는 것은 내담자의 변화를 위한 안전한 환경을 만든다는 의미다.

교류분석 상담에서 또 다른 상담자의 역할은 내담자가 자신의 변화에 필요한 것들을 얻도록 돕는 것이다. 상담자는 내담자로 하여금 상담자의 어른 자아에 의지하게 하기보다 내담자 자신의 어른 자아에 의지하도록 격려하고 가르친다. 그리고 상담자의 주요 임무는 내담자가 어린 시절에 한 잘못된 결정에 따라 살지 않고, 현재 상황에 적절한 결정을 함으로써 삶을 변화시킬 수 있는 자신의 내면적 능력을 발견하도록 돕는 것이다. 즉, 교류분석 상담에서 상담자의 중요한 임무 중 하나는 내담자가 자신의 능력을 발견하도록 돕는 것이다. 그 능력은 상담자가 주는 것이 아니라 내담자가 이미 가지고 있는 것이다.

3) 상담 과정

상담자로부터 각본을 받아들이는 것이 아니라 내담자 스스로 각본을 만들어 가는 것이라는 교류분석의 목적은 사람에게 선택의 자유를 가질 수 있도록 해 주는 것이다. 여기서 자유란 자율적이 되는 것, 경험에 대해 편견 없는 반응을 하게 되는 것이다. Berne은 상담 과정의 일반적인 목적은 자율성의 개념을 통해 이해될 수 있을 것이라고 말한다. 그는 자율성을 자각, 자발성 및 친교라는 세 가지 능력을 회복하는 것으로 정의하며, 자율성에 도달하기 위해서는 부모의 금지령에 대한 반응인 자신의 초기 결정을 이해하고, 변화시킬 능력이 있다는 것을 깨닫는 것이 중요하다고 하였다.

> 교류분석에서 일반적인 상담 목적은 자율성 자각, 자발성, 친교의 능력을 회복하는 것이다.

상담 과정의 기본 요소는 상담자와 내담자가 상호 동의한 목표를 구체화하고 상담의 방향을 설정해 주는 치료적 계약이다. 내담자의 변화와 성장을 위한 상담 과정은 다음과 같은 단계로 나누어 설명된다.

(1) 동기화

변화를 위한 노력에서 반드시 필요한 동기는 자신의 심리적 고통이나 불행과 괴로움에 대한 자각이며 변화에 대한 욕구와 필요성이 절실한 것이다. 내담자는 상담을 시작하기 전에 그들의 현재 행동이 자신의 삶에 어떤 부정적인 영향을 미치고 있는지 알아야 하며, 상담자는 격려와 용기를 북돋아 줄 수 있는 분위기를 조성해야 한다.

(2) 자각

내담자는 자신의 현실을 만족스럽지 않게 느끼고 있으나 그들이 원하는 변화가 정확하게 무엇인지 명백하지 않을 수 있다. 그러므로 상담자는 치료계획의 수립을 통해 내담자가 원하는 변화가 무엇인지, 실제적이고 구체적인 용어로 결정할 수 있도록 돕는다.

(3) 상담 계약

계약이란 명백하게 진술된 목적을 성취하기 위한 상담자와 내담자 간의 동의를 의미하며 상담계약은 상담의 목표를 결정하는 것이다. 상담 목표가 되는 변화에 대해 결정하는 것은 내담자의 책임이며 내담자가 그 계약을 받아들인다면, 계약의 목적을 이루기 위해 내담자를 돕는 것이 상담자의 책임이다. 계약은 상담자, 내담자 모두 어른 자아 수준에서 체결하는 것이지만 상담자, 내담자의 모든 자아상태가 그 계약을 인정하는 것이 필요하다. 상담자에게 계약이란 '내담자의 A를 이해하고 C를 느끼는 것이다.'라는 말은 중요한 의미를 가진다.

(4) 자아상태 정리

자아상태 정리는 내담자가 자신의 각본을 유지하기 위해 현재 어떠한 행동을 사용하고 있는지를 발견하고 자신의 결정에 책임지는 것을 학습하는 단계다. 내담자의 충족되지 못한 욕구와 감정을 깨닫게 하고 이를 표현하도록 격려함으로써, 내담자의 자아상태를 정리하고 내담자의 재결정에 필요한 내적 안전감을 발전시킬 수 있도록 돕는 것이 이 단계의 목적이다. 상담자는 구조분석, 교류분석, 각본분석 등을 사용하여 내담자의 초기결정을 이해하고 내담자가 자신을 탐색할 수 있도록 돕는다.

(5) 재결정

재결정은 내담자가 자신의 각본의 어떤 측면을 변화시키는 것으로 특정 과정에서가 아니라 시간을 두고 점진적으로 일어나는 경우가 많다. 재결정 단계에서 상담자는 드라마와 같은 장면을 만들어 내담자의 초기 결정을 내린 시기, 즉 내담자가 중요한 타인의 지시에 따라 결정을 내린 시기를 재경험하게 한다. 이때 상담자는 내담자가 새로운 것을 발견하거나 깨달을 수 있도록 도우며, 더 중요한 것은 내담자가 과거에는 인식하지 못했던 자신의 잠재력을 발견할 수 있게 하는 것이다. 재결정 준비가 되지 않은 경우는 이전 단계부터 재탐색하도록 한다.

(6) 재학습

재결정 후에도 상담자는 내담자에게 남아 있는 다른 각본 행동에 직면하게 하고 변화에 필요한 정보와 스트로크를 주면서 내담자와의 유대관계를 지속한다. 재결정은 끝이 아니라 또 다른 시작이다. 내담자는 세상에 나가 새로운 결정을 실제로 수행해야 하며 이것은 계속적인 과정이다.

(7) 종결

이러한 과정을 통해 내담자는 상담의 시작부터 능동적이며 책임 있는
역할을 맡게 됨으로써 자신의 문제를 스스로 결정하고 책임지는 연습을
하게 되고 자율성을 성취하여 통합된 어른 자아를 확립하게 된다. 상담자
와 내담자가 상담 계약을 살펴보고 상담 목적 달성 여부를 확인하는 단계
이다. 이러한 과정을 간단히 살펴보면 다음 [그림 10-6]과 같다.

단계	내담자의 상태	상담자의 역할
동기화	심리적 고통으로 변화에 대한 욕구와 필요성이 절실함	격려, 용기, 북돋음
자각	삶에 불만족을 느끼거나 원하는 변화가 무엇인지 명백하지 않음	내담자가 원하는 변화를 실제적이고 구체적인 용어로 상담 목표 수립하기
상담 계약	상담 목표 성취를 위해 내담자와 상담자 간에 동의하기	
자아상태 정리	자신의 결정에 책임지는 연습하기 자신의 각본을 유지하기 위한 자신의 행동 발견하기	내담자의 초기 결정을 이해하고 내담자가 자신을 탐색할 수 있도록 돕기
재결정	새로운 결정을 내담자의 생활방식 속에 통합시키기 위해 노력하기	재결정 준비가 되지 않을 경우 이전 단계부터 재탐색하도록 돕기
재학습	내담자에게 남아 있는 다른 각본 행동에 직면하기	변화에 대한 정보와 스트로크를 제공하기 위해 내담자와 유대 지속하기
종결	내담자의 상담 목적 달성 여부 확인하기	

[그림 10-6] 교류분석 상담 과정

4) 상담 기법

교류분석가는 치료적 분석과 함께 다양한 기법들을 사용하는데 다음 네 가지로 나누어 볼 수 있다. 상담 분위기 형성과 관련된 세 가지 P, 즉 허용(permission), 보호(protection), 잠재력(potency)과 보다 전문적 상담 행동을 규정하는 조작(operation)이 그것이다. 상담자는 자신이 선택한 기법을 사용함으로써 허가와 보호를 지속적으로 제공하여 내담자가 안정감을 갖도록 하는 것이 중요하다.

(1) 허용(permission)

허용은 내담자의 '어버이 자아'가 내담자에게 해서는 안 된다고 말했던 것을 하도록 허가해 주는 기법이다.

내담자의 대부분은 부모로부터 받은 불공평하고 부정적인 금지령에 따라 행동한다. 따라서 상담 장면에서도 그러한 금지령 때문에 내담자의 행동이 제약을 받을 수 있다. 상담자는 그 무엇보다 내담자의 부모가 '하지 마라'라고 한 것에 대해 허용해 주는 것이다. Dusay와 Steiner(1971)는 상담에서 허용의 경우를 다음과 같이 들고 있다.

- 상담자는 내담자가 그들의 시간을 효과적으로 사용할 수 있도록 허용한다. 이것은 내담자가 의식이나 철수, 차단과 같은 비생산적인 시간의 구조화 절차로 빠져 들어가지 않게 한다.
- 상담자는 내담자의 모든 자아상태가 기능할 수 있도록 허용한다. 이 것은 때때로 역할연기를 통하여 수행하는데, 역할연기에서 상담자는 내담자로 하여금 그의 '어린이'와 '어른'을 연출하도록 요청한다. 이러한 경험을 통해 내담자는 상황에 맞는 의사소통을 할 수 있게 된다.
- 상담자는 내담자가 게임을 하지 않는 것도 허용한다. 게임을 하지 않고도 상담자와 대화가 가능하다는 확신을 갖도록 해 준다.

(2) 보호(protection)

보호는 어버이 자아를 포기하는 것을 허가하는 것으로 인한 내담자 속의 어린이 자아의 두려움을 상담자가 지지해 주는 것이다.

내담자가 부모의 금지령을 포기하고 어른 자아를 사용하도록 허용받게 되면, 내담자의 어린이 자아는 쉽게 두려움을 느낄 수 있다(Steiner, 1971).

예를 들어, 내담자가 상담자에게 "선생님, 상담을 하니 재미있어요, 히히."라고 말한 경우를 생각해 보자. 내담자의 어린이 자아가 윗사람에게는 무조건 공손해야만 한다는 어른 자아 때문에 이런 자연스러운 말을 하지 못했으므로 내담자는 자신의 말에 놀랄 수 있다. 이때 상담자의 어른(어버이) 자아가 내담자의 어린이 자아를 보호하게 되면 내담자는 보다 안전하게 새로운 자아를 경험하게 한다.

(3) 잠재력(potency)

잠재력은 적절한 시기에 적절한 상담기술을 사용할 수 있는 상담자의 능력을 말한다. 상담자는 자아상태, 교류, 게임, 각본 등과 관련된 이론적 내용을 숙지하여 분석하고 이를 바람직한 방향으로 재결정할 수 있는 상담기술을 갖추고 있어야 한다.

(4) 조작(operation)

Berne(1966)은 교류분석이론에 근거한 8개의 전문적인 기법을 소개하였다.

> Berne은 상담에서 도움이 되는 보다 전문적 기법으로 질의, 명료화, 직면, 설명, 예증, 확인, 해석, 결정화 등의 목록을 제안하였다.

① 질의(interrogation)

내담자의 행동에서 어른 자아 사용 기능에 어려움이 있다고 판단될 때, 어른 자아의 반응을 유발할 때까지 내담자에게 질문이나 의문을 제기하는 것이다. 이 기법은 직면적이어서 내담자의 저항을 가져오거나, 단순히 생애사의 자료만을 얻을 수 있다는 한계가 있으므로 사용에 유의해야 한다.

② 명료화(specification)

내담자의 특정 행동이 어떤 자아상태에서 비롯되는지에 대해 상담자와 내담자가 일치하였을 때 이루어진다. 이 기법은 교류를 하는 자아상태를 확인하기 위한 기법으로 어른 자아 대 어른 자아상태 수준에서 이루어지며 내담자는 자신의 세 가지 자아상태를 완전히 이해할 수 있다.

③ 직면(confrontation)

상담자가 내담자의 모순 또는 일관성 없는 행동이나 말을 지적하는 기법으로 내담자가 자신의 문제를 파악하여 대안적 방법을 고려해 보는 기회를 제공한다.

④ 설명(explanation)

상담자의 입장에서 교류분석의 특징적인 측면에 관하여 가르치는 것을 말한다. 설명은 내담자가 현재 그렇게 행동하고 있는 이유에 대해 상담자와 내담자의 자아상태 수준에서의 교류에 의해 이루어진다.

⑤ 예증(illustration)

상담 과정에서 긍정적인 효과를 강화시킬 목적으로 성공적인 기술, 일화, 비교 등의 방법으로 실례를 제시하는 것이다. 이 기법은 긴장을 완화시키는 측면과 가르치는 측면을 동시에 가지고 있다. 예증은 유머와 생동감이 있어야 하고 내담자의 성인 자아는 물론 어린이 자아 수준에서도 이해될 수 있어야 한다.

⑥ 확인(confirmation)

내담자의 특정 행동은 상담에 의해 일시적으로 달라졌다가 곧 원래의 행동으로 돌아가는 경우가 많다. 이러한 경우 상담자는 아직까지 내담자가 특정 행동을 실제로 포기하지 않고 있다는 점과 새로운 행동을 위해서는 더 열심히 노력해야 한다는 점을 알리고 확인시키는 것이다. 내담자가 확실히 어른 자아상태에서 교류가 이루어졌을 경우에 한하여 효과적이다.

⑦ 해석(interpretation)

상담자가 내담자의 행동 이면에 있는 원인을 내담자가 알 수 있도록 도와주는 기법으로 전통적인 정신분석 과정과 유사하다. 이를 위해서는 상담자와 내담자의 어른 자아 간에 교류가 이루어져야 한다.

⑧ 결정화(crystallization)

내담자가 스트로크를 받기 위해 사용해 왔던 게임을 그만두고 자유로 워지도록 내담자에게 설명하는 과정이다. 상담자는 내담자에게 원하는 스트로크를 보다 나은 방법으로 얻을 수 있다는 점을 알려 준다.

4. 상담 사례[1]

내담자 부부는 결혼 12년차로 아내는 가슴이 답답하고 숨이 잘 안 쉬어 지는 문제로 신경정신과를 방문하였고, 심인성이라는 진단을 받고 부부 상담을 신청하였다. 본인들은 부부싸움도 잘 하지 않는데 왜 이런 신체화 증상이 나타나고 상담을 받아야 하는 것인지 잘 이해되지 않는다고 하였 으며, 아내는 자신의 신체화 증상이 어린 시절과 연결되는지 궁금해하였 고, 남편은 아무 문제 없이 본인들은 잘 지내고 있음을 계속 강조하며 상 담자로부터 문제없음을 확인받고자 하였다.

상담자 1: 병원에서 상담을 권유받았는데 무엇이 문제라고 생각하시나요?

아내 1: 심장이 아프고 가슴이 아프고 해서 검사를 했는데 다 정상이고 신경정 신과 가 봐라 해서 갔더니 우울증이고 심리상담을 좀 받아 보라고 해 요. 화병 같다고. 심장이 쪼여 오고 호흡이 가쁘고…… 약도 약이지만 근본적으로 부부 간 대화가 필요하니까 심리상담을 받으면 나아지지 않을까 하고요.

남편 1: 집사람 문제는 참는다는 거예요. 그냥 말을 하라고 해도 안 해요. 저 같 은 경우는 제가 부모한테서 뭔가 가정환경이 좋지 않아서 아이에게 어 떻게 해야 할지모르겠다 싶어서…… 아내도 상담받아야 한다 하고 같 이 받자 하니까. 대화를 어떻게 해야 할지도 모르겠고.

> 상담에 오게 된 이유 탐색

---

1) 이 사례는 박미현(2016). 「교류분석 부부상담 모형개발과 적용 사례 연구」. 경성대학교 박사학위 논문에 수록된 사례를 요약한 것이다.

〈중략〉

아내 2: 아! 생각났어요. 요 며칠 제가 실수를 자꾸 했거든요. 남편이 뭘 시켰는
데 그걸 안 해 놓고. 전에는 남편이 그렇게까지 안 했는데. 아 또 뭐라
할 거야 생각하니까 점점 더 긴장하고 말도 못하겠고 그냥 굳어 버리
죠. 말을 못하는 거예요. 남편은 내가 실수나 잘못을 인정하지 않는다
고 더 화를 내고…… 그렇게 보이겠죠. 그게 항상 그렇게 되는 거죠.

상담자 2: 그렇군요. 그럼 뭐라고 표현을 해 보면 좋을까요? 실수였다는 것을
이야기해 보는 연습을 할까요? 뭐라고 얘기를 할 수 있을까요?

아내 3: 그런 말을 못할 것 같은데……

상담자 3: 또 말을 못해요 여전히?

남편 2: 그러지 마라, 아프다.

아내 4: 지금도 아파 (가슴을 쓸며) 저는 항상 억울하고 오해를 받아요. 친구들
사이에서.

상담자 4: 그렇다면 남편한테 이렇게 한번 말해 봐요. '내가 실수해서 당신이
난처했겠네.'

아내 5: 못하겠어요.

남편 3: 그냥 한번 해 봐라, 그냥.

아내 6: 아…… 마음에는 했는데…… 못할 것 같아요.

〈중략〉

아내 7: 저도 왜 그럴까 생각해봤는데 어렸을 때 엄마 때문이었더라고요. 엄마
가 내가 뭘 잘못을 했을 때 니가 이러이러해서 잘못했다는 것을 스스로
느끼게 해 주었으면 말이 나오는데, 어릴 때 엄마는 잘못했다 안 하나
하면서 피가 터질 정도로 종아리를 때렸는데 엄마가 스스로 때리다가
피가 나니까 매를 던지면서 모질고 독한 년이라고 한 게 기억이 나거든
요. 그게 기억이 나요. 만약 내가 잘못했을 때 이렇다 저렇다 이해를 하
게 해 주었으면 내가 잘못했다 할 건데 여타저타 말도 없이 무조건 잘
못했다 해라 하니까 매만 때리니까……

상담자 5: 그러네요. 정말 억울한데 그 감정은 표현을 못하고 말을 안 하고 있
으면서 얼굴만 굳어지면 상대는 그걸 보고 인정 안 하다 싶어서 더욱

심하게 다그치고 그렇게 반복되네요. 그럴 때 스스로에 대해서는 무슨 생각이 드나요?

아내 8: 바보 같죠.

상담자 6: 상대에 대해서는요?

아내 9: 나를 벌주려는 사람 같아요.

상담자 7: 그런 순간 삶은 나에게 어떻게 느껴지죠?

아내 10: 정말 힘들어요. 말도 못하고.

상담자 8: 그 순간 진짜 느낀 감정은 뭐죠?

아내 11: 억울함, 화. 뭐 그런 거 같아요.

상담자 9: 맞아요. 이렇게 늘 뱅뱅 돌아가요.

아내 12: 어떻게 하면 될까요? 이래서 가슴이 아프고 숨이 안 쉬어지는데……

상담자 10: 자, 그렇다면 이 그림 중에 어느 거라도 작은 변화가 있으면 이 시스템에서 벗어나서 자율로 갈 수가 있어요. 예를 들면 표현을 한번 해 보는 거죠.

〈다음 회기〉

아내 1: 이렇게 살면 늘 힘들 거 같아요. 이젠 표현을 해야 될 것 같아요. 작은 거라도.

상담자 1: 그렇죠. 그렇게 결심을 하시면 돼요. 변화하려면 내가 마음을 먹고 결심을 하고 염두에 두면서 의도적인 노력을 하고 이렇게 하지 않으면 변화가 없지요.

요약

　내담자 부부 중 남편은 초혼이지만 아내는 재혼으로 이번 결혼은 잘 해내고 싶은 심적 부담을 가지고 있는 상태였다. 부부는 둘 다 어린 시절 폭력적인 부를 경험하면서 부정적인 정서를 표현하는 것을 극도로 억압하고 있었다.

　아내는 어린 시절 술을 먹고 모에게 폭력을 행사하는 아버지를 늘 달래고 맞추는 역할을 하였으며, 아내의 모는 폭력에 대응하는 방법으로 남편과의 성관계를 거부하는 수동공격적인 모습을 선택한 것으로 보인다. 어린 시절 아버지의 CP에 대응하던 AC의 모습을 현재도 문제해결방식으로 유지하고 있다. 내담자가 남편과 성관계를 거부하는 모습이 되풀이해서 나타나는 것은 아내가 모로부터 받은 각본의 하나로 프로그래밍을 한 부분으로 보인다. 남편의 각본에는 '강해져라.'라는 무의식적인 동기가 있어서 어지간한 일은 얘기를 하지 않고 혼자 해결하려 하며 '느끼지 마라.'라는 금지명령으로 인해 절대 슬프거나 두려운 일은 느끼지 않으려 회피를 하고 있었다. 하지만 그렇게 참다가 아내의 실수나 직장에서 직원들의 실수에는 상대를 심하게 비난을 하였다. 아내는 자신의 라켓체계에서 상대가 몰아붙이는 느낌이 드는 의사소통을 하면 아무 말도 안하고 속으로만 참는 상태가 된다. 그리고 그렇게 참은 말들은 며칠이고 속으로만 되뇌면서 생각을 하게 되고 그 과정에서 신체화 증상이 나타난다.

상담의 개입은 아내의 라켓체계를 자율체계로 전환하고 남편의 금지명령을 허가함으로써 스탬프를 쌓지 않고 그때그때 이야기를 하도록 하는 것이었다. 아내의 자율체계의 시작은 자신의 느낌이나 정보를 조금이라도 상대에게 이야기하는 것이었고 이렇게 아내가 시도를 할 때 남편은 다그치지 말고 기다리면서 반응을 해 주는 것이었다.

상담 계약은 아내가 자신의 마음을 참지 않고 표현하는 것이었는데, 개입 단계부터 문제해결 단계에 걸쳐 아내는 조금씩 나아지고 있는 변화를 보고하였다. 남편의 변화 또한 아내가 보고하기를 슬픈 드라마를 보고 울고 있는 모습은 결혼 후 처음 보는 모습이었고, 남편 스스로도 어떤 정서라도 표현하겠다는 새로운 결심을 하였다.

5. 공헌점과 비판점

교류분석의 공헌점은 계약적 접근법을 사용했다는 점, 자신의 약점을 변화시킬 수 있다는 희망을 제시했다는 점, 의사소통의 단절 문제를 해결하는 데 큰 시사점을 제공해 주었다는 점, 실제 생활 상면에서 활용하기가 쉽다는 점 등이다.

교류분석이론이 상담에 끼친 주요한 공헌점 중 하나는 특수한 계약을 강조하였다는 점이다. 만약 계약이 없으면 상담은 목표도 없고 변화를 위한 개인적 책임도 고려하지 않은 채 목적 없이 방황하기 쉽다. 많은 내담자는 상담자를 완전히 치료해 주는 사람이나 그들의 심리적인 문제 해결에서 친밀한 역할을 해 주는 사람으로 보고, 수동적이고 의존적인 자세로 임하려고 한다. 그들은 상담자에게 책임을 전가함으로써 자신의 인생각본을 계속 유지하려고 한다. 교류분석에서의 계약적 접근법은 내담자가 자신의 목표에 초점을 두고 그것을 이행하려 한다는 기대에 근거하고 있다. 이것은 책임의 분담을 강조하고 상담 작업에서 분업의 관점을 제시한다(Corey, 2003).

교류분석이론에서는 인간을 무한한 성장 가능성을 지닌 존재로 본다. 즉, 교류분석에서의 인간관은 비결정론적 인간관이라고 볼 수 있다. 이러한 관점으로 인간을 보기 때문에 교류분석이론은 인간이 노력만 한다면 자신의 약점을 변화시킬 수 있다는 희망을 제시했다고 할 수 있다.

교류분석이론이 상담에 끼친 또 다른 공헌점은 그것이 자기이해, 타인이해, 자기와 타인의 관계 이해, 조직과 사회의 이해 등으로 구분하여 인간관계에 대한 깊이 있는 이해를 통해 의사소통의 단절 문제를 해결하는 데 큰 시사점을 제공해 주었다는 것이다. 그리고 교류분석 상담 이론은 실제 생활 장면에서 활용하기가 쉽다. 자신의 성격 성향이나 대인관계 양식을 도식화하여 간단하게 진단하고 평가할 수 있어서, 구체적으로 자신을 어떻게 변화시킬 것인가에 대한 동기를 촉진하고 실제 생활에서 실천하는 데 도움이 된다.

교류분석이론의 비판점 중 하나는 사용되는 용어가 어렵다는 점이다. 교류분석 지지자들은 교류분석이 간단해서 아동들도 쉽게 이해할 수 있다고 주장하지만 내담자는 이 상담에서 사용되는 용어를 이해하는 데 어려움을 느낀다(Corey, 2003).

교류분석의 또 다른 비판점은 교류분석이 지적 경험이라는 점이다. 교류분석 상담에서 내담자는 모든 것을 지적으로 이해할 수 있지만 그것을 느끼거나 체험할 수는 없다는 점이다. 그리고 행동주의 관점에서 볼 때 교류분석 상담의 개념과 절차는 과학적 타당성이 아직 검증되지 않았다. 교류분석에서는 '어버이' '어른' '어린이'와 같은 구조가 어떻게 검증될 수 있는가를 명확히 해야 한다. '어떤 문제를 명확히 해야 하는가?' '어떤 조건하에서 교류분석 상담이 가장 잘 적용되는가?'에 대한 주의가 필요하다

교류분석이론의 비판점은 사용되는 용어가 어렵다는 점, 모든 것들을 지적으로 경험하는 것이라 느끼거나 체험할 수 없다는 점 등이다.

(Prochaska, 1984).

사람의 성격은 바꿔야겠다고 마음먹고 노력만 한다면 꽤 쉽게 바꿀 수 있는 부분이 있다. 그러나 성격은 바뀌는 부분도 있지만 좀처럼 변하지 않는 부분도 있다. 또 막상 성격을 바꿔야겠다고 마음먹는다 할지라도 성격의 어느 부분을 어떻게 바꾸면 좋을 것인가를 검증하기는 쉽지 않다. 교류분석이론에서는 구조분석을 통해 성격을 검사하고 그 교정방법을 기술하고 있으나, 영적 존재인 인간의 성격을 정확하게 검사하고 교정한다는 것은 결코 쉽지 않다는 한계가 있다.

 되짚어 보기

1. 교류분석이론에 의하면 인간은 출생에서 성장에 이르는 과정을 통하여 자신의 의지와는 상관없이 성격이나 행동양식이 형성되지만, 그러한 자신의 행동양식을 충분히 이해할 수 있고, 나아가 다시 선택할 수 있는 자율적인 존재다.

2. 구조분석이란 성격이나 일련의 교류들에 대하여 자아상태 모델의 관점에서 분석하는 것으로, 어버이(P), 어른(A), 어린이(C)의 세 가지 자아상태가 어떻게 구성되어 있는지를 분석하는 것으로 구조분석을 세분화하여 어버이 자아는 비판적 어버이 자아(CP)와 양육적 어버이 자아(NP)로, 어린이 자아는 자유로운 어린이 자아(FC)와 순응하는 어린이 자아(AC)로 나눈다. 교류분석이론에서 기능적인 인간이란 이러한 다섯 가지 기능을 충분하게 활용하는 사람을 말한다.

3. 스트로크란 사회적 행동의 동기를 제공하는 요인으로 타인으로부터 얻어지는 인정 자극을 의미한다. 스트로크는 여러 가지 종류로 나눌 수 있는데 크게 긍정적 스트로크와 부정적 스트로크로 나눌 수 있다.

4. 각본은 어릴 때부터 형성하기 시작하는 무의식적인 인생 계획으로 인간이 성장하면서 부모가 주는 메시지에 의해 강화되고 생활하면서 겪게 되는 경험들에 의해 정당화된다. 각본분석이란 통찰과 어른 자아의 활성화를 촉진하여 재결정을 통해 근본적으로 어린이 자아상태를 변화시키는 것이다.

5. 생활자세는 어린 시절 부모나 중요한 타인들과의 스트로크를 토대로 조성되는 자기 또는 타인에 대한 기본 반응 태도 및 이에 기인하는 자기상이나 타인상을 말한다. 생활자세에는 ① 자기긍정·타인긍정, ② 자기긍정·타인부정, ③ 자기부정·타인긍정, ④ 자기부정·타인부정의 네 가지가 있다.

6. 게임이란 표면적으로는 합리적이고 친밀한 대화로서 동기화되고 상보적인 것으로 보이나 그 이면에는 정형화된 함정이나 속임수가 내포되어 있는 교류로 보통 모두에게 불쾌한 라켓 감정을 불러일으키는 역기능적인 의사소통을 의미한다.

7. 교류분석이론의 공헌점은 계약적 접근법을 사용했다는 점, 인간이 노력만 한다면 자신의 약점을 변화시킬 수 있다는 희망을 제시했다는 점 등이다. 그리고 비판점은 사용되는 용어가 어렵다는 점, 모든 것을 지적으로 이해할 수 있지만 느끼거나 체험할 수는 없다는 점 등이다.

새로운 기회

어제 아가씨가 살았던 방식이

오늘의 삶을 결정하는 거야. 하지만 내일의 삶은

바로 오늘 어떻게 살아가느냐에 달렸어.

매일 매일이 새로운 기회가 되는 거야.

자기가 원하는 방식대로 살 수 있는 기회이자

자기가 원한 대로의 삶을 가질 수 있는 기회지.

지난날의 생각들에 이젠 더 이상

집착할 필요가 없어.

−마샤 그래드의 동화 『밖으로 나온 공주』 중에서−

제11장

현실치료

❝ 길라잡이 물음

1. 당신을 움직이는 가장 강한 욕구는 무엇인가?

2. 당신은 자신의 욕구를 만족하기 위해서 타인에게 피해를 주었던 경험이 있는가?

3. 당신은 환경 탓을 하며 자신의 나쁜 행동에 책임지지 않으려 한 경험이 있는가? 그렇다면 자신의 행동에 대해 책임감을 갖게 할 수 있는 방법은 무엇일까?

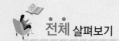 **전체 살펴보기**

　　1960년대 William Glasser에 의해 개발된 현실치료는 행동의 선택이론에 바탕을 두고 인지행동적 이론과 중재 방식의 토대 위에서 발전하였다. 현실치료에서는 인간이 자신의 삶은 물론이고, 행하고, 느끼고, 생각하는 것에 대한 책임이 있다고 가정한다.

　　자기결정과 결과보다는 과정을 강조하는 현실치료의 접근은 사람들이 과거의 경험, 선천적 기질, 사회 환경을 탓하기보다 일에 대한 책임과 통제 및 선택의 중요성을 인식하도록 돕는다.

　　현실치료의 본질은 사람들이 타인에게 해가 되지 않으면서 자신의 행복 수준을 향상시키고 기본적인 욕구를 충족시킬 수 있는 행동을 선택하도록 돕는 데 있다. 즉, 내담자가 더 현명한 선택을 통해 자신의 삶을 효과적으로 통제하고 사회에서 책임감 있게 행동하며 타인에게 필요한 사람이 되도록 돕는다. 이를 실현시키기 위해서 현실치료 상담자는 내담자의 느낌 탐색보다는 자신의 욕구와 소망을 분명하게 인식시키고 장단기 목표와 구체적인 계획을 세워 이를 적극 실천할 수 있도록 돕는 일에 관심을 가져야 한다.

　　현실치료 상담자는 안전한 치료적 환경을 제공함으로써 내담자가 수용적이고 지지적인 분위기 속에서 자신의 삶을 변화시킬 수 있다는 희망과 용기를 갖도록 격려한다. 그동안 무슨 일이 일어났든, 무슨 일을 해 왔든, 과거에 욕구가 얼마나 무시되었든 그러한 것들에 상관없이 현재의 사실을 재평가하고 현재와 미래에 자신의 욕구를 좀 더 효과적으로 충족시킬 행동들을 선택하도록 돕는다. 현재 자신의 욕구를 보다 효과적으로 충족시킬 수 있는 방법을 배울 때, 내담자는 과거 사건의 어떠한 영향도 해소할 수 있으며 그 자신은 더 강해질 수 있기 때문이다. 이처럼 현실치료는 과거가 아닌 현재에 초점을 맞추어 내담자의 생각과 행동을 변화시킴으로써 행복한 삶을 영위하도록 도울 수 있는 구체적인 절차와 기법을 갖춘 실제적인 치료법이다.

　　현실치료는 정신건강의 여러 측면에서 활용되어 왔는데, 특히 청소년 문제, 알코올과 약물 남용을 치료하는 데 효과적이며 학교, 교정기관, 사회시설, 종합병원, 공동체 운영 등 여러 곳에서 행해지고 있다.

1. 주요 개념

1) 인간관

현실치료(Reality Therapy)는 인간의 삶과 본성의 중요한 양상에 중심을 두고 인간을 반(反)결정론적이고 심리적 욕구를 지닌 존재로 보았다. 현실치료 상담자들은 인간이 외부의 힘에 의해 결정된다는 결정론적 입장에 반대하며 자신의 의식 수준에 의해 움직이므로 궁극적으로 자기결정적이라고 믿는다. 인간은 무의식적 힘이나 본능에 의해 추동되기보다는

William Glasser

의식 수준에 의해 작동하는 자율적이고 책임감 있는 존재라는 것이다.

그리고 개인의 삶은 선택에 기초하는데, 생의 초기에 습득하지 못한 것은 나중에 그것을 습득하기 위한 선택을 할 수 있고 이러한 과정을 통해 자신의 정체감과 행동방식을 변화시킬 수 있다. 이처럼 자기결정적인 인간은 정신적 고통이나 행복을 선택할 수도 있고, 긍정적인 방식으로 행동하고 타인을 통제하려는 시도를 포기하는 선택을 할 수도 있다.

인간은 누구나 건강과 성장의 힘을 가지고 있으며 이는 신체적인 것과 심리적인 것 모두를 의미한다. 인간은 생명유지를 위한 의식주를 필요로 하며 더불어 생존, 사랑, 권력, 자유와 같은 심리적 욕구를 가진 존재로서 이러한 욕구는 자신에 대한 심리적 인식으로 타인에 의해 수용될 때 충족된다. 이 과정에서 중요한 것은 사랑과 가치의 경험이며, 욕구들이 충족될 때 개인은 비로소 성공적인 정체감을 성취할 수 있다.

> 현실치료(Reality Therapy)는 내담자가 더 현명한 선택을 통해 자신의 삶을 효과적으로 통제하고 사회에서 책임감 있게 행동하며 타인에게 필요한 사람이 되도록 돕는다.

2) 기본 욕구

Glasser에 따르면 인간은 선천적으로 다섯 가지의 기본 욕구를 가지고

태어난다. 첫째는 '생존(survival)의 욕구'로서 의식주를 비롯하여 개인의 생존과 안전을 위한 신체적 욕구를 의미한다. 먹고 마시고 휴식하는 것, 신체적 편안함 등 자신을 돌보는 것과 관련된 삶의 필수적인 요소다. 둘째는 '사랑(love)의 욕구'로서 다른 사람과 연대감을 느끼며 사랑을 주고받고 사람들과 접촉하고 상호작용함으로써 소속되고자 하는 욕구를 의미한다. 예를 들면 가족, 연인, 친구, 결혼 등을 통해서 충족될 수 있다. 셋째는 '힘(power)의 욕구'로서 성취를 통해 자신에 대한 자신감과 가치감을 느끼며 자신의 삶을 제어할 수 있다고 생각한다. 이러한 힘의 욕구가 타인에게 영향력을 행사하려는 행동으로 나타날 때 관계를 악화시키기도 한다. 넷째는 '자유(freedom)의 욕구'로서 자율적인 존재로 자유롭게 선택하고 행동하고자 하는 욕구를 뜻한다. 이는 원하는 곳에서 살고, 대인관계나 종교 활동 등과 같은 삶의 영역에서 선택할 수 있고 마음대로 의사 표현을 하고 제한받는다고 느끼지 않는 것이다. 그러나 욕구충족에 있어서 다른 사람들의 자유를 침범하지 않는 적절한 타협과 양보를 통해 주위 사람들과 더불어 살아갈 수 있어야 한다. 마지막으로, '재미(fun)의 욕구'는 즐겁고 재미있는 것을 추구하며 새로운 것을 배우고자 하는 것이다. Glasser(1965)에 의하면 이 욕구는 매우 기본적이고 학습에 필수적인 것으로 다른 네 가지 욕구만큼 강하지는 않지만 역시 중요하다.

인간은 다섯 가지 욕구들을 모두 지니고 있지만 그 강도는 사람마다 다를 수 있으며 각자 특별한 방법으로 그 욕구들을 충족하고자 한다. Glasser(1998)에 따르면 인간의 모든 행동은 기본 욕구를 충족시키기 위한 것으로 매 순간의 행동은 욕구 충족을 위한 선택의 결과다.

> 인간은 다섯 가지 욕구를 모두 가지고 있지만 그 강도는 다를 수 있으며 인간의 모든 행동은 기본 욕구를 충족시키기 위한 것으로 매 순간의 행동은 욕구충족을 위한 선택의 결과다.

3) 좋은 세계

인간은 실제 세상의 범위 내에서 살지 않는다(Glasser, 1981). 사람들은 각자 현실에 대해 지각하고 있을 뿐 현실 그 자체를 알 수는 없다. 즉, 인간은 현실에 대해 각자 주관적으로 인식하기 때문에 동일한 현실에 대해 사람마다 인식이 다를 수 있다. 따라서 각 개인의 마음속에는 내면의 욕

> 인간은 현실에 대해 각자 주관적으로 인식하기 때문에 동일한 현실에 대해 사람마다 그 인식이 다를 수 있다.

구를 만족시킬 수 있다고 믿는 그림들이 담겨져 있다. 특히 욕구가 잘 충족되었을 때 경험했던 사람, 물체, 사건에 대한 그림을 보관한다. 또한 자신이 원하는 삶, 함께하고 싶은 사람, 갖고 싶은 물건이나 경험, 가치 있는 생각과 신념들에 대한 심상을 가지고 있다. 각자 그려 낸 이러한 그림들은 Glasser의 '좋은 세계(quality world)'라는 내면세계에 간직된다.

현실치료 상담자는 인간은 자신이 이상적으로 여기고 욕구를 채울 수 있는 자신만의 그림을 선택할 수 있다고 믿는다. 각 개인은 자신의 마음 속에 있는 좋은 세계에 존재하는 심상과 욕구를 잘 인식할수록 더 지혜롭고 현명한 선택을 할 수 있으며, 자신의 삶에 대한 통제력이 커지고 보다 성공적으로 욕구를 충족시킬 수 있다.

4) 전체행동

Glasser(1998)는 인간의 행동을 생각하고 느끼고 활동하고 생리적으로 반응하는 통합적 행동체계로 보고 이를 '전체행동(total behavior)'이라고 설명하였다. 모든 행동에는 목적이 있는데 이는 항상 행동하기(acting), 생각하기(thinking), 느끼기(feeling), 생리적 반응(physiology)의 네 가지 구성요소가 통합적으로 기능하는 전체행동의 관점에서 이해된다([그림 11-1] 참조).

현실치료에서는 전체행동의 구성요소 중 '행동하기'를 중시하는데, 이는 거의 완전한 통제가 가능하기 때문이다. '생각하기' 역시 비교적 통제

> 인간의 모든 행동은 목적이 있는데 행동하기, 생각하기, 느끼기, 생리적 반응이 통합적으로 기능하는 전체행동의 관점에서 이해된다.

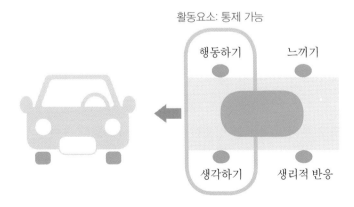

[그림 11-1] 전체행동

가 수월한 편인 반면 '느끼기'는 통제가 어려우며, '생리적 반응'은 더욱 통제하기가 어렵다. 따라서 '행동하기' '생각하기'를 변화시키면 '느끼기'와 '생리적 반응'이 따라오게 되어 행동의 변화가 용이해진다는 견해다.

이와 같은 원리를 Glasser는 자동차에 비유하여 설명한다. 생존, 사랑, 권력, 자유, 재미의 다섯 가지 기본 욕구는 자동차의 엔진을 구성하고 개인의 욕구를 충족하기 위한 소망(want)은 핸들에 해당되며 행동하기와 생각하기는 자동차의 두 앞바퀴, 느끼기와 생리적 반응은 두 뒷바퀴에 해당된다. 즉, 행동하기와 생각하기는 선택을 통한 통제 가능성이 높은 반면 느끼기와 생리적 반응은 선택하기 어려우므로 행동하기와 생각하기를 통해서 간접적으로 통제할 수 있다. 긍정적인 사고로 개인의 생산적인 욕구를 충족시키는 활동에 적극 참여하면 긍정적 감정과 만족스러운 신체 반응이 뒤따르게 된다. 따라서 현실치료에서는 개인의 행동과 환경의 변화는 주위 환경이나 타인의 행동보다 '행동하기'에서 출발하는 것이 현실적이라고 본다. 게다가 행동은 자신의 선택이므로 느낌 역시 그러한 상태의 선택을 강조하기 위해 '우울해하기' '불안해하기' '화를 내기'와 같은 동사로 표현하도록 한다.

이러한 관점은 현실치료 상담자들에게 매우 실용적인 가치를 지닌다. 통제할 수 없는 내담자의 우울하고 불안한 감정에 대해 이야기하기보다는 공감해 주고 점진적으로 내담자 스스로 통제할 수 있는 생각하기, 행동하기에 초점을 맞추어 전체행동의 계획을 발전시켜 나가도록 내담자를 돕는다. 행동 변화의 핵심은 행동하기와 생각하기를 새롭게 선택하는 것이다.

2. 심리적 문제의 형성

인간의 기본적인 욕구인 정체감은 자신과 사람들의 관여를 통하여 발전한다. 자신과 주위 사람들이 자신을 사랑하고 가치 있게 여기면 성공적인 정체감이 발달하지만, 그렇지 못할 때는 패배적 정체감(failure identity)이 발달한다. 현실치료에서 말하는 패배적 정체감은 부적응 행동과 같은 것이다.

　현실치료에서 부적응은 개인의 기본적인 욕구 중 과거로부터 현재에 이르기까지 여전히 충족되지 못하고 있는 욕구들에서 기인한 것이다. 다시 말해, 자신에 대한 가치감을 획득하거나 유지하지 못한 것은 가치 있는 어떤 것을 실행한 경험이 없는 데서 기인된다. 가치감을 경험한 사람은 적절한 방식으로 사랑을 주고받을 수 있다. 사랑과 가치감의 결핍, 즉 충족되지 못한 욕구는 대인관계에 있어 실패의 원인이 되고, 나아가 패배적 정체감을 초래한다.

　이러한 패배적 정체감은 자신의 행동에 대해 책임을 지지 않으려는 태도 등의 다양한 심리적 문제를 일으켜 부적응 행동으로 나타난다. 책임과 정신건강은 밀접한 관계에 있기에, 패배적 정체감이 나타나고 현실세계에서 곤란이나 불편을 느끼는 사람은 일반적으로 자기의 삶에 책임을 지지 않고 현실을 무시하거나 부정해 버린다. 정신적으로 고통을 받고 있는 사람은 더 편안해지기 위해서 환상을 통해 현실세계를 왜곡하고 자신의 무력감이나 주위의 무가치감을 직면하지 않으려고 현실을 부정해 버린다. 이들은 부정하거나 바꾸려는 선택을 하기보다는 오히려 고통스러운 현실을 무시하는 행동을 습관적으로 선택하는 사람이다.

> 인간의 기본적인 욕구인 정체감은 자신과 사람들의 관여를 통해 발전하는데, 자신이 가치 있게 여겨지면 성공적 정체감이, 그렇지 못할 때 패배적 정체감이 발달한다. 패배적 정체감은 다양한 심리적 문제를 일으켜 부적응 행동으로 나타난다.

3. 상담 과정과 기법

1) 상담 목표

　현실치료의 목표는 내담자가 자신의 행동과 선택에 책임을 질 수 있고 만족스러운 방법으로 자신의 심리적 욕구인 사랑, 힘, 자유, 재미를 충족할 수 있도록 조력하는 것이다. Glasser는 정신과 치료를 필요로 하는 모든 사람은 자신의 기본적 욕구를 충족할 수 없기 때문에 고통을 받는다고 지적하였다. 그리고 증상의 심각성은 개인이 자신의 욕구를 충족할 수 없는 정도를 반영하는 것으로 보았다(Glasser, 1965). 현실치료에서는 자신

> 현실치료의 목표는 내담자가 책임질 수 있고, 만족스러운 방법으로 자신의 심리적 욕구를 달성하도록 조력하는 것이다.

의 기본적인 욕구에서 비롯된 바람이 정말 무엇인가를 파악하지 못했거나 혹은 파악했다 하더라도 효과적으로 그러한 바람을 충족하지 못하는 것을 문제로 본다. 따라서 현실치료의 주요한 상담 목표는 일차적으로 내담자가 정말 원하는 것이 무엇인지를 그의 기본 욕구를 바탕으로 파악하도록 하는 것이다. 내담자의 바람을 파악한 후, 상담자는 바람직한 방법으로 그 바람을 달성할 수 있도록 조력한다(노안영, 2005). 즉, 내담자가 자신의 현실에 기초하여 책임감 있는 행동을 선택하는 방법으로 자신의 욕구를 충족하도록 돕는다.

2) 상담 과정

현실치료의 상담 과정은 크게 상담 환경 가꾸기와 내담자 행동 변화로 인도하는 과정으로 구성된다.

(1) 상담 환경 가꾸기

현실치료의 치료 환경은 선택이론의 표본으로 내담자에게 아무것도 강요하지 않으며 상담자 역시 내담자로부터 어떤 것도 강요받지 않는다. 자유롭고 지지적인 환경 속에서 내담자는 성공적인 인간관계를 이룰 수 있는 만족스러운 환경을 경험하고 배우게 됨으로써 기꺼이 행동 변화를 시도한다.

치료적 환경을 위해서 상담자는 다음 사항을 유념해야 한다.

- 따뜻하고 친근한 행동을 통해서 내담자와 협동적인 관계를 형성한다.
- 서로의 역할을 분명히 한다.
- 내담자가 기본적 욕구를 충족시킬 수 있는 환경을 제공한다. 즉 신체적·심리적 안전감뿐만 아니라 신뢰로운 인간관계, 능력발휘, 자유로움, 즐거움의 욕구를 충족시킬 수 있는 환경을 제공하도록 노력한다.
- 내담자의 무책임한 행동에 대해서 변명을 허용하지 않는다.
- 현재의 문제와 밀접히 관련된 경우가 아니면 내담자의 과거사를 다

루지 않는다.

- 내담자를 처벌하거나 비난하지 않으면서도 자신의 선택에 따른 결과에 대해서는 보호하지 않는다. 즉, 내담자가 자신의 모든 행동에 대해서 스스로 책임을 지게 한다.
- 내담자의 이야기에 압도되지 않는다. 내담자의 불행한 상황을 접할 경우 상담자는 과도한 감정 반응을 나타내지 않을 뿐만 아니라 지나친 동정이나 부적절한 행동을 하지 않는다.

Wubbolding(1991)은 지지적인 치료 환경을 조성하기 위해 열세 가지의 권장사항과 세 가지의 금지사항을 제시하고 있다.

먼저, Wubbolding가 제시한 권장사항은 다음과 같다.

- 주의를 기울이는 행동을 한다. 얼굴 표정, 수용, 언어적 · 비언어적 행동을 통해 열린 마음으로 내담자를 받아들이는 행동을 한다.
- AB-CDEFG 원칙을 준수한다. 이는 치료 과정에서 항상 지켜야 할 (Always Be) 다섯 가지(CDEFG) 행동규범을 말한다. 항상 예의 바르고(Calm & Courteous), 확신을 지니고(Determined), 열성적이고 (Enthusiastic), 단호하고(Firm), 진실할 것(Genuine)이 그것이다.
- 판단을 보류한다. 내담자의 행동을 욕구충족을 위한 최선의 선택으로 간주하는 한편 판단하지 않고 내담자의 행동을 있는 그대로 이해한다.
- 예상하지 못한 행동을 한다. 내담자가 새로운 관점에서 자신의 소망과 욕구를 바라볼 뿐만 아니라 새로운 행동을 하도록 다양한 기회를 제공한다.
- 유머를 사용한다. 웃음은 인간의 고통을 치유하는 묘약이라는 점에서 유머를 적극 활용한다.
- 자신의 진실한 모습으로 내담자를 대한다.
- 자신을 개방한다.
- 은유적 표현에 귀를 기울인다. 상담자는 내담자의 간접적인 표현을

적극 경청함으로써 피상적인 이면에 존재하는 내면적 진심을 더 잘 이해할 수 있게 된다.

- 주제를 파악하기 위해 귀를 기울인다.
- 요약하면서 초점을 맞춘다. 내담자의 이야기를 요약·정리해 줌으로써 진실로 원하는 것에 초점을 맞출 수 있도록 돕는다.
- 결과를 인정하거나 책임을 지게 한다. 내담자 자신의 바람직하지 않은 행동에 대한 부정적인 결과를 인정하거나 책임을 받아들이게 돕는다.
- 침묵을 허용한다. 내담자가 자신을 점검하고, 소망을 재평가하여 문제 해결을 위한 행동계획을 세울 수 있도록 돕는다.
- 윤리적으로 행동한다. 내담자의 안녕과 복지를 위해 상담자 자신의 윤리적 의미를 인식하고 준수해야 한다.

다음으로, 상담자가 주의해야 할 세 가지 금지사항은 다음과 같다.

- 상담자는 내담자를 비판하거나 처벌하지 않으며 내담자와 논쟁을 하지 않는다. 다만 내담자의 행동 결과를 인정하게 한다.
- 상담자는 내담자의 변명을 받아들이지 않는다.
- 상담자는 내담자를 쉽게 포기하지 않는다.

(2) 행동 변화를 위한 상담 과정

현실치료의 상담 과정은 일명 'R-W-D-E-P' 과정으로 다음과 같이 진행된다.

① 1단계: 내담자와 상담관계 형성하기(R)

상담자와 내담자가 친구처럼 개인적으로 친밀한 관계(relationship)를 형성하는 단계다. 상담자와 내담자의 이러한 우정관계는 상담의 시작에서 종결까지 계속 이어져야만 상담의 효과가 극대화될 수 있다. 내담자와의 이러한 유대관계는 결코 상담자의 내담자에 대한 책임을 전제로 하지

행동 변화를 위한 상담의 과정은 내담자와 상담관계를 형성하고(R), 욕구를 탐색하고(W), 현재 행동에 초점을 두고 다루며(D), 내담자가 자신의 행동을 평가하고(E), 책임 있게 행동하는 계획을 세우는(P) 것이다.

않으며, 내담자가 상담자에게 의존한다는 의미 또한 아니다. 유대관계는 내담자와 상담자에게 자유롭고, 책임 있으며, 또한 자율적으로 기능하기를 요구한다.

② 2단계: 욕구 탐색하기(W)

욕구 탐색하기는 내담자가 원하는 것(wants)이 무엇인지 인식하도록 돕는 것을 의미한다. 이 단계에서는 원하는 것을 얻기 위해 무엇을 어떻게 해 왔는지를 탐색한다. 내담자로 하여금 자신이 정말 이루고 싶은 삶의 모습을 구체화 하도록 하는 것이 주된 목적이다. 이때 내담자에게 주로 던지는 질문은 다음과 같다.

- 무엇을 원합니까?
- 진정으로 원하는 것이 무엇입니까?
- 주위 사람들이 당신에게 원하는 것이 무엇이라고 생각합니까?
- 당신은 어떤 시각으로 사물과 환경을 봅니까?
- 상담자에게 바라는 것이 무엇입니까?
- 문제 해결을 위해 기꺼이 노력하겠습니까?

③ 3단계: 현재 행동에 초점 두기(D)

현실치료에서는 내담자의 감정보다는 행동(doing)에, 즉 과거보다는 현재에 초점을 두는 것을 강조한다. 상담자는 내담자의 행동, 사고, 감정, 생리적 반응과 같은 전체행동을 탐색하는 데 중점을 두고 자신의 행동을 구체적으로 기술하도록 격려하면서 무엇을 지향하고 있는지를 살펴본다. 즉, 내담자로 하여금 자신이 현재 무슨 행동을 하고 시간을 어떻게 보내면서 무엇을 추구하며 살아가고 있는지를 명확하게 인식하도록 돕는다. 전체행동의 목표와 영향에 관해 이야기하는 것은 물론이고 전체행동의 특별한 면을 표현하도록 도우면서 치료의 완성도를 높인다. 상담자는 주로 현재의 행동에 초점을 맞추고 왜 그런 식으로 행동하는지가 아니고 무엇을 하는지에 관심을 둔다.

④ 4단계: 내담자가 자신의 행동 평가하기(E)

내담자의 행동 평가(evaluation)는 내담자의 현재 행동이 자신의 소망과 욕구를 충족시키는 데 효과적인지를 평가하도록 하는 것으로, 현실치료의 핵심이고 항상 치료 과정에서 가장 강조되는 단계이다. 평가란 옳고 그름을 판단하는 것은 아니다. 평가는 전체행동이나 지각된 것이 현실적인지, 타인이나 내담자에게 도움이 되는 것인지에 근거하여 이루어진다. 치료자는 "당신이 지금 하고 있는 행동은 당신이 진정하게 원하는 것을 얻게 하는 데 도움이 되고 있습니까?"라는 질문으로 그 과정을 촉진할 수 있다. 이 밖에 내담자의 행동과 수행평가를 위한 질문의 예는 다음과 같다.

• 현재 행하는 것이 당신에게 도움이 됩니까?
• 현재 행하는 것이 당신이 설정한 규칙에 어긋납니까?
• 당신이 원하는 것은 현실적입니까? 실현 가능한 것입니까?
• 그런 식으로 보는 것이 당신에게 도움이 됩니까?
• 당신이 수립한 계획은 당신의 욕구충족에 도움이 됩니까?

부적응 문제를 가진 내담자가 상담자와 함께 따뜻하고 지지적인 분위기 속에서 자신의 소망의 적절성과 달성 가능성에 대해 정직하게 평가한다면 자신이 무언가 변화해야 한다는 인식과 동기를 갖게 될 뿐 아니라 행복한 삶에 대한 희망을 발견하게 될 것이다.

⑤ 5단계: 책임 있게 행동하는 계획 세우기(P)

욕구충족과 관련된 내담자의 현재 행동 중에서 비효과적이고 부정적인 것들을 찾아 효과적이고 긍정적인 것으로 고치기 위해 계획(planning)을 세우는 단계다. 이 단계에서 상담자는 내담자가 자신의 소망과 욕구를 충족시킬 수 있는 새로운 행동을 계획하고 실천하도록 돕는다. 계획은 자기평가가 더 발전된 것이며 바람과 전체행동에 대한 변화의 욕구가 반영된 것으로 선택해야 할 행동을 강조한다.

계획을 수립하여 실천하는 것은 내담자가 자신의 삶에 통제감을 갖도록 하는 데 중요하며, 이 과정에서 상담자는 내담자가 자신의 선택과 행동에 대한 책임이 자기 자신에게 있음을 인식하도록 촉진해야 한다. 이때 계획은 간단하고, 달성 가능하며, 측정 가능하고, 즉각적이며, 계획자에 의해 통제되며, 지속적으로 실천하는 것이어야 한다. 계획은 각 내담자의 동기와 능력의 한계 등을 고려해서 세워야 한다.

Wubbolding(1995)은 계획을 위한 여덟 가지 요령을 SAMI2C3로 표현하여 제시하였다.

- 단순하고(Simple) 분명하며 쉽게 이해할 수 있어야 한다.
- 달성 가능해야 한다. 즉, 내담자가 성취할 수 있어야 한다(Attainable).
- 측정할 수 있어야 한다(Measurable).
- 즉시 할 수 있어야 한다(Immediate).
- 피드백을 주거나 상담을 하며 상담자가 적절한 방식으로 관여해야 한다(Involving).
- 다른 사람이 아닌 내담자의 통제 아래에 있어야 한다(Control).
- 변화가 중요하다는 인식과 함께 내담자가 변화에 몰입해야 한다(Commitment).
- 지속적이고(Consistent) 반복적인 행동의 변화가 반영되어야 한다.

WDEP 모델은 치료의 과정에서 반복적이고 순환적으로 사용될 수 있다. 소망(W)을 탐색하고 현재의 행동(D)을 자각하여 그 효과성을 평가(E)하고, 보다 행복한 삶을 위한 계획(P)을 세워 실천하는 과정은 상담자와 내담자의 상호 협력적 관계 속에서 지속적으로 이루어진다.

(3) 상담 과정에서 유의사항

상담자가 상담 과정 중에 특히 유의해야 할 점을 살펴보면 다음과 같다.

① 계획 실천에 대한 약속

계획 세우기가 이루어지면 상담자는 내담자에게 그가 계획한 활동을 일상생활에서 그대로 실천하겠다는 다짐을 받도록 한다. 계획한 활동을 실천하겠다는 의지를 상담자를 포함한 여러 사람에게 다짐하지 않으면 내담자가 그것을 실천할 가능성이 줄어들거나 계획 자체가 무의미해질 가능성이 크다. 그러므로 내담자에게 계획 실천에 대한 확약을 받는 것이 중요하다.

② 내담자가 계획을 수행하지 못한 경우 변명을 허용하지 않기

상담자와 내담자가 함께 수립한 계획을 내담자가 실행하지 못하였을 경우, 상담자는 내담자의 어떠한 변명도 받아들여서는 안 된다. 계획을 실행하지 않은 데 따른 잘못을 받아들이도록 함과 아울러, 상담 과정의 5단계(계획 세우기)로 다시 돌아가 함께 새로운 행동 계획을 수립하거나 혹은 이전에 수립한 행동 계획을 수정하도록 돕는다.

③ 처벌을 사용하지 않기

현실치료에서는 처벌을 사용하지 않는다. 대신 상담자는 내담자로 하여금 스스로 자신의 행동 결과에 대한 책임을 받아들이도록 돕는다. 상담자는 내담자의 행동에 대해 비난하지 않고 변명을 받아들이지 않으며 판단하지 않는다. 그보다는 내담자가 정말로 자기 자신을 변화시키고 싶어 하는지에 관심을 가진다.

④ 절대 포기하지 않기

상담자가 내담자의 변화 가능성에 대해 희망을 버리거나 그 가능성을 완전히 포기하는 것은 내담자가 자신에 대해 책임을 지도록 하는 데 도움이 되지 않는다. 그러므로 내담자가 어떠한 말이나 행동을 하더라도 상담자는 내담자의 변화 가능성을 끝까지 믿어야 한다. 상담자가 내담자를 포기하지 않을 것임을 내담자가 믿는다면 상담관계가 확실해지고 계획이 실행되며 상담은 더욱 촉진될 것이다.

상담 과정 중 상담자는 내담자에게 계획을 실천하겠다는 다짐을 받고, 내담자가 실행하지 못한 계획에 대한 변명을 허용하지 않으며, 처벌을 사용하지 않고, 변화 가능성에 대해 포기하지 않아야 한다.

3) 상담 기법

상담 과정에서 주로 사용하는 상담 기법은 다음과 같다. Glasser에 따르면 현실치료는 기법에 초점을 맞추는 심리치료가 아니다. 내담자와의 협력적인 관계 속에서 내담자의 선택과 변화를 효과적으로 도움으로써 내담자의 행복과 성장을 촉진하는 것이다. 현실치료에 비교적 공통적으로 사용되는 기법은 다음과 같다.

> 현실치료의 상담 기법으로는 질문, 동사와 현재형 단어 사용, 긍정적 접근, 은유, 유머, 역설적 기법, 직면 등이 있다.

(1) 질문하기

현실치료에서 질문은 전체 치료 과정에서 중요한 역할을 담당한다. 질문은 내담자가 원하는 것에 대해 생각하고 자신의 행동이 옳은 방향으로 나아가고 있는지를 평가하는 데 유익한 기법이다. 상담자의 적절한 질문은 내담자 자신의 소망과 욕구를 인식하고 현재 행동을 검토하거나 자기평가를 통해 스스로 구체적인 계획을 수립할 수 있도록 촉진한다.

Wubbolding(1988)에 따르면 질문하기는 내담자의 내면세계로 들어가 정보를 수집하고 내담자에게 바람직한 선택 방법을 습득시키는 유용한 방법이다.

(2) 동사와 현재형으로 표현하기

현실치료에서는 내담자가 자신의 삶을 스스로 통제할 수 있으며 자신의 전체행동을 선택할 수 있다는 인식을 심어 주는 것이 중요하므로 의도적으로 강한 의미의 동사와 현재형의 단어를 광범위하게 사용한다. '화난' '우울한' '불안한'과 같은 형용사로 묘사하기보다는 '화를 내고 있는' '우울해 하고 있는' '불안해 하고 있는' 등과 같이 표현한다. 또는 '화를 내기로 선택하는' '우울하기를 선택하는' '불안하기를 선택하는' 같은 표현을 통해서 감정 역시 스스로 선택한 결과임을 강조한다. 이러한 표현은 행동과 사고뿐만 아니라 감정까지 자신이 선택한 것에 대한 책임의식을 심어 주기 위한 것이다.

> 내담자는 의도적으로 강한 의미의 동사와 현재형의 단어를 사용하여 자신의 행동과 사고뿐만 아니라 감정까지 자신의 선택한 것이라는 책임의식을 가진다.

(3) 긍정적으로 접근하기

　긍정적으로 접근하기(being positive)는 긍정적인 것에 초점을 두고 내담자가 할 수 있는 것을 안내한다. 따라서 상담자는 내담자의 장점과 능력에 맞는 긍정적인 행동과 실천을 하도록 격려한다. 긍정적인 접근은 내담자의 고통과 불평이 섞인 진술에도 적용될 수 있다. 예를 들어, 내담자가 "오늘 동료가 제게 말한 것 때문에 몹시 화가 나요."라고 말한다면 치료자는 "그 사람이 당신을 무시해서 화가 났군요." "이런 일이 자주 있나요?"라고 반응하기보다 "그 동료로 인해 화가 나지 않으려면 당신이 어떤 행동을 선택해야 할까요?"라고 질문함으로써 내담자가 동료에 대한 자신의 행동을 새롭게 변화시킬 수 있는 선택에 초점을 둔다. 즉, 긍정적인 행동의 실천을 촉진한다. 상담자는 내담자의 긍정성을 토대로 사건이나 사람들에 대한 반응이 내담자의 선택에 달려 있다는 사실을 인식시킴으로써 통제의 주체는 바로 내담자 자신이라는 사실을 깨닫게 하는 행동 지향적 방법을 주로 적용한다.

(4) 은유적 표현

　상담자는 내담자가 자주 사용하는 언어에 주의를 기울이고 그러한 언어적 표현을 사용하는데, 이는 상담자가 내담자를 잘 이해하고 있음을 전달하는 데 도움이 된다. 현실치료 상담자는 내담자의 은유적 표현에 관심을 기울이는 동시에 그와 같은 은유적 표현으로 내담자에게 메시지를 전달한다. 이러한 방법은 특히 내담자의 은유적 표현에 많은 정보가 담겨져 있으므로 내담자가 제시하는 주제와 비유를 유심히 듣고 그것을 활용할 필요가 있다. 예를 들어, 낚시가 취미인 내담자에게 그의 행동의 부적절함을 암시하기 위해 '마치 물고기가 거의 없는 호수에서 미끼도 없이 낚시를 하는 것과 같다.'는 비유적 표현을 사용할 수 있다. 이 기법에서의 중요한 점은 상담자가 내담자와 동일한 사고의 틀에서 익숙한 언어로 소통한다는 것이다.

(5) 유머

유머는 내담자와 편안하고 친밀한 관계를 맺는 데 도움이 될 뿐만 아니라 내담자에게 자기표현의 새로운 방법을 제시하고 새로운 견해로 자신을 관찰하도록 융통성을 제공해 주는 기능을 한다. 심각하다고 여기는 상황에서 웃을 수 있다는 것 자체가 문제통찰, 해법탐색, 변화능력을 촉진하는 효과가 있다. 특히 유머를 사용하는 상담자와의 대화를 통해서 내담자는 자신의 현재 행동의 부적절함을 더 쉽게 인정할 수 있고 자신이 세운 계획을 실천하지 못한 것에 대해 더 편안하게 직면할 수 있다.

(6) 역설적 기법

현실치료에서의 역설적 기법(paradoxical techniques)은 내담자의 통제감과 책임감을 증진하기 위해 적용되고 있다. 역설적 기법은 계획실행에 저항하는 내담자가 나타나는 경우에 사용되는데, 내담자에게 모순되는 지시를 하는 것이다. 예를 들어 발표에서 실수하는 것을 두려워하는 내담자에게 의도적으로 실수를 하도록 제시하는 것이다. 내담자가 실수를 한다면 이는 내담자가 실수를 할 것인지 말 것인지를 선택할 수 있는 통제력을 지니고 있다는 것이고, 내담자가 실수를 하지 않는다면 내담자는 실수를 통제하여 제거한 것이다. 이와 같이 역설적 기법은 내담자가 자신의 행동을 통제하고 선택할 수 있다는 것을 분명하게 인식하게 할 뿐만 아니라 자신의 문제에 대한 생각을 전환하는 데 도움이 될 수 있다.

> 역설적 기법이란 내담자가 저항할 때 모순된 요구나 지시를 주어 딜레마에 빠지게 하는 방법으로 하나의 언어 충격이라 할 수 있다.

(7) 직면

직면은 내담자의 말과 행동에 대한 책임수용을 촉진하기 위한 방법으로 내담자의 말과 행동이 일치하지 않는 것을 인식시키는 것이다. 따라서 상담자는 내담자의 현실적 책임과 관련된 모순이 보일 때 변명을 받아들이지 않고 직면시킨다. 직면시키기는 내담자를 질책하기 위한 것이 아니라 현재의 실패 행동을 이해하고, 이러한 행동에 영향을 미치는 비생산적인 사고나 신념을 파악하여 새로운 행동의 실천을 계획하기 위한 것이다. 이 기법은 내담자로 하여금 좀 더 정직하게 자신의 행동을 인식하고 평가

> 직면은 내담자의 말과 행동이 일치하지 않는 것을 인식시키는 것으로 내담자가 좀더 책임감 있는 행동을 하도록 돕는 것을 말한다.

할 수 있으며 더욱 책임감 있는 방식으로 행동하도록 돕는다.

4. 상담 사례[1]

다음 사례의 내담자는 세 명의 자녀를 둔 40대 부부로 이혼위기 직전에 부부상담을 받기 위해 상담자를 찾았다. 상담자는 내담자들이 부부싸움의 원인을 탐색하기 보다는 부부싸움이 자신들의 선택임을 알게 하고, 내담자 부부의 want 탐색과 함께 역설적인 방법을 사용하였다. 이를 통해 내담자들은 서서히 가족통제력이 회복하였다.

그리고 내담자들이 가족통제력 회복을 위해 자기평가를 하면서 지금 선택한 행동이 자기가 원하는 것과 좋은 시간(quality time)에 어떻게 도움이 되는가를 평가하고 행동계획을 수립하는 사례다.

〈생략〉

want 탐색

상담자 5: 내가 심각한 질문을 몇 가지 하겠는데…… 누구든 먼저 말해도 됩니다. 서로 상대방을 의식하지 말고요. 당신들은 계속 결혼 상태로 남기를 원합니까, 헤어지기를 원합니까?

아내의 want

아내 5: 계속 가정을 지키고 싶어요, 아이들을 위해서요.

남편의 want

남편 5: 저도요.

상담자 6: 둘 다 이혼은 안 하고 싶다고요. (둘은 계속 다툼)

〈중략〉

want 탐색, 상담 분위기에서 내담자가 기대치 않은 방법 사용: 내담자들을 놀라면서 싸움 정지, 서로 상대방 이야기 경청, 가족통제력 회복 시작, 소속 욕구 충족

상담자 15: 둘이 계속 내 앞에서 이렇게 다툴 겁니까? 그렇다면 당신들은 나 없이도 잘 싸울 수 있으니까, 나 없이 싸우는 것이 훨씬 경제적일 것입니다. 싸울 때마다 상담이 중단이 되니까, 1분에 ○○원씩 낭비가 되는데, 그렇게 되기를 원하나요? (침묵) 당신들이 만일 새로운 방법을 아

---

1) 이 사례는 김인자(2015). 『현실치료상담과 선택이론(나의 삶과 나의 선택)』에 실린 Glasser의 역할연습 사례를 참고로 분량이나 내용을 요약한 것이다.

무엇도 사용해 보지 않고 그대로 매일을 산다면 결혼생활이 어떻게 될 것 같나요? 서로 결혼을 구제하려고 당신들이 지금 하고 있는 것이 무엇이죠?

아내 15: 저는 바꿀 것이 없어요. (남편도 바꿀 것이 없다고 함)

상담자 16: 둘 다 무엇을 바꾸어야 할지 모르겠다는 소리로 들리는데요. 그래요? (내담자들 침묵)

상담자 17: 언제부터, 그러니까 안 싸웠던 때가 언제였지요?

아내 16: 2년 전까지만 해도 우리는 잘 지냈어요. 저 사람이 회사에서 여행을 많이 해야 하는 영업부장이 되기 전까지는요. 저이는 일요일 저녁에 떠나면 주말에나 지쳐서 와서 토요일, 일요일은 잠만 자고, 또 일요일 밤에 떠나요. 저는 아이 문제도 집안일도 의논을 할 수 없어요. 청소년기 아이들은 아빠가 필요해요. 나 혼자만 부모인가요? 어제도 지난주도 저이가 왔을 때 아이 문제를 얘기했더니, 아이를 불러서 느닷없이 때리는 거예요. 팔에도 허리에도 멍이 들도록…… 나는 너무 겁이 나고 무서웠어요. 아이는 죽는 소리를 하고…… 이를 악물고 울지도 않아요. 앙심을 품는 것 같았어요. 요새처럼 험한 세상에 부모를 죽이는 아이들도 있는데…… 무슨 일 생기는 줄 알았어요.

〈중략〉

상담자 24: 너무 힘들고 외롭군요. 그런데 부인, 당신에게 묻겠어요. 남편이 조금 안 바뀌더라도 당신이 홀로 지금과는 다르게 남편을 위해서 할 수 있는 작은 일이 뭔가 있을까요?

아내 24: 아주 작은 일요? 저 사람은 안 바뀌는데요? 저 사람은 말끔하게 집이 정돈된 것을 좋아하지만 아이들과 지내면서 정말 쉬운 일이 아니에요. 치워도 치워도 끝이 없어요. 또 저는 집안일을 원래 싫어해요.

남편 24: (남편이 끼어들면서) 알긴 아는군.

상담자 25: 가만히 계세요. 당신 차례도 드릴 터이니 그때 말하세요.

아내 25: 글쎄요. 남편이 주말이면 돌아오니까 목요일쯤 집안청소를 해놓고, 저 사람 좋아하는 음식도 한두 가지 해 놓죠, 뭐……

상담자 26: 이제는 남편분의 차례죠. 만일 아내가 집청소를 해놓고, 당신을 기

doing 탐색과 자기평가 시작

긍정적인 행동 탐색하기

행동 계획하기

상대방 욕구충족 필요 인정

이 말에 아내가 힘에 대한 욕구 충족됨. 남편이 자기 말을 들어주는 데서 성취감과 통제력 회복됨.

다리고 있으면, 기분이 좀 좋을까요?

남편 25: 좋을까요라니, 아마 황홀할 것입니다.

행동 계획하기

상담자 27: 남편분에게 한 가지만 묻겠어요. 아내가 청소를 하면 기분이 어떻겠냐고요. 당신은 황홀할 것이라고 했는데, 그것은 상담자인 내가 기대했던 것보다 훨씬 성과가 크네요. 남편분은 아내가 좋아할 것 같은 것 중에서 아주 작은 무엇인가를 하나 할 것이 있나요?

〈중략〉

상대 비난이나 잘못된 과거 이야기 따지기를 허용치 않음

상담자 30: 나는 여러분이 여기 오기 전까지 무엇을 했는지는 관심이 없습니다. 앞으로의 일에 나는 더 관심이 있어요. 이제 여러분이 이야기한 것들을 하겠습니까? 여러분이 계속 결혼생활을 유지하기 위해서, 여러분이 제안한 행동을 하나씩 하면, 즉 아내는 목요일에 청소를 한 번 하고, 남편은 출장일정표를 한 장 복사해서 아내에게 주고 현지에 전화하고, 그 이상을 하는 것은 좋지만, 그 한 가지씩은 꼭 지킬 자신이 있습니까? 여러분이 그 약속을 지키겠다는 의지가 어느 정도인지 1에서 10 사이의 숫자로 나에게 말해 줄 수 있나요? 아내 먼저.

계획실천 의지 점검

아내 30: 다리나 손이 부러지지 않는 한, 저는 10 정도의 의지로 꼭 하겠습니다.

가족통제력 회복, 안도감, 성취감 증대와 작은 상호 신뢰성 회복으로 다른 어려움도 극복이 가능함

남편 30: 여기 그 일정표가 있으니까 저도 오늘이라도 이 사무실에서 복사해서 당장 주겠습니다. 그럼 제 숙제는 끝이네요. 부부갈등이 이렇게 우습게 해결될 수 있다는 것인가요? 허! (어이없다는 듯이 웃는다.)

아내 31: 저 사람 숙제는 너무 쉽네요. 그런데 전화하다가 또 싸우고 저 사람이 온다는 날짜에 안 오고 나는 화가 나서 집 안 치우고 하면 선생님께 전화해도 되죠?

Glasser는 이 부분에서 단호하게 부부가 약속한 것을 꼭 지켜야 한다는 확약을 받은 셈이다

상담자 31: 전화받고 싶지 않아요? 그때는 둘이서 법원에 가는 것이 간단하죠. 여러분이 아주 쉬운 숙제라고 했는데, 그것도 하겠다고 약속해 놓고, 안 하면 더 큰 문제들을 어떻게 해결하면서 가정을 이끌어 갈 능력이 있겠어요. 다음에 숙제하고 오고 싶으면 오고, 숙제를 안했거나 올 필요가 없을 정도로 사이가 좋아졌으면 안 와도 되죠. 당신들은 싸우고 안 싸우고가 중요하겠지만, 2년 동안 열심히 잘 싸우는 선수들이었는데, 갑자기 안 하기는 힘들겠죠. 하지만 이제껏 하지 않던 것 중에서 쉬

운 것 하나씩 상대방을 위해 해 보는 것은 아주 중요한 것이죠. 다음에
는 함께 결혼의 질을 향상시키는 일을 생각해 보기로 하고, 두 분은 밖
에 나가면서 약속한 내용과 꼭 지키겠다는 확약서를 써 놓고 서명하고
돌아가십시오. 다음 금요일 오후 4시에 봅시다. 안녕히 가십시오.

> **요약**

이 사례에서 상담자는 부부의 싸움과 갈등의 원인을 탐색하거나 과
거에 일어났던 사건을 탐색하는 데 상담 시간을 사용하지 않았다. 대신
Want 탐색과 함께 도움이 되는 행동계획을 수립하였다. 이때 내담자 중
심의 계획 수립이 이루어졌는데, 이는 행동계획이 다른 사람의 행동이나
환경조건과 무관하게 내담자가 주도적으로 선택해야 한다는 것을 의미한
다. 현실치료에서는 반드시 내담자로 하여금 스스로 자신의 행동을 판단
하도록 하며, 더 책임 있는 방식으로 행동하기 위해 내담자 자신이 꼭 해
야 하는 것은 무엇인지 결정하도록 한다.

상담 장면에서도 상담자는 내담자의 평가에 따른 계획실천 의지를 재
확인하고 상담자가 포기하지 않고 내담자에게 책임 있게 행동하는 계획
을 세울 수 있도록 돕는 데 집중하고 있다는 것을 알 수 있다. 이러한 특징
때문에 현실치료 상담은 단기상담에서 많이 활용된다.

5. 공헌점과 비판점

사례에서 살펴본 것처럼 현실치료는 내담자가 변화시키고자 하는 현재
행동에 초점을 맞추고 스스로 실천할 수 있는 계획을 세우는 데 효과적이
다. 현실치료의 공헌점을 구체적으로 살펴보면 다음과 같다.

첫째, 현실치료는 학교나 수용시설에 있는 청소년들에게 많은 도움을
줄 수 있다. 상담의 과정과 기법은 내담자가 현실적으로 자신의 욕구를
충족하기 위해 실천이 가능한 목표를 세우고, 생각이나 느낌이 아닌 행동
을 다르게 함으로써 긍정적인 변화를 돕는다.

현실치료의 공헌점은 청소년들에게 많은 도움을 줄 수 있다는 점, 책임을 강조한다는 점, 내담자가 스스로 실행 결과를 평가할 수 있다는 점, 비교적 단기간에 효과를 볼 수 있다는 점 등이다.

둘째, 현실치료에서는 책임을 강조함으로써 문제 행동의 원인이 내담자 자신에게 있음을 깨닫게 한다. 내담자가 자신의 행동을 바꾸려고 하나 잘 되지 않는다고 할 경우, 상담자는 내담자가 그렇게 못하는 것은 바로 그가 자신의 책임을 지지 않으려 하기 때문이라는 것을 직면시킨다.

셋째, 내담자가 자신의 변화된 정도에 대해 스스로 평가할 수 있다. 현실치료에서는 자신의 욕구를 충족시키기 위한 행동계획의 실행 결과를 스스로 평가하고 책임지는 가운데 실행 가능한 계획을 다시 세우도록 한다. 이 과정에서 내담자는 자신의 계획과 그 실행 정도를 현실적 맥락에서 평가해 나가게 된다.

넷째, 상담 기간이 비교적 짧다. 현실치료는 내담자가 자신의 문제에 대한 현실적인 의식 수준에서 판단하고 직면하며 그 결과에 대해 책임지는 것이기에 비교적 단기간에 효과를 볼 수 있다.

이렇듯 현실치료는 많은 장점을 가지고 있지만, 비판을 받는 부분도 있다. 먼저 무의식적 동기나 과거를 지나치게 무시한다. 현재는 과거에 의해 설명되는 점이 많은데, 현실치료는 과거를 인정하면서도 현재의 행동 변화를 위해서는 불필요하다고 보고 있다. 이는 현실과 맞지 않다. 왜냐하면 어떤 문제 행동의 원인을 알면 행동이 아주 쉽게 고쳐지는 경우도 많기 때문이다.

둘째, 정신병이 무책임 때문이라고 하지만, 현실적으로는 자신에 대해 책임질 수 없는 사람이 많고, 또 완전히 책임질 수 있는 사람도 없다. 그런데 현실적으로 거의 책임을 질 수 없는 사람에게 책임을 강요한다면 내담자를 돕는 것이 아니라 그를 더 어렵게만 할 뿐이다. 따라서 현실치료는 어느 정도 현실적으로 책임을 질 수 있는 사람에게만 가능하다고 본다.

셋째, 내담자가 자신의 해답을 찾는 대신에 상담자의 해결책을 받아들이도록 강하게 영향을 미칠 가능성이 있다.

넷째, 현실치료는 단순하고 직접적이고 직설적인 전략을 사용하여, 내담자의 효과적인 기능을 방해하는 과거의 미해결 감정은 탐색하지 않고 너무 문제 해결에만 초점을 맞춘다. 즉, 상담자들이 내담자의 표면적 문제만을 다룸으로써 내담자의 보다 근본적인 문제를 무시할 위험이 있다.

현실치료의 비판점은 무의식적 동기, 과거를 지나치게 무시한다는 점, 현실적으로 책임을 지는 것이 불가능한 사람에게까지 그것을 강요할 가능성이 있다는 점, 상담자가 해결책을 제시한다는 점, 표면적 문제만을 다룸으로써 내담자의 보다 근본적인 문제를 간과할 위험이 있다는 점 등이다.

되짚어 보기

1. 현실치료는 1950년대에 William Glasser에 의해 주창되었다. 현실치료는 정신분석의 결정론적 입장을 반대하면서, 인간은 자신의 욕구를 충족하기 위해 스스로 행동을 선택하고 결정한다고 보고, 내담자가 타인에게 피해를 주지 않으면서 자신의 욕구를 현실적인 방법으로 충족할 수 있도록 도와준다.

2. 현실치료에서 인간은 자신이나 환경을 통제할 수 있는 존재이며, 자기 행동을 결정하고 자신의 행동에 책임을 질 수 있는 존재다. 인간의 모든 행동은 기본적인 욕구를 충족하기 위한 것인데, 그것은 생존, 사랑, 힘, 자유, 재미 등의 다섯 가지 욕구다.

3. 자신과 주위 사람들이 자신을 사랑하고 가치 있게 여기면 성공적인 정체감이 발달하지만, 그렇지 못할 때는 패배적 정체감이 발달한다. 심리적 문제는 성공적인 정체감을 개발하지 못했거나 책임을 지지 않는 태도 등으로 말미암아 일어난다.

4. 현실치료의 상담 과정은 먼저 내담자와 상담관계를 형성하고, 욕구를 탐색한 다음, 현재 행동에 초점을 두며, 내담자가 자신의 행동을 평가하고, 마지막으로 책임 있게 행동하는 계획을 세우는 단계를 거친다. 현실치료의 상담 기법으로는 질문하기, 동사와 현재형으로 표현하기, 긍정적으로 접근하기, 은유적 표현, 유머, 역설적 기법, 직면 등이 있다.

5. 현실치료의 공헌점은 청소년들에게 많은 도움을 줄 수 있다는 점, 책임을 강조함으로써 문제 행동의 원인이 내담자 자신에게 있음을 깨닫게 한다는 점, 내담자가 스스로 실행 결과를 평가할 수 있다는 점, 비교적 단기간에 효과를 볼 수 있다는 점 등이다. 현실치료의 비판점은 무의식적 동기, 과거를 지나치게 무시한다는 점, 책임을 강조한 나머지 현실적으로 책임을 지는 것이 불가능한 사람에게까지 그것을 강요할 가능성이 있다는 점, 상담자가 해결책을 제시함으로써 내담자에게 영향력을 행사할 수 있다는 점, 표면적 문제만을 다룸으로써 내담자의 보다 근본적인 문제를 간과할 위험이 있다는 점 등이다.

제3부

상담의 실제

자전거를 타는 방법을 안다고 해서 자전거를 탈 수 있다고는 할 수 없다. 자전거를 타는 방법을 아는 것은 이론에 해당하는 것이고, 자전거를 타는 것은 실제에 해당하는 부분이기 때문에 그렇다. 이처럼 하나에 대한 것이지만 이론과 실제는 서로 다른 동시에, 상호보완적인 관계에 있다.

상담의 개관과 이론을 통해서 상담을 할 수 있는 기본적인 지식을 습득했다면, 이제 상담이 이루어지는 실제적인 부분에 대해 접근할 필요가 있다. 먼저, 접수면접, 초기, 중기, 종결 과정을 통해 각 상담 과정의 특징과 접근법, 상담 과정에서 활용할 수 있는 상담의 기법, 실제 사례를 통한 내담자의 이해와 상담의 목표 및 전략 수립 등의 상담 사례 이해, 그리고 상담센터 운영 등에 대한 실질적인 측면들을 익힘으로써 상담의 실제를 접하게 된다.

이런 상담의 실제를 간접적으로 접함으로써 상담이 실제적으로 어떻게 이루어지는지를 알 수 있으며, 더 나아가 상담 장면에서 맞닥뜨리게 될 여러 가지 다양한 상황과 문제에 대해 대처할 수 있다.

언젠가 산길을 걷다가 바람을 본 적이 있습니다.

하지만 바람 그 자체로서 그를 본 것은 아니었습니다.

길섶에 우뚝 선 나뭇잎이 살랑대거나

목이 긴 원추리가 흔들거리는 것을 통해

비로소 바람을 보았던 것이지요.

땀으로 젖은 내 살갗에 바람이 닿았을 때

이윽고 그가 바람이 되었듯이

사람 또한 다르지 않습니다.

나 이외의 또 다른 사람이 있어야만

그제야 나의 모습이 보이는 것이겠지요.

－이지누의 『우연히 만나 새로 사귄 풍경』 중에서－

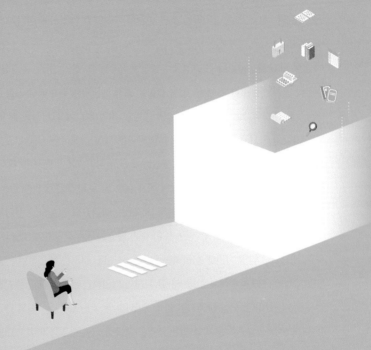

제12장
상담 과정

길라잡이 물음

1. 상담을 성공적으로 이끌어 가기 위해 상담자가 초기 단계에서 해야 할 일은 무엇이라고
   생각하는가?

2. 상담이 잘 진행되어 간다는 것은 어떻게 알 수 있을까?

3. 당신이 상담자라면 상담을 끝낼 때가 되었다는 것을 어떻게 알 수 있을까?

4. 상담을 종결할 시기가 되었는데도 종결하기 두려워하는 내담자를 어떻게 다루어야 할까?

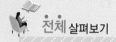 **전체** 살펴보기

우리가 살아가면서 경험하는 많은 일에는 순서가 있다. '우물에서 숭늉 찾는다.'는 속담이 있듯이, 모든 일에는 질서와 순서가 있는데 그 과정을 무시하고 성급하게 한다면 적절한 성과를 얻기 어려울 수 있다.

상담 역시 마찬가지다. 일반적으로 상담은 접수면접, 초기, 중기, 종결 단계로 그 과정을 나눈다. 접수면접 단계는 심리검사, 면접, 행동 관찰을 통해 내담자의 정보를 수집하고, 수집된 자료를 바탕으로 내담자를 대략적으로 이해하여 상담의 방향을 세워 적합한 상담자를 배정하는 과정이다. 초기 단계는 내담자가 가지고 온 문제를 이해하고 평가한 후에 구체적인 상담 목표를 세우고 구체적인 개입을 시작하는 단계를 말한다. 초기 단계에서는 촉진적 상담관계의 형성, 내담자가 가지고 온 문제를 이해하고 평가하기, 상담 구조화하기, 상담 목표 설정 및 문제 해결을 위한 과정을 거치게 된다. 상담이 초기 단계를 지나 중기 단계로 접어들면, 내담자는 상담자를 진실하고 신뢰할 만하며 자신을 이해하고 수용하는 사람으로 인식하게 된다. 또한 중기 단계에서는 상담자와 내담자 간의 신뢰가 한층 더 깊어지고, 내담자는 상담 시간에 심리적인 안정을 느낀다. 이러한 심리적인 안정을 바탕으로 내담자는 자신의 문제에 대해 심층적으로 탐색하고 자신의 심리적인 문제에 대한 통찰을 얻으며 문제를 해결하려고 노력하는 상담의 핵심 단계라고 할 수 있겠다. 종결 단계에서는 중기 단계에서 얻은 통찰을 바탕으로 좀 더 현실 생활에 적용할 수 있는 새로운 행동을 시험하고 평가한다. 내담자는 상담 단계를 거치면서 심리적 문제를 일으키는 자신의 사고, 감정, 행동, 생활양식에서의 모순과 문제를 알게 될뿐더러, 자신이 앞으로 활용할 수 있는 강점과 사회적 자원에 대해서도 알게 된다. 따라서 종결 단계의 상담은 앞으로 실천해야 할 행동을 결정하고 그것을 어떻게 실천할 것인지에 대한 구체적인 계획을 세우도록 진행된다. 그렇다면 상담관계를 어떻게 효과적으로 진행하고, 종결 후에도 내담자가 지금까지 성취해 온 상담 성과를 잘 유지하면서 상담을 통해 얻은 통찰을 현실 생활에 잘 적용할 수 있게 할 수 있을까? 이 장에서는 효과적인 상담을 위해 상담의 과정을 살펴보고, 그 과정에서 반드시 이루어져야 할 일과 초보 상담자가 경험할 수 있는 어려움들을 함께 살펴보도록 하자.

1. 상담의 과정

몸이 아파서 병원에 진료를 받으러 간 경험은 누구나 있을 것이다. 병원에 가면 먼저 접수를 하고, 본격적인 진료를 받게 된다. 의사는 환자에게 어디가 불편한가, 구체적인 증상은 어떠한가, 언제부터 그랬는가 등의 질문을 통해 환자의 상태를 파악한다. 그리고 나서 체온을 측정하거나 청진기로 몸의 여러 곳을 진찰하면서 환자의 상태를 진단한다. 진단 후에 약이나 주사를 처방하고 환자는 몇 차례 약을 복용하고 자신의 상태가 호전되지 않았다고 생각되면 다시 병원을 찾고, 그렇지 않을 경우는 병원을 찾지 않는다.

마음이 불편한 내담자가 찾는 상담도 마찬가지다. 심리적인 불편함을 경험한 내담자는 상담실을 찾아 접수면접을 하고, 상담자를 만나 자신의 호소문제를 털어놓게 된다. 내담자의 이야기를 들은 상담자는 내담자에게 필요에 따라 심리검사를 실시하고 내담자의 심리적인 문제를 진단하게 된다. 그리고 내담자의 상황에 맞는 상담 방법을 선택하고 상담을 진행한다. 내담자는 상담을 통해 자신의 심리적인 문제가 해결되었다고 생각될 때 상담을 종결한다.

이처럼 효율적인 상담을 위해서는 몇 단계의 체계적인 과정을 거치게 된다. 많은 학자들의 상담의 과정에 대해 이야기했는데, 각각 단계의 명칭은 다르지만 일반적으로 접수면접 단계, 초기 단계, 중기 단계, 종결 단계를 거치게 된다. 보통 접수면접 단계는 내담자와의 첫번째 접촉으로서 상담 과정에 큰 영향을 미치는 단계이다. 초기 단계는 내담자에 대한 정보를 수집하는 단계이고, 중기 단계는 상담 활동을 통해 내담자의 문제 해결을 돕는 단계다. 종결 단계는 상담을 받은 내담자가 건강하게 현재 생활에 적응할 수 있도록 상담의 결과를 평가하는 단계다. 이 장에서는 상담의 단계를 차례로 살펴보면서 각 단계별 특징, 상담자의 역할, 상담자가 경험할 수 있는 문제 등에 대해 알아보고 상담의 전반적인 흐름을 살펴보고자 한다.

효율적인 상담 진행을 위해서 체계적인 상담 과정을 거치게 되는데, 이것은 접수면접, 초기, 중기, 종결 단계를 말한다.

2. 접수면접 단계

튼튼한 건축물을 짓기 위해서 제대로 된 기초공사가 필요하듯이, 성공적인 상담의 결과를 끌어내기 위해서 접수면접 단계에서 상담의 기틀 및 방향을 올바로 잡는 것은 매우 중요하다. 접수면접 단계에서 다루어야 할 내용은 다음과 같다.

1) 상담신청 접수

전화, 이메일, 방문 등을 통해 상담신청이 접수되면, 상담자는 상담에 대한 안내를 진행하게 되고 내담자는 안내에 따라 상담실을 내방하여 상담신청서를 작성하고 접수면접을 진행하게 된다.

상담신청 접수란 '문서나 구두를 통해 내담자 또는 대리인의 상담신청을 공식적으로 접수하는 과정'을 의미한다. 상담을 접수하는 과정은 상담기관의 규모와 운영 방침에 따라 조금씩 다를 수 있다.

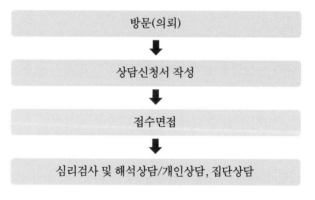

[그림 12-1] 상담 절차

(1) 상담 안내

내담자가 상담에 대해 문의할 때 설명 및 안내하는 과정을 상담 안내라고 한다. 즉, 상담자, 상담기관, 상담 서비스 내용, 상담비, 상담실 위치 등에 대해 내담자에게 알기 쉽게 친절한 태도로 충분히 설명하고 더 나아가 상담실에 방문하여 필요한 상담 서비스를 받을 수 있도록 안내하는 과정을 말한다. 일반적으로 내담자들은 문제와 관련된 갈등을 해결하기 위해

도움을 받고 싶어 하면서도 동시에 자신의 취약한 부분을 드러내거나 의존적인 상태로 빠져드는 것에 대한 불안을 가지고 있다. 이 때문에 상담을 받는 것이 자신에게 안전하고 유익한지와 관련된 정보를 탐색하려고 하며, 자신을 드러내지 않고 익명성을 유지하기 위해 흔히 전화를 사용한다. 상담 서비스를 전화로 신청 및 문의할 때 다음과 같이 진행할 수 있다.

① 전화는 대부분의 내담자와 의뢰인들이 처음으로 갖는 관계이므로 중요한 절차이다. 인사말은 분명하고 중성적이지만 친절하게 한다.
  −안녕하십니까? ○○상담소입니다.
② 본 기관에서 해결할 수 있는 일인지 물어보거나 전화로 간단히 상담해 본다.
  −어떤 일로 전화를 하셨습니까?
  −전화상담 기관은 아니지만, 간단히 문의에 답변을 드리겠습니다.
③ 전화 신청 후 접수면접까지 내담자의 상태를 파악한다.
  −상담 대상은 누구인지, 바로 올 것인지, 누구의 허락이나 협의 후에 올 것인지, 누구와 같이 오는지, 혼자 오는지, 다음 방문 시까지 무엇을 하다 오는지 등을 파악한다.
④ 전화받는 것도 상담 업무의 시작이므로 응급 여부를 파악하는 것도 중요하다.

(2) 내담자 맞이하기

보통 처음 만나면 서로 인사나 자기소개를 나누게 된다. 인사법은 대체로 가벼운 목례, 미소나 시선을 통한 인사, 가벼운 인사말, 직접적인 자기소개 등의 형태로 이루어진다. 이때 신청접수자의 비언어적인 태도 및 행동이 중요하다. 상담자는 내담자가 자리에 앉고 나서 우선 심리적인 안정감을 느낄 수 있도록 '여기서는 무슨 말을 해도 괜찮을 것 같은' 그런 분위기를 만들어 주는 것이 중요하다. 상담실에 내방한 내담자에게 요구되는 행동이나 기타 필요한 사항을 설명 및 안내하고, 다른 사람이 내담자의 개인적인 이야기를 들을 수 없도록 조치하고, 다른 사람을 거치지 않고 곧바로 신청접수자와 만날 수 있도록 공간배치 및 절차를 구성하며, 후문을 개방하는 것 등의 사적 공간을 확보하는 것도 중요하다. 또한 내담자가 기다려야 할 때 자료나 신문을 주거나 음료나 다과를 대접하는 등의 편의를 제공하여 내담자를 위하는 마음을 직접적인 행동으로 표현하도록 한다.

(3) 신청서 작성 및 접수

상담신청서를 작성하기 이전에 신청서를 작성하는 목적, 절차, 역할 및 규범 등을 내담자에게 설명한다. 상담신청서를 작성하는 이유와 구체적으로 어떻게 작성하는지에 대한 방법은 다음과 같이 설명할 수 있다.

저희 상담실에서는 상담을 받기 전에 먼저 신청서를 작성하도록 하고 있습니다. 저는 상담을 받으러 오는 분들에게 상담신청서를 받고 상담 선생님에게 안내하는 역할을 하는 사람입니다. 우선 신청서를 보시고 성명, 주소, 연락처를 적어 주십시오. 상담받고 싶은 영역에는 자신이 상담을 받고 싶은 내용에 V 표 하시면 되고, 그 밑 란에는 상담받고 싶은 내용을 간단한 문장으로 써 주시면 됩니다. 작성된 신청서는 저와 상담 선생님만이 볼 수 있고, 또 상담 목적으로만 사용되며 그 내용은 비밀이 보장됩니다. 신청서를 작성하는 도중에 궁금한 것은 언제든지 말씀하시면 제가 자세히 알려 드리겠습니다. 그럼 작성해 주시기 바랍니다.

상담신청서 양식은 상담기관마다 다를 수 있다. 일반적으로 상담신청서 양식에는 '상담신청 및 접수일자, 신청접수자 이름, 내담자 인적사항, 상담경위나 호소문제, 신청접수자의 소견' 등의 항목이 포함된다. 신청접수와 접수면접을 같이 실시할 경우에는 '가족관계, 문제사, 발달사, 관련 증상 및 기능상태, 행동관찰, 상담받은 경험, 기타 문제'와 같은 항목들이 더 추가된다(부록 12-1 참조).

2) 접수면접

접수면접이란 심리검사, 면접, 행동 관찰 등을 통해 내담자에 대한 정보를 수집하고, 수집된 자료를 토대로 내담자의 특성, 문제 및 증상, 원인, 상담 방향 및 방법에 대해 개념적으로 설명하며, 적합한 상담자를 배정하기 위해 실시하는 초기면접을 의미한다.

(1) 정보 수집

접수면접의 주된 기능은 상담에 필요한 기초정보를 수집하는 것이다. 즉, 내담자 인적사항, 호소문제, 호소문제와 연관된 현재의 기능상태, 문제사, 발달사, 가족관계, 기타 문제, 상담 경험, 원하는 상담자 또는 상담시간 등에 대한 정보를 수집함으로써 내담자 이해와 상담 개입의 기초자료를 얻는 것이다. 상담신청서에 기재된 내용 중 유용하고 필요한 부분을 보다 심도 있게 점검하여 정보를 수집한다.

내담자의 정보수집은 주로 면접, 행동 관찰, 심리검사를 통해 이루어진다. 면접을 통해 수집하고자 하는 내용에는 '호소문제, 호소문제와 관련된 현재의 기능상태, 문제사, 발달사, 가족관계, 기타 문제, 상담 경험, 원하는 상담자 또는 상담시간' 등이 포함된다(부록 12-2 참조). 상담 장면에서 행동 관찰은 내담자의 '비언어적 행동'을 관찰하는 것으로 키, 몸무게, 머리 모양, 안경, 입고 있는 옷이나 액세서리, 피부색, 신체의 상처 등에 대한 정보 등의 형태를 관찰하는 것이다. 형태뿐만 아니라 시선, 얼굴 표정, 신체 동작, 목소리의 크기, 속도, 억양, 많이 사용하거나 특이한 단어, 침묵, 앉은 자세, 걷는 자세, 기타 상담에서 보이는 특이 반응 등에 대한 정보인 동작을 관찰하는 것도 포함된다.

접수면접은 상담에 필요한 기초 정보를 수집하는 단계로, 이때 정보 수집은 면접, 행동 관찰, 심리검사를 통해 이루어진다.

(2) 개념화

내담자에 대한 정보를 수집한 이후에는 수집된 정보들을 종합하여 심리적 특성이나 능력, 문제 및 증상, 원인, 상담 방향 및 방법 등을 설명해 나간다. 이러한 과정을 개념화라고 하는데, 내담자에 대한 정보를 수집하는 가장 큰 이유는 개념화를 위한 기초자료를 얻기 위해서라고 해도 과언이 아니다. 접수면접에서의 개념화는 간결하고 분명하며 정확하게 기술되어야 한다. 대체로 잘 구성된 개념화에는 '문제 및 증상에 대한 분류 및 명명, 원인 또는 관련 요인에 대한 설명, 그리고 상담의 개입 방향 및 방법에 대한 제안'이 포함되어 있다. 개념화 내용은 별도의 보고서로 만들어질 수도 있고 면접기록의 소견란에 문장 형태로 기술될 수도 있으며, 구두로 본 상담자에게 보고될 수도 있다.

(3) 상담자 배정

접수면접자의 주된 역할 중 하나는 담당 상담자를 배정하는 일이다. 접수면접자가 일방적으로 상담자를 배정하는 것은 무리가 따르기 때문에 어떤 형태로든지 상담자와 협의하는 시간을 가진다. 이러한 협의의 한 형태가 바로 접수회의다. 접수회의란 사례관리를 위한 전문가 회의를 말한다. 즉, 내담자의 문제 및 증상, 원인, 상담 방향 및 방법에 대한 개념화를 실시하고 담당 상담자를 결정해 나가는 일종의 사례관리를 위한 전문가 회의다. 윤리적 측면 때문에 접수회의에는 슈퍼바이저, 상담전문가, 임상전문가, 접수면접자 등과 같은 전문가들만 참석할 수 있다. 여러 명의 상담자가 근무하는 상담소에서는 그 상담소 고유의 상담자 배정 시스템을 가지고 있으며 상담자 배정에 필요한 정보는 그 상담소의 시스템에 따라 달라질 수 있다.

3. 초기 단계

상담의 초기 단계는 내담자가 호소하는 문제를 이해하고 상담 목표를 수립하는 단계다. 구체적인 내용을 살펴보면 다음과 같다.

1) 상담관계의 형성

상담자와 내담자 간에 서로 신뢰 있는 관계를 형성하는 것은 상담 효과에 영향을 미친다. 능숙한 상담자는 상담관계의 중요성을 잘 인식하여, 내담자를 만날 때 상담자의 개인적 특성과 상담 경험을 살려 자기만의 스타일로 내담자와 신뢰 있는 관계를 형성해 나가야 한다.

신뢰 있는 상담관계는 적절한 사회적 기술에서 출발한다. 먼저 상담자는 내담자와 인사를 나누고, 내담자에게 자리에 앉도록 권유하고, 내담자의 행동과 태도, 현재 상태가 어떠한지를 면밀히 탐색한다. 누구든지 모르는 타인과의 첫 만남이 자연스러울 수는 없으므로, 내담자가 많이 불안해하고 불편해하면 가벼운 사회적인 대화로 이야기를 나누어 불안을 덜수 있다. 하지만 그것은 불안을 덜기 위한 가벼운 대화일 뿐 대화의 중심이 되어서는 안 된다. 오히려 가벼운 사회적 대화 없이 상담을 받으러 온이유를 바로 질문하는 것이 내담자를 더 돕는 과정이 될 수도 있다. 무엇을 먼저 질문하고 파악해야 하는가는 정해져 있지 않다. 다만, 내담자의 비언어적 행동과 정서적 상태를 상담자가 파악하여 그에 따라 질문할 뿐이다.

또한 상담자는 상담 과정에서 일어나는 의례적인 질문을 하는 사람이 아니라 내담자에 대한 인간적인 관심을 가지고 있다는 것을 확실하게 전달하는 것이 중요하다. 그러기 위해서 상담자는 자세를 내담자 쪽으로 기울이며, 표정이나 자세 등 온몸으로 내담자의 말을 경청하고 있다는 것을 표현해야 한다. 그리고 질문을 했을 때는 내담자가 생각을 정리하여 대답할 수 있도록 충분히 기다려 주고, 되도록 내담자의 생각의 흐름을 방해하지 않도록 말을 끊지 않는다. 이러한 행동을 관심 기울이기 혹은 적극적 경청이라고 한다. 관심 기울이기를 통해 내담자는 상담자가 자신의 말을 경청하는 것이 단순히 상담자의 역할을 수행하는 것이 아니며, 상담자가 한 인간으로서 내담자인 자신에게 관심을 가지고 자신의 심정을 이해하고 존중하려는 태도임을 알게 된다.

상담이 잘 이루어지려면 상담자는 내담자의 이야기를 적극적으로 경청

상담관계는 상담자와 내담자가 맺는 신뢰할 수 있는 관계를 의미한다.

관심 기울이기를 통해 내담자는 상담자가 자신의 말을 경청하는 것이 단순히 상담자의 역할을 수행하는 것이 아니라 상담자가 한 인간으로서 내담자인 자신에게 관심을 가지고 자신의 심정을 이해하고 존중하려는 태도임을 알게 된다.

해야 할 뿐만 아니라 내담자로 하여금 상담자가 희망을 주고 자신을 지지해 주는 안정되고 신뢰성 있는 사람으로 여겨지도록 해야 한다. 내담자가 상담자를 신뢰할 수 있기 위해서는 상담자가 내담자에게 일관된 관심을 보이고 공감하며 민감하게 반응하여야 한다. 신뢰 있는 상담관계는 단 한 번의 만남으로 형성되기보다 여러 번의 만남을 필요로 한다. 편안하고 자연스러운 상담관계를 바탕으로, 내담자는 상담자를 자신의 사적인 생각과 감정의 세계 속으로 받아들일 수 있을 것이다. 이러한 과정에서 상담자의 일관성은 매우 중요한 특성이 된다. 사소해 보일 수 있는 상담자의 태도와 자세가 상담 회기마다 달라진다면, 내담자는 상담자를 예측하기 어려운 사람이라 보고 상담 장면에서 편안해지기가 어렵게 된다.

그런데 상담 초기에 이루어지는 관계 형성은 상담 과정에서 상담을 지속시키는 데 결정적이지만, 그렇다고 한번 형성된 관계가 계속 고정되고 유지되는 것은 아니다. 오히려 생동감 있게 서로에게 상호작용하듯 역동적으로 점점 진화해 가는 과정으로 발전해 나간다. 즉, 상담자와 내담자는 촉진적이고 신뢰 있음을 바탕으로 함께, 공동의, 합심하는 관계를 형성하고, 이후 상담 과정의 변화를 경험하고 체험을 유도하여 성숙을 향해 더욱더 달려 나갈 수 있게 된다.

2) 내담자의 이해와 평가

상담 초기 단계에서 상담자는 내담자가 상담을 받으러 온 이유와 내담자의 개인적 특성과 관련된 정보를 수집하고 분류하여 내담자가 자신의 문제를 정의하고 명료화할 수 있도록 돕는다.

(1) 내담자의 현재 문제 파악

상담자는 내담자의 문제나 어려움이 무엇인지를 명확하게 파악해야 한다. 문제를 정확하게 평가하기 위해서는 무엇보다 내담자로부터 많은 자료를 수집하여야 한다. 이때 상담자는 자신의 모든 감각과 직관을 동원하여 내담자가 제공하는 언어적인 정보와 비언어적인 정보를 수집한다. 처

내담자의 문제를 정확하게 이해하고 평가하기 위해 자료를 수집한다. 이를 통해 내담자의 현실 지각력, 지각한 현실에 대한 반응, 고통, 갈등 문제들과의 형성 과정을 이해하게 된다.

음에는 내담자의 특정 행동 패턴을 감지하지 못하거나 내담자에게서 얻은 정보가 무엇을 의미하는지 알아채지 못할 수도 있다. 계속적인 상담 과정을 통해 내담자의 행동 패턴, 주요한 문제와 갈등의 원인, 그동안 수집했던 자료 등을 통합적으로 이해할 수 있을 것이다. 즉, 내담자가 현실을 어떻게 지각하고, 지각한 현실에 어떻게 반응하는지, 그것이 내담자에게 어떤 어려움, 고통, 갈등, 문제들을 형성했는지를 이해하게 될 것이다. 그리하여 상담자는 내담자에 대하여 막연하게 추측하던 것들이 점차 명백하게 드러나게 될 때 내담자를 어떻게 도울 수 있을지를 구체적으로 알게 된다.

(2) 지금 도움이 필요한 이유

내담자가 현실에서 겪는 어려움들은 사람마다 다르다. 내담자는 그처럼 제각기 다른 심리적인 문제를 해결하고자 상담자를 찾게 된다. 내담자가 도움을 필요로 하는 구체적인 이유와 왜 지금 그런 도움을 필요로 하는지를 분명하게 확인해야 한다.

상담자는 내담자가 도움을 받으러 오게 된 상황을 파악할 필요가 있다. 그 이유는 내담자가 외부의 압력에 의해 왔는가 혹은 자발적으로 찾아왔는가에 따라 상담에 임하는 자세가 다를뿐더러, 이러한 기준을 통해 상담자는 내담자가 어느 정도 상담을 해 나갈 수 있는지를 평가하고 이해할 수 있기 때문이다. 그러므로 첫 회기에서 상담을 받고자 온 이유를 명확하게 하고, 내담자 스스로 자신의 문제에 대하여 어떻게 생각하는지를 확인해 보아야 한다. 그다음에는 내담자가 자발적으로 상담에 참여할 수 있도록 동기를 부여하는 것이 중요하다. 상담에 참여하는 것이 누구에 의해서가 아니라 스스로의 결정과 선택에 의해서라는 인식을 가졌을 때, 내담자는 더욱 적극적으로 참여하고 해결하려 한다.

> 상담자는 내담자가 도움을 받으러 오게 된 상황을 파악할 필요가 있다. 그 이유는 내담자가 외부의 압력에 의해 왔는가 혹은 자발적으로 찾아왔는가에 따라 상담에 임하는 자세가 다를뿐더러, 이러한 기준을 통해 상담자는 내담자가 어느 정도 상담을 해 나갈 수 있는지를 평가하고 이해할 수 있기 때문이다.

(3) 내담자 스스로의 문제 진단

초기 상담에서 명확하게 해야 할 또 다른 중요한 문제는 내담자가 자신의 문제나 어려움을 무엇이라고 생각하고 있는가 하는 것이다. 상담자와

> 내담자 스스로 무엇이 해결되기를 바라는지, 어떤 변화를 바라는지를 명확하게 하는 것이 중요하다.

내담자가 상담 목표를 수립하기 위해서는 내담자가 무엇이 해결되기를 바라는지, 어떤 변화를 바라는지를 명확하게 확인하는 것이 중요하다. 만약 내담자의 호소가 애매하고 불분명하다면 상담자는 내담자가 상담에서 얻고자 하는 것이 무엇인지를 질문을 통해 명료하게 밝혀야 한다.

(4) 행동 관찰

상담에서 내담자가 보이는 행동은 매우 중요한 의미를 갖는다. 내담자가 이야기하는 내용과 면접 중에 보이는 행동을 통해 기본적인 정보를 알 수 있기 때문이다. 내담자가 상담자에게 보이는 상호작용에서 상담자는 내담자가 다른 사람과 상호작용하는 방식을 짐작할 수 있다. 상담자와의 관계에서 보이는 내담자의 의사소통 상호작용 방식은 다른 대인관계 방식의 재현이다. 물론 항상 그런 것은 아니지만 그럴 가능성이 상당히 높은 편이다. 상담할 때 내담자가 하는 모든 행동은 상담자와 내담자 사이의 지금-여기 상황에서 일어나는 실제 행동이므로 대수롭지 않게 넘겨서는 안 된다.

지금-여기 상황에서 일어나는 행동은 내담자가 현실 생활에서 어떤 행동을 할 것이라는 상담자의 추측에 의한 행동이 아니라 상담자가 지적하고 확인시킬 수 있는 구체적이고 현실적인 행동이다. 상담자는 초기 단계에서 내담자의 행동을 이론적으로 해석한다거나 행동의 의미를 직면시키기보다 행동의 의미를 파악하는 데 초점을 둔다. 또한 내담자가 서서히 행동의 의미를 인식하도록 돕는 것에 더 중점을 둔다.

행동 관찰을 하는 이유는 지나치게 요구적이고, 자기비하적이고, 안절부절못하며, 적대적 또는 수동적 행동 특성 등에 가려져 보이지 않는 심리적 정서를 이해하기 위해서가 아니다. 처음에 내담자는 대부분 자신의 심리적 고통, 갈등, 문제들이 심리적인 정서에서 출발한다는 인식을 하지 못하거나 괴로움을 호소하는 것이 더 자연스럽다. 그러므로 내담자가 호소하는 행동을 관찰함으로써 개인이 가지고 있는 심리적 어려움과 문제의 근원을 더 잘 이해할 수 있다. 왜냐하면 내담자의 어려움은 많은 행동과 관련지어 나타나기 때문이다.

상담자와의 관계에서 보이는 내담자의 의사소통 상호작용 방식은 다른 대인관계 방식의 재현이다.

내담자가 호소하는 행동을 관찰함으로써 개인이 가지고 있는 심리적 어려움과 문제의 근원을 더 잘 이해할 수 있다.

상담자의 행동이나 설명에 대한 내담자의 반응은 매우 다양하며, 이것
은 상담관계의 형성뿐 아니라 상담의 진전에도 영향을 미친다. 상담자가
내담자의 행동을 예민하게 관찰하다 보면 상담 회기가 거듭될수록 다양
한 상호작용에 대하여 반응하는 방식과 특징적인 행동 패턴을 인식할 수
있는 기회가 생긴다. 내담자의 반응 양상과 행동 패턴을 더 정확하게 파
악할수록 상담자의 행동이 내담자에게 어떤 영향을 미치는지 알 수 있고,
다양한 형태의 언어 개입에 내담자가 어떻게 반응할 것인지를 예상하기
가 더 쉬워진다.

이 외에도 내담자가 자신의 문제를 상담자에게 이야기할 때 어떻게 표
현하는지도 내담자를 파악할 수 있는 중요한 정보가 될 수 있다. 예를 들
면 다음과 같다. 내담자가 감정 표현은 전혀 없이 과거의 사건을 스케치
하듯 외형만 간략하게 이야기하는가? 자신에게 중요한 사람들에 관한 이
야기를 하지 않는가? 현재 내담자가 고통스럽게 생각하는 문제가 다른 사
람의 잘못 때문이라고 생각하고 있는가? 또는 신체적이거나 기질적인 이
유 때문이라고 생각하는가?

내담자는 상담 장면에서 고의로 어떤 역할을 연기하지 않는 한, 반복적
으로 학습된 전형적인 행동 패턴을 드러낸다. 내담자의 전형적인 행동을
관찰하면 상담자에 대한 전이 감정을 알아낼 수 있다. 전이는 내담자가
살아가면서 중요한 사람들에게 향했던 과거의 감정 혹은 태도를 상담자
에게 투사하는 무의식적인 과정이다. 이러한 행동은 상담의 중요한 초점
이 된다. 그 행동이 내담자를 힘들게 하는 원인이 된다면 내담자가 현실
에 보다 잘 적응하기 위해서 행동을 수정할 필요가 있다.

> 내담자는 반복적으로 학습된 전형적인 행동 패턴을 상담 장면에서 드러내기 때문에, 상담자는 내담자가 보이는 행동을 관찰함으로써 내담자의 행동 패턴을 발견하는 것이 중요하다.

(5) 정보의 기록

수집된 정보들은 어떤 방식으로든 구조화되고 기록되어야 한다. 상담
초기에 내담자가 생각하는 내담자의 문제와 그에 대한 상담자의 생각, 상
담 목표 및 계획을 명확하게 기록해 두는 것은 가치 있는 일이다. 이러한
내용을 기록해 두는 것은 내담자의 문제를 보다 잘 이해하게 할뿐더러 그
내용을 언제라도 참고하게 하는 장점이 있다.

어떤 상담자는 정보를 얻을 때 노트에 기록하거나 회기 내용을 녹음 또는 녹화하기도 한다. 이러한 정보 기록은 유능한 상담자가 되기 위해서 반드시 필요한 훈련 과정이다. 만약 정보가 체계적이고 신속하게 기록되지 않는다면 애써 얻은 정보는 소용없게 될 것이다. 그리고 얻은 정보를 이용할 수 있으려면 그 정보를 종합하고 정리해 두어야 한다. 이 과정을 통해 많은 양의 정보가 보다 유용한 형태로 압축된다. 또한 정보를 종합하면서 얻은 상담자의 직관들은 다음 상담 단계에서 상담의 목표를 확인하고 설정하는 작업의 초석이 된다. 정보에 대해 기록하고 유지하고 보존·관리하는 것에 대해서는 내담자에게 동의를 구할 필요가 있다. 동의를 구하지 못할 내담자라면 보호자, 대리인에게 구하는 것이 상담자의 윤리이자 전문가로서 책임 있는 태도다.

3) 상담의 구조화

상담의 구조화란 상담을 전체적으로 안내하는 오리엔테이션과 같은 과정이다. 내담자가 상담에 대해서 어떻게 생각하고 있는지, 상담이 무엇인지를 분명하게 설명함으로써 내담자와 상담자 간에 상담에 대한 기대를 맞추어 나가는 과정이기도 하다. 이 과정을 통해 상담에 대한 내담자의 불안감이나 애매모호함을 경감시킬 수 있고, 상담 과정에 어떻게 참여해야 하는지를 알게 된다.

구조화 작업은 상담 첫 회기에 진행하는 것이 일반적이다. 그렇다고 내담자의 호소문제를 이해하고 평가하기 전에 질문하는 것은 옳지 않다. 구조화를 할 수밖에 없는 질문이 내담자에게 나온 경우(예: "상담이 무엇인가요?"), 내담자의 특성상 상담의 구조화가 필요한 경우(예: 유료 상담소를 무료 상담이라고 알고 온 경우)도 있으며, 대부분은 첫 상담 회기를 종료할 때 상담 구조화 교육을 한다.

상담 구조화 과정은 크게 세 가지 영역으로 구분하여 제시할 수 있다. 그것은 상담 여건의 구조화, 상담관계의 구조화, 그리고 비밀보장의 구조화에 관한 것이다. 이를 자세히 살펴보도록 하자.

(1) 상담 여건의 구조화

상담 시간, 상담 횟수, 상담 장소, 상담 시간에 늦거나 약속을 지키지 못할 일이 발생했을 때 연락하는 방법 등에 대한 구조화다.

대부분 상담 시간은 45~50분 동안 진행되며, 특수한 경우를 빼고는 이 시간을 준수한다. 하지만 상담자가 어떤 상담 이론에 기초하는가에 따라 시간이 조정되기도 한다. 가령, 상담자가 정신역동적 상담을 한다면 첫 상담 회기에서 내담자가 가지고 온 문제, 문제와 관련된 생애 발달 과정, 가족력, 현재 문제의 특성 등을 파악하기 위해 2시간 정도를 할애할 수 있다.

상담 횟수는 내담자 문제의 질, 자아 강도, 상담 비용을 낼 수 있는 정도, 해결하고자 하는 의지 등으로 결정할 수 있다. 상담 횟수는 상담자가 내담자에게 권유하기도 하지만 대부분 내담자와 합의하여 결정해야 한다. 합의 과정에서 상담자가 염두에 두어야 할 것은 내담자의 현실적인 사항들에 가장 적합하고 도움을 받을 수 있는 횟수를 결정해야 한다는 것이다.

흔히 상담 시간에 늦거나 오지 못할 경우 등에 대한 교육을 사전에 실시함으로써 원활한 상담관계를 형성할 수 있다. 다음의 예시문은 '상담 여건의 구조화' 사례를 제시한 것이다.

> ○○ 씨가 저와 상담을 하게 되면 특별한 경우를 제외하고는 일주일에 한 번 정도 만나게 됩니다. 한 번 만나면 50분 정도 상담하게 되는데, 만약 상담 약속을 못 지키게 될 일이 생기면 상담실로 미리 연락해 주시기 바랍니다. 상담실 전화번호는 ○○○○-○○○○입니다. 그리고 제가 ○○ 씨에게 연락해야 할 경우가 생기면 연락할 수 있도록 전화번호를 알려 주십시오.

(2) 상담관계의 구조화

상담자는 상담의 구조화를 위해서뿐만 아니라 내담자가 상담자를 믿고 자신의 이야기를 자연스럽게 표현할 수 있도록 하기 위해서 상담관계에 대한 정보를 주어야 한다. 예를 들어, 상담자는 내담자에게 상담의 진행 과정, 상담자와 내담자의 역할 등에 대해 구조화할 수 있다.

상담 여건의 구조화는 상담 시간, 상담 횟수, 상담 장소, 상담 시간에 늦거나 약속을 지키지 못할 일이 발생했을 때 연락하는 방법 등에 대한 구조화다.

상담관계의 구조화는 상담 과정이 어떻게 진행되며, 상담자와 내담자가 어떤 역할을 하는가를 알려 주는 구조화다.

○○ 씨는 상담실에 왔을 때 어떤 도움을 받을 수 있을 거라고 생각하셨습니까? (상담 선생님께 제가 어려운 상황을 이야기하면 제 이야기를 듣고 뭔가 도움을 줄 거라 생각했어요.) 그러셨군요. 저는 아까 ○○ 씨가 말씀하신 사람들 앞에 나서기 어려워하는 문제를 어떻게 하면 해결할 수 있는지를 ○○ 씨와 함께 생각해 보게 될 것입니다. ○○ 씨도 상담에 와서 솔직하게 마음을 털어놓고 자신의 문제를 해결하기 위해 적극적으로 노력해 주시기 바랍니다.

(3) 비밀보장의 구조화

> 상담자는 내담자에 대한 비밀보장을 유지하고 지켜 주어야 할 의무가 있다. 그리고 비밀보장이 특수한 경우에는 한계가 있음을 알려 줄 필요가 있다.

내담자는 누구에게도 말하지 못한 사연을 상담자에게 이야기함으로써 내면의 속을 정화하기도 하지만, 이야기하면서 비밀이 보장될까 하는 의구심이 들기도 한다. 상담자는 내담자에 대한 비밀보장을 유지하고 지켜 주어야 할 의무가 있다. 하지만 비밀보장에도 한계가 있다. 상담자는 내담자에게 법적인 문제가 발생한 경우나 자살, 성폭력, 아동폭력 등의 위기로 제3자에게 알릴 필요성이 있는 경우에는 비밀보장에 대한 한계가 있음을 설명할 필요가 있다. 다음의 예시문을 통해 비밀보장의 구조화를 이해할 수 있다.

○○ 씨와 상담한 내용은 ○○ 씨와 저 사이의 비밀이기 때문에 ○○ 씨의 허락 없이는 아무에게도 얘기하지 않습니다. 하지만 부득이하게 제가 비밀을 지켜 주지 못할 경우가 있는데, 이런 경우는 제가 보기에 ○○ 씨가 자기 자신을 해칠 위험이 있다거나 다른 사람을 해칠 위험이 있을 경우에 한해서입니다.

4) 목표 설정

> 상담 목표 설정은 상담을 성공적으로 이끌기 위해 매우 중요한 요소다. 목표를 설정하는 이유는 내담자로 하여금 문제와 관련된 상황이나 행동 과정을 탐색하고 조정하게 하여 상담 과정에 적극적으로 참여하게 하기 위해서다.

상담이 일반적인 대화와 다른 점은 상담 목표가 설정된다는 점이다. 상담자는 내담자와 협의하여 상담을 통하여 달성할 구체적인 목표를 설정하여야 한다. 즉, 상담자는 앞으로의 상담에 대한 대체적인 계획안을 짜게 된다. 이 계획안은 상세하지 않아도 되며, 계속 그대로 지켜 나가지 않아도 된다. 그러나 효과적인 상담을 위해서는 계획을 세우는 것이 바람직

하다. 상담자는 기본적으로 내담자의 주요 문제, 가장 효과적인 것으로
여겨지는 접근방법이나 절차, 상담 과정에서 생길 수 있는 어려움 등에 대
해 생각하여야 한다. 이러한 내용은 상담이 계속 진행되다 보면 내담자를
깊게 이해하게 되면서 수정되기도 하지만 그 방향은 일정해야 한다.

이와 같이 목표 설정은 상담을 성공적으로 이끌기 위해서 매우 중요한
요소다. 그러나 어떤 내담자라도—가끔은 상담자조차도—목표를 설정
하는 것에 저항을 느끼는 경우가 있다. 목표를 설정하는 이유는 내담자로
하여금 문제와 관련된 상황이나 행동 과정을 탐색하고 조정하게 하며 상
담 과정에 적극적으로 참여하게 하기 위해서다(Hackney & Cormier, 2001).

그러면 왜 목표를 설정하는 것이 중요할까? 그것은 상담이 잘 진행되고
있는지, 언제 종결해야 하는지를 알기 위해서다. 또한 상담에서 이루어지
는 구체적인 개입이 초기 단계에서 설정한 목표에 의해 결정된다는 점이
다. 상담자는 상담 목표를 달성하기 위해 상담을 어떻게 진행할 것인지를
결정해야 한다. 만약 내담자의 변화를 돕기 위한 개입이 성공적이지 못했
다면 내담자가 상담을 통하여 변화하고자 하는 의지가 어느 정도인지를
점검하고, 상담을 지속하는 것이 바람직한지를 심각하게 고려해 보아야
한다.

상담자가 명심해야 하는 또 다른 측면은 내담자의 문제와 그것을 어떻
게 다룰지에 대해서 고정된 선입견을 갖지 말아야 한다는 것이다. 상담의
목표를 분명하게 정하고 상담 계획을 잡는 것이 바람직하지만, 상담자는
내담자와 지속적인 접촉을 해 나가면서 그때그때 요구되는 바에 따라 상
담자 자신의 지각과 가설을 수정해 나가야 한다. 목표는 변화가 요구되는
새로운 정보나 통찰이 생기면 변경될 수 있는 것이다. 때로 목표가 적절
하지 않음이 확인될 수도 있는데, 이러한 목표는 수정되어야 한다. 상담
목표의 주요 기능은 상담자와 내담자에게 나아가야 할 방향을 제시해 주
는 것이다(Hackney & Cormier, 2001).

목표 설정의 과정을 단계별로 제시하면 다음과 같다.

• 1단계: 상담 목표 설정의 목적과 필요성에 대해 내담자가 납득할 수

있도록 자세히 설명한다.

- 2단계: 내담자가 원하는 것을 근거로 하여 상담 목표를 설정한다.
- 3단계: 내담자가 세워진 목표에 합의하는지 확인해 본다.
- 4단계: 목표 달성이 가져다줄 이점과 손실을 검토하고 목표 달성에 장애가 될 수 있는 요인을 정확하게 파악한다.
- 5단계: 필요한 경우 목표 실행 과정에서 원래 정한 목표를 수정하여 새로운 목표를 설정한다.

이러한 상담의 목표 설정을 예를 들어 설명하면 다음과 같다.

먼저, 상담자는 상담 목표를 설정하기 전에 상담에 대한 구조화를 통해 상담의 목표 설정에 대해서 이야기를 나눈다.

> 상담자: 오늘은 우리가 상담을 시작하기 전에 상담에 대한 목표를 정해 보는 작업을 하려고 해요. 상담할 때 목표를 정하는 이유는 목표가 분명하게 정해져 있어야 우리가 그것을 향해 먼 거리를 헤매지 않고 갈 수 있기 때문이에요. 그리고 상담이 끝난 후에도 ○○ 씨의 문제가 얼마나 해결되었는지를 알 수 있을 것 같아요.

상담 목표는 내담자의 언어적 표현을 통해 분명하게 수립한다.

상담의 목표 설정에 대한 필요성의 이야기가 끝나면 구체적인 상담 목표를 설정한다. 때로는 암묵적으로 상담 목표를 합의할 수도 있지만 상담자는 내담자의 언어적인 표현을 통해 목표를 분명하게 하는 것이 좋다. 내담자가 상담의 필요성이나 동기 없이 상담에 참여하였거나 상담을 통해 해결하고자 하는 부분을 명확하게 찾지 못했을 때 상담자는 다음과 같은 질문을 통해 내담자가 원하는 목표를 탐색할 수 있다.

> 상담자: 이 상담에서 우리가 달성해야 할 목표를 무엇으로 할까요?
> 상담자: 상담을 통해 무엇이 바뀌었으면 좋겠어요?
> 상담자: 상담이 끝났을 때 무엇이 달라져 있으면 좋을까요?

상담자의 질문에도 내담자가 상담 목표를 분명하게 말하기 힘들어한다면 상담자는 내담자를 도와 목표를 설정할 수 있다. 이때 상담 목표는 분명하고 구체적이며 현실적일수록 좋다.

상담자: 상담을 통해 무엇이 바뀌었으면 좋겠어요?

내담자: 저는 그냥 가족들이랑 잘 지냈으면 좋겠어요.

상담자: 최근에 관계가 가장 힘든 사람은 누구였나요?

내담자: 어제도 일을 마치고 늦게 들어갔다가 집사람이랑 좀 안 좋았어요.

상담자: 아내와의 관계를 개선하고 싶군요. 그렇다면 상담을 통해 아내와의 관계를 개선하는 것이 하나의 목표가 될 수 있겠네요.

내담자: 그렇게 되면 좋을 것 같아요.

상담자: 그 외에 다른 바라는 점은 없나요?

내담자: 우선 지금은 그게 제일 힘드니까요.

상담자: 관계가 회복되길 간절히 바라는군요. 그렇다면 아내와 어떻게 지냈으면 좋겠어요? 아니면 아내와 관계가 좋아졌다는 걸 어떻게 확인할 수 있을까요?

내담자: 아내와 목소리를 안 높이고 진짜 10분만이라도 이야기를 했으면 좋겠어요.

상담자: 음, 그럼 상담을 통해 아내와 10분 이상 화를 내지 않고 이야기 나누는 것을 이번 상담 목표로 정해 보기로 하죠. 어떻습니까?

내담자: 좋습니다.

이 사례에서 상담자와 내담자가 설정한 상담 목표는 내담자와 아내의 관계가 회복되는 것이라고 볼 수 있다. 하지만 구체적으로 어떻게 그것을 확인할 수 있는가에 대한 부분을 의논해야 한다. 그래서 상담자는 내담자가 상담 목표 및 내담자의 문제 해결에 대한 구체적인 부분들을 결정하도록 돕고 있다. 만약 내담자의 목표가 구체적으로 설정되지 않으면 상담자는 내담자의 문제 해결 여부를 확인할 수가 없다. 화가 일어날 수 있지만 상담자와 내담자는 이런 변화를 확인할 구체적인 행동이 없다면 목표가

상담 목표는 구체적이고 현실 가능성 있게 수립되어야 한다.

달성되었는지, 달성되었다면 얼마만큼 달성되었는지를 알지 못할 수 있다. 상담 목표가 구체적이고 현실 가능성 있게 설정되지 않은 경우 상담자는 상담 목표의 다양한 측면들을 살펴보고, 올바른 상담 목표 설정을 위해 내담자와 협력적인 탐색을 반복할 수 있다.

상담 목표를 설정하는 것이 이처럼 중요한 이유는 이러한 과정을 통해 내담자는 자신의 문제와 욕구에 대해 인식할 수 있고, 자신의 문제나 삶에 있어서 무엇이 가장 중요한지를 깊이 있게 탐색할 수 있기 때문이다. 그리고 상담 목표 달성 시 성취감과 자신감도 획득할 수 있다.

5) 초기 단계에서 나타날 수 있는 문제

초기 단계에서 비자발적인 내담자를 어떻게 동기화할 것인가의 문제, 내담자가 상담 과정에서 어떤 역할을 할 것인가의 역할 인식 문제, 내담자가 자신의 문제를 진단해 주기를 요구할 때 어떻게 할 것인가의 문제, 자기개방 후에 내담자가 보이는 후회하거나 쑥스러워하는 감정을 어떻게 다룰 것인가의 문제 등이 나타난다.

사람들은 어떤 문제에 대해 고민하거나 두려움에 휩싸이거나 상실에서 오는 문제로 고통을 느끼는 등의 심리적인 어려움을 스스로의 힘으로 해결할 수 없다고 느낄 때 전문적 도움을 찾아 나선다. 그렇다고 모든 내담자가 자발적으로 상담을 받고자 찾아오는 것은 아니다. 때로는 자기의 의지와는 관계없이 주변 사람들의 권유나 강요에 못 이겨 상담자를 찾기도 한다.

이러한 비자발적인 내담자와 상담할 때 상담자의 주요 과업은 내담자가 자신의 문제를 지각할 수 있는 기회를 늘리면서 자발적으로 상담에 참여할 수 있도록 하는 것이다. 이런 비자발적인 내담자와 상담을 시작하는 좋은 방법은 왜 지금 도움을 받으러 왔는지, 그리고 상담자에게서 무엇을 기대하는지를 확인해 보는 것이다. 그리고 상담자가 내담자의 비자발적인 태도를 무시하기보다 그들의 망설임과 불신을 이해하고 수용해 주는 것이 내담자를 상담에 끌어들일 수 있는 최선의 방법 중 하나다.

상담 초기 단계에는 내담자가 자신의 호소문제와 함께 그동안 마음속에 쌓여 있던 감정을 표현하고, 상담자는 그러한 감정에 대해 무비판적인 태도로 대하기 때문에 모든 것이 잘 흘러가는 듯한 느낌을 받게 된다. 이러한 현상이 나타나는 것은 내담자의 감정 세계에 대한 카타르시스가 일어나고, 상담자가 내담자를 충분히 있는 그대로 수용하게 되면서 지금까지는 잘 경험하지 못한 새로운 관계가 형성되기 때문이다(Fine, 1982).

그러나 문제는 이 초기 단계가 끝날 때다. 내담자가 갑자기 할 이야기를 다했다고 느끼면서 상담자의 조언과 지시를 바라는 현상이 일시적으로 일어난다. 초보 상담자라면 이런 경우 당황하게 되어 그제야 자신의 역할과 내담자의 역할에 대해 구조화하려고 하고, 이에 내담자는 상담자가 책임을 회피하려 한다고 생각하여 실망감을 느끼게 된다. 이를 방지하기 위해서 초보 상담자는 상담 초기의 구조화를 통해 궁극적인 결정은 내담자가 한다는 점을 충분히 알려 주는 것이 중요하다.

한편, 어떤 내담자는 첫 만남이나 상담 초기에 자신의 진단명을 요구하는 경우가 있다. 예컨대, "선생님, 제가 미친 것일까요?" "제가 우울증이지요?" 등의 질문을 한다. 이때 상담자는 될 수 있는 대로 진단명을 알려 주기보다 그것을 어떤 의미로 받아들이고 있는지를 파악하는 것이 우선이다. 진단명을 아는 것이 내담자의 문제 해결에 별로 도움이 되지 않기 때문이다.

상담자는 이와 같은 질문을 받았을 때 중요한 문제에 대해서만 언급하는 것이 좋다. 예를 들어, 아버지를 포함해서 권위적 인물과 문제가 있는 경우, 상담자는 "당신은 아버지와 함께 지내는 데 문제가 있는 것 같네요. 그것은 또한 다른 권위적 인물에 대한 당신의 태도에도 영향을 주는 것 같아요." 정도로 이야기하는 것이 좋다. 이때 상담자는 내담자가 사용한 단어나 문장을 사용하여 내담자에 대해 설명하는 것이 좋다(Mackinnon & Michels, 1971). 그렇게 설명하는 것이 내담자에게 보다 잘 이해될 수 있기 때문이다.

상담 초기에 나타날 수 있는 또 다른 문제는 내담자가 상담 회기 중에 이야기한 내용을 생각해 보고는 특정인을 너무 심하게 비난했다고 생각하고, 그 이후에는 더 이상 자신의 내면세계를 이야기하지 않으려는 경우다. 이런 반응은 내담자가 첫 회기에 '너무 자유롭게' 이야기했다고 느끼는 경우에 나타난다. 내담자는 그 후 더 이상 자신을 내어놓지 않고 상담자에게 화를 낼 수도 있다. 내담자는 자신이 사랑하는 사람을 비난하고 강한 부정적 감정을 보였다는 것이 부끄럽고 그 사람에 대한 죄책감이 든다. 한편으로는 그런 이야기를 상담자가 어떻게 받아들일지, 자신을 어떻게 생각할지 걱정이 되기도 한다. 이때 상담자는 내담자의 수치심이나 죄책감 등을 잘 공감하고 이해해야 한다.

4. 중기 단계

상담의 중기 단계는 상담자와 내담자가 상담 목표를 향해 함께 노력하는 상담의 핵심 단계다. 상담 중기 단계에서 다루어야 할 내용은 다음과 같다.

1) 내담자의 자기탐색과 통찰

> 중기 단계에서 내담자는 현재 문제와 관련되는 부적응적 사고, 감정, 생활 패턴 등에 대해 깨닫게 된다.

상담 중기 단계에 들어서면 내담자는 지금까지의 상담을 통하여 자신을 힘들게 하는 심리적인 문제, 문제의 발생 배경 등을 깨닫게 된다. 그러면 내담자는 이러한 영역 중에서 자신에게 중요하다고 생각되는 영역에 대하여 상담 시간에 좀 더 깊이 있게 다루기를 원한다. 그뿐 아니라 내담자는 통찰을 통한 자기탐색이 깊어지고, 상담 시간에 자신이 다른 사람들에게 드러내기 어려워하는 생각이나 감정들을 더 많이 개방하게 된다. 이러한 과정에서 내담자는 자신이 처해 있는 외부 환경이나 과거에 있었던 사건들이 현재 자신이 경험하고 있는 문제와 어떻게 연결되어 있는지를 깨닫는다.

외부 환경 및 선행사건과 내담자가 경험하고 있는 심리적인 문제 간의 관련성에 대해 자각하게 된다는 것은 내담자의 현재 성격이 어떻게 형성되었는지, 어떠한 사건들로 인하여 문제가 발생하게 되었는지를 깨닫고, 내담자의 현 상황에 영향을 주는 문화적 배경, 성, 사회경제적 지위 등을 이해하는 것을 말한다. 그리고 가족 내에서 가족체계를 유지하기 위해 자신이 떠맡고 있던 역할에 대해 이해하게 된다. 이와 같은 자각을 통해 내담자는 자신이 가지고 있는 문제와 고통의 의미를 발견하며, 자신이 해결할 수 있는 부분과 해결하지 못할 부분에 대한 현실적인 판단을 내릴 수 있게 된다.

또한 내담자가 현재 문제와 관련되는 부적응적 사고, 감정, 생활 패턴, 관계 유형 등에 대해 자각하게 된다는 것은 자신의 기능을 방해하는 사고 과정을 깨닫는다는 의미다. 또한 내담자가 부적응적 감정을 자각한다는 것은 자신도 모르게 자신의 행동을 결정하게 되는 감정적 역동을 파악한다는 의미다. 이것은 내담자가 자신이나 타인에 대해 자주 느끼는 감정(신뢰 및 불신, 자신감, 수치심, 죄책감 등)과 자신이 억압하고 있는 감정, 거절이나 실패에 대한 공포나 두려움과 같이 어떤 행동을 방해하는 감정을 포함한다. 또한 감정을 직접적으로 표현하거나 처리하지 못하고 수동공격적으로 표현하는 것도 포함된다.

내담자의 행동에 대한 자각이란 자신의 행동이 어떠한 것들에 의하여 강화되는지에 대한 통찰과 자신의 행동에 영향을 미치는 무의식적인 힘을 발견하는 것을 의미한다. 또한 여기에는 자신의 방어기제, 지금까지 문제를 해결하려고 사용해 왔던 방식 등도 포함된다. 내담자의 관계에 대한 자각이란 내담자가 중요하다고 생각하는 사람들과의 관계에서 해결되지 않은 과제, 반복되는 대인관계 패턴, 가족 내에서의 역할 등에 대해 통찰하는 것을 의미한다. 내담자 자신의 특성에 대한 자각이란 내담자가 가지고 있는 장점과 단점, 앞으로 문제 해결을 위해 활용할 수 있는 개인적 자원에 대한 자각, 자신의 흥미나 능력에 대한 통찰 등을 의미한다.

이러한 자각은 내담자 혼자 하는 것이 아니라 상담자의 도움을 받아서 이루어진다. 그렇다고 해서 상담자가 내담자에 대해 미리 모든 것을 알고 있는 것 또한 아니다. 상담자와 내담자는 내담자의 환경적 요소, 사고, 감정, 패턴 등을 같이 발견해 간다. 상담자는 그것들을 발견해 가는 과정과 방법(상담자의 기본적 태도, 탐색 과정과 기법, 직면 등의 기법)을 더 잘 알고 있으며, 다만 많은 내담자를 경험하고 인간의 심리적·사회적 역동에 대한 이론에 익숙해 있기 때문에 내담자보다 조금 먼저 깨달을 수 있다는 점이 다를 뿐이다.

드물게는 이러한 자각을 한두 번 경험함으로써 변화하는 내담자도 있

행동 변화를 위해서는 모순과 부적응적 패턴에 대한 자각이 생활의 다양한 측면에서 반복적으로 일어나야 한다.

지만 대개의 경우 반복적으로 일어나야 하며, 내담자 자신이 가지고 있는 모순과 부적응적 패턴에 대한 자각이 생활의 다양한 측면에서 반복적으로 일어나야 한다. 또한 새로운 자각을 기초로 현실 생활에서 실천할 수 있는 행동 계획을 수립하고 실행하며 그에 대한 평가가 있어야 한다. 이와 같은 행동 계획의 수립과 실행 그리고 평가는 상담 중기 단계의 후반부와 상담 종결 단계에서 이루어진다.

2) 중기 단계에서 상담자의 역할

중기 단계에서 상담자는 상담이 어떻게 진행되어 가고 있고, 내담자에게는 어떤 진전이 있는지를 평가한다.

중기 단계에서 상담자는 초기 단계에서 설정한 상담 목표를 달성하기 위하여 내담자가 자기 문제를 깊이 있게 탐색하도록 하고, 이러한 탐색 과정에서 깨달은 사실을 구체적인 행동으로 옮기도록 격려한다. 내담자는 초기 상담 기간 동안 얻은 지식의 일부를 적용하고 자기이해를 넓히기 시작한다. 이전에 제기된 자신의 문제를 더 잘 들여다보고, 실생활에서 검증해 보고, 다시 질문하고 수정할 수 있다. 때로 역할연습이 사용될 수 있으며 과제가 부여되기도 한다. 상담 중기는 전체 상담 시간 중 가장 많은 부분을 차지할 뿐 아니라 내담자의 변화도 가장 활발하게 일어나는 단계다.

상담 중기 단계에 들어서면 상담자는 상담이 어떻게 진행되어 가고 있고, 내담자에게는 어떤 진전이 있는지를 끊임없이 평가해야 한다. 그리고 상담이 만족스럽게 진전되지 못한 경우 상담자는 어떤 이유로 상담이 진전되지 않는지, 이러한 상황을 호전시키기 위해 무엇을 해야 하는지를 검토해야 한다. 이와 같이 상담자는 상담 시간에 일어나는 여러 가지 상황을 탐색하면서 내담자의 현재 생활에서 벌어질 만한 사건들과 이전에 정확하게 알지 못했던 내담자의 새로운 특성이 나타나지는 않는지, 내담자가 상담자를 어떻게 지각하는지 등에 관한 정보도 수집한다.

이 단계에서 상담자는 내담자 자신이 어떤 부분을 변화시키고자 하는지, 그 변화를 어떻게 가져올 수 있을지 알아야 한다. 상담자는 내담자가 원하는 변화가 현실로 이루어질 수 있는 행동 전략을 개발하도록 도와야 한다. 그리고 내담자의 사고, 감정, 행동의 변화를 이루기 위해서 새로운 대안을 탐색하고 내담자의 사고, 감정, 행동의 불일치를 직면시키는 것이 요구된다. 이 과정에서 이루어야 할 상담자의 과업은 내담자가 자신감을 가지고 자신이 원하는 바람직한 행동을 할 수 있는 새로운 방식을 찾도록 내담자를 지지하고 그 가능성을 탐색하는 것이다(Ivey & Ivey, 1999). 상담자가 해야 할 또 다른 중요한 일은 내담자와 협의하여 행동 계획을 세우고 그것을 일상생활에서 수행하는 것이다. 어떤 행동 계획이 세워져 실천에 옮겨지면 그다음에는 그 계획이 평가되어야 한다(Egan, 2002).

상담자는 내담자의 심리적 어려움에 대하여 더 깊이 이해하여 내담자의 과거와 현재의 적응에 관하여 더 많이 설명해 주고 해석하게 된다. 내담자에게 제공되는 설명이나 해석은 대체로 현재 일상생활에서 중요한 사람들과의 관계에 관한 것이다. 그러나 때로는 상담 시간에 나타나는 내담자의 태도가 상담자에게 중요한 정보 자원으로 활용된다. 만약 상담자가 내담자의 부적응적인 행동과 왜곡된 지각을 변화시키고자 한다면 상담 상황에서 실제적으로 그런 행동이 눈에 띌 때 시도하는 것이 가장 좋다. 이것은 내담자의 과거 사건을 이야기하거나 상담실 바깥에서 있었던 일에 대하여 이야기하는 것보다 내담자의 지각, 인지, 행동을 수정하는 데 훨씬 도움이 된다. 내담자 입장에서는 상담 장면에서 일어난 사건의 불일치에 대한 상담자의 해석을 받아들이기 어려워 저항하고 싶을지 모르지만 눈앞에서 일어난 사건이기에 사실 자체를 부정하기는 어렵다는 장점이 있다. 그러나 내담자가 부정적으로 받아들일 수 있는 면을 언급하거나 주의를 환기시킬 때는 그런 언급이 내담자에게 미칠 영향에 대해 충분히 고려해야 한다. 내담자가 상담자의 지지와 공감을 바탕으로 자신의 문제를 수치심과 두려움 없이 들여다볼 수 있을 때까지 상담자는 충분히 기다려 주어야 한다. 그러나 필요한 개입을 너무 미루어서도 안 된다.

이 외에도 상담자는 유용한 다른 절차와 기법도 사용하게 된다. 그러나 때로는 상담자가 내담자에게 도움이 되는 기법으로 생각하고 사용하였으나 그 개입방법이 내담자에게 잘 들어맞지 않을 수도 있다. 따라서 상담자는 내담자에 따라 사려 깊게 상담 기법을 선택해야 하며, 그 선택이 잘 들어맞지 않을 때는 바꿀 수도 있다는 융통성 있는 자세를 지녀야 한다.

3) 중기 단계에 나타날 수 있는 문제

상담에 진전이 없어 보이는 경우에는 상담 과정을 재검토하고 다시 상담의 초점을 분명히 하는 것이 좋다.

심층적 탐색과 자각 단계인 상담 중기 단계에서는 내담자 자신의 사고, 감정, 행동 그리고 삶의 패턴에 불일치와 모순이 조금씩 나타나기 시작한다. 이에 내담자는 자신에 대해 점점 더 많은 것을 자각하게 되는 동시에 그 때문에 자신이 이야기하는 내용에 대해 불안해할 수 있다. 예를 들어, 내담자는 이야기를 잠시 멈추고 "제가 알기에는 많은 사람이 같은 일을 하는데요." "이런 것이 정상 아닌가요?" "선생님 생각에는 제가 못된 아버지인가요?" 등과 같은 질문을 하게 된다. 이때 어떤 내담자에 대해서는 "무슨 생각이 들어서 그러지요?" "무엇이 염려스러운가요?" 등의 탐색으로 충분하지만, 때에 따라서는 안심시킬 필요가 있는 내담자도 있다 (Mackinnon & Michels, 1971).

상담 초기 단계의 자유롭고 편안한 상태를 지나 상담 중기 단계에 내담자는 자신에 대해 조금씩 알아 가면서 정서적으로 힘겨워하는 경우가 있다. 이때 상담에 대한 저항이 다양한 방식으로 나타날 수 있다. 예를 들면, 내담자가 상담 시간에 늦거나, 자신의 상태에 희망이 없다고 느끼거나 또는 자신은 문제가 없는데 상담 때문에 더 나빠진다는 느낌을 가질 수 있다. 반대로 자신의 불일치나 모순이 보이기 시작할 때, 내담자는 자기가 할 일을 이해해 달라고 할 수 있다(Fine, 1982). 이때 상담자는 내담자의 저항에 대하여 앞에서 제시한 대로 적절한 시기에 적절한 방법에 따라 직면시키거나 해석을 하게 된다. 가령 상담 시간에 자주 늦는 내담자의 경우, 상담자는 늦는 것이 하나의 행동 패턴으로 명백해질 때까지는 해석하지 않고 있다가 그것이 행동 패턴이 됐다고 생각할 때 해석을 하거나 직면시킬 수 있다.

상담 초기를 지나 중기나 종결 단계에 들어서면, 어떤 내담자의 경우는 했던 이야기를 반복하거나 별 관련 없는 주제 사이를 오가며 상담에 진전이 없어 보이는 경우가 있다. 이때는 내담자에게 현재 일어나고 있는 일에 대해 즉시적 반응을 하거나, 상담자가 자기개방을 하거나, "지금까지 우리가 30회 정도 만났는데 이 상담이 어디로 가고 있다고 생각하나요?"

"우리의 상담이 얼마나(또는 어떤 점에서) 생산적이라고 생각하나요?" 등
의 질문을 통해 상담 과정을 재검토하고 다시 상담의 초점을 분명하게 하
는 것이 좋다.

5. 종결 단계

상담의 종결 단계는 내담자가 앞으로 실천해야 할 행동을 결정하고 구
체적인 계획을 수립하는 단계로 그 구체적인 내용은 다음과 같다.

1) 상담의 종결 시기 결정

상담자가 내담자에게서 알 수 있는 상담 종결 시기의 가장 분명한 단서
는 내담자가 호소하던 불편들이 사라지는 것이다. 내담자 스스로 자신이
많이 좋아졌고 상담이 만족스럽다고 이야기하면, 상담자는 조만간 종결
하게 될 것을 예상하고 그에 대해 논의해야 한다. 내담자가 상담을 일찍
종결하는 것에 기꺼이 동의하거나 자기도 언제 종결할지 궁금했다고 한
다면 정확한 종결 시기를 정하기만 하면 된다. 이는 내담자 스스로 자기
문제가 해결되었다고 생각하고 있는 것과 상담자가 상담을 종결할 시기
가 되었다고 판단한 것이 맞아떨어지는 경우다.

그런데 어떤 내담자는 상담자가 보기에 상태가 많이 좋아졌다고 생각되
지만 내담자 자신은 좋아졌다고 분명하게 말하지 않는 경우가 있다. 이런
경우 내담자가 현재의 생활에 잘 적응하고 있는 것처럼 보인다면 상담자가
먼저 상담을 종결하자는 이야기를 꺼내 그에 대해 논의해 나갈 수 있다.

한편, 지나치게 의존적이어서 상담자에게 강한 애착을 느끼는 내담자
는 상담자가 상담 종결 이야기를 꺼내면 분리불안과 함께 상담자에게 거
절당하는 듯한 기분을 느낄 수 있다. 상담자와의 분리를 거부하는 이런
감정은 상담 기간이 길면 길수록 더 커질 수 있다. 그러나 상담자는 상태
가 눈에 띄게 좋아졌는데도 계속해서 의존하려는 내담자의 요구에 맞추

> 내담자가 호소하는 불편들이 사라지면 상담자는 종결을 계획한다.

> 종결 시 내담자는 상담자에 대한 애착이 강할수록 상담 종결에 대한 분리불안과 거절당하는 기분을 느낀다.

어 상담을 계속 진행해서는 안 되며, 가능한 한 빨리 종결을 준비하게 하여야 한다. 상담자는 이런 내담자의 의존적인 성향을 강화시키는 행동을 가능한 한 피해야 한다. 그리고 의존적인 내담자임을 짐작할 수 있는 단서들은 이미 상담 초기에 나타나므로 상담자는 상담 종결 시에 나타날 수 있는 이런 문제를 예상하고 미리 대책을 세워야 한다. 이런 내담자는 가능하다면 초기에 상담 기간을 정해 두는 것도 좋다.

2) 종결 단계에서 하는 일

종결 단계는 내담자가 상담을 통해 얻은 것을 극대화하고, 상담을 통하여 얻은 효과를 어떻게 하면 상담 종결 후에도 지속해 갈 수 있을지를 다룬다. 따라서 종결에 대한 개입은 내담자가 상담을 그만두어도 그들이 현실에서 부딪히는 문제에 어떻게 대처해 나갈 수 있을지 알고, 상담을 통하여 학습한 내용을 공고히 하게 하는 것도 포함된다. 그러면 종결 단계에서 이루어지는 일에 대해서 알아보기로 하자.

(1) 종결 시 이별의 감정 다루기

상담자는 내담자의 분리불안의 감정을 다루어 나가면서 스스로 설 수 있도록 지지하여야 한다.

상담은 특히 상담자와 내담자의 특별한 만남 속에서 이루어지는 관계이기에 내담자는 상담의 종결로 인한 이별이 힘들고 어려울 수 있다. 특히 의존적인 내담자의 경우 이러한 이별로 인한 분리불안은 더욱 클 수 있다. 따라서 상담자는 이런 감정을 다루어 나가면서 내담자 스스로 설 수 있도록 지지해야 한다. 그리고 상담 종결 후에도 심리적으로 어려움이 있으면 언제든지 다시 상담할 수 있음을 알려 주어 내담자에게 심리적인 안정감을 주도록 해야 한다.

(2) 상담 성과에 대한 평가와 문제 해결력 다지기

일상생활에서 상담 성과를 유지하기 위해 필요한 노력을 구체화한다.

상담자는 내담자가 상담 과정을 통해 변화하고 성장한 것은 무엇인지, 상담을 통해 해결하지 못한 것은 무엇인지를 탐색해 보아야 한다. 특히 상담의 성과를 이루기 위해서 노력한 과정에 대해 검토하고, 상담실 밖의 생활에서 상담 성과가 유지되기 위해 필요한 노력을 구체화해야 한다. 또한 현실 속에서 문제에 부딪혔을 때 상담을 통해 습득한 문제 해결 방법을 효과적으로 적용해 나갈 수 있도록 한다.

(3) 추수상담에 관해 논의하기

상담을 종결한 후에 필요한 경우 추수상담을 할 수 있다. 추수상담은 내담자의 행동 변화를 지속적으로 점검하고, 내담자가 잘하는 점을 강화하고 부족한 점은 보완할 수 있다. 뿐만 아니라 상담자 자신에게도 상담 문제의 해결 과정이 적합하였는지에 대한 임상적 통찰을 가져다준다는 점에서 의미가 있다.

> 상담자는 추수상담을 통해 내담자의 행동 변화를 지속적으로 점검하고, 내담자의 부족한 점을 보완할 수 있다.

3) 상담 종결 시의 고려 사항

상담 성과를 거두는 종결 단계는 가을에 추수를 하는 것과 같다. 추수를 잘하기 위해서는 적절한 시기에 적절한 방법으로 곡식을 거두어들여야 하는 것과 같이, 효과적인 상담 종결을 위해 고려해야 할 사항을 상담자와 내담자로 나누어 살펴보도록 하자.

(1) 내담자 측면

내담자가 얼마나 좋아졌는지를 평가하고 가능한 종결 시기를 예측해서 상호 동의에 이르기 위해 내담자와 함께 종결을 의논하는 것은 상담 후반부에 매우 중요하다.

종결 시 나타날 수 있는 문제들은 내담자 유형, 상담 기간, 상담 형태 및 상담 과정에서 상담자와 내담자 관계의 형성이 어떠했는지에 따라 다르다. 대부분의 내담자는 상담이 오래 지속되면 의존적이 되고 상담자와 상담에 매달리게 된다. 그렇게 되면 종결하기가 더 어렵고 종결을 논의하는 데도 많은 시간이 걸린다. 비교적 단기간에 정해진 목적을 달성할 수 있는 단기상담에서는 종결 시 나타나는 문제가 적기 때문에 많은 시간을 할애하지 않아도 된다.

> 내담자들은 상담이 오래 지속되면 상담자에게 의존하게 되는데, 상담자는 상담이 종결되기 전에 전이관계의 모든 면을 해결해야 한다.

내담자의 성격 또한 상담 기간 및 상담 유형에 따라 어떤 때는 상담 중에 강한 애착관계가 형성되어 쉽게 분리되거나 종결되지 않는다. 특히 지나치게 의존적이거나, 상담자 이외에 정서적으로 지지해 주는 사람들이 없거나, 상담자에게 강한 애착을 느끼는 내담자의 경우, 상담 종결이 가까워지면 분리불안을 느끼게 된다. 따라서 내담자가 매우 의존적인 사람이라고 생각될 때는 상담을 종결할 시기를 되도록 빨리 이야기해 두는 것이 좋다. 그러면 내담자는 미리 종결 준비를 할 수 있다.

상담 방법에 따라 상담 기간과 종결 시기에 대한 예측이 달라질 수 있다. 예를 들어, 전통적인 정신분석 상담에서는 주로 전이관계를 평가하고 이를 충분히 해결했는지를 강조한다. 상담자에게 느끼는 전이 감정을 표현하지 못하고 상담을 종결하게 되면 마치 처음 상담실에 올 때처럼 미해결된 심리적 문제로 계속 곤란을 겪을 수 있다. 따라서 상담자는 전이관계의 모든 면을 해결해야 한다. 그리고 내담자들이 해결하지 못한 문제를 논의하는 시간보다 자기 혼자 만족스럽게 해결했던 문제 상황을 나열하는 시간이 더 많아지면 종결을 고려해 볼 수 있다.

(2) 상담자 측면

상담자는 종결이 내담자에게 미치는 영향에 대한 고려가 있어야 하며, 종결 시기를 미리 알려주어 그에 대비하도록 하는 것이 필요하다.

상담자는 종결을 고려할 때 내담자의 유형에 따라 상담이 내담자에게 어떤 의미를 가지고 있는지 잘 인식하고 있어야 하며, 종결이 내담자에게 어떠한 영향을 미칠지 예상하고 있어야 한다. 그리고 종결하기 전에 예상되는 종결 날짜를 미리 알려 주는 것이 좋다. 내담자에게 아무런 예고 없이 오늘이 마지막 시간이라고 말하는 것은 문제가 되기 때문이다. 비록 짧은 기간 동안 상담이 진행되어 왔더라도 그런 말은 곧 내담자가 믿고 의지할 수 있는 대상의 갑작스러운 상실을 의미하므로 내담자에게 부정적인 영향을 줄 수 있다. 상담자가 종결 날짜를 알려 주면 대부분의 내담자는 그것을 받아들여 상담을 종결한다. 그러나 내담자가 다른 반응을 보인다면 상담자는 그 이유를 명확하게 밝혀내야 한다. 그런데 종결 시기에 대한 언급을 하지 않았다면 내담자와 그동안 얼마나 좋아졌는지를 논의하는 것도 좋은 방법이다. 그러면 상담이 어떻게 진행되고 있으며, 앞으로 해야 할 일이 무엇이고, 거기에 시간이 얼마나 필요한지를 이야기할 수 있다.

한편, 의존적인 내담자가 상담자와의 관계를 지속하고자 상담 종결을 미루는 경우가 있는 것처럼, 때로는 상담자가 내담자와의 관계를 매우 만족스러워하면서 상담을 종결하지 않으려고 할 수 있다. 이것은 내담자 말에 대한 상담자의 민감성 감소를 가져오게 되므로 바람직하지 않다. 이런 경우 상담자는 자신이 상담을 지속시키려는 진정한 동기가 무엇인지 솔직하게 살펴보아야 한다. 혹시 상담자의 욕구 때문에 내담자를 필요 이상으로 자신에게 묶어 두고 싶어 하는 것은 아닌가 심각하게 검토해 보아야 한다. 상담은 상담자를 위해서가 아니라 내담자를 위해서 하는 것이기 때문이다.

상담자는 내담자가 변화되기에 충분한 기간이 지났음에도 불구하고 뚜렷한 진전이 없을 때도 종결하는 것에 대해 내담자와 논의해야 한다. 내담자의 문제가 개선되지 않은 상태로 종결하는 것은 실패로 생각될 수 있으며, 상담자 대부분은 이러한 실패를 인정하기가 쉽지 않다. 그러나 진전이 거의 없거나 전혀 없는 상태로 계속 시간이 흐른다면 상담자는 내담자와 상담의 종결에 대하여 논의하는 것이 바람직하다. 그런 경우에 상담자는 대안적인 방법으로 다른 상담자를 소개해 주거나 다른 상담 방법을 논의하는 등의 대책을 세워 내담자가 피해를 입지 않도록 최선의 노력을 기울여야 한다.

> 내담자가 변하지 않고 진전이 없는 상태가 계속되면 상담자는 내담자와 종결에 대하여 논의할 필요가 있다.

4) 조기 종결 문제 다루기

상담 종결 방식은 내담자에 따라, 그리고 그동안의 상담의 흐름에 따라 다양하다. 예를 들어, 상담이 잘 진행된 경우와 성공적이지 못한 경우의 종결 과정은 각기 다르다.

내담자가 다음 약속 시간에 나타나지 않아서 조기에 종결되는 경우는 매우 많다. 상담자는 내담자가 종결 문제를 예상하지 못한 시점이나 이미 언급하였던 종결 날짜 전에 종결에 대한 질문을 한다면 무엇 때문에 그런

> 내담자가 종결에 대한 질문을 한다면 그 이유를 상담 시간에 충분히 다루어야 한다.

생각을 하게 되었는지를 상담 시간에 충분히 다루어야 한다. 상담자는 내담자가 종결에 대해 지나가듯 가볍게 물어봤다 하더라도 질문한 이유를 확실히 파악할 필요가 있으며 그에 대해 충분히 논의해야 한다.

내담자가 상담이 만족스럽지 않다면 상담자에게 자신의 조기 종결 결심을 알리거나 이후의 상담 약속을 지키지 않음으로써 자신의 생각을 전달할 수 있다. 그런 경우 상담자는 내담자의 결정을 받아들여야 하며, 이 경험을 계기로 이후의 상담 상황에서는 유사한 문제를 더 잘 다룰 수 있게 될 것이다. 내담자가 조기 종결을 한 이유는 상담자가 내담자에 대한 파악을 충분히 하지 못하였거나 상담 중에 의사소통을 하는 데 있어 그다지 효율적이지 못하였기 때문일 수 있다.

내담자가 상담을 받으러 오지 않았을 경우에는 다음의 두 가지 대책을 강구할 수 있다(Rogers, 1972). 첫째, 그동안의 상담 기록, 특히 바로 전의 상담 기록을 면밀히 검토하여 오지 않게 된 원인을 규명하는 것이다. '상담을 너무 몰아치는 식으로 진행하여 저항이 생긴 것은 아닌가? 너무 일찍 해석기법을 사용한 것은 아닌가? 아직 마음의 준비가 되어 있지 않은데 극히 곤란한 결정에 직면한 것은 아닌가? 상담의 진전이 어지간히 이루어져서 종결을 결정할 단계에 있는데 상담자가 그것을 인지하지 못한 것은 아닌가?' 등등 그 원인을 파악하는 것이다. 둘째, 상담을 계속 받을 수 있게 길을 터주는 것이며, 이와 동시에 오지 않는 것도 내담자의 자유라는 것을 인식시켜 주는 것이 필요하다. 이 점을 전달하기 위해서는 이메일이나 편지를 쓰는 것도 좋다. "며칠 전 수요일 약속 시간에 오지 않아서 이제 상담받기를 원치 않는다는 것을 저는 이해합니다. 그러나 만일 상담에 다시 오기를 원한다면 전화로 연락해 주십시오." 꼭 이와 같은 형식으로 글을 써야 한다는 것은 아니다. 다만, 여기서 강조하고자 하는 것은 내담자가 상담을 받으러 오지 않았지만 상담자는 실망하지 않고 이해하고 있으며, 상담의 결정 여부는 내담자에게 달려 있다는 점을 전달하는 것이다. 또한 상담자는 내담자가 연락을 취하지 않는다 하더라도 미안한 느낌을 가지지 않게 해야 함에 유의하여야 한다. 그것은 내담자가 다시 상담받기를 원할 때 죄책감 없이 돌아올 수 있도록 하기 위해서다.

상담자는 내담자가 기대하지 않았던 향상을 이야기할 경우 상담 과정을 검토하여 내담자가 어떤 과정을 거쳐 향상되었는지를 밝혀내야 한다. 상담자가 보기에 실제로 눈에 띄는 향상이 없는데도 내담자가 다 나았다며 더 이상 상담받을 필요가 없다고 주장한다면, 상담자는 이에 대해 적절히 대처해야 한다. 이런 내담자의 이야기는 상담을 종결하고 싶어 하는 욕구의 표현일 수 있다.

이때 상담자가 이런 부분에 대해 논쟁하거나 그 상담을 회피하려는 결정이라고 해석하고 설득하려 하는 것은 현명하지 못하다. 그렇게 되면 내담자가 상담자를 솔직하게 대하는 것이 더욱 어려워진다. 다른 해결책이 없다면 내담자의 결정을 불가피한 것으로 받아들이고, 잘 지내기를 바라며 언제든지 내담자가 필요하다면 다시 만날 수 있다고 얘기하는 것이 최선일 것이다. 예를 들어, 상담자는 상담 단계가 중기밖에 안 되었다고 생각할지라도 내담자가 상담을 종결하고 싶을 정도로 충분히 향상되었다고 이야기한다면 자신의 관점을 수정해서 종결이 합당한 결정일 가능성을 받아들여야 한다. 내담자가 적절히 기능할 수 있다면 상담을 그만두고 독립적으로 기능하는 것이 더 좋을 수도 있다. 이러한 내담자의 결정이 시기상조였다면 언제든지 상담으로 되돌아올 가능성이 있다. 반면에 상담자가 내담자의 결정에 동의할 수 없다고 한다면, 내담자는 자신의 결정에 대해 자신감이 없어지고 자신의 문제에 대해 걱정하게 되어 상담관계에까지 영향을 미칠 수 있다.

상담이 바라던 대로 진행되지 않고 일정 시간이 경과해도 내담자가 호전되는 것 같지 않으며, 상황을 개선하거나 성공할 가능성이 있는 새로운 방법을 사용할 수 없다면, 상담자는 종결을 고려해야 할 책임이 있다. 상담자가 이러한 이유를 찾지 못할 경우에는 상담 상황에 대해 내담자와 솔직하게 이야기하여 내담자의 생각을 들어 보는 것도 괜찮다. 그렇게 해도 해결책이 나오지 않으면 내담자와 상담 종결에 대해 이야기하는 것이 바람직하다. 두 사람이 모두 최선을 다했지만 상당히 많은 시간이 지난 현재에도 내담자의 상태가 좋아지지 않았다면, 상담자는 이 사실을 있는 그대로 솔직하게 받아들여야 한다.

상담이 바라던 대로 진행되지 않고 일정한 시간이 경과해도 내담자가 호전되지 않고, 상황을 개선하거나 성공할 가능성이 있는 새로운 방법을 사용할 수 없다면, 상담자는 종결을 고려해야 할 책임이 있다.

조기 종결의 문제를 다룰 때 상담자는 다음과 같은 솔직한 태도로 접근하는 것이 바람직하다.

지금까지 우리의 상담에 진전이 없는 것 같습니다. 그것은 아마 제 능력이 부족해서 일수도 있고, 혹은 당신이 아직 상담할 준비가 부족해서 그런 지도 모릅니다. 여하튼 상담의 효과가 없는 것은 사실인 것 같습니다. 이제 어떤 결정을 내려야 할 것 같습니다. 이쯤에서 상담을 그만두어야 할까요, 아니면 앞으로 효과가 있을 거라는 희망을 가지고 더 계속해 볼까요?

이와 같이 상담자가 상담 실패를 인정하고 이를 명확히 하면 내담자는 상담 결과를 가지고 상담자를 공격할 필요를 느끼지 않게 되고, 상호 합의하에 상담을 중지하거나 상담 실패를 극복할 새로운 길을 찾을 수 있게 된다. 그러나 어떤 상담자는 이런 생각에 대해 의의를 제기한다. 그렇게 하는 것은 좌절한 상담자가 내담자를 거부하고 엄동설한 속으로 내모는 것이나 다름없다고 생각한다. 이것이 사실인 경우도 있겠지만, 호전될 기미가 전혀 보이지 않는데도 그로 인해 불필요하게 오랫동안 내담자를 잡아 두어서는 안 된다.

상담신청서

신청일:　　년　　월　　일　　　　　　　　　　사례번호:　　　　　−　　　−

성명		성별	남( ) 여( )
생년월일	년　월　일 만( )세	소속(직업/학교)	
종교		최종학력	
현주소			
주거지	자택( ) 하숙( ) 자취( ) 기숙사( ) 친척집( ) 친구집( ) 기타( )		
연락처	집( ) 핸드폰( )	E-mail	@
건강상태	매우 건강하다( ) 건강한 편이다( ) 자주 아픈 편이다( ) 늘 아프다( )		
상담 및 심리검사 경험	없다( ) 있다(언제:　　　　어디서:　　　　어떤 내용으로:　　　　) 종결하게 된 이유(　　　　　　　　　　　　　　　　)		
방문동기	본인이 원해서( ) 친구나 주위 사람들이 권해서( ) 선생님이 권해서( ) 안내포스터나 팸플렛을 보고( ) 기타( )		
방문목적	개인상담( ) 심리검사( ) 집단상담( ) 놀이치료( ) 미술치료( ) 진로학습상담( ) 영재교육상담( ) 리더십교육( )		
원하는 심리검사	성격검사( ) 정신건강검사( ) 진로검사( ) 학습검사( ) 지능검사( ) 창의력검사( ) 기타( )		

어떤 문제로 상담을 받고자 합니까? (구체적으로)

	관계	연령	직업	학력	종교	동거 여부	가족에 대한 느낌
가족사항							
	* 가족 외에 함께 사는 사람도 모두 적어 주세요.						

1. 다음 중 현재 고민하고 있거나 상담받기를 원하는 부분에 '모두' ○표시해 주십시오.

성격문제	자신의 성격에 대한 불만과 회의( ) 성격문제로 타인과 마찰( )
정서문제	자신감 저하( ) 우울·의욕상실( ) 불안·긴장( ) 두려움·공포( ) 분노·짜증( ) 외로움·소외감( ) 기타( )
가족문제	부모와의 갈등( ) 형제와의 갈등( ) 자녀와의 갈등( ) 기타( )
부부문제	배우자와의 갈등( ) 외도( ) 가정폭력( ) 기타( )
진로·학습 문제	성적문제( ) 취업문제( ) 적성문제( ) 시험불안( ) 학습방법( ) 진학문제( ) 집중력 저하( ) 전공선택( )
교우관계	친구와의 관계( ) 선후배와의 관계( ) 기타( )
이성·성문제	이성과의 관계( ) 성문제( ) 임신( ) 성병( ) 기타( )
실존문제	삶에 대한 회의( ) 가치관 혼란( ) 종교( ) 죽음( ) 기타( )
행동·습관 문제	주의집중 곤란( ) 불면( ) 강박적 행동( ) 우유부단( ) 공격적 행동( ) 음주문제( ) 약물문제( ) 기타( )
외모문제	체중증가( ) 체중감소( ) 외모 및 자아상( ) 기타( )
현실문제	생활비( ) 주거환경( ) 기타( )

2. 현재 자신의 문제가 어느 정도 심각하다고 생각합니까?

  심각하지 않다 ◀ 1( )-2( )-3( )-4( )-5( ) ➡ 매우 심각하다

3. 상담을 통해 문제가 해결될 것으로 기대하는 정도

  매우 기대하고 있다 ◀ 1( )-2( )-3( )-4( )-5( ) ➡ 전혀 기대하지 않는다

4. 가족 전체의 화목 정도

  매우 화목하다 ◀ 1( )-2( )-3( )-4( )-5( ) ➡ 매우 불화가 심하다

5. 가정의 경제수준

  매우 나쁘다 ◀ 1( )-2( )-3( )-4( )-5( ) ➡ 매우 좋다

6. 귀하의 가족이나 친척 중에 심리적 장애나 정신질환을 겪은 사람이 있습니까?

  있다 ( ) 없다 ( )

  있다면 누구입니까? ( ) 어떤 문제입니까? ( )

〈위 내용은 여러분을 이해하기 위한 자료로만 사용되며, 모든 정보는 비밀을 유지합니다. 감사합니다!〉

접수면접 기록지 예시

작성일:　　　　년　　　월　　　일　　　　　　　　　　작성자:

1. 상담경위(찾아오게 된 이유)
   - 먼 미래를 생각하지 않는다
   - 집착이 심하다(물건―향수, 건강)

2. 주 호소문제
   - 물건에 대한 집착 강함
   - 불면증 심함
   - 생활이 안 되게 걱정이 많고 잡생각이 많음(과제, 시험……)

3. 상담 요약
   - 실업계 고등학교를 나와서 다른 친구들과 비교해서 과제, 시험 능력이 떨어지고 걱정이 많으면서 제대로 해내지 못할 것 같은 불안이 높음(예전에 신경과 다님)
   - 엄마, 아빠를 많이 그리워하고 집에 말할 사람이 없음(방학 때 집에 내려가서 좋아졌다가 다시 돌아오면 상태가 지속됨…… 눈물)
   - 물건에 대한 집착이 강해서 돈도 많이 쓰고 신경을 많이 쓰게 됨

4. 상황적 스트레스 요인
   - 현재 할머니, 할아버지와 같이 거주(가족과 떨어져 있음―엄마, 아빠, 동생들)
   - 집에 가기 싫다(하루 종일 인터넷)

5. 전반적인 내담자 상태
   1) 심리증상 간략 기술: 정서, 사고, 행동 상태
      - 불안이 높음, 감정이 올라갔다가 내려갔다가 요동침, 일부러 밝게 보이려고 함
   2) 자살 관련: 자살사고(　), 계획(　), 위험(　)
      - 자살가능성 지수(1~10 표기)(1), 실행경험(무 √, 유___(　)회)
   3) 전반적 문제의 심각도: 매우 낮음(　), 낮음(　), 보통(　), 높음(√), 매우 높음(　)

6. 내담자 장점 및 자원
   - 성격이 밝아서 사람과 빨리 친해짐/솔직함
   - 상담에 자발적으로 나옴

7. 검사 실시 및 추천
   - MMPI

8. 추가됐으면 하는 내용

되짚어 보기

1. 효율적인 상담을 위해서 일반적으로 접수면접 단계, 초기 단계, 중기 단계, 종결 단계 등의 체계적인 상담 과정을 거치게 된다.

2. 접수면접이란 내담자에 대한 정보를 수집하고, 수집된 자료를 토대로 내담자의 특성, 문제 및 증상, 원인, 상담 방향 및 방법에 대해 개념적으로 설명하고. 적합한 상담자를 배정하는 것을 말한다.

3. 일반적으로 상담에서 내담자와 만나 상담 목표를 세워 구체적인 개입을 하기 시작할 때까지를 초기 단계라 한다. 이 단계에서 상담자는 내담자와 관계 형성하기, 내담자의 문제를 이해하고 평가하기, 상담 구조화하기, 상담 목표 수립하기 등의 과정을 거친다.

4. 초기 상담에서는 내담자와의 협의를 통해 상담 목표를 설정하는 것이 중요하다. 상담은 설정된 목표에 초점을 두고 진행된다. 목표 설정은 상담 성과에 관여할 뿐만 아니라 상담의 종결과도 관련이 된다. 초기에 설정된 상담 목표는 고정된 것이 아니라 상담 진행 과정에서 드러난 내담자의 문제에 따라 변화할 수 있다.

5. 상담의 중기 단계에서 상담자는 상담 목표를 달성할 수 있는 방법을 모색하고, 상담 목표 달성을 위한 행동 계획을 내담자와 함께 수립하며, 내담자에게 실천하게 하고, 마지막으로 그것을 평가한다.

6. 상담 중기 단계는 내담자의 변화를 위해 다양한 방법을 모색하는 시기이므로 보다 깊은 자기개방이 이루어지도록 자유로운 분위기를 조성하고, 상담의 진행 과정을 평가하며, 상담이 진전되지 않을 때 전반적으로 상담을 재검토하기도 한다.

7. 종결 시기는 상담 목표가 도달되는 시점으로, 상담자는 여러 가지 종결에 대한 징후가 나타나면 종결을 치밀하게 계획하여 진행해 나간다. 특히 상담자는 내담자에게 중요한 사람임을 인식하고, 종결을 조심스럽게 다루어 나가야 한다.

8. 상담자는 조기 종결의 징후를 잘 알아차려야 한다. 내담자가 종결에 관한 질문을 할 때는 그 문제를 충분히 탐색해야 하고, 종결하고 싶어서 향상을 보고하는 경우에 대해 알아차려야 한다. 내담자가 종결을 원할 때는 종결하고 싶은 동기를 파악해 보아야 하며, 만약 상담 성과가 미진하고 원인 파악이 안 될 때는 과감하게 종결을 고려해야 한다.

화가는

바람을 그리기 위해

바람을 그리지 않고

바람에 뒤척거리는 수선화를 그렸다

바람에는 붓도 닿지 않았다

그러는 사이,

어떤 사람들은

그곳에서 바람은 보지 않고

수선화만 보고 갔다

화가가 나서서

탓할 일이 아니었다

-윤희상의 『화가』 중에서-

제13장
상담 기법

❝ 길라잡이 물음

1. 상담 기법에는 어떤 것들이 있는가?

2. 각각의 상담 기법은 어떤 특징이 있는가?

3. 상담 사례 속에서 상담 기법을 이해할 수 있는가?

4. 내가 상담을 한다면 내가 좀 더 편하게 사용할 수 있는 상담 기법은 어떤 것들인가?

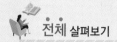 전체 살펴보기

　　상담은 주로 언어적 수단을 통해 이루어지기 때문에 상담자가 어떤 언어적 반응을 보여 주는가가 상담의 성과에 영향을 미친다. 즉, 상담에서 효과를 가져오는 직접적인 도구는 상담 이론이 아니라 내담자에게 드러나는 상담자의 언어 반응이자 기법인 것이다. 언어를 중심으로 소통하는 상담에서는 내담자와 상담자가 주고받는 말들로 대부분의 상담 작업이 이루어진다. 그래서 상담에서는 상담자의 자세와 태도뿐 아니라 상담자의 언어 반응도 매우 중요하다.

　　이 장에서는 상담 이론별 특정 기법보다 상담 과정에서 공통적으로 사용되는 기법들을 정리하였다. 내담자와의 관계 형성에 도움이 되는 단순 반응부터 내담자 문제에 대한 탐색 및 통찰에 도움이 되는 심층적이고 복합적인 기법까지 살펴보고자 한다.

1. 관계 초점 반응

1) 가벼운 격려

가벼운 격려는 내담자의 말에 대한 단순한 동의, 인정, 이해를 표현하는 언어적 반응을 의미한다. 내담자의 표현에 대해 '그렇지' '으음' 등의 인정 또는 중립적 표현을 함으로써 내담자의 말에 상담자 역시 그렇게 생각하고 있음과 내담자의 표현을 이해했다는 메시지를 전달한다. 상담자의 가벼운 격려 반응을 통해 상담자가 자신의 이야기에 귀 기울이고 있음을 알아차리고 자신의 이야기를 지속해 나가려는 동기를 가지게 된다.

> 내담자: 요즘은 일이 너무 많아서 어디서부터 해야 할지 모르겠어요.
> 상담자: 으음.
> 내담자: 때로는 가족이지만 위로를 얻기보다는 더 상처를 받는 것 같아요.
> 상담자: 그럴 수 있지.
> 내담자: 무엇이 나를 힘들게 하는지 이제는 알 것 같아요.
> 내담자: 그렇지.

가벼운 격려는 내담자로 하여금 더 많은 이야기를 하도록 요구하거나 질문에 대한 허락이나 부정(거절)의 의미로 사용되지 않으며 내담자를 격려하는 데에 그친다.

2) 관심 기울이기

관심 기울이기는 내담자를 대하는 상담자의 비언어적 태도를 말한다. 이는 내담자의 비언어적 표현을 상담자가 주의 깊게 관찰하고 의미를 해석하여 상담자의 시선, 자세와 몸짓, 얼굴 표정 등을 통해 내담자에게 전달한다.

> 관심 기울이기는 시선, 자세와 몸짓, 얼굴 표정, 목소리 등으로 내담자에게 관심을 가지고 있다는 것을 알리는 상담자의 비언어적 태도다.

관심 기울이기를 위해 상담자는 대체적으로 내담자를 지나치게 응시하지 말고 상대방을 이해하고 수용하는 눈빛으로 비교적 일관성 있게 내담자와 시선을 맞춘다. 자세는 내담자 쪽으로 향하여 좀 기울이고, 몸 전체에 긴장을 풀고 편안하게 이완된 상태를 유지하면서 자연스러운 몸짓을 한다. 얼굴 표정은 편안하면서 진지하게 하고, 목소리는 온화하며 자연스럽게, 안정감 있는 적절한 속도로 말한다.

다음의 사례는 중학교 1학년 남학생이 상담실을 찾아와 상담하는 장면이다. 상담자는 "집에 가기 싫어요."라는 내담자의 말을 듣고 그 행위를 비판하는 태도를 취하지 않고, 내담자가 편안하게 이야기하도록 온화하고 안정감 있는 관심 기울이기 태도를 취한다.

내담자: 집에 가기 싫어요.

상담자: 음……. (내담자를 바로 바라보며 자연스러운 시선 접촉을 한다.)

내담자: 가족들은 저를 거짓말쟁이라고 말하고 의심해요. 정말 거짓말하지 않았는데……. (눈시울이 붉어지며 고개를 떨군다.)

상담자: 많이 억울한가 보네. 무슨 일이 있었는지 말해 줄 수 있겠니? (부드러운 표정과 이완된 자세로 내담자 쪽으로 약간 몸을 기울인다.)

내담자: 학교에서 늦게까지 친구들하고 환경미화 준비를 하다가 학원을 빠졌는데 엄마와 아빠는 제가 일부러 학원 안 가려고 거짓말했다는 거예요. (풀 죽은 목소리로 말한다.)

상담자: 너는 친구들을 도와서 열심히 환경미화한다고 학원 시간을 놓쳤는데 엄마와 아빠가 네 말을 안 믿어 주고 거짓말한다고 해서 억울했겠구나. (따뜻하고 감정이 풍부한 목소리로 말한다.)

관심 기울이기는 상담관계 형성에 있어 매우 중요하다. 상담자가 따뜻하고 공감 반응적일 때 내담자는 관심과 보살핌을 느끼지만, 상담자의 자세가 단정하지 않고 상담자가 무관심으로 지루한 태도를 보이면 당연히 효과적인 상담과는 거리가 멀어지게 된다. 따라서 효과적인 상담을 위해서는 내담자에게 관심을 기울이며 내담자가 보이는 비언어적 표현에 담

긴 메시지를 잘 이해하고 활용하여 그에 맞게 비언어적 표현을 전달하여
야 한다.

3) 경청

경청은 내담자의 언어적·비언어적 메시지를 상담자가 관찰하여 내담
자가 진짜 말하고자 하는 것의 진짜 의미를 파악하기 위해 깊이 있게 듣는
것이다.

경청의 방법에는 상대방이 하는 이야기의 내용을 파악하는 것은 물론
이고, 그의 몸짓, 표정, 음성 등에서 나타나는 미묘한 변화를 알아차리고
저변에 깔려 있는 심층적인 의미와 감정을 감지하여 그것을 표현하는 과
정을 포함한다. 내담자의 비언어적 표현은 자신도 모르게 무의식적으로
나오는 경우가 많아서 내담자의 무의식에 숨겨진 의미나 문제를 나타내
기 때문에 상담을 이끌어 갈 때 길잡이가 되는 경우가 많다.

상담 초기에 상담자가 가장 중점을 두는 일은 내담자의 이야기를 들어
주는 것이다. 어쩌면 내담자는 문제의 해결도 중요하지만 자기 문제를 잘
들어 줄 사람에게 자신의 경험, 욕구, 감정을 말하고자 하는 욕구가 더 클
지도 모른다. 만약 상담자가 내담자의 그러한 욕구를 충분히 충족시켜 주
지 않으면 상담자와의 관계 형성 자체가 어려워진다. 상담자의 경청을 통
해서 내담자는 자신이 충분히 존중받고 있다는 것을 느끼게 되고 자신의
감정을 충분히 털어놓으면서 부정적인 감정을 정화할 수 있으며, 상담자
는 내담자의 심정을 이해하게 된다. 이를 통해서 상담자와 내담자 간에
신뢰관계가 형성되고 치료동맹으로 이어지게 된다. 경청과 관련하여 다
음의 사례를 보자.

> 경청은 내담자의 이야기
> 를 주의 깊게 귀담아 듣
> 는 것으로, 말의 내용뿐만
> 아니라 말하려는 의도, 심
> 정을 주의 깊게 정성 들여
> 듣는 태도다.

내담자: 뭘 선택해야 할지 잘 모르겠어요.

상담자: 진로를 어떻게 해야 할지 몰라 혼란스럽군요.

내담자: 네. 제가 무엇을 좋아하는지 모르겠어요.

상담자: 자신이 좋아하는 것이 있으면 진로를 선택하면 되는데 좋아하는 것이

무엇인지 모르니 더 혼란스럽겠네요.

내담자: 네. 그리고 뭘 선택하더라도 취직이 될 것 같지 않아 암담해요.

상담자: 음……. 좋아하는 것도 없고 설령 좋아하는 걸 선택하더라도 취직이 잘 될 것 같지 않아 암담하단 말이지요.

경청을 방해하는 상담자 요인에는 여러 가지가 있다. 상담자가 다른 생각을 하거나 자기 문제가 미해결된 상태에 있으면 내담자의 말을 왜곡하여 듣거나 제대로 들을 수 없으며, 상담자가 선입견이나 편견을 가지고 내담자를 평가하게 되면 경청보다는 충고를 하기 쉽다. 상담자가 기술적인 면에서 내담자 문제의 원인, 동기, 해결 방향성 등에 대해 섣부르게 판단하고 잘못된 구조화를 하면 내담자의 이야기를 선택적으로 수용하거나 간과할 수 있다. 또한 내담자가 드러내는 명백한 사실적인 내용만을 들을 경우에는 숨은 내용이나 감정적인 메시지는 놓치게 된다. 특히 내담자에게 전적으로 주의를 기울이는 대신에 상담자 자신이 어떻게 반응할지에 몰두하여 자기가 하고 싶은 말을 생각하고 있는 경우에는 대화의 중요한 내용을 놓치고 초점에서 벗어나게 된다. 상담자가 돕고 싶은 마음이 앞설 때, 자신의 문제와 내담자의 문제가 같아서 동병상련을 느낄 때, 동정적인 자세를 가질 때에도 내담자를 객관적으로 파악하고 내담자의 이야기를 경청하는 데에 방해를 받는다. 따라서 온전한 경청을 위해서는 먼저 상담자 자신의 문제 해결과 성숙한 인격 형성이 선행되어야 한다.

4) 공감 반응

공감 반응은 내담자의 마음을 여는 열쇠와도 같은 것으로, 대부분의 상담 과정에 사용되는 필수적인 상담자의 반응이다. 이는 상담자가 내담자에게 무엇인가를 제공하고 안내한다기보다는 내담자 경험에 대한 정확한 이해를 통해서 시작된다. 상담 과정에서 상담자가 내담자의 경험과 정서를 이해하고 이러한 경험과 정서들이 내담자에게 주는 의미를 이해하는 것은 대단히 중요한데, 단지 이해하는 것만으로는 충분하지 않으며 내담자가 이해받았다고 느끼는 것이 중요하다.

공감 반응은 내담자의 감정과 생각에 대한 상담자의 깊은 이해와 더불어 그 사실을 내담자에게 알려 주는 것까지의 과정이라고 할 수 있다. 이때 상담자는 자신에 대한 것이나 자신의 경험과는 분리되어 독립성을 유지하면서 내담자에 대한 어떠한 판단도 포함하지 않고 내담자의 시각과 입장에서 그가 어떻게 느꼈을지 있는 그대로 느낄 수 있고 들을 수 있으며 이해할 수 있어야 한다. 즉, 공감 반응은 상담자의 단순한 반응이나 반응의 연속이기보다 내담자와 함께 있는 과정인 것이다.

공감 반응은 내담자의 감정과 생각에 대한 상담자의 깊은 이해와 더불어 그 사실을 내담자에게 알려 주는 것까지의 과정이다.

공감 반응은 상담이 진행되면서 점점 더 확장해 간다. 공감 반응은 초기 단계에 내담자의 경험과 감정을 이해한 것을 표현하는 수준에서 중기로 갈수록 내담자 스스로 자기를 탐색하고 통찰을 가져오기 위해 보다 깊은 수준으로 드러난다. 이처럼 내담자의 대화 속에 포함되어 있기는 하지만 겉으로 분명하게 표현되지 않은 부분까지 상담자가 찾아내어 전달함으로써 내담자로 하여금 자신을 더 깊이 이해하도록 돕는 것을 심층적 공감이라고 한다.

고통스럽고 불행한 경험 속에서 힘들게 살아가는 내담자의 마음을 이해하고 깊이 공감 반응해 주는 것은 내담자에게는 커다란 위안이 되고 감동이다. 이러한 순간이 상담 시간 대부분 지속됨으로써 강력한 치료적 효과를 지니게 된다. 상담자의 공감 반응은 내담자로 하여금 자신이 이해받고 수용받는다는 느낌을 줄 뿐만 아니라 상담자와 심리적으로 연결되어 있다는 유대감을 갖게 하고, 이러한 경험들은 내담자가 고통스러운 감정으로부터 벗어나 현실적인 문제 해결을 할 수 있도록 의욕과 활기를 북돋아 준다. 따라서 공감 반응은 상담자가 내담자에게 보이는 하나의 반응이나 반응의 연속이 아니라 상담 대부분에 나타나는 과정으로서 내담자에게 안정감을 제공하게 된다.

다음 사례에서 상담자는 남편과의 불화로 결혼생활에 환멸을 느끼는 30대 여성 내담자가 호소하는 문제에 대해서 심층적 공감 반응을 하고 있다.

> 내담자: 점점 더 나빠져요. 더 나빠질 수 있다고 상상도 못했어요. 아이들에게 고함지르고, 남편에게 소리치고 있어요. 저는 이런 제가 마음에 들지 않아요.
>
> 상담자: ○○ 씨는 아이나 남편에게 소리 지르고 싶지 않은데 그러고 있는 자신을 보니 마음에 들지 않고 그 모습을 받아들이기 힘들군요.
>
> 내담자: 그런 내 모습을 보면 기생충 같아요. 사실은 기생충보다도 못해요.
>
> 상담자: 때로는 스스로 벌레만도 못하다는 생각까지 하는군요.
>
> 내담자: 네. 요즘은 아이 끼니도 안 챙겨 줘요. 아마 난 내 새끼도 싫은가 봐요. 생각해 보세요. 지 새끼도 못 챙기는 엄마라……. 얼마나 웃겨요. (웃는다.)
>
> 상담자: 엄마로서 역할을 하고 싶은데 그러지 못하고 있는 자신을 자책하고 있네요. 그 말을 하는 ○○ 씨가 참 슬퍼 보여요.
>
> 내담자: (웃음을 멈추고 흐느낀다.)

공감 반응은 상담자가 마치 내담자가 된 것처럼 그의 심정을 느끼는 것이며 내담자 입장에서 그의 경험 세계를 정확하고 깊이 있게 이해하는 것이다. 관계의 시작부터 상담자는 내담자의 내면세계에 들어가도록 노력하면서 내담자와 함께 나란히 동행하게 된다. 내담자와의 상호적인 과정 속에서 상담자가 자신을 일관되게 이해하고 있다고 느낀다면 내담자는 상담자와의 관계에 열중하게 된다.

내담자가 말하고 느끼는 것, 전반적인 생활양식으로부터 내담자의 현재 문제와 관련된 의미를 상담자가 이해한다는 것은 결코 쉬운 과정이 아니다. 평소에 정서를 적절하게 나타낼 수 있는 단어를 폭넓게 찾아 익히면서 자신의 감정에 귀를 기울이고 감정을 명료화하거나 그것을 표현하는 연습과 함께 다른 사람의 말에 정서적 주의를 기울이는 노력은 수준 높은 공감 반응을 훈련하는 데에 도움이 될 것이다.

2. 정보 초점 반응

1) 정보제공

정보제공(information)은 사람, 활동, 행사, 자원, 대안, 결과나 절차에 관한 자료 또는 사실을 말로 전달해 주는 것으로 상담자가 지닌 여러 가지 기술 중 매우 중요한 것이다. 내담자가 상담관계를 통해 자신의 문제를 알아차렸다고 해서 그것이 바로 행동 변화로 이어지는 것은 아니다. 왜냐하면 지금까지 해 오던 인지적·언어적·행동적 습관의 변화가 쉽지 않고 새로운 것을 시도하는 데 대한 두려움도 있기 때문이다. 또 내담자가 변화에 대한 동기가 약하거나 변화에 따른 적절한 기술을 가지고 있지 않아 어려울 수도 있다. 따라서 내담자의 바람직한 행동 변화를 돕기 위한 여러 가지 기법 중 하나인 정보제공은 자신의 문제를 새로운 시각으로 보게 하고 어떻게 행동해야 하는지를 보여 줌으로써 내담자가 그의 목표를 설정하는 데 필요한 새로운 통찰력을 형성하도록 도울 수 있다.

따라서 내담자가 정보를 필요로 할 때 상담자가 적절한 정보제공을 하지 못하면 상담 과정에 역효과를 가져올 수 있다. 그러므로 내담자에게 필요한 정보를 적절한 시점에 말해 주는 것은 매우 중요하다.

다음 사례에서는 변화를 시도하고 싶지만 두려워하고 있는 내담자에게 정보를 제공함으로써 내담자가 변화를 시도하는 행동을 할 수 있도록 돕고 있다.

> 내담자: 저는 변화를 시도하기에는 나이가 너무 많은 것 같아서 서글퍼요.
>
> 상담자: 변화를 시도하는 것이 어렵게 느껴지지만 아직 포기하고 싶지 않은 마음이 있으시네요.
>
> 내담자: 그렇지요. 어떻게 하면 변화를 시도할 수 있을까요?
>
> 상담자: 변화할 수 있다는 자신감과 간절함을 가지고 행동해 보시면 어떻겠습니까?

> 정보제공은 사람, 활동, 행사, 자원, 대안, 결과나 절차에 관한 자료 또는 사실을 말로 전달해 주는 것으로 상담자가 지닌 여러 가지 기술 중 매우 중요한 기술이다.

내담자: 자신감과 변화에 대한 간절한 기대를 가져 보라는 말씀인가요?

상담자: 네. 변화가 필요할 때 그렇게 해 보면 어떤 일이 생길까요?

상담자는 정보나 조언을 주기 전에 '주제에 관해 내담자 자신의 생각이나 지식을 끌어냈는가?' '지금부터 내가 전달하고자 하는 것이 변화에 대한 내담자의 동기를 강화할 수 있는 것인가?'와 같은 자문에 대한 대답이 긍정적일 때 내담자의 동의를 구한 후에 정보를 제공하는 것이 좋다.

또한 정보제공 후 그에 따른 선택은 내담자 스스로 할 수 있도록 해야 한다. 그리고 내담자가 수행하는 과정에서 여러 가지 도전을 위한 질문을 할 수 있으므로 상담자는 내담자 변화에 필요한 정보를 충분히 이해하고 있어야 한다. 또한 내담자가 정보로 압도되지 않도록 하고 정보를 잘못 이해한 채로 돌아가게 해서는 안 되며 정보를 분석할 수 있도록 지지적인 표현을 사용하는 것이 중요하다.

2) 자기개방

자기개방은 상담자가 자신의 생각, 가치, 느낌, 태도 등 여러 가지 정보를 내담자에게 드러내 보이는 것이다.

자기개방은 상담자가 자신의 생각, 가치, 느낌, 태도 등 여러 가지 정보를 내담자에게 드러내 보이는 것이다. 상담자는 자기개방을 통하여 상담자도 내담자와 비슷한 감정을 겪었고 비슷한 느낌을 가진다는 것을 전달한다. 보통 내담자는 사적인 이야기를 털어놓는 것을 힘들어하고, 자기개방을 편치 않게 여길 수 있으며, 자기를 개방하는 방법을 모를 수도 있다. 이럴 때 상담자가 자기개방을 시범으로 보여 주면 내담자는 특정 문제와 그 문제 해결에 사용될 수 있는 자원에 명확하고 정확하게 초점을 맞출 수 있게 된다. 또한 적당한 시점에 자기개방을 사용함으로써 내담자의 통찰을 도울 수 있게 된다. 이러한 자기개방을 적절히 사용하면 효과적 상담 기술이 된다.

상담자의 자기개방은 내담자로 하여금 개방하도록 촉진할 수 있으며, 적절히 사용하면 상담자가 내담자를 이해하고 있다는 감정을 증진시킬 수 있다. 자기개방을 통해 내담자는 상담자를 인간적으로 알게 되고, 더 높은 수준의 신뢰 형성과 솔직한 의사소통을 할 수 있다.

하지만 상담자가 자기개방을 지나치게 많이 또는 자주 사용하면 내담자의 탐색을 방해하고 상담자에게로 주의가 옮겨질 수 있으므로 조심해야 한다. 자기개방은 반드시 내담자 욕구에 초점을 두고, 내담자의 문제 상황을 탐색하는 데 도움을 줄 때 적절한 기법이 될 수 있다.

다음 사례에서는 상담자가 내담자에게 자기개방을 함으로써 내담자가 자신의 감정을 충분히 드러내게 된다.

> 내담자: 유산을 하고 싶지 않지만 아기를 낳을 형편이 못되어 혼란에 빠져 있어요.
>
> 상담자: 저도 그 혼란이 어떤 것인지 알 것 같아요. 저도 유사한 경험이 있기 때문에 당신 마음을 알 것 같아요.
>
> 내담자: 사실은 유산을 해야 한다는 생각이 들어요. 그런데 내게 온 생명을 죽인다고 생각하니 죄책감도 들고 마음도 너무 아프고 괴로워요.
>
> 상담자: 저도 그랬어요. 지금 당신의 그 괴로운 마음이 제게 느껴져요. 그러나 이 문제를 우리가 다루어 본다면, 당신이 그러한 혼란을 이겨 내는 데 도움이 될 거라고 생각합니다.

이 사례에서 볼 수 있듯이, 상담자의 자기개방은 특히 개인적이거나 가족에 관한 일을 다른 사람에게 드러내는 것에 대해 반감을 가지는 내담자에게 중요하다. 또한 상담자의 자기개방은 상담에 불신을 갖고 있는 내담자에게 보다 효과적일 수 있다. 어떤 내담자는 상담자가 자신을 이해하고 도울 수 있을지 의심하고, 상담자가 들추어 내는 정보가 자신에게 불리하게 사용될까 걱정한다. 상담자는 내담자의 질문에 진솔하게 반응하는 것이 적절하지만, 때에 따라 특히 그 질문이 과하거나 지나치게 개인적일 경우 내담자의 질문 동기가 무엇인지 내담자에게 물어서 초점을 내담자에게 가져가야 한다.

3. 탐색 초점 반응

1) 폐쇄형 질문

폐쇄형 질문은 주로 상담 초기 단계에서 사실적인 정보를 탐색하기 위해 사용한다. 폐쇄형 질문은 내담자에게 '네.' '아니요.' 혹은 짧은 사실적 답변을 하게 하여 정보를 한정하는데, 자주 사용하게 되면 상대방에게 권위적으로 군림하는 인상이나 대화에 관심이 적은 인상을 주고 대화가 자연스럽지 않고 단절될 위험이 있다. 따라서 상담에서는 내담자로부터 제한적인 정보를 명확하게 하기 위한 경우를 제외하고는 주로 개방형 질문이 이루어진다.

폐쇄형 질문은 내담자가 자기 방식대로 이야기할 수 없게 하고 내담자의 자기탐색을 자극하지 못하기 때문에 상담 상황에서는 다음에 설명할 개방형 질문을 유용하게 사용한다. 하지만 구체적인 상황에 초점을 맞추거나 정확한 정보를 얻는 데에는 폐쇄형 질문이 유용하다. 예를 들어, "이전에 심리상담을 받은 적이 있습니까?" 혹은 "신체적으로 불편한 곳은 없으세요?" 등의 폐쇄형 질문은 정보를 명확하게 얻을 수 있도록 한다. 내담자의 동의를 구할 때에도 "지금 내가 한 말이 맞나요?" "내가 제대로 이해했나요?"와 같은 폐쇄형 질문이 유용하다.

다음 사례에서 자살과 관련된 위기상황에 대한 폐쇄형 질문의 예를 살펴보자.

상담자: 자살을 하고 싶다는 생각을 한 적이 있으세요?

내담자: 네.

상담자: 실제 자살을 시도해 보셨어요?

내담자: 아니요.

상담자: 그럼 혹시 자살 실행을 계획하고 있는 것이 있으세요?

내담자: 네.

상담자: 자살을 실행할 계획이 있다면 그것에 대해 구체적으로 이야기를 들어 보
고 싶습니다. 그 전에 우선 자살하지 않겠다고 약속해 줄 수 있으세요?

내담자: 네.

잠재적으로 위협적이거나 위험한 상황에서는 내담자에게 무슨 일이 일
어났는지를 탐색할 때도 직접적으로 물어보는 폐쇄형 질문이 유용하다.
앞의 사례에서처럼 위기상황에서 구체적인 정보를 얻고 그에 대한 약속
을 받을 때 사용하기 적절하다. 즉, 상담자는 내담자가 자신의 문제에 대
해서 깊이 생각하고 드러낼 수 있도록 내담자에게 적합한 질문을 사용할
수 있어야 한다.

2) 개방형 질문

개방형 질문은 내담자가 자유로운 대답을 통해 내담자의 상황과 심리
에 대해 구체적으로 탐색하고 더 상세한 답변을 하게 하는 질문이다. 상
담자는 개방형 질문을 통하여 내담자의 감정을 명료화하도록 요구하거나
어떤 상황을 구체적으로 탐색하도록 한다.

개방형 질문은 내담자에게 더 많은 이야기를 할 수 있는 기회를 주기 때
문에 회기를 시작할 때 "오늘은 무엇부터 이야기를 할까요?" 혹은 "우리가
지난번에 같이 이야기를 나눈 후에 어떻게 지냈어요?" 하고 상담을 시작
할 수 있다. 그리고 내담자로 하여금 어떤 문제에 대해서 구체적으로 탐
색하도록 하는 데 도움을 줄 수 있다. 예를 들면, "당신의 학교 생활에 대
해서 좀 더 얘기해 줄 수 있나요?" 혹은 "그 일이 일어났을 때 어떻게 느꼈
는지 말씀해 주실 수 있겠어요?" 하고 내담자가 스스로 구체적인 상황과
감정을 탐색해 보도록 할 수 있다. 또 개방형 질문은 내담자가 말하고 있
는 것을 상담자가 더 잘 이해할 수 있게 돕는다. 예를 들면, "구체적인 예
를 들어 보시겠어요?" "감정이 우울해질 때는 무엇을 하세요?" "아버지는
무책임한 사람이라고 했는데 그것은 무슨 의미지요?"라고 말함으로써 내
담자의 행동이나 경험을 이해할 수 있다. 다음 사례에서 개방형 질문에

대한 예를 살펴보자.

> 상담자: 오늘 어떤 이야기를 하고 싶으세요?
>
> 내담자: 지난주에 친구 결혼식에 갔는데 기분이 안 좋았어요.
>
> 상담자: 어떤 상황에서 기분이 어땠어요?
>
> 내담자: 다른 사람들과 함께 있으면 내가 이상한 사람으로 보일 것 같아요.
>
> 상담자: 구체적으로 어떤 경험이었는지 얘기해 줄 수 있어요?
>
> 내담자: 사람들이 저를 힐끔힐끔 쳐다보는 것이 기분 나쁘고 마치 동물원에 있는 동물 같은 느낌이 들었어요.
>
> 상담자: 사람들이 ○○ 씨를 동물원에 있는 동물같이 쳐다볼 때 기분이 어땠어요?
>
> 내담자: 너무 창피하기도 하고 사람들이 저를 얕잡아 보고 무시하는 것 같아 화가 났어요.

이처럼 개방형 질문은 자신의 문제나 어려운 상황을 나누고 싶어서 상담실을 찾아온 내담자에게 그들의 문제를 상담자와 나눌 수 있도록 이끈다. 또한 상담에서의 이야기를 풀어 가는 책임을 내담자에게 두고 내담자가 상담자의 평가와 판단에 따른 준거기준에 강요받지 않고 자신의 태도, 감정, 가치관, 행동 등을 탐색하도록 한다.

4. 통찰 초점 반응

1) 재진술

재진술은 내담자의 이야기를 듣고 상담자가 자기의 표현 양식으로 바꾸어 말해 주는 기법이다.

어려움을 겪고 있는 내담자를 만나는 상담자의 가장 본질적이고 중요한 역할은 그들의 이야기를 잘 알아듣는 것이다. 내담자가 경험하고 있는 문제가 무엇인지, 내담자의 생각이나 감정 상태가 어떠한지, 어쩌다가 그 어려움에 빠지게 되었는지 등을 주의 깊게 듣고 그가 자신의 문제에 대해 탐색할 수 있도록 돕는 것이 상담자의 중심 과제다.

내담자의 말을 잘 알아듣고 그가 말하고자 하는 내용의 핵심을 파악하는 것은 대부분의 초보 상담자에게 결코 쉬운 일이 아니다. 상담자는 내담자의 말을 다른 어떤 내용을 이해하는 것보다 집중하고 경청하게 되는데 이는 단지 듣는 것이 아니라 내담자를 진심으로 이해하기 위해 심사숙고해야 하기 때문이다. 이렇게 해서 상담자가 내담자의 말을 이해했음을 전달하거나 내담자 경험의 핵심을 알아차리고 그것을 내담자에게 되돌려주는데 이때 재진술을 사용할 수 있다.

재진술은 내담자의 이야기를 듣고서 상담자가 자신의 표현 양식으로 바꾸어 말해 주는 기법이다. 이것은 상대방을 이해하고 있음을 전달하고, 좀 더 간결한 방식으로 상대방의 대화 내용을 요약하며, 상대방의 말을 상담자가 올바로 이해하고 있는지 확인해 보기 위한 목적으로 사용된다. 감정의 반영이 대화 뒤에 숨겨진 '내담자의 느낌'에 강조점을 두는 반면, 재진술은 대화의 '내용', 즉 인지적 측면에 강조점을 둔다.

재진술을 통해 상담자는 내담자가 언급한 여러 가지 이야기를 하나의 초점으로 맞추며, 혼동되는 내용을 명료화시켜 내담자에게 자신의 가장 중요한 문제에 집중할 수 있게 한다. 또한 내담자는 아무런 판단 없이 내용을 비추어 주는 상담자의 반응을 통해 자신의 생각을 타인으로부터 들어 볼 수 있는 기회를 제공받는다. 혼란스럽고 심리적으로 갈등 상황에 있는 내담자에게 상담자의 재진술은 자신의 문제가 타인에게 어떻게 들리는지 알 수 있게 하고 자신이 실제 생각하는 것을 숙고하게 한다.

다음 사례에서 내담자의 이야기를 되돌려주는 상담자의 반응을 살펴보자.

> 내담자: 보통 상담할 때 무슨 이야기할까 생각을 엄청 많이 하는데 오늘은 생각 없이 왔어요. 마음 편한가 싶기도 하고 상담에 와서 뭔가 성과를 걷어야 될 것 같고, 왔으면 열심히 참여해야 될 것 같은데…….
>
> 상담자: 생각없이 와서 편안하기도 하고 열심히 참여하지 않아 성과가 없을 것 같아 신경 쓰이기도 하네요.

내담자: 마음이 왔다 갔다 하는 것 같아요.

상담자: 두 마음이 동시에 들어서 한곳에 머물기가 힘드네요.

내담자: 네, 원래 좀 마음이 불편하면 생각을 해서 좋게 긍정적으로 돌리는 편인데, 한편으로 너무 생각을 많이 하는 것 때문에 지칠 때도 있는 것 같아요.

상담자: 마음이 불편하면 생각을 긍정적으로 돌리려니 생각이 많아지고 그래서 지칠 때가 있군요.

내담자: 네. 그게 좀 과해지면 지치죠, 많이.

상담자: 마음이 편안해질 때까지 계속 생각에 매달리다 보면 많이 지친다는 얘기네요.

내담자: 네. 그리고 그때는 내가 이렇게까지 해야 되나…… 좀 머물러도 되는데 힘들면 벗어나려고 너무 애쓰는 것 같아요.

재진술은 내담자 말의 내용이나 의미를 반복하거나 부연하는 것으로 내담자가 하는 말보다 짧지만 유사한 단어를 사용하여 보다 구체적이고 명확하게 표현한다. 따라서 재진술은 내담자의 말을 단지 듣는 것이 아니라 충분히 이해하고자 하는 상담자의 능동적인 자세에서 비롯되며, 재진술을 통해서 내담자가 호소하는 문제의 핵심적인 부분이 드러나고 그것에 대한 정확성이 확인되는 등의 매우 다양한 효과가 나타난다.

2) 반영

반영은 내담자의 감정에 대한 파악을 통해 내담자의 감정을 잠정적이지만 명확하게 표현하는 것을 말한다.

내담자가 상담실을 찾는 이유는 불안하거나, 우울하거나, 실망하거나 심리적으로 괴로운 감정을 가진 경우가 대부분이다. 따라서 내담자의 느낌과 감정을 상담자가 어떻게 다루느냐에 따라 상담의 방향이나 방법을 구체화시킬 수 있고, 융통성 있고, 자연스럽게 상담을 진행해 나갈 수 있다.

감정의 반영은 내담자의 감정을 명확하게 파악하는 것과 더불어 내담자에게 감정을 중심으로 표현하는 것이다. 감정은 내담자의 경험과 행동에서 일어나는 것이므로 내담자가 표현한 말의 내용뿐 아니라 말하는 방식, 즉 비언어적 행동에 주의를 기울임으로써 파악할 수 있다. 예를 들어, 숨소리 또는 말의 속도가 변하는 것, 얼굴을 붉히는 것, 말을 더듬는 것, 특정 단어를 힘주어 말하는 것, 입술 떨림, 눈동자의 변화 등이다. 감정을 반영할 때는 그 감정에만 또는 그 감정에 대한 이유를 중심으로 잠정적이지만 명확하게 표현해야 한다.

그러나 대부분의 내담자는 자신이 어떻게 느끼는지 모르거나, 그 감정에 부정적이어서 스스로 그 감정을 파악하고 수용하는 데 어려워한다. 더구나 감정이라는 것이 구체적으로 무엇인지 인식하기 어렵기 때문에 그것을 표현하는 데 힘들어하기도 한다. 이럴 경우 정확하고 완벽할 수는 없지만 상담자가 표현한 감정의 반영이 내담자가 느끼는 것과 비교적 가깝다면, 내담자는 상담자로부터 충분히 이해받고 있다고 느끼게 되고 자신의 감정을 보다 분명히 말할 수 있게 된다. 이러한 상담자와의 경험은 내담자가 감정을 자유롭게 표현하도록 격려하고 자신의 감정을 관리하는 데 도움을 주기도 하며, 표현하지 못한 경험이나 의미를 분명하게 하여 드러낼 수 있게 하기도 한다.

다음 사례를 통해 살펴보고자 하는 것은, 내담자가 느끼는 것을 상담자의 감정 반영을 통해 표현하면 내담자는 이해받고 있다는 느낌을 가지게 되고 자신의 감정을 좀 더 자유롭게 표현한다는 것이다.

내담자: 사람들에게 좋은 사람으로 보이기 위해서 눈치를 많이 보는 제가 느껴져요.

상담자: 그런 자신이 어떻게 느껴지나요?

내담자: 딱해요.

상담자: 애쓰는 모습이 스스로 딱하게 느껴지는군요.

내담자: 네. 왜 이렇게 혼자서 애쓰고 있는지…….

상담자: 혼자서 외롭군요.

내담자: 혼자 있으면 세상에 나만 혼자인 거처럼 외로워요. 그리고 주위에 아무도 없고 사람들의 시선이 두려워요.

상담자: 사람들의 시선이 ○○ 씨를 어떻게 보고 있는 것 같나요?

내담자: 잘못을 지적하듯이 바라보고 있어요.

상담자: 마치 혼날까 봐 두렵고 또 혼나지 않으려고 애쓰고 있는 것처럼 보이
　　　　네요.

내담자: 정말 그러네요. 전 혼난 적이 없어서 더 두려운 거 같아요.

상담자: 혼난 적이 없어서 더 두려울 수 있어요. 마치 가지 않은 길을 혼자서 가
　　　　는 듯한 느낌이 들 수도 있죠. 어떤가요?

내담자: 주위 사람에게 도움을 요청하면 화를 내고 싫어할 거 같아요.

상담자: 그래서 더 남 눈치를 보면서 위축되네요.

　　내담자는 자신의 감정이 무엇인지 접촉하게 될 때 비로소 자신의 감정에 대해서 무엇을 해야 할지 결정할 수 있고 나아가 자신의 문제를 가장 잘 해결할 수 있게 된다. 따라서 무엇보다 상담자가 기억해야 할 것은, 내담자가 자신의 감정을 찾고 좀 더 깊은 감정으로 들어가기 위해 상담자가 편안하고 허용적인 감정의 반영을 보이는 것이 중요하다는 것이다.

3) 해석

해석은 내담자가 자신의 말이나 상황에 대해 명확하게 의식하지 못한 것에 대해 그것이 가지는 의미를 설명해 주는 일종의 가설이다.

　　내담자들은 자신이 당면한 문제에 대한 해결을 원하나 문제의 근본적인 원인과 연관 지어 이해하지 못함으로써 문제가 반복되거나 악순환되는 고통을 겪는 경우가 많다. 따라서 해석은 상담자가 내담자의 말을 근거로 내담자 말 속에 담긴 다른 의미를 내담자에게 전달해 주는 적극적 상담 기법으로, 내담자가 자신의 말이나 상황에 대해 명확하게 의식하지 못한 것에 대해 그것이 가지는 의미를 설명해 주는 일종의 가설이다.

　　해석은 겉으로 보기에는 따로따로 분리되어 있는 말이나 사건들의 관계를 연결 짓거나 설명해 주는 형태로 이루어질 수도 있고 주제, 흐름, 사고방식 또는 내담자의 행동이나 성격 속의 인과관계를 지적하는 것으로 이루어질 수도 있다. 그러한 과정을 통해 내담자는 자신의 생각, 감정, 행동에 대해 좀 더 폭넓고 깊게 이해할 수 있게 된다.

　　좀 더 정신분석적 접근으로서의 해석은 내담자의 과거 관계나 경험에

기초를 둔 현재 증상, 갈등, 욕구, 대처 전략, 방어, 감정, 사고, 행동, 관계 경향성 등을 설명해 주어 내담자에게 의미를 명료하게 해 주기 때문에 내담자는 자신의 욕구, 갈등 등이 다양한 상황이나 환경에서 나타나는 대처 방식이나 방어를 인식하여 더 깊은 자기이해에 이르게 된다. 이를 통해 내담자는 자신을 긍정적으로 바라보게 되고, 자신의 현재 반응이나 경험을 수용할 수 있게 된다. 또한 내담자는 절박한 문제에 대한 답을 원할 때 상담자가 해석을 해 주면 자기 자신이나 자신의 반응에 대해 불안과 수치심을 덜 느끼고 비합리적 신념에서 벗어나게 된다.

해석은 내담자가 받아들일 준비가 되어 있는 때에 이루어지는 것이 가장 효과적이다. 따라서 해석은 상담관계 형성이 이루어진 상담의 중기나 종결 단계에 주로 사용한다. 하지만 해석을 자칫 잘못 사용하면 내담자가 해석을 위협으로 느껴 저항을 불러일으킬 수도 있다. 이런 점에서 해석은 상담 기법 중 전문성이 가장 많이 요구된다. 해석을 할 때는 상담자와 내담자 간의 탄탄한 신뢰관계를 바탕으로 상담자는 내담자에 대한 충실한 탐색작업을 통해 내담자의 내면세계를 이해하고 있어야 하며, 해석이 내담자에게 지금 현재 긍정적인 역할을 할 만큼 내담자가 준비되어 있는지에 대한 상담자의 판단력과 확신이 전제되어야 한다.

다음 사례에서 상담자는 내담자가 외국어 시간에 사람들이 모두 비웃을 거란 생각 때문에 말이 잘 나오지 않은 것이 사람들 앞에서 말하는 것과 관련된 과거의 좋지 않은 경험이 있어서일 거라고 관련짓고 있다.

내담자: 다른 사람들은 외국어 시간에 다 잘해 나가는데 저는 입이 잘 열리지가 않아요. 모든 사람들이 저를 비웃을 거라는 생각이 들어요.

상담자: 친구들 앞에 나서서 뭘 한다는 게 ○○ 씨의 열등감을 자극하는군요. ○○ 씨가 사람들 앞에서의 표현과 관련해서 과거에 좋지 않은 경험을 한 적이 있나요?

내담자: 중학교 때 전학을 왔는데 영어 진도가 달라서 어리둥절했는데 선생님이 읽기를 시켜서 너무 당황했던 기억이 나네요. 더듬거리며 읽었는데 친구들이 키득키득 웃었어요.

해석이 내담자와의 신뢰감이 없는 상태에서 이루어지거나 내담자의 욕구와 상관없이 이루어지면, 내담자는 이를 평가적으로 느껴 치료동맹에 손상을 끼칠 수도 있다.

이처럼 해석은 내담자의 행동과 사고, 감정에 새로운 의미나 원인, 설명을 제공해 줌으로써 내담자가 새로운 방법으로 문제를 볼 수 있도록 이끌어 주는 유용한 상담 기법이다. 하지만 해석이 내담자와의 신뢰감이 없는 상태에서 갑작스럽게 이루어지거나 내담자의 욕구와 상관없이 이루어지면, 내담자는 자신의 경험과 동떨어진 것으로 느끼고 방어를 할 수 있으며 오히려 평가적으로 느껴져 치료동맹에 손상을 끼칠 수도 있으므로 상담자는 해석을 제공할 때 매우 신중해야 한다.

4) 직면

직면은 내담자가 상담 중에 보인 사고, 감정, 행동에서 모순이나 불일치가 관찰될 때 이러한 모순이나 불일치를 지적하는 상담 기법이다.

직면(confrontation)은 내담자의 말과 말, 말과 행동, 행동과 행동 사이의 모순, 또는 자아와 이상적 자아, 상담자의 지각과 내담자의 지각 사이의 불일치 등에 대해 내담자에게 되물어 주는 것이다. 여러 가지 면에서 사용될 수 있다. 즉, 직면은 내담자가 상담 중에 보인 사고, 감정, 행동에서 모순이나 불일치가 관찰될 때 이러한 모순이나 불일치를 내담자에게 되물어 주는 상담 기법이다. 대부분의 내담자는 자신의 문제를 해결하여 변화하기를 원하면서도 한편으로는 자신의 문제를 개방하고 직시하는 것을 두려워한다. 그 결과, 내담자는 의식적·무의식적으로 자신의 진실을 스스로 부정하거나 타인에게 자신의 문제를 숨기기 위해 방어하게 된다.

직면은 내담자의 특성이나 상태에 맞게 적절한 시기에 사용되어야 한다. 왜냐하면 직면이 내담자의 통찰을 일으키게 하는 강력한 기법인 것은 틀림없지만 강력한 만큼 위험이 따르는 기법이기 때문이다. 만약 내담자가 받아들일 준비가 안 되었는데도 상담자가 무리하게 내담자를 직면시킨다면 내담자의 저항으로 인하여 상담이 효과적으로 진행되지 않을 수도 있다. 따라서 상담자는 직면 기법을 효과적으로 사용하기 위해서 적절한 시기를 선택해야 한다. 즉, 내담자가 상담자를 신뢰할 수 있을 때, 내담자가 상담자의 어떤 이야기도 받아들일 준비가 되었다고 느껴질 때, 내담자가 자신의 성장과 변화에 대한 관심이 높을 때 사용되어야 한다. 그리고 상담자는 반드시 내담자를 직면시키는 이유와 직면을 통해 성취하려는 것이 무엇인지 분명히 알고 직접적이고 쉬운 언어로 직면시킬 수 있어야 한다.

다음 사례는 자신의 남편과 가족을 사랑한다고 말하면서 항상 새로운 파트너와의 연애를 꿈꾸고 수시로 집을 비우며 장기간 혼자서 해외여행을 떠나곤 하는 내담자에 대한 것이다. 여기서 상담자는 내담자가 하는 말과 행동의 불일치, 말의 모순을 지적하고 있다.

> 내담자: 저는 남편을 너무 사랑하고 존경해요. (바닥을 쳐다보면서 목소리에
>   힘이 없다.)
> 상담자: 남편을 사랑하고 존경한다고 말하면서 ○○ 씨는 목소리가 작아지고
>   시선이 떨어지네요.
> 내담자: 그런데 한편으로 저는 저를 좋아해 주는 사람을 만나서 연애를 하고 싶
>   어요.
> 상담자: ○○ 씨는 남편을 너무 사랑한다고 하더니 새로운 사람을 만나는 꿈을
>   꾸고 있네요.
> 내담자: 아, 저도 그 부분에 대해서 생각해 봤어요.

이처럼 직면의 목적은 내담자의 모순점이나 불일치점을 명료화함으로써 내담자의 자기이해와 변화 동기를 높이는 데 있으나, 내담자 입장에서는 자신의 문제점을 공격하거나 비난하는 것으로 받아들여지기 쉬워 내담자의 방어를 오히려 높이고 상담에 역효과를 일으킬 수도 있다. 따라서 상담자는 직면을 사용할 때 상당한 준비와 주의가 필요하다.

5) 즉시성

즉시성은 내담자의 사고, 감정, 행동에 대한 반응으로 내담자를 보고 관찰한 상담자의 감정, 느낌, 기대, 반응을 개방하여 내담자가 통찰을 얻도록 돕는 방식이다. 상담자가 내담자와 관계된 그의 생각이나 감정을 솔직하게 개방할수록 내담자는 상담자를 보다 인간적으로 가깝게 느끼고

> 즉시성은 내담자의 사고, 감정, 행동에 대한 반응으로 상담자가 관찰한 것을 드러내는 것이다.

스스로를 솔직하게 표현하여 상담관계를 한층 깊게 할 수 있다. 따라서 즉시성은 상담 분위기를 형성하는 요소로 내담자와의 상담관계를 형성하는 데 아주 중요한 역할을 한다.

즉시성의 표현은 "당신이 그렇게 이야기하니 제 마음이 매우 아프군요."처럼 주로 현재시제로 기술된다. 이에 반해 자기개방은 상담자 자신이 과거에 겪었던 경험에 대한 언급으로 "저도 당신처럼 ~한 경우가 있었는데……."와 같이 주로 과거시제로 기술된다. 이런 자기개방은 적당한 시기에 적절한 수준에서 비교적 간단하게 하는 것이 현명하다.

내담자에 따라 개인차가 있지만, 즉시성은 상담 초기에 아직 대인관계 역동을 '지금-여기에서'의 차원에서 다룰 준비가 되어 있지 않은 내담자에게는 위협적이고 불안하게 경험될 수 있다.

하지만 즉시성은 내담자에 대한 상담자의 잠정적인 추측이나 해석을 바탕으로 이루어지므로 잘못된 추측으로 인해 내담자의 신뢰를 잃을 수 있다. 또한 즉시성은 예상치 못한 결과를 가져올 수도 있기 때문에 상담자와 내담자 사이의 치료적 관계를 깨트려 상담을 종결하게 만들 수도 있으므로 고도의 주의와 기술, 그리고 상담자의 민감성이 요구된다.

내담자: 지난 상담 끝나고 정말 화가 났어요. 1년 넘게 연락을 하지 않았던 엄마에게 연락을 해 보라고 하셨는데, 무슨 생각으로 나한테 그런 제안을 했는지 도대체 이해할 수가 없었어요.

상담자: 의도하지는 않았지만 엄마에게 연락을 해 보라고 한 것이 화나게 한 것 같아서 미안하기도 하네요. 엄마에게 연락해 보라는 이야기가 어떻게 들렸나요?

내담자: 내가 왜 엄마와 인연을 끊었는지 충분히 이야기했는데 연락을 하라고 말씀을 하셔서 내 이야기를 제대로 듣지 않은 것 같았어요.

상담자: 내가 당신을 이해하지 못하는 것 같아서 더 화가 났군요.

내담자: 그래도 선생님이 미안하다고 하니까 마음이 진정돼요. 선생님이 틀렸다는 것을 인정하는 걸로 들려요.

상담자: 마음이 진정된다니 반갑네요. 그런데 하나 의문이 들고 조금 당황스

럽네요. 그때는 웃으면서 좋은 방법이라고 했고 시도해 본다고 하셨
는데 그때 반응하고 너무 달라서요. 저의 이야기에 대해 어떻게 느끼
시나요?

　이 사례에서 보듯이, 상담자가 즉시성 반응을 할 때 내담자와의 관계에
서 전문가적 입장을 취하거나 가면을 쓰지 않고 있는 그대로의 자신을 나
타내도록 해야 하며, 내담자에게 개방적이고 정직하게 표현하도록 해야
한다. 여기서 상담자의 개방이 상담자의 자기개방을 의미하는 것은 아니
다. 상담자의 자기개방은 내담자에게서 상담자가 느끼고 경험하는 것이
아닌 단순히 상담자 자신 속의 느낌, 정보, 즉 상담자 자신과 삶을 노출하
는 것이다. 자기개방과 비교해 볼 때 즉시성은 내담자에 대해 반응을 할
때 상담자가 아닌 내담자에 중점을 두어 반응하는 것이라 볼 수 있다.

 되짚어 보기

1. 상담자와 내담자의 관계 형성에 초점을 둔 반응으로는 가벼운 격려, 관심 기울이
기, 경청, 공감 등이 있다. 가벼운 격려는 내담자의 말에 대한 동의, 인정, 이해를 표
현하는 언어적 반응이며, 관심 기울이기는 상담자가 내담자의 이야기에 관심을 가
지고 있다는 것을 알리는 상담자의 비언어적 태도다. 경청은 내담자가 말하는 의
도, 심정 등을 주의 깊게 듣는 상담자의 태도를 말하며, 공감 반응은 내담자의 감정
과 생각에 대한 상담자의 깊은 이해를 내담자에게 알려주는 반응 과정이다.

2. 정보 초점 반응은 내담자가 상담자에게 어떤 정보제공을 원하거나 상담자의 자기
개방을 통해 내담자의 변화의 실마리를 제공하기 위한 것이다. 여기서 정보제공은
내담자가 요청하는 활동, 자원, 대안 등을 알려주는 것이며, 자기개방은 상담자의
경험, 생각, 느낌 등의 정보를 내담자에게 드러내 보이는 것이다.

3. 탐색 초점 반응은 내담자의 정보를 탐색하거나 내담자의 생각이나 감정을 알아보기 위해서 질문 형태로 표현된다. 여기에는 폐쇄형 질문과 개방형 질문이 있다. 폐쇄형 질문은 한두 마디의 답으로 상담자가 원하는 정보나 자료를 얻기 위해 사용하며, 개방형 질문은 내담자의 상황과 심리를 구체적으로 탐색하기 좋은 기법이다.

4. 통찰 초점 반응은 내담자의 통찰 경험에 초점을 둔 반응을 말한다. 재진술, 반영, 해석, 직면, 즉시성이 이에 해당된다. 재진술은 내담자의 이야기를 듣고 상담자가 자기의 표현 양식으로 바꾸어 말하는 기법이며, 반영은 내담자의 감정에 대한 파악을 통해 내담자에게 파악된 감정을 명확하게 표현하는 것이다. 해석은 내담자가 자신의 말이나 상황에 대해 의식하지 못한 것을 이해할 수 있도록 설명해 주는 기법이며, 직면은 내담자가 상담 중에 보인 사고, 감정, 행동에서 관찰된 모순이나 불일치를 지적하는 기법이다. 즉시성은 내담자의 사고, 감정, 행동에 대한 반응으로 상담자가 관찰한 것을 알려주는 상담 기법이다.

나 하나 꽃 피어

풀밭이 달라지겠냐고 말하지 말아라.

네가 꽃 피고 나도 꽃 피면

결국 풀밭이 온통 꽃밭이 되는 것 아니겠느냐.

나 하나 물들어

산이 달라지겠느냐고도 말하지 말아라.

내가 물들고 너도 물들면

결국 온 산이 활활 타오르는 것 아니겠느냐.

−조동화의 「나 하나 꽃 피어」 중에서−

제**14**장

상담센터 운영

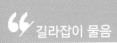
길라잡이 물음

1. 상담센터 운영을 체계적으로 하려면 어떻게 해야 하는가?

2. 상담센터 운영 시 교육 및 연구 영역과 관련된 활동은 무엇이 있는가?

3. 상담센터 운영 시 사업 영역의 활동에서 안정적인 수입 활동과 관련된 것은 무엇인가?

4. 상담센터 운영상의 어려움과 극복 전략은 무엇인가?

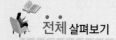

전체 살펴보기

현대인들은 점차 심리적인 문제가 늘어남에 따라 상담에 대한 관심이 높아지고 있다. 그러나 많은 사람들이 이런 심리적인 문제에 당면했을 때 속마음을 털어놓고 이야기할 대상이 마땅치 않다. 심리적인 문제가 심각할 경우 정신과를 찾기도 하지만 아직은 정신과에 대한 사회적 인식이 좋지 않아서 치료받기를 주저한다. 이에 비해 심리적 부담이 비교적 덜한 곳이 상담센터이고, 그래서인지 상담센터를 찾는 사람들이 점차 늘고 있다. 이러한 필요성에 따라 상담센터도 많이 생겼고, 지금도 계속 늘어나고 있는 추세다.

이처럼 상담센터가 늘어나고 있지만, 센터 운영에 도움이 될 만한 지침서가 거의 없어 상담센터를 개소하고 나서 어떻게 운영해야 할지 막막한 경우가 많다. 상담센터를 운영하고 있는 사람들과 운영하고자 하는 사람들은 상담의 효과적인 개입과 관리를 위해 상담자들이 따라야 할 절차, 상담에서 지켜야 할 윤리, 사례 관리 그리고 그 밖의 상담 근무와 관련되는 사항들에 대한 구체적인 규정을 알고 이에 따라 상담센터를 운영하는 것이 필요하다.

따라서 이 장은 상담센터에서 상담의 효과적인 개입과 관리를 위해 상담자들이 따라야 할 절차, 상담에서 지켜야 할 상담자 보호와 윤리, 사례 관리, 그 밖의 상담 근무와 관련되는 사항들을 상담센터 운영체계, 업무내용에 따른 상담센터 운영, 상담센터 운영의 어려움 및 극복 전략 등을 통해 구체적으로 살펴보고자 한다.

이 장은 특별히 상담센터 운영에 효과적이고 실질적인 도움을 주기 위해 매뉴얼 형식으로 제시하였으며, 장의 끝에는 필요 서류 및 일지 등을 모은 '부록'을 덧붙였다. 상담센터 운영은 전문적인 지식보다는 실용에 초점을 두고 있기 때문이다. 이 장을 통해 더욱 체계적이고 효과적인 상담 업무 진행이 이루어지고, 상담센터 운영 시에도 원활한 의사소통이 이루어지길 바란다.

1. 상담센터 운영체계

과거에 상담센터는 심각한 증상을 보이는 사람들을 위주로 하는 치료적 기능이 강조되어 왔으나 현재는 이뿐만 아니라 다양한 사람들의 예방적 문제, 발달적 욕구, 다양성의 추구, 정보제공 및 안내 등에 초점을 둔 상담센터의 운영과 관리를 체계화하는 것이 요구된다. 이상적이며 현실적인 상담센터를 운영하기 위해서는 상담센터 운영에 대한 기본적인 이해가 필요하다.

현재 상담센터를 운영할 때 다양한 사람들의 예방적 문제, 발달적 욕구, 다양성의 추구, 정보제공 및 안내 등에 초점을 두고 있다.

1) 상담센터의 기능

상담센터의 기능은 상담을 계획하고 실행하는 것이 주목적으로서 다음과 같은 기능이 있다. 첫째, 개인상담을 통해 내담자들이 자신에 대한 이해, 대인관계 개선, 창의적인 문제 해결 그리고 합리적인 선택과 적응력 육성을 통해 자신의 삶을 보다 긍정적이고 행복하게 성장·발전시키도록 돕는다. 둘째, 집단상담을 통해 내담자들의 자아성장, 심성개발, 부모역할, 가족관계 개선 및 진로선택에 도움을 줄 수 있다. 셋째, 다양한 교육 프로그램 참여를 통해 내담자들이 자신의 대인관계 기술, 의사소통 능력, 부모역할, 부부관계 개선의 방법을 이해하고 실천하여 보다 효과적으로 자신의 역할을 수행할 수 있도록 돕는다. 넷째, 다양한 심리검사를 통해 내담자의 증상을 진단하고 증상에 맞는 정확한 치료법을 실시하여 내담자의 문제 해결을 돕는다. 다섯째, 지역사회기관, 의료기관, 법률기관 등과 연계하여 내담자가 가진 어려움을 해결할 수 있도록 다양한 도움을 제공한다. 즉, 개인상담, 집단상담, 심리검사 및 자문활동을 통하여 내방하는 사람들에게 상담 서비스를 제공해 주는 곳이다. 또한 내방하는 사람들과 관련된 연구를 수행하며, 각종 상담 관련 연수 및 교육활동의 시범을 보여 주는 곳이다.

상담센터의 기능은 개인상담, 집단상담, 다양한 교육 프로그램 및 심리검사 등을 통해 내담자를 돕는 활동을 계획하고 실행하는 것이 주목적이다.

2) 상담센터의 조직

상담센터는 그 규모에 따라 조직체계가 다양하지만, 대부분의 상담센터는 센터장, 상담팀장 혹은 부장, 상담원들로 구성되어 한 팀을 이루고 있다.

상담센터는 대부분 센터장, 상담팀장 혹은 부장, 상담원들로 구성되어 한 팀을 이루고 있다. 센터장은 상담업무의 전체적인 운영을 관리하고 지도·감독하는 역할을 담당하며 운영을 책임진다. 상담팀장 혹은 부장은 실무를 담당하며 조직하고 운영의 책임을 맡는다. 상담원들은 내방하는 내담자들에게 상담 서비스(상담, 교육, 심리검사)를 직간접적으로 제공하는 역할을 한다. 이 체계는 기관의 재정적·환경적 구성에 따라 다소 다를 수 있으며, 팀의 규모에도 차이가 있다. 또한 상담센터는 운영위원 및 자문위원을 두어, 상담센터의 운영뿐만 아니라 법률적·의학적 자문을 구할 수 있다. 의학적 자문은 상담센터에서 상담할 수 없는 내담자를 의료기관에 의뢰해야 할 경우 자문의사의 도움을 받는 것이다. 법률적 자문은 가정폭력, 성폭력, 아동학대 등의 상담 의뢰가 있을 경우 법률에 대한 정보제공과 안내를 위하여 자문기구 및 자문위원을 두는 것이다. 이 외에도 상담센터의 조직 구성원들의 상담교육 및 연수활동을 위해 상담자문(슈퍼비전)을 구할 수 있는 위원을 둘 수 있다. 또한 상담센터 운영을 계획하고 관리하기 위한 행정 영역을 두고 있고, 그 외에도 학교 및 지역사회의 여

[그림 14-1] 상담센터의 조직도

러 단체와 조직적으로 연계하여 사회사업 추진을 위한 인력확보 등의 사업 영역으로 나눌 수 있다. 이를 그림으로 정리하면 [그림 14-1]과 같다.

3) 상담센터의 환경

상담센터가 어떤 위치, 구조, 시설과 장비 및 비품을 비치하고 있는가는 효율적인 상담 활동을 전개하는 데 직접적으로 영향을 줄 만큼 중요한 요소다. 기관마다 차이가 있기 때문에 여기서는 비교적 기본적인 부분에 대해 소개하고자 한다. 특히 '구비서류' 부분에서는 자신의 상담센터 운영에 필요한 서류를 선택하여 사용할 수 있을 것이다.

(1) 상담센터의 위치
- 장소는 우선 편리하게 찾아올 수 있는 곳
- 남의 눈에 쉽게 띄지 않는 곳
- 상담센터 내부는 방음이 잘 되어 있어 내담자들이 마음을 열고 상담에 몰두할 수 있는 안전하고 쾌적한 분위기를 자아내는 곳
- 상담 활동뿐만 아니라 생활지도 및 교육활동에도 용이한 곳

(2) 상담센터 구조 및 내부
- 이상적인 상담센터는 개인상담, 집단상담, 심리검사, 행정실, 대기실 등을 보유하는 것이지만 현재로는 개인상담, 집단상담, 접수데스크 등이 확보되어 있는 것이 보편적이다.
- 상담센터 내부에는 기본적인 책상과 의자가 있는 경우와 탁자와 쇼파로 구성된 곳도 있다. 안락한 느낌의 소도구, 자료집 등이 있어야 하지만 불필요한 사물이 있는 것은 좋지 않다.
- 상담센터는 아늑한 분위기를 조성해야 한다. 즉, 칸막이나 벽지, 커튼 등은 차분하고 안정된 중간색 계통의 색상과 산만하지 않은 무늬로 선택한다.
- 채광, 통풍, 냉난방시설 등이 적절하여 쾌적하고 밝은 분위기를 조성

한다.

- 환경미화에 관심을 가지며, 청결한 느낌을 유지하는 환경조성이 필요하다.
- 게시판, 신문철, 서가 등에는 각종 자료를 비치하여 내담자가 흥미롭게 읽도록 해야 한다.
- 내담자의 위치는 가급적이면 출입구 쪽으로 자리를 마련하여 누가 문을 열어도 마주치지 않도록 한다.

(3) 구비서류

- 상담센터 일지: 상담센터의 활동 상황을 매일매일 적는다. 상담센터 내의 제반 활동, 즉 상담 상황, 취급한 정보자료 처리 및 문서수발, 그 밖의 참고사항을 기재하는 난을 만들어 사용한다.
- 상담 및 심리검사 신청서: 학생 개개인의 가정환경, 성장과정, 학력, 인성, 건강, 교우관계, 상담신청 동기 등에 대한 내용을 기록한다.
- 개인상담기록부: 상담 사항을 기록한 상담 기록을 연도별로 일련번호를 매겨 수시로 참고할 수 있게 한다. 이것은 상담자 이외에는 누구도 보지 않도록 보완조치를 해야 한다.
- 집단상담기록부: 집단상담을 참가한 대상, 프로그램 결과, 경험보고서 등을 기록하여 보관한다.
- 상담센터 회의록: 상담센터 운영 및 전반에 관한 회의자료를 기록하여 보관해야 한다.
- 사례협의록: 접수면접 실시 후 사례를 담당하게 될 상담자를 결정하거나 사례 슈퍼비전에 관한 내용을 기록하여 보관한다.
- 공문서철: 연계기관의 협조 및 사업 영역과 관련된 전반적인 센터 운영과 관련하여 공문 발송 및 수신 상황을 보관해야 한다.
- 기타 검사자료철, 정보자료 목록, 연계기관 연락망을 수시로 볼 수 있는 곳에 배치하여야 한다.

상담센터에서 사용하는 상담신청서, 상담일지 등의 서식을 이 장 끝부분의 부록에 수록해 두었으니 필요에 따라 적절히 활용하기 바란다.

2. 업무내용에 따른 상담센터 운영

상담센터는 업무내용에 따라 크게 상담 영역, 교육 및 연구 영역, 행정 및 사업 영역 등으로 나누어진다. 세분화된 업무내용을 자세히 살펴보면 다음과 같다.

> 상담센터는 업무내용에 따라 상담 영역, 교육 및 연구 영역, 행정 및 사업 영역 등으로 업무가 나누어진다.

1) 상담 영역에 따른 상담센터 운영

상담 영역은 개인상담, 집단상담 및 심리검사 등을 실시하는 과정에서 발생하는 여러 가지 중장기적인 업무를 계획하고 실행하는 것을 말한다. 상담센터 운영에서 중심 업무라고 말해도 과언이 아닐 만큼 중요한 영역이다. 따라서 개인상담 운영, 집단상담 운영, 심리검사 운영 시 고려 사항에 대해서 자세히 살펴보고자 한다.

(1) 개인상담 운영

상담센터에서 개인상담을 운영할 때 고려해야 할 부분으로 개인상담 진행 과정, 상담기록 관리, 종결에 관한 사항, 종결 후 재상담 및 추후상담, 상담료 지급에 관한 것으로 나누어서 알아보고자 한다.

① 상담 진행 과정
- 내담자는 접수데스크에서 예약시간, 상담실, 상담자를 확인한 후 대기실에서 기다린다.
- 정해진 시간이 되면 내담자를 개인상담실로 안내한다.
- 상담 및 심리검사 신청서를 설명하고 내담자의 동의를 구한 후 자신의 인적사항, 가족관계 및 내담자가 생각하는 문제 영역에 체크한다.
- 초기 1~2회기 상담 후 내담자와 상담 목표를 합의한다.

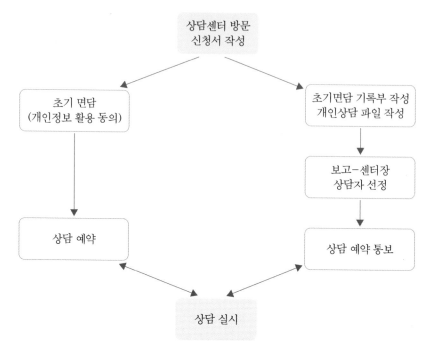

[그림 14-2] 상담 진행 과정

- 합의된 상담 목표 및 상담자의 내담자에 대한 분석내용을 토대로 사례를 개념화한다.
- 사례 개념화 과정에서 슈퍼비전을 통한 치료 계획을 명확히 한다.

② 상담기록관리

- 기록된 상담일지는 센터장의 확인을 받은 후 책임자 서류함에 보관한다. 상담기록부는 외부로 유출되지 않도록 세심하게 관리한다.
- 상담자가 퇴사할 시에는 지금까지 진행되었던 모든 사례에 대한 회기 보고를 완결해야 한다. 상담기록부를 포함한 모든 상담 관련 자료는 퇴사 후 개인적으로 소장할 수 없음을 원칙으로 한다.
- 상담자 퇴사 시에 진행하던 사례의 종결이 불가능한 경우는 센터장, 슈퍼바이저와 의논 후, 타 상담자에게 의뢰한다.

기록된 상담일지는 센터장의 확인을 받은 후 책임자 서류함에 보관한다. 상담기록부는 외부로 유출되지 않도록 세심하게 관리한다.

③ 종결에 관한 사항

- 개인상담 종결 보고

  −내담자와 종결하기 1∼2회기 전에 센터장에게 상담 종결을 보고한다.

  −내담자와 상담이 종결된 후 종결 보고서를 작성한다.

  −전임상담원과 센터장이 종결 보고서에 서명을 함으로써 종결된다.

- 상담 신청 후 상담 예약 확인 연락을 하여 3회 이상 연결이 되지 않거나 예약 후에 2회 이상 연락 없이 상담에 오지 않을 경우 상담센터는 임의로 상담을 취소할 수 있다. 이런 경우에도 해당 내담자가 상담센터에 다시 상담 지속 의사를 밝힐 경우 상담을 지속할 수 있다. 단, 상담자는 상담일정표에 기록을 남기고 상담 시 이에 대한 문제를 다뤄야 한다.

④ 종결 후 재상담 및 추후상담

- 종결 후 내담자가 다시 상담을 받고 싶어 할 때는 기존 상담자에게 의뢰하는 것을 우선으로 하고, 기존 상담자가 상담을 하지 않을 경우 새로운 상담자가 상담한다.
- 내담자가 상담자 변경을 원할 경우에는 새로운 상담자에게 의뢰한다. 이전 상담에 대한 정보를 내담자와 합의 후 새로운 상담자에게 제공할 수 있다.
- 종결 후 비정기적으로 상담하는 추후상담 시 주호소 문제가 실생활에서 변화되는 정도를 살펴서 내담자에게 계속 훈습할 수 있도록 격려해야 한다.

> 종결 후 내담자가 다시 상담을 받고 싶어 할 때는 기존 상담자에게 의뢰하는 것을 우선으로 하고, 기존 상담자가 상담을 하지 않을 경우 새로운 상담자가 상담한다

⑤ 상담료 지급

- 상담을 마친 후 현금의 경우는 바로 받고 카드의 경우는 접수데스크에서 정해진 상담료를 받는다.
- 상담료는 사전 합의를 통해 회기별로 받거나 예정된 회기 수(5회기 또는 10회기)에 따라 미리 받을 수도 있다.

(2) 집단상담 운영

집단상담은 비용 면이나 대인관계와 관련된 효과 면에서 개인상담에 못지않게 효과적일 수 있다. 여기에서는 집단상담 계획, 집단상담 참가 신청 방법, 집단의 구성, 집단상담의 윤리 등에 대해서 알아보고자 한다.

① 집단상담 계획
- 프로그램을 개발하여 상담센터 운영 일정에 따라 탄력적으로 집단상담을 실시한다.
- 집단원들의 도움 요청 사항을 파악한 후, 요구조사 결과에 기초하여 집단상담의 구성 내용과 목표를 설정하고 후에 자문위원들의 슈퍼비전을 받아 프로그램을 완성한다.
- 프로그램을 개발하고 구성한 후에는 집단을 모집하기 위한 홍보활동을 하는데, 여기에는 카페공지, 이메일 알림, 대학 홈페이지 공지 및 관련 학회 공지 등이 있다.
- 집단 환경은 여러 명이 조용하고 안락한 분위기에서 활동할 수 있는 곳이어야 한다.
- 집단상담에 쓰일 도구인 스케치북, 크레파스, 명찰, 색연필 등의 물품은 사전에 구비되어 있어야 한다.

② 집단상담 참가 신청 방법
- 방문 접수: 상담센터에 직접 방문하여 신청서를 작성한 후 집단상담을 신청한다.
- 인터넷 접수: 상담센터 홈페이지를 통하여 서식에 따라 신청서를 작성하여 신청한다.
- 전화 접수: 전화를 이용해 서식에 따라 신청서를 작성하여 신청한다.
- 집단상담 개설 확인: 개설 집단의 인원이 모아지면 접수현황과 집단의 시작 시간을 내담자에게 전화 혹은 문자로 알려 준다.

③ 집단의 구성

- 집단은 구성원의 나이, 자아 강도, 프로그램의 내용, 집단의 특성에 따라서 그 크기가 달라질 수 있다.
- 집단상담의 경우에 시간과 대상에 따라 10명 내외의 인원으로 구성한다.
- 자아 강도(문제를 버티는 힘)는 동질적으로, 사회통계학적 배경(성별, 학력, 호소문제, 나이 등)은 이질적으로 구성하는 것이 좋다.
- 가급적이면 폐쇄집단으로 운영하는 것이 바람직하다.

④ 집단상담의 윤리

- 모든 집단상담은 비밀보장을 원칙으로 하여 집단을 시작할 때 집단원들이 이에 대해 동의하도록 한다.
- 예외적으로 내담자가 자기 자신과 타인에게 해를 끼칠 수 있을 경우(예: 자살, 폭력)에는 상담자의 판단에 따라 내담자의 부모나 보호자, 주위 사람들에게 알릴 의무가 있다.
- 상담기록부는 센터장의 확인을 받은 후 책임자 서류함에 보관하며, 외부로 유출되지 못하도록 세심하게 관리한다.

(3) 심리검사 운영

심리검사는 내담자를 좀 더 이해하기 위한 방편으로 실시될 수 있는데, 여기에서는 심리검사 실시 과정과 심리검사 목록을 간단하게 알아보고 심리검사 및 평가 시의 위험성에 대해서 살펴보고자 한다.

① 심리검사 실시 과정

심리검사는 전화상담이나 접수면접 시 내담자의 요청에 따라 혹은 상담이 진행되는 과정에서 상담자가 필요하다고 생각되는 시점에 내담자의 동의를 얻어서 실시하게 된다. 상담센터에서 심리검사가 어떤 과정을 거쳐서 실시되는지 알아보자.

- 접수과정에서 검사를 통해 알고 싶은 내용이나 도움받기 원하는 내용에 대해 이야기를 한다.
- 내담자가 원하는 심리검사가 있을 시 상담신청서를 작성하게 한다.
- 개인상담을 받고 있는 내담자 중 상담자의 판단에 의해 심리검사가 필요할 경우 내담자와 논의하여 검사를 실시한다.
- 상담센터 운영시간 중 미리 예약된 시간에 검사를 실시할 수 있다. 검사 실시는 상담실장과 상담원이 담당한다. 단, 집에서 검사를 해 오는 형태는 지양해야 한다. 왜냐하면 검사 실시 후 내담자가 보이는 행동이나 태도가 상담에 활용될 수 있고 검사의 신뢰성을 확보할 수 있기 때문이다.
- 검사 실시를 위해 인정되는 학력과 심리검사에 대한 교육을 받은 자, 임상심리사, 발달진단평가사 자격을 갖춘 상담자에 한해 검사를 실시하도록 한다.
- 심리검사 해석은 각 검사의 해석이 가능한 상담실장 또는 상담원이 담당한다.

② 심리검사 목록

상담센터에 검사 및 평가 가능한 심리검사도구를 배치하여 내담자의 정확한 진단이나 자기 이해에 도움이 될 수 있도록 해야 한다. 이러한 심리검사 목록은 〈표 14-1〉과 같다.

표 14-1 심리검사 목록

구분	영역	대상연령	심리검사
아동	정서 · 행동	만 3세~취학전	유아발달검사, 아동인성검사/주양육자보고
		학령기	HTP, KFD, SCT, CAT
	언어발달	36개월 이전	영 · 유아언어발달검사(SELSI)/주양육자보고
		36개월 이후~취학전	취학전 아동의 수용 및 표현언어발달척도(PRES)
		학령기	읽기, 쓰기 검사
	성격/진로인식	초등 3학년 이상	MMTIC, Holland 진로인식검사

청소년	인지 · 정서 · 행동	중등~고등	HTP, KFD, SCT, MMPI−A
	성격 · 학습 · 진로		MBTI, 학습동기학습전략검사, Holland 진로탐색검사
성인	성인일반	20세 이상	MMPI−2, MBTI, Holland 적성탐색검사, TAT
	부모		부모양육태도검사
	부부		결혼만족도검사

③ 심리검사 및 평가 시의 위험성

심리검사를 실시하거나 평가할 때는 다음과 같은 위험성이 있기 때문에 주의해야 한다. 첫째, 이 검사를 수행하려는 목적이 무엇인지에 대한 정확한 관점을 가지고 있어야 한다. 즉, 검사가 가지는 특성이 개인의 과제, 개인의 요구, 당면한 조건에 맞는지 판단해야 한다. 왜냐하면 모든 상황에 모든 사람에게 적합한 심리검사는 없기 때문이다. 둘째, 심리검사를 통해 평가가 이루어지면 우리는 인지적으로 그 평가에 맞는 내담자의 인상, 정보를 수집하게 되고, 반대로 그 평가에 맞지 않는 정보나 내담자의 태도, 능력, 적성, 가치관 등은 무시하거나 오해하게 될 수 있으므로 주의해야 한다. 셋째, 여러 사람들에 의해 표준화된 검사라고 해서 검사를 맹신하는 자세는 옳지 않다. 왜냐하면 내담자들의 현재 상황이나 여건, 동기에 따라 검사에 집중할 수 없을 수도 있기 때문에 이러한 상황적 요소가 검사의 타당화를 위협할 수 있다. 따라서 검사를 실시할 때는 상황적 요소를 살피는 것이 필요하고, 적절한 교육과 훈련 및 슈퍼비전을 받아 전문적이고 많은 경험을 축적한 검사만을 센터에서 수행하는 것이 필요하다. 그리고 심리검사의 평가에서 오는 위험성에서 벗어나기 위해서는 상담자의 심리검사에 의한 평가를 가설로 받아들이고 내담자의 태도, 능력, 적성, 가치관과 관련된 정보를 적극적으로 탐색하는 자세가 필요하다.

2) 교육 및 연구 영역에 따른 상담센터 운영

교육 및 연구 영역은 상담센터를 방문한 내담자를 대상으로 연구를 하

교육 및 연구 영역은 상담
센터를 방문한 내담자를
대상으로 한 연구 및 보고
서 작성과 관련되며, 대상
에 대한 면밀한 관찰과 자
료를 통해 그에 맞는 교육
및 상담 프로그램을 개발
하는 부분이다.

고 보고서를 작성하기도 하며, 대상에 대한 면밀한 관찰 및 자료를 통해
그에 맞는 교육 프로그램과 상담 프로그램을 개발하는 부분이다.

상담자는 문헌연구 고찰이나 경험적 연구를 통해서 끊임없이 연구해야
하며 이러한 일련의 연구활동은 내담자를 좀 더 이해하는 결과로 이어지기
때문에 중요하다. 연구 수행 시 상담자가 연구를 하고 싶은 영역과 주제에
대해서 그에 적합한 대상을 선정하여 연구를 진행하게 되는데, 이때 상담
센터를 방문한 내담자를 대상으로 할 때는 동의를 얻어서 연구를 수행하게
된다. 소수를 대상으로 관심 주제(중독, 자살행동, 외상경험 등)를 선정하여
연구를 할 때는 질적 연구가 이루어질 수 있다. 이때 면담은 2~3회 실시하
는 것이 적당하며 사후에 내담자를 대상으로 면담에 대한 추후 관리가 필
요하다. 특히 문제 행동이 자신이나 타인을 해칠 위험이 있는 대상일수록
반드시 면담 후 심리적인 상태를 점검해야 한다.

이렇게 수행된 연구대상에 대한 이해를 바탕으로 그들에게 도움이 되
고 문제 행동을 감소시켜 적응 행동을 할 수 있도록 도와주는 교육이나 상
담 프로그램을 개발하는 연구 또한 수행할 수 있다. 이렇게 개발된 프로
그램으로 홈페이지 광고나 관련 기관의 홍보를 통해서 대상을 모집하고
프로그램을 실시하여 문제 행동이 얼마나 줄어들었고 긍정성이 얼마나
증가하였는지를 확인해 볼 수 있다. 이렇게 상담자는 교육 및 연구 활동
을 통해 내담자의 특성을 좀 더 이해하고 이렇게 이해된 내용을 세상과 공
유하는 활동을 게을리하면 안 된다.

3) 행정 및 사업 영역에 따른 상담센터 운영

행정 영역은 예산, 인력배
치, 구비서류 등 상담센터
를 운영하기 위해 필요한
행정적 활동이다.

상담센터를 운영하기 위한 행정 영역은 예산, 인력배치, 구비서류 등
운영 전반에 관한 활동이며, 사업 영역은 지역 및 상담기관과의 연계활동
과 자문의 협조체제 구축을 통한 경제활동이다.

우선 행정 영역은 상담센터 개업에 관련된 모든 재정적 기록, 납세신
고, 미래 수입, 지출 계획 및 연간 상담센터 운영비 설정, 인건비 책정 등
상담센터를 운영하기 위해 이루어지는 행정적인 활동을 말한다. 이는 수

입·지출 계획서, 임대차계약서, 연간 교육계획서, 각종 공문들을 잘 작성하고 발송하며 또한 이를 잘 보관하는 업무를 통해 상담센터 운영의 효율을 높일 수 있다.

사업 영역은 상담센터의 유지 및 발전을 위한 활동을 말한다. 즉, 내담자를 확보하는 방법을 탐색하는 활동의 총집합체라 할 수 있다. 이를 위해서 상담자는 내담자와 의뢰처를 확보하기 위한 방법을 적극적으로 탐색하고 홍보하여 잠재적 내담자와 관련 기관들이 상담센터를 얼마나 많이 찾을 것인가를 현실적으로 평가해 보아야 한다.

이를 위한 활동으로, 첫째, 기관 홍보가 매우 중요하다. 상담센터에서 제공 가능한 서비스를 정의하고, 이것이 필요한 이유를 설명하며, 도움을 주는 방법에 대해서 효과적으로 홍보해야 한다. 홍보할 수 있는 매체로는 홈페이지(인터넷, 모바일), 인터넷 지도, 주소 광고, 지역신문, 팸플릿, 명함 작성 등이 있다. 여기서 특히 주목할 광고 매체는 홈페이지인데, 이를 통해 상담센터의 다양한 활동을 알리고 게시판을 통해 상담에 대한 궁금증을 문의하며 사이버상담을 통해 상담을 쉽게 접할 수 있는 기회를 제공한다. 이뿐만 아니라 이러한 활동은 새로운 내담자로 이어질 가능성을 높여 준다.

둘째, 근로자지원 프로그램(Employee Assistance Program: EAP)에 계약하기는 상담센터의 주요 사업으로 자리 잡아 가고 있다. EAP 서비스는 직장생활에서 발생하는 스트레스뿐만 아니라 가정, 일상 등 직장인이자 가족 구성원으로서 느낄 수 있는 각종 어려움을 해결할 수 있도록 지원해 주는 프로그램이다. 심리상담 등 EAP 서비스를 이용한 직원들은 고민 해결을 통해 일과 삶의 균형 유지 등 좀 더 행복한 삶을 즐길 수 있다. 이러한 EAP 계약을 통해 상담센터의 안정적인 운영을 확보해 나갈 수 있다.

셋째, 업무협약(Memorandom of Understanding: MOU) 체결하기로서 상담센터는 지역사회의 다양한 기관인 병원, 복지센터, 대학, 도서관 평생교육원, 시청, 경찰청, 소방청 등과 업무협약을 체결한다. 이러한 협약관계를 통해 상담센터는 각 기관에 상담서비스와 교육서비스를 제공하고 각 기관에서는 내담자를 상담센터로 연계하고 내담자를 대신하여 상담료와 교육비를 제공한다.

사업 영역은 상담센터를 유지·발전시키는 활동으로 기관 홍보, EAP, MOU 체결 등이 있다.

근로자지원 프로그램(EAP)은 직장인이자 가족 구성원으로서 느낄 수 있는 각종 어려움을 해결할 수 있도록 지원해 주는 프로그램이다.

업무협약(MOU) 체결을 통해 각 기관에서는 내담자를 상담센터로 연계하고 내담자를 대신하여 상담료와 교육비를 제공한다.

3. 상담센터 운영의 어려움과 극복 전략

상담센터 운영 시 상담이라는 자신의 전문 분야를 기반으로 상담센터를 방문하는 내담자를 돕고 동시에 자신도 함께 성장할 수 있는 기회를 가짐에도 불구하고 사설 상담센터 운영자는 다음과 같은 어려움에 직면할 수 있다. 따라서 자기돌봄 전략을 수립하여 소진을 극복하는 것이 필요하다.

1) 상담센터 운영의 어려움

상담센터를 운영함에 있어 어려움으로는 상담 개입에 필요한 체제 구축, 다양한 운영전략 마련, 상담자의 질적 향상, 과다한 전문성 기부 활동 등이 있다.

상담센터 운영의 어려움을 구체적으로 살펴보면, 첫째, 사설 상담기관에서는 재정적인 문제로 인해 모든 상담(이혼, 부모, 비행, 위기, 가족상담 등) 분야의 전문가를 센터의 인력 조직으로 구성하기가 어렵다. 따라서 지지 체계를 구축하지 못하면 다양한 상담의 요구를 수용할 수 없다. 이러한 다양한 상담 개입에 필요한 체제를 구축해 줄 수 있는 동료들이 주변에 있어야 한다.

둘째, 상담센터 운영을 위해서는 전문가로서의 상담적 자질과 함께 사업적 능력을 균형 있게 갖추고 있어야 한다. 즉, 상담업무 외의 운영을 위해 다양한 전략을 마련해야 한다.

셋째, 상담센터가 지역사회에서 안정적인 위치를 구축하기 위해서는 센터장 외에도 기관에 고용된 모든 상담자의 전문성을 끊임없이 개발해야 한다. 즉, 상담 교육과 훈련 및 상담 슈퍼비전을 통해 상담자로서의 질을 향상시켜야 한다.

넷째, 심리상담이 현재까지는 정신보건 분야의 전문 활동으로 인정받지 못한 상황이어서 상담료의 정신건강보험 적용이 불가능하다. 이로 인해 내담자들이 직접 비용을 지급해야 하는 실정이라 다양한 내담자들에게 전문적인 상담 서비스를 제공할 수 없다.

다섯째, 상담센터를 홍보하고 전문 상담자로서의 명성을 쌓기 위해 지역사회에 대한 전문성 기부 활동이 이루어지기도 하는데, 이렇게 여러 가지 활동을 과다하게 실시할 때는 상담자의 소진으로 이어질 수 있다.

여섯째, 상담센터를 개설하기 위해서는 아주 오랜 기간 전문가로서의 훈련을 받아야 한다. 내담자의 상담센터에 대한 신뢰 형성을 위해서는 일정 수준 이상의 정규 교육과정(석·박사과정)뿐만 아니라 다양한 전문 자격증을 취득해야 한다.

일곱째, 상담센터에서는 센터의 전문성 확보를 위해 상담자 채용 시 대학원에서 석사 이상의 교육을 받았고 1년 이상 인턴과정을 거쳐서 상담 관련 전문 자격을 취득한 상담자를 채용해야 하는데, 이러한 조건을 다 갖춘 상담자를 채용하는 데 어려움이 있다. 정규 교육과정에서의 교육만으로는 상담 관련 자격증을 취득하기에 역부족이어서 별도의 시간을 들여 자격증을 취득해야 하므로 이러한 조건을 갖추는 데는 상당한 노력이 필요하다.

2) 상담자의 소진 극복 전략

상담센터를 개업하여 직무에 몰입하다 보면 정신적·육체적 소진이 발생할 수 있다. 따라서 실천 가능한 자기돌봄 전략을 수립하여 상담센터 운영 계획의 기본으로 삼고 실천해 나가는 자세가 필요하다.

상담센터 운영을 시작할 때부터 상담자가 자기돌봄을 소홀히 하면, 첫째, 자신의 내담자에 대해 근본적인 존중감 없이 평가와 지적하는 방식으로 말하면서 내담자를 문제 인간으로 취급하기 쉽다. 또한 상담 장면에서 에너지가 부족하여 상담 중 맑은 정신을 유지하기 어렵고 내담자의 말을 경청, 공감하고 일치성을 보이기 힘들어진다. 따라서 상담과 상담 사이에 쉬는 시간을 충분히 가져야 한다. 50분 상담이면 10분은 반드시 쉬도록 하여 이전 내담자를 보내고 다음 내담자를 마음으로 받아들여야 한다. 그리고 하루에 상담 사례를 너무 많이 잡지 말고 자신이 실제로 소진되지 않고 잘할 수 있는 적절한 수의 상담을 진행하고 작업 부하량을 조절해야 한다.

둘째, 소진하게 되면 자신이 하는 직업에 대해 어떤 의미나 만족도를

> 상담자의 소진을 막기 위해서 자기돌봄, 일에 대한 의미와 가치 찾기, 스트레스 대체 방안이 필요하다.

찾지 못하고 흥미를 상실하거나 자신의 직업을 경시하는 현상이 생길 수 있다. 따라서 자기를 제대로 보살피고 자기만의 시간을 가지고 명상이나 기도, 종교 활동을 함으로써 자신의 직업적 의미나 자신이 하는 일에 대한 의미와 가치를 꾸준히 추구하는 것이 필요하다.

셋째, 자기돌봄이 부족하면 직업적인 능력이 손상되고 그에 따른 불안과 두려움이 증가할 수 있다. 상담 시 점점 더 많은 실수를 저지르게 되고 더 이상 불확실성, 요구 및 상담의 스트레스에 대처할 수 없을 것 같은 불안이나 두려움을 느끼게 된다. 따라서 이런 불안이나 두려움, 스트레스로부터 고립되지 않기 위해서는 동료 상담자와 정기적인 모임을 가져 자신의 직업적 어려움을 적극적으로 개방하여 나눌 수 있어야 하며, 상담실 안의 시간만을 가지는 것보다는 가능하면 강의, 컨설팅, 슈퍼비전 모임 주도 등 전문가협회의 다양한 활동을 갖는 것도 도움이 된다.

상담 및 심리검사 신청서

신청일: 년   월   일   사례번호: −   −

성명		성별	남( ) 여( )
생년월일	년 월 일 만( )세	소속(직업/학교)	
종교		최종학력	
현주소			
주거지	자택( ) 하숙( ) 자취( ) 기숙사( ) 친척집( ) 친구집( ) 기타( )		
연락처	집( ) 핸드폰( )	E-mail	@
건강상태	매우 건강하다( ) 건강한 편이다( ) 자주 아픈 편이다( ) 늘 아프다( )		
상담 및 심리검사 경험	없다( ) 있다(언제: 어디서: 어떤 내용으로:) 종결하게 된 이유( )		
방문동기	본인이 원해서( ) 친구나 주위 사람들이 권해서( ) 선생님이권해서( ) 안내포스터나 팸플렛을 보고( ) 기타( )		
방문목적	개인상담( ) 심리검사( ) 집단상담( ) 놀이치료( ) 미술치료( ) 진로학습상담( ) 영재교육상담( ) 리더십교육( )		
원하는 심리검사	성격검사( ) 정신건강검사( ) 진로검사( ) 학습검사( ) 지능검사( ) 창의력검사( ) 기타( )		

어떤 문제로 상담을 받고자 합니까? (구체적으로)

	관계	연령	직업	학력	종교	동거 여부	가족에 대한 느낌
가족사항							
	* 가족 외에 함께 사는 사람도 모두 적어 주세요.						

1. 다음 중 현재 고민하고 있거나 상담받기를 원하는 부분에 '모두' ○표시해 주십시오.

성격문제	자신의 성격에 대한 불만과 회의( ) 성격문제로 타인과 마찰( )
정서문제	자신감 저하( ) 우울·의욕상실( ) 불안·긴장( ) 두려움·공포( ) 분노·짜증( ) 외로움·소외감( ) 기타( )
가족문제	부모와의 갈등( ) 형제와의 갈등( ) 자녀와의 갈등( ) 기타( )
부부문제	배우자와의 갈등( ) 외도( ) 가정폭력( ) 기타( )
진로·학습 문제	성적문제( ) 취업문제( ) 적성문제( ) 시험불안( ) 학습방법( ) 진학문제( ) 집중력 저하( ) 전공선택( )
교우관계	친구와의 관계( ) 선후배와의 관계( ) 기타( )
이성·성문제	이성과의 관계( ) 성문제( ) 임신( ) 성병( ) 기타( )
실존문제	삶에 대한 회의( ) 가치관 혼란( ) 종교( ) 죽음( ) 기타( )
행동·습관 문제	주의집중 곤란( ) 불면( ) 강박적 행동( ) 우유부단( ) 공격적 행동( ) 음주문제( ) 약물문제( ) 기타( )
외모문제	체중증가( ) 체중감소( ) 외모 및 자아상( ) 기타( )
현실문제	생활비( ) 주거환경( ) 기타( )

2. 현재 자신의 문제가 어느 정도 심각하다고 생각합니까?

   심각하지 않다 ← 1( ) -2( ) -3( ) -4( ) -5( ) → 매우 심각하다

3. 상담을 통해 문제가 해결될 것으로 기대하는 정도

   매우 기대하고 있다 ← 1( ) -2( ) -3( ) -4( ) -5( ) → 전혀 기대하지 않는다

4. 가족 전체의 화목 정도

   매우 화목하다 ← 1( ) -2( ) -3( ) -4( ) -5( ) → 매우 불화가 심하다

5. 가정의 경제수준

   매우 나쁘다 ← 1( ) -2( ) -3( ) -4( ) -5( ) → 매우 좋다

6. 귀하의 가족이나 친척 중에 심리적 장애나 정신질환을 겪은 사람이 있습니까?

   있다 ( ) 없다 ( )

   있다면 누구입니까? ( ) 어떤 문제입니까? ( )

〈위 내용은 여러분을 이해하기 위한 자료로만 사용되며, 모든 정보는 비밀을 유지합니다.
감사합니다.〉

부록 14-2

상담일지

작성일:　　　　년　　월　　일　　　　　　　　　　　　　작성자:

_____

_____

_____

_____

_____

_____

_____

_____

_____

_____

_____

_____

_____

_____

_____

_____

_____

_____

○○ 심리상담센터

사례 개념화

1. 내담자의 이해

호소문제와 특징	
호소문제와 내담자가 처한 상황적 · 발달적 관련성	

2. 상담 목표 및 계획

단기목표	
장기목표	

3. 적용 이론 및 전략

이론	전략

4. 슈퍼바이저 의견

상담 종결 기록부

내담자명		상담기간	~	총 상담횟수	
주요 내담자 정보					
주 호소문제					
상담내용 (적용이론 및 개입)					

상담 목표 및 목표 달성	상담 목표			달성 여부/달성량
				/
				/
				/
				/
				/
상담 예후				
비고				

날짜:　　　년　월　일　　　　　　　　　　　상담자:　　　　　(서 명)

　　　　　　　　　　　　　　　　　　　　　센터장:　　　　　(서 명)

* 목표 달성 여부는 ◯, ×로 표기
** 목표 달성량은 결과 수치로 표기(1~10)

집단상담 일지

회기		일시	. . .
진행자		보조진행자	
진행 및 활동내용			
활동내용			
평가			
특기사항			

부록 14-6

심리검사 보고서

내담자 인적사항	성명		생년월일	년 월 일(만 세)
	성별	남 여	결혼유무	기혼☐ 미혼☐ 기타( )
	학력		직업	
검사일시	20 년 월 일		검사장소	
의뢰인	내담자☐ 가족☐ 타기관☐ 기타( )			
검사도구				
의뢰사유				
행동관찰				
검사결과				
요약 및 제언				

되짚어 보기

1. 과거에 상담센터는 문제 있는 사람들을 위주로 하는 치료적 기능이 강조되어 왔으나 현재는 다양한 사람들의 예방적 문제, 발달적 욕구, 다양성의 추구, 정보제공 및 안내 등에 초점을 둔 상담센터의 운영과 관리를 체계화하고 있다. 이상적이며 현실적인 상담센터를 운영하기 위해서는 상담센터 운영에 대해 기본적인 이해가 필요하다.

2. 상담센터가 어떤 위치, 구조, 시설과 장비 및 비품을 비치하고 있는가는 효율적인 상담 활동을 전개하는 데 직접적으로 영향을 줄 만큼 중요하다. 상담센터 위치는 우선 편리하게 찾아올 수 있는 곳으로 정하는 것이 좋고 내부는 방음이 잘 되어 있어 내담자들이 마음을 열고 상담에 몰두할 수 있는 안전하고 쾌적한 분위기를 자아내는 것이 중요하다.

3. 상담센터는 업무내용에 따라 크게 상담 영역, 교육 및 연구 영역, 행정 및 사업 영역 등으로 나누어진다.

4. 상담 영역에서 상담센터는 개인 및 집단 상담, 심리검사 등을 실시하고 중장기적인 업무를 계획하고 실행하여야 한다. 상담센터에서 개인상담을 운영할 때 개인상담 진행 과정, 상담기록 관리, 종결에 관한 사항, 종결 후 재상담 및 추후상담, 상담료 지급에 관한 것을 고려해야 한다.

5. 상담센터를 운영하기 위한 행정 영역은 예산, 인력배치, 구비서류 등 운영 전반에 관한 활동이며 사업 영역은 지역 및 상담기관과의 연계활동 및 자문의 협조체제 구축을 통한 경제활동이다.

6. 상담센터 운영 시 상담이라는 자신의 전문 분야를 기반으로 상담센터를 방문하는 내담자를 돕고 동시에 자신도 함께 성장할 수 있는 기회를 가짐에도 불구하고 사설 상담센터 운영자는 인력조직의 어려움, 상담적 자질과 함께 사업적 능력의 균형, 상담자의 전문성 개발, 상담료의 정신건강보험 적용 불가능, 여러 활동으로 인한 소진 가능성 등과 같은 어려움에 직면할 수 있다.

빛

모든 것에는 작은 틈이 있습니다.

빛은 바로 그 틈을 통해 들어올 수 있는 것입니다.

내 몸이 상처를 입지 않았다면, 나는 알지 못했을 것입니다.

절대로 내면 깊숙한 곳으로부터 나 자신을 알 수 없었을 거예요.

단지 겉으로 보이는 내 모습만을 알았을 것입니다.

-기 코르노의 『마음의 치유』 중에서-

제15장

상담 사례의 이해

❝ 길라잡이 물음

1. 상담 사례를 어떻게 이해할 것인가?

2. 상담 사례를 이해하고 분석하는 의의는 무엇인가?

3. 초보 상담자가 상담 사례를 분석할 때 유의점은 무엇이 있는가?

4. 실제 상담 사례를 개념화한다는 것은 어떤 것인가?

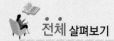
전체 살펴보기

　　현재 시행되고 있는 상담 및 심리치료의 교육 및 수련 과정은 대개 상담자로서의 교육분석, 개인 및 집단 슈퍼비전, 사례토론, 그리고 상담과 심리치료의 이론적 지식을 습득하기 위한 이론 교육과정 등으로 이루어지고 있다. 이 가운데 현재 상담자 양성을 목적으로 상담자를 수련시키는 대학의 교육과정을 보면 거의 대부분은 이론 교육과정에 주안점을 두고 있다. 그러한 이유로는 여러 가지가 있겠지만, 아마도 실제 사례를 접할 수 있는 장면의 부족과 사례를 접할 기회 그리고 사례를 접한다 하더라도 사례에 대한 정확한 이해의 부족 등에 원인을 둘 수 있다. 따라서 상담 실제에 대한 사례 이해는 현재 상담자 교육에서 매우 중요한 활동으로 요구되고 있다. 상담자는 자신의 사례뿐만 아니라 선배, 동료 상담자의 사례 분석을 통해 자신의 치료상의 맹점, 상담 접근, 내담자에 대한 깊은 이해 그리고 상담 방법을 체계적으로 습득하여 자신에게 알맞은 효율적인 상담 면접 방법을 개발할 수 있다. 따라서 이 장에서는 실제 상담 사례의 분석 방법을 알아본 후, 제시된 실제 상담 사례를 통해 내담자를 이해한 내용을 사례 개념화해 보고자 한다. 여기에 제시된 상담 사례는 『정신역동적 상담』(정방자, 학지사, 1998)에서 나온 사례를 바탕으로 수정한 것이다. 이러한 실제 사례의 이해를 통해 초보 상담자가 상담이라는 세계를 간접적으로 경험해 볼 수 있는 기회를 가지길 바란다.

1. 상담 사례의 분석 방법

상담의 초보자로서 우리가 흔히 갖게 되는 의문점은 어렵게 배운 상담의 이론적 지식과 기법을 상담 장면에 잘 접목시키고 있는지에 대한 관심이다. 그렇게 하기 위해서는 먼저 초보 상담자들이 상담 사례 분석 과정에서 보이는 문제점으로 지적되었던 사항을 세심하게 살펴보는 것이 무엇보다도 선행되어야 한다. 상담 및 심리치료자들의 상담 및 슈퍼비전 경험에 대한 여러 연구(백지영, 임효덕, 1994)를 살펴보면, 초보 상담자가 사례를 분석할 때 가장 빈번히 지적되었던 사항으로는 핵심감정의 파악과 공감적 이해의 부족이었다. 초보 상담자들은 내담자의 표면적 증상이나 일상적인 사건(event)에만 매달리고, 핵심감정에 대한 이해 부족으로 내담자의 절실한 문제에 적절한 공감을 하지 못하는 경우가 대부분인 것으로 나타났다.

그리고 상담자 자신의 문제로는 내담자로부터 인정받으려는 마음에서 성급하고 부적절한 해석을 하거나 지나치게 이론과 형식에 끼워 맞추려고 하는 경우, 상담자 자신의 가치판단 기준으로 내담자를 비난하거나 배척하는 경우, 근친상간적 주제 혹은 성적인 문제를 내담자가 내놓을 때 상담자 자신이 불안을 느껴 회피해 버리고 충분히 다루지 못하는 경우, 그 밖에도 상담자의 종교적 · 사회적 편견, 내담자에 대한 관심이 부족한 경우, 내담자의 침묵에 대한 상담자의 불안, 상담자의 일방적 주제 변경, 상담자 자신의 내면적 갈등 및 정서적 미숙 등이 있는데, 이는 상담의 진행을 방해하는 장애물로 작용하였다.

또 상담자가 상담에 대한 기본적 이해와 올바른 이론적 지식이 부족해서 비롯되는 문제로는 내담자의 막연한 언급에 대한 명료화(clarification)의 미흡, 가장 기본적이고 중요한 내담자의 개인력, 가족력, 발병 상황에 대하여 철저히 규명하는 자세 및 능력의 부족, 상담 목표 및 방향 설정의 미숙, 적절한 치료적 개입의 미숙(예: 한정질문으로만 일관하여 내담자의 감정 표현을 오히려 막아 버리는 경우, 또는 전이 감정에 대한 파악 및 처리 미숙)

초보 상담자들은 슈퍼비전을 통해 상담 사례의 분석 과정에서 보이는 문제점으로 지적되었던 사항을 세심하게 살펴보는 것이 중요하다.

상담자가 내담자로부터 인정받으려는 마음과 상담자 자신의 문제가 상담의 흐름에 방해가 되지 않도록 해야 한다.

등이다(김승업, 임효덕, 강석헌, 1990).

이상의 몇 가지 점에 유의하면서 상담 사례 분석에서 살펴보아야 할 내용을 언급하면 다음과 같다. 먼저 상담자가 내담자의 핵심감정 또는 중심 주제에 대한 분명한 이해와 파악을 하고 있느냐 하는 점이다. 핵심감정은 내담자의 증상 밑에 억압되어 있는 주 감정(주로 내담자가 어린 시절 동안 그에게 가장 중요한 사람들과의 관계에서 생긴 정서적 힘의 상호작용 패턴으로 정신역동에서는 이 핵심감정이 그 본질에서는 기본적으로 변하지 않은 채 각 개인의 나머지 일생 동안 성격의 핵심이 된다고 봄)을 이해하는 것이다. 핵심감정으로는 사람에 대한 욕구, 복수심, 경쟁심, 의존심, 배척, 박탈, 죄의식 등을 들 수 있다. Dewald(1978)는 상담 과정을 나무에 비유하여 나무의 몸체나 뿌리에 변화를 초래하면 작은 나뭇가지나 잎은 저절로 변한다고 하여 내담자의 중심 주제 또는 역동의 중요성을 강조하였다. 즉, 뿌리나 몸체에 이상이 있는데 작은 가지나 나뭇잎만을 열심히 만지고 있으면 아무 소용이 없다는 말이다. 역동적인 문제를 파악하기 위해서는 문제의 발병 요인, 어린 시절의 상처 입은 경험 및 반복적인 패턴을 검토한다. 문제를 발생시킨 기본적 감정 세력들에 대한 이런 충분한 이해와 검토는 상담자로 하여금 앞으로의 치료 방향을 분명하게 설정하도록 해 주는 이점이 있다.

둘째, 내담자의 역동을 진단 내릴 수 있도록 내담자의 문제 발생 시기와 그 전후 상황 및 경과를 자세히 검토한다. 생활사에서 겪었던 어려움 등의 파악은 현재 내담자가 직면하고 있는 문제에 대한 이해를 분명하게 해 준다. 이는 앞서의 핵심감정의 발병 직전 상황, 과거의 성격 특성, 성장 과정 중의 경험 등 속에 일관되게 해결되어 있지 않음을 내담자에게 이해시키는 과정도 되므로 치료관계의 형성이 빨리 촉진될 수도 있다.

셋째, 상담 이론과 기법의 적절한 사용문제다. 상담 이론은 내담자의 문제 행동이나 증상 이해와 상담을 효율적으로 접근하게끔 하는 길을 제공해 주는 장점도 있지만 이에 대한 맹신은 칼과 같아서 잘못하면 흉기가 될 수 있다. 이론에 내담자를 끼워 맞추는 것이 아니라 이론은 내담자의 전반적인 세계에 대한 이해의 수단으로 활용되어야 한다. Strupp(1973)

은 내담자에게 의미 있는 치료 변화를 가져오는 가장 강력한 수단이 정서적으로 충만된 대인관계라고 주장한다. 그리고 상담자의 기본적인 상담 기법을 적절히 사용하고 있는지 유심히 살펴보아야 한다. 예컨대, '해석(interpretation)' 기법의 경우, 내담자는 준비되어 있지 않은데도 너무 이르게, 초점이 빗나가게, 그리고 너무 심층적으로 해석하여 상담 과정에 저항 현상이 일어나게끔 하는 경우도 있다. 따라서 사례 분석 시 내담자로 하여금 의미 있는 변화를 가져오게 하는 상담자의 기본적인 상담 기법(예: 명료화, 직면, 재진술 반응 등)과 언어적 상호작용 패턴을 세심히 관찰할 필요가 있다.

넷째, 내담자 문제의 원인이 되고 있는 병리적인 역동의 핵심들을 이해하고 파악하는 것에도 초점을 두어야지만, 그의 건강과 장점의 원천도 사례에서 활용되고 있는지 보아야 한다. 내담자의 병리적인 역동은 내담자를 힘들게도 하지만 삶의 힘인 동시에 장점이다. 삶의 힘은 약점의 그늘에 가려서 보기 힘들다. 약점을 병으로 강조하게 되면 이 점이 강조되어 삶의 힘은 퇴색되어 버린다. 상담자가 병을 퇴치하는 동맹자로서 임하기보다 병리적인 역동에 섞여 있는 삶의 힘을 직시하고 그 힘을 존중하고 인정하면 내담자의 시각도 바뀌게 된다(정방자, 1998).

다섯째, 상담자와 내담자의 치료관계를 살펴본다. Rogers가 말한 '상담이 잘되려면 관계 수립이 잘 되어야 하는데 이것은 이론이나 치료법에 달려 있는 것이 아니라 상담자의 인격에 달려 있다.'는 주장을 꼭 언급하지 않더라도 이해와 공감을 전달하고 정서적으로 수용적인 분위기, 따뜻하고 지지적인 치료관계인지를 점검한다. 굳건한 치료관계를 형성하는 상담자의 능력이 상담의 성공적인 결과와 가장 의미 있는 상관관계가 있다고 여러 연구가 언급하고 있다(Luborsky, 1984). 따라서 상담관계가 따뜻하고 내담자와의 상호관계가 활발한지를 주고받는 대화과정을 통해서 파악해 보는 것 또한 중요하다.

> 상담관계가 상담자의 진심에서 우러나오는 이해와 공감을 전달하고 정서적으로 수용적인 분위기, 따뜻하고 지지적인 치료관계인지를 점검한다.

이상과 같이 초보 상담자로서 상담 사례를 접할 때 중요하게 살펴보고 다루어야 할 내용은 많이 있지만, 앞서 언급한 내용은 상담 수련과정에서 필수적으로 요구되는 사항이라 볼 수 있다. 상담 사례를 통하여 단순히

수동적으로 배울 것이 아니라 선배, 동료의 사례를 매개체로 하여 자신이
무엇을 배워야 하는가를 깨닫고 학습하는 자세가 무엇보다 중요하다.

2. 상담 사례의 실제

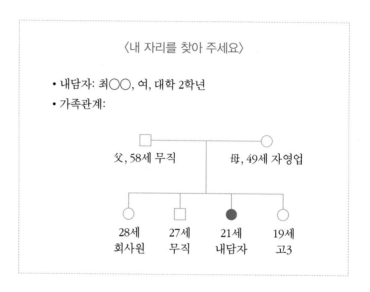

〈내 자리를 찾아 주세요〉

• 내담자: 최○○, 여, 대학 2학년
• 가족관계:

父, 58세 무직   母, 49세 자영업

28세   27세   21세   19세
회사원   무직   내담자   고3

제1회

(상담받고 싶은 이유는?) 사귀어 온 친구와 새로운 만남을 끝까지 못 끌고
간다. 상대에 대한 호기심이 사라지면 못 받아들인다. 옛날 사귀던 사람
만 고집하게 되고……. (① 언제부터 시작되었나?) 대학 들어와서. (그전에
는?) 고향이 ○○인데 좁은 도시여서 초등학교 친구가 고교까지 같이 올
라왔다. 그러다 낯선 데 와서 그런지, 저 친구가 나한테 도움을 주겠나 아
니겠나 따지게 되고, 구할 게 없거나 피해를 준다 생각되면 끊어 버린다.
아예 내 쪽에서 소식을 끊어 버리는 식으로. (② 문제가 새 친구관계를 유지
못하는 것과 또 있는지?) 여러 사람들과 같이 놀다가 혼자 되는 것. 선생님
수업을 들으면 가장 기초가 어렸을 때 애정결핍인데, 나도 가족들 관계를
보면 원만치 않다. 아빠, 엄마, 오빠, 딸 셋, 나는 자랄 때부터 생각한 게,
언니는 첫딸이라 첫애에게 갖는 애정이 있겠고, 오빠는 외아들이니 애정

① "언제부터 시작되었
나?"라는 질문은 내담자
의 문제가 발생한 시기를
알아보는 질문으로 문제
가 최초로 발생한 시기의
상황과 사건(촉발사건)을
통해 내담자의 문제를 좀
더 선명하게 이해할 수 있
도록 한다. 이를 통해 대학
와서 친구들과 관계를 끊
는 대인관계 방식이 더 표
현된다.

이 있겠고, 어중간하게 가운데에 끼인 게 나라는 생각을 항상 가지게 된다. 동생은 막내라 그런 게 있겠고 나는 똑같이 받는데도 적고 덜 받는 식으로 느꼈다. 언니가 항상 떨어져 있는데도 엄마는 '첫애는 잘하는데' 등 언니와 비교해서 참 듣기 싫다. 중학교 때 편지로 내 감정을 썼다. 엄마는 일을 했고, 아빠는 여러 모임에서 명예직을 맡아 집을 많이 비웠다. 아빠는 어려서 나와 동생을 잘 데리고 다니셨고, 딸에게 다정다감하셔서 아빠를 따랐다. 생활은 엄마가 꾸렸는데, 크면서 아빠는 밖에 일이 많아 불만이셨다. 언니랑 항상 제일 비교하고 경쟁했고, 내가 옳아도 언니 편이었다. 중학교 때 나는 고집스럽고 화나면 말도 않고 밥도 안 먹었다. (③ 고집스러운 성격은 언제부터?) 어려서부터 잡곡밥, 밀가루 음식을 싫어해서 굶고 엄마에게 특히 고집을 부렸다. (④ 불공평에 대한 반항이구나.) 중학교 때까지, 밥을 안 먹어 위장이 상하고, 식구 얼굴 피하고, 말을 안 하고, 언니가 없으면 안 그런다. 언니가 오면 신경질, 절망에 빠지고, 혼자 있으면 울고, 언니에게 말 안 하고, 지금 언니와 같이 자취생활을 하지만, 집에서 전화 오면 언니 밥 잘해 주나, 잘 먹이나 등 나를 언니에 맡기는 게 아니고 내가 언니를 맡는 느낌 든다. 나를 봐 줬던 것이 친구들이었다. 초등학교 때부터 계속 친하던 친구들에게 부모, 언니에 대한 감정을 해소했다. 대학 친구들과는 그런 얘기를 할 수 없다. (⑤ 언니에 대한 비교감정은 언제부터?) 언니가 대학 가면서 집을 나갔는데 한 번씩 집에 올 때마다, 내가 초등학교 5~6학년부터 중학교 때까지 강했다. 언니 있는 동안은 항상 불안하고 비판적이었다. 엄마도 위선적으로 보였다. 언니가 없으면 엄마 정을 많이 받지만 언니가 오면 엄마가 전부 위선적으로 보였다. (⑥ 초등학교 입학 전에 언니에 대한 감정은?) 뚜렷하지 않다. 어려서는 언니를 강하게 못 느꼈다. 강한 비교는 언니가 대학 가서부터다. 언니가 맡던 부엌일 등을 내가 맡게 되고 일이 힘들 때마다 엄마가 언니와 비교했다. 나는 부모 신경을 덜 받는다. 중간이라서 부모가 관심을 안 보이면 내가 관심을 끌려고 했다. 고교 때 학교 간부를 맡았다. 아빠는 자식에 애착이 많다. 오빠는 고교 때 반항을 많이 해서 아빠가 오빠에게 실망했다. 오빠는 성격이 소극적이라 아빠와 대화가 단절되었다. 내가 학교생활을 잘해서 부모

② 내담자의 호소문제 외에 다른 어려움이 없는지를 알아보고자 하였으며, 이 질문을 통해 가족관계에서 느끼는 생각과 감정을 이야기하기 시작하고, 대인관계와 가족관계의 어려움이 연관되어 있음을 이해할 수 있다.

③~④ 내담자의 표현 중 고집스럽다는 면을 주목하고, 내담자의 형제관계에서 느낀 불공평에 대해 감정의 표현임을 인정하고 공감해 줌으로써 언니에 대한 감정을 더 표현할 수 있도록 한다.

⑤~⑥ 가족 중 언니와의 비교로 인한 감정과 관련이 있음을 주목하고 이를 구체화시켜 언니에 대한 감정을 더 드러나게 하는데, 이는 내담자의 가족에 대한 감정과 내담자의 호소문제를 좀 더 이해할 수 있도록 한다.

⑦ 내담자의 어느 한 면만 살펴보는 것이 아니라 내담자의 전체적인 특징들을 이해하고자 하는 면을 볼 수 있다. 상담자가 신체건강을 물어봄으로써 내담자의 감정적 특징과 스트레스 대처방식이 표현되어 내담자의 문제를 좀 더 이해할 수 있다.

⑧ 첫 기억은 대체로 초등학교 이전에 기억나는 것들에 대한 질문으로 내담자의 대인관계 패턴이나 정서적 특징들을 보여 줌으로써 내담자의 핵심문제를 이해할 수 있다. 엄마에게 반항하는 마음을 알 수 있으며, 더 연상은 하지 않았지만 엄마에 대한 태도와 언니에 대한 감정이 연관되어 있음을 살펴볼 수 있다.

⑨ 최근의 꿈 또는 반복되는 꿈을 통하여 내담자의 무의식적 갈등이나 중요한 핵심감정을 이해할 수 있다. 빨간 분위기, 언니가 귀신으로 변하는 것, 누가 쫓아오는데 도망가는 꿈, 아빠에게 대드는 꿈 등을 압축해서 제시하고 있는데, 이런 내용으로 보아 내담자는 언니에 대한 열등감 외에 가족에 대한 해결되지 않은 감정들이 많은 것으로 보인다. 첫 상담에서 이러한 특징들을 바탕으로 내담자에 대한 가설을 세우고 다음 상담에서 이러한 이야기들을 더 탐색하면서 내담자의 내적 세계를 이해하는 과정이 필요하다.

에게 못 받던 관심을 선생님들에게 받았다. 그래서 아빠에게 자랑거리가 되었다. 내가 상대에 관심을 줄 때는 괜찮으나 상대가 내게 주는 관심은 도저히 책임을 못 진다. (왜 그런가?) 그걸 모르겠다. 이 학교에 온 것이 상처가 컸다. 서울 간 친구들에 비해. (⑦ 지금껏 커 오면서 신체 건강은?) 중학교 때 위 아픈 것, 밥 굶은 것 때문에 아랫배 아픈 것, 손발 마비나 심장이 뛰는 것, 당황하면 얼굴이 빨개지고, 비참한 생각에 빠질 때 참담하고 긴장하고, 소화가 안 된다. (⑧ 첫 기억은?) 엄마에게 거짓말해서 엄마가 싫어하는 것을 사 먹은 것. (⑨ 꿈은?) 여섯 살 이전 이사 오기 전 꿈, 온통 빨간 분위기, 온통 집이 빨간데, 일하던 언니가 귀신으로 변하는 것, 꿈은 항상 누가 쫓아오고 도망가고, 우리 집은 아빠 힘이 강하다. 아빠는 가끔 편협적이고, 자식을 누르는 경우가 많다. 내가 정당한데도 아빠가 아니라고 할 때 싸늘해진다. 이때 꿈에 아빠에게 대드는 꿈, 언니랑 내가 비교될 때 항상 악몽에 시달린다. 불면증이 있고 예민하다. 엄마는 우리를 상대해 줄 시간이 없지만 고3 졸업까지 꼬박 새벽밥 지어 주고 너무 고마운데 이런 면에선 언니와 비슷한데 왜 그렇게 내가 느끼는지. (초등학교 전에 전체적인 분위기나 네가 느낀 감정은?) 언니 손을 잡고 다니고 괜찮았다. 한 방에서 모두 같이 생활했다. (⑩ 그 이전에 언니에 대한 느낌은?) 당연히 있는 존재다.

첫 면담에서 밝혀진 내담자의 핵심감정

1. 첫 기억: 엄마에게 거짓말해서 엄마가 싫어하는 것을 사 먹은 것.
2. 자주 꾸는 꿈: 온통 빨간색이고 집에서 일하던 언니가 귀신으로 변했고 누군가가 쫓아오고 도망가는 장면이 주로 나옴.
3. 첫 기억과 꿈: 첫 기억과 꿈을 종합해 보면, 내담자는 전반적으로 불안이 내재되어 있으며 자신이 부정적인 행동을 한 것에 대한 죄책감과 들킬까 봐 조마조마한 마음이 꿈으로 나타남. 이러한 불안은 자신에 대한 부정적 인식에서 나오는 것이며 엄마의 사랑을 언니에게 뺏길까

봐 불안하고, 언니와 자신을 경쟁하고 비교하면서, 언니와 바쁜 엄마에 대한 적개심이 들킬까 봐 조마조마한 마음에서 나온 것으로 보임.

4. 초등학교 입학 전: 언니는 당연히 있는 존재이고 언니 손을 잡고 다닌 기억이 많고 한 방에서 생활함.

5. 초등학교 5, 6학년~중학교: 언니에 대한 비교 감정을 강하게 느낌.

6. 형제가 여럿이고, 언니에 비해 항상 애정을 덜 받는다고 느낌 → 언니보다 못한 대우를 받는다는 차별감, 열등감, 경쟁심 → '나는 가치 없다.'는 열등감을 형성, 그러면서 마음은 항상 쫓기는 느낌.

7. 현재 증상의 발생은 대학 와서 초등학교 때부터 나를 받아 주고 친했던 친구들과 떨어지게 되었고, 낯선 곳에 와서 새로운 친구를 사귀는 것에 대한 어려움과 마음을 터놓고 얘기할 대상이 사라짐으로써 느끼는 외로움임. 양육환경으로는 여러 형제 사이에서 성장했기 때문에 자신의 요구를 강하게 표현해야 했고, 예민하고 눈치가 빠른 편으로 관심을 받기 위한 여러 행동들이 친구를 사귈 때 나타남. 즉, 친구를 사귈 때 자신의 이익을 따지게 되고 피해가 된다고 생각하면 관계에서 철수하는 대인관계 양식을 보임으로써 대학생에게 걸맞는 성숙한 대인관계 형성이 어렵고 미숙함. 여러 형제 가운데 끼어 있다고 생각해서 항상 애정을 덜 받는다고 느낌. 엄마가 언니랑 비교하는 말을 많이 해서 마음속으로 언니를 경쟁상대로 생각하였고, 불공평에 대한 반항으로 고집을 피우게 되고 화나면 단절하는 소통 방식을 선택함.

8. 내담자의 장점으로는 적극성과 에너지가 높음. 학교 간부를 할 정도로 리더십이 있고 학교생활을 잘해서 선생님과 아버지에게 관심을 받았으며 초등학교 때부터 지냈던 친구들과 관계가 좋음.

> ⑩ 내담자가 가족 내에서 느낀 감정들을 이해할 수 있도록 하는 질문으로 언니가 내담자의 삶에서 중요한 역할을 했을 것으로 보인다.

제2회

…… (그동안 느끼거나 떠오르는 대로 얘기하면 된다.) 얘기를 털어놓고 나면 시원할 줄 알았는데 더 불안하고 생활에 자신이 없어진다. 선생님이 나를 안다는 게 겁나고 떨린다. (어떤 점에서 그런가?) 다 털고 나니까 나를 지켜온 비밀이……. 더 자신 없고 행동도 소극적이 되고. (내가 너를 아

는 것에 대해서?) 식구와 관련된 얘기를 하니까……. 전부터 남이 모르는
비밀을 갖고 싶다. 그게 나갔다고 생각하니. (너의 한쪽을 잃어버린 것 같구
나.) 이상하게 허전한 게 더 강하다……. (모든 사람이 그렇게 느낀다.) 내게
일어나는 사소한 일을 크게 생각하고 불안을 더 느낀다. 밥 먹다가 수저
를 떨어뜨려도, 큰 불안이 생기기 전에 작은 것들이 일어나는 것으로 해
석하고. (그 즈음에 어떤 일이 있었나……?) 전날 잠을 못 잤는데 영화를 잔
인한 거 보고……. 피를 안 좋아하는 사람인데 죽이는 방법이 너무 잔인
해서 계속 꿈에 시달리고. (꿈은 어떤 꿈을?) 영화 장면 같은 것, 피가 죽이
는 사람 얼굴에 범벅되는 것이다. (죽음에 대해서는?) 속상하면 죽음을 너
무 쉽게 생각한다. 죽겠다는 생각을 너무 많이 해서 죽음 자체는 무서워
하지 않는다. ……〈침묵〉…… (언니와의 관계를 얘기한다면?) 내가 방 정리
를 잘 안 한다. 정리돼 있으면 괜히 불안하고 집에서도 버릇이 그렇다. 어
질러져 있어야 안정되는 것 같고 왜 그런지 모르겠다. 언니는 정리하려
하고 그래서 마찰이 생긴다. 이상한 게 나는 복잡한 걸 잘 찾는다. 언니
가 "너랑 못 살겠다. 너 혼자 자취하든지." 그럴 때면 당장 쫓아내는 기분
이다. 언니에게 제일 듣기 싫은 말은 "너랑 사는 게 참 불편하다."이다. 언
니 옆에 사는 기분이 들어 너무너무 싫다. (얹혀 지내는 것 같은지?) 항상 내
가 어디 낀다는 기분보다는, 내가 그 사람들한테 꼭 필요하다는 기분을 받
아야 사는 것처럼 느낀다. 날 싫어하는데 그 자리에 내가 있는 게 너무 싫
다. 친구들은 내가 아이디어를 내면 따라온다. 언니는 겨울방학 전까지만
같이 산다. 그 후엔 회사 그만두고 집으로 가게 되어 내게 잘해 준다. 언니
의 결혼관계로 또 비교가 되었다. 엄마가 언니에게 더 많이 해 주겠지. (엄
마랑 언니, 이렇게 세 사람이 되면 항상 그런 관계인가?) 나 혼자 볼 때는 엄마
는 결코 안 그렇다는 걸 느끼는데. 동생은 그런 거를 전혀 안 느끼는데, 나
는 그런 걸 너무 느낀다. (거기에 아주 민감해져 있다.) 그래서인지 친구 사
귈 때도 내가 그들에게 많이 베푸는데 그들이 내게 베푸는 것에 의심이 간
다. 항상 덜 주는 것 같고, 나 말고 딴 데 더 주지 않나. 그 때문에 친구관
계가 오래 못 간다. 남자 친구 관계에서도 우정 이상의 감정이 생기면 스
스로 막는다. 남자로 보이면 의지하고픈 심정이 생기는데, 그런 것을 보

이면……. 친구 아닌 사귀는 관계가 되면 정을 자꾸 요구하게 된다. 친구에겐 한계가 있는 정이지만, 상대 역시 나한테 그런 요구를 하게 되고, 항상 믿지 못하고 그러니 상대에 열중을 못한다. (이런 관계가 됐을 때 관계를 유지 못하게 하는 중요한 것이 상대방에서 오는 것에 대한 불확실한 것 때문인가?) 그게 가장 크다. 그게 아마 어렸을 때도 그랬던 것 같다. 뭐가 없어지면 주위에 의심부터……. (언제부터 시작되었는가?) 사람 믿는 기준을 나한테 둔다. 내가 상대를 믿는다면 내 마음이 편하기 때문에……〈엄마, 언니 얘기〉…… 상대 믿음 같은 게 항상 불안하고, 조금이라도 나한테 신경 안 써 주면 불안하다. 편지, 전화 등을 해 주면 그 관계에 안정을 느끼고 소식이 안 오면 너무 안절부절못하며, 풀 수가 없을 것 같다. 항상 누구한테 관심받아야 되고 항상 나를 아껴 준다는 것을 보여야 따뜻한 기분과 자신감이 생기는데, 귀찮아하거나 뜸하거나 잊어버린 것 같으면 불안해진다. 존재한다는 자체가 불안하다. 사는 게 힘들고. (상대의 관심 여부에 따라 너의 존재 가치가 생기는가?) 그래서인지 사람을 사귀는 데 믿지 못한다. (여기에 대해 안심이 안 되니까?) 확실히 상대가 나한테 갖는 감정에 대해 감을 못 잡으니까……. 그러니 적게 온다는 느낌만 받으면 흔들리고, 엄마한테도 그렇다. 가족에게도 항상 요구한다. 내가 불안해지지 않으려고……. 이상하게 확인하고 싶어 하고, 확실한 믿음 같은 게 안 생긴다. (이게 언제부터라고 생각되나?) 내가 엄마에게 갖는 감정, 그게 엄마가 내게 갖는 감정과 똑같다고 느꼈는데 내가 엄마를 생각하는 게 가장 클 거다. 언니, 오빠, 동생보다도. 그런데 언니에게 갖는 엄마의 감정이……. (네가 준 거보다 엄마가 너한테 주는 게 적게 온다.) 거기에 대해 항상 실망했던 것 같다. (엄마는 자식이 여럿이라 쪼개지고 너는 하나에 집중을 하게 되고.) 아마 내가 엄마에게 주는 사랑이 훨씬 큰데, 엄마가 언니를 생각하는 게 말로 표출될 때 실망도 굉장히 크게 느끼는 것 같다. 내가 존재한다는 게 힘이 든다. …… 내 스스로 나를 존재하게 하는 게 아니라 남들의 애정 하나하나가 나를 존재하게 한다고 생각한다. (그게 초등학교 5~6학년부터라 했는데 초등학교 전엔 어땠는가?) 그 전엔 엄마보다 아빠를 훨씬 좋아했다. 아빠가 훨씬 신경을 더 써 주시니까. 그때는 엄마를 의식 못했다. 엄마의 감정은 5, 6학년 때 언니가 집을 나가서 내가 엄마와 있는 시간이 많았을 때, 아빠가 주는 사랑보다 엄마가 주는 사랑을 보기 시작했다. (아빠에 대한 것도 좀 더듬어 보면?) 내가 관심의 대상이며 그게 나라는 착각을 할 정도로 정을 많이 준다. 왜 그런지 모르겠다.

제3회

아빠는 고향이 ○○이고, 9남매 중 막내다. 자식에게 애정적이지만, 사업에는 계속 실패하셨다. 그래서 엄마에게 경제권이 있었고, 아빠 기억은 어려선 없다. 밖에 오래 나가 계셔서. 여섯 살인가 일곱 살부터 아빠와 생활했다. 아빠에 대한 기억은 좋다. 나와 동생을 같이 데리고 다니셨다. 내가 팔이 아팠을 때 머리를 감겨 줬다. 엄마가 바빠서 신경 못 써 주니 아빠가 써 줬다. 중학교 때부터 아빠를 실업자라 느끼고 혐오했다. 엄마 고생시킨다고 생각했다. 고2 때 아빠에게 대들었는데 그때 처음 맞았다. 아빠에게 억울했다. 고2 종교 생활하면서 아빠를 이해하고 내게 필요한 분이란 걸 느끼고 동정도 갔다. 오빠는 하나인데 아빠와 말을 않고 지낸다. 고교 때 오빠는 일탈행위를 많이 했다. 퇴학당할 걸 아빠의 특별 부탁으로 졸업했고, ○○대 1년 다니다 그만두고 집에 와 있다. 그래서 아빠에게 더 동정이 가고 아들 역할을 하자고. (아빠 사업 실패로 집에 있기 전에는 아빠 기억이 별로 없고, 그러면 그 전에는 누구 기억이 있나?) 언니랑 있는 기억, 엄마 역시 우리랑 가까이 있지 않은 것 같다. 내가 기억 못하는 시절에는 언니가 거의 데리고 다녔고 걷기 시작할 때부터 동생 태어났고, 동생과 놀러 다녔다. (이 당시 언니에 대한 느낌은?) 그때는 언니가 엄마 같았던 기분이 든다. 어렸을 때 엄마 기억은 별로 없다. 나를 안아 줬거나 업어 줬거나 한 적이 없다. 분명히 옆에서 느낀 건 언니 체취가 훨씬 강했다. 언니가 엄마 역할을 대신해 밥 먹여 주고 같이 놀아 주고. (동생 태어나고는 어떻게 되었나?) 동생 걸어 다닐 때 어렴풋한 기억은 같이 잘 놀러 다닌 것이다. 그때부터는 동생하고 있었던 게 훨씬 많았다. 엄마 기억은 이사 온 후 가게하면서부터다. 엄마가 집에 있었고 유치원 보내 준 것도 엄마고 그때부터 내 생활에 관련된 것 같다. 그 전에는 아빠 사업 실패로 엄마가 경제문제를 해결했다. 언니 고등학교 들어가면서 그때가 내가 여섯 살 유치원, 초등학교 1학년 때쯤이다. (오빠에 대한 기억은?) 오빠에 대해선 좋은 감정은 못 가졌다. 오빠 고교 때 내가 초등학교 다닐 때니까, 내가 보는 오빠는 굉장히 나쁜 사람이었다. 왜냐하면 엄마 아빠가 잠 못 주무시고 맨날 오빠 걱정 하니까. 오빠는 늦게 들어오고 아빠 언성은 높아지고, 그래서 깜짝깜짝 놀라 이불 속에서 깨어나 굉장히 불안해했고, 오빠를 미워했다. 또 학교 가려고 아침밥을 먹고 있으면 항상 잔심부름을 나한테 시켰다. 동생에게는 안 시키고 나만 시켜서 미워했는데, 대학 다니다 오고 난 후는 오빠를 이해하려고 노력한다. 그러나 오빠와의 그런 나쁜 점과 마찰하기 싫어서 대면하기 싫다. 거기서 오빠에게는 적당히 처리를 한다. (깊이 관여 안 하는가?) 엄마가 보기엔 내가 오빠를 참 이해하는 사람같이 보이지만, 오빠를 이해한다기보다는 오빠한테 깊게 안 들어가려고 한다. 아빠는 전혀 손을 안 대는데 오빠는 아빠보다 훨씬 무서웠다. 고래고래 소리 지르고 자기 성질에 안 맞으면 뭔가 깨고 던지고 했다. 어렸을 때 보면 나는 오빠의 비위를 항상 맞추려고 했던 거 같다. 그런 성격을 안 건드리려 했는데, 중학교 와서는 많이 대들었다. 지금 오빠는 집에서 무위도식이랄까. 아빠는 자식에 대한 희망을 그때 다 버린 듯하다. 근데 언니는 오빠가 참 잘 컸다고 한다. 초등학교 때부터 정말 똑똑했고, 중1 IQ 검사에서도 전교에서 최고였는데 중2 때 친구를 잘못 사귀는 바람에 나빠졌다고 한다. (오빠에 대한 부모의 관심이 어릴 때는 어땠나?) 워낙 컸다. 아들도 하나고 우리보다 그 당시엔 관심이 훨씬 많았는데 중학교, 고등학교 가면서 점차 실망이 커졌다. 그래서인지 우리한테도 공부 잘하든 못하든 큰 관심이 없고 두 분만 서로 의지하는 것 같다. 우리에겐 부모의 의무로서만 대한다. 근데 고3 정말 힘들 때 오빠가 도와줬고 의지 대상이 되었다. (꿈은 어떤가?) 헤매고, 방황하며, 다리, 손 등에 쥐가 나고 자주 깬다. (연상하면?) 오빠가 밤 1∼2시쯤 전화하는데 호흡 곤란해 하면서 "네가 보고 싶어 전화했다." 하는데 그걸 해결해 주고 싶지만 능력이 안 돼서 답답해서 그런가 보다. 또 곧 시험이라 그런지. (시험에 대해 어떻게 느끼나?) 남보다 편하게 보지만 무시할 수 없다. 한편으로는 평가되는 것 때문에. (남의 평가를 받는 것

에 대해서는 어떤가?) 신경을 많이 쓴다. 내가 관심 있는 대상에 대해서는
아주 신경 쓴다. 그 평가에 많이 동요된다. 친구보다 윗사람의 평가에 더
민감하다.

제4회

내담자 1: 〈긴 침묵〉…… 시작하기 힘든 것 같아요. 전혀 아무 생각도 없거든요.

상담자 1: 지금 여기 앉아 있으니 어떤 느낌이 드니? 상담받으러 왔을 때?

내담자 2: 되도록 남겨진 부분 없이 다 털고 싶어요. 전에 얘기했던 거 기억을
        잘 못해 낼 것 같아요. 연결이 안 돼요. 그래서 막막한 기분이 들어요.
        …… 제가 할 수 있는 범위면 하는데 아니면 잊어버리거나 회피하는 경
        향이 있어요. 사람관계에서도.

상담자 2: 관계가 어떻게 될 때 주로 그런 걸 느끼니?

내담자 3: 제 쪽에서 상대를 어떤 값으로 매길 때 그것이 참 적다고 생각하
        면…… 항상 내 쪽에서 그 값을 처음보다 자꾸 시간이 지날수록 떨어진
        다 생각하면, 내 쪽에서 전보다 그러니까 좋은 감정보다 무관심 같은
        게 일어나요.

상담자 3: 그러니까 사람 만날 때 처음에 기대를 좀 많이 하는 것 같구나.

내담자 4: 항상 제 기대로써 상대를 보게 되더라고요. 저는 그 평가가 남보다
        조금 많이 매기는 것 같아요. 친구들이 훈계를 해요, 저보고. 시간이 흐
        를수록 줬던 점수가 깎이고 그러다 보니 상대에 대해 보이던 감정들이
        매끄럽지 못하고 제 쪽에서 자꾸 얽히게 하고요.

상담자 4: 값이 낮아지면 그다음부터는 사귀는 데 흥미를 못 갖는구나.

내담자 5: 그렇다고 그 말도 못해요. 싫은 말 못하는 것도 성격인지, 또 저는 단
        점을 말하기보다는 장점을 훨씬 드러내는 편이거든요. 상대의 장점을
        훨씬 드러나게 하니까, 이상하게 남한테 좋은 말 하는 걸 좋아하는 것
        같아요. 저한테 주는 단점은 잘 받아 주고 다른 사람이 나에 대해 장점
        을 얘기할 때는 잘 안 받아 줘요. 다른 사람한테서 단점을 집어 내지 못
        하는 거예요.

상담자 5: 너 스스로에 대해서는 어떻니?

내담자 6: 나에 대한 판단은 별로 없어요. 그러니까 다른 사람들이 주는 판단에 너무 많이 의지하다 보니 어떻게 보면 내가 그 사람의 장점을 얘기하면서 어쩌면 그 사람으로부터 나의 장점을 유발시키는 것 같기도 하고, 그러니까 상대한테 싫은 소리 하면 자연히 나한테 싫은 소리로 오니까 오히려 좋은 소리 해서 나도 자연스럽게 좋은 소리 오게 하는 기분을 받는 것 같아요. 그러니까 그런지 몰라도 상대가 주는 그 좋은 게 가식적이에요. 순수한 점수보다 덤으로 오는 점수가 훨씬 많아요. 그래서 장점 수용보다 단점 수용을 훨씬 많이 해요.

상담자 6: 네가 남에게 장점 얘기할 때도 덤이 들어간단 말이지.

내담자 7: 남한테 싫은 소리를 하니 자연히 싫은 소리가 오고 듣기 싫고, 좋은 소리 해서 상대 역시 좋은 소리를 하게끔 하다 보니까.

상담자 7: 그게 언제부터 시작되었니?

내담자 8: 잘은 몰라도 기억이 안 나는데……그때부터 농담 소화를 잘 못해요. 그냥…… 부모님이 나한테 충고랄까 훈계할 때 그것보다는 칭찬 쪽이 좋더라고요. 칭찬이 좋다고 느낀 게 초등학교 들어오면서 성적표, 상장을 받아 오니 엄마가 칭찬을 하대요. 그 전에는 칭찬보다 훈계 쪽이 훨씬 많은 것 같았는데. 밥투정 마라 이래라 저래라 등 그게 참 싫었는데 상장을 받아 오니 부모님이 칭찬하고, 초등학교 들어오면서 좋고 싫고 하는 감정을 좀 확실하게 안 것 같아요.

상담자 8: 훈계는 주로 어떤 훈계를……?

내담자 9: 해라보다는 하지 마라가 많고, 그래서인지 행동에 제재가 참 많은 것 같았어요. 그래서 호기심 유발 같은 게 별로 없었던 거 같아요. 행동이 남보다 좀 늦었는데…… 젓가락도 3, 4학년 때까지 어색하게 쥐고, 연필도 잘 깎지 못했고, 가르쳐 주는 사람도 없었고…….

상담자 9: 지적이나 규제는 누가 많이 했는데?

내담자 10: 언니나 엄마가 똑같았어요. 지금도 그렇고, 언니가 더 심했어요.

상담자 10: 초등학교 전에는 언니 기억이 많다고 했는데 그 언니하고의 관계는 어땠었나?

내담자 11: 엄마보다 언니 기억이 더 많았어요. 나의 모든 걸 도와줄 수 있는 사

람이 언니였어요. 엄마가 갖는 애착보다도 언니 비중이 훨씬 많았어
요. 언니가 일일이 봐 줬으니까. 아! 그때 엄마는 바쁘고 집에 도우미
가 있었어요. 그 언니가 나를 돌봐 줬던 것 같네요. 세수부터 화장실까
지 언니가 지금 언니가 아니라 도우미 언니 같아요. 초등학교 2학년까
지는 항상 그 언니랑 그렇게 생활했어요.

상담자 11: 완전히 엄마가 언니한테 너를 맡기다시피 했구나.

내담자 12: 그 당시 엄마에 대한 기억은 가게일이 바쁘고 항상 피곤하신 것 같
다는 생각밖에 안 들어요. 그 언니가 초등학교 1학년 때까지 있었어
요. 계속 다른 언니로 대치되고, 짧은 기간 동안 있다 가고 4, 5학년 되
어 언니가 대학 가고 그 후는 집에 사람이 없었어요. 이때부터 설거지
같은 거는 도우미 없이 하다 보니 제가 하게 되고, 그때 느낀 게 둘째
딸이라는 기분을 많이 느꼈어요. 엄마가 바빠서 도와드리다 보면 나가
놀지도 못했어요. 맨날 속상하고 그 당시 성격도 활발하거나 명랑하지
못하고 소극적이었고, 항상 혼자 상상하고, 가끔 친구를 데려오면 어
지른다 야단맞으니 못 데려 왔어요. 그래서 그런지 성격이 남들한테
드러나는 게 아니라 꽁하고 혼자 있고 싶어 하고, 엄마 도와주는 거 굉
장히 푸념적이고 부정적으로 생각하고 그때 처음으로 죽겠다는 말 참
많이 쓰고…….

상담자 12: 굉장히 마음이 뭔가 허전하고 그랬나 보구나.

내담자 13: 엄마가 그걸 알아 주면 되는데, 언니 얘기하면서 네 언니는 그렇지
않았는데 하고요. 옆집 애와도 비교하고 '너는 엄마 속을 썩인다.' 하셨
어요. 어린 제 생각으로는 나는 나가 놀지도 않고 도와주는데 〈울음〉
또 돈도 언니는 큰돈 주면서 나는 돈 하나를 줘도 열 마디 잔소리가 더
많다고 생각하고요. 그때부터 언니랑 비교했어요. 종교 생활 하면서
배우면서 고2 때 성격이 변했어요. 그때 엄마 아빠도 놀랐어요. 그 전
엔 굉장히 고집 세고 아빠 엄마 힘으로 못 고친다 생각했는데, 한번 저
한테 응어리 진 걸 풀려고 내놓는 게 아니라 계속 꾹꾹 참아요. 주위 사
람들을 피곤하게 하고…….

상담자 13: 아까 말한 가사도우미 언니와는 몇 살 차이니?

내담자 14: 일곱 살 차이요.

상담자 14: 그래, 그 언니가 있을 때와 가고 없을 때 어땠었니?

내담자 15: 불편했어요. 있을 때는 밥 차려 주고 얘기도 해 주고 그랬는데.

상담자 15: 그 언니 성격은?

내담자 16: 무척 좋았어요. 자기 동생들도 있다며 참 잘해 줬고 제가 유치원 들어갈 때 왔었어요.

상담자 16: 그 이전에는 누구와 그랬니?

내담자 17: 이상하게 이전 기억이 별로 없어요. 납득이 안 가는데……. 그전 기억에서 보면 삼촌 집에 많이 갔던 거 같아요. 그 집에 동생이 있었는데 제 동생보다는 그 동생하고 주로 놀았어요. 그 집은 저희 집보다 뭐가 많고 그림책, 장난감 등 외숙모 외삼촌이 애들한테 참 잘해 줬어요. 우리 집과는 달리.

상담자 17: 너는 엄마하고 깊은 애착이나 이런 걸 형성할 기회가 없었구나.

내담자 18: 기억이 전혀 없어요. 그러니까 부모님의 존재라는 것에 대해 관련되었다는, 나라는 존재와 밀접한 관계가 있다는 식으로 느끼지 못했는데.

상담자 18: 다리 밑에서 주워 왔다는 얘기 많이 들었니?

내담자 19: 항상 듣고, 또 딸이 많으니까 항상 누구 하나 줘야겠다 이런 소리를 들을 때 굉장히 섭섭했고, 저 아니면 제 동생이었거든요. 그 당시 제일 듣기 싫었어요. 그때 제 생각이, 엄마 아빠의 애정에서 태어났다기보다는 그냥 쓸데없이 태어났다는 그런 존재로서 저를 생각했어요. 언니와 하도 비교하는 엄마 때문에 저에 대해 너무너무 비참한 생각까지 했어요. 도저히 미워할 수 없는 게 부모인데 교회에서 교리받는 과정에서 알게 되고, 그때부터 엄마가 내게 필요한 존재라 생각됐어요. 굉장히 강한 애착을 갖게 되고 어떨 때 더 하냐 하면 언니랑 비교할 때 내가 애착을 가진 그런 큰 대상인데 언니한테 뺏긴다는 그런 기분을 그때부터 느꼈어요. 어떤 보답행동을 보임으로써 엄마의 기대감, 엄마가 나한테 기대감을 갖는다고 느꼈을 때 스스로 만족해 하고요. 그러다 언니에 대한 특별한 관심 같은 말이 나오면 한꺼번에 무너져요. 그 미움이 언니에게 향하고 언니만 나타나면 고쳤던 성격이 다시 고집 부

리고 성질 부리고 예민해졌어요. 어렸을 때 엄마에 대한 뚜렷한 애정
은 없었지만…….

상담자 19: 엄마를 뺏긴다는 기분이 들었구나.

내담자 20: 엄마도 성질을 폭발하는 분이거든요. 화도 잘 내고 소리도 잘 지르
고 그래서 엄마가 무섭다는 감정을 더 많이 가졌어요. 어렸을 때는 화
내면 무서워서 그때는 집안 식구들도 엄마한테 말을 못 붙일 정도였어
요. 엄마를 상대한다는 게 참 힘들고 엄마 아빠는 굉장히 높이 있고 엄
했어요. 초등학교 때는 가장 나를 이해하는 분이 아빠라 생각해서인지
아빠는 어떤 불만의 요소를 갖게는 안 했어요. 엄마는 일하다 안 되면
화내고 피곤하면 그랬어요. 굉장히 무섭다는 생각을 많이 했어요. 엄
마가 안 무섭다고 느낀 건 중학교 와서, 그때부터 아빠가 무섭게 느껴
지고, 엄마를 내가 고집 피우는 거 알아주고 그래서, 엄마에게 작은 사
랑을 느낀 거 같아요.

상담자 20: 혼자 있고 싶어 하고 소극적인 그런 성격이 어릴 때 쭉 계속되었니?

내담자 21: 가사도우미 언니가 없고 부엌의 설거지를 내가 맡게 되면서요. 그
전엔 언니 나가기 전에 언니가 그런 일을 했어요.

상담자 21: 가사도우미 취급 당한다고 느꼈니?

내담자 22: 가사도우미 취급보다는…… 잠재적으로 그런 비슷한 느낌도 가졌
던 것 같아요. 왜냐면 4, 5학년 때쯤엔 동생도 3학년인데 엄마는 그런
일을 다 나한테만 시켰어요. 동생이 없었다면 당연히 내가 한다는 인
식을 했을 텐데 나에 대한 차별이 있구나 싶었어요.

상담자 22: 응, 비교가 될 수 있으니까.

내담자 23: 항상 그런 식이었어요. 언니는 맏이고 오빠는 하나고 동생은 막내
고 어차피 신경 안 쓰는 건 나뿐이다. 이런 식으로 해석했어요. 누구한
테 얘기할 수도 없고 항상 방에 처박혀 이불 쓰고 혼자 울 때가 참 많았
어요. 그때 처음 신의 존재를 알게 되었어요. 모든 걸 보고 통찰할 수
있는 그런.

상담자 23: 보살펴 주는 존재라고 생각했니?

내담자 24: 나를 보살핀다는 생각이 자꾸 들더라고요. 그때부터 주위 사람에

대한 보호보다는 보이지 않는 분의 보호를 받는다는 식으로 고2 때 종
교를 발견하고 내가 신을 찾을 때 그 당시 얼마나 제가 비참했었는지
알아요. 너무 극한 상황까지 갔어요. 그걸 알려고 하던 사람도 없었고
요. 동생이 조금 알아서 제 동생한테 털어놓았어요. '난 내가 죽고 싶
으니까 너는 필요없다.' 식으로. 그리고 '너 역시 잘 죽었다 하겠지.' 이
런 식으로 말하면서 너무너무 비참했어요. 정말 이런 기억은 하고 싶
지 않았어요.

상담자 24: 그 당시 동생이 있었기 때문에 다행이었지.

내담자 25: 그래요. 굉장히 극한 상황, 상상을 동원할 수 있는 죽음에 이르는 방
법, 목 매다는 것, 약 먹는 것, 너무너무 많이 생각했어요.

상담자 25: 그 당시에는 아버지가 옆에서 돌봐 주셨다면서.

내담자 26: 중 1, 2학년 때 더 심각했거든요. 초등 5, 6학년부터 중학교 가면서
어른은 가까이 할 수 없는 상대라는 걸 알면서 아빠가 굉장히 어렵다는
걸 알았어요.

상담자 26: 그러면 밥 하기 시작한 것은 초등학교 3년부터였니?

내담자 27: 4학년 때 조금씩 하다가 5학년 때 완전히 하게 되었는데 아무에게
도 얘기 못했고 또 제 생각이 항상 옳은 줄 알았어요.

상담자 27: 또 이야기할 분위기가 안 되었겠지, 일반적으로 아이들은 얘기를
잘 못하는 그런 분위기 때문이지.

내담자 28: 아빠 엄마를 이해한다는 거 자체를 생각 못했죠. 내 감정 따위는, 그
러니까 학교생활과는 반대로 집에만 오면 웅크려지고 피질 못하고요.

제5회

꿈 3~4개를 꾸었는데 별로 좋지 않은 것들이다. 요새 생활은 별로 불
안하지 않은데 지난번 그 얘기하고 나오면서 말하기 힘든 거 기억도 안 하
려 했던 거 얘기하고 나니, 가장 숨기고 싶었던 얘기였는데 하고 나서 어
떤 작은 자신감이랄까. 어떤 일이나 관계 같은 일을 전에는 회피하려 했
는데 이제는 회피하지 말고 과감하게 나서 보자 그런 작은 그런 게 생긴
다. (그 얘기 하고 나니까 숨길 만큼 그렇게 큰 게 아닌 것 같다고 느꼈나?) 그때

그 감정에 굉장히 크게 지배됐다. 감정이 한구석에 있는데 그걸 의식하지 않고 생활했다. 그랬는데 그날 상담하면서 얘기가 나오다 보니 의식하게 됐다. 전에는 속에 든 얘기하면 허하고 비었다는 상태가 불안했는데 그날 얘기하고 나니 막 불안했던 상황들이 불안을 야기할 만큼 큰일이 아니다 좋게 해결할 수 있는 방안이 있다고 생각한다. 이때까지 생활했고 그렇게 끌고 왔던 것이 그런 식으로 작용했었구나 생각이 든다. 처음에 찾아올 때 껄끄러웠던 것들, 그게 내면에 어떤 것 때문에 그런지 모르고 이유를 몰라서 그랬는데 결코 문제들이 그렇게 어렵게 꼬일 게 아니라는 생각이 든다. 그런데 꿈은 몇 번씩 깨는 꿈을 꾼다. (내용이 어땠는가?) 생각은 안 나는데 부당한 역할을 맡은 그런 기분이다. 그래서 그걸 회피하려 하고, 하면 안 되는데 하면서도 해야만 하는 그런 답답함 같은 걸 느끼는 그런 역할을 한 것 같다. 그리고 신체 어디가 흔들리고 이가 흔들리는 꿈도, 빠지는 꿈도 꾼다. (평소 살아가면서 부당한 역할 한 적은 있는가? 주위의 압력 때문에?) 요즘 ○○대학교 사건 같은 거 그런 거 생각하다 보니 꿈에 그런 게 나왔는지, 고향 친구가 ○○대학교 사건과 관련 …〈중략〉… (꿈에서 그 부당한 역할, 즉 네 주관으로 봐서 부당하고 해서는 안 되는데 주위 압력 때문에 도저히 안 할 수는 없는 게 있는가? 이것에 대해 떠오르거나 연상되는 것은?) 내 의견이 포함되는 비율이 적다고 할 때다. 학교 진로에서도. 또 언니랑 얘기하다 보면 내 의견보다 언니 의견이 확실히 강압적인 건 사실이다. 나의 모순점이 있으면 언니는 그걸 크게 찍어 주지만 나는 못 그런다. 언니 힘에 눌려서 그런 식으로 강압받고, 진로문제에서도 어렸을 때는 부모님께 감히 얘기를 못했다. 부모님이 옳다면 그런 줄 알고 수긍하고 그래서 그런지 다른 사람을 만나서도 내 의견보다는 남 얘기를 받아 주는 편이다. 그래서 친구관계가 쉽게 되는 것도 들어 주는 입장이 되어서 그렇다. (왜 표현을 안 했었나? 어릴 때 부모관계에서는?) 내 위치라는 게 아주 작다고 느꼈다. 눈에 띄지도 않고 다른 형제에 비해 있는 둥 마는 둥. 그래서 집안 사람 하나하나에 신경을 못 썼다. 내 마음속으로 하는 얘기는 잘하는데, 의문도 많았고 할 얘기도 많아 혼자 있던 시간이 참 많았다. 공상하고 많은 얘기를 속으로 주고받고. (네가 1인 2역, 3역을 했구나…….) 나의 마음 속에 받아 주는 사람이 있고 떠드는 사람이 있고 그래서인지 몰라도 다른 사람과 얘기를 하면 더듬거리는 편이 많았다. 자기를 표현하는 게 부족했다고 할까. 항상 내면에서 얘기하는 것은 자신 있었다. 하지만 학생회 활동을 할 때는 내 표현이 약했다. 말하는데 앞뒤 더듬거리는 게 굉장히 많았다. (옳지) 맞다. 그 전에는 내 얘기를 안 하는 게 편했다. 말을 해도 안 통할 거 같고 또 해도 안 통했던 것 같았다. 어린애 말이라는 식으로, 그리고 언니 오빠랑 워낙 나이 차이도 많고, 언니 오빠하고도 대화하는 데 자연스럽지 못하고 항상 어려워하고, 언니 오빠만이 부모하고 얘기할 수 있구나라고 생각하고, 언니, 오빠, 부모에게 할 수 없는 얘기, 그런 답답함과 속상함을 동생에게 많이 털어놓았다. (그때 동생의 태도는 어땠나?) 동생도 미울 때가 많았다. 나는 말을 안 하는 형이고 동생은 말을 잘하는 형이다. 그래서 엄마 아빠한테 온통 사랑을 많이 받았다. 동생은 그래서 아빠한테 말하는 게 거리낌이 없었다. 자기 하고 싶은 말 다 하고, 거기 비해 나는 거르는 게 많았고 또 아빠는 말 안 해도 해 주시는 게 있어서 말 안 해도 답답함 같은 게 좀 적었다. 반면, 엄마는 말 안 하면 전혀 모르는 거 같다. 그래서 항상 꿍하는 성격이 계속되었고 고집스러웠다. 그걸 동생한테 털고 보니 엄마에게 전달되고, 그러면 엄마는 "동생은 저렇게 호탕한데 언니는 저렇게 꿍하냐." 했고, 그럴 때 동생까지 미워졌다. 내 얘기를 전달자로서 보는 게 아니었다. (고자질 같은 것인가?) 고자질하는 식으로 하다 보니 동생도 밉고, 동생은 '언니는 항상 신경질적이야.' 하는 식으로 들린다. 엄마가 해결하려고 나한테 "너 그래서 화났다면서." 하고 물어오면 이상하게 뭔가 발견됐다는 기분도 들고, 엄마가 안다는 게 참 속상했다. 알아준다는 엄마 기분보다는 내 비밀이 나갔다는 게 더 강했다. 처음엔 엄마가 문제를 풀려고 저자세로 나오는 게 아니라 신경질적으로 나와서 내가 반발이 더 심했다. 그러다 시간이 지나니 엄마가 부드럽게 나갔다. 그래서 자연히 들어 주는 입장이 나한테 오더라. (엄마 쪽에서 의논조로 나오니까?) 그렇다. 의논조로 나오니, 그래서 엄마 사랑을 느끼게 되기도 하고. 그런데 엄마 좋아하는 감정이 꼭 언니 오면 브레이크 걸린다. 그래서 신경이 날카로워지고 언니가 싫어지고, 그게 고교까지 계속됐다. 지금도 집에서 전화 오면 언니 걱정을 훨씬 많이 하고, 언니의 성격적 모순 같은 것은 감당하기도 무척 힘들었는데 언니 걱정까지 떠맡으니 훨씬 더 힘들고 엄마가 나한테 보이는 호의가 반대 감정으로 일어났다. 가식적인 걸로. 역시 엄마 걱정은 언니였어라고 생각했다. (언니에 대한 사랑을 네가 다시 한번 확인한 셈이구나.) 언니가 없었을 때는 언니의 그런 사랑이 단지 나한테 왔다 갔을 뿐이다. (그러니 언니 대타로서 역할만 했다?) 방학 때 엄마에게 언니와 못 살겠다 그러면 참으라 했다. 처음 얘기했던 것처럼 엄마 아빠의 그런 부당한 강압 때문에 언니랑 어쩔 수 없이 눌러 살아야 된다는 것이 싫은데 해야 된다는 식으로 해석됐다. 언니가 겨울방학 지나면 회사 그만두고 집에 가게 되어서, 엄마한테 언니 입장에서 건의를 했다. 언니가 ○○에 있으면 시집 가기도 더 힘들겠고 하니 엄마가 데리고 있는 게 훨씬 나을 거라고. 내가 그 생활에서 도피하려고 해석을 언니 쪽에 맞춘 거다. 그러니 엄마가 역시 수긍을 훨씬 빨리 하더라. 엄마나 아빠 쪽에서 그러니 어쩌면 내 생각 같은 거를 직접적으로 나타내기보다는 간접적으로 나타내는 경향이 훨씬 많은 거 같다. 그런 경향은 학교생활에서도 많이 있다. 내 생각이 훨씬 많이 포함되는 상태인데도 해석을 내 입장보다는 제3자 입장에서 많이 의견을 발표한다. (직접적인 표현이 간접적인 표현보다 덜 먹혀 들어간다고 생각하는가?) 그런지 몰라도 내 의견을 확실하게 내세워 나의 그런 불리한 점, 내 그런 곤란한 점을 보완해서 내놓는 것보다는 차라리 다른 사람을 이용해서 하는 게 많았던 것 같다. 다른 사람들은 내가 남을 이해하는 입장이라고 생각하지만 내 생각엔 내 입장을 훨씬 고려했던 것 같다. 내가 볼 땐 이기적인데 남들은 타당하다는 식이니 편의적인 방법으로 그런 걸 자꾸 찾게 되더라. (상담시간에 와서 아까 꿈에서처럼 강압적인 걸 느낀 적은 없나?) 그건 처음부터 배제했다. 내가 선생님을 인식하면 숨기려는 게 많을 거 같다. 치유를 바라고 왔기 때문에 내가 비참한 생각까지 갔었던 그런 상태까지 얘기가 나왔다. 처음에는 큰 효과를 바라고 하지는 않았는데 이제 방법의 모순이나 그런 걸 보게 되고 또 언니 문제도 내년이면 해결될 거고 하니 나한테도 변화가 있을 거 같다.

3. 사례 해석

앞에서 제시된 상담 사례를 내담자 문제의 이해와 상담 진행 방식의 주요 특징 및 상담 성과로 나누어 개념화하고자 한다.

1) 내담자 문제의 이해

(1) 내담자의 호소문제는 무엇이며, 그것은 어떤 특징을 지니는가

내담자의 호소문제는 대학 들어와서 옛날 사귀던 사람만 고집하게 되고 새로운 친구와의 관계를 지속하는 것이 힘들며 손해 본다는 느낌이 있으면 관계를 끊어 버리고, 스스로 어디 낀다는 기분이 들거나 자신을 싫어하는데 그 자리에 있는 게 너무 싫다는 것이다. 또한 상대방에 대한 믿음이 없고 연락이 안 오고 조금이라도 자신한테 신경을 안 써 주면 불안하고 본인이 베푼 것보다 적게 돌아오면 화가 난다고 한다. 내담자의 호소문제 특징은 부모님의 사랑을 두고 형제간의 경쟁으로 인한 질투과 충분한 사랑을 받지 못했다고 지각함으로써 발생한 증상으로 나타난 것이다. 즉, 아동기의 부모와의 관계에서 조건적인 사랑에 의해 형성된 낮은 자존감, 형제간의 경쟁에서 오는 열등감, 자신의 분노 감정을 표현하지 못하고 억압하여 내재화한 분노, 부모와 형제 간의 관계에서 형성된 관계 패턴이 사회적 인간관계로 확장되어 현재 문제로 나타났다고 볼 수 있다.

(2) 그 문제는 내담자가 처한 상황/환경적 또는 발달적 맥락과 어떤 관련이 있는가

내담자의 성장 환경을 살펴보면 아버지는 고향에서 혼자 떠나왔다. 이로 말미암아 그는 자식에 대해서 다정다감하게 대하였는데, 어릴 때 팔이 삐어 깁스했을 때 머리를 감겨 주고, 엄마가 바빠 신경을 못 써 주니 아버지가 대신 신경 써 주었고 내담자와 동생을 잘 데리고 다녔다. 그러나 직장을 그만두고 시작한 사업이 계속 실패하면서 경제력을 상실하게 되고,

내담자는 크면서 아버지가 경제활동을 하지 않는 것에 대해 불만을 가졌다. 중학생 때부터 아버지를 실업자라 느끼고 혐오하기 시작하였고, 고2 때 아버지에게 대들었는데 처음 맞아서 아버지에 대한 억울함을 가지고 있다.

내담자의 엄마는 장사를 하면서 아버지의 경제활동을 대신해서 집안의 생활을 책임졌기 때문에 그로 인해 너무 바빠서 어렸을 때 내담자가 느끼는 엄마에 대한 기억은 별로 없다. 즉, 어릴 때 안아 줬거나 업어 줬거나 한 적이 없고, 일곱 살 위인 언니랑 항상 비교하고 경쟁시켰다. 내담자의 언니는 정리정돈을 잘했으나 내담자는 이를 잘 못하고 행동이나 말이 늦었기 때문에 비교를 많이 당했고, 부모에게 많은 기대와 편애를 받지 못하고 존재감이 별로 없이 성장하게 된다.

한편, 내담자의 형제들을 살펴보면, 언니는 첫딸이라 사랑을 받았고 대학 가면서 타지에서 자취를 할 때도 정리정돈 때문에 마찰이 있었다. 오빠는 고교 때 반항을 많이 해서 아버지가 오빠에게 실망을 많이 하고 오빠가 아버지보다 훨씬 무서운 존재로 내담자는 항상 비위를 맞추려고 하였다. 여동생은 말을 잘하는 편으로 막내라서 엄마와 아버지한테 사랑을 많이 받았다. 또한 아버지한테 말하는 게 거리낌이 없이 자기 하고 싶은 말 다하는 것으로 비춰졌다.

이러한 양육환경으로 말미암아 내담자는 바쁘고 강압적인 엄마 밑에서 조금만 실수를 해도 지적을 당하고 언니와 비교를 당하면서 제대로 된 애정을 받지 못하였다. 대신 아버지는 다정다감했지만 경제활동을 하지 않아서 엄마가 힘들어졌다고 생각하면서 아버지를 멀리하게 되었다. 언니 또한 엄마와 같이 내담자에게 지적을 많이 했고, 오빠의 반항적 모습, 동생의 말 잘하고 고자질하는 모습을 보면서 자신은 말로 잘 표현하지도 못하고 행동적인 면에서도 느린 모습을 보며 자랐다. 딸 하나를 남 줘야겠다는 말을 들으면서 가족 누구에게도 기댈 수 없는 허전함과 자신은 쓸모없는 존재이고 열등한 존재라는 생각이 자리 잡게 되었다.

따라서 내담자는 자신의 생각을 표현하지 못하고 적개심을 억압하면서 항상 누구한테 관심을 받아야 하고, 자신을 아껴 준다는 것이 보여야 따뜻한 기분과 자신감이 생기게 되었다. 누군가 자신을 귀찮아하거나 소식이 뜸하거나 자신을 잊어버린 것 같으면 불안하고 사는 게 힘들다고 느낀다. 즉, 자신에게 관심이나 애정이 적게 온다는 느낌을 받으면 불안하다. 자신이 불안해지지 않으려고 엄마한테도 그렇고, 가족에게도 항상 요구하게 되는 것이다. 다른 사람의 애정 하나하나가 자신을 존재하게 한다고 생각한다. 다른 사람의 평가에 대해 신경을 많이 쓰는데, 특히 내담자가 관심 있는 대상에게는 더욱 민감하고 강한 열등감을 갖게 됨으로써 현재 문제가 발생했다고 보인다.

(3) 그 문제는 내담자의 가족적, 성장과정적 또는 성격적 특성들과 어떤 관련이 있는가

현재 내담자의 문제가 촉발하게 된 것은, 어릴 때부터 사귀던 친구들과 떨어져 대학생활을 하고 속내를 털어놓을 수 있는 대학 친구가 없는 상황과 언니와의 자취생활에서 엄마는 늘 언니를 잘 챙기는지 확인하여 내담자가 언니를 맡는 느낌을 받은 것과 관련이 있다. 또한 언니가 있을 때 엄마의 편애를 늘 위선적이라고 느꼈는데, 현재도 반복되고 있는 것과 언니의 결혼관계로 다시 비교가 되고 엄마가 언니에게 더 많이 해 주겠지 하는 생각이 드는 것과 관련 있는 것으로 보인다. 방 정리 문제로 언니에게 "너랑 못살겠다, 혼자 자취하든지." "너랑 사는 게 참 불편하다."와 같은 말을 듣게 되어 언니에게 얹혀 사는 기분을 느낀다. 어디 낀다는 느낌보다는 자신이 다른 사람들에게 꼭 필요하다는 생각이 들어야 살아가는 기분을 느낀다. 어렸을 때 친구들과는 부모, 언니에 대한 감정을 해소할 수 있었지만 대학 친구들과는 그런 이야기를 할 수 없는 상황이며 친구들에 대한 기대가 낮아져 관계를 회피하게 되는 상황이 내담자를 힘들게 했을 것으로 생각된다.

가족 및 성장과정과 관련하여 살펴보면, 유치원 이전 언니가 엄마 역할을 대신해서 밥도 먹여 주고 같이 놀아 주었고, 유치원과 초1 때부터 엄마의 기억이 있고 내담자 생활과 관련이 되었다. 그러나 내담자가 초등 5~6학년일 때 언니가 대학을 가고부터 내담자는 엄마와 있는 시간이 많아졌고 엄마가 주는 사랑을 보기 시작했는데, 엄마가 잘해 주다가 언니가 오면 언니만 위하는 것에서 위선적이라 느끼게 되었다. 또한 초4 때 언니가 하던 부엌일을 자신이 맡게 되고, 동생도 3학년이라 내담자 혼자만 부엌일을 하고, 바쁜 엄마를 돕다가 나가 놀지 못해서 매일 속상해했다. 소극적인 성격으로 혼자 상상하고 친구와 잘 놀지 못하고, 꽁하고 혼자 있고 싶어 했으며 죽겠다는 말을 많이 할 만큼 힘들었는데, 일이 힘들 때마다 엄마는 언니와 비교하였으며 그때 자신은 중간이라서 부모의 신경을 덜 받는다고 생각했다. 언니와 비교 당하고, 경쟁이 되었으며, 엄마는 내담자가 옳아도 언니의 편을 들었다. 내담자는 언니와 비교될 때 항상 악몽에 시달렸다. 한편, 부모는 딸이 많으니까 항상 누구 하나 줘야겠다 했는데 그런 부모에게 섭섭했고, 자신은 쓸데없이 태어난 존재라 여겨졌으며, 언니와 많이 비교당하면서 비참했었고 고2 때 신을 찾을 당시 자살을 생각할 정도로 많이 괴로워했다.

학교생활과 반대로 집에 오면 웅크리고 피질 못했다. 고등학교 때는 엄마가 자신에게 필요한 존재이지만 언니에게 엄마를 빼앗긴다는 느낌을 받았다. 고3 때 엄마의 뒷바라지는 언니와 비슷했지만 엄마의 관심을 받지 못한다고 생각해 왔다. 엄마가 자신에게 기대감을 갖는다고 느꼈을 때는 자족감을 갖고 스스로에게 만족해하고 그러다가 언니에게 특별한 관심을 가지면 한꺼번에 무너진다. 자신이 엄마에게 준 것보다 엄마가 자신에게 주는 게 적다고 여겨져 항상 실망했었다. 부모의 기대에 어긋난 오빠가 자신에게만 잔심부름을 시키곤 해서 밉고, 자신에게 소리를 지르고 무섭게 했지만, 그런 오빠에 대해 깊이 관여하지 않으려고 했으며 항상 비위를 맞추려고 하였다. 다른 사람의 애정 하나하나가 자신을 존재하게 한다고 생각하였다.

한편, 부모가 관심을 보이지 않으면 자신이 관심을 보이겠다고 해서 고등학교 때 간부를 맡았고, 이를 잘해서 부모에게 못 받던 관심을 선생님들에게 받아 아버지의 자랑거리가 되기도 하였으며, 성적을 잘 받고 상장을 받으니 엄마도 칭찬을 했다. 이는 타인의 평가에 따른 대인관계 회피 경향과 관련이 있는 것으로 생각된다. 언니와 엄마 모두 지적을 많이 하였고 자신의 위치가 아주 미약하다고 느끼면서 자랐으며 어릴 때 말을 더듬거리는 편이어서 자기표현력이 부족했다. 형제 간에 말을 해도 통하지 않을 것 같았고, 언니 오빠만 부모와 얘기할 수 있구나 생각될 정도였다. 그런데 동생도 말을 잘해 온통 부모의 관심을 받았다. 자신은 표현에 있어서 거르는 것이 많았는데 엄마는 말을 하지 않으면 전혀 모르는 것 같았고, 동생에게 말을 하면 그것이 엄마에게 들어가는데 엄마가 신경질적으로 나와서 반발이 더 심했다. 의논조로 이야기하면 엄마의 사랑을 느끼게 되는데 언니만 오면 브레이크가 걸리고 언니가 싫어지고 고등학교 때까지 계속되었으며, 언니가 없을 때 언니에 대한 사랑이 자신에게 왔다가 갔을 뿐이어서 엄마가 위선적이라 여겨졌다. 또한 혼자 있고 싶어 하고 소극적이고 고집스러운 성격은 언니가 집에 오면 엄마의 관심이 언니에게 집중되고 자신은 밀려나게 되면서 불안하고 비판적이 되면서 형성된 것으로 생각된다. 이러한 내담자의 성격, 가정, 성장과정에서의 경험은 내담자의 현재 문제를 지속시키는 것과 관련 있는 것으로 보인다.

2) 상담 진행 방식의 주요 특징

(1) 이론적 배경

상담자는 내담자의 핵심문제를 이해하는 데 정신역동적 상담으로 진행하고 있다. 다시 말해, 정신역동적 상담으로 내담자의 핵심문제가 발생하게 된 아동기 배경에 대한 충분한 탐색이 이루어진 것이다. 즉, 아동기 부모와의 관계, 양육환경, 형제와의 관계, 학교생활 등에 대한 구체적 탐색이 이루어지고 있다.

(2) 상담 기법

내담자가 스스로 자신을 표현하도록 하고 내담자가 왜 이런 증상을 가지게 되었는지 그 사연을 알아 가려는 구체화 작업이 이루어지고 있다. 즉, 내담자가 자신의 호소문제 발생 원인과 자신에 대한 이해를 할 수 있도록 적절한 질문을 통해서 핵심문제를 찾아가게 하고 있다. 그래서 지금까지 내담자가 자기표현을 하지 못해서 병이 났는데, 그 병을 치료하기 위해서 자신의 말로 충분히 표현하도록 말문을 열어 주고 기다려 주고 있다. 특히 부정적 표현이 나왔을 때 상담자가 그 마음을 공감해 줌으로써 내담자가 자신을 진솔하게 표현할 수 있게 하였다.

(3) 상담 목표와 상담 전략

내담자는 상대방에 대한 믿음이 없고 손해 본다는 느낌에 화가 나는 관계 패턴을 호소하고 있다. 이러한 호소문제와 연관해서 성장과정의 탐색으로 현재 자신의 대인관계에 미치고 있는 영향을 통찰하게 하여 자기를 이해하고 수용할 수 있도록 하는 것이 필요하다. 이를 위해서는 상담자와의 전이관계를 통해서 성장과정에서 받지 못했던 정서적 만족감을 느낄 수 있도록 도와야 할 것이며, 엄마로부터 느끼는 위선적인 느낌이 현재 대인관계에서의 신뢰감 부족, 타인의 평가에 대한 불안으로 나타난다는 것을 알 수 있도록 하고, 타인의 인정으로 인해 존재감을 확인하고 있다는 것을 알 수 있도록 해야 할 것이다. 이러한 과정 속에서 현재 대인관계에서 철수하고 회피하는 태도를 개선하는 것이 필요하며 적절한 자기표현을 할 수 있도록 도와야 한다.

앞의 사례에서 쓰인 상담 전략과 접근방식을 구체화하여 살펴본다면, 첫째, 있는 그대로 자신의 감정을 표현하게 하였다. 특히 부정적인 감정과 분노 감정을 표현하게 하였다. 둘째, 어린 시절 양육환경 및 형제 서열에 의해 형성된 낮은 자아개념을 통찰하게 하고, 자신의 강점을 찾고 격려를 통해 자존감을 향상시키도록 하였다. 셋째, 내담자의 관계 패턴을 자각하게 하고 새로운 대인관계를 학습하도록 하였다.

3) 상담 성과

주양육자와 내담자의 관계에서 형성된 내담자의 핵심감정 파악과 이해를 위해 상담이 이루어졌다. 또한 상담자는 내담자가 느끼는 상담자에 대한 전이 감정을 다루고 그 과정에서 공감적 이해와 따뜻한 태도를 보임으로써 내담자가 자신의 문제를 좀 더 적극적으로 탐색하고 통찰할 수 있게 되어 객관적으로 자신을 바라볼 수 있도록 든든한 지지자 역할을 하였다. 따라서 다음과 같은 상담 성과를 보여 주고 있다.

- 억압하고 있던 무의식을 드러내서 다룸으로써 불안이 줄어들고 자신에 대한 통제감을 느낌으로써 자신감이 생김
- 문제에 대한 자신의 대처방식의 통찰을 통해서 문제를 회피하는 대처에서 문제 해결 중심의 대처로 나아감
- 상담자의 내담자에 대한 무조건적 존중 및 공감 반응을 통해서 자신의 부정적인 모습을 수용하게 됨
- 상담의 효과에 대해 회의적인 내담자를 자신에 대해 객관적으로 지각하도록 돕고 미래에 희망을 품게 도움

되짚어 보기

1. 사례 이해는 현재 상담자 교육에서 매우 중요한 활동이다. 따라서 상담자는 자신의 사례뿐만 아니라 선배, 동료 상담자의 사례 분석을 통해 자신의 치료상의 맹점, 상담 접근, 내담자에 대한 깊은 이해 그리고 상담 방법을 체계적으로 습득하여 자신에게 알맞은 효율적인 상담 면접 방법을 개발할 수 있다.

2. 상담자의 문제로는 내담자로부터 인정받으려는 마음에서 성급하고 부적절한 해석을 하거나 지나치게 이론과 형식에 끼워 맞추려고 하는 경우, 상담자 자신의 가치 판단 기준으로 내담자를 비난하거나 배척하는 경우, 근친상간적 주제 혹은 성적인 문제를 내담자가 내놓을 때 상담자 자신이 불안을 느껴 회피해 버리고 충분히 다루지 못하는 경우, 그 밖에도 상담자의 종교적·사회적 편견, 내담자에 대한 관심 부족, 내담자의 침묵에 대한 상담자의 불안, 상담자의 일방적 주제 변경, 상담자 자신의 내면적 갈등 및 정서적 미숙 등이 있다.

3. 역동적인 문제를 파악하기 위해서는 상담자가 내담자의 핵심감정 또는 중심 주제에 대한 분명한 이해와 파악을 한 후, 문제의 발병 요인, 어린 시절의 상처 입은 경험 및 반복적인 패턴을 검토하는 것이 중요하다. 문제를 발생시킨 기본적 감정 세력들에 대한 이런 충분한 이해와 검토는 상담자로 하여금 앞으로의 치료 방향을 분명하게 설정하도록 해 주는 이점이 있다.

4. 상담자는 내담자 문제의 원인이 되고 있는 병리적인 역동의 핵심들을 이해하고 파악하는 것에도 초점을 두어야 하지만, 그의 건강과 장점의 원천도 사례에서 활용되고 있는지 보아야 한다. 내담자의 병리적인 역동은 내담자를 힘들게도 하지만 삶의 힘인 동시에 장점이 된다.

제**4**부

상담의 적용

전통적으로 상담은 개인을 대상으로 실시되어 오다가 최근에는 집단적인 접근이 활발하게 이루어지고 있다. 집단상담이나 가족상담이 이에 해당한다. 전통적으로 이루어지던 개인상담은 상담자와 내담자가 일대일 관계로 상담이 진행되므로 많은 내담자의 문제를 동시에 다루어 나가기 어렵고, 내담자는 상담자에게 심리적인 부담을 많이 느끼게 된다. 그런데 집단이라는 보다 큰 사회적 관계 속에서는 집단원들이 상담자에 대해 부담을 덜 느끼고 다른 집단원을 통해 자신을 이해하며 사회적 기술을 익혀 나가는 등 개인상담에서 볼 수 없던 여러 가지 상담의 효과가 나타난다.

또한 개인상담에서는 내담자의 문제를 개인 내적인 문제로 보고 접근하였는데, 이제는 그런 내담자의 문제를 가족 내에서 만들어진 문제로 가정하여 가족 전체를 상담 대상으로 보고 가족 간의 상호작용 속에서 문제를 해결해 나가는 가족상담이 효과적으로 진행되고 있다.

제4부에서는 단기상담, 집단상담, 가족상담에 대해 구체적으로 살펴보기로 한다.

길을 걸어가듯

아이가 바람이 불 때마다

날려 오는 꽃잎들의 선물을 받아들이듯

너의 하루하루가 그렇게 되도록 하라.

－릴케－

제16장

단기상담

❝❝ 길라잡이 물음

1. 당신은 보다 빠른 시간 내에 상담을 통해서 해결하고 싶은 문제가 있는가?

2. 단기상담을 성공적으로 진행하는 데 필요한 상담자의 자질은 무엇이라고 생각하는가?

3. 단기상담에 적합한 내담자는 어떤 유형의 내담자라고 생각하는가?

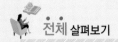 전체 살펴보기

상담은 문제를 가진 내담자가 전문적인 훈련을 받은 상담자와의 관계에서 자기 이해를 증진하고 문제를 해결해 나가는 과정이다. 그러나 급속한 현대 사회의 흐름에 따라 상담을 받고자 하는 내담자의 수는 증가하였으나 그에 비하여 상담자의 수는 제한되어 있어 단기간에 상담을 받으려는 경향이 늘어났다. 그리고 상담 기간이 길어짐에 따라 상담 비용과 함께 상담에 참여해야 하는 시간이 늘어나는 것에 대해 내담자의 부담이 커지게 되어 단기상담을 더욱 선호하고 있다. 또한 현대인들은 이직, 이사, 휴학, 전학 등 다양한 생활의 변화를 경험하기 때문에 전통적인 장기상담에 참여하는 것이 어려운 경우도 많아졌다. 이에 따라 내담자들은 자신의 문제가 보다 짧은 기간에 신속히 해결되기를 원하게 되었으며, 전통적인 장기상담에서 목표로 하는 과거 경험의 탐색과 성격의 재구성을 기대하지 않는 경우도 많아졌다. 더구나 단기상담이 장기상담과 치료 효과 면에서 큰 차이가 없다는 연구 결과들이 나오고 있어 '상담의 단기화'에 대한 관심은 더욱 커지고 있는 추세다.

단기상담은 전통적인 장기상담보다 다양한 가치관이나 정신 기능을 가진 내담자들이 보다 쉽게 받아들일 수 있으며, 생활상의 압력이나 지리상의 거리 또는 직업이나 가정의 형편상 장기상담이 불가능한 내담자에게도 적용 가능하다는 장점이 있다. 그리고 시간이 한정된 단기상담은 내담자가 상담자에 대해서 강렬한 감정을 느끼는 '전이'를 불필요하게 일으키지 않을 수 있다. 전이 반응이 잘못 형성되면 상담에서 그것을 다루기까지 여러 가지 곤란을 겪고 불필요한 시간이 할애되기도 하는데, 단기상담에서는 상담자와 내담자 간에 이와 같은 어려움을 방지할 수 있는 것이다. 단기상담에서 시간 제한이 있다는 것을 미리 이해하고 시작하면 상담자에게 지나치게 의존하지 않도록 내담자를 자극하거나 다른 형태의 비순응적인 퇴행 행동을 하도록 자극하는 것을 방지할 수 있다는 점에서 유용하다. 이와 같은 장점에 근거하여 관심을 모으고 있는 단기상담은 Freud를 비롯한 정신분석에서부터 그 이후 Rogers의 인간중심 상담 접근에 이르기까지 타인을 조력하는 상담 분야에서 지속적으로 추구되고 있는 21세기 상담이라 할 수 있다.

1. 단기상담의 특징

단기상담은 brief therapy, short-term counseling, time-limited therapy 등 지칭하는 용어가 매우 다양하다. 이 세 용어에서 공통적으로 파악할 수 있는 점은 바로 상담 기간이 짧다는 것이다. 그러나 단기상담을 단순히 장기상담을 축소하는 의미로서 이해하거나 기간만 짧은 것으로 여기고 상담을 진행해서는 안 된다. 단기상담은 상담의 목표를 빠른 시간 내에 구체적으로 설정하고 그 목표를 해결하는 데 초점을 맞춘다는 측면을 강조해야 한다. 단기상담의 기간이 얼마나 짧아야 하는지에 대한 견해는 다양하다. 단기 정신역동 상담에서는 7~50회 정도를 단기상담 회기로 규정하는 반면, 지지적 상담에서는 15회 미만으로 규정하기도 한다. 단기상담의 기간에 대한 견해가 다양하지만, 일반적으로는 주 1회를 기준으로 총 25회기 미만을 단기상담으로 보는 견해가 많은 상담자들에게 지지받고 있다. 이러한 단기상담은 다음과 같은 특징과 접근방법의 측면에서 효과적이다.

> 단기상담은 상담의 목표를 빠른 시간 내에 구체적으로 설정하고 그 목표를 해결하는 데 초점을 맞춘다는 측면을 강조해야 한다.

1) 상담 시간의 제한성

대부분의 단기상담에서 상담자들은 첫 회기에 상담 기간이 제한되어 있음을 내담자에게 말해 주는데, 이는 상담 시간이 제한되어 있다는 사실을 내담자가 현실적으로 인식하게 하면서 아울러 비교적 짧은 기간 안에 상태가 좋아질 수 있을 것이라는 희망을 심어 주는 효과가 있다. 또한 첫 회기에 상담자는 상담의 진행 방식 및 상담에서의 내담자 역할에 대해 내담자에게 구조화(안내교육)를 하는 것이 보통이다. 이때 단기상담의 성질, 상담자의 역할과 책임, 내담자의 역할과 책임, 상담 목표, 시간 및 공간적인 제한 사항 등에 대해서 요점을 간단명료하게 설명함으로써 구조화를 진행한다.

단기상담은 대개 25회기 이내에 이루어지는 것이 일반적이며, 상담 시간이 제한되어 있기에 내담자가 호소하는 문제의 본질이 무엇인지를 빠르게 판단해야 하고, 핵심 문제를 중심으로 내담자의 현재 심리적 상태에 대한 분명한 평가가 초기에 이루어져야 한다. 그리고 내담자의 핵심 문제에 초점을 맞추어 구체적인 상담 계획을 수립해야 한다. 상담자와 내담자는 핵심이 되는 문제를 정하면서 직접적인 논의 및 협력 과정을 가지는 것이 바람직하다.

2) 상담 목표의 제한성

내담자 문제의 본질이 평가된 이후에는 상담 목표를 구체적으로 설정해야 한다. 단기상담에서는 시간이 제한되어 있기 때문에 상담 목표 또한 제한되어 설정된다. 즉, 특정한 내적 갈등을 해소하기를 원하는지, 그리고 어떤 구체적인 감정의 변화를 원하는지를 준거로 설정해야 한다. 문제 행동에 기저하는 원인에 대해 내담자가 통찰을 얻고 궁극적으로 성격을 재구성하는 것을 목표로 하는 전통적인 상담 목표를 단기상담에서는 달성하기 어렵다. 따라서 대부분의 단기상담에서는 가능한 한 빨리 내담자의 문제 증상을 제거하거나 완화시키고 이전의 정서적 평형 상태를 빠른 시간 내에 재정립하며, 현재 갈등의 원인에 대한 내담자 자신의 이해를 증진시켜 상담이 끝난 후에 유사한 문제가 생길 때 적용할 수 있는 대처 행동을 증진시키는 것을 목표로 삼는다.

3) 현재 중심의 치료적 초점

단기상담과 같이 제한된 시간 내에 목표를 달성하기 위해서는 상담 개입에 초점을 맞추어 집중적으로 할 필요가 있다. 일반적으로 단기상담에서 상담 초점은 내담자의 현재 문제 증상, 반복적으로 문제를 일으키는 대인관계 등에 맞추어진다. 때로는 아동기의 기억, 꿈, 전이 해석 등도 다룰 수 있는데, 이러한 내용이 현재에 직접적으로 영향을 미치고 있는 경우에 한해서 다루어진다. 상담자의 이론적 입장에 따라 상담의 형태는 다양할 수 있으나, 상담자는 내담자에게 최근에 일어났던 의미 있는 경험 자료에 초점을 맞추고 일반적이고도 모호한 내용에서 구체적인 내용으로 주목하도록 한다. 과거의 사건이나 역사보다는 주로 내담자가 인간관계에서 현재 느끼고 있는 감정과 정서에 주목하여 상담 장면의 '지금-여기'에서 내담자의 감정과 행동에 주목한다. 또한 내담자가 이후에 어떤 행동을 취하는 것이 바람직한지를 살펴보면서 상담의 성과에 관해서는 최초에 상호 합의한 목표를 비교·검토하여 판단한다. 단기상담에서는 이러한 내용에 초점을 맞추어 상담 개입과 진행을 한다.

4) 상담자의 즉각적이고 적극적인 개입

단기상담에서는 내담자의 문제에 대해 즉각적이고 신속한 개입이 이루어진다. 이는 내담자의 문제 증상이 만성화되는 것을 방지하고 내담자들에게 즉각적인 정서적 지원을 제공함으로써 특히 정서적 위기상황에 있는 내담자에게 도움을 줄 수 있다. 만약 내담자가 지속적으로 스트레스를 받는 상황에 놓여 있다면 상담자는 그런 환경을 즉각적으로 변화시키거나 조정 가능성을 탐색해야 한다.

단기상담에서 두드러지는 특징 중 하나는 상담 과정에서 적극적이고 지시적인 개입을 한다는 점이다. 상담자는 상담 기법의 선택 및 적용에서 적극적인 역할을 담당한다. 그리고 성공적인 상담을 위해 중요한 초점을 유지시키고 상담 목표를 제한된 시간 내에 달성하기 위해서 더욱 적극적인 태도를 보인다. 즉, 상담자는 내담자보다 말을 더 많이 하고, 상담에서 중요한 초점을 유지시키며, 직접적인 해석을 하고, 즉각적인 정서적 지원 및 안내의 역할을 하며, 내담자가 실천해야 할 행동 계획을 수립하고, 과제를 할당하며, 건설적인 삶의 가치관을 가지도록 격려하는 것 등의 적극적인 개입을 추진한다.

단기상담에서 상담자는 적극적인 역할을 담당하면서 다양한 상담 기법도 알고 있어야 한다. 상담자는 내담자의 핵심 문제를 빠른 시간 내에 평가할 수 있어야 하고 내담자와의 관계를 신속히 형성하는 능력이 뛰어나

> 단기상담에서는 내담자의 문제에 대해 즉각적이고 신속한 개입이 이루어진다.

야 한다. 그리고 상담 기법을 보다 융통성 있게 적용할 수 있기 위해서는 상담 실제의 경험이 풍부하여야 한다.

5) 문제 해결적 접근

신속한 문제 해결을 희망하여 요청하게 되는 단기상담은 문제 해결적 접근으로 진행된다.

내담자들은 특정한 순간에 특정한 문제를 해결하기 위해 상담을 요청하기 때문에 모든 상담은 일종의 위기상담이자 위기 개입이라 할 수 있다. 더군다나 보다 신속한 문제 해결을 희망하여 요청하게 되는 단기상담은 문제 해결적 접근으로 진행될 것이다. 단기상담에서는 특히 내담자가 처음 상담을 받으러 왔을 때 제시하는 주 호소문제를 중요시하고, 내담자의 핵심적인 문제 증상을 표적으로 결정하여 상담해 나간다. 특히 내담자의 주 호소문제를 주목하고 정교화하여 핵심 문제로 접근해 나가는 것은 내담자의 문제 해결에 매우 필수적이며 상담의 성패를 좌우하는 과정이다. 따라서 단기상담에서는 내담자가 처음 언급하는 주 호소문제를 우선적으로 다룬다. 이러한 신속한 문제 해결의 과정을 통해 내담자는 상담에 가지고 온 기대를 충족하고 상담 결과에 대한 희망을 갖게 된다.

6) 긍정적인 상담자-내담자 관계

성공적인 단기상담을 위해서는 상담자와 내담자 간의 긍정적인 관계가 매우 중요하다.

성공적인 단기상담을 위해서는 상담자와 내담자 간의 긍정적인 관계가 매우 중요하다. 단기상담에서뿐만 아니라 모든 상담에서 상담자와 내담자의 긍정적인 상담관계는 상담의 성공을 좌우하는 중요한 요소일 것이다. 특히 제한된 시간 내에 특정한 목표를 달성해야 하는 경우나 위기 개입이 필요한 상황에서는 이러한 긍정적 관계가 더욱더 중요시된다. 효과적인 단기상담을 위해서는 상담자가 내담자에게 진솔하고 신뢰할 수 있으며 우호적인 모습을 보임으로써 내담자의 긍정적인 측면을 북돋아 주는 것이 필요하다.

2. 단기상담의 접근방법

단기상담에서 긍정적인 상담관계의 형성을 위해서 일반적으로 사용하는 기법은 다음과 같다.

1) 상담의 구조화

단기상담에서는 구조화를 통해서 내담자가 상담에 대해 올바른 기대감을 갖고 상담의 결과가 자신에게 유익할 것이라는 희망을 갖도록 하는 것이 중요하다. 특히 상담 기간이 제한되어 있음을 미리 내담자에게 알려 줌으로써 상담 성과에 대한 희망을 불러일으킴과 동시에 상담에서 내담자가 책임감 있는 관여를 할 수 있도록 돕는 것이 필요하다. 또한 내담자가 상담 초기에 제시한 주 호소문제를 먼저 다루고 상담 목표의 설정 시 상담자와 내담자 간의 상호 토의 과정을 가지는 것 등이 상담 과제를 긍정적으로 만드는 데 매우 중요한 요소가 된다.

> 상담에 대해 올바른 기대감을 갖고 상담의 결과가 자신에게 유익할 것이라는 희망을 갖도록 하는 것이 중요하다.

2) 정서적 지원 및 내담자 장점의 격려

단기상담에서는 내담자를 정서적으로 지원해 주고 내담자의 장점을 적극적으로 격려하는 것이 필요하다. 이는 모든 상담에서도 중요한 요소겠지만 특히 우울이나 외로움 등을 호소하면서 정서적 위기상황에 있는 내담자를 대상으로 하는 단기상담에서는 더욱 필요하다. 상담자가 내담자의 심리적 · 환경적 상황을 이해하고 있고, 상담자가 내담자의 문제를 수용하고 온정적으로 대하고 있으며, 상담자가 진지한 마음으로 책임을 갖고 도와준다는 사실을 내담자가 경험할 수 있어야 한다. 이러한 정서적 지원을 받은 내담자는 불안과 긴장과 의존적 감정을 표현하게 되고, 문제를 해결하기 위한 실제적 노력과 행동을 하게 된다.

정서적 지원과 더불어, 단기상담에서는 내담자가 지닌 자원 또는 장점

> 단기상담은 내담자를 정서적으로 지원해 주고 내담자의 장점을 적극적으로 격려하는 것이 필요하다.

을 조기에 발견하여 적극적으로 격려하고 강화해 주는 전략이 필요하다. 이는 상담 장면에서 내담자가 바람직한 언행을 보이거나 자기탐색의 노력을 보일 때 놓치지 않고 강화해 주는 것 또한 포함한다. 내담자 자신의 장점이 발휘될 수 있는 측면을 강화하고 내담자에게 성공 경험을 축적해 나가도록 상담자가 돕고 격려한다는 것은 단기상담에서 내담자가 자신의 핵심 문제를 해결해 나가도록 하는 데 효과적인 밑바탕이 된다.

3) 직접적인 조언 및 정보의 제공

단기상담은 상담 기간이 제한되어 있고 문제 해결을 향해 상담을 진행해야 하는 까닭에 특히 조언 및 정보제공이 중요한 상담 전략이 된다. 대개는 상담의 초기와 종결 전 단계에 조언 및 정보제공이 중요한 역할을 하게 된다. 상담의 초기 단계에는 상담을 시작하는 내담자의 막연한 생각을 정리해 주고 초기 불안을 감소시켜 주는 데 그 가치가 있다. 또한 내담자의 정보 욕구를 충족시켜 준다는 측면에서도 초기의 조언 및 정보제공이 중요하며, 종결 전 단계에서는 내담자가 실제 생활 환경에서 새로운 행동을 효과적으로 시도하도록 돕는 데 조언과 정보제공이 큰 기여를 한다.

단기상담에서 특히 직접적인 조언과 정보제공이 필요한 경우는 다음과 같다. 첫째, 단기상담에서 신속한 의사결정이 요구되는 경우다. 둘째, 내담자가 위기상황에 놓여 있는 경우다. 생활 속에서 심한 긴장과 갈등을 겪는 위기상황(가족의 사망, 이혼, 입원, 구속, 실직 및 경제적 곤란)에서는 상담자의 설득적인 조언이 반드시 필요하다. 이런 경우에는 환경적 지원이나 여러 가능한 조력자를 찾도록 하는 조언이 우선 필요하기 때문이다. 셋째, 부모 및 가족을 대상으로 한 단기상담의 경우다. 예컨대, 문제학생 또는 문제아의 지도를 위해 부모와 가족을 만나는 경우 조언 및 설득력을 활용해야 할 경우가 많다. 넷째, 상담자는 내담자의 복지를 위해 흔히 의뢰, 입원, 휴학, 훈련 프로그램 등에 관련된 조언을 하게 된다.

내담자에게 조언을 제공할 때, 상담자는 조언을 무분별하게 사용하거나 내담자가 인지적으로 이해할 수 없고 실천할 수 없을 정도의 부적절한 조언을 하지 않도록 한다. 조언은 내담자의 사고 및 행동방식을 고려하여 융통성 있게 적용되어야 한다. 그리고 상담자의 과다한 조언은 내담자가 스스로 문제를 해결하려고 하는 자발성을 해칠 수 있으므로 내담자에게 도움이 되는 만큼 적절하게 사용하도록 한다. 마지막으로 상담자가 어떤 문제에 관해 내담자에게 조언을 하여 발생할 수 있는 문제와 해결방법에 대해 내담자와 같이 논의하는 과정을 거쳐야 한다. 이런 과정을 통해 내담자는 자신의 문제에 대한 책임감을 가질 수 있으며, 문제 해결을 위한 노력을 강화할 수 있다.

3. 단기상담에 적합한 내담자

그동안 어떤 내담자가 단기상담에 더 적합할 것인가에 대한 연구가 많이 이루어져 왔다. 물론 어떤 유형 및 문제를 가진 내담자가 단기상담에 적절한지에 대해서는 결정된 바가 없다. 그러나 여러 연구 결과를 살펴볼 때 단기상담은 '환경적인 요인에 의해서 급성적으로 발생한 문제로 고통받는 내담자, 이전에 양호한 적응 능력을 가진 경험이 있었던 내담자, 대인관계에서 타인과 양호한 관계 형성의 능력이 있는 내담자, 상담에 대한 동기가 높은 내담자, 주 호소문제를 구체적으로 표현할 수 있는 내담자'에게 보다 효과적이고 적합하다 하겠다.

> 단기상담은 비교적 건강하고, 경미한 문제를 지녔으며, 조직체의 구성원으로서 상실이나 급박한 상황에 처해 있거나 발달 과업상의 어려움을 겪고 있는 내담자들에게 보다 적합하다.

- 비교적 건강한 내담자: 인간관계에서 소통이 잘되고 정신 기능이 능률적인 내담자일수록 단기상담에 적합하다고 볼 수 있다. 비교적 건강한 사람이지만 최근에 와서 신경증 증상을 갖게 된 경우도 있는데, 이런 경우에는 그 문제가 심각하지 않고 표면적인 것에 불과할 때가 많아 상담자의 도움을 받으면 빠른 시일 내에 신속하게 문제가 해결될 수 있다.
- 경미한 문제: 내담자가 자신의 문제를 비교적 경미한 것으로 지각하고 있고 그 문제에 대한 자신의 생각을 좀 더 명확하게 정리하여 잘

해결하기를 원하는 경우에 단기상담이 더욱 효과적일 것이다. 내담자가 자신의 문제를 분명하게 인식하고 문제의 해결책을 명확하게 알기를 원한다면 단기상담에 적합한 내담자라 볼 수 있다.

- 조직체의 구성원: 단기상담은 각종 조직이나 기관의 구성원에게 더 적합하다. 예컨대, 군복무 중에 있거나 위급한 상황에 있는 군인의 경우에 상담받을 수 있는 기회가 제한되어 있으므로 단기상담이 더 적합할 수 있다. 그리고 성숙과 발달 과정에서 진로선택과 가치관의 갈등을 경험하는 학생들이 호소하는 문제는 심각한 내적 정신병리라기보다는 발달적 위기인 경우가 많으므로 단기상담이 효과적이다.

- 상실: 내담자의 인생에 중요한 영향을 끼친 주요 인물과 최근에 사별했거나 이별했을 경우에 단기상담을 통해서 상실에 대해 최선의 대처를 하도록 하여 생활의 적응을 도와줄 수 있다.

- 급성적 상황: 단기상담은 내담자의 생활이나 지위에 최근 어떤 변화가 일어나서 내담자가 정서적인 어려움을 갖고 있을 때 적합하다. 급성적 상황 반응(acute situational reaction)은 내담자가 외부 압력으로 인하여 내면에서도 변화를 경험하는 것을 의미한다. 예컨대, 오랫동안 다니던 학교를 떠나는 전학이나 결혼에 대한 결정 등 어떤 중대한 갈등이나 불확실성이나 회의감을 위협스럽게 느낄 경우, 단기상담을 통해서 그 문제를 집중적으로 다루면 효과적으로 해결될 수 있다.

- 발달 과업: 임신, 출산, 자녀양육 등 부모로서의 역할을 비롯하여 은퇴, 죽음, 노화 등 인간으로서 겪는 다양한 발달 과업에 수반하는 심리적 변화를 겪는 내담자에게도 단기상담은 도움이 된다. 비교적 심리적으로 건강하고 효율적인 내담자일수록 성숙의 과정에서 겪는 위기를 해결해 나가는 노력이 발휘될 것이다.

상담을 단기간에 끝맺게 한다는 것은 상담 작업의 주된 초점을 내담자의 현재 생활과 대인관계에 둔다는 것을 전제로 한다.

과연 단기상담이 적합할 것인지를 결정할 때에는 내담자의 현재 문제를 비롯하여 살아온 과거력을 충분히 조사하고 내담자의 현재 문제와 현재 갈등에 대해서 명확하게 이해할 수 있어야 한다. 상담을 단기간에 끝맺게 한다는 것은 상담 작업의 주된 초점을 내담자의 현재 생활과 대인관계에 둔다는 것을 전제로 한다. 그러므로 단기상담에서는 내담자가 이 같은 현재 문제의 요인이 무엇이고 그 요인이 어떻게 서로 연결되어 있는지에 대해서 명확하게 이해할 필요가 있다.

4. 단기상담의 과정

1) 첫 면접

상담 시간의 제한이 있는 단기상담에서 첫 면접은 매우 중요하다. 내담자가 어떤 문제를 갖고 왔는지, 그 문제가 얼마나 심각한지, 내담자가 가진 강점과 약점은 무엇인지, 내담자는 상담에 대하여 얼마나 관심과 동기가 있는지, 내담자가 처한 상황은 어떤 위기에 있는지 등을 평가해야 한다. 이렇듯 상담자는 내담자가 호소하는 문제와 정신병리의 정도, 타인과 관계를 맺는 양식과 개인적 자질, 내담자에 대해 상담자가 가지는 개인적 인상을 평가함으로써 내담자의 문제가 단기상담에 적합한지를 평가하게 된다.

> 단기상담의 첫 면접에서는 상담자와 내담자 간에 상담관계를 형성하고, 내담자의 기대와 동기를 확인하며, 내담자에 대한 자료를 종합하여 상담에 대한 구조화를 실시한다.

그리고 내담자가 상담을 통해 어떤 도움을 받고자 하고 얼마나 상담에 참여하여 변화하고자 하는지의 동기를 첫 면접에서 확인해야 한다. 상담자는 실제로 상담이란 무엇인지를 분명하게 설명해 주는 구조화를 실시하여 상담이 어떻게 이루어지며 상담자와 내담자 각각의 역할은 무엇인지를 설명할 수 있다. 또는 내담자에게 먼저 상담에 대한 기대를 물어볼 수 있을 것이다. 이러한 과정은 상담자가 내담자의 기대를 이해하고 내담자는 어떤 상담 과정이 뒤따를 것인지를 이해함으로써 단기상담의 효과를 높이고자 하는 것이다. 구체적으로는 내담자에게 예상되는 상담 기간, 시간, 비용 문제에 대해 알려 주는 것이 바람직하다.

2) 단기상담의 초기

단기상담의 초기 단계 동안 상담자는 내담자가 자신에게 어떻게 반응

단기상담의 초기 단계에서는 내담자의 행동 패턴을 확인하고, 내담자에 대한 견해를 수정하고 확장하며, 내담자에게 적절한 과제를 부여하면서 상담을 진행하도록 한다.

하는지, 그리고 상담관계가 어떻게 발전되어 가는지를 평가한다. 상담자는 개방적이고 정직한 의사소통을 통하여 내담자를 도우려는 진실한 관심과 이해와 공감을 형성하고 긍정적인 상담관계를 형성하도록 한다. 내담자가 상담 시간에 늦거나 합의한 상담 과제를 이해하지 않거나 이야기했던 내용에 대해 부인하는 등 바람직하지 못한 행동 패턴을 보일 때, 상담자는 상담이란 규칙과 책임을 지닌 두 사람의 합의임을 분명한 태도로 알려야 한다. 그리고 상담자는 내담자가 자신의 문제를 이야기하는 것에 대해서 관심을 기울이고 경청함으로써 상담 계획을 수정하고 수립할 수 있다.

상담자는 내담자가 상담자와 어떻게 상호작용을 하는지 관찰함으로써 다른 대인관계 방식과 행동 패턴을 발견할 수 있다. 내담자가 상담자와의 관계에서 보이는 패턴은 내담자가 가지고 온 주 호소문제 및 핵심문제의 패턴이 반복된 것일 수 있기 때문이다. 이처럼 상담자는 상담 장면에서 내담자가 보이는 행동을 통해 상담이 어떻게 진행되고 있는지를 확인할 수 있다.

특히 상담 초기에 상담자는 내담자의 문제에 민감해야 한다. 상담자는 상담을 취소하거나 지각하는 등 상담 초기에 상담에 참여하면서 보이는 내담자 태도의 의미를 탐색해야 한다. 상담 초기에 상담자는 내담자와 상호작용을 하는 동안 나타나는 모든 가능한 행동과 단서에 주의를 기울이는 민감성이 필요하다.

상담 초기에는 또한 내담자에게 일기나 자기관찰 내용을 기록하도록 할 수 있다. 예를 들어, 부부상담의 경우에는 부부간에 다툼이 일어나는 주제에 대해 기록하거나, 과도한 섭식 문제의 경우에는 섭취하는 음식물의 양이나 시간이나 상황에 대해 기록하게 할 수 있다. 이렇듯 단기상담에서는 내담자의 문제 해결에 도움이 되는 과제를 부여함으로써 내담자의 바람직한 변화를 확인하고 강화할 수 있다. 과제를 부여할 때는 내담자와 함께 의논하고 의견을 수용하면서 자발적인 협조를 얻어야 내담자의 참여를 이끌어 낼 수 있다.

3) 단기상담의 중기

단기상담이 중기로 접어들면 내담자에 대해 추가적으로 평가하고, 상담 계획을 수립하며, 상담자와 내담자의 우호적인 상담관계가 진행될 것이다. 좋은 상담관계가 수립되고 내담자가 개선되고 있는 듯하면 상담은 앞으로도 지속되고 좋은 결과를 얻을 가능성이 높아진다. 이렇듯 상담 시간이 안정되고 친밀감이 형성될수록 상담의 주요 작업은 본격적으로 진행된다.

상담이 진행됨에 따라 내담자들은 자신의 사적인 문제를 보다 자유롭게 드러내는데, 이때 상담자는 내담자가 자유롭게 자신의 감정, 생각, 경험을 드러내도록 허용하고 격려하는 태도를 지녀야 한다. 상담 중기에 내담자는 자신의 문제를 더 잘 들여다보고, 생활 속에서 새롭게 시도하면서 수정한다. 상담의 중기 과정에서 내담자의 점진적인 변화가 일어남과 동시에, 상담자가 내담자의 문제가 되는 신념이나 행동이나 경험을 보다 직접적으로 언급하면서 탐색과 직면이 일어나기도 한다. 상담자는 부정적으로 받아들일 수 있는 내담자의 측면에 대해서 내담자가 수치심이나 두려움 없이 들여다볼 수 있을 때까지 기다려 주고 지지와 공감을 제공해야 한다. 이는 내담자에 대한 정확한 평가, 긍정적인 상담관계, 내담자를 진정으로 돕고자 하는 진심이 전달되어야 가능하다.

단기상담의 중기 과정에서는 내담자가 상담을 취소하거나 약속을 불이행하는 문제가 발생할 수 있다. 상담 초기와 마찬가지로 이 문제를 내담자에게 분명하게 제시하고 그 이유를 탐색하면서, 상담자는 문제를 내담자와 함께 논의하여 원인을 밝혀내려는 노력을 한다. 그리고 때로는 상담이 매우 빨리 진행되거나 늦어지는 경우도 있는데, 이는 내담자가 상담에 대한 관심과 열의에 따라 변화되기 때문이다. 그럴 경우 상담자는 내담자 행동의 가능한 원인과 솔직한 심정을 직접 물어보되, 진지하고 세심한 관심을 갖고 질문하는 태도를 보여서 질문이 공격적인 것으로 비춰지지 않도록 주의해야 한다. 따라서 상담자는 내담자의 다양한 행동과 의사소통 방식을 들을 준비가 되어야 할 것이다.

> 단기상담의 중기 과정에서는 우호적인 상담관계를 바탕으로 내담자의 문제를 보다 깊이 탐색하고, 이를 현실적으로 해결하기 위한 노력을 시도하면서 상담의 진행 과정을 평가한다.

단기상담을 진행하는 상담자는 또한 시시각각 상담이 어떻게 진행되고 있는지, 실제로 긍정적인 변화가 일어나고 있는지를 평가한다. 그리고 상담자 자신이 무엇을 하고 있으며 내담자가 어떻게 반응하고 있는지를 항상 평가한다. 상담의 진전은 항상 규칙적으로 일어나는 것은 아니기에 내담자를 주의 깊게 관찰하되 성급한 결론을 내려서는 안 될 것이다. 내담자들이 유사한 문제를 갖고 있어도 내담자들의 경험과 문제의 특징 및 개성은 각기 다르므로 개별 내담자에게 가장 적합한 상담 절차를 세워 상담을 진행하도록 한다.

4) 단기상담의 종결

단기상담의 종결에서는 내담자와 협의된 종결 계획을 세우고, 상담자와 내담자가 종결에 대해서 어떤 느낌과 생각을 갖는지 점검하며, 상담을 통해서 얻은 변화는 무엇이며 앞으로 문제 해결을 위해 어떤 노력을 할지에 대해 논의한다.

상담자는 상담을 진행하면서 종결을 염두에 두고, 내담자도 언젠가는 상담이 끝날 것을 생각하게 된다. 상담이 잘 진행된 경우와 그렇지 못한 경우 모두 종결을 맞이하게 된다. 만약 내담자가 다음 약속 시간에 나타나지 않아서 조기에 종결될 경우에는 상담 내용의 기록이나 녹음을 검토해 보고 조기 종결의 원인과 의미를 탐색해 볼 필요가 있다. 이를 통해 조기 종결의 가능성을 보다 빨리 파악하고 적절하게 대처하는 것이 가능하다.

단기상담은 시간이 제한되어 있기 때문에 내담자들이 종결을 보다 분명하게 예견하는 경우가 많다. 이는 오히려 바람직한 변화를 얻기 위해 노력할 수 있는 시간이 제한되어 있음을 알리는 것은 내담자가 상담에 대한 긍정적인 동기를 가지도록 촉진하는 요소가 된다. 그러나 내담자가 특정한 종결 시점을 회피하거나 모호하게 언급한다면 상담자가 그에 대해 내담자와 언제 어떻게 논의할지를 계획하도록 한다.

단기상담을 종결할 때에는 내담자가 상담 성과에 대해 어느 정도 만족하는지, 상담자에게 어느 정도 애착을 느끼고 종결에 대해 불안을 느끼는지를 예측할 수 있어야 한다. 물론 단기상담에서 내담자가 상담자에게 강한 애착을 느끼는 일은 적으나, 상담자는 내담자의 지나친 의존적 행동을 강화하지 말아야 한다. 상담을 종결하는 시점에서는 상담 회기를 점차 줄여 나가는 등의 방법을 활용하여 의존적인 내담자들이 상담자에게서 분리될 수 있도록 준비시키는 데 보다 많은 주의를 기울여야 한다. 종결 과정에서는 상담자 또한 의식적 혹은 무의식적으로 종결을 어려워할 수도 있다. 어떤 상담자들은 자신의 개인적인 욕구로 인해 내담자의 의존성에서 만족감을 얻을 수 있는데, 이런 상담자의 태도는 정상적인 상담의 종결을 어렵게 만들 수 있으므로 주의하도록 한다.

한편, 충분한 상담 기간이 지났는데도 뚜렷한 진전이 없을 경우에는 종결에 대한 내담자의 동기가 관련될 수 있다. 이때에도 상담자는 내담자의 이러한 상황을 논의하고 종결을 제안하거나 다른 대안적인 방안을 함께 세워 내담자가 받을 수 있는 피해를 가능한 한 줄이도록 노력하는 것이 바람직하다.

단기상담에서는 되도록 얼마 동안 상담을 지속할 것인지를 예상해 두는 것이 좋다. 만약 내담자의 문제가 심각하지 않고 변화의 예후가 긍정적일 경우, 10~20회 정도를 예상할 수 있을 것이다. 이렇게 종결까지의 기간을 예측해 두면 내담자는 앞으로의 상담을 전반적으로 살펴볼 수 있고 어느 정도의 시간과 돈이 들지를 준비할 수 있다. 내담자가 상담 종결을 비롯한 상담의 현실적인 요소에 대해서 물어볼 때, 상담자는 내담자가 왜 그런 언급이나 질문을 하게 되었는지를 이해하면서 내담자의 느낌과 생각을 명료화하려는 노력을 해야 한다.

단기상담의 마지막 회기에는 내담자가 처음에 상담을 받으러 왔을 때의 문제를 검토하고, 그 문제를 해결하고 극복하기까지 어떤 노력을 기울였는지, 그리고 어떤 변화가 있었는지를 살펴본다. 그리하여 내담자가 앞으로 그 문제를 다시 겪게 될 때 어떻게 대처할지에 대해서 논의할 필요가 있다. 내담자는 앞으로도 다양한 문제가 발생할 수 있음을 받아들이고, 그것을 자신의 결정과 의지로 극복해 나갈 수 있음을 다짐할 수 있을 것이다.

충분한 상담 기간이 지났는데도 뚜렷한 진전이 없을 경우에 상담자는 내담자의 이러한 상황을 논의하고 종결을 제안하거나 다른 대안적인 방안을 함께 세워 내담자가 받을 수 있는 피해를 가능한 한 줄이도록 노력하는 것이 바람직하다.

5. 단기상담의 사례

다음의 사례는 '단기 학교 개인상담모형 개발과 적용'에 관한 박순득 (2007)의 논문 중에서 발췌한 것이다. 이 내담자는 고등학교 1학년 여학생 으로 일곱 살 때 부모가 이혼하고, 어머니가 몇 년 전부터 타지방에서 직장 생활을 하게 되어 경제적 사정으로 인해 최근에 이모집에서 거주하고 있 다. 내담자가 최근에 같은 학교 친구들과 갈등을 겪으면서 학교에서 외톨 이가 되어 견디기 힘들어하는 문제를 호소하여 상담을 시작하게 되었다.

상담자 1: 어떤 어려움이 있니?

내담자 1: 친구랑 싸웠어요. 고등학교 들어와서 반에 ○○라는 친구가 있었는 데, 그 친구가 화를 내어서 다른 친구한테 그 이야기를 했거든요. 저 는 걱정이 되어서 그 이야기를 했는데 그 친구는 그 화를 낸 것이 장난 이었다는 거예요. 그러면서 저보고 그 이야기를 다른 친구한테 했다고 막 화를 내는 거예요. 제가 보기에는 장난이 아니었거든요.

상담자 2: 장난 같지 않아서, 네가 걱정이 되어서 다른 친구에게 걱정을 이야기 했는데, 그 친구는 장난이었다고 하니 정말 헷갈렸겠구나.

내담자 2: 네, 그래서 그 친구와 멀어졌어요. 방학 때 사실은 친구와 또 다른 싸 움이 있었어요. 친구 생일이었는데 제가 돈이 없어서 할머니집 간다고 하고 그 친구 생일잔치에 안 갔거든요. 그런데 친구들이 꼬치꼬치 물 어서 거짓말했다고 사실대로 이야기를 했어요. 미안하다고요. 그런데 친구들이 저보고 이런 이야기해서 친구 생일인데 기분 망친다고 굉장 히 뭐라고 하는 거예요. 그래서 제가 또 사과를 했는데요. 거짓말했다 고 믿지 못할 친구라고 하면서 저를 몰아쳤어요. 참다가 기분이 나빠 서 저도 욕을 하면서 대들었어요.

상담자 3: 네가 다른 것도 아니고 돈이 없어서 생일잔치에 못 간다고 말하기는 어려워서 그 대신 그냥 할머니집에 간다고 둘러댄 그 마음은 안 알아주 고 거짓말했다고만 받아들여서 섭섭했겠구나. 그리고 네가 잘못했다고 미안하다고 했는데도 자꾸 널 보고 인신공격을 하니까 자존심도 무척 상하고 화도 많이 났구나.

내담자 3: 네. 제 집 앞에 그 친구들이 만나러 와서 저를 때리길래 저도 같이 싸웠거든요.

상담자 4: 그래? 싸움이 있었구나. 싸운 친구가 몇 명이었는데?

내담자 4: 10명 정도.

상담자 5: 그럼 네가 수적으로 엄청 불리하네.

내담자 5: 그런데 제가 좀 맞아서 엄마가 알게 되었거든요. 또 엄마가 담임 선생님한테 이 이야기를 하게 되어서 담임 선생님이 애들한테 전화해서 애들이 알아 버린 거예요. 그러니까 친구들은 제가 잘못해가지고 엄마한테 이야기해서 애들이 화가 났어요.

상담자 6: 그랬구나. 너는 엄마한테 알릴 의도는 아니었나 보네.

내담자 6: 네. 제가 맞고 나면 애들 감정이 풀릴 거니까 그걸로 참고 지나가자고 생각했거든요. 어쨌든 제가 거짓말을 해서 시작된 거니까요.

상담자 7: 엄마가 알게 돼서 일이 확대되었구나.

내담자 7: 네. 그런데 제게 화를 많이 내는 애 두 명만 저한테 화를 내는 줄 알고 개학해서 애들한테 말을 걸었더니 너는 지금 뭘 잘못했는지 모르냐고 하더라고요. 저는 그 애들이 저한테 화가 난 줄 몰랐거든요.

상담자 8: 그 애들은 10명이고 너는 한 명인데 그 애들 하나하나 기분 살펴주긴 어렵겠고, 또 그 애들이 다 너한테 그런 식으로 하니까 너도 지치겠구나.

내담자 8: 저도 하다 하다가 이제 모르겠다 싶어서 피했거든요. 피하는 게 아니었는데 전화요금도 없고 또 오기가 생겨서……

상담자 9: 네가 감당하기 너무 어려웠구나.

내담자 9: 네. 그 애들이 메신저에 저한테 욕 써 놓은 걸 본 거예요. 그래서 반 애들이 무슨 일인가 알아 버렸어요. 애들이 그 10명한테 너희 너무 하는 거 아니냐고 그래 놓으니까, 애들 보는 데서는 저한테 잘해 주는 척하고, 저를 위하는 척하고…….

상담자 10: 그 애들이 심하다는 걸 다른 애들이 알고 있구나. 그 애들이 너한테 뭘 원하고 있는 것 같니?

내담자 10: 제가 무너지길 바라고 있어요. 저는 그렇게 못해요.

상담자 11: 무너지는 것이 무엇이니?

내담자 11: 그 애들이 저보고 다른 애들은 잘못하면 울면서 사과하는데 그러더라고요. 제가 눈물도 안 나는데 억지로 그러고 싶지 않아요.

상담자 12: 진심으로 사과했으면 되었는데 꼭 그런 식으로 네가 그 애들이 원하는 식으로 사과하고 싶지 않다는 거지?

내담자 12: 네. 그리고 그 애들하고 친구한 지 한 달 만에 그런 일이 벌어졌어요. 정말 친한 친구들도 아니고요. 그리고 제가 요즘 친하게 지내는 친구하고 저를 떼어 놓으려고 거짓말을 하고 있어요.

상담자 13: 이래저래 널 힘들게 하고 있구나.

내담자 13: 그래서 자퇴하려고 생각하고 있어요.

상담자 14: 자퇴하고 싶을 정도로 힘들다는 말이구나.

내담자 14: 네. 친구문제로 너무 힘들어서 전학하거나 자퇴하려고 생각하고 있는데 친구문제가 해결되었으면 좋겠어요.

상담자 15: 그럼 상담에서 다루고 싶은 문제가 이 친구와의 관계를 해결하고 싶다는 말이지? 어느 정도 친구관계가 해결되었으면 좋겠니?

내담자 15: 학교 안 나오고 싶을 정도거든요. 학교 나오기가 마음 편할 정도로 해결하고 싶어요.

상담자 16: 같이 힘을 합해서 그렇게 해 보자. 그런데 너는 10명하고 상대해서 지금까지 버텨 오고 일방적으로 당하지 않은 힘이 있는 아이야. 아무나 그렇게 하지 못해. 넌 자존심도 강하고, 부당한 요구에 굴복하지 않는 애라고 생각되는구나.

이 사례에서 내담자는 경제적 어려움으로 인해 친구들에게 거짓말을 하게 된 것을 계기로 친구들과 싸움을 하고 갈등을 겪으면서 자퇴 또는 전학을 고민하고 있는 상태다. 이에 대하여 상담자는 내담자 문제의 원인이나 병리적인 현상에 초점을 맞추기보다는 학생의 강점과 자원을 탐색하고 구체적인 상담 목표를 설정하여 적극적으로 해결방안을 모색함으로써 학생의 문제를 해결하고 대처하는 것을 목적으로 상담을 진행하였다.

되짚어 보기

1. 상담에 들이는 시간과 비용이 절약되고 상담의 효과도 있다는 측면에서 단기상담이 각광을 받고 있다. 단기상담은 장기상담보다 다양한 가치관, 정서 기능을 가진 내담자들이나 개인적 형편상 장기상담이 불가능한 내담자들에게 유용하다. 따라서 단기상담은 상담의 목표를 빠른 시간 내에 구체적으로 설정하고 그 목표를 해결하는 데 초점을 맞추게 된다는 측면을 강조해야 한다.

2. 단기상담은 대개 25회기 이내에 이루어지는 것이 일반적이다. 단기상담에서는 시간이 제한되어 있기 때문에 상담 목표 또한 제한되어 설정된다.

3. 단기상담에서 상담 초점은 내담자의 현재 문제 증상, 반복적으로 문제를 일으키는 대인관계 등에 맞춰지고, 내담자의 문제에 대해 즉각적이고 신속한 개입이 이루어진다. 성공적인 단기상담을 위해서는 상담자와 내담자 간의 긍정적인 관계가 매우 중요하다.

4. 단기상담은 비교적 건강하고, 경미한 문제를 지녔으며, 조직체의 구성원으로서 상실이나 급성적 상황에 처해 있거나 발달 과업상의 어려움을 겪고 있는 내담자들에게 보다 적합하다. 그리고 내담자들은 신속한 문제 해결을 희망하여 요청하게 되므로 단기상담은 문제 해결적 접근으로 진행된다.

5. 단기상담의 첫 면접에서는 상담자와 내담자 간에 상담관계를 형성하고, 내담자의 기대와 동기를 확인하며, 내담자에 대한 자료를 종합하여 상담에 대한 구조화를 실시하도록 한다.

6. 단기상담의 초기 단계에서는 내담자의 행동 패턴을 확인하고, 내담자에 대한 견해를 수정하고 확장하며, 내담자에게 적절한 과제를 부여하면서 상담을 진행한다.

7. 단기상담의 중기 과정에서는 우호적인 상담관계를 바탕으로 내담자의 문제를 보다 깊이 탐색하고, 이를 현실적으로 해결하기 위한 노력을 시도하면서 상담의 진행 과정을 평가한다.

8. 단기상담의 종결에서는 내담자와 협의된 종결 계획을 세우고, 상담자와 내담자가 종결에 대해서 어떤 느낌과 생각을 갖는지를 점검하며, 상담을 통해서 얻은 변화는 무엇이고 앞으로 문제 해결을 위해 어떤 노력을 할지에 대해 논의한다.

우리가 불행한 것은

가진 것이 적어서가 아니라

따뜻한 가슴을 잃어가기 때문이다.

따뜻한 가슴을 잃지 않으려면

이웃들과 정을 나누어야 한다.

행복은 이웃과 함께 누려야 하고

불행은 딛고 일어서야 한다.

-법정의「홀로 사는 즐거움」중에서-

제**17**장

집단상담

❝ 길라잡이 물음

1. 집단상담과 개인상담의 차이점은 무엇이라고 생각하는가?

2. 집단상담의 장점은 무엇이라고 생각하는가?

3. 집단상담자가 되기 위해서 갖추어야 할 자질은 무엇이라고 생각하는가?

4. 집단상담에 참여한 적이 있다면 집단상담을 통해서 어떤 도움을 받았는가?

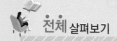 전체 살펴보기

　　집단상담은 1970년대 초 우리나라에 소개되었으며, 1990년대에 이르러 집단상담에 대한 관심이 높아지면서 학교를 비롯한 교회나 산업체, 상담센터 등 다양한 곳에서 집단상담이 활발하게 이루어지게 되었다. 이처럼 짧은 기간 내에 집단상담이 활성화된 이유는 개인상담이 충족시켜 줄 수 없는 사람들의 여러 가지 다양한 욕구를 충족시켜 줄 뿐만 아니라 집단원 간의 상호작용을 통하여 사람들을 효과적으로 도와줄 수 있기 때문이다.

　　Rogers(1970)는 "집중적인 집단 경험은 매우 강력한 효능을 가지고 있는데, 이것은 20세기에 이르러 가장 급속도로 확산되고 있는 사회적 발명의 하나다."라고 주장하였다. 이 말은 곧 집단상담이 사람들에게 도움을 줄 수 있는 많은 강점을 갖추고 있다고 할 수 있다. 예를 들어, 집단상담은 개인상담과 달리 집단원들과의 만남을 통해 새로운 대인관계 기술을 연습하고 익혀서 그것을 실제에 적용할 수 있다. 더욱이 집단원들은 상담자나 다른 집단원들의 피드백을 통하여 자신의 모습을 새롭게 지각하게 되는 이점이 있다. 집단상담은 전문적 훈련을 받은 집단상담자가 집단에 참여한 구성원들의 자각 확장을 통해 그들의 문제 예방, 발달과 문제 해결을 돕고 한편으로는 대인관계의 민감도를 높여 좀 더 적응적인 생활을 할 수 있도록 돕는 것을 목표로 한다. 이런 과정에서 집단원들은 상담자나 다른 집단원들의 바람직한 태도를 본받을 수 있으며, 자신과 비슷한 관심사를 가지고 있는 다른 사람들을 관찰함으로써 자신의 문제에 대응하는 방법을 배울 수 있다.

　　그렇다면 구체적으로 집단상담이란 무엇인지, 집단상담의 종류에는 어떤 것이 있는지, 집단상담을 이끌어 가는 상담자는 어떤 자질을 갖추어야 하는지, 집단상담은 어떤 과정으로 이루어지는지 등에 대해 살펴보도록 하자.

1. 집단상담의 기초

1) 집단상담의 필요성과 정의

집단상담을 통해서 우리는 무엇을 얻을 수 있을까? 집단상담은 사람들이 자신을 이해하도록 도와주고, 대인관계에서 생기는 불편함, 이해받지 못하는 소외감, 오해와 갈등을 집단원과 함께 느끼고 해결할 수 있도록 해 준다. 또 집단상담은 지식이 아닌 실제적인 자기체험을 통하여 심리적·정서적으로 안정되고 성숙한 인간이 될 수 있는 기회를 제공해 주며, 자신뿐만 아니라 주위에 있는 다른 사람의 문제 해결에도 도움을 주는 역할을 한다. 그러므로 개인적인 성장과 발달을 바라는 사람뿐만 아니라 집단상담자가 되기를 원하는 사람에게도 집단상담은 꼭 필요한 경험이다.

집단상담은 기존의 일방적인 주입식 강의나 토의처럼 지식에 초점을 두는 전통적인 형태의 교육과는 전혀 다른 체험이므로 처음 집단상담을 경험하는 집단원은 낯설게 느껴져 거부감이 생길 수 있다. 그러나 집단상담은 개인이 자기를 성찰하고 정리하는 데 도움을 주기 위한 것이기에 직접 참여하여 스스로 생각하고 느끼는 내용을 서로 주고받는 과정에서 변화를 체험할 수 있는, 짧은 시간이지만 서로를 깊이 알 수 있는 참만남(encounter)의 시간이다.

집단상담이 무엇인가를 정의하기 위해 집단상담의 관련 요소를 살펴보면 다음과 같다.

> 집단상담은 자기이해를 도와주고, 대인관계에서의 불편함, 소외감, 오해와 갈등을 집단을 통해 함께 느끼고 해결해 나감으로써 보다 성숙한 인간이 될 수 있는 기회를 제공한다.

- 집단상담은 정신병의 치료보다는 성장과 적응에 목적을 두고 실시되므로 정상 범위에서 심하게 일탈하지 않는 사람을 대상으로 이루어지게 된다. 심각한 정서적·성격적 문제를 가지고 있는 사람은 집단상담의 대상에서 제외된다.
- 집단상담자는 집단상담에 대한 폭넓은 지식과 자질을 갖춘 전문적인 훈련을 받은 자여야 한다.

- 집단상담의 분위기는 믿을 만하며 수용적이어야 한다. 집단상담 과 정에서 중요한 것은 자기탐색, 자기이해, 자기개방 및 피드백 주고받 기에 있는데, 구성원 상호 간의 무조건적인 수용과 믿을 수 있는 분 위기는 효과적인 집단상담의 필수 조건이다.
- 집단상담은 집단 구성원이 상호작용하는 역동적인 대인관계 과정이 다. 집단상담의 가장 큰 장점은 집단의 응집력을 이용하는 것이다. 집단 응집력은 집단 내의 친밀감, 신뢰감, 온화함, 공감적 이해로 나 타나며, 적대감과 갈등을 포함할 수도 있다. 응집력 있는 집단은 집 단원으로 하여금 자기개방을 하도록 하고, 위험을 감수할 수 있는 힘 을 불어넣어 주고, 집단 내의 갈등에 대해 건설적으로 표현하도록 함 으로써 성공적인 상담으로 나아갈 수 있다.

이러한 내용을 바탕으로 집단상담을 정의해 보면 다음과 같다.

집단상담은 심리적 문제가 심각하지 않은 사람들이 모여 집단을 형성 하고, 그들이 전문 상담자와 함께 서로를 신뢰하고 허용적인 분위기 속에 서 자기이해와 수용 및 개방을 촉진하는 상호작용을 함으로써 개인의 태 도와 행동을 변화시키고, 문제를 해결하며, 나아가 잠재 능력의 개발을 꾀하는 활동이다.

2) 집단상담의 장점

집단상담의 장점은 경제 적이고, 개인상담보다 내 담자의 심리적 부담이 적 으며, 집단의 상호작용을 통해 폭넓은 관심사를 갖 게 되고, 소속감과 동료의 식 및 풍부한 학습 경험을 가질 수 있다는 것이다.

집단상담은 다음과 같은 장점을 가지고 있다. 첫째, 경제적이다. 집단 상담에서는 상담자가 개인상담에 비하여 짧은 시간에 많은 사람의 성장 을 도울 수 있어 시간과 노력을 크게 줄일 수 있다. 또한 개인상담에서는 한 사람의 상담자뿐이지만 집단상담에서는 집단원의 수만큼 상담자의 수 가 많다고 할 수 있다. 즉, 각 집단 구성원은 경청하고, 수용하고, 지지하 고, 직면하고, 해석해 줌으로써 서로에게 상담자의 역할을 하는 것이다.

둘째, 내담자는 대체로 개인상담보다 집단상담을 더 편안하게 느낀다. 개인상담에서는 상담자를 권위자로 보지만 집단상담에서는 최소한 집단원들끼리 동등함을 느낄 수 있다. 또한 집단상담에서는 개인이 한편으로는 계속 참여하면서 다른 한편으로는 물러서서 관망할 수도 있다.

셋째, 다양한 집단 구성원들이 모인 집단은 구성원 개개인을 이해하고 지지하는 하나의 작은 사회라 할 수 있다. 집단 속에서 집단원은 상호작용을 통하여 자기지각과 자신에 대한 타인의 지각이 일치하는지의 여부를 검증할 수 있다. 또한 집단 구성원 각자가 자기 자신의 문제에만 관심을 보이던 것에서 벗어나 타인을 위해서도 좀 더 폭넓은 관심을 갖도록 해 준다. 집단상담 장면에서 개인은 어떤 외적인 비난이나 처벌에 대한 두려움 없이 새로운 행동을 실습해 볼 수 있다.

넷째, 집단상담에서는 동료들 간에 서로의 관심사나 감정을 터놓고 이야기할 수 있기 때문에 소속감과 동료의식을 쉽게 발전시킬 수 있다. 비록 모든 성원이 똑같은 문제를 갖고 있지 않다고 하더라도, 최소한 집단 구성원은 다른 사람들도 보편적인 문제를 가지고 있다는 사실을 발견하게 됨으로써 자신만의 문제나 고통이 아님을 알고 자신이나 타인을 더욱 잘 이해할 수 있게 된다. 뿐만 아니라 다양한 집단 구성원을 만남으로써 개인상담에서 할 수 없는 여러 가지 풍부한 학습 경험을 할 수 있는 장점이 있다.

3) 집단상담의 단점

집단상담의 단점은, 첫째, 어떤 사람들은 집단상담을 인간의 행동을 변화시키는 절대적인 수단으로 보려는 경향이 있다. 그러나 집단상담은 개인의 행동을 변화시키는 만병통치약이 아니다. 집단상담은 인간의 행동을 변화시키는 여러 가지 접근법 가운데 하나이며, 적지 않은 실패와 부작용도 있음을 유념해야 한다.

둘째, 집단상담에서는 개인상담에서처럼 특정 집단원의 문제가 충분히 다루어지지 못할 가능성이 많다. 집단상담에서는 집단원 각각의 개인적인 문제를 깊게 다루기보다는 전체 집단의 공통적 관심사나 몇몇 집단원의 문제에 대한 논의가 이루어지기 때문이다.

집단상담의 단점은 모든 사람에게 효과적인 것은 아니며, 특정 집단원의 문제가 충분히 다뤄지지 못하고, 집단 압력에 상처를 입을 수 있으며, 생활양식과 가치관의 변화로 인해 안정감을 상실할 우려가 있다. 또한 미숙한 상담자로 인해 상처를 받을 수 있다는 것이다.

셋째, 집단 과정에서 집단원이 부정적인 집단 압력에 의해서 상처를 입게 될 우려가 있다. 예를 들어, 한 집단원이 마음의 준비가 되기 전에 다른 대부분의 집단원들이 자기개방을 할 때 '자기 마음속의 비밀을 털어놓아야 한다.'는 집단 압력에 의해 심리적 갈등을 느껴서 상처를 받는 경우가 있다.

넷째, 어떤 집단원은 집단 경험을 통해서 생활양식과 가치관의 변화가 일어날 경우 그 변화로 인하여 안정감을 상실할 수 있다. 즉, 집단상담에 참여하기 전에는 현실에 적응해서 살았으나, 그것을 경험한 후에는 지금까지의 생활양식이나 가치관에 만족할 수 없어서 변화하려고 노력하게 된다. 그 과정에서 비록 일시적이긴 하지만 안정감을 상실할 수도 있다.

다섯째, 체계적인 훈련이나 교육 경험이 부족한 집단상담자가 집단상담을 하게 되면 오히려 피해를 주는 경우가 있다. 그러므로 집단상담은 집단 과정에 관한 충분한 지식과 경험을 가지고 있을 뿐만 아니라 개인상담 경험도 충분히 쌓은 상담자가 실시해야 한다. 집단상담자는 인간에 대한 이해와 경험의 정도에 따라서 집단원에게 입힐 수 있는 피해 가능성을 줄일 수 있다.

4) 집단상담의 역사

우리나라에서 집단상담은 1971년에 광주와 대구에서 도입되었으나(설기문, 1998), 아쉽게도 자료로 남아 있지는 않지 않다. 그러나 이보다 한 해 앞서 윤호균은 서울(1970년 9월, 중앙학생지도연구소, 소장: 정양은, 서울대학교 심리학과 교수)에서 전공자들을 대상으로 T-group(Training-group) 형태의 집단상담을 실시하였는데, 이것이 우리나라 최초의 집단상담이라고 생각된다(천성문, 설창덕, 배정우, 2004).

한편, 1971년 1월에 광주에서 열린 연수회를 중심으로 한 연구모임을 통해 인성개발집단수련을 실시하였다. 이 집단에 관심을 가지는 사람이 늘어나자 1972년 7월에 10명의 회원이 한국인성개발연구회를 창립하였다(이상훈, 1990).

전남지역에서는 일본카운슬러협회 소속의 전문가들이 광주에서 감수성 훈련을 소개하고 경험하게 했는데, 이는 뒤에 집단상담 운동에 큰 영향을 끼친 것으로 평가되고 있다.

대구지역에서는 같은 해인 1971년에 미국에서 집단상담을 전공하고 돌아와 계명대학교 교수로 재직 중이던 이형득이 계명대학교를 중심으로 대학생과 성직자, 일반인 등을 대상으로 다양한 T-group을 실시함으로써 지역사회에 새로운 형태의 상담을 소개하였다. 이후 1980년에 국내에서는 처음으로 자기성장을 주제로 하는 구조적 집단상담 프로그램을 개발하였는데, 이 프로그램은 이후 다양한 집단상담 프로그램의 개발을 촉진하였고, 결과적으로 우리나라 집단상담의 발전에 크게 이바지하였다.

집단상담이 국내의 대표적인 상담 접근방법의 하나로 발전하면서 이형득이 중심이 되어 설립한 '발달상담학회'는 더욱 본격적으로 집단상담에 관한 학술적인 연구활동을 통하여 집단상담을 발전시키고, 집단상담을 더 널리 보급하기 위해 1998년에 '한국집단상담학회'로 이름을 고침으로써 우리나라 집단상담 운동과 학술 연구의 중심 학회로 자리를 잡았다. 이로써 우리나라의 집단상담은 새로운 도약의 단계로 접어들게 되었다.

2. 집단상담의 형태

집단상담은 그 형태와 접근방식에 따라 지도집단, 상담집단, 치료집단, 자조집단과 감수성집단 등 여러 가지로 나눌 수 있다.

1) 지도집단

지도집단은 토론의 내용이 정의적이거나 심리적인 집단 토의 장면을 의미한다. 이런 집단은 교육적 · 직업적 · 사회적 정보와 같은 학생의 개인적 요구나 관심사에 맞는 적절한 정보를 제공하는 데 사용된다. 지도집단은 주로 학교에서 이루어지며, 크기는 12~40명 정도다. 지도집단이 상

지도집단은 개인적 요구나 관심사에 대한 적절한 정보를 제공하려는 목적으로 실시된다.

담 집단이나 치료집단과 같은 집단들과 다른 점은 비교적 구조적이며, 논의될 주제가 일반적으로 집단상담자에 의해서 선정된다는 특성이 있다는 점이다. 또한 심리적 장애를 치료하는 것보다는 문제 예방에 주로 관심을 둔다는 차이가 있다.

2) 상담집단

상담집단은 주제나 문제보다 사람에게 초점을 두고, 안전하고 신뢰감을 주는 분위기 속에서 개인적 문제를 나누는 것을 통해 개인의 행동 변화를 꾀한다.

상담집단은 지도집단과는 대조적으로 주제나 문제보다는 사람에게 초점을 둔다(Mahler, 1969). 상담집단은 지도집단에 비해 그 크기가 작으며, 집단이 덜 구조화되어 있다. 집단에서 논의되는 내용은 정의적이고 개인적인 것이다. 상담자의 주된 역할은 집단 구성원들이 가정, 대인관계, 자기개념, 그리고 개인적·사회적·교육적 문제와 관련되어 있는 사적인 문제를 편안하게 나눌 수 있는 안전하고 신뢰감을 주는 분위기를 만들어 내는 것이다. 집단원들은 발달적인 문제나 대인관계 문제를 다룰 기회를 갖게 되고, 이러한 문제들은 궁극적으로 각 개인이 원하는 행동 변화와 관련이 있는 것들이다.

3) 치료집단

치료집단은 전문적인 훈련을 받은 상담자가 집중적인 심리치료를 필요로 하는 사람을 대상으로 실시한다.

치료집단은 치료를 목적으로 한다. 이는 제2차 세계대전 중에 급격히 증가한 정신질환과 개인치료를 담당할 전문가가 부족함에 따라 발달하게 된 집단치료다. 치료집단은 대개 '정상적'으로 기능할 수 없는 사람을 대상으로 하므로, 집중적인 심리치료를 필요로 할 뿐만 아니라 상담집단보다 훨씬 긴 시간을 요하게 된다. 또한 상담자도 다른 집단상담자보다 더 많은 훈련을 받고 전문적인 기술을 가지고 있어야 한다.

4) 자조집단

자조집단(self-help group)의 특징은 같은 문제를 갖고 있는 당사자들이나 가족이 공통된 목표를 가지고, 대등한 관계 속에서 문제를 해결하기 위해 자발성을 발휘하는 것이다. 대표적인 집단은 알코올 중독에서 벗어나고자 하는 모임(Alcoholics Anonymous: AA), 사랑하는 사람을 자살로 잃은 사람들의 모임(Seasons) 등이 있다.

대표적인 자조집단의 예에서 살펴본 것처럼 이 집단은 특정 영역에 대한 전문 상담자를 만나지 못해 어려움을 겪는 사람들에게 스스로 삶을 보호하고 변화시킬 수 있는 경험을 나누고, 서로에게 정서적 지지와 사회적 지지를 제공함으로써 배우고 정보를 얻으면서 미래에 대한 목표나 방향을 설정하는 데 도움을 얻을 수 있다.

> 자조집단(self-help group)은 같은 문제를 가진 사람들이 함께 모여 자신들의 공통된 문제를 서로 이야기하고, 서로 격려하며, 서로 도움을 주고받는 집단 형태다.

3. 집단상담자의 태도와 자질

좋은 집단상담자가 되기 위해서는 인간 행동에 대한 깊은 이해와 집단 구성원과의 관계 형성 및 유지에 필요한 여러 가지 인간적인 자질과 전문적인 기술을 갖추어야 한다. 집단상담자가 갖추어야 할 태도와 자질은 다음과 같다.

1) 인간적 태도

집단상담자의 인간적 태도는 집단 전체의 분위기와 집단원의 성장 정도를 좌우할 만큼 큰 영향력을 가지고 있다. 집단상담자는 그가 가진 인간적인 따뜻함과 상담자로서의 전문적 기술을 통해 집단원의 성장을 돕는데, 이러한 집단상담자의 태도는 우리나라의 전통적 부모상인 엄부자모(嚴父慈母)의 모습을 지니고 있다고 할 수 있다.

집단상담에 참여한 많은 집단원이 부모의 미성숙한 양육 태도 때문에 상처를 받으며 성장하였다. 그래서 집단원은 저마다 힘들고 고통스러운 문제를 가지고 집단에 오게 된다. 이러한 집단원에게 집단상담자는 새로운 부모가 되어 준다. 즉, 아버지와 같이 옳고 그름을 가르쳐 주기도 하고

> 집단상담자는 엄부자모의 모습을 지니고 있어야 한다.

잘못한 일은 엄하게 꾸짖기도 하는 가운데 집단원에게 어떤 위험이 닥치더라도 보호받을 수 있다는 신뢰와 든든함을 준다. 또한 어머니와 같이 어떤 부정적인 감정이라도 표현할 수 있도록 따뜻한 분위기를 만들어 주고, 어떤 감정이나 행동이라도 받아 주고 이해해 주며, 자식들에게 자신의 사랑을 기꺼이 주지만 자식들로부터는 아무런 보답을 바라지 않는 어머니처럼 온 정성과 사랑으로 집단원의 성장을 돕는다.

집단상담자는 또한 집단원의 성장 잠재력을 믿고, 집단 과정을 거치면서 집단원이 성장해 나간다는 확신을 끝까지 잃지 않는다. 그는 비록 한 사람이지만 좋은 아버지와 어머니의 역할을 동시에 하면서, 형제 간에 우애를 나누듯 자신과 다른 집단원을 이해하고 서로의 성장을 돕도록 관계를 촉진시켜 나간다.

그러나 집단상담자는 완전히 성숙한 인간은 아니다. 그는 인간에 대한 믿음을 가지고 있으며, 있는 그대로 인간을 존중하고 수용하며, 선하게 삶을 살아가려고 노력하는 사람이다. 이러한 노력을 바탕으로 형성된 성숙한 인간적 태도를 치료적 도구로 사용함으로써 집단원이 좀 더 행복한 삶을 영위해 나아갈 수 있도록 돕는다. 이러한 과정을 통해 집단원뿐만 아니라 집단상담자도 더불어 성숙해 나가게 된다.

2) 전문적 자질

집단상담자는 체계적인 훈련과 지도 경험을 통해 집단을 이끄는 데 필요한 전문적 기술을 익혀야 한다.

집단상담자는 바람직한 인간적인 자질과 태도를 갖추어야 할 뿐만 아니라 집단 과정을 효율적으로 이끌어 갈 수 있는 전문적인 역량 또한 갖추어야 한다. 좋은 집단상담자가 되기 위해서는 체계적인 훈련과 지도 경험을 통해 집단을 이끄는 데 필요한 전문적 기술을 습득하여 집단상담 장면에서 적절히 활용할 수 있어야 한다. 우리는 이미 '13장 상담 기법'에서 상담에 쓰이는 여러 기술들을 살펴보았다. 여기서는 여러 기술들 중 집단상담에서 자주 사용되는 몇 가지 전문적 기술과 집단상담자의 역할에 대하여 살펴보도록 하겠다.

(1) 관심 기울이기

관심 기울이기는 말하는 사람에게 전적으로 관심을 표명하면서 그가 전하고자 하는 메시지를 경청하는 자세다. 이 기술의 중심 요소는 말할 때 시선을 부드럽게 마주치는 것, 몸짓과 표정을 통해 '나는 너의 이야기에 관심이 있어. 나는 너의 이야기를 주의 깊게 듣고 있고, 이야기의 참뜻을 이해하고 싶어.'라는 메시지를 보내는 것으로, 간단한 말이나 동작으로 반응(예: 고개 끄덕이기, '으응' '그래', 느낌 반영 등)을 보이는 것이다.

다음 예에서는 상담자가 집단원의 말에 관심을 기울이면서, 집단원이 자신의 이야기를 마음 놓고 계속할 수 있도록 하고 있다.

> 집단원: 저는 아내로서 최선을 다했다고 생각했는데, 남편은 제가 피곤해서 잠시 쉬는 것을 아내로서 태만하다고 여기고 못마땅하게 생각한다는 것을 알고 나니 이제 아무것도 하고 싶지 않아요.
>
> 상담자: (따뜻한 시선을 보내면서 고개를 가만히 끄덕이며) 으음……. (몸을 내담자 쪽으로 기울이며) 남편에게 좋은 아내가 되고 싶어 많이 참고 노력했는데 남편이 그 노력도 몰라 주고, 잠시 쉬는 것조차 그런 식으로 오해해서 삶의 의욕마저 상실하셨나 봐요.

관심 기울이기는 집단상담자의 기초적 기술로, 말하는 사람에게 전적으로 관심을 표명하면서 그가 말하고자 하는 메시지를 경청하는 자세다.

(2) 적극적 경청

적극적 경청은 상대방의 입장에서 상대방의 생각이나 기분을 이해하기 위해 적극적으로 듣는 태도다. 경청은 단순히 말의 내용을 파악하는 것에서 벗어나 상대방의 몸짓, 표정 그리고 음성에서 섬세한 변화를 알아차리고, 그 바탕에 깔려 있는 감정까지 파악하는 것을 말한다.

다음 예에서는 집단원 1이 자신은 오토바이를 훔치지 않았지만 다른 사람으로부터 자신이 오토바이를 훔쳤다고 하는 이야기를 들었을 때 느꼈던 억울한 감정을 상담자와 집단원 2가 잘 경청하여 표현해 주고 있다. 그러자 집단원 1은 자신이 이해받고 존중받고 있음을 느끼고, 더욱 솔직하게 자신을 표현하게 된다.

적극적 경청은 상대방의 입장에서 상대방의 생각이나 기분을 이해하기 위해 적극적으로 듣는 태도로 말의 내용뿐만 아니라 그 속에 담긴 감정까지 파악하는 것을 말한다.

집단원 1: (흥분하며) 저보고 오토바이를 훔쳤다고 하더라고요. 너무 기가 차서
　　　　 말이 나오지 않았어요.

상담자: 오토바이를 훔치지 않았는데 오토바이를 훔쳤다고 오해받아서 너무
　　　　억울하고 어처구니가 없어 말조차 나오지 않았나 봐요.

집단원 1: 네, 맞아요.

집단원 2: 그런 오해를 받았다면 속을 뒤집어 보일 수도 없고 참 갑갑하고 속이
　　　　 타서 말이 안 나왔겠어요.

집단원 1: 제가 억울하게 누명을 쓰니 화가 나고 속이 터지더라고요.

(3) 반영

반영은 집단원의 행동이나 말 그리고 감정을 다른 참신한 말로 바꾸어 말해 주는 것을 말한다.

　　반영은 집단원이 행동이나 말로 표현한 기본적인 태도, 행동, 주요 감정을 다른 참신한 말로 바꾸어 말해 주는 것으로 느낌, 태도, 행동의 반영이 있을 수 있다. 반영을 할 때 주의할 점은 집단원이 말이나 행동으로 표현한 수준 이상으로 깊이 들어가지 않도록 하는 것이다. 상담자는 반영을 통해 집단원으로 하여금 말 이면에 숨어 있는 감정이나 느낌을 볼 수 있도록 할 수 있다.

집단원: 나는 오늘 집단에 오고 싶지 않았어요. 집단상담이 내겐 아무 의미가
　　　　 없는 것 같아요. 지난 몇 주간 아무런 진전이 없는 것 같거든요.

상담자: 당신은 이 집단상담을 통해 문제를 해결하고 싶었는데 진전이 없는 것
　　　　같아 실망스러워 그만두고 싶으시군요.

집단원: 네. 집단상담에 오면 뭔가 문제가 해결될 줄 알았거든요.

상담자: 해결하고 싶은 문제가 해결되지 않아서 괴로우셨군요. 몇 주간이나 아
　　　　무 진전이 없는 문제를 안고 있었다니 참 갑갑하고 힘들었겠어요.

(4) 명료화

명료화는 집단원의 밑바닥에 깔려 있는 혼란스러운 감정과 갈등을 가려내어 분명히 해 주는 것이다.

　　명료화는 어떤 문제의 밑바닥에 깔려 있는 혼란스러운 감정과 갈등을 가려내어 분명히 해 주는 것이다. 다시 말해서, 집단원의 실제 반응에서 나타난 감정, 생각 속에 암시되었거나 내포된 관계 또는 의미를 분명하게

해 주는 것이다. 명료화를 통해 집단원은 자신이 미처 자각하지 못하고 있던 의미 및 관계를 분명히 구분해서 이해할 수 있게 된다.

> 집단원(고1 남학생): 어머니는 나를 옴짝달싹 못하게 만들어요. 계속 잔소리만 하고 그럴 때마다 옛날의 기억이 되살아나 불같이 화가 나서 어머니께 막 큰 소리를 지르게 돼요. 그러고 나면 어머니가 날 위해서 그러시는데 괜히 화를 냈구나 싶어서 미안해져요. 그러다가 또 화를 내고. 내가 꼭 미친 것 같아요.
>
> 상담자: 어머니에게 화가 나면서 미안하기도 하네요. 두 가지 감정을 가지고 있군요. 그러면서 자신의 모습이 바람직하지 못하다고 느끼고 있고요.

(5) 해석

해석은 집단원의 행동이나 증상의 배후에 대하여 설명해 줌으로써 무의식적 동기나 갈등을 의식화할 수 있도록 돕는 것을 말한다. 해석은 집단원이 명확하게 의식하지 못하는 행동 간의 관계나 의미에 대하여 가설형태로 제시된다. 즉, 해석은 집단원 자신은 모르고 있거나 인정하기를 거부하는 명확한 모순에 대해 알게 하고 받아들이게 하려는 상담 기법이다. 가능하면 집단원 자신이 스스로 해석하도록 돕는 것이 바람직하다.

> 해석은 집단원의 무의식적 동기나 갈등을 의식화할 수 있도록 가설 형태로 제시된다.

> (집단원들이 고통스러워할 때마다 위로하거나 다른 이야기로 돌리려고 하는 집단원 1에게)
>
> 상담자: 내가 보기에는 우리 집단원 중 누군가가 다른 집단원이 고통스러운 이야기를 할 때마다 끼어들어 고통을 덜어 주려고 하고 있는데, 혹시 자신이 그 고통스러운 경험을 두려워하고 있는 건 아닐까요?

(6) 촉진하기

촉진하기는 집단원이 자신의 감정을 솔직하게 표현하고 집단원 간에 적극적인 상호작용이 일어나도록 하는 것이다. 상담자는 먼저 안전하고 수용적인 집단 분위기를 형성하여 집단원이 적극적으로 집단에 참여할

> 촉진하기는 집단원이 자신의 감정을 솔직하게 표현하고 집단원 간에 적극적인 상호작용이 일어나도록 하는 것이다.

수 있도록 한다. 집단원이 자신을 개방하고 새로운 행동을 시도하려 할 때, 상담자는 적극적으로 지지해 줌으로써 가능한 한 많은 집단원이 집단 활동에 참여할 수 있도록 촉진한다. 또한 자신을 잘 표현하지 못하는 집단원에게 명료화를 통해 자기표현을 할 수 있도록 도움으로써 집단원 간의 상호작용을 촉진한다.

> 상담자: 가을 님, 가을 님은 성에 대해 가지고 있는 문제를 우리에게 이야기하기 시작했어요. 그런데 가을 님이 그 이야기를 하는 것을 약간 두려워하는 것 같아요. 저는 우리가 비판 없이 가을 님의 이야기를 듣는다는 것을 알았으면 좋겠어요. 우리는 가을 님이나 어떤 사람도 비판하거나 판단하지 않아요. 우리는 서로 돕고 서로에게 힘이 되고 싶어요.

(7) 연결짓기

연결짓기란 한 사람이 행동하거나 말한 것을 다른 사람의 관심과 연결시키는 방식을 말한다. 집단상담자는 집단원의 이야기를 서로 연결 짓는 방식으로 집단원 간에 의사소통을 하도록 돕는 것이다. 집단상담자는 이를 위해 세심한 통찰력을 가지고 집단원을 살펴보아야 한다. 예를 들어, 한 집단원이 자신이 완전하지 않으면 사랑받지 못할 것이라는 감정을 말할 때는 그와 유사한 감정을 느끼고 있는 다른 집단원을 파악하여 함께 참여시켜 이야기하도록 하는 것이다.

> 상담자: 나무 님의 이야기는 제가 생각할 때 고운 님이 예전에 자신의 상사에게 인정받기를 원한다고 말했던 것과 유사한 것 같군요. 고운 님, 어떤가요?
> 고운: 음, 그 말을 듣기 전까지는 그렇게 생각하지 않았는데 맞는 것 같아요. 나무 님과 저는 공통점이 있네요. 칭찬받을 때 무슨 생각이 머리를 스치나요?
> 나무: '내가 만일 실수를 한다면 사장님이 나에게 실망하지 않을까?' 하는 생각을 가끔 해요.

> 연결짓기는 한 사람의 행동이나 말을 다른 사람의 관심과 연결시키는 방식을 말한다.

고운: 제가 바로 그래요. 그리고 제가 상사를 실망시킬까 봐 긴장하고 산다는
게 참 바보 같고 힘든 일이지요.

상담자: 지금이나 나중에라도 우리 그에 대해 함께 이야기를 나눠 볼까요?

(8) 비생산적인 행동 제한

비생산적인 행동 제한이란 집단원의 바람직하지 못한 행동을 제한한다
는 의미다. 이때 집단상담자는 그 집단원의 인격 자체를 비난하거나 공격
하지 않으면서 그의 비생산적인 행동만을 제한한다. 제한되어야 할 행동
으로는 지나치게 질문만 계속하는 행동, 제3자가 이야기하듯 다른 집단원
의 험담을 하는 행동, 집단 외부의 이야기를 길게 늘어놓는 행동, 다른 집
단원의 사적인 비밀을 캐어 내려고 추궁하는 행동, 자기 문제를 마치 딴
사람의 책임인 것처럼 떠넘기는 행동, 다른 집단원들이 지루하게끔 길게
횡설수설하는 행동 등을 들 수 있다.

> 비생산적인 행동 제한은 집단원의 바람직하지 못한 비생산적인 행동에 대해서만 제한하는 것이다.

나무: 거울 님은 저에 대해 어떻게 생각하세요?

거울: 갑자기 그렇게 물으니까 당황스럽네요.

나무: 왜 제 질문을 피하세요?

거울: 나무 님이 왜 저한테 이러시는지 이해가 안 되어 저는 더 당황스럽습니다.

나무: 솔직하지 못하신 것 같아요. 평소에도 이런 태도를 보이나요?

상담자: 잠깐만요. 거울 님이 나무 님에 대해서 어떻게 생각하는지에 대한 질문
을 왜 하시게 되었는지 그 이유부터 말씀해 주시겠어요?

(9) 피드백

피드백이란 타인의 행동에 대해 자신의 반응을 상호 간에 솔직히 이야
기해 주는 과정을 말한다. 집단상담의 중요한 목적 중 하나는 집단원으로
하여금 타인이 자기를 어떻게 보고 있으며, 또 어떻게 반응하고 있는지에
대해 학습할 기회를 제공해 주는 것이다. 이 방법을 잘 사용하게 되면, 집
단원의 특정 행동 변화에 도움을 줄 뿐만 아니라 피드백을 주고받는 방법
에 대한 모델의 역할도 할 수 있다.

> 피드백이란 타인의 행동에 대해 자신의 반응을 솔직히 이야기해 주는 과정이다. 이를 통해 타인과 자신에 대한 이해의 폭을 넓힐 수 있다.

여우: (알코올 중독자인 아버지에 대해 몇 분간 이야기를 하고 있지만 정작 그런 아버지에 대한 자신의 감정은 이야기하지 않고 있다.)

상담자: 여우 님이 지금 말하신 것에 대해 여러분은 어떻게 느끼셨는지 말해 주셨으면 합니다.

가을: 여우 님이 정말 하고 싶은 말은 하지 못하고 있는 것같이 보여요.

해바라기: 아버지에 대해 어떻게 느끼고 있는지 알고 싶어요.

구슬: 자신이 감정을 표현하게 될까 두려워하고 있는 것 같아요.

상담자: 여우 님, 집단원의 이야기를 들으면서 무엇을 느끼셨나요?

(10) 자기개방

자기개방이란 상담자가 솔직하게 자신의 생각, 경험 및 느낌을 드러내는 것이다. 상담자의 자기개방은 집단원으로 하여금 자신이 다른 집단원과 다르지 않은 하나의 인간 존재라고 보고 더 깊이 있는 자기탐색을 하게 만든다. 자기개방은 가능한 한 구체적인 말로 이루어져야 하며, 집단원의 느낌이나 경험과 유사한 내용일 때 보다 효과적이다.

집단원: 저는 요즘 아내가 친구들을 만나려고 밖으로만 다녀서 짜증이 나요. 저는 진짜 친한 친구 한두 명만 사귀는데 집사람은 그렇지 않나 봐요.

상담자: 저도 최근에 제 아내가 다른 사람들을 사귀는 것에 대해 갈등을 하고 있었어요. 아내는 많은 사람과 사귀고 함께 지내는 것을 좋아하지만, 저는 두세 사람과 깊이 있는 만남을 가끔 가지고 싶어 합니다. 이것은 우리 부부가 이야기를 충분히 나누어야 할 문제 중의 하나라고 생각해요.

4. 집단상담의 과정

집단상담은 집단 발달 단계가 명확하게 구분되지 않은 채 계속 발달해 나간다. 여기에서는 집단 과정의 이해를 돕기 위해 다섯 단계로 나누어 살펴보고, 더불어 집단 과정에서 다루어야 할 요소에 관한 내용을 소개하고자 한다.

1) 집단의 시작

집단활동이 첫 출발을 하는 시기로, 집단원은 조심스럽게 서로의 눈치를 보며 탐색한다. 이 단계는 집단원이 집단에서 어떤 일이 일어날지, 어떻게 행동하고 말해야 좋을지 알지 못하여 불안해하고, 상담자에게 보다 의존적인 경향 등을 나타내는 것이 특징이다. 집단원은 집단의 기본 규칙과 집단에서의 자신의 역할이나 기능을 파악하려고 노력한다. 동시에 불안한 상태에서 벗어나려는 의도에서 상담자에게 의존하고 싶어 하면서 해야 할 일이나 방향을 제시해 주는 강력한 상담자를 원하기도 한다.

그러므로 상담자는 집단원으로 하여금 자유롭게 자신의 생각과 느낌을 나눌 수 있는 편안한 분위기 속에서 존중, 공감, 수용의 기본적 태도를 학습하도록 도와주고, 집단원이 서로에게 신뢰감과 친밀감을 느낄 수 있도록 노력해야 한다.

> 상담자는 초기에 편안한 분위기를 제공하고, 존중, 공감, 수용의 기본적 태도를 학습하도록 도우며, 서로 간에 신뢰감과 친밀감을 형성하게 한다.

2) 갈등 단계

갈등 단계는 집단원이 집단과 다른 집단원에 대하여 부정적인 정서 반응을 나타내는 것이 특징이다. 이 시기에 집단원은 집단에 대하여 불만을 표현하게 되며, 자신이 바라는 대로 되지 않았을 때 욕구불만에 사로잡혀 상담자를 공격하기도 하고, 집단원끼리도 서로 갈등을 일으키게 된다. 이와 같은 현상은 집단상담의 성격상 필연적인 것이라고 할 수 있다.

일반적으로 사람들은 상담자가 처음부터 끝까지 집단을 조직적으로 지도하리라는 기대를 품고 집단에 참여한다. 그러나 상담자가 주도하여 집단을 이끌어 가지 않고 모든 것이 집단 자체에 맡겨졌을 때, 그들은 당황하며 주어진 자유에 대하여 불안을 느끼게 된다. 이러한 불안을 해소하는 방법으로 처음에는 상담자를 원망하고 저항하며 공격하게 된다. 그럼에

> 갈등 단계는 집단원이 집단과 다른 집단원 그리고 상담자에 대해 부정적인 반응을 나타내는 것이 특징이다.

도 상담자가 지도의 책임을 계속 지지 않을 때, 집단은 스스로 문제를 해결하지 않을 수 없게 된다. 이때 집단원 간에는 여러 가지 상충되는 의견이 나오게 되므로 상호 간에 갈등이 일어나거나 책임을 떠넘기는 현상이 나타난다.

> 집단상담자가 저항과 방어 그리고 갈등을 성공적으로 다루면 집단 응집력이 생기게 된다.

갈등과 불안이 높아진 이 단계에서 상담자의 역할은 집단원의 저항과 방어를 다루기 위해 즉각 개입하고, 그것을 해결하기 위해 필요한 지지와 도전을 제공하는 것이다. 이 단계의 성공 여부는 주로 상담자가 집단 구성원들에게 얼마나 수용적이고 신뢰 있는 태도를 보이면서 상담기술을 어떻게 발휘하느냐에 달려 있다. 이와 같은 어려운 국면에서 상담자가 집단원의 방어와 갈등을 성공적으로 다루면 자연스럽게 집단원 간에는 응집력이 생성된다.

3) 응집성 단계

> 응집성 단계에서는 집단원 상호 간에 신뢰감이 증가하고 적극적인 관심과 애착을 갖게 되면서 깊은 수준의 자기개방을 하게 된다.

갈등 단계를 넘어서면 부정적인 감정이 극복되고, 서로 도와주려는 집단 분위기가 조성된다. 집단원은 집단에 대한 좋은 느낌, 적극적인 관심과 애착을 갖게 된다. 그 결과, 집단원 상호 간에 신뢰감이 증가하고 사기가 높아지며, 집단 과정에 보다 적극적으로 참여하게 되어 한층 깊은 수준에서 자기개방을 하게 된다. 그러나 이 단계에서 집단원은 자기만족과 다른 집단원의 호감을 얻으려는 경향을 갖고 있기 때문에 더 이상 집단이 발달하지 못할 수 있다. 따라서 집단이 생산성을 발휘하려면 따뜻한 직면을 할 수 있는 생산적 단계로 전환되어야 한다.

상담자의 역할은 집단원이 가지고 있는 성장하려는 힘을 촉진하는 것이다. 그렇게 함으로써 집단원은 상담자에게 의존하지 않고 동료 속에 내재해 있는 자원들을 신뢰하기 시작하며, 자기발견과 개인적 목표의 성취를 위해 전념하게 된다.

4) 생산적 단계

이제 집단원은 갈등에 직면하면서도 그것을 취급하는 방법을 학습하여 능동적으로 처리할 수 있게 되고, 행동에 대한 책임을 질 수 있으며, 집단의 문제 해결 활동에 참여할 수 있게 된다. 또한 그들은 다른 사람의 가치관과 행동을 이전보다 더 넓고 큰 관용적인 태도로 수용할 수 있게 된다. 집단원 간의 상호작용을 통하여 자신에 대한 깊은 통찰을 얻게 되고, 그 결과 자신의 행동을 변화시킬 수 있는 준비도 이루어진다. 이 단계에서는 집단원 상호 간의 유대관계가 강해지므로 서로에게 피드백이나 따뜻한 직면을 하고, 이를 받아들이는 과정을 통하여 상호 간에 깊은 교정적 정서 경험을 하게 된다. 이런 과정 속에서 개인은 진정한 자기이해를 하게 되고 행동의 변화를 가져오게 된다.

이 단계에서 상담자의 역할은 적절한 시기에 집단원이 보여 주는 행동의 의미를 해석해 주어 더 깊은 수준의 자기탐색이 이루어지게 하는 것이다. 또한 상담자는 사고, 감정, 행동의 바람직한 변화가 일어나도록 집단원을 돕고, 집단 과정을 통해 깨닫거나 알게 된 것을 행동으로 옮기도록 격려하고, 집단원이 새로운 기술을 익히도록 격려한다.

> 생산적 단계에서는 자신에 대한 깊은 통찰을 얻게 되고, 그 결과 행동을 변화시킬 수 있는 준비도 이루어진다. 또한 상호 간의 피드백이나 직면이 이루어지고 교정적 정서 경험을 하게 된다.

5) 종결 단계

종결 단계에 이르면 집단원은 집단에서 자신이 이루고자 한 소기의 목적을 달성하게 된다. 또한 이 단계에서는 집단원 각자가 자신의 문제를 해결하게 되어 자기개방이 감소하는 경향을 나타낸다. 한편으로는 이제까지 맺어 온 깊은 유대관계를 풀고, 헤어져야 하는 것에 대한 아쉬움에 착잡한 느낌을 경험하게 된다. 이때 상담자는 집단원과 함께 진행되어 온 집단 과정을 돌아보는 한편, 집단 과정에서 익힌 것을 실생활에 어떻게 적용할 것인가에 대해서 이야기를 나누면서 집단의 전 과정을 마무리한다.

이 단계에서 상담자의 역할은 집단상담이 끝나는 데서 오는 감정을 잘 정리하도록 돕고, 집단 내에서 아직 마무리 짓지 못한 문제를 정리하는 것

> 상담자는 종결 단계에서 이별의 감정을 다루고, 미해결 과제를 정리하며, 집단에서의 경험의 의미를 명확하게 이해하게 하고, 집단 과정에서 배운 것을 일상생활에 적용할 수 있도록 돕는다.

이다. 또한 집단원이 집단에서의 경험이 어떤 의미를 갖는지 명확하게 이해하게 하고, 집단상담에서 배운 것을 일상생활에서 적용하도록 돕는다.

5. 집단상담의 계획

집단상담에서 집단을 구성할 때 기본적으로 갖추어야 할 요소들이 있다. 우선 집단이 어떠한 목적을 가지고 구성되는가를 분명히 알아야 하며, 그 목적에 따라 상담자는 집단원의 선정, 장소, 집단의 크기, 상담 시간 및 횟수 등 집단의 형성 과정에 세심한 주의를 기울여야 한다.

1) 집단원의 선정

집단원을 선정할 때는 사전 면담을 통해 집단의 목표에 적합한지를 확인해야 한다.

집단원을 선정하기 위하여 상담자는 먼저 집단원이 되기를 원하는 내담자들을 한 명씩 면담하여 집단의 목표에 적합한지를 확인해야 한다. 이때 기본적인 기준은 이 사람이 집단에 기여할 것인가 혹은 그 반대일 것인가 하는 것이다. 또한 상담자는 성별·연령·성격적으로 문제가 있는지 등을 고려해야 한다. 무엇보다 중요하게 고려되어야 할 것은 응집성이다. 비록 집단원의 배경이 이질적이라도 응집될 수 있는 사람들을 선별하는 것이 좋다(Yalom, 1985). 연령과 사회 성숙도에서는 동질적인 편이 좋으나, 성별은 발달 수준에 따라 고려하는 것이 좋다. 아동의 경우에는 남녀를 따로 모집하는 것이 좋으며, 청소년기 이상에서는 남녀가 섞인 집단이 더 바람직하다. 그리고 일반적으로 직업이나 취미가 비슷한 사람들을 모아야 한다고 생각하지만 반드시 그런 것은 아니다. 때로는 문제의 다양성이 집단의 경험을 더 풍부하게 할 수도 있는 것이다.

2) 장소

집단상담 장소는 너무 크지 않으면서 외부의 방해를 받지 않는 물리적으로 편안한 곳이어야 한다. 이런 장소가 친밀감 형성에도 도움이 된다. 그리고 집단원의 효과적인 참여를 위해서는 모든 집단원이 서로 잘 볼 수 있고 서로의 이야기를 잘 들을 수 있는 곳이어야 한다. 원형으로 앉는 것이 일렬로 앉거나 장방형으로 앉는 것보다는 효과적이다. 또한 바닥에 앉거나 의자를 사용하게 되는데, 의자는 등받이가 있는 것으로 하며, 집단원이 자기 자리를 골라 앉도록 하는 것도 중요하다. 책상을 사용하는 것은 장단점이 있다. 둥근 책상에 둘러앉으면 보다 안정감을 느끼게 되지만, 집단원 간에 자유롭게 상호작용하는 데에는 방해가 될 수 있다.

집단상담 장소는 너무 크지 않고, 편안한 곳이 좋으며, 집단원들이 서로 얼굴을 볼 수 있도록 원형으로 앉는 것이 효과적이다.

3) 집단의 크기

집단의 크기는 집단의 역동 및 집단상담의 효과와 직접적으로 관련된다. 집단의 크기는 어느 정도가 가장 적절한가에 대해서는 학자에 따라 서로 다르지만, 일반적으로 6~12명 정도가 가장 적절한 것으로 보고 있다.

집단원이 너무 많으면 각 집단원이 개인적인 문제를 제대로 탐색할 기회를 갖지 못하게 되며, 상담자가 집단원 간의 상호작용을 따라가는 데 곤란을 겪게 된다. 반대로 인원이 너무 적으면 내담자들의 상호관계나 행동의 범위가 좁아지고, 집단원 개개인에게 미치는 압력이 커져서 오히려 비효율적일 수 있다.

4) 상담 시간 및 횟수

적절한 집단상담 시간은 내담자의 연령이나 모임의 종류 및 빈도에 따라 달라질 수 있다. 예를 들어, 1주에 한 번 만나는 집단이라면 1시간에서 1시간 반 정도 지속되는 것이 좋으며, 2주에 한 번 만나는 집단이라면 2시간 정도가 알맞다. 또한 청소년의 경우에는 1시간에서 1시간 반 정도가 적당하지만, 아동의 경우에는 20~40분 정도가 적절하다. 일반적으로 1회의 상담 시간은 준비 시간을 포함해서 1시간 반 내지 2시간을 잡는 것이 보통이다. 시간 간격은 주 1회 내지 2회로 하는 것이 좋다.

집단상담 시간은 내담자의 연령이나 모임의 종류 및 빈도에 따라 적절하게 정한다.

어떤 집단은 몇 해 동안 계속하기도 하지만 1년 이상은 바람직하지 않다. 즉, 1년이 지난 후에는 대부분의 개인적인 문제가 이미 한 번씩 다 다루어지기 때문에 집단이 그 목적을 모두 수행했다고 볼 수 있다. 예를 들어, 학교에서 이루어지는 집단상담의 경우는 한 학기를 단위로 하는 것이 좋다. 일반적으로 집단상담의 전체 지속 횟수나 기간은 최소한 8~10회 정도로 잡는 것이 바람직하다.

5) 개방집단과 폐쇄집단

집단의 구성은 개방적으로 하거나 폐쇄적으로 할 수 있다. 폐쇄집단에서는 집단을 시작할 때 참여한 사람들만으로 전 기간 동안 집단을 계속하고 새로운 구성원은 받아들이지 않는다. 그러나 개방집단에서는 집단의 전 기간을 통해 아무 때나 새로운 구성원을 받아들인다. 그래서 개방집단의 경우에는 집단 내의 신뢰, 수용, 지지 등에서 문제가 야기될 수 있으며 집단 응집력이 약해질 수 있다(George & Cristiani, 1981).

6) 집단 경험 보고서

집단상담에서 회기마다 집단 경험 보고서를 작성하여 제출하고, 그에 대해 상담자가 피드백을 해 주는 것이 집단의 발달과 개인의 성장에 도움이 된다.

집단상담의 매 회기가 끝날 때마다 집단원으로 하여금 그날의 집단 경험에 대하여 보고서를 작성하여 다음 회기 때 제출하게 하고, 그에 대해 상담자가 피드백을 해 주는 것이 집단의 발달과 개인의 성장에 도움이 된다. 보고서의 내용으로는 우선 그날 활동의 사실적인 내용에 대해 간단히 기술한다. 두 번째로 집단 경험이 시작되기 전, 경험 중, 경험이 끝난 후 현재까지의 과정을 통하여 일어났거나 일어나고 있는 일에 대한 자신의 느낌을 쓴다. 마지막으로 그날의 집단 경험을 통하여 얻은 지적인 통찰이나 자신 및 타인에 대해 새롭게 깨닫고 학습한 것을 적는다.

 되짚어 보기

1. 집단상담이란 심리적 문제가 심각하지 않은 사람들이 전문 상담자와 함께 신뢰 있고 허용적인 분위기 속에서 자기이해와 수용 및 개방을 촉진하는 상호작용을 함으로써 개인의 태도와 행동을 변화시키고, 문제를 해결해 나가며, 나아가 잠재 능력의 개발을 꾀하는 활동이다.

2. 집단상담의 장점은 개인상담에 비하여 경제적이며, 내담자의 심리적 부담이 개인상담보다 적고, 집단의 상호작용을 통해 폭넓은 관심사를 갖게 되며, 소속감과 동료의식 그리고 풍부한 학습 경험을 할 수 있다는 것이다. 반면, 단점은 모든 사람에게 효과적인 것은 아니며, 개인상담에 비해 특정 집단원의 문제가 충분히 다루어지지 못하고, 집단 압력으로 인하여 마음의 상처를 입을 수 있으며, 생활양식과 가치관의 변화로 인해 안정감을 상실할 우려가 있고, 미숙한 상담자로 인해 상처를 받을 수 있다는 것이다.

3. 집단상담은 지도집단, 상담집단, 치료집단, 자조집단 같은 형태로 이루어진다.

4. 집단상담자는 엄부자모의 인간적인 모습을 지니고 있어야 하고, 체계적인 훈련과 지도 경험을 통해 집단을 이끄는 데 필요한 전문적 자질을 갖추어야 한다.

5. 집단상담자의 전문적인 기술로는 관심 기울이기, 적극적 경청, 반영, 명료화, 해석, 촉진하기, 연결짓기, 비생산적인 행동 제한, 피드백, 자기개방 등이 있다.

6. 집단상담의 과정은 초기 단계, 갈등 단계, 응집성 단계, 생산적 단계, 종결 단계로 이루어진다. 초기 단계에서는 집단 분위기를 탐색하고, 상담자에 대한 의존적 경향을 나타낸다. 갈등 단계에서는 집단원이 집단과 다른 집단원 그리고 상담자에 대해 부정적인 반응을 나타내는 것이 특징이다. 응집성 단계에서는 상호 간의 신뢰감이 증가하고 적극적인 관심과 애착을 갖게 되면서 깊은 수준의 자기개방을 하게 된다. 집단원 간의 피드백이나 직면을 통해 자신에 대한 깊은 통찰을 얻게 되고, 그 결과 행동을 변화시킬 수 있는 준비도 이루어진다. 종결 단계에서는 자기개방이 감소하고, 이별의 아쉬움을 경험하게 되며, 집단 과정에서 익힌 것을 실생활에 어떻게 적용할 것인가를 정리하고 계획한다.

7. 집단을 준비할 때는 집단원의 선정, 집단상담 장소, 집단의 크기, 상담 시간과 횟수 등을 고려하여야 한다. 그리고 집단을 진행하면서 회기마다 집단 경험 보고서를 작성하여 제출하고 그에 대해 상담자가 피드백을 해 주는 것이 집단의 발달과 개인의 성장에 도움이 된다.

가족이 지니는 의미는

그냥 단순한 사랑이 아니라,

지켜봐 주는 누군가가 거기 있다는 사실을

상대방에게 알려 주는 것이라네.

어머니가 돌아가셨을 때

내가 가장 아쉬워했던 게 바로 그거였어.

소위 '정신적인 안정감'이 가장 아쉽더군.

가족이 거기서 나를 지켜봐 주고 있으리라는 것을 아는 것이

바로 '정신적인 안정감'이지.

가족 말고는 그 무엇도 그걸 줄 순 없어.

돈도, 명예도.

-미치 앨봄의 『모리와 함께한 화요일』 중에서-

제18장

가족상담

❝ 길라잡이 물음

1. 당신의 가족은 서로 간의 관계가 어떠한가?

2. 당신의 가정에서 꼭 지켜야 할 가족 규칙으로는 어떤 것이 있는가?

3. 당신은 가족 내에서 어떤 역할을 하고 있다고 생각하는가?

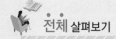

현대사회의 급격한 문화, 사회, 경제의 변화와 그에 따른 가치관의 변화로 인하여 세대 간에 대화가 단절되고, 전통적인 가족의 기능이 변화하여 부부간의 갈등이 곧바로 가족 해체로 이어지기도 하고, 가출 또는 자살 등의 자녀 문제, 고부간 갈등과 같은 문제에 이르기까지 다양한 문제가 생겨나고 있다. 그런데 이러한 가족의 문제는 가족 중 한 사람만의 문제로 인해 생겨나는 것이 아니다. 그것은 마치 풍선에 세게 바람을 불어넣었을 때 풍선이 터지는 원리와 같다. 풍선이 터지는 것은 풍선이 약해서라기보다는 풍선 속의 공기 압력이 높아졌기 때문이다. 풍선 내부의 공기 압력이 점점 높아지다가 어느 시점에 이르면 풍선의 전체 중에 가장 약한 부분이 터지게 된다. 이와 같이 가족의 내외적 압력이 증가하게 되면 가족원 중 가장 약한 사람이 심리적인 문제를 드러내게 되고, 이로 인하여 가족의 문제가 발생하게 된다. 이러한 시각에서 접근하는 상담 방법이 가족상담이다.

가족상담에서는 가족 구성원 중 한 사람이 가진 문제는 가족관계 속에서 생겨난 가족 내의 문제라 보고, 가족 간의 상호작용에 변화를 주어 개인의 문제를 해결하려고 한다. 즉, 개인적인 정신내적 과정의 의미를 부인하지는 않지만 개인적인 행동이 가족사회 체계 안에서 일어날 때 더 잘 이해된다는 보다 폭넓은 관점을 취한다.

오늘날 많은 사회적인 문제나 사람들의 심리적인 문제는 가족관계가 흔들리게 됨으로써 발생하고 있다. 그러므로 상담자는 가족관계의 중요성을 인식하고 건강한 가족관계를 회복하기 위한 다양한 상담적 접근방법을 모색해야 한다. 또한 개인이 호소하는 심리적 문제를 해결하기 위해서 그 문제가 발생하는 데 가장 많은 영향을 미친 가족 간의 역동을 이해하고, 가족 전체를 상담 대상으로 하여 접근하는 가족상담이 앞으로 상담 장면에서 많이 활용될 것이라 본다.

1. 가족상담의 필요성

빠른 속도로 변화하는 복잡한 현대사회의 사람들은 많은 스트레스 속에서 살아간다. 사람들은 가정 밖의 외부 세계에서 받는 스트레스가 많은 만큼 가정에서 가족과 가까운 사람과의 애정, 친밀감을 필요로 한다. 그러나 이러한 기대와 요구는 다른 가족 구성원에게는 부담을 주는 행동이된다. 가족 구성원 모두가 자신이 먼저 다른 가족 구성원에게 애정이나친밀감을 표현해 주기보다 그들이 자신의 욕구를 채워 주기만을 기대하게 되어, 서로 간의 욕구가 충돌하게 되고 급기야는 가족 문제로 드러나게된다.

최근 이혼율의 증가와 가정폭력이 사회 문제가 되고 있으며, 문제 행동을 보이는 아동 · 청소년들이 증가하고 있다. 또한 노부모 봉양 문제, 맞벌이 부부로 인한 아동양육의 문제, 이혼으로 인한 한부모가정과 소년 · 소녀가정 등의 결손가정 문제 등 가족 문제에 뿌리를 둔 심각한 사회 문제들이 빠른 속도로 증가하고 있다. 그런데 이러한 가족 문제를 바라볼 때유의해야 할 점은 앞서 예로 들었던 풍선 이야기처럼 가족 구성원 중에서심리적인 문제를 가진 개인은 그 개인만의 문제가 아니라 가족 전체의 문제를 증상으로 표현하고 있다는 것이다. 이런 증상은 가족체계를 안정시키고 가족 스트레스를 누그러뜨리는 역할을 한다. 즉, 증상을 가진 개인은 가족 전체의 역동 속에서 만들어진 가족의 문제를 대변하고 있으므로가족이란 체계가 바뀌지 않으면, 증상은 사라지지 않는다.

그러므로 개인상담을 통해 심리적 문제를 가진 개인만을 변화시키기보다는 가족을 하나의 체계로 보고 가족체계에 변화를 줌으로써 가족 구성원의 증상을 보다 효과적으로 치유하는 것이 가족상담이다. 이것은 곧 역기능적인 가족이 가지고 있는 가족 구조와 가족체계에 변화가 일어남으로써 가족의 기능이 건강해지고, 이로 말미암아 문제를 가진 가족 구성원뿐만 아니라 가족 구성원의 역할과 행동이 변화될 수 있다는 것이다.

> 개인상담을 통해 심리적 문제를 가진 개인만을 변화시키기보다 가족을 하나의 체계로 보고 가족체계에 변화를 줌으로써 가족 구성원의 증상을 보다 효과적으로 치유하는 것이 가족상담이다.

2. 가족상담의 기본 개념

가족상담의 기본 개념을 통해 가족상담이 무엇인지 이해해 보자.

1) 체계

체계(system)란 서로 영향을 주고받는 요소의 복합체다. 예를 들어, 인간의 신체는 신경체계, 소화체계, 골격체계, 호흡체계, 생식체계로 구성되어 있는데, 이러한 하위체계들은 빈번한 상호작용을 하게 되므로 하위체계에 어떤 문제가 발생하면 곧 다른 하위체계에 영향을 미친다. 따라서 이러한 하위체계들이 서로 협동하면서 효과적인 방법으로 기능해야 한다.

가족체계는 부부 하위체계, 형제 하위체계, 여성 하위체계, 남성 하위체계 등을 포함한다. 또한 세대를 뛰어넘어 아버지와 딸의 하위체계, 어머니와 아들의 하위체계를 구성할 수 있다. 이러한 하위체계는 또 다른 하위체계를 구성하기도 한다. 그런데 가족체계의 어느 한 부분에서 변화가 일어나면 그 변화가 다른 부분의 변화를 유도하고, 더 나아가 전체 가족체계에 변화를 일으킨다. 그러나 각 요소들은 결코 분리된 상태로 기능을 할 수 없기 때문에 체계 내에 있는 어떠한 요소도 따로 분리해서 이해될 수 없다(Corsini & Wedding, 2017).

> 가족체계에서 한 부분의 변화는 가족 전체의 변화를 유도한다.

2) 경계선

경계선(boundary)이라는 말은 가족 하위체계 간에 주로 사용되는 말로 직접 보이지는 않는다. 그러나 개인과 하위체계 사이 또는 가족 구성원 사이에 허용할 수 있는 접촉의 양과 종류는 이러한 경계선으로 구분된다. 경계선은 가족 구성원 간에 정보가 어떻게 흘러가는가에 따라 결정된다. 즉, 두 하위체계 간의 경계선에 의해 어떤 하위체계에서 다른 하위체계로 정보가 잘 흘러가거나 통제된다. 경계는 개인과 개인 사이나

> 경계선은 가족 하위체계를 구분하는 선으로, 가족 구성원 사이에 허용할 수 있는 접촉의 양과 종류를 구분한다.

하위체계와 하위체계 사이의 경계가 어떠한지에 따라서 경직된 경계선 (rigid boundary), 모호한 경계선(diffused boundary), 명료한 경계선(clear boundary)의 세 가지로 구별된다.

경직된 경계선을 가진 가족 구성원은 자신들의 생각이나 감정을 서로 나누지 않고 개별적이다. 이러한 가족 구성원은 뿔뿔이 흩어져 버리는데, 이런 형태의 가족을 격리된 가족(disengaged family)이라고 부른다.

반대로 모호한 경계선을 가진 가족은 모든 정보를 공유하여 모든 문제에 지나치게 간섭하고 서로 밀착되어 있는 상태를 말한다. 모호한 경계선의 가족은 가족체계에 참가하는 것에 대한 규칙이 모호하여 구성원들이 모든 문제에 서로 지나치게 얽혀 있어 필요 이상으로 관여하게 된다. 이러한 가족을 밀착된 가족(enmeshed family)이라고 부른다.

끝으로, 명료한 경계선을 가진 가족은 부모가 자녀들과 지나치게 밀착되어 있지 않고, 자녀들 또한 부부 하위체계에 지나치게 간섭하지 않는 분명한 경계선을 가지고 있다. 그러나 남편과 아내가 부모 역할을 할 때는 자녀의 일에 적당하게 관여하게 된다. 즉, 부부가 부모 하위체계로서 자녀에게 용기를 주고, 때로는 함께하면서 그들을 인정한다. 또 중요한 결정을 내려야 할 때는 자녀들을 참여시키기도 한다. 이와 같이 명료한 경계선의 가족은 정상적인 가족일 것이다(김유숙, 2015). 그러나 일반적인 가족에서는 이상의 세 가지 경계선 중에서 하나의 경계선만 계속해서 나타나기보다 때에 따라 세 가지 경계선들이 번갈아 가며 나타난다.

경직된 경계선은 가족 구성원 간의 생각이나 감정이 서로 교류되지 않고 흩어져 서로 격리되어 있다. 모호한 경계선은 가족이 모든 정보를 공유하고 서로 간섭하고 밀착되어 있는 상태다. 명료한 경계선은 부모와 자녀들이 지나치게 밀착되어 있지 않고 간섭하지 않는 상태다.

3) 항상성

인체는 외부 환경이 급격하게 변화하더라도 인체 내에서 자동조절장치가 작동하여 안정된 상태를 유지하려는 경향이 있다. 이와 같이 균형을 유지하려는 인체의 자동적인 경향을 항상성(homeostasis)이라고 한다. 이 개념을 가족체계에 적용해 보면, 항상성이란 어떤 중심적인 경향을 가지고 역동적인 균형을 유지하려는 가족체계의 경향을 말한다. 다시 말하면, 역동적인 균형이 깨어질 위협을 느낄 때 그것을 회복하려는 작용을 항상

항상성이란 어떤 중심적인 경향을 가지고 역동적인 균형을 유지하려는 가족체계의 경향을 말한다.

성이라 한다(Bloch & Laperriere, 1973). 예를 들어, 부모가 중학생인 자녀에게 10시까지는 집에 들어와야 한다는 규칙을 만들어 지키게 한다고 하자. 부모는 자녀가 한두 번 10시 넘어서 들어오면 말로써 타이르겠지만, 자녀가 계속해서 집에 늦게 들어오면 야단을 치고 귀가 시간을 지킬 것을 요구할 것이다. 이때 자녀가 부모의 꾸중으로 가족 규칙을 지키기 위하여 집에 늦게 들어오기 이전의 상태로 되돌아가는 것이 바로 항상성이다. 그러나 자녀가 부모의 질책에 반항하여 아예 가출을 해 버린다면 가족의 항상성은 깨어질 것이다. 그렇게 되면 가족은 자녀에게 문제가 있다고 판단하여 상담자를 찾게 될 것이다.

4) 가족 규칙

> 가족 규칙이란 가족 구성원이 상호작용을 하면서 만들어 낸 일정한 패턴을 말한다.

가족은 구성원이 상호작용하면서 일정한 패턴, 즉 규칙을 만들어 낸다. 이렇게 만들어진 규칙은 가족 구성원들에 의하여 유지되는데, 가족 구성원은 서로 간의 교류를 통해서 무엇이 기대되고 무엇이 허용되는지를 배운다. 부모, 자녀, 형제들은 모두 허용되는 행동과 허용되지 않는 행동 간의 경계에 관한 정해진 규칙을 지니고 있다. 때로는 가족 구성원이 서로 합의하여 명백한 규칙을 만들어 내기도 한다. 예를 들어, '밤 10시까지는 집에 들어와야 한다.'와 같은 것이다. 그러나 말로 표현되지 않는 규칙도 있다. 이러한 규칙은 표면화된 것이 아니라 내재적인 것이지만 모든 가족 구성원이 알고 있는 것이다. 이런 규칙은 가족체계가 안정되도록 조절하고 돕는다.

가족 내에는 수많은 규칙이 존재할 수 있다. 그러나 대부분의 역기능적인 가족의 경우에는 가족 규칙이 한정되어 있으며, 역기능 정도가 심한 가정일수록 적은 수의 규칙에 의해 운영되는 경우가 많다. 가족상담자는 상담 계획을 세우기 위해서 가족 규칙을 아는 것이 도움이 된다. 상담자가 가족 규칙을 염두에 두고 상담 계획을 세우면 가족 기능의 발달을 더욱 촉진할 수 있다.

5) 가족 삼각관계

　가족 구성원이 정서적 관계를 맺을 경우, 두 사람으로 구성된 이인체계는 불안이나 긴장이 유발되는 경우가 많기 때문에 안정을 유지하기 어렵다. 따라서 두 사람 사이에 수용하기 어려운 문제가 생길 때 이인체계가 긴장을 줄이고 싶어 세 번째 요소인 어떤 사람이나 문제를 끌어들이는 것을 삼각관계(triangles)라 한다.

　가장 보편적으로 인식되는 삼각관계로는 아버지와 어머니와 자녀 세 사람의 삼각관계를 들 수 있다. 때로는 부부와 알코올이라는 문제로 삼각관계를 형성하기도 한다. 이러한 삼각관계는 두 사람 사이의 긴장을 완화시키지만 동시에 의미 있는 문제 해결을 방해하기도 한다. 그러므로 이러한 가족 삼각관계는 가족상담을 통해 탈삼각관계화를 해 나가야 한다.

> 가족 삼각관계란 두 사람의 관계에서 발생하는 긴장을 해소하기 위해 다른 가족을 끌어들임으로써 불안을 회피하고 갈등을 우회시키기 위해 만들어진 것이다.

6) 희생양

　가족 내에서는 무슨 일이 일어나든지 특정한 개인이 그 책임을 지게 되는 경우가 있는데, 그 개인을 희생양(scapegoat)이라 한다. 한 가족 내에서 특정한 자녀를 희생양으로 만들게 되면 부모의 갈등을 다른 방향으로 향하게 하는 효과가 있어, 가족에게 훨씬 더 위협적으로 느껴지는 부모의 관계에 대한 문제를 볼 필요가 없게 해 준다. 결국 한 사람을 환자로 지목하여 희생양으로 만듦으로써 다른 가족 구성원은 실제로 핵심이 되는 문제에 직면하는 것을 피할 수 있다.

　희생양이 된 구성원은 종종 가족이 희생양을 만드는 과정에 적극적으로 참여하기도 한다. 자신에게 부여된 역할을 그냥 떠맡기만 하는 것이 아니라 자기에게 너무나 잘 맞는 역할이어서 달리 행동할 도리가 없는 것이다. 특히 역기능적인 가족에서는 한 사람이 되풀이해서 나쁜 아이로 지목되고, 그는 그 명칭에 맞게 행동하게 될 수 있다. 희생양이 된 아이는 가족 내에서 특별한 역할을 맡게 되는데, 이 역할은 시간이 흘러가면서 점점 고정되어 만성적인 행동장애로 굳어진다.

> 희생양은 가족 내의 문제를 책임지게 되는 특정 개인이다. 가족은 희생양을 만듦으로써 핵심이 되는 문제에 직면하는 것을 피할 수 있다.

다른 가족 구성원은 가족체계를 유지하기 위해서 희생양이 된 사람이 그 역할을 계속 수행하도록 하기 때문에 모든 문제를 한 구성원, 즉 희생양의 탓으로 돌리게 된다. 이러한 희생양을 만들지 않으려면 먼저 가족의 상호작용 패턴에 변화가 일어나야만 한다. 그렇지 않으면 희생양이 된 사람은 심리적인 문제를 지니게 되고, 가족을 위해 병리를 짊어지고 가는 일을 계속하게 된다(Corsini & Wedding, 2017).

7) 부모화

부모화란 가족체계 속에서 자녀가 한쪽의 부모나 다른 형제에게 양육적 역할을 하려는 상황을 의미한다.

부모화(parentification)란 가족체계 속에서 자녀가 한쪽의 부모나 다른 형제에게 부모가 하는 양육적 역할을 하려는 상황을 의미한다. 부모화를 하는 자녀는 성인처럼 행동하며 정서적·육체적으로 약해진 부모를 보호하거나 위기에 빠진 부모의 부부관계를 해결하려고 한다. 부모를 대신하는 역할은 부부 사이의 갈등이 확산되는 것을 방지하는 데 도움이 되기도 하지만 형제 간 경쟁, 근친상간 등의 부작용을 동반하는 경우가 많다. 이것은 희생양 과정에 의해 문제아로 보이는 자녀가 문제 행동이나 증상을 나타냄으로써 부모나 가족 전체의 안정에 공헌하려는 것과는 정반대의 현상처럼 보인다. 희생양의 자녀와는 달리, 부모화된 자녀는 때로 외부로부터 좋은 인상을 받게 된다. 그러나 가족 내의 요구에 순응하여 가족의 중심이 되며 그에 의해 가족의 안정을 지키려는 것에 지나지 않는다는 점에서 보면, 기본적으로 희생양 과정과 비슷하다(김유숙, 2015).

3. 가족상담의 이론

가족상담 이론은 가족의 문제를 가족관계 속의 상호작용에서 찾고 그 속에서 문제를 해결하고자 하는 이론이다. 하지만 가족상담 이론에 따라 가족의 상호작용을 이해하는 관점과 상담 개입 전략은 다르다. 그러면 가족상담 이론에는 어떤 것이 있는지 자세하게 살펴보자.

1) 정신역동적 가족상담

　정신역동적 가족상담(Psychodynamic Family Therapy)에서는 개인이 원가족에서 분리되어 성장하는 것을 강조한다. 그리고 유기체적인 전체로서 가족을 돕기보다는 개인이 성장하고 성숙하도록 돕는 것을 우선하기 때문에 정신역동적 가족상담자는 누구에게 도움의 초점을 둘 것인가를 결정해야 한다. 정신역동적 가족상담의 목표는 개인을 가족이라는 거미줄에서 해방시키는 것이라고 볼 수 있다(김유숙, 2015).

　따라서 정신역동적 가족상담자는 가족 구성원을 무의식적 제약에서 벗어나게 하여 과거의 무의식적 이미지보다는 현실에 기초해 가족이 건강한 개인으로서 상호작용할 수 있도록 돕는다. 그리고 현재 나타내고 있는 행동 아래 숨어 있는 동기를 표면화함으로써 통찰력을 키워 준다. 정신역동적 가족상담자가 현재 가족 구성원 간에 일어나는 즉각적인 상호작용만을 다룬다면 깊고 의미 있는 변화는 일어날 수 없다(Framo, 1976). 그러나 사람들에게 이전의 상처나 힘든 감정을 드러내도록 요구하는 것은 어려운 작업이다. 가족의 입장에서 보면 고통스러운 감정을 인정해야 할 뿐만 아니라 가족 구성원이 가장 감추고 싶어 하는 부분을 자신의 가족 앞에서 표현해야 하므로 부담스러운 일이다. 따라서 정신역동적 가족상담자는 매우 천천히 치료를 진행하면서 가족이 상담자에 대하여 신뢰감을 가질 수 있는 분위기를 조성하려고 노력하며, 이 신뢰감에 기초하여 문제를 해결한다. 그러므로 정신역동적 가족상담은 오랜 기간을 필요로 하여 1년 혹은 그 이상 계속되기도 한다.

> 정신역동적 가족상담은 가족 구성원이 원가족에서 해결되지 않은 대상과의 문제를 통찰하게 하여 변화를 돕는다.

2) 보웬 가족상담

　보웬 가족상담(Bowen Family Therapy)의 핵심은 가족의 분화(differentiation)와 융합(fusion)이다. Bowen은 가족을 감정적으로 얽혀 있는 감정의 덩어리로 보았다. 그는 가족이 서로 감정적으로 상호 의존하는가, 또는 감정의 상호작용에서 얼마나 자유로울 수 있는가의 감정적인 과정을 '분

> 보웬 가족상담은 융합된 가족의 분화를 촉진하여 내담자가 자율적으로 기능하도록 돕는다.

화'라고 하였다. 개인의 융합된 상태는 가족 내에서 감정적으로 상호 고착되어 있는 상태다. 융합된 가족은 다른 가족원을 자기 자신의 연장으로 보는 환상을 가지고 있으며, 개인 간의 분리와 성장을 거부하는 병리적인 면이 있다.

이러한 가족의 병리적 체계로 인하여 분화하지 못하면 개인은 불안 증상이 나타난다. 즉, Bowen은 대부분의 가족 문제가 가족 구성원이 자신의 원가족에서 심리적으로 분리하지 못하는 데 기인한다고 보았으며, 다른 가족 구성원과 가장 강력한 정서적 유대(또는 융합)를 가지고 있는 사람이 가족의 스트레스에 대해 개인적으로나 정서적으로 대응하는 데 가장 취약하다고 본다. 그리고 부모 중 어느 한쪽이나 양쪽 모두가 자신의 원가족의 부모 문제에 강하게 휘말려 있으면 그로 인하여 부부관계가 악화되는 경우가 많다. 이처럼 가족 간의 문제는 다세대적 전달 과정을 통해 다음 세대로 전수된다.

Bowen의 가족상담의 목표는 자아 분화 수준을 높이고 가족 삼각관계에서 벗어나는 것이다. 분화되지 않은 감정의 덩어리로 얽혀 있는 가족에서 자기 자신의 정서적 자주성을 향해 나아가는 장기적인 과정을 통해 개인의 독립과 성장이 가능하다. 상담자는 가족 문제를 이해하기 위해서나 가족의 변화를 가져오기 위해서 핵가족만을 다루는 것으로는 불충분하므로 가계도 등의 방법을 통하여 확대가족을 이해하려고 노력한다.

3) 구조적 가족상담

구조적 가족상담은 역기능적인 가족 구조를 변화시켜 문제를 해결한다.

구조적 가족상담(Structural Therapy)은 Minuchin에 의해 개발되었다. 구조란 조합, 조직, 체계 등을 의미하지만 부분과 전체 또는 부분 간의 문제로 삼는다. 가족상담에서는 가족 전체와 그 부분인 가족 구성원의 관계에 초점을 맞추고 있다.

구조적 가족상담에서 가족 문제를 해결하기 위해서 가장 중요한 것은 가족 구조를 파악하는 일이다. 가족 구조란 가족 구성원이 상호작용하는 방식을 조직화한 것이다. 세 가지 중요한 개념은 가족 구조, 하위체계 그리고 경계선이다. 가족은 세대, 성별, 기능에 기초한 하위체계들로 분화된다. 이러한 하위체계들은 대인관계 경계선, 다른 사람들과의 접촉을 규제하는 보이지 않는 장벽에 의해 한계가 정해진다.

가족 기능이 원활한 가족 구조를 가진 가족 구성원은 가족체계 안팎에서 신체적·정신적 독립성과 자율성을 갖는 동시에, 가족에 대한 소속감과 친밀감 사이에 균형을 이루어서 하위체계들 사이의 경계선이 분명하다. 그런데 가족 구성원의 상호작용하는 방식이 과도하게 서로의 일에 끼어들거나 지나치게 소원하거나 격리되어 있을 때는 가족 문제가 발생한다. 예를 들어, 가족 구성원 간의 심리적 경계가 너무 모호하여 지나치게 감정적으로 개입되어 있는 밀착된 가족 구조일 때 개인 시간이나 공간은 허락되지 않으며, 서로 지나친 관심과 간섭으로 과민 반응을 하게 됨으로써 문제가 발생하게 된다. 또한 경계선이 너무 경직되어 있는 격리된 가족 구조일 때는 가족 구성원 간의 정서적인 교류가 전혀 없거나, 혹은 가족 구성원이 너무 독립적이고 자율적이어서 의사소통이 어려워 가족 문제가 발생하게 된다.

따라서 가족상담자는 가족 문제가 이러한 역기능적 가족 구조에 의해 유지되므로 가족 구조를 변화시켜 문제를 해결하고자 한다. 즉, 밀착된 가족은 각 개인의 신체적·정신적 독립성과 자율성을 높여 하위체계의 경계를 강화하며, 격리된 가족은 경계를 융통성 있게 바꾸고 상호작용을 증진할 수 있도록 돕는다.

Minuchin에 의하면 인간관계를 규정하는 규칙 중에 가족에게 가장 많은 영향을 주는 개념은 경계, 제휴, 권력이다. 상담자는 이를 조정함으로써 가족의 재구조화를 시도하게 된다. 구조적 가족상담은 우리나라 문화권의 가족을 설명하는 데 유용한 시각으로 평가받고 있다.

4) 경험적 가족상담

경험적 가족상담(Experiental Family Therapy)은 가족체계 내에서 현재 일어나는 상호작용에 초점을 둔 접근으로서 언어적·비언어적 의사소통

경험적 가족상담은 가족 구성원이 직접적이고 분명하며 정직한 의사소통을 함으로써 자기존중감을 높이고 성장해 나가도록 돕는다.

을 연구함으로써 가족체계를 파악할 수 있다는 것을 전제로 한다(김형태, 2003). 의사소통 중에서도 가족체계 내에서 자신 또는 다른 사람들에 대한 감정이나 정서에 좀 더 많은 관심을 가졌다. 따라서 경험적 가족상담자들은 가족에게 통찰이나 설명을 해 주기보다는 자신을 치료적 도구로 삼아 가족 특유의 갈등과 행동양식에 맞는 경험을 제공하려고 노력한다. 그들이 제공하는 경험이란 가족 구성원이 자발적으로 자신을 열어 보일 수 있는 기회, 표현의 자유, 개인의 성장 등을 의미한다. 따라서 감수성, 느낌의 표현, 자발성과 창조성, 확실성의 성장이 치료의 전형적인 목표가 된다.

Satir는 인간의 잠재력과 능력에 대한 긍정적인 시각을 갖고 성장 지향적인 모델 개발에 힘썼다. 가족의 미성숙한 태도, 역기능적 의사소통, 낮은 자기존중감, 억압된 감정 표현에 초점을 맞추고 가족 개인의 억압된 감정, 미해결된 사건과 그 영향력을 잘 다스릴 수 있도록 하였다. 또 가족이 가족조각과 같은 심리극을 연출하면서 자연스럽게 느끼고 체험하며, 자기 느낌과 감정을 솔직하게 표현하도록 하였다. 나아가 가족이 새로운 시각에서 새로운 관계를 형성하고 서로 이해할 수 있도록 도왔다(김혜숙, 2003).

Satir는 가족 구성원이 직접적이고 분명하며 정직한 의사소통을 함으로써 가족 안에서 가족 구성원이 자기존중감을 높이고 개인의 성장을 이루도록 하였다. 또한 가족이 융통성 있고 합리적인 가족 규칙을 갖게 하였다.

5) 전략적 가족상담

전략적 가족상담은 문제 행동의 원인에 관심을 두지 않고 최소 개입을 통해 문제 행동을 변화시키는 해결방법을 찾는 데 초점을 맞춘다.

전략적 가족상담(Strategic Family Therapy)에는 여러 형태가 있지만 기본적으로 상담자가 가족 문제를 해결하기 위한 전략을 설계하는 데 주안점을 둔다. 전략적 가족상담자에게 전략이란 말은 현재 문제를 가능한 한 빨리 그리고 효율적으로 해결하기 위해 상담자가 미리 계획한 구체적인 전략을 가리킨다.

Erikson은 통찰, 지각, 정서적 해소가 변화를 위해 필수적인 것은 아니라는 생각을 고무시켰다. 오히려 사람들은 그들의 즉각적인 문제를 해결하고 삶에서 앞으로 나아가는 데 성가신 증상들을 제거하는 것을 필요로 한다. 따라서 전략적 가족상담자는 인간의 행동이 왜 일어났는지에는 관심을 가지지 않고, 단지 행동의 변화에만 관심을 가진다(Nicholls, 1984). 즉, 어떤 문제에 대하여 통찰하도록 상담을 이끄는 것이 아니라 문제 행동에 대한 최소 개입을 통해 행동을 변화시키는 해결방법을 찾는 데 초점을 맞추고 있다.

그러므로 Jay Haley 같은 전략주의자들은 문제 저변에 깔린 동기에 관심을 가지지 않았다. 대신 그들은 순환적인 인과관계로 문제를 파악했으며, 피드백 고리라고 알려진 자극과 반응의 반복적인 의사소통 양식을 분석하였다. 가족 구성원의 문제 행동에 대한 반응이 문제를 더욱 악화시키면 이 사슬은 긍정적 피드백 고리로 볼 수 있다. 가족 구성원은 문제를 해결하기 위해 상식 수준이기는 하지만 잘못된 시도를 하며, 문제가 악화되는 것을 발견하고는 이전에 사용한 좋지 않은 해결방법과 비슷한 방법을 더 많이 사용하는 것이다. 이는 문제를 더욱 악화시키며 결과적으로 악순환을 가져온다.

그들의 문제에 대한 접근법은 ① 문제를 유지시키는 긍정적 피드백 고리를 확인하고, ② 이러한 상호작용을 지지하는 규칙(혹은 틀)을 파악하며, ③ 이러한 규칙을 변화시킬 수 있는 방법을 찾는 것이다.

6) 해결중심적 가족상담

해결중심적 가족상담(Solution-Focused Family Therapy)은 MRI(Mental Research Institute)의 전략적 상담 이론을 토대로 성장하였다. 두 이론은 기본적인 병리를 강조하지 않는다는 점은 일치하지만, 전략적 가족상담이 주로 가족이나 개인을 둘러싼 문제의 결과에 초점을 맞추는 데 반하여 해결중심적 가족상담에서는 문제에 초점을 맞추지 않는다. 따라서 전략적 가족상담자들은 문제를 둘러싼 일련의 순서에 대하여 가족에게 질문하지만, 해결중심적 가족상담자는 예외적인 해결에 중점을 두고, 문제보다는 가족이 적용해 왔거나 적용 가능한 해결책 등에 초점을 맞추어 질문

해결중심적 가족상담은 문제보다는 예외적인 해결에 중점을 두고, 가족이 적용해 왔거나 적용 가능한 해결책 등에 초점을 두며, 질문에 응답하는 대화 방식을 통해 문제 해결 방안을 협동적으로 구축해 나간다.

하게 된다.

해결중심적 가족상담자는 문제를 해결하는 데 반드시 문제가 무엇인가를 밝힐 필요는 없다고 생각했다. 문제가 무엇인가를 파악하기보다는 문제에 대한 어떤 해결방안이 있으며, 어떻게 새로운 행동 유형을 만들어 낼 수 있는지 등 가족이 원하는 해결이 무엇인가에 초점을 두어 가족을 도우려 하였다. 즉, 과거보다는 현재와 미래를 중시하고 병리적인 것이거나 잘못된 것에 관심을 두기보다는 과거의 성공 경험과 긍정적 경험을 발견하여 그것을 적극적으로 활용하였다(김혜선, 고성혜, 2002).

상담자는 문제를 보는 시각과 관점에 영향을 주어 해결로 이끄는 유용한 질문을 통해 가족이 문제 해결을 위해 시도하였던 성공 경험에 초점을 두게 한다. 상담자와 가족은 체계적이고 의도적인 독특한 질문에 응답하는 대화를 통해 잠재 능력과 자원, 성공 경험을 발견하여 활용함으로써 문제 해결 방안을 협동적으로 구축해 나가는 것이다.

따라서 해결중심적 가족상담의 목표는 도움을 받으러 온 가족으로 하여금 그들 자신의 생활을 보다 만족스럽게 하기 위해서 현재 하고 있는 것과는 다른 것을 생각하게 하고, 그것을 실행에 옮기도록 함으로써 현재 가족이 가지고 있는 문제를 해결하는 데 있다.

4. 가족상담의 과정

가족상담은 개인상담과는 달리 여러 명을 대상으로 상담을 진행해 나가기 때문에 상담 과정에서 여러 가지 문제가 일어날 수 있다. 따라서 가족상담자는 상담을 진행하는 과정에서 일어날 수 있는 다양한 문제에 대비할 수 있어야 한다.

1) 초기 단계

초기 단계는 첫 상담이 이루어지기 전에 약속을 정하는 것부터 상담을 통하여 문제를 파악하고 목표 설정이 이루어지는 것까지를 말한다. 대부분의 가족상담자들은 첫 면접 때 가족력을 수집하여 내담자에게 일어난 과거의 중대한 사건들에 대한 가족 각자의 견해를 비교한다. 또한 현재의 가족 기능과 활동에 중점을 두고 가족 간의 상호작용 패턴 등을 파악하여 문제를 명료화한다. 이러한 가정을 통해 상담 목표가 더욱 명료하게 설정된다.

초기 면담에서는 가족이 그동안 시도해 왔던 변화에 대해서 잘 듣고, 각자가 문제를 바라보는 시각에 관해서도 잘 들어야만 한다. 가족 간의 상호작용 패턴, 특히 문제와 관련되어 발생하는 반복적인 행동을 보면서 상담자는 환자로 지목된 사람의 증상을 가족 문제로 본다.

또한 초기 면담에서 가족은 다음에 무엇이 일어날지를 아는 것이 중요하다. 상담자는 가족에게 가족상담을 계속하고 싶은지의 의향을 물어서 가족이 앞으로 면담을 계속하기를 원할 때 다음의 면담 일정을 정한다. 이때 앞으로의 면담에 어떤 가족 구성원이 참가할 것인가는 중요한 문제다. 만약 중요한 인물이 초기 면담에 참석하지 않았다면 상담자는 가족에게 다음 면담에 함께 올 것을 권유하거나 어떻게 접근하면 좋을지를 가족과 함께 이야기하여야 한다. 경우에 따라서는 함께 살고 있지 않은 확대가족을 면담에 참여시키는 것이 도움이 되는 경우도 있다. 상담자들은 가능하면 가족 구성원이 많이 참석하도록 격려하며, 구성원 각자를 개별적으로 중요한 사람으로 대한다.

(1) 가족과의 상담관계

첫 회기를 시작할 때 상담자는 가족의 언어 유형과 감정적인 표현 양식을 이해하고 교류하는 패턴을 수용하면서 가족과 함께 작업동맹을 구축한다. 상담자는 각 가족 구성원들이 지지받고 있다고 느끼게 함으로써 이전에 표현하거나 탐색해 본 적이 없는 문제들을 솔직하게 털어놓는 것이 안전하다고 느낄 수 있는 분위기를 만든다. 이때 상담자는 그들이 이해받고 배려받고 있으며, 그런 안전한 분위기에서 가족을 위협하는 문제에 직면할 수 있다는 것을 알게 한다.

초기 단계는 접수면접, 문제 파악, 목표 설정이 된 상태까지를 말한다. 이 단계에서는 가족과 상담관계를 형성하며, 가족력, 과거의 중대한 사건, 가족 간의 상호작용 패턴 등을 파악하여 문제를 명료화하고 상담 목표를 설정한다.

첫 회기를 시작할 때 상담자는 가족의 언어 유형과 감정적인 표현 양식을 이해하고 교류하는 패턴을 수용하면서 가족과 함께 작업동맹을 구축한다.

Rogers는 상담자의 필요충분조건으로 무조건적인 긍정적 수용, 공감적 이해, 진실성을 말하였는데, Minuchin은 이러한 것들이 가족상담의 초기 단계에서 더욱 필요하다고 보았다. 초기에는 가족 문제를 노출하도록 돕기 위하여 상담자가 직면보다는 수용하는 자세를 보여 가족 구성원이 안전하다고 느끼게 하는 것이 필요하다. 또한 가족이 이러한 공감 이외에 보다 명확한 안내와 충고를 기대하기 때문에 상담자는 상담에 관한 전문가로 보일 필요가 있다. 상담자의 자기확신은 가족이 상담자를 신뢰하는 데 결정적인 역할을 할 수 있다.

(2) 가족 기능의 사정

다른 모든 형태의 상담과 마찬가지로, 가족상담에서 상담자는 좀 더 정보가 많은 상태에서 상담 결정을 내리기 위해 가족에 관해 조금이라도 더 알려고 시도한다. 그래서 그들은 가족의 발달 단계와 기능을 파악하려 하고, 가족의 구조를 알려고 하며, 가족 구성원 각자의 심리적·정서적 기능을 이해하려고 한다. 이를 토대로 가족 구성원 간에 어떻게 관계를 맺고 있는가를 이해할 수 있게 된다. 이와 같이 가족을 이해하기 위해 이루어지는 일들을 가족사정이라 한다.

가족상담에서는 어떤 형태로든 가족사정을 하는데, 가족사정의 내용으로는 전 가족이 상담에 참석해야 할 필요가 있는가, 함께 상담하기에 적합한 가족 구성원은 누구인가, 가족의 불안을 가속화시켜 가족 구성원으로 하여금 증상을 갖도록 하는 상호작용 패턴은 무엇인가, 가장 효율적으로 이 가족을 도울 수 있는 구체적인 개입방법은 무엇인가 등이 있다.

(3) 문제의 명료화

내담자가 가지고 있는 문제를 명료화하는 것은 매우 중요하다. 상담자는 "왜 상담을 받으러 오게 되었나요?"라는 질문을 통해 가족 각자가 생각하는 가족 문제가 무엇인지를 말하게 한다. 가족 각자가 생각하는 가족에 대한 이야기를 통해 가족의 문제는 드러나게 된다. 이때 상담자는 가족의 이야기에서 드러난 문제뿐만 아니라 가족이 이야기하지 않는 문제도 파악해야 한다. 가족은 가족 문제를 이야기해 나가는 과정을 통해 그것을 명확히 이해해 나가게 되고, 또 자신이 경험하고 있는 어려움이 가족 간의 어떤 상호작용으로 말미암아 겪게 된 것인지를 이해하게 된다. 이와 같은 이해는 치료적으로 도움이 된다.

문제를 명확히 할 때 중요한 점은 '왜 지금인가' 하는 것이다. 대부분의 경우 가족에게 나타난 문제는 언제 나타나게 되었는지 정확하지 않으며, 상당히 오랜 시간 동안 지속되었던 것이다. 그런데 가족이 이 시기에 상담을 받으러 왔다는 것은 지금 문제를 해결하려는 시도를 하고 있다는 점에서 중요한 정보다.

가족이 문제를 이야기하는 동안 상담자가 유의할 것은 누가 먼저 이야기하는가, 가족이 호소하는 문제 이외의 다른 것에 관해서도 이야기하는가, 특정 가족 구성원이 이야기를 방해하는가, 가족 중 연합을 이루는 가족이 있는가, 가족 중 누가 힘을 가지고 있는가 등을 파악하는 것이다. 상담자는 이러한 질문을 통해 가족의 구조와 기능 및 증상에 관한 가설을 검토할 수 있어야 한다.

> 문제를 명확히 할 때 중요한 점은 '왜 지금인가' 하는 것이다. 가족이 이 시기에 상담을 받으러 왔다는 것은 지금 문제를 해결하려는 시도를 하고 있다는 점에서 중요한 정보다.

(4) 상담 목표 설정

첫 면담에서 가족이 어떻게 변화하기를 원하는지, 상담을 통해서 이루고자 하는 것이 무엇인지를 명확하게 하기 위해서 상담자는 상담 목표를 수립한다. 이때 중요한 것은 가족이 추구하는 것이 무엇인지 될 수 있는 대로 구체적으로 표현하도록 격려하는 것이다. 명확한 목표를 수립하기 위해 가장 중요한 것은 가족이 상담을 통해 달성하고 싶은 상태를 명확히 표현하도록 하는 것이다. 그리고 바람직한 상태와 현재의 상태가 어떤 점에서 다른가를 확실히 한다면 상담에 도움이 될 것이다. 하지만 바람직한 상태를 언어화하여 명확한 목표를 정하는 것은 어려울 수도 있으므로 상담자는 앞으로 모든 가족이 몇 회 정도 더 만나면서 구체적인 목표와 나아갈 최선의 방향을 정하자고 제안할 수 있다.

2) 중기 단계

중기 단계에서는 변화를 위한 주된 작업을 행한다. 또한 이 단계에서는
문제가 있다고 생각하는 가족에게 집중되어 있던 초기 관심이 전체 가족
으로 옮겨진다. 가족은 가족 간의 관계가 수정되어야 하고 파괴적인 동맹
을 무너뜨려야 한다는 사실을 깨닫게 된다. 그리고 가족이 상담에 참여하
여 성공을 거두려면 가족 구조의 재조직이 이루어지기 시작해야 하는데,
이 단계에서는 문제 확인, 가족 구조의 확인, 상담 목표 설정, 상담 계획
수립, 재구조화 작업 등이 진행된다.

다시 말하면, 가족상담이 성공하려면 가족 구조가 재조직되어야 한다.
즉, 가족 구성원의 자주성이 증대되어야 하고, 가정 내 역할이 덜 경직되
어야 하며, 기존의 숨겨진 경험을 서로 공유하고 인정해야 하고, 가족 구
성원이 자기 행동에 대한 타인의 반응을 받아들여야 한다.

일반적으로 확인된 내담자는 가족이 좋아지기 전에 먼저 좋아진다. 상
담의 속도는 중기 단계로 옮겨 감에 따라 느려지나 그 깊이는 더해 간다.
또한 중기 단계에서는 상담 및 상담자에 대한 양가감정이 나타나는데, 가
족 구성원이 상담자에게 그 감정을 직접 말할 수 있다면 그것은 그들이 그
만큼 건강해진 것이라고 볼 수 있다.

3) 종결 단계

한 가족의 상담을 종결해야 할 시기가 언제인지를 결정하는데, 때로는
그 시기가 구체적으로 드러날 수도 있지만 매우 막연한 경우도 많다. 종
결 시기를 판단하는 데 도움이 되는 기준이나 단서들은 다음과 같다. 내
담자가 상담을 통해 달성하고자 하였던 목표가 이루어진 경우, 가족 구성
원이 상담을 통해 새롭게 습득한 대처방법이나 행동양식을 수용하고 유
지할 수 있다고 생각되는 경우, 가족 구성원 간의 의사소통이 분명하고 일
관되게 이루어지는 경우, 가족의 구조와 규칙이 보다 융통성 있고 기능적
이 된 경우 종결을 고려할 수 있다. 또한 가족 구성원 개개인이 보이던 증

상들이 호전되거나 각자의 역할과 기능에 대한 합의가 가족이 만족할 만한 수준에서 이루어질 수 있다면 종결을 생각할 수 있다.

　종결을 위해서는 상담자와 내담자 모두 준비가 필요하다. 상담자는 종결에 대한 자신의 감정과 종결에 대한 내담자의 반응을 예측할 수 있어야 한다. 종결 시기가 되면 내담자는 상담이 종결되는 것에 대하여 불안을 느낄 수 있는데, 이때 상담자는 이러한 내담자의 감정을 충분히 표현할 수 있도록 한다.

　상담 모델에 따라 종결 과정은 도입 단계, 요약 단계, 장기적 목표 나누기 단계, 추수면담 단계의 4단계로 나눌 수 있다(Epstein & Bishop, 2007). 첫째, 도입 단계에서는 상담자가 왜 종결의 문제를 꺼냈는지를 설명한다. 이것은 상담이 시작되었을 때 기대하였던 것이 달성되었기 때문일 수도 있으며, 예정된 면담 횟수가 다 되었거나 진전이 전혀 없기 때문일 수도 있다. 둘째, 요약 단계에서는 면담 중에 일어난 것을 정리함으로써 상담에 관여된 모든 사람에게 성취된 변화와 가족 상담을 되돌아볼 기회를 준다. 셋째, 장기적 목표 나누기 단계에서는 가족이 목표에 도달했는지를 어떻게 아는지에 대해 서로 이야기한다. 상담은 지속되는 과정으로 가족의 성장과 발전의 부분이 되므로 가족이 앞으로 직면할지 모르는 어려움을 예상해 보고, 가족의 능력과 심리적 자원으로 그와 같은 곤란을 극복할 수 있는지에 대해 이야기를 나누는 것이 중요하다. 마지막으로, 추수면담 단계에서는 상담 효과의 지속성을 확인한다.

5. 가족상담의 기법

　가족상담 과정에서 일반적으로 많이 사용되는 기법을 살펴보면 다음과 같다.

1) 가족조각

가족조각 기법이란 가족이
특정한 사건에 대한 거리
감, 대처하는 태도를 신체
를 통해 시각적·공간적으
로 표현하는 기법이다.

가족조각(family sculpting) 기법은 가족상담과 치료에서 가족이 특정한 사건에 대한 거리감, 대처하는 자세나 태도를 신체를 통하여 시각적·공간적으로 표현하는 기법이다. 가족 안에서 가족의 감정적인 대립이나 갈등들을 말로만 표현하는 데는 한계가 있다. 그래서 때로는 가족 구성원 간의 관계를 시각화해서 묘사함으로써 가족이 가족 구조를 사실적으로 지각하며 인정할 수 있다. 가족은 가족조각을 통하여 가족의 상황, 위계질서, 연합, 거리감 또는 친밀감, 보이지 않는 힘의 작용 등의 상호작용을 직접 느낄 수 있고 체험할 수 있게 된다. 가족조각은 가족에 대해 알고 지각하고 느끼고 생각하는 것을 외부에 안전하게 보여 주는 은유적 과정이다(김혜숙, 2003).

> 상담자: (가족을 향하여) 자, 이제 가족 서로 간의 관계가 어떠한지를 몸으로 보여 주는 조각을 해 봅시다. 가족 구성원이 서로 안전하고 편안하다고 느끼는 거리는 어느 정도인지를 몸으로 표현해 보세요.
> 내담자: (서로가 원하는 공간과 친밀감의 정도를 몸으로 표현한다.)

2) 가족 가계도

가계도란 여러 세대에 걸쳐 나타나는 가족의 패턴을 알고, 가족사에서 나타나는 죽음, 질병, 사고, 성공 등이 지금의 가족에게 어떤 영향을 미치는지 이해하기 위한 가족 도표다.

가계도(genogams)란 내담자 가족의 여러 세대에 걸쳐 나타나는 가족의 패턴을 알고, 가족사에서 나타나는 죽음, 질병, 사고, 성공 등이 핵가족의 사건들과 어떤 관계가 있고 어떤 영향을 미치는지 이해하기 위한 가족 도표다. 가족 가계도를 통하여 가족의 정서적 경계와 체계, 개방과 폐쇄의 정도, 가족의 특징 등을 탐색할 수 있다.

가족 가계도는 상담과 함께 이루어지고 현 가족 상황과 문제점을 중심으로 핵가족에서 자신들이 만난 시기, 구혼과 결혼, 직업, 파트너와의 혼전관계, 자녀 출생과 현재 상태, 원가족과의 관계, 형제자매와의 관계, 정서적 밀착과 소외 등을 다룬다. 부모의 원가족 역사, 즉 이름, 나이, 결혼,

이혼, 사망 원인, 거주지, 만남 횟수, 단절, 갈등 문제, 운명적인 사건들, 가족 규칙, 신념, 역할 등을 대화 속에서 파악하고 가족 가계도를 작성한다.

가계도는 내담자의 현 핵가족, 남편과 아내의 가족, 적어도 3대에 걸쳐서 조사되며, 가능하다면 가족이 많이 참여한 가운데서 상담자와 함께 작성하는 것이 바람직하다. 상담 횟수가 많아질수록 가족관계는 더욱 구체적이고 세분화되어 그려진다.

3) 빈 의자 기법

빈 의자 기법(empty chair in family therapy)은 빈 의자를 어떤 구체적인 인물이나 감정, 이상, 공포 등의 상징적인 대상으로 간주하여 대화하도록 하는 기법으로서, 주인공과 갈등을 일으키고 있는 대상과 문제, 그에 대한 감정 상태를 알 수 있다.

이 기법은 빈 의자를 주인공과 갈등을 일으키고 있는 대상으로 여기고, 의자를 내담자 앞에 두고 2개의 의자에 번갈아 옮겨 가면서 두 사람의 역할을 하며 대화하는 방식을 취한다. 상담자는 현재 내담자와 갈등을 일으키는 대상을 빈 의자에 둔다. 이 기법에서는 현재의 갈등 대상자를 빈 의자 역할로 대신 사용할 수 있고, 빈 의자를 통해 내담자 원가족의 부모와의 관계에서 가족 투사, 가족 연합, 희생양, 부모화 역할 등을 재작업할 수 있다.

> 빈 의자 기법은 빈 의자를 어떤 상징적인 대상으로 간주하여 대화하도록 하는 기법이다.

상담자: 부인, 저 의자에 당신 아들이 앉아 있다고 상상해 보시겠습니까? (부인은 고개를 끄덕인다.) 아들에게 당신이 어떻게 생각하는지 말해 보시고, 그것이 어떤 느낌으로 다가오는지도 말하세요.

내담자: ○○아! 너는 다른 사람에게 전혀 신경을 안 쓰는구나. 나에게 늘 상처만 주지. 넌 내 말을 듣지도 않고, 내게 말을 함부로 하고, 학교에서는 말썽만 피워. 정말 실망이다. 정말 넌 골칫덩어리야.

상담자: 이제는 맞은편 의자에 앉아서 ○○이가 되어 당신 자신에게 이야기해 보세요.

내담자: 맞아요. 엄마는 나를 싫어해요. 엄마는 제게 도움이 된다는 이유로 제가 하기 싫어하는 일만 하기를 바라시지요.

4) 실연

실연은 과거의 사건을 실제 연기를 통해 체험하게 하여 당시 내담자의 욕구와 감정을 경험하도록 함으로써 문제에 대한 통찰을 하게 하는 기법이다.

실연(enactment)은 과거의 사건, 즉 현재까지 살아 있는 과거의 사건을 현재 진행 중인 것처럼 체험하게 하여 그 당시 내담자의 욕구와 감정을 경험하게 함으로써 완성되지 않은 과거를 해결하도록 한다. 또 미래에 대한 막연한 불안을 현재의 것으로 재연하여 그 느낌과 결부하여 표현할 수 있도록 한다. 나아가 단순히 상상과 설명을 하는 데 그치지 않고 직접 행동을 해 보게 함으로써 자신이 알고 있던 자기 자신, 그리고 문제에 대하여 통찰하도록 한다. 이는 가족의 평소 상호작용을 상담실에서 직접 해 보는 것으로, 이러한 상호작용을 파악하는 것은 긍정적 변화에 유용하다.

다음 사례에서는 내담자가 세 살 된 딸이 떼를 쓰는 상황을 통제하기 어려움을 호소하고 있는데, 마침 딸이 또 떼를 쓰는 상황이 실연되었다.

내담자: 세 살 된 딸이 떼를 써서 자기 할아버지, 할머니 앞이나 버스 안에서 나를 당황하게 해요.

상담자: (세 살 된 딸이 상담 중에 어머니에게 껌을 달라고 요구하는 상황을 보고) 껌을 주지 마세요.

내담자: (훌쩍거리다가 크게 울면서 껌을 달라고 빌다가 마루에 드러누워 옷을 벗어던지는 딸을 보고 있다가 껌을 주려고 한다.)

상담자: 껌을 주지 말고 꼭 안아 주세요.

내담자: (딸을 안은 채 30분쯤 지나자, 아이는 울음을 멈춘다.)

상담자: 지금 어떤 것을 느끼셨나요?

내담자: 제가 생각했던 것보다 딸아이의 행동을 단호하게 통제할 수 있는 능력이 제게 있다는 것을 알았어요.

6. 가족상담자의 역할

가족상담자의 역할은 처음 가족과 대면하면서부터 시작된다. 따라서 상담자는 상황에 따라서 어떤 말과 행동방식이 적절한지 그리고 더 효과적인지를 연구하면서 많은 경험을 쌓아야 한다. 상담자는 개입 전략에서 때로는 감정이입적이고 공감적인, 때로는 객관적인, 때로는 적극적인 참여자로서의 다양한 역할이 요구된다. 유능하고 경험이 풍부한 상담자는 다양한 역할을 자유자재로 소화해 내고 어떠한 경우에도 자아방어기제를 활용하지 않는다(김혜숙, 2003).

치료 과정에 따라 상담자가 하는 역할을 요약해 보면, 먼저 상담 초기 단계에서는 가족의 행동방식, 상호관계, 가족의 역할에 대하여 언어적·비언어적 메시지를 순간적으로 잘 관찰해야 한다. 가족이 들어와서 누가 누구 옆에 앉고, 누가 누구를 처다보며 말하고, 누구를 회피하고, 누가 전혀 이야기하지 않고, 누가 인상 쓰고, 누가 웃고, 누가 어떤 마음으로 우는지를 주의 깊게 관찰한다. 전형적인 문제의 가족은 울분과 통곡, 고통과 욕구 좌절에 의한 포기 상태로 내담하게 된다. 또한 상담자는 가족이 서로 호소하는 의미를 주의 깊게 관찰한다. 누가 누구에게 무엇을 원하고, 가족은 그들의 욕구를 부정하고 감추는가, 필요 이상으로 과대하게 표현하는가, 아니면 포기한 상태인가를 살펴본다.

상담자는 또한 가족이 두려워하고 방해하는 것, 가족의 깊은 정서, 공포, 불신과 절망, 괴로움, 양심의 가책 등을 파악하고 평가한다. 그리고 상담자는 가족사정에 의한 진단적 가설을 증명해 보이는 과정을 갖는다.

상담 중기 단계에서 상담자는 가족의 감추어진 허물과 깊은 정서적 감정, 갈등, 두려움을 부정하고 숨기는 복잡한 패턴을 하나하나 깨고 들어간다. 가족의 방어기제로 나타나는 부정, 전치, 합리화 같은 가장된 것들이 벗겨지면서 좀 더 분명하고 근본적인 갈등이 드러나는데, 상담자는 촉매자로서 개인의 내면적인 갈등을 대인관계 수준의 갈등으로 더욱 끌어올린다. 이때 상담자는 가족과 함께 갈등과 극복해야 할 것들의 흐름을

가족상담자는 공감적·객관적·적극적 참여자로서의 다양한 역할이 요구되므로, 이러한 역할을 수행해 나가기 위해서는 늘 연구하면서 많은 경험을 쌓아 나가야 한다.

가족이 불안에 대하여 사용하는 방어기제의 상호작용 과정을 통해 가족의 장애, 정신적 불안의 중요한 연관성들을 평가한다. 상담자는 이러한 과정에서 가족사정에 대한 평가로 자신의 훈련된 통찰을 사용한다.

감안하면서 직면과 해석을 자유자재로 사용한다. 상담자는 방어와 역기능적인 패턴을 파헤치며 보다 건강하고 기능적인 것들로 대치할 수 있도록 돕는다.

상담자는 안정감, 정서적인 지지, 수용, 이해, 가치 확인, 가족의 정서적 욕구에 대한 만족을 제공하며, 갈등을 해결하고자 가족이 서로 타협점을 찾을 수 있도록 상호작용의 촉매자 역할을 한다. 그러므로 상담자는 가족의 욕구를 상호 보상으로 충족시키는 변화를 활성화시킨다. 상담자는 치료가 진행됨에 따라 긴장과 위험이 고조될 수 있다는 것을 미리 예상하고, 가족들이 조절 능력 상실에 따른 위협을 경험하며 혼란을 초래할 분노를 표현하도록 돌파구를 찾아야 한다. 이때 상담자는 보다 안정되고 확고한 태도를 취함으로써 가족이 두려워하거나 혼란스러워하지 않고 안심할 수 있도록 해야 한다. 상담자가 가족의 변화에 대한 동기나 의지에 대해 강한 지지와 칭찬으로 보상을 하는 것은 더욱더 변화를 초래할 수 있게 하는 자극이 될 수 있다. 칭찬과 지지는 가족 구성원 개개인에게 구체적으로 하는 것이 더 효과가 있다.

나아가 상담자는 내담자의 양극성을 통합할 수 있도록 한다. 내담자가 지나친 의존성을 나타내면 독립성을 가르쳐 주고, 지나친 독립성을 나타내면 의존성을 보여 준다. 가족이 지나치게 대칭성 관계를 보이면 상보성을 보여 주고, 지나친 상보성 관계에서는 대칭성 관계를 보여 준다. 가족 규칙이 너무 경직되고 폐쇄적이면 융통성 있는 규칙을 보여 주고, 너무 불분명한 경계선에서는 분명하고 명확한 경계선을 가르쳐 준다.

상담 과정 중에 상담자는 가족이 생활주기에 따른 발달 과업을 잘 이행할 수 있도록 부모 역할에 대한 교육적 개입을 할 수 있다. 즉, 상담자는 부모의 잘못된 가치나 일방적이고 강제적인 태도가 자녀를 더욱 반항적으로 만들 수 있다는 것을 알고, 부모의 태도와 방식이 변하도록 하는 부모역할 훈련에서 교육적 역할을 한다.

7. 가족상담의 사례

다음의 가족상담 사례는 경험주의 가족상담자인 Whitaker가 어머니, 아버지, 여섯 살 된 딸을 대상으로 실시한 상담의 첫 회기다. 딸은 학교공포증이 있고, 어머니는 비만이며, 아버지는 가정보다 일을 우선시하는 직장 간부다. 아버지가 일주일에 거의 75시간씩 일하고 종종 늦게 들어오는데도 어머니와 아버지는 그들 관계의 갈등을 부인했다.

> 상담자 1: 남편이 당신에 대한 관심을 완전히 잃었다는 뜻인가요?
>
> 어머니 1: 글쎄요, 그렇지는 않아요. 남편이 가족에게 기여하는 방법은 우리가 필요로 하는 것들을 가질 수 있게 해 주는 바로 그것이죠.
>
> 상담자 2: 남편과 아버지만 제외하고요.
>
> 어머니 2: 아니요, 그는 좋은 아버지예요.
>
> 상담자 3: (딸에게 몸을 돌려) 제니, 아버지가 비서와 키스를 할지 모른다고 어머니가 걱정한다고 생각하니? 너도 알다시피 아버지는 직장에 너무 오래 있지. 아마 외로울지 몰라.
>
> 제니 1: 아니요, 아버지는 외롭지 않아요. 어머니가 그렇죠. 하지만 어머니가 나를 가진 후로는 외로울 필요가 없지요.
>
> 상담자 4: 네가 어머니를 그렇게 잘 돌본다니 반갑구나. 하지만 나는 여전히 아버지가 염려되는구나. 아버지란 외로울 때 그것을 말하기가 어려운 법이거든.

여기서 Whitaker는 제니가 어머니에게 많은 시간을 바치는 것이 학교에 가지 않으려는 것과 관계 있을지 모르며, 그것이 집에 남아서 어머니가 우울증을 감추도록 도우려는 그녀의 바람을 나타내고 있는 것인지도 모른다는 부분은 특별히 말하지 않고 있다. 대신 그는 가족이 가족관계에 대하여 생각해 보도록 하고 있다. 치료 회기의 나중에 어머니는 그녀의 체중 때문에 남편과 테니스를 칠 수 없는 것에 대해 불평하기 시작했다.

상담자 11: (남편에게 몸을 돌려) 당신도 아내분의 체중을 염려하시나요? 아니
면 다른 파트너와 운동하는 것을 더 좋아하시나요?

아버지 11: 물론 나는 아내를 운동하게 하고 싶지요. 하지만 그것은 불가능한 일
입니다. 그렇게 많이 초과된 체중으로 운동하려 애쓰는 것은 위험할
수도 있거든요.

상담자 12: 그러니까 당신은 아내분에게 테니스를 하라고 해서 그녀를 죽게 만
들고 싶진 않다는 말이군요. 이해할 수 있을 것 같아요. 비만 때문에
그녀가 점차 자살을 하게 될지도 모른다는 생각을 가지고 있는 것은
아닌가요?

이 상담 사례에서 가족은 가족의 일원으로서 소속감을 가지고 있지만
개인으로서 독립된 자유를 가진 건강한 관계를 맺고 있지는 않다. 즉, 아
버지는 열정적으로 일을 하고 가족과 함께하지는 않는다. 어머니는 남편
과 테니스를 치고 싶은 것이 아니라 사실 남편과 함께 있으면서 의존하고
싶은 욕구를 가지고 있다. 제니는 외로워하는 어머니를 두고 학교에 가지
못한다. 상담이 진행되면서 가족 구성원은 과거의 경험을 통해 자신들의
마음속 깊은 곳에 잠재되어 있는 충족되지 못한 욕구와 기대를 드러내 놓
는 경험을 하게 되고, 이를 계기로 가족이 친밀해지면서 서로 간의 성장을
돕게 된다.

 되짚어 보기

1. 가족상담의 기본 개념으로는 체계, 경계선, 항상성, 가족 규칙, 가족 삼각관계, 희생
양, 부모화 등이 있다.

2. 가족상담의 이론으로는 정신역동적 가족상담, 보웬 가족상담, 구조적 가족상담, 경
험적 가족상담, 전략적 가족상담, 해결중심적 가족상담 등이 있다.

3. 가족상담의 과정은 초기, 중기, 종결 단계로 나눌 수 있다. 초기 단계는 접수면접, 문제 파악, 목표 설정이 된 상태까지를 말한다. 가족과 상담관계를 형성하고, 가족력, 과거의 중대한 사건, 가족 간의 상호작용 패턴 등을 파악하여 문제를 명료화하며, 상담 목표를 설정한다. 중기 단계는 변화를 위한 주된 작업이 이루어지는 시기로 가족의 재조직이 일어난다. 종결 단계에서 종결을 결정하는 단서는 상담 목표의 달성 여부다. 종결 과정은 종결을 결정한 이유를 설명하는 도입 단계, 요약 단계, 장기적 목표 나누기 단계, 추수면담 단계의 4단계로 나눌 수 있다.

4. 가족상담에서 사용하는 기법으로는 가족조각, 가족 가계도, 빈 의자 기법, 실연 등이 있다.

5. 가족상담자는 공감적·객관적·적극적 참여자로서 다양한 역할이 요구된다.

참고문헌

고원자(2006). 가정폭력 피해여성을 위한 사이코드라마 프로그램의 개발과 효과. 경성대학교 대학원 박사학위논문.

구본용(1988). 우리나라 대학에서의 집단상담의 활용현황. 대학생활연구, 6, 17-40. 한양대학교 학생생활연구소.

구본용(1989). 학교장면에서의 심리검사의 활용 현황. 대학생활연구, 7(1), 15-35. 한양대학교 학생생활연구소.

김계현(1998). 상담심리학: 적용영역별 접근. 서울: 학지사.

김계현, 김동일, 김봉환, 김창대, 김혜숙, 남상인, 천성문(2020). 학교상담과 생활지도(3판). 서울: 학지사.

김병석(1999). 관계문제로서의 정서행동장애: 대상관계이론적 접근. 특수교육학연구, 34(2), 257-275.

김성이(1996). 청소년비행상담. 서울: 청소년대화의 광장.

김수연(2001). 부부폭력과 결혼불안정성의 관계. 한국가정관리학회지, 19(1), 53-62.

김승엽, 임효덕, 강석헌(1990). 정신치료 집단 Supervision 경험. 신경정신의학, 29(4), 875-884.

김유숙(2015). 가족상담(3판). 서울: 학지사.

김인자(2015). 현실치료상담과 선택이론: 나의 삶과 나의 선택. 서울: 한국심리상담연구소.

김정규(2015). 게슈탈트 심리치료(2판). 서울: 학지사.

김진숙(1993). 예술심리치료의 이론과 실제. 서울: 중앙적성출판사.

김창대, 이정윤, 이영선, 남상인(1994). 성적이 떨어지는 아이들. 청소년상담문제연구보고서, 9. 서울: 청소년대화의 광장.

김택호(2009). 비행 및 청소년의 진단과 평가. 한국교육치료학회 연수자료집.

김형태(2003). 상담의 이론과 실제. 서울: 동문사.

김혜선, 고성혜(2002). 가족상담 및 치료. 서울: 한국방송통신대학교출판부.

김혜숙(2003). 가족치료 이론과 기법. 서울: 학지사.

김희정(2005). 초등학교 생활상담직무연수교재. 부산광역시교육연수원.

노안영(2005). 상담심리학의 이론과 실제. 서울: 학지사.

노안영(2018). 상담심리학의 이론과 실제(2판). 서울: 학지사.

대학카운셀러협의회(1988). 상담의 이론과 실제. 서울: 중앙적성출판사.

문현미(2005). 인지행동치료의 제3동향. 한국심리학회지: 상담 및 심리치료, 17(1), 15-33.

민병배(2002). 인지치료의 이론과 실제. 부산학교상담학회 연수자료집.

박미현(2016). 교류분석 부부상담 모형개발과 적용 사례 연구. 경성대학교 일반대학원 박사 학위논문.

박선자, 이은엽, 김득성, 정영숙, 문소정(2001). 부산대 여학생의 취업의식 실태와 취업활성 화 프로그램에 관한 연구. 부산대학교여성연구소, 11(1), 1-19.

박순득(2007). 단기 학교 개인상담모형 개발과 적용. 경성대학교 대학원 박사학위논문.

박진생(2002). 제2회 추계 교육연수워크숍 자료집. 아동청소년상담연구회.

백지영, 임효덕(1994). 정신치료에서 일어나는 난관의 극복(I): 치유인자의 규명을 위한 예비 연구. 신경정신의학. 33(1), 98-116.

설기문(1998). 한국집단상담 운동의 발전과정과 전망. 한국집단상담학회지, 1, 7-33.

성상담지침서(2002). 아하청소년 성문화센터. http://aha.ymca.or.kr

윤가현(2006). 성문화와 심리(2판). 서울: 학지사.

윤가현, 양동옥(2016). 성문화와 심리(3판). 서울: 학지사.

윤순임, 이죽내, 김정희, 이형득, 이장호(1995). 현대상담 · 심리치료의 이론과 실제. 서울: 중앙 적성출판사.

윤호균(1983). 삶 · 상담 · 상담자. 서울: 문지사.

이도영, 김남옥, 추석호, 이수연, 김규식(2005). 교류분석: 이론과 실제-교류분석 훈련프로그램: 훈련자 매뉴얼-. 서울: 중앙적성출판사.

이동식(1988). 상담의 동양적 접근. 대학카운셀러협의회(편). 상담의 이론과 실제. 서울: 중앙 적성출판사.

이상로, 이형득(1971) 행동변화를 위한 소집단 활동으로서의 encounter운동. 학생지도연구, 4(1), 30-46, 경북대학교 학생지도연구소.

이상훈(1990). 봄조짐. 서울: 도서출판 샤론.

이장호, 정남운, 조성호(2005). 상담심리학의 기초. 서울: 학지사.

이형득(1979). 집단상담의 실제. 서울: 중앙적성출판사.

이형득(1992). 상담이론. 경기: 교육과학사.

이형득(2003). 본성실현상담. 서울: 학지사.

이형득, 김선남, 김성희, 이성태, 이수용, 전종국, 정욱호(2005). 상담의 이론적 접근. 서울: 형 설출판사.

정미향, 김득성(2001). 결혼 전 관계향상 프로그램 구성 및 효과검증. 한국가정관리학회지, 19(4), 69-83.

정방자(1998). 정신역동적 상담. 서울: 학지사.

정원식(1982). 카운슬링의 원리. 경기: 교육과학사.

제석봉(2002). 참 삶과 행복을 가꾸는 TA 심리학. 대구가톨릭대학교 성장상담연구소.

채규만(2000). 성피해심리치료. 서울: 학지사.

천성문, 김진숙, 김창대, 신성만, 유형근, 이동귀, 이동훈, 이영순, 한기백 역(2013). 심리치료
　　와 상담이론. 서울: 센게이지러닝코리아.

천성문, 설창덕, 배정우(2004). 우리나라 집단상담의 현황과 과제. 학생상담연구, 5. 경성대학
　　교 학생상담센터, 61-62.

천성문, 함경애, 박명숙, 김미옥(2017). 집단상담: 이론과 실제. 서울: 학지사.

청소년상담원(1997). 청소년 문제행동의 이해와 지도.

한국대학상담학회(1993). 상담의 이론과 실제. 서울: 중앙적성출판사.

한국청소년상담원(2000). 청소년 비행예방 및 개입전략 개발을 위한 기초연구: 비행수준별,
　　유형별 위험요소 및 보호요소 분석. 한국청소년상담원.

Albert, R. E., & Emmons, M. L. (1995). *Your perfect right: A guide to assertive behavior* (6th
　　ed.). San Luis Obispo, CA: Impact.

Alford, B. A., & Beck, A. T. (1998). *The integrative power of cognitive therapy*. New York:
　　Guilford Press.

Andrews, G., & Harvey, R. (1981). Does psychotherapy benefit neurotic patients. *JAMA
　　psychiatry, 38*(11), 1203-1211.

Axline, V. A. (1969). *Play therapy*. New York: Ballantine Books.

Ayllon, T., & Azrin, N. (1968). *The token economy: A motivational system for therapy and
　　rehabilitation*. New York: Appleton-Century-Crofts.

Bandura, A. (1974). Behavior therapy and the models of man. *American Psychologist, 29*,
　　859-860.

Bandura, A. (1977). *Social learning theory*. Englewood Cliffs, NJ: Prentice-Hall.

Bandura, A. (1982). Self-efficacy mechanisms in human agency. *American Psychologist,
　　37*, 122-147.

Barlow, D. H. (1996). Health care policy, psychotherapy research, and the future of
　　psychotherapy. *American Psychologist, 51*(10), 1050-1058.

Barlow, D. H. (2003). *Anxiety and its disorders: The nature and treatment of anxiety and
　　panic* (2nd ed.). Guilford publications.

Barlow, S. H. (2008). Group psychotherapy specialty practice. *professional psychology:
　　research and practice, 39*(2), 240-244.

Barrish, I. J. (1997). Teaching children how to feel good without rating themselves. *Journal *of rational-emotive & cognitive-behavior therapy, 15*(1), 71-79.

Beck, A. T., & Emery, G. (1985). *Anxiety disorders and phobias: A Cognitive perspective.* New York: Basic Books.

Beck, A. T., & Young, J. E. (1985). Cognitive therapy of depression. In D. Barlow (Ed.), *Clinical handbook of psychological disorders: A step-by-step treatment manual* (pp. 206-244). New York: Guilford Press.

Beck, A. T., Rush, A. J., Shaw, B. F., & Emery, G. (1979). *Cognitive therapy of depression.* New York: Guilford Press.

Beck, J. S. (1995). *Cognitive therapy: Basics and beyond.* New York: Guilford.

Beisser, A. (1970). The paradoxical theory of change. In J. Fagan & I. L. Shepherd (Eds.), *Gestalt therapy now: Theory, techniques, applications* (pp. 77-80). Palo Alto, CA: Science and Behavior Books.

Berne, E. (1966). *Principles of group treatment.* New York: Grove Press.

Bloch, D. A., & LaPerriere, K. (1973). *Techniques of family therapy: A conceptual frame.* In D. A. Bloch (Ed.). New York: Grune & Stratton.

Bonny, H. (1978). *Facilitating GIM Sessions.* Salina, KS: Bonny Foundation for Music-centered Therapies.

Bradshow, J. (2004). *Home Coming: Reclaiming and Championing your Inner Child.* 상처 받은 내면아이 치유(오제은 역). 서울: 학지사(원전은 1990년에 출판).

Brown, D., & Brooks, L. (2003). *Career Counseling Techniques.* 진로상담의 기술(김충기, 김희수 역). 서울: 시그마프레스(원전은 1991년에 출판).

Bruno, F. J. (1983). *Adjustment and Personal Growth: Seven Pathways* (2nd ed.). NY: John Wiley & Sons.

Burns, D. D. (1985). *Intimate connections.* New York: Morrow.

Clarkson, P. (1990). A multiplicity of psychotherapeutic relationships. *British Journal of Psychotherapy, 7*(2), 148-163.

Combs, A. W. (1988). Some current issues for person-centered therapy. *Person-Centered Review, 3,* 263-276.

Corey, G. (1982). *Theory and practice of counseling and psychotherapy.* Monterey, California: Brooks/Cole Publishing Company.

Corey, G. (1991). *Theory and practice of counseling and psychotherapy* (4th ed.). Brooks/Cole Pub Co.

Corey, G. (2003). *Theory and Practice of counseling and psychotherapy.* 심리상담과 치료의 이론과 실제(조현춘, 조현재 역). 서울: 시그마프레스(원전은 2001년에 출판).

Corey, G. (2017). *Theory and Practice of Counseling and Psychotherapy* (10th ed.). 심리상

담과 치료의 이론과 실제(천성문, 권선중, 김인규, 김장회, 김창대, 신성만, 이동훈, 허재홍역). 서울: 학지사(원전은 2016년에 출판).

Corsini, R. J., & Wedding, D. (2017). *Current Psychotherapies* (10th ed.). 현대 심리치료(김정희, 정성경, 남상인, 김인규, 최은영, 방기연, 김은하 역). 서울: 박학사(원전은 2014년에 출판).

Dewald, P. A. (1978). *The Theory and Pratice of Individual Psychotherapy.* 정신치료의 이론과 실제(김기석 역). 서울: 고려대학교 출판부(원전은 1974년에 출판).

Doll, B., & Doll, C. (1997). *Bibliotherapy with young people: Librarians and mental health professional working together.* Englewood, CO: Libraries Unlimited, Inc.

Dusay, J., & Steiner, C. (1971). Transactional analysis in groups. In H. Kaplan & B. Sadock (Eds.), *Comprehensive Group Therapy* (pp. 198–240). Baltimore: Williams & Wilkins.

Egan, G. (1994). *The skilled helper: Models, skills and methods for effective helping.* Pacific Grove, CA: Books/Cole.

Egan, G. (2002). *The Skilled helper: A problem management approach to helping* (7th ed.). Pacific Grove, MA: Jones & Bartlett.

Ellis, A. (1976). The biological basis of human irrationality. *Journal of Individual Psychology, 32,* 145–168.

Ellis, A. (1987). The evolution of rational emotive therapy (RET) and cognitive behavior therapy (CBT). In J. K. Zeig (Ed.), *The evolution of psychotherapy.* New York: Brunner/Mazel.

Ellis, A. (1989). Rational emotive therapy. Chapter 6. In R. J. Corsini, & D. Wedding (Eds.), *Current psychotherapies* (4th ed.). Itasca, IL: F. E. Peacock.

Ellis, A. (1995a). A social constructionist position for mental health counseling: A response to Jeffrey A. Guterman. *Journal of Mental Health Counseling, 7,* 97–104.

Ellis, A. (1995b). *How to live with and without anger.* 화가 날 때 읽는 책(홍경자 역). 서울: 학지사(원전은 1986년에 출판).

Ellis, A. (1999). *How to stubbornly refuse to make yourself miserable about anything–yes, anything! Because.* NY: Lyle Stuart.

Ellis, A., & Dryden, W. (1987). *The practice of rational-emotive therapy.* New York: Springer.

Ellis, A., & Dryden, W. (1997). *The Practice of rational-emotive therapy* (rev. ed.). New York: Springer.

Ellis, A., & Grieger, R. (1977). *Handbook of rational-emotive therapy.* New York: Springer.

Ellis, A., & Harper. R. A. (1997). *Rational emotive behavior therapy: A therapist's guide.* Atascadero, CA: Impact.

Ellis, B. D. (2001). *Scientific Essentialism*. Cambridge Univ Pr.

Ellis, K. (1998). *The magic lamp: Goal setting for people who hate setting goals*. New York: Crown.

Ellis, M. J. (1973). *Why people play*. Prentice-Hall, Englewood clifts.

Elson, S. E. (1979). Recent approaches to counseling: Gestalt therapy, Transactional therapy, and Reality therapy. In. H. M. Burks & B. Stefflre (Eds.), *Theories of Counseling*. New York: McGraw Hill.

Enright, J. B. (1975). An introduction to Gestalt therapy. In F. D. Stephenson (Ed.), *Gestalt therapy primer: Introductory readings in Gestalt therapy* (pp. 13-33). Springfield: Charles C. Thomas.

Epstein, N. B., & Bishop, D. S. (2007). Problem centered systems therapy of the family. *Journal of Marital and family therapy, 7*(1), 23-31.

Erikson, E. H. (1950). *Childhood and Society*. New York: Norton.

Fine, R. (1982). *The healing of the mind: The technique of psychoanalytic psychotherapy*. New York: The Free press.

Fishman, D. B., & Franks, C. M. (1997). The conceptual evolution of therapy. In P. L. Wachtel & S. B. Messer (Eds.), *Theories of psychotherapy: Origins and evolution* (pp. 131-180). Washington, DC: American Psychological Association.

Framo, J. (1976). Family of origin as a therapeutic resource for adults in marital and family therapy: You can and should go home again. *Family Process, 15*, 193-210.

Freud, S. (1909). Leonardo da Vinci: A study in psychosexuality. *Standard edition* (Vol. 2). London: Hogarth.

Friedberg, R. D., & McClure, J. M. (2007). *Clinical Practice of Cognitive Therapy with Chilren and Adolescents*. 아동과 청소년을 위한 인지치료(정현희, 김미리혜 역). 서울: 시그마프레스(원전은 2002년에 출판).

Friedberg, R. D., & McClure, J. M. (2018). *Clinical Practice of Cognitive Therapy with Children and Adolescents*. 아동과 청소년을 위한 인지치료(정현희 역). 시그마프레스(원전은 2015년에 출판).

Gandy, G. L. (1995). *Mental health rehabilitation: Disputing irrational beliefs*. Springfield, IL: Charles C. Thomas.

Gaston. E. T. (Ed.). (1968). *Music in Therapy*. NY: The MacMillan Company.

Gazda. G. M. (1975). Group psychotherapy and group counseling: Definition and heritage. In G. M. Gazda (Ed.), *Basic approaches to group psychotherapy and group counseling* (2nd ed.). Springfield, Ⅲ.: Charles Thomas. 5-37.

George, R. L., & Cristiani, T. S. (1981). *Theory, methods, and processes of counseling and psychotherapy.* Englewood Cliffs, New Jersey: Prentice-Hall.

George, R. L., & Cristiani, T. S. (1994). *Theory, methods, and process of counseling and psychotherapy.* 상담과 심리치료(김충기, 이재창 역). 경기: 교육과학사(원전은 1981년에 출판).

Glasser, W. (1965). *Reality therapy.* New York: Harper Collins.

Glasser, W. (1998). *Choice theory: Anew psychology of personal freedom.* New York: Harper Collins.

Goldfried, M. R., & Davison, G. C. (1976). *Clinical behavior therapy.* New York: Holt, Rinehart Winston.

Gottman, J. M., & Leiblum, S. R. (1974). *How to do psychotherapy and how to evaluate it.* New York: Holt, Rinehart, & Winston.

Goulding, M., & Goulding, R. (1979). *Changing Lives through Redecision Therapy.* New York: Brunner/Mazel.

Goulding, R., & Goulding, M. (1978). *The power is in the patient: A TA/Gestalt approach to psychotherapy.* San Francisco: TA Press.

Gysbers, N. C., & Moore, E. J. (1987). *Career counseling: Skills and techniques for practitioners.* Englewood Cliffs, NJ: Prentice Hall.

Haaga, D. A., & Davison, G. C. (1993). An Appraisal of Rational-Emotive Therapy. *Journal of Consulting and Clinical Psychology, 61*(2), pp. 215-220.

Hackney, H., & Cormier, S. (2001). *The Professional Counselor: A Process Guide to Helping* (4th ed.). Boston: Allyn & Bacon.

Harman, R. L. (1989). *Gestalt therapy with groups, couples, sexually dysfunctional men, and dreams.* Springfield, IL: Charles C. Thomas.

Harren, V. A. (1979). *A Model of Career Decision Making for College students. Journal of Vocational Behavior, 14*(2), 119-133.

Harris, T. (1967). *I'm OK-You're OK.* New York: Harper & Row Pub.

Hayes, S. C., Strosahl, K. D., & Wilson, K. D. (1999). *Acceptance and commitment therapy: An experiential approach to behavior change.* New York: Guilford Press.

Heaton, J. A., & Wilson, N. L. (1995). *Tuning in trouble: Talk TI's destructive impact on metal health.* San Francisco: Jossey-Bass.

Hebert, T. P. (1991). *Meeting the affective needs of bright boys through Bibliotherapy with young people: Librarians and mental health professional working together.* Englewood, CO: Libraries Unlimited, Inc.

Hill, C., & O'Brien, K. (1999). *Helping skills: Facilitating exploration, insight, and action.* American Psychological Association.

Hynes, A. M., & Hynes-Berry, M. (1994). *Biblio/poetry therapy—The Interactive process: A handbook.* St. Cloud, MN: North Star Press of St. Cloud.

Ivey, A. E., & Ivey, M. B. (1999). *International Interviewing and Counseling: Facilitating client Development in a Multicultural Society.* Pacific Grove, CA: Brooks-Cole.

Jacobs, L. (1989). Dialogue in Gestalt theory and therapy. *The Gestalt Journal, 12*(1), 25-67.

Jacobson, E. (1938). *Progressive relaxation.* Chicago: University of Chicago Press.

Jacobson, N. S., & Christensen, A. (1996). *Acceptance and Change in Couple: A Therapist's Guide to Transforming Relationships.* New York: Norton.

Karpman, S. (1968). Fairy tales and script drama analysis. *Transactional Analysis Bulletin, 7*(26), 39-43.

Kazdin, A. E. (1978). *History of behavior modification: Experimental foundations of contemporary research.* Baltimore: University Park Press.

Kenneth, E. B. (2003). *Music therapy.* 음악치료(최병철 역). 서울: 학지사(원전은 1990년에 출판).

Kottler, J. A., & Shepard, D. S. (2017). *Introduction to counseling : voices from the field.* 상담심리학(이영순, 강영신, 권선중, 김장회, 민경화 역). 서울: 사회평론(원전은 2015년에 출판).

Landgarten, H. B. (1987). *Family art psychotherapy: A clinical guide and casebook.* New York: Brunner.

Lazarus, A. A. (1971). *Behavior therapy and beyond.* New York: McGraw-Hill.

Lindsley, J. R. (1994). Rationalist therapy in a constructivist frame. *The Behavior Therapist, 17*(7), 160-162.

Linehan, M. M. (1993). *Cognitive behavioral treatment of borderline personality disorder.* New York: Guilford Press.

Linehan, M. M., Armstrong, H. E., Suarez, A., Allmon, D., & Heard, H. L. (1991). Cognitive-behavioral treatment of chronically parasuicidal borderline patients. *Archives of General Psychiatry, 48*(12), 1060-1064.

Luborsky, L. (1984). *Principles of psychoanalytic psychotherapy: A manual for supportive-expressive (SE) treatment.* New York: Basic Books.

Mahler, C. A. (1969). *Group counseling in school.* Boston: Houghton Mifflin.

Marineau, R. (1989). *Jacob Levy Moreno, 1889-1974: Father of psychodrama, sociometry, and group psychotherapy.* London; New York: Tavistock/Routledge.

Marra, T. (2006). *Dialectical Behavior Therapy.* 변증법적 행동치료(신민섭, 박세란, 설순호, 황석현 역). 서울: 시그마프레스(원전은 2005년에 출판).

Maslow, A. (1970). *Motivation and personality* (Rev.ed.). New York: Harper & Row.

Meichenbaum, D. (1977). *Cognitive-behavior modification: An integrative approach.* New York: Plenum Press.

Meichenbaum, D. (1985). *Stress inoculation training.* New York: Pergamon Press.

Meichenbaum, D. (1986). *Cognitive-behavior modification.* In F. H. Kanfer & A. R Goldstein (Eds.), *Helping people change: A textbook of methods* (pp. 346-380). New York: Pergamon Press.

Meichenbaum, D. (1994). *A clinical handbook/practical therapist manual: For assessing and treating adults with post-traumatic stress disorder(PTSD).* Waterloo, Ontario: Institute Press.

Minuchin, S., Montalvo, B., Guerney, B., Jr., Rosman, B. L., & Schumer, F. (1967). *Families of the slums: An exploration of their structure and treatment.* New York: Basic Books.

Neimeyer, R. A. (1993). An appraisal of constructivist psychotherapies. *Journal of Consulting and Clinical Psychology, 61*(2), 221-234.

Nicholls, J. G. (1984). Achievement Motivation: Conceptions of Ability, Subjective Experience, Task Choice, and Performance. *Psychological Review, 9*(3), 328-346.

Nichols, M. P., & Schwartz. R. C. (2002). *Family Therapy: Concepts and Methods* (5th ed.). 가족치료: 개념과 방법(김영애, 정문자, 송성자, 제석봉, 심혜숙, 김정택, 정석환, 김계현, 이관직 역). 서울: 시그마프레스(원전은 2001년에 출판).

O'Connor, K. J. (1983). The Color-Your-Life Technique. In C. E. Schaeffer & K. J. O'Connor (Eds.), *Handbook of Play Therapy* (pp. 251-258). New York: John Wiley & Son, Inc.

Orton, G. L. (1996). Strategies for Counseling with children and their parents. Brooks/Cole. Ch. 8.

Palmer, S. (2002). *Introduction to Counseling and Psychotherapy.*

Palmer, S. (Ed.). (2000). *Introduction to counselling and psychotherapy: The essential guide.* London: Sage.

Pardeck, J. T. (1994). Using literature to help adolescents cope with problems-bibliotherapy. *Adolescence, 29*(114).

Pattersin, L. E., & Welfel, E. R. (2000). *The counseling process* (5th ed.). Pacific Grove, CA: Books Cole.

Patterson, C. H., & Watkins, C. E. (1996). *Theories of psychotherapy* (5th ed.). New York: Harper/Collins.

Patterson, G. R. (1982). *Coercive Family Process (A Social Learning Approach, Volume 3).* Castalia Publishing Company.

Perls, F. (1969). Gestalt therapy verbatim. Moab, Utah: Real People or Press.

Perls, F. (1976). *Gestalt therapy verbatim: Introduction. The Handbook of Gestalt Therapy.*

New York: Jason Aronson.

Perls, F., Hefferline, R. F., & Goodman, P. (1951). *Gestalt therapy: Excitement and growth in the human personality.* New York: Dell.

Polster, E., & Polster, M. (1973). *Gestalt therapy integrated: Contour of theory and practice.* New York: Brunner/Mazel.

Polster, M. (1987). Gestalt therapy: Evolution and application. In J. K. Zeig (Ed.), *The evolution of Psychotherapy: The 1st conference* (pp. 312-325). Psychology Press.

Prochaska, J. O. (1984). *Systems of psychotherapy: A transtheoretical analysis* (2nd ed.). Homewood, IL: Dorsey Press.

Rajneesh, O. (1995). *Vajracchedika Prajnaparamita Sutra.* 금강경(손민규 역). 서울: 태일출판사(원전은 1994년에 출판).

Resnick, R. (1990). In R. L. Harman (Ed.), *Gestalt therapy discussions with the masters.* Springfield, IL: Charles C. Thomas.

Rimm, D. C., & Cunningham, H. M. (1985). Behavior therapies. In S. J. Lynn & J. P. Garske (Eds.), *Contemporary psychotherapies: Models and methods* (pp. 221-259). Columbus, OH: Charles E. Merrill.

Rimm, D. C., & Masters J. C. (1985). *The Principle of Behavior Therapy: Techniques and Empirical Findings.* 행동치료의 원리(김영환 역). 중앙적성출판사(원전은 1974년에 출판).

Roberts, M. C., & Fanurik, D. (1986). Rewarding elementary school children for their use of safety belts. *Health Psychology, 5,* 185-196.

Roederer, J. G. (1975). *Introduction to the physics and psychophysics of music.* New York: Springer-Verlag.

Roemer, L., & Orsillo, S. M. (2002). Expanding our conceptualization of and treatment for generalized anxiety disorder: Integrating mindfulness/acceptance-based approaches with existing cognitive-behavioral models. *Clinical psychology: Science and practice, 9,* 54-68.

Rogers, C. R. (1951). *Client-centered therapy.* Boston: Houghton Mifflin.

Rogers, C. R. (1957). Empathy: The necessary and sufficient conditions of therapeutic personality change. *Journal of Consulting Psychology, 21,* 95-103.

Rogers, C. R. (1959). A theory of therapy. personality and interpersonal relationships as developed in the client centered framework. In S. Koch (Ed.), *Psychology: A study of a science: Formulation of the person and the social context* (Vol. 3). New York: McGraw-Hill.

Rogers, C. R. (1970). *Encounter groups.* New York: Harper & Row.

Rogers, C. R. (1977). *Carl Rogers on personal power.* New York: Delacorte Press.

Rogers, C. R. (1988). *Counseling and Psychotherapy.* 상담과 심리치료(김기석 역). 서울: 중앙적성출판사(원전은 1942년에 출판).

Sampson, J. P., Peterson, G. W., Lenz, J. G., & Reardon, R. C. (1992). *Career Development Quarterly, 41,* 67-73.

Seligman, L. (2011). *Theories of Counseling and Psychotherapy* (2nd ed.). 상담 및 심리치료의 이론(김영혜, 박기환, 서경현, 신희천, 정남운 역). 서울: 시그마프레스(원전은 2005년에 출판).

Seligman, M. E. (1995). The effectiveness of psychotherapy. *American psychologist, 50*(12), 965-974.

Sharf, R. S. (2019). *Theories of psychotherapy and counseling: concepts and cases.* 심리치료와 상담이론: 개념 및 사례(천성문, 김진숙, 김창대, 신성만, 유형근, 이동귀, 이동훈, 이영순, 한기백 역). 서울: Cengage learning(센게이지러닝코리아)(원전은 2016년에 출판).

Simkin, J. S. (1975). An introduction to Gestalt therapy. *Gestalt Therapy Primer,* 3-12.

Simkin, J. S., & Yontef, G. M. (1984). Gestalt therapy. In R. Corsini (Ed.), *Current psychotherapies* (3rd ed.). Itasca, Ill.: Peacock.

Smith, E. (1990). In R. L. Harman & L. Brien (Eds.), *Gestalt therapy discussions with the masters.* Springfield: Charles C. Thomas.

Smith, M. L., & Glass, G. V. (1977). Meta-analysis of psychotherapy outcome studies. *American psychologist, 32*(9), 752-760.

Spiegler, M. D., & Guevremont, D. C. (2010). *Contemporary behavior therapy.* Belmont, CA: Cengage Learning.

Steiner, C. (1971). *Game alcoholic play: Transactional analysis of life scripts.* New York: Grove Press.

Stewart, I., & Joines, V. (1987). *TA today: A new introduction to transaction analysis.* Nottingham: Lifespace Publishing.

Stockton, R., & Morran, D. K. (1981). Feedback exchange in personal growth group: Receiver acceptance as a function of valence, session, and order of delivery. *Journal of Counseling Psychology, 28,* 490-497.

Strupp, H. H. (1973). *Psychotherapy: Clinical, research, and theoretical issues.* New York: Jason Aronson.

Teasdale, J. D. (1999). Metacognition, Mindfulness and the modification of mood disorders. *Clinical Psychology and Psychotherapy, 6,* 146-155.

Thompson, R. A. (2007). *Counseling Techniques* (2nd ed.). 상담기법(김춘경 역). 서울: 학지사(원전은 2003년에 출판).

Traux, C. B., & Carkhuff, R. R. (1967). *Toward Effective Counseling and Psychotherapy.*

Chicago: Aldine.

VandenBos, G. R. (1996). Outcome assessment of psychotherapy. *American psychologist, 51*(10), 1005-1006.

Wadeson, H. (1980). *Art Therapy Practice: Innovative Approaches with Diverse Populations.* New York: John Wiley & Son, Inc.

Warren, R., & Mclellarn, R. W. (1987) What do RET therapists think they are doing? An international survey. *Journal of Rational-Emotive Therapy, 5,* 92-107.

Weishaar, M. E. (2007). *Aaron T. Beck.* 인지치료의 창시자 아론 벡(권석만 역). 서울: 학지사(원전은 1993년에 출판).

Wieshaar, M. E. (1993). *Aaron T Beck.* London: Sage.

Wilson, G. T. (1998). Manual-based treatment and clinical practice. *Clinical Psychology Science and practice, 5,* 363-375.

Woldt, A. L., & Toman, S. M. (2005). *Gestalt therapy: History, theory, and practice.* Sage publications, Inc.

Wolpe, J. (1958). *Psychotherapy by reciprocal inhibition.* Stanford, CA: Stanford University Press.

Woolams, S., & Brown, M. (1979). *TA: The total handbook of transactional analysis.* Englewood Cliffs, NY: Prentice-Hall.

Wubbolding, R. E. (1986). *Using reality therapy.* NY: Haper & Row.

Yalom, I. D. (1985). *The Theory and practice of group psychotherapy* (3rd ed.). New York: Basic Books.

Yankura, J., & Dryden, W. (2011). *Albert Ellis.* 합리적 정서행동치료의 창시자 앨버트 엘리스(이동귀 역). 서울: 학지사(원전은 1994년에 출판).

Yontef, G. M. (1984). Modes of thinking in Gestalt therapy. *The Gestalt Journal, 7*(1), 33-74.

Yontef, G. M. (1995). Gestalt therapy. In A. S. Gurman & S. B. Messer (Eds.), *Essential psychotherapies: Theory and practice* (pp. 261-303). New York: Guilford Press.

Zinker, J. (1977). *Creative process in Gestalt therapy.* New York: Brunner/Mazel.

한국상담심리학회 www.krcpa.or.kr

한국상담학회 www.counselors.or.kr

찾아보기

내용

저자 소개

천성문(Cheon Seongmoon)

부경대학교 평생교육상담학과 교수(상담심리학 박사)

서울대학교 초빙교수

Stanford University 연구교수

한국상담학회장 역임

저 · 역서 상담심리학의 이론과 실제, 집단상담 외 다수

자격증 상담심리사 1급, 수련감독전문상담사, 정신보건임상심리사 외

이영순(Lee Youngsoon)

전북대학교 심리학과 교수(상담심리학 박사)

전북대학교 심리코칭연구소 및 행복드림센터 소장

한국대학상담학회장 역임

한국교육치료학회장

저 · 역서 상담심리학의 이론과 실제, 성격심리학 외 다수

자격증 상담심리사 1급, 수련감독전문상담사, 정신보건임상심리사 외

박명숙(Park Myungsook)

경성대학교 교육대학원 겸임교수(상담심리학 박사)

대연중학교 교사

한국교육치료연구소 전임연구원

SM심리건강연구소 수석연구위원

저 · 역서 상담심리학의 이론과 실제, 학교상담 교육실습 매뉴얼 외

자격증 전문상담사 1급, 교육치료사 1급, 전문상담교사 1급 외

이동훈(Lee Donghun)

성균관대학교 교육학과 교수(상담심리학 박사)

한국청소년상담원 상담조교수

한국대학상담학회장

전국대학교 학생생활상담센터 협의회 회장

저 · 역서 상담심리학의 이론과 실제, 집단상담 외 다수

자격증 상담심리사 1급, 수련감독전문상담사, 교육치료사 1급 외

함경애(Ham Kyongae)

신라대학교 상담치료대학원 겸임교수(상담심리학 박사)

성동중학교 전문상담교사

연세대학교 인간행동연구소 전문연구원

SM심리건강연구소 책임전문위원

저 · 역서 상담심리학의 이론과 실제, 집단상담 외 다수

자격증 상담심리사 1급, 전문상담사 1급, 전문상담교사 1급, 교육치료사 1급 외

상담심리학의 이론과 실제(4판)
Counseling Psychology(4th ed.)

2006년 10월 10일   1판   1쇄 발행
2009년 4월 15일   1판   6쇄 발행
2009년 9월 15일   2판   1쇄 발행
2014년 8월 20일   2판 12쇄 발행
2015년 2월 10일   3판   1쇄 발행
2020년 9월 10일   3판 12쇄 발행
2021년 3월 10일   4판   1쇄 발행
2024년 1월 25일   4판   7쇄 발행

지은이 • 천성문 · 이영순 · 박명숙 · 이동훈 · 함경애

펴낸이 • 김 진 환

펴낸곳 • **(주)학지사**

04031 서울특별시 마포구 양화로 15길 20 마인드월드빌딩 5층

대표전화 • 02) 330-5114   팩스 • 02) 324-2345

등록번호 • 제313-2006-000265호

홈페이지 • http://www.hakjisa.co.kr
인스타그램 • https://www.instagram.com/hakjisabook

ISBN 978-89-997-2371-1 93180

정가 **23,000원**

출판미디어기업 학지사

간호보건의학출판 **학지사메디컬** www.hakjisamd.co.kr
심리검사연구소 **인싸이트** www.inpsyt.co.kr
학술논문서비스 **뉴논문** www.newnonmun.com
원격교육연수원 **카운피아** www.counpia.com